काँपती लौ :
इक्कीसवीं शती के लिए आलोचिंतना

काँपती लौ :

इक्कीसवीं शती के लिए आलोचिंतना

रमेश कुंतल मेघ

वाणी प्रकाशन

वाणी प्रकाशन का 'लोगो'
विख्यात चित्रकार मक़बूल फ़िदा हुसेन की
कूची से

ISBN : 978-93-5072-036-3

वाणी प्रकाशन
21-ए, दरियागंज, नयी दिल्ली-110002
द्वारा प्रकाशित

फोन : 0091#11#23273167, 23275710
फैक्स : 0091#11#23275710
ई-मेल: vaniprakashan@gmail.com
vani_prakasha n@yahoo.com
वेबसाइट : www.vaniprakashan.com
प्रथम संस्करण : 2008

जय भारत प्रिंटिंग प्रेस, शाहदरा, दिल्ली-110032
द्वारा मुद्रित

मूल्य : 450.00

KANPTI LOU : IKKISAVIN SATTI
KE LIYE ALLOCHINTANA
by : Ramesh Kuntal Megh

कुमार विमल
विश्वंभर नाथ उपाध्याय
शिव कुमार मिश्र
राजेश्वर सक्सेना
शुकदेव सिंह
मैथिली प्रसाद भारद्वाज
इंद्रनाथ चौधुरी
चंद्रकांत बांदिवडेकर
ज्ञानचंद्र शर्मा
जैसे
युवावृद्ध साथी-संघातियों
को
सप्रेम-सादर!

अनुक्रम

तारांकित-रेखांकित

जिस प्रकार से आजकल **समाज**, मीडिया के द्वारा महानायक (या मेगा-स्टार) का उन्नायक होता है, उसी तरीके से भाषा को अकुंठ बनाते हुए **ज्ञान** भी, प्रोक्तीय कल्पना के पंख पसार कर, अधिभाषा (या मेटा-लैंग्वेज) का भी विधान करता है। ज्ञान का कर्मक्षेत्र चक्रव्यूहों से गुत्थमगुत्थ होता है। ज्ञान की सरहदों तक ध्रुवीकृत विचारों के बीच अस्थायी युद्ध-विराम तो हो जाया करता है लेकिन विसैन्यीकरण नहीं हो सकता। अन्यथा तथ्य, यथार्थ, सत्य, श्रेय, लक्ष्य, मूल्य, विमर्श आदि के हथियार डाल दिये जाने पर अंधायुग अवतरित होने लगता है। अतः ज्ञानसंसार में बहुधा मेढक-उछालें तो लगाई जा रही हैं लेकिन आधुनिक मराल-उड़ानों को बड़ी लंबी तैयारी करनी पड़ती है। इस दशा में अतिक्रमण करने के लिए जरूरी है कि हम अपनी जीवनदृष्टि तथा वैश्विक दृष्टिकोण से प्रतिबद्ध बने रहें, परंतु इस्तेमाल किए गए या स्टीरियोटाइप, ज्ञान-संरूपों को श्याम पाटी से पोंछकर नई तारांकित-रेखांकित इबारत लिखें। हमने भी ज्ञान की काँपती लौ के तले इक्कीसवीं शताब्दी के लिए **आलोचिंतना** के प्रकल्प गढ़ने की कोशिश जारी रखी है। अन्यथा शब्द जीवाष्म बन जाते हैं तथा अर्थ निरर्थक, अगर मूल्य विलुप्त हो जाएँ।

इस इक्कीसवीं शताब्दी में चार महाक्रांतियाँ परिष्कार और परिणति को सिद्ध करने जा रही हैं—शब्द (सूचक एवं संकेतक), कंप्यूटर का 'माउस', अणु (शक्ति एवं ऊर्जा) तथा जीन (जीनोम एवं स्टेम-सैल)।

भूमंडलीकरण तथा मुक्त बाज़ारवाद से विभिन्न समाजों एवं संस्कृतियों का प्रचंड संघर्ष तीव्रतर होने जा रहा है जिससे कार्य, सौंदर्यबोध, आर्थिकता, नैतिकता और लक्ष्य आदि उत्तर-आधुनिकतावाद की भ्रांति में फँसते जा सकते हैं।

सही ज्ञान और समाजविज्ञान की सूर्यमुखी मशाल तथा इतिहास का वैश्विक कद्दावर दर्पण ही हमारा उद्धार करेगा; मार्क्स के निष्कर्ष में 'संपूर्ण उद्धार' (टोटल रिडेम्पशन)! अर्थात् संपूर्ण मनुष्य ही मानवता की संपूर्णता में कायांतरित होगा।

आज का यह स्वप्न कल का यथार्थ बनने जा रहा है। हिंदी भाषा एवं संस्कृति को इसके लिए बड़ी तैयारी करनी होगी। हम सभी ऐसे महाअभियान के हमराही हैं, और कुशल कार्मिक भी॥

पुस्तक में आद्योपांत इसकी ज्ञानरथिक भाषा में बहुविध विरामचिह्नों और वर्तनी के प्रति बेहद चौकन्ना रहा गया है ताकि तर्क-संजाल तथा प्रोक्तियाँ आदि सरल, सुबोध, सहज एवं संप्रेषणीय होती चलें।

1 जनवरी, 2008 —रमेश कुंतल मेघ

1 भविष्य ही आलो[चिंत]ना को, रचना के नितांत लघु दर्पण से आगे, संस्कृति तथा सभ्यता की मशाल बनाएगा॥

यूनानी नाटककार सोफ़ोक्लीज़ (ई. पू. 496-406) ने कहा है कि तुम जितनी दूर जाओगे समुंदर उतना ही ज्यादा गहरा होता जाएगा। इसी तरह महाकवि कालिदास (ई. प. चौथी शती) ने मेघदूत के बहाने यह संदेश भी दिया है कि जितनी ऊँचाई पर जितनी जल्दी से उड़ा जाएगा, वास्तविक धरती की वर्तमान चीजें उतनी ही ज्यादा से ज्यादा तथा लघु से लघुतर दिखाई देंगी। ये क्रमशः 'देश' तथा 'काल' की यात्राओं के दृष्टि-पथ (पर्स्पेक्टिव) हैं।

रूपक-न्याय से **रचना** और **आलोचना**, तथा **संस्कृति** और **सभ्यता** के दो कुलक (सेट्स) बनते हैं। इन्हें पूर्णतः पृथक नहीं किया जा सकता। इनके बीच बैर नहीं, परस्पर स्पर्धा होती है। ये चारों 'पारिभाषिक' शताब्दियों से कई तरह से यात्रा करते चले जा रहे हैं। अतः ये खुलते-फैलते और अंतहीन जीते हैं। इसलिए मानो ये साथ-साथ कमल के फूल और दहकते अंगारे हैं जिनको वापरने में सिद्धहस्त कौशल की अपेक्षा होती है। वस्तुतः रचना और आलोचना और संस्कृति का केंद्रीयभवन सभ्यता में होता है : रचना का विस्तार आलोचना में; तथा संस्कृति की व्यापकता सभ्यता में। आलोचना एवं संस्कृति के संयोजक **मूल्य-गुच्छ** हैं। इसलिए हम सही ढंग से समस्या को उठाकर ही सही समाधान पा सकते हैं। तो, हमारा मार्ग है—चिंतनप्रधान आलोचना या **'आलोचिंतना' की संस्कृति**।

हम चारों पारिभाषिकों के एकतान व्यापार के लिए एक दृष्टांत लेते हैं। जंगल से 'बाँस' को काट-छाँटकर, आँच में तपाकर, 'बना' छेदों वाला एक बाँस का टुकड़ा (सभ्यता)। बाँस के टुकड़े पर मंत्रमुग्ध हरिण की जोड़ी या हंस-माला का 'चित्रण' (संस्कृति)। बाँस की 'बाँसुरी' से 'गीतगोविंदम्' का कोई पद शास्त्रीय ढंग से स्वरबद्ध करना (आलोचिंतना)। स्वर और शब्द के मेल से जयदेव की 'पदरचना' की मौलिक पहचान (रचना)। यहाँ इस तरह दो युगल बनते हैं। एक में रचना के गहरे केंद्र से

आलोचिंतना की व्यापक परिधि की ओर केंद्रापसरण (सेंट्रीफ्यूगलिटी) होता है। दूसरे युगल में सभ्यता के बड़े वृत्त से संस्कृति की सारांशी धुरी पर केंद्राभिसरण (सेंट्रीपेटलिटी) हो सकता है। इसका मतलब है कि पहले दो कदम आगे; फिर एक कदम पीछे! सवाल यह पैदा होता है कि क्या हम **आलोचिंतना** को सीधे-सीधे **संस्कृति** से जोड़ सकते हैं? यहाँ 'आलोचना' मात्र किसी साहित्यिक कृति पर आश्रित परजीवी (पैरासाइट) न होकर संस्कृति के किसी भी संरूप [विज्ञान, समाजविज्ञान, मानविकी, कला-साहित्य आदि] की 'आलोचिंतना' हो सकती है। इसी प्रकार 'संस्कृति' भी सभ्यता के भौतिक आयामों से परिष्कृत ऊर्ध्वमुखी होकर मूल्यों, चिंतनों तथा निष्कर्षों का आयत्तीकरण करती है। अर्थात् संस्कृति अपने विचारधारा के प्रतीकात्मक रूपों, मानसिक चिंतन के प्रकार्यों, विभिन्न सामाजिक विचारों, तथा कला-साहित्य के नाना भाँति के कृतित्वों (उत्पाद, कृति, अमानत, विरासत) को अभिहित करती है। अतएव यह जरूरी हो जाता है कि आलोचना को कलासाहित्य के अलावा विज्ञान-समाजविज्ञान, मानविकी तथा प्रौद्योगिकी से भी संयुक्त किया जाए अर्थात् 'आलोचिंतना' का अवतार अवश्यंभावी हो।

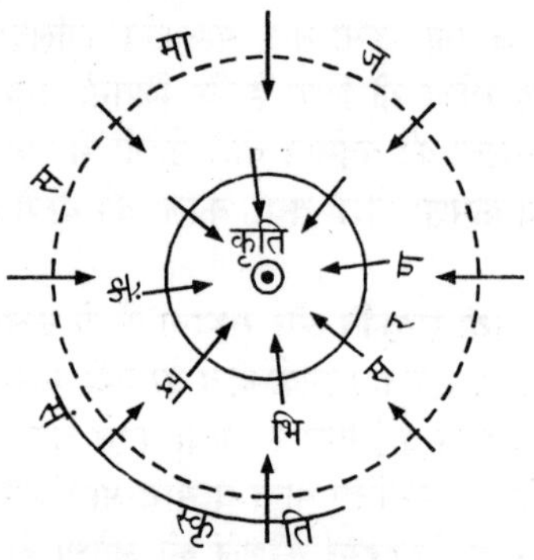

कृति **में** समाज-संस्कृति

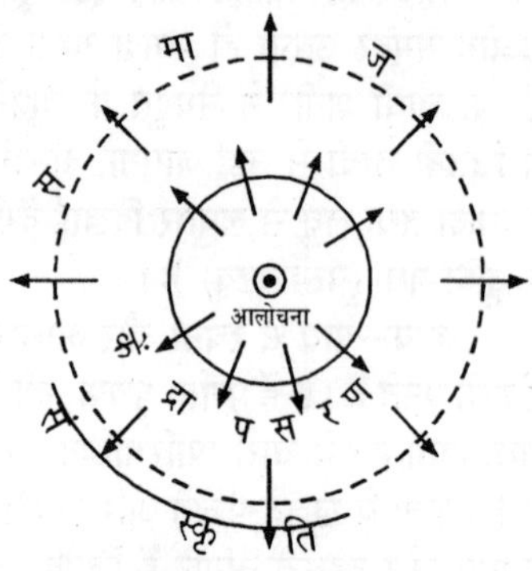

आलोचना **से** समाज-संस्कृति तक

सिस्टम-विश्लेषण में हम देखते हैं कि कृति विशिष्ट कलाकौशल द्वारा बाहरी समाज-संस्कृति को अपने में समाहित करती है जबकि आलोचना अपने में पुंजीभूत सभ्यता-संस्कृति को—कृति के माध्यम से—बहिर्मुखी कर देती है। जहाँ से कृति अपनी सामग्री का संचयन करती है, आलोचना उन्हीं मूल स्रोतों तक पहुँचती है, लेकिन, परावर्तन में, कृति के रूप एवं अंतर्वस्तु के माध्यम से कथ्य एवं कल्पना की गूढ़ताओं का खुलासा करते हुए। इस तरह आलोचिंतना 'कृति' एवं 'संस्कृति' दोनों का ही अपनी प्रणालियों के द्वारा पुनः-पुन अनावरण तथा विस्तारण करती है। सो, आलोचिंतना दोहरा उद्घाटन करती है।

इसी के साथ एक खबरदारी भी। उक्त चारों विशाल प्रत्ययों के बीच व्यक्तिवैचित्र्य वाली सृजनप्रक्रिया को लक्ष्य नहीं बनाया जा सकता, बल्कि रचनात्मक पूर्णकार्य अर्थात्

'सांस्कृतिक पैटर्न' साध्य हो जाते हैं। यह फलक अब समूह, समाज और इतिहास का आयत्तीकरण कर लेता है।

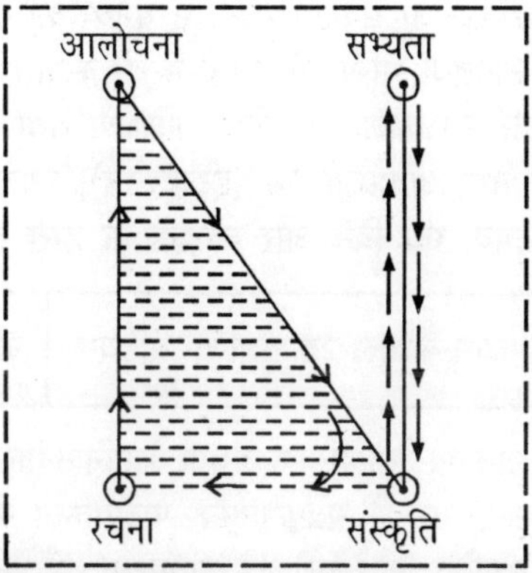

यह स्पष्ट होता है कि 'आलोचिंतना' का सीधा सरोकार 'कृति' (रचना) तथा 'संस्कृति' से है। किंतु वह सभ्यता से प्रतीयमान दूरी पर है क्योंकि संस्कृति में उसके सारत्वपरक रूप का पर्यवसान हो जाता है। इस तरह सभ्यता-संस्कृति के विनिमय की अपनी दिशाएँ हैं, तथा आलोचना और संस्कृति के बीच संघात की अपनी दशाएँ।

* हम रचना-आलोचिंतना, तथा संस्कृति-सभ्यता के युग्म लेकर ही चारों के अंतरावलंबन को समझ सकते हैं। अतः पहले रचना (क्रिएशन) तथा आलोचिंतना (सोश्योकल्चरल थॉट) को लेते हैं।

अ. 'रचना'

यह एक सृजनात्मक प्रकार्य है अर्थात् यह मानवीय गतिविधियों की वह प्रक्रिया है जिसमें नई सामग्री तथा आत्मिक मूल्यों की रचना होती है। इसमें समाज-संस्कृति घुलमिलकर प्रत्यक्ष या परोक्ष रूप में अंतर्निहित होती है। रचना मानसिक तथा शारीरिक श्रम-प्रक्रिया से प्रकट मानवीय दक्षता या कौशल भी है। इस प्रक्रिया में लय-ताल (रिद्म), विवरण (डेस्क्रिपशन), वृत्तांत या इतिवृत्त (नैरेशन) तथा प्रोक्तियों (डिस्कोर्सेज़) के वार्तारूपों का प्रयोग होता है। रचना नई यथार्थता (जादुई, आलोचनात्मक, अतियथार्थ, समाजवादी) का सृजन करती है जो समाज को विश्वसनीय लगती है। इस प्रकार एक (कृति) अनेक का पुंज हो जाती है तथा अनेकविध संस्कृति से भी निर्धारित होती है। यद्यपि यह एक है, स्वायत्त (ऑटोनामस) है, तदपि समग्र सामाजिक परिवेश से ही निर्धारित होती है।...रचना किसी कलाकार, रचनाकार, अन्वेषक, वैज्ञानिक, कुशलकर्मी, संगठनकर्ता द्वारा क्रियान्वित की जा सकती है। यह सही है कि इतिहास में सभी का उल्लेख तो हो सकता है, किंतु उपलब्धि में प्रतिनिधि, प्रवर्तक,

क्लासिक, परिपूर्ण वस्तुएँ ही चुनी जाकर दर्ज होती हैं। यह भी तथ्य है कि एक रचना (कृति) की प्रतिलिपि तो तैयार की जा सकती है किंतु उसके दूसरे, तीसरे या अन्य स्वरूप नहीं सिरजे जा सकते। रचना में मनुष्य की अवचेतन तथा कल्पना समेत सभी आत्मिक शक्तियाँ भागीदारी करती हैं जो कौशल तथा माध्यम के द्वारा एक 'कलासृष्टि' रचती हैं। कौशल के लिए प्रशिक्षण तथा अभ्यास लाजिमी है। प्रज्ञात्मक [प्रेरणापरक तथा अंतःप्रज्ञात्मक (इंट्यूशनल)] रचना का चतुरंगी वितान ऐंद्रिक भाव और अनुभव, एवं बिंब और कल्पना के द्वारा ताना जाता है।

कला/विज्ञान	माध्यम-कौशल/टैकनालाजी-मीडियम	कलाकृति/वस्तु/उत्पाद

यदि रचना या कृति कोई साहित्यिक अथवा वैज्ञानिक **पाठ** (टैक्स्ट) है तो (टैक्स्ट लिंग्विस्टिक्स के अनुसार) उसकी संप्रेषणात्मक **पाठपरकता** के सात प्रतिमान होते हैं—संगति (कोहैरेंस), संसक्ति (कोहेजन), उद्देश्यात्मकता (इंटैशनलिटी), स्थित्यात्मकता (सिचुएशनलिटी), सूचनात्मकता (इनफार्मेटिविटी), अंतर-पाठीयता (इंटरटैक्सचुअलिटी) तथा स्वीकार्यता (एसेप्टेबिलिटी)।

आ. 'आलोचिंतना'

आज मात्र रचनाकेंद्रित आलोचना घिसापिटा (रूढ़) प्रारूप या स्टीरिओटाइप हो चुकी है। वह मानों एक कुएँ का मेढक जैसी है जो कभी बाहर तो नहीं उछल सकता परंतु स्वयं को विशालकाय वृषभ से भी बड़ा समझता है; या एक बैंगन के कीड़े जैसी है जो ताउम्र उस एक सब्जी के अंदर खाता-घूमता-मर जाता है; या फिर उस भृंगकीट की नाँई है जो क़ैद होकर स्वामी के जैसा ही हूबहू ढल जाता है। हम तो सन् 1965 से ही ऐसी 'आलोचना' (आलूचना) को खारिज करते चले आ रहे हैं।

ऐसी आलोचना भौतिक यथार्थता तथा ज्ञान-विरोधी है। यह रचना के-जैसी समाधि या तन्मयीभवन-योग्यता की सिद्धि चाहती है। यह नितांत रहस्यपरक भाववादी तथा गूढ़, अथवा घोर सपाट हो जाती है। यह एकांतिक आत्मनिर्वासन (सेल्फ-ऐलियेनेशन) के घेरे में मौलिकता की भ्रांति फैलाती है। यह कृति में परिवेश और क्रोड़ के बाहर के संसार और समाज की खुली झलक तक नहीं ले पाती। यशपाल ने (आलोचक के व्याज से) ऐसी आलोचना को वह काला कुत्ता कहा है जो अँधेरी रात में बैलगाड़ी के नीचे लटकी लालटेन के पीछे-पीछे निष्प्रयोजन चलता जाता है। ऐसी आलोचना सत्ता और प्राधिकार को कतई खबरदार नहीं कर सकती। यह भाववादी एवं कलावादी हो जाया करती है। यह केवल साहित्यशास्त्र के नियमों में जकड़ी हुई एकायामी (वन डाइमेंशनल) और व्यक्तिवादी है।

ऐसी आलोचना द्वैतपरक ही नहीं है, बल्कि कला-साहित्य की सैद्धांतिकी में

दो-फाड़ करने वाली भी है जो रचना को तो मौलिक तथा स्वयं (आलोचना) को अनुवर्ती होना ही स्वीकार कराती है। आलोचना में जब दर्शन और तर्क, समाज और इतिहास, संस्कृति और वाङ्मय के अन्य प्रस्थान भी अनिवार्यतः सन्निहित होने लगें तो इसके अपने कला-साहित्य के षट्चक्रों से यह (आलोचना) विद्रोही लोकायतिक की तरह बाहर निकाल दी जाती है। अर्थात् सृजनात्मक साहित्य के अंतर्गत इसकी शुमार तक नहीं की जाती क्योंकि इससे केवल रचना के कृतीजन ही इनामात, तमगों, प्रसिद्धियों, पदवियों आदि के दावेदार बने रहते हैं। इस तरह एक चुनौतीविहीन दशा तथा नवोन्मेषरहित संदर्श ही शेष बच रहता है। आलोचना की असली प्रतिरोध, ज्ञानोदय और प्रतिबद्धता की भूमिका अर्थात् दीपक की, दर्पण की, डायनेमो की कार्यवाही खत्म कर दी जाती है। बहुधा रचना मौलिकता का काँटेवाला मुकुट पहनकर एक सुनसान कलाक्षेत्र में अपनी अकेली शोभायात्रा निकाला करती है। हम यहाँ खबरदारी भी कुबूल करते हैं कि ऐसी दशा सर्वत्र तथा सर्वांगीण नहीं हुआ करती। श्रेष्ठ लोकधर्मी रचना की बात ही निराली होती है।

तो फिर, आलोचना की समकालीनता (कंटेमप्रोनिइटी) तथा प्रासंगिकता (रेलिवेंस) क्या है? कैसी है?

सूत्ररूप में कहा जा सकता है कि इसके लिए आलोचना को भाव-कल्पना-आनंद के त्रिपुर से प्रयाण करके विचार-चिंतन, समाजविज्ञान-आधुनिकता के त्रिकोण का शक्तिकेंद्रित बिंदु बनना होगा। तात्पर्य यह कि आलोचना को **'आ-लो-[-चिं-त]-ना'** में कायांतरित (मेटामार्फोज़) होना होगा।

(अब इसके बाद से हम 'आलोचिंतना' के प्रत्यय को ही स्वीकार करेंगे। अस्तु।)

अभिनव आलोचिंतना की कुंजी है : अंतर-ज्ञानानुशासनीय उपागम (इंटर-डिसिप्लिनरी एप्रोच) इसके अंतर्गत विज्ञान और प्रौद्योगिकी, समाजविज्ञान और अन्य मानविकी-संक्षेत्र समन्वित होने लगते हैं। इस नए चरण में **आलोचिंतना** रचना के क्रोड़ को लाँघकर **संस्कृति** की चतुर्दिक परिधि को अपना लक्ष्य बनाती है। अतएव अब हम आलोचिंतना और संस्कृति के तिरोभूत युगल का निरूपण-विवेचन करेंगे।

ग़ैर-साहित्यिक क्षेत्रों को शामिल करते हुए सामान्यतया आलोचना द्वारा किसी कृति, उत्पाद, वस्तु, माल; या व्यक्ति, समाज; या ज्ञाननिधि की गल्तियों का पता लगाना; त्रुटियों को बताकर उनकी कमियों को दूर करना; उनकी अपूर्णताओं को समझाना; या दृष्टि अथवा कौशल से उनकी आंतरिकता में पैठकर उनकी खूबियों को उद्घाटित करना या उनके सर्वोत्तम रूप की परिकल्पना को स्वप्न-संभव बनाना अर्थात् उनके 'संभावित आदर्श' को परिकल्पित करना आदि संपादित होते हैं। ये प्रकार्य तथा प्रकर्म एकानेक पद्धति, विचार, विधि, सिस्टम, दर्शन, कौशल, या इनके योगायोग द्वारा संपन्न होते हैं। **अतः आलोचिंतना सामाजसांस्कृतिक विकास की एक प्रेरक शक्ति बन जाती है।** यह सूत्र रेखांकित किया जाने योग्य है। और अगर यह

वैरभाव-विहीन स्वरूप वाले व्याघातों को प्रकाश में लाए, तब तो अत्युत्तम है।

आलोचिंतना की सृजनात्मक भूमिका विभिन्न ज्ञानानुशासनों के संयोजन, एक वैश्विक दृष्टिकोण द्वारा अधिष्ठापन, तथा अनुकूलित प्रणाली एवं पद्धति द्वारा संश्लेषण में परिलक्षित होती है। तात्पर्य यह है कि विभिन्न अनुशासनीय आलोचना-प्रकारों की परस्पर स्पर्धा द्वारा इसकी सृजनात्मकता भी पल्लवित-पुष्पित होती है—जितनी ज्यादा स्पष्टता, विविधता, बहुलता, गंभीरता एवं नवीनता होगी उतनी ही अधिक आलोचिंतना सृजनात्मक तथा संपूर्ण होती चलेगी। अतः यह एक ओर रचना की, तो दूसरी ओर संस्कृति की सहभागी होती है।

आलोचिंतना पाठकों को पठन-संस्कृति के प्रति प्रेरित, उनकी पहल को उत्तेजित तथा अभिरुचि का संस्कार एवं परिष्कार भी करती है। अतः यह जनसाधारण को रचना एवं संस्कृति, दोनों के प्रति आकृष्ट होने का कारक बनती है। इस प्रकार यह शिक्षित-दीक्षित भी करती है। समाज की अग्रगति को अवरुद्ध करने वाली हर रूढ़िवादी पिछड़ी हुई वस्तु कृति, सोच के विरुद्ध संघर्ष के उपकरण का भी प्रतिबद्धतापरक कार्य करती है। यूँ तो 'समग्र पाठक-समुदाय' किसी आदिम वाचिक/समाज अथवा सिविल सोसायटी में ही मिलेंगे, वर्ना सामाजसांस्कृतिक ध्रुवीकरण (पोलराइजेशन) की स्थिति में लालू प्रसाद, मायावती, अटल बिहारी वाजपेई, ए. बी. वर्धन, प्रकाश करात, अमर्त्य सेन, मनमोहन सिंह आदि के अपने-अपने पाठक एवं श्रोता समुदाय हैं, अपने-अपने साध्य तथा मुद्दे हैं, अपने-अपने मुनासिब कार्यवाही के प्रत्यालोचन हैं जो आपस में टकराते भी खूब हैं।

इसलिए शुद्ध भाववादी आलोचना [व आलोचक] तो किसी यूतोपियाई शुद्ध साहित्य-चक्र में ही मिलेंगे। उनके दो-तीन शाश्वत् मानदंड हैं; यथा उत्कृष्टता, शुद्धशीलाचरण तथा सनातनता। आज के सूचना-प्रौद्योगिकी, नारी-सशक्तीकरण तथा दलित-संघर्ष और निर्धनता के विरुद्ध महाभारत में तो इनके रस और आनंद के कलश रीते या छूँछे या चटके रह जाएँगे।

इसी क्रम में आलोचिंतना के प्रतिबद्धता एवं प्रवृत्यात्मकता के ध्रुवांतों में **वर्ग-संघर्ष** को लेकर भी बेबुनियाद गलतफहमियाँ फैलाई गई हैं। इसका एकल तात्पर्य यह कदापि नहीं है कि परस्पर कट्टर शत्रुसमूह या वर्ग आमने-सामने बंदूकें और तलवारें लेकर मरने-कटने को आमादा हैं। लंबे इतिहास में **'वर्ग-संघर्ष' के विचार** को संस्कृतियों की टकराहट, प्रतिरोध, विरोध, विद्रोह, विप्लव, वैचारिक विवाद (पोलेमिक्स), असहमति, उपद्रव, उथलपुथल आदि नाममाला भी दी गई है। वर्ग-संघर्ष में एक-जैसे आर्थिक, सामाजिक, नैतिक, सांस्कृतिक आधार पर मनुष्यों का खुला-ढीला गठन बनता है जिसमें वर्ग का आरोहण तथा अवरोहण भी होता रहता है। यह पिता-पुत्र के बीच पीढ़ियों के अंतराल में, पति-पत्नी के बीच मर्दवादी सोच के अस्वीकार में, अध्यापक-शिष्य के बीच वैचारिक विरुद्धता में, नेता-जनता के बीच चारित्रिक गिरावट

में, सत्ता-व्यवस्था के बीच अधिकार और सुशासन में, लेखक-पाठक के बीच प्रतिबद्धता मुखौटेबाजी एवं प्रासंगिकता में छिड़ा हुआ एक निरंतर संग्राम है। [मिथकीय मानस इसे देवासुर-संग्राम के रूप में निरूपित करता रहा है]॥ अतएव आलोचिंतना में वर्ग-संघर्ष सही-गलत के बीच, प्रगति एवं प्रतिक्रिया के बीच चुनाव कराता है। यह निहित स्वार्थों तथा वांछित यूतोपिया, उत्पादन-संबंधों तथा सामाजिक संबंधों, विचारधारा तथा ऐतिहासिक द्वंद्वात्मक गति से भी संचालित होता है।

जैसे-जैसे आलोचिंतना के तत्त्व व्यापक होकर फैलते जाते हैं वैसे-वैसे ही पाठक-श्रोता-समूह भी बहुविध और फैलते जाते हैं—जैसे टायन्बी, हैरीपाटर शृंखला की लेखिका रालिन्स, ओशो रजनीश, नरेंद्रदेव, अरुबिंदो, ईएमएस नंबूदिरिपाद, कृष्णचैतन्य, पूर्णचंद्र जोशी, डी. एन. कोसाम्बी, रामानुजम, महात्मा गाँधी, अमर्त्यसेन, तसलीमा नसरीन आदि के विचार।

एक वैकल्पित-ऐतिहासिक समुच्चय तब भी उपस्थित हुआ करता है जब एक ही रचना (कृति) पर विभिन्न चिंतकों द्वारा, विभिन्न दृष्टिकोणों से, विभिन्न समयों में अनुशीलन-अनुचिंतन किया जाता है जो आपूरक, पूरक, उद्‌घाटक, खंडनकर्ता, समर्थक, नवीकृत आदि होते हैं। गसलन; प्रसाद के महाकाव्य 'कामायनी' पर विश्वनाथ शैदा का भाष्य, फतहसिंह, भगीरथ दीक्षित, द्वारिका प्रसाद माहेश्वरी, इंद्रनाथ मदान, तारकनाथ बाली, प्रेमशंकर, मुक्तिबोध, दिनकर, नगेंद्र, रमेश कुंतल मेघ आदि की समीक्षाएँ! ये मिलकर एकीकृत अभिकल्प (डिज़ाइन) के बजाय बहुरूपी 'सांस्कृतिक पैटर्न' को बुनती हैं। ये द्वंद्वन्याय तथा वैचारिक परिसंवाद को परिणाम देती हैं। इससे एक उपनिर्णय यह भी लिया जा सकता है कि रचना **'एक'** होती है। वह गलत नहीं; असफल, अधूरी, अप्रासंगिक या उपेक्षित हो सकती है। तुलना में आलोचनाएँ **'अनेक'** होती हैं। वे बहुल और विरोधी तथा विविध हो सकती हैं। यूँ तो दोनों ही अपने-अपने घेरों में स्वायत्त होती हैं। इसलिए प्रथमदृष्टया एक अनगढ़ उपाय हो सकता है कि हम मूल्यों तथा निर्णयों को तो संस्कृति में मिला दें, तथा विचारों और विश्लेषणों तथा दृष्टिकोणों को आलोचिंतना में शामिल कर लें। अभी हम इसकी संपुष्टि करने की स्थिति में नहीं हैं। अलबत्ता, यह समीचीन लगता है कि अगर हमें आलोचिंतना एवं संस्कृति के दो ध्रुवांतों को ही लेना है तो साहित्य के दोनों पक्ष [रचना एवं कृतिकेंद्रित भाववादी आलोचना] आलोचिंतना में ही तिरोभूत या पर्यवसित हो जाएँगे। ऐसे में सृजन-प्रक्रिया की चर्चाएँ भी ज्यादा निष्कर्षोन्मुख नहीं हो सकेंगी। आलोचिंतना में प्रभामंडल उपस्थित होगा—'सांस्कृतिक पैटर्न' का। हम इस पर बाद में विमर्श करेंगे। यह पैटर्न साहित्यशास्त्रीय लक्षणों से बहुत आगे बढ़कर समाज-विज्ञानों की विविध प्रणालियों, संस्कृति के तत्त्वों, संस्कृति की [छलाँग-पिछड़ाव-हानि-उपलब्धि वाली चतुरंग] दशाओं, तथा संस्कृतियों की तुलना को भी शामिल कर लेगा। इस तरह हमारा सारा पैरामीटर बदल जाएगा। तब 'समग्र संस्कृति' के वृत्त में केवल

मात्र साहित्य-सौंदर्यबोधात्मक कृति हमारा क्रोड़ नहीं होगी; लक्ष्य भी नहीं होगी बल्कि संस्कृति के समग्र का, या समस्त के किसी/किन्ही पक्षों का निरूपण/विश्लेषण/संदर्श होगी। तब कृति मात्र एक दृष्टांत या तथ्य या उदाहरण, या कलावास्तु (आर्टिफेक्ट) होगी जो 'रचना की स्वायत्तता तथा स्वपरिष्कार के सिद्धांतों' को खारिज करते हुए **'संस्कृति की बहुलता'** को स्वयंसिद्ध करेगी।

आनंदवर्धन (ई. प. 9वीं शती का मध्य) और अभिनवगुप्त (ई. प. 10-11 शती की संधि) के समय के विपरीत आजकल व्यक्तिवाद-उपभोक्तावाद के लुभावने चक्रों में फँसा हुआ आधुनिक समाज कैसा है?

इसमें मध्यवर्ग के नवधनाढ्यों के विपरीत निम्न और साधारण वर्गों के व्यक्ति की असहाय अवस्था है। वे समाज से कटे-छँटे अर्थात् आत्मनिर्वासन (सेल्फ़ ऐलियेनेशन) एवं अप्रतिमानता (एनॉमी) के पंजों में जकड़े हैं। शीर्ष पुरुष (नेता, व्यापारी, अफ़सर, तस्कर) सत्ता के घमंड में अत्याचार, चारित्रिक गिरावट, लूट-खसोट एवं व्यवस्थागत असंगतियों में संलिप्त हैं। ऐसे में मनुष्य की रचनात्मक शक्ति, संवादात्मकता, सहिष्णुता निष्कासित हो रही है। जीवन में रहस्यात्मकता के विवेकहीन भय, संवेदनशून्यता, दिशाहीनता, स्वार्थांधता, बेशर्म व्यावहारिकता, उत्तर-आधुनिकता लकदक कर रही हैं। दिशा-दशा-दायित्व, तीनों ही रहस्यों के धुँधलके में खो रहे हैं। ''बीसवीं सदी का अंतिम दशक तीव्र राजनीतिक, सामाजिक एवं सांस्कृतिक बदलावों के बीच संघर्षरत भारतीय मनुष्य की आहत, अदमनीय जिजीविषा का दशक भी रहा है। इसी काल-खंड में जहाँ स्त्रियाँ और दलित वर्ग अपने हक़ की लड़ाई में सामने आए, वहीं बाज़ारवाद, उपभोक्तावाद, भूमंडलीकरण आए, उत्तर-आधुनिकता की चुनौतियाँ भी सामने आईं। राजनीति ने मनुष्य की सारी संवेदनाओं का अपने स्वार्थ के लिए पर्याप्त रूप से दोहन किया है।''* सो, ऐसी धूपछाँही परिस्थितियाँ जारी हैं।

ऐसे खतरनाक वर्तमान में आलोचिंतना क्या कुछ व्यावहारिक कर सकती है?

पहला कार्यवृत्त है, ज्ञान की दुश्मनी और सामाजिकता के नकार से अविराम संघर्ष।

रचना (रचनाकार द्वारा) विवरण देती है, निरूपण करती है, शैली-वैज्ञानिक तथा सौंदर्यबोधात्मक प्रविधियों से। रचनाकार बिंब-प्रतीक गढ़ता है, कल्पना द्वारा इच्छापूर्ति (विशफुलफिलमेंट) करता है, विवरण निदर्शन की पेशबंदी करता है, और वर्णन, वृत्तांत या नाटकीयता भी गढ़ता है। यह सारा व्यापार बहुधा चित्रात्मकता और स्पष्टीकरण (एक्सप्लानेशन) पर केंद्रित है। मुकाबले में आलोचिंतना दिशा-निर्देशिका होती है अर्थात् वह ऐसा मील का पत्थर है जो बताता है कि सौवें मील के बाद एक सौ एकवें मील को कैसे तय करें, क्यों करें, और किस दिशा में चलकर लक्ष्य हासिल

* कैलाश चंद्र पंत, 'अक्षरा', मार्च-अप्रैल, 2003, भोपाल, (संपादकीय)।

करें। आलोचिंतना ही सही और सोचवान पाठक का प्रतिबद्ध निर्माण करती है। आलोचिंतना के अभाव में ही पुस्तक एवं पाठ की संस्कृति तथा आंदोलन, दोनों विलुप्त, या क्षीण, या निष्प्रभ होते जा रहे हैं।

आलोचिंतना ही रचना को केवल इतिहास में ही संस्थित नहीं करती बल्कि संस्कृति का ताना-बाना भी बना देती है। इसलिए कोई **'साहित्य का इतिहास'** आलोचिंतना और विशिष्ट इतिहासदर्शन द्वारा **इतिहास-आलेख-कारी** (हिस्टोरियोग्राफी) से फलीभूत होता है। जब आलोचिंतना इतिहास से आगे रचना का मानसिक उत्खनन करके संस्कृति की पुरातात्विक भूमि को उद्घाटित करती है तब **'विचारों [के साहित्य] का इतिहास'** भी शनैःशनैः उन्मीलित होता है। अतः ऐसे महत्तम कार्य आलोचिंतना ही करती आई है, और भविष्य में भी करेगी। अतएव आलोचिंतना एवं आलोचिंतक अतीत को (साहित्यिक कृति एवं विचार के हेतु) इसलिए व्याख्यायित करता है **ताकि वर्तमान में उसकी खरी प्रासंगिकता (रेलिवेंस) परखी जा सके।**

आलोचिंतना के बिना शताब्दियों से चली आ रही ज्ञानगंगा की अमृतधारा सूखती और रेतीली होती चली जा रही है। अतएव आलोचिंतक के लिए अब रचनाकेंद्र के बजाय इतिहास-धुरी पर सक्रिय होने का प्रारब्ध निश्चित है। उसे साथ-साथ समाजविज्ञानों के वृत्त की सभी तीन सौ साठ डिगरियों की छानबीन करनी होगी। इन्हीं राहों से साहित्येतिहास के संग-संग विचारों का इतिहास भी उन्मीलित हो सकेगा। इसके लिए निःस्वार्थ, युद्धवत् तैयारी करना जरूरी है। सच यह भी है कि स्थापित सत्ता के लिए रचनाएँ इतना ध्यान आकर्षित नहीं करतीं जितना कि चिंतन और विचार वाले दस्तावेज। अतः फूट पैदा करने के लिए इनाम और सम्मान से गण्य-कृती नवाज़ दिए जाया करते हैं। छानबीन और प्रतिबंध और खुफ़ियागिरी ज्यादातर विचारकों, विद्रोहियों एवं विचारकर्मियों पर ही लागू होती है। अतएव इतिहास-चक्र में आलोचिंतक की भूमिका ही, सर्वोपरि शिखर पर नेतृत्व वाली होती आई है—आचार्य शुक्ल, राहुल सांकृत्यायन, रामविलास शर्मा, डी. एन. कोसांबी इसकी ज्वलंत मिसाल हैं। यारब, ऐसे वैचारिक महाभारत में सत्ता और आलोचिंतना आमने-सामने मोर्चा सँभाल लेते हैं। उनके साथ निराला, मुक्तिबोध, तकषी शिवशंकर पिल्लै, भगतसिंह जैसे कृती भी होते हैं जो भाव के साथ-साथ विचार से भी प्रतिबद्ध होते हैं।

अतएव आलोचिंतना के क्षीण या कमजोर होने पर रचना और संस्कृति की दर्दनाक, अपूरणीय हानि होती है। आजकल यही हो रहा है।

इ. 'संस्कृति'

पृष्ठिका में हम निरूपित कर आए हैं कि अब 'आलोचिंतना' 'रचना' के क्रोड़ को लाँघकर, **संस्कृति** के प्रभामंडल में प्रवेश कर रही है।

क्या संस्कृति के अंतर्गत आलोचिंतना के मूल्यों एवं निष्कर्षों को शामिल करने

की हमारी पिछले पृष्ठों में की गई पैरवी ठीक है? शायद : हाँ! प्राथमिकी जाँच में वस्तुएँ तथा उत्पाद **'सभ्यता'** के अंग-अनुषंग हैं जबकि मूल्य संस्कृति के। इसी क्रम में भौतिक-ऐहिक कार्य-कारणादि सभ्यता में घटित निष्पादित संगठित होते रहते हैं जबकि निष्कर्ष या विवेक, या निर्णय संस्कृति के खाते में आ जाते हैं। आगे हम इसका अधिक निदर्शन कर सकेंगे।

'सिस्टम' तथा 'संरूप' के निर्माण की विधियों से भी कहा जा सकता है कि **'मूलाधार'** (बेसिस) तथा **'सुपरिगठन'** या अधिरचना (सुपरस्ट्रक्चर) के संबंध वास्तुशास्त्र की इंजीनियरी पर आधारित होने के साथ-साथ एक वैज्ञानिक रूपक भी हैं। इनके द्वारा समाज और सभ्यता के, तथा आलोचिंतना (रिफलेक्शन) और संस्कृति के संबंधों की भी परियोजना होती है। यूँ कहा जाए कि ये मिलकर सृजनात्मकता या रचना और आलोचिंतना की, तथा **संस्कृति** और **सभ्यता** की कैटेगरियाँ भी निर्धारित करते हैं।

मूलाधार इतिहास-चक्र में सामाजिक-आर्थिक रूपाकारों को, उत्पादन-विधियों को, तथा उत्पादन-संबंधों को निर्दिष्ट करता है जो अर्थशास्त्र में समाज, विज्ञान तथा प्रौद्योगिकी का संयोजन है। यह वर्गों का, सामाजिक उन्नति तथा भौतिक रहनी का नियामक होता है। हरेक सामाजिक-आर्थिक रूपाकार अर्थात् आदिम समाज की समानतावादी दशाओं, भू-दासों की दासप्रथाओं, सामंतवाद की ठाकुर-सेवक दशाओं, तथा पूँजीवाद की मालिक-मजूर दशाओं में वर्ग, उत्पादन तथा संबंधता बदलती जाती हैं।

मूलाधार में यह बदलाव ज्यादातर भौतिक तथा लगभग जैविक होता है।

इसी ज़मीन पर 'सुपरिगठन' की परियोजना होती है जो मूलाधार की **सभ्यता** को अधिरचना की **'संस्कृति'** में तब्दील कर देता है। इसलिए संस्कृति द्विपक्षी है—भौतिक एवं मुख्यतः आत्मिक। यह सुपरिगठन के नाना प्रतीकात्मक-मूल्यात्मक-ज्ञानात्मक संरूपों वाली होती है। यह अपने नाना रूपों के कारण विविधता और बहुलता की छलाँग और पिछड़ाव की स्थितियों से भी गुज़रती है। अतएव मूलाधार यहाँ आकर अनेक मूल्यपरक, चिंतनपरक, निर्णयपरक सांस्कृतिक आयामों में अतिक्रमण भी करता है।

इसलिए वर्गों तथा उत्पादन संबंधों की तरह **संस्कृति** भी एक तथा एकायामी नहीं है। यह विज्ञान, धर्म, नैतिकता, दर्शन, क़ानून, साहित्य, कला, मनोविज्ञान, भूगोल, इतिहास आदि-आदि—के संरूपों—तथा अंतर्वस्तुओं वाली हो जाया करती है। अतः इतिहास-परंपरा-विरासत भी इसके अनुषंग होते हैं। [ग्राम्शी]।

इसलिए संस्कृति में विचारधारा और दर्शन, मर्यादा-प्रथाएँ और यूतोपिया तक सक्रिय हो उठती हैं जो इतिहास के वैज्ञानिक भविष्य की ओर भी इशारा करने लगती हैं।

किंतु महत्तम पहेली यह है कि लगभग सुस्पष्ट 'मूलाधार' के मुकाबले 'सुपरिगठन या अधिरचना' विविधता, बहुलता, विरुद्धता, समन्वय, व्यापकता, आदि नाना मानसिक

तथा शारीरिक-भौतिक स्थितियों के बीच **चुनाव** कर सकती है। यह चुनाव व्यक्ति कर सकता है, वर्ग कर सकता है, समूह कर सकता है, तथा सामाजिक व्यवस्था कर सकती है। यह चुनाव सिस्टम द्वारा भी सुनिर्धारित होता है।

इसलिए 'संस्कृति' के अनेकानेक द्वंद्वात्मक न्यायों वाले रूपांतर होते रहते हैं।

इसलिए यदि संस्कृति की कोई एक व्यास-रेखा की परिकल्पना करें तो इसमें चिंतन-अनुचिंतनपरक मूल्यों तथा निष्कर्षों का अधिष्ठापन होगा।

प्राथमिक जाँच में वस्तुएँ तथा उत्पाद आमतौर पर **'सभ्यता'** के अंग-अनुषंग हैं जबकि चिंतन एवं श्रेय एवं मूल्य संस्कृति के। यह बेहद लचीला विभाजन है जिसमें जोड़-बाकी होती रहती है। इसी क्रम में भौतिक, ऐहिक कार्य-कारणादि सभ्यता में घटित-निष्पादित-संगठित होते रहते हैं जबकि निष्कर्ष; या विवेक, या निर्णय, या साध्य अधिकतया संस्कृति के खाते में आ जाते हैं। आगे हम इसका अधिक निदर्शन करेंगे।

यह इसलिए है कि 'संस्कृति' तथा 'सभ्यता' के युगल भी द्वंद्वात्मक संबंधों से जुड़े हैं—वाद और प्रतिवाद से, वैर और मैत्री से, पूरकता और विभाजन से, मात्रा के गुण में रूपांतरण से, तथा भौतिक एवं आत्मिक से। अंग-अंगी न्याय से संस्कृति एक ओर सृजन (रचना) एवं आलोचिंतन से जुड़कर **आत्मिक पक्ष** का उन्मीलन करती है तो दूसरी ओर वस्तु, उत्पाद, माल, जिन्सों तथा उनकी टैकनालॉजी वाली सभ्यता से जुड़कर अपने **भौतिक पक्ष** को उजागर करते हुए उभयपक्षीय हो जाती है। संस्कृति में विरुद्धों का सामंजस्य निरंतर क्रियमाण रहता है। इसे स्पष्ट करने को हम एक लोकप्रिय मिसाल लेते हैं—। अनुमान करें कि हम विष्णु-कांची तथा शैव-कांची [के मंदिरों] में आ पहुँचे हैं। विष्णु-मंदिर के सामने गरुड़ध्वज, तथा शिव-मंदिर के सामने नांदी स्थापित मिलता है। इसके अलावा विशाल गोपुरम् चोल राजा राजेंद्र प्रथम की दिग्विजय-घोषणा भी करते हैं। ये सभी संरूप या आकार पत्थरों-गारे-चुनाई की तकनीकी सभ्यता की श्रेष्ठता के प्रमाण तो हैं ही। इसके साथ संस्कृति की धर्मसंस्था और आंचलिक चरित्र के संवाहक भी हैं। इसी तरह मूल्य और विवेक के वृत्त में आचार-आचरण आ जाते हैं, जैसे कि कुमारी और सुहागन के परिधानों में अंतर, राजा और रंक की देहभाषा में अंतर। आचरण के हेतु गुरु या बड़ों के सामने शीश नवाकर चरणस्पर्श करना, या वधु द्वारा मंगलसूत्र धारण करना एवं माँग में सिंदूर लगाना आदि आदि। इस भाँति संस्कृति में संरचना से लेकर मनोविज्ञान तक का अंगीकार होता है। इसके अंतर्गत छोटे-मोटे परिवर्ती घटकों (वेरियेबल्स) की अनुमति तो होती है, लेकिन संस्कृति के मूलस्थ गर्भकेंद्र के अंतर्वर्तन में ही। वज़ह यह है कि कोई भी समाज पूर्णरूपेण समरूप नहीं होता। उसमें मनुष्यों, समूहों तथा वर्गों के भिन्न-भिन्न हित, लक्ष्य और मतलब हुआ करते हैं। हम चाहें तो संरचना, मनोविज्ञान, मूलनाभि के त्रि-अक्षों को जोड़कर एक नाम दे लें—**'सांस्कृतिक पैटर्न'**। संस्कृति का यह एक अत्यंत उदार समर्थ-सार्थक अभिकल्प है। रूथ बेनेडिक्ट (1887-1948)

'सांस्कृतिक पैटर्न' में **चयन** की महत्ता पर बल देती हैं क्योंकि हम आचरण-व्यवहार के, विचार और चिंतन के हज़ारों प्रकारों में-से ही 'चुनते' हैं। तदपि पैटर्न या रूपाकार की एक 'लयताल' भी बनाए रखते हैं। इसी स्थिति को ही 'आकल्पन' (डिज़ाइन) के बजाय 'पैटर्न' या प्रतिरूप कहते हैं। इसके अंतर्गत दो प्रपत्तियाँ होती हैं—लोक क्या **करते हैं**? तथा लोक को क्या **करना चाहिए**। इससे आगे क्लाइड क्लुकहॉन (1905-1960) बढ़ते हैं। वे संस्कृति के बहिर्भूत तथा अंतर्भूत पक्षों की चर्चा करते हैं जहाँ अवचेतन की अर्थीय प्रणालियाँ अपनी भूमिकाएँ निभाती हैं। कुछ आगे बढ़कर इसे समानुरूपण (कान्फिग़रेशन) कह दिया गया है। इसकी आधारभूत प्रपत्ति है—लोक ऐसा **क्यों करते** हैं, या कुछ बातें **क्यों करनी चाहिए**। इस सारे परियोजन से यह तो स्पष्ट है कि 'पैटर्न' के अंतर्गत अनेक परिवर्ती घटकों में-से लघु-लघु नई रूपाकृतियाँ उभरती चलती हैं। इसमें अन्य समाजों, अन्य क्षेत्रों की संस्कृतियों से भी तत्त्व उधार लिये जाते हैं। यह सांस्कृतिक एवं प्रजातीय समूहों द्वारा, अथवा युद्ध एवं संक्रांति काल में सृजनशील अल्पसंख्यकों के आव्रजन और प्रव्रजन द्वारा, अधिकाधिक संपन्न होता आया है।

अगर हम मार्क्सवाद की व्यासरेखा पर घटित करें तो धर्म, दर्शन, मनोविज्ञान, विज्ञान, मानव-शरीर-रचना (फिजियोनॉमी व एनॉटमी) की तरह **'सांस्कृतिक पैटर्न'** वैश्विक (यूनिवर्सल) प्रस्थान कर सकते हैं। इसका मतलब यह है कि मार्क्सवाद के पूर्व तथा ग़ैर-मार्क्सवादी चिंतन और सृजन में हम, ऐतिहासिक ज्ञान तथा प्रवृत्यात्मकता के अक्षों पर, अनुचिंतन करते हैं। यहाँ मार्क्सवाद का अनुरूपण तथा प्रत्यारोपण नहीं होता बल्कि उसके अवधारणात्मक औज़ारों अर्थात् उपागम (एप्रोच) का इस्तेमाल होता है। अतः कालिदास, तुलसीदास, भारतेंदु, या ईस्किलस, शेक्सपियर, गोएथे आदि (मार्क्सवादी नहीं थे तथापि—) उनपर यह न्याय लागू होगा कि "लोक क्या करते थे/हैं। लोक को क्या करना चाहिए था/है।" इसका मतलब यह है कि समकालिक परिप्रेक्ष्य में भी मार्क्सवाद निर्देशक तथा प्रतिबद्धक की भूमिका अदा करता है। वह निर्णय तथा आदेश देता है कि "लोक ऐसा क्यों करते हैं तथा लोक को ऐसा क्यों नहीं करना चाहिए या आगे क्या करना होगा।" इस तरह से मार्क्सवाद की व्यास-रेखा पर त्रिकाल की धारावाहिकता का समावेश होता है। इसका मतलब यह है कि ऐसा पुनर्नवीकृत 'सांस्कृतिक पैटर्न' हमारे संदर्शन-विश्लेषण-मूल्यांकन की पद्धतियों (मेथड्स) को समायोजित करता है।

इसका मतलब यह है कि पहली दशा में प्रदत्त सामाजिक व्यवस्था पर मार्क्सवादी समानुरूपण लागू किया जाता है एवं दूसरी स्थिति में मार्क्सवादी विधान के दिशा-निर्देशन में संस्कृति की संरचना का साँचा-ढाँचा यथार्थकल्पित होता है। (क्योंकि वह क्लासिक या ऐतिहासिक कृति में पहले से प्रदत्त नहीं हुआ करता)।

यहाँ पर अतिरंजना, जुनून या जोश अनेक विरोधाभासों (पैराडाक्सेज़) में उलझा

देता है जिससे संस्कृति व कृति में धुँधुकारा छा सकता है। खबरदारी यही हो कि **पार्टी** को कृति में अंतर्लीन न किया जाए बल्कि समानांतरता बरकरार रखी जाए। इससे प्रवृत्यात्मकता की तो पहल होगी तथा प्रोपेगंडा की तोतारटंत से छुटकारा मिलेगा। कृति की **सत्ता** केंद्र में हो तथा वैचारिक **संगठन** की अग्र प्रस्तुति हो। समाज की यथार्थता को **कृति** में **हित एवं स्वार्थमत्ता** (इंटरेस्ट) द्वारा पेश किया जाता है। इसके साथ ही उसे कैसे क्रियमाण होना चाहिए (आइडियोलॉजी), तथा उसकी परिपूर्णता कैसे सिद्ध हो सकती है (यूतोपिया) ये तीनों ही लक्ष्यकार्य (टास्क) समंजित हो जाते हैं। इस तरह दर्शन तथा मार्क्सवादी दर्शन, सार्वभौम तथा सार्वकालिक होने की वजह से, अपने सभ्यता एवं संस्कृति के दायित्व निभाता रहता है।

भौतिक एवं आत्मिक पक्ष, अथवा बहिर्भूत एवं अंतर्भूत पक्षों के अलावा 'गहरी संरचना' में संस्कृति के आभिजात्य एवं लोकपक्षीय आयाम होते हैं। इसका प्रबल तात्पर्य यह है कि संस्कृति के विभिन्न उपरूपों के अपने-अपने सामाजिक प्रकार्य तथा विचारधारा होती है क्योंकि आधारभूत जमीन पर यह भौतिक परिस्थितियों से निर्धारित होती है। तदपि यह उनका अनुसरण न करके अपेक्षतया स्वाधीन रहती है। इसलिए 'सामाजिक गतिकी' (सोशल डायनेमिक्स) में कई अवस्थाएँ परिलक्षित होती हैं—'सांस्कृतिक छलाँग', 'सांस्कृतिक पिछड़ाव' 'सांस्कृतिक हानि' तथा 'सांस्कृतिक लाभ (उपलब्धि)'। ये अवस्थाएँ इतिहास के अनुक्रम में सृजित की जाती हैं। यूँ कहें कि संस्कृति के आभिजात्य तथा लोकधर्मी मूल्यों का योग समाज के विकास में हासिल होता है तथा ऐतिहासिक मंज़िलों को अभिलक्षित करता है। वर्ग-समाज में संस्कृति अपनी विचारधारात्मक अंतर्वस्तु तथा [अपने व्यावहारिक लक्ष्यों में] परोक्ष-अमूर्त-प्रतीयमान वर्ग-स्वरूप भी ग्रहण कर लेती है। इसके भौतिक स्वरूप जैसे तकनीक, उत्पादन-संबंध, उत्पादन-अनुभव, भौतिक मूल्य आदि **सभ्यता** में पर्यवसित हो जाते हैं। इसके आत्मिक पक्ष अर्थात् 'आत्मिक संस्कृति' में विचारों-अनुभूतियों-भावनाओं के साथ-साथ प्रत्यय-सिद्धांत-शिक्षण का **योग** होता है जो कई आयामों में प्रस्फुटित होता है—(1) यह राजनीतिक, वैज्ञानिक, धार्मिक, क़ानूनी, नैतिक, सौंदर्यबोधात्मक, दार्शनिक परिघटनाओं में विभक्त हो जाता है; (2) यह संस्थाओं व संगठनों (मंदिर, परिवार, न्यायालय, राजनीतिक दल, अकादमियाँ, प्रयोगशालाएँ आदि) का कुलयोग बन जाता है; तथा (3) यह लोगों के बीच संबंधों का भी कुलयोग हो जाता है। यह योगत्रयी भौतिक घटकों से भिन्न-भिन्न रूपों में विचारधारात्मक सबंध भी बनाती है। अतएव आलोचिंतना और संस्कृति को गुत्थमगुत्थ होना ही पड़ता है। यह मार्ग वक्रकोणीय (ज़िगज़ैग) है; सपाट और सीधा तथा नियमित नहीं। इतिहास की तरह संस्कृति भी परंपरा तथा विरासत का संश्लेष करती है। अतएव आलोचिंतना के परिपाठ में इतिहास और परंपरा आधारी वेदिका होते हैं जिनके बिना आधुनिकता का विकास नितांत असंभव है।

आधुनिकता के प्राचल (पैराडाइम) में 'लोकसंस्कृति' (फोक कल्चर) तथा

'आंचलिक संस्कृति' किंचित् अपवाद है। **'लोकसंस्कृति'** में संस्कृति' एक बेहद सुगठित बुनावट वाले ऐसे समाज में बंधान बाँधती है जिसमें सगोत्रता (किनशिप) सर्वेसर्वा तथा वर्गीय विभेदकता बेहद धुँधली होती है। यह नृतत्त्वशास्त्र का विषय होती है। इस संस्कृति में मौखिक परंपराएँ ही प्रमुख रहती हैं।

'आंचलिक संस्कृति' में ऐतिहासिक परिवर्तन तथा सामाजिक प्रगति मानो थम-सी जाती है अर्थात् देश-काल के अक्ष किंचित् स्थगित हो जाते हैं। इसके भरमार सौंदर्यबोध में स्थानीय रंगों की प्रगाढ़ता तथा उत्सवधर्मिता की भागीदारी होती है। यह अनुभव द्वारा प्रमाणी तथा कारीगरी पर जीविकाई चलाने वाले लघुक्षेत्रीय तथा अनुजातीय (एथनिक) अस्मिताओं वाले समाज में फलती-फूलती है। बहुधा कई लघु/उप-संस्कृतियाँ घुलमिलकर एक पूरी आंचलिक संस्कृति की विविधा संरचना बनाती हैं [अवधी-ब्रज-भोजपुरी-बुंदेली; मैथिली-अंगिका-वज्जिका; टोडा-कन्नड़;]। कई बड़े आकार वाली **'क्षेत्रीय संस्कृतियों'** के बीच भी आदान-प्रदान होते हैं [हिंदी-पंजाबी, हिंदी-बँगला, मराठी-कन्नड़, तमिल-तेलुगु, मलयालम-तमिल, गुजराती-मराठी]। ऐसे में दो भाषाओं तथा दो जातीय संस्कृतियों के बीच पारस्परिक सौहार्द्र बढ़ता है, तथा **'भारतीय संस्कृति' और 'भारतीय साहित्य'** की अवधारणा का अभियोजन-समायोजन होता चलता है। इसके लिए सभी सांझी संस्कृतियों के बीच लचीलापन तथा ईमानदारी के साथ ज़मीनी हक़ीकत की समझ की संचेतना होने पर ही विनिमय, या प्रभावन, या विमर्श या अंतरावलंबन होता है। ऐसी दशाओं में 'सांस्कृतिक रिनैसाँ' का भी उन्मेष हो सकता है।

तदपि अगर संस्कृति-कर्मी विशेषज्ञ ग्रामजन, आदिजन, गिरिजन, दलितजन पर कार्य-नियोजन करते हैं तो रेणु का 'मैला आँचल' (1954), नागार्जुन का 'वरुण के बेटे' (1957), जगदीश चंद्र का 'धरती धन न अपना' (1972), वीरेंद्र जैन का 'डूब' (1991), कमलाकांत त्रिपाठी का 'पाहीघर' (1991), रामदरश मिश्र का 'बीस बरस' (1996), मिथिलेश्वर का 'यह अंत नहीं' (2000), मनमोहन पाठक का 'गगनघटा गहरानी' (1991), मैत्रेयी पुष्पा का 'अलमा कबूतरी' (2002), चित्रा मुद्गल का 'आवां' (2001) जैसी नृतात्त्विक-समाजशास्त्रीय-आयाम खोलने वाली कृतियाँ आएँगी जो मूलतः सांस्कृतिक दिग्दर्शन वाली होंगी। इसी धारा में तकषी शिवशंकर पिल्लै का 'चिम्मीन' तथा उससे पहले झवेरचंद मेघाणी का 'सोरठ तेरा बहता पानी' के बिना हमारी बहस अधूरी रह जाएगी। इन रचनाओं में भी अशिक्षा-बीमारी-शोषण के साथ-साथ राजनीति-अर्थनीति, धर्मरूढ़ियाँ, अन्येतर नैतिकता भी कथ्य होंगी। अगर संस्कृतिवेत्ता शहर-केंद्रित हैं तो निर्मल वर्मा का 'वे दिन' (1964), जगदंबाप्रसाद दीक्षित का 'मुर्दाघर' (1974), अलका सरावगी का 'कलिकथा' (1998), सुरेंद्र वर्मा का 'मुझे चाँद चाहिए' (1993), यशपाल का 'झूठा सच' (1958-60) आदि में आत्मनिर्वासन (एलियेनेशन) तथा अप्रतिमानता (एनोमी) देहव्यापार तथा यौन-उत्पीड़न, भ्रष्टाचार

तथा राजनीतिक अत्याचार केंद्र में आएँगे ही। ये ही संस्कृति की वर्तमान लक्षण-रेखाएँ जो हैं। [लुई ममफोर्ड ने शहरों की संस्कृति का जो गहन अध्ययन किया है वह भी उपादेय है] 'भूमंडलीकरण' के प्रसंग में हम इस पर अपने ढंग से वार्ता करेंगे। निस्संदेह यह फलक अयोध्या के रामराज्य, कृष्ण की द्वारका, महाभारत के इंद्रप्रस्थ, कामरूप के कामाख्या के नितांत विरुद्ध होगा।

इसी उपक्रम में 'सांस्कृतिक पैटर्न' के समकालिक (सिनक्रोनिक) एवं बहुकालिक (डायाक्रोनिक) दबावों की वजह से **एक** ही रचना की **अनेक** उपागमों द्वारा व्याख्याएँ भी होती हैं। इनमें कुछेक हैं—'राम की शक्तिपूजा' (निराला), 'अँधेरे में' (मुक्तिबोध), 'मृत्यु-प्रसंग' (राजकमल चौधरी), 'असाध्य वीणा' (अज्ञेय), 'पटकथा' (धूमिल), 'अंधायुग' (धर्मवीर भारती), 'महाश्वेता' (विनय), 'आधे-अधूरे' (मोहन राकेश), 'आग का दरिया' (कुर्रतुल एन-हैदर), 'ययाति' (सावंत), 'याज्ञसेनी' (प्रतिभा राय), चोलकाल की गल्पत्रयी (कल्कि) इनमें विभिन्न या सहवर्ती अनुशासनों के उपागमों (एप्रोचेज़) द्वारा नए-नए दृष्टिकोणों से व्याख्याएँ होती रहती हैं।

हमारे सामने प्रेमचंद (1880-1936) की ज्वलंत मिसाल मौजूद है कि संक्रांतिकाल में संस्कृति कितनी शक्तिशाली हो जाती है। 'सहमत मुक्तनाद' के विशेषांक (2005) में मुरली मनोहर प्रसाद सिंह ने कहा है कि 'हम प्रेमचंद की एक सौ पचासवीं वर्षगाँठ में उन्हें फिर देख रहे हैं जब देश का पुनः उपनिवेशीकरण हो रहा है और 'अंतरराष्ट्रीय मुद्राकोष', 'विश्वव्यापार संगठन' आदि आदिवासियों, दलितों, किसानों पर बेहद मंदभागी असर डाल रहे हैं। तिस पर भी भारतीय मीडिया ने 'भूमंडलीकरण' पर ऐसे बातचीत करना ज्यादा फायदेमंद पाया कि करोड़ों लोगों की दुर्दशा न दिखाई दे।...ऐसे माहौल में हमने प्रेमचंद को दोबारा पढ़ने-समझने का संकल्प लिया है।' इसी सिलसिले में राजेंद्र यादव ने कहा कि 'किसानों के पक्षधर प्रेमचंद के साथ-साथ मध्यवर्ग के सरोकारों की बात भी करते हैं। अतः उन्हें उपेक्षित करना इक्कीसवीं शती में भी नामुमकिन है। दुःखद स्थिति तो यह है कि गाँवों की दशा आज भी विप्लवी ढंग से ज्यादा नहीं बदली है। किसान आत्महत्याएँ कर रहे हैं तथा दलितों पर अमानुषी जुल्म हो रहे हैं। सांप्रदायिक हिंसा जारी है। अतः हमारे लिए प्रेमचंद की विरासत प्रासंगिक है। हमें प्रेमचंद के विचारों के साथ-साथ सरोकारों से भी प्रतिबद्ध होना पड़ेगा। प्रेमचंद ने सदैव सही रास्ते को थामा और दिखाया। यह उनकी विरासत की धुरी है।' उन्होंने हिंदी-उर्दू की भाषा-समस्या का अनूठा समाधान दिया है। यहाँ प्रोक्ति-विश्लेषण रचना-केंद्रित होने के बजाय आलोचिंतना तथा संस्कृति के ध्रुवांतों पर गतिशील है। इन्हीं कारणों से प्रेमचंद, निराला, मुक्तिबोध, ज्वालामुखी, सुब्रामनियम भारती जैसे महारथी कृती अपनी प्रमुख रचनाओं के क्रोड़ में मानो प्रबल विस्फोट करके उनके केंद्राभिसरण को केंद्रापसरण में परिवर्तन कर देते हैं। इस तरह संस्कृति से लेकर सभ्यता तक में उथल-पुथल मच जाती है। तब क्लासिकों का जन्म होता है।

प्रेमचंद, प्रसाद, निराला, मुक्तिबोध आदि की मानक रचनाएँ सहक्रम में केंद्राभिसारी तथा केंद्रापसारी हो जाती हैं, विशिष्ट दशाओं में एक साथ।

इसी सहक्रमिकता में मानक 'आलोचिंतनात्मक रचनाएँ' (कृतियाँ) भी कालजयी तथा स्वायत्त हो जाया करती हैं, अगर वे कुछ शर्तों को पूरी करें। निस्संदेह मानक आलोचिंतना 'स्वायत्त' हुआ करती है। इसके लिए सबसे पहली शर्त है कि ये किसी रचनात्मक कृति या कृती (-के कृतित्व) पर परजीवी (पैरासाइट) न हों। दूसरी शर्त है कि इनमें चिंतन-विवेक-निर्णय के छल्ले पर छल्ले एक सैद्धांतिक सिस्टम को गढ़ते हों। तीसरी शर्त है कि ये स्वयं भी मानक आलोचिंतनात्मक कृतियाँ हों। जिनमें मौलिकता तथा सृजनात्मकता हो और पाँचवीं शर्त है कि ये संश्लिष्ट, लोकधर्मी तथा स्वायत्त हों। इस कसौटी पर कुछ आलोचिंतनात्मक कृतियों का उल्लेख अपेक्षित है—'नाट्यशास्त्र' (भरत मुनि), 'ध्वन्यालोक' (आनंदवर्धन), 'अभिनव भारती' (अभिनवगुप्त), 'वक्रोक्ति जीवितम्' (कुंतक), 'काव्य प्रकाश' (मम्मट), 'साहित्य दर्पण' (विश्वनाथ), 'समरांगण सूत्रधार' (भोज), 'रस रसायन' (देव), 'रसगंगाधर' (पंडितराज जगन्नाथ) 'रसमीमांसा' (आचार्य शुक्ल), 'शब्दानुशासन' (किशोरी दास वाजपेयी), 'लालित्य तत्त्व' (आचार्य हज़ारीप्रसाद द्विवेदी), 'सौंदर्यतत्त्व निरूपण' (एस. टी. नरसिंहाचारी), 'रामकथा : मध्यकालीन लघुचित्रकला और काव्य में' (नीलम अरुण भत्तु) 'यक्ष संस्कृति : शिल्प एवं साहित्य' (सुमनिका सेठी), 'आलोचक की डायरी' (मुक्तिबोध), 'इंडियन आर्ट' (सी. शिवरामामूर्ति) आदि आदि॥

कभी-कभी संस्कृति भाषा-केंद्र में बेतहाशा सुलग जाया करती है। उत्तर-आधुनिकता के तर्कजाल में अपनी मध्यवर्गीय संशयग्रस्तता और असार्थक जिरह के द्वारा विचारकों की एक टोली भाषा तथा अवधारणाओं का विनाश कर रही है। अगर जॉक लेकां मानते हैं कि अवचेतन मूलवृत्तिपरक एवं पूर्व-वाचिक न होकर एक भाषा की भाँति संरचनाबद्ध है तो मिशेल फूको, जॉक डेरिडा आदि शब्द-केंद्रीयता का विखंडन या भंजन कर डालते हैं अर्थात् प्रामाणिक अवधारणाओं को भाषाई आधार पर विपथित कर देते हैं। वे संकेतों को, पाठ में उपपाठों को, खारिज करते हुए लक्ष्य को ही विनष्ट कर देते हैं। यह तो क्लासिक अनिर्वचनीय भ्रांति एवं विभ्रम जैसी स्थिति प्रतीत होती है। जब शब्दकेंद्रीयता को खारिज कर देंगे तब पारिभाषिक अर्थ का वाहन ही नष्ट हो जाएगा, तब विमर्श नहीं होगा, और न ही निष्कर्ष प्राप्त होगा। बस हम विरोधाभासों (पैराडॉक्सेज़) में ही उलझे रहेंगे। डेरिडा पश्चिमी चिंतनधारा के विद्रोही आलोचक थे। इसलिए वे परिधि के चिंतन की अपेक्षा केंद्र की अवधारणा को ही विखंडित (डि-कांस्ट्रक्ट) करते हैं अर्थात् उसके 'लोगो-सेंट्रिक' प्रत्यय में, उपस्थिति के द्वारा, सत्ताशक्ति तथा प्राधिकरण की भ्रांति कायम रखी जाती है। इस वजह से एक अर्थ कभी भी संप्रेषित नहीं हो सकता। इसके लिए कोई प्रणाली नहीं बनाई गई। कोई निर्णय नहीं लिया जा सकता। परिणामतः संदेह तथा भ्रम ही फैलता

है। तो डेरिडा ने मूल पाठ (आख्यान, या चिंतन) की परिधि का संचेतन इस प्रकार किया है जिसमें अंतर्विरोध-विहीनता की दशा भी विद्यमान है।

अंततः अमर्त्य सेन ने अपनी नई पुस्तक 'दि आर्ग्यूमेंटेटिव इंडियन' (2005) में **भारत की राष्ट्रीय संस्कृति** को पारिभाषित करने वाले तत्त्वों में से संशय (संदेह) तथा बहुलता को महत्त्वपूर्ण माना है। संशय अगर नकारात्मक न होकर जागरूक बहस में योगदान करता है (अर्थात् आलोचिंतना हो जाता है) तो वह बहुत अच्छी चीज है। इसी तरह बहुलता एवं विविधता भी मूल्यवान हैं क्योंकि इनमें रचनात्मकता तथा अलग-अलग हर तरह के विचारों के लिए जगह बनती है। वस्तुतः यहाँ आलोचिंतना तथा सांस्कृतिक पैटर्न के बीच सेतु बनाया गया है।

ई. सभ्यता

संस्कृति का बहिर्गत एवं भौतिक पक्ष **सभ्यता** में तिरोभूत होता है, अथवा वह सभ्यता के गर्भ (मैट्रिक्स) से ही उद्भूत होता है। दोनों ही प्रक्रियाएँ क्रियाशील रहती हैं। सभ्यता में भौतिक संपदा, आर्थिक-प्रौद्योगिक विकास, स्वास्थ्य तथा शिक्षण के तत्त्व होते हैं। इनसे 'सिविल सोसाइटी' की संस्कृति के भौतिक पक्ष का बंधान भी होता है। सभ्यता में समृद्धि और कल्याण, वैज्ञानिक उन्नति और सामाजिक विकास, व्यापार-उद्योग और खुशहाली आदि 'आधुनिकताधर्मी आदर्श' (गुन्नार मिर्डल सम्मत 'माडर्निटी आइडियल्स') हो जाते हैं। इसलिए सभ्यता में सामाजसांस्कृतिक अक्ष के बजाय सामाजार्थिक अक्ष में आकार निर्मित होकर प्रभावशाली और वर्चस्वी होते हैं।

उपर्युक्त व्यापक रूपरेखा के आधार पर कहा जा सकता है कि सभ्यता किसी समाज की प्रथमतः भौतिक, तथा द्वितीयतः ऐहिक-आत्मिक उपलब्धियों का योग है। **सभ्यता** विश्व ऐतिहासिक प्रक्रिया की सर्वांगीण देन है। इसीलिए हम एक रूपकात्मक कथन भी करते हैं कि तर्कबुद्धि तथा न्याय पर आधारित समाज **सभ्य** होता है। अतः सामाजिक सामंजस्य पर बल दिया जाता है। सभ्यता के कुरुक्षेत्र में तकनीकी-यांत्रिक तत्त्वों तथा जीवनी-तत्त्वों अर्थात् सभ्यता और संस्कृति के बीच द्वंद्व चला करता है जो समाज का ह्रास तथा विनाश, या संवृद्धि, तथा विकास किया करता है। वर्गों के बीच वैरभाव तथा श्रम-विभाजन ने इतिहास में सामाजार्थिक विरचनाएँ प्रस्तुत की हैं। ये सभ्यता की प्रगति के बढ़ते चरण हैं।

कभी-कभी यह भी हो जाता है कि सांस्कृतिक छलाँग तो लगा ली जाती है लेकिन समाज का आर्थिक मूलाधार दुर्बल होता है, तब प्रखर प्रतिभाशाली जनों की क्षमताएँ अवरुद्ध हो जाती हैं, अगर उनका बाह्यकरण न हो, या वे अन्य समृद्ध समाज में प्रव्रजन न कर जाएँ। पिछली शती के तीसरे दशक में नवोदित सोवियेत समाजवादी गणतंत्रों का संघ स्थापित हुआ था। तब पित्रीम सोरोकिन, बर्दायेव, लियोन्तीव जैसी प्रतिभाएँ भी थीं जिन्हें पर्याप्त सज्जित प्रयोगशालाएँ उपलब्ध नहीं थीं। अतएव लेनिन

ने उनको विदेश जाकर बसने में कोई रुकावट नहीं डाली। लेनिन स्वयं भी रचनाकार मैक्सिम गोर्की की बेहद इज़्ज़त करते थे। बाद के शासन में परिस्थितियाँ बदलती गई थीं। उस नई सभ्यता का यह एक छोटा-सा शुरुआती नमूना काफी है।

ऐसे में सभ्यता के लक्ष्यकार्य (टास्क) की चुनौतियाँ और जोखिमों का सामना होता है।

अठारहवीं शती के दो प्रमुख लक्ष्यकार्य उन्नीसवीं-बीसवीं शताब्दी में पूरे किए गए हैं–(क) **ऐतिहासिक विज्ञान** का सृजन एवं संवर्धन, और (ख) **समाज-विज्ञान** की रचना एवं अंतःसंबंध।...अब बीसवीं शताब्दी के **चार** लक्ष्यकार्य चालू इक्कीसवीं शती में पूरे किए जाने हैं–(अ) अंतरिक्ष पर जीत, (आ) जीनों का समायोजन एवं कंप्यूटरपरक सूचना-प्रौद्योगिकी, (इ) समानतापरक विकसित विश्व-अर्थरचना, और (ई) विश्वशांति, पर्यावरण-संरक्षण, स्वस्थ शिक्षित-सम्मानी मनुष्य, तथा विज्ञान और मानविकी का सामंजस्य।

आज जो राष्ट्रीय सूचनातंत्र, सुरक्षातंत्र तथा विकास तंत्र है वह (1) कंप्यूटर, (2) इंटरनेट, (3) इलेक्ट्रान, (4) आणविक ऊर्जा के शांतिहेतु इस्तेमाल पर आधारित है।

तथापि आधुनिक युग में **'भूमंडलीकरण'** (ग्लोबलाइजेशन) ने विश्व की लगभग सभी सभ्यताओं और संस्कृतियों तथा देशों को अपनी चपेट में ले लिया है। **'विश्व ग्राम' की अवधारणा** इसकी सहवर्ती है। राष्ट्रीय संस्कृतियाँ धूमिल पड़ती जा रही हैं।

भूमंडलीकरण के घेरों में पहले तो **'उत्तरआधुनिकता'** का शोर-ए-क़यामत गूँजा। इसके साथ ही **'विचारधारा के अंत'** की घोषणा हुई। और अब **बाज़ारवाद, उपभोक्तावाद** तथा अनूठे **व्यक्तिवाद** का बोलबाला है। निष्कर्ष यह कि, समाज, संस्कृति और इतिहास के संरूपों को ही ख़त्म कर दिया जाए।

भूमंडलीकरण ने समाजविज्ञानों के समक्ष कई विकट चुनौतियाँ पेश कर दी हैं क्योंकि सूचना-प्रौद्योगिकी के यंत्रविन्यास के जरिए इसने जवाबदेही के स्तर ज्यादा विवादास्पद तथा ऊँचे उठा दिए हैं। अतः इसके (=भूमंडलीकरण) द्वारा समाजविज्ञानों में गंभीर संकट भी पैदा कर दिया गया है, विशेषतया अर्थशास्त्र, राजनीति, मानविकी क्षेत्रों में। बाज़ार की बढ़ती ताकत, शिक्षा का व्यावसायिकीकरण, उच्च शिक्षण-संस्थानों में नौकरशाही का बढ़ता दखल, सभी सरकारी-ग़ैर सरकारी कामकाजों में अजीबोगरीब भ्रष्टाचार, सांस्कृतिक अकादमियों में राष्ट्रीय संस्कृति नीति का अभाव आदि ने समाजविज्ञानों को बेहद पीछे धकेल दिया है।

अब भूमंडलीकरण में तुर्तफुर्त मोटा फायदा देने वाले जो इदारे हैं अर्थात् प्रभाव व लाभ की छानबीन करने वाले जो सामाजिक विज्ञान तथा विज्ञानादि हैं उनकी ही तूती बोल रही है। इस मिलीभगत से मानविकी-विद्याएँ अवसान को प्राप्त होती जा

रही हैं। राजनीतिक दर्शन और विचारधाराएँ तथा कुछ राज्य-व्यवस्थाएँ भी इसका शिकार हो गई हैं। इसलिए अब समाजविज्ञानों में वस्तुनिष्ठता से ज्यादा बड़ा सवाल नीतिशास्त्र का, तथा आलोचिंतना और संस्कृति में ज्ञान से बड़ा सवाल कर्मयोग (प्रेक्सिस) का बन गया है क्योंकि लगातार विचारधारा के अंत की अर्थात् विवेक और कर्म की मैत्री की समाप्ति कराने की योजनाएँ हो रही हैं। भूमंडलीकरण ने उपभोक्तावादी जीवनशैली तथा अतार्किक व्यक्तिवाद को भी पनपाया है। इसके द्वारा लघु उद्योग, दस्तकारी उद्योग भी चौपट हो रहे हैं; गरीबी और सामाजिक विषमताएँ बढ़ती जा रही हैं।

तो क्या हमारा **समकाल** कलावाद, भोगवाद, मनोरंजन, फैशन, रैम्प-प्रदर्शनों का काल बन गया है जो अवकाशभोगी, उच्चमध्यवर्ग को शामिल करके ठहरे हुए **शांतिकाल** की प्रवृत्तियाँ ओढ़ा रहा है? क्या हरहाल में हर क़ीमत पर शांति और स्थायित्व ही समाज एवं सभ्यता के उद्देश्य बच गए हैं? क्या **संक्रांतिकाल** वाली बेचैनी, विद्रोह, अस्वीकृति, परिवर्तन की पुकारें खामोश की जा रही हैं? तो फिर श्रेष्ठ एवं क्लासिक रचना तथा आलोचिंतना किस काल में लिखी जा सकती हैं? भूमंडलीकरण के मौजूदा दौर में निर्धनता और विकास, निवेश और व्यापार, मानवीय निवेश और जीवन की गुणवत्ता, पर्यावरण और प्रदूषण, स्वास्थ्य और शिक्षा, लिंगभेद और दलित-प्रतिरोध से भारतीय सभ्यता तथा संस्कृति, संस्कृति तथा आलोचिंतना, आलोचिंतना तथा रचना किस तरह निपटेंगी? ये सवाल अब केवल अर्थशास्त्र के ही नहीं हैं बल्कि दर्शनशास्त्र, राजनीतिशास्त्र, मनोविज्ञान, विधिशास्त्र, कला, संस्कृति आदि के भी हैं। इस इक्कीसवीं शताब्दी में 'विकसित भारत' की सभ्यता-संस्कृति-आलोचिंतना के सामाजार्थिक चरित्र एवं सौंदर्यबोधात्मक मनोलोक के लिए इनसे बड़ा कोई अन्य लक्ष्य और मूल्य और श्रेय हो ही नहीं सकता।

इसे अधिक स्पष्ट करने के लिए हम तीन-चार महानगरों-अतिमहानगरों के संक्षिप्त उदाहरण लेंगे—चंडीगढ़, बंगलोर, और गुड़गाँव। इनकी सभ्यता के एटलस बहुत कुछ बताए दे रहे हैं। सबके लिए इस साल के मध्य को औसत मान लें।

1. **चंडीगढ़** सबसे अधिक हरियाली वाला, सबसे अधिक कारोंवाला, सबसे अधिक सुचारु परिवहन तथा यातायात वाला शहर है। इसमें प्रति व्यक्ति आय दर (एक वर्ष में रुपयों में) सबसे ज्यादा है [चंडीगढ़ : 57621, मुंबई : 56826, दिल्ली : 51664, बंगलोर : 48116, हैदराबाद : 46331] यह दो राज्यों (पंजाब तथा हरियाणा) और एक केंद्रशासित क्षेत्र की राजधानी है। इसमें सर्वाधिक प्रवासी-पंजाबी-भारतीय रहते हैं जो अनापशनाप वित्तीय पूँजी तथा व्यापारिक धन झोंक रहे हैं। अतः यह फैशन, प्रदर्शन, उपभोग की दृष्टि से भी बहुत आगे है। अंधे पश्चिमीकरण की बंदर-नकल में यह एक जातीय-संस्कृति-विहीन शहर बन गया है। शहर स्वच्छ और खुला इसलिए है कि विशाल केंद्र-अनुदान के अलावा यह लगभग पूर्णतः नियोजित शहर

है। जिसका खाका फ्रांसीसी वास्तु शिल्पी ले कार्बूज़िए (1887-1965) ने तैयार किया था। इस कारण यहाँ अमानवीय रहने वाली गंदी झोंपड़पट्टियाँ कम से कम नज़र आती हैं या उजाड़ दी जाती हैं। यहाँ सामान्य जनजीवन से जुड़ी असली जिंदगी मुश्किल से दिखाई देती है क्योंकि मुखौटे और पर्दे तान लिए/दिए गए हैं। चारों ओर आई. टी.-क्षेत्र काटकर बनाए जा रहे हैं। टैगोर-थियेटर, कलाग्राम, तथा प्राचीन कलाकेंद्र तीन मशालें भी हैं।

2. गुड़गाँव (हरियाणा) 'दिल्ली के राष्ट्रीय राजधानी क्षेत्र की परिधि' में जोड़ लिया गया है। इसे भविष्य का शहर कहा जा रहा है। विश्व की फारच्यून पाँच सौ कंपनियों में-से सौ कंपनियों के कार्पोरेट घराने, एयरबसों का छह बिलियन डालर का सौदा करने वाली इंडिगो एयरलाइंस का मुख्यालय, बड़े-बड़े उसारे जाते हुए माल्स आदि इसे विश्व के किसी भी विकसित शहर का प्रोटोटाइप बना रहे हैं। आज ऐसा है गुरु (द्रोण) का ग्राम उर्फ़ गुड़गाँव!

आज यह शहर कालोनाइज़रों से भर गया है जो बड़े पैमाने पर ज़मीनें खरीदकर कई गुना आसमान छूती कीमतों पर बेच रहे हैं तथा कई टाउनशिप बसा रहे हैं। इनका मल्टीनेशनल कार्पोरेटरों से गठजोड़ हो गया है। इस वजह से यहाँ उच्चवर्ग तथा उच्च मध्यवर्ग की आबादी में जबर्दस्त बढ़ोतरी हुई है। साथ ही हज़ारों हकबकाए कुशल-अकुशल कर्मचारी भी आ पहुँचे हैं। इस तरह यहाँ की जिंदगी चावल के दानों की तरह छिटककर पिचुल-बिखर गई है। महँगाई दिल्ली से ज्यादा है तथा उपभोक्तावाद चरम सीमा छू रहा है। क्रूर प्रशासन द्वारा भयानक पुलिसिया अत्याचार भी होता है (जुलाई 2005)।

3. बंगलूर (कर्नाटक) भारत का सूचना-प्रौद्योगिकी वाला शीर्ष शहर है और जनाब बिल गेट का भी प्यारा क्षेत्र है। यह एक कास्मोपालिटन मेगा शहर है जिसकी शहरी आबादी की वृद्धिदर देश के सभी शहरों से ज्यादा है। यहाँ देश के सभी प्रमुख राज्यों तथा राष्ट्रीयताओं के लोग आकर बस रहे हैं। यह एक शालीन, स्वच्छ, सांस्कृतिक, धर्मनिरपेक्ष और उदार शहर है। यह शहर अपनी ऐतिहासिक तथा सांस्कृतिक जड़ों से संलग्न है, उनका लगातार पोषण कर रहा है एवं उनसे पोषित भी हो रहा है। यह एक सांस्कृतिक एवं विकसित आधुनिक शहर है।

तदपि आई-टी के बूम के साथ बंगलौर में सैकड़ों कंपनियाँ ही नहीं, बल्कि अतिरिक्त पाँच लाख लोग भी आए हैं जिनमें प्रोफेशनल कर्मी, कुशल कारीगर तथा उनके परिवार हैं। वे देश के सभी हिस्सों से आए हैं। इससे मोहल्ले, सड़कें, स्टेशन, हवाई-अड्डे सभी में भीड़भाड़ हो गई है और यातायात-जाम लगा रहता है। बिजली-पानी की बुनियादी सुविधाएँ भी चरमरा गई हैं। नया इन्फोसिस शहर तथा कैंपस भी समस्या नहीं सुलझा पा रहे हैं। आवास भी दुर्लभ और महँगे हो गए हैं।

उपर्युक्त तीनों तथा अनेक विकासशील शहरों में जो यह दिखावटी खुशहाली आई है वह किसानों को ज़मीन तथा कामकाज से उजाड़कर, तथा बेतहाशा बेरोज़गारी

बढ़ाकर आई है। इसने आंचलिक संस्कृतियों की निजता मिटा दी है तथा मनुष्य को समाजधारा से काटकर कंकड़ की तरह कूटकर अकेला फेंक दिया है। संबंधों की प्रगाढ़ता तथा नाते-रिश्तों की विविधता विलुप्त कर दी गई है। चारों ओर 'हाईवे' के मकड़जाल ताने जा रहे हैं जहाँ न जाने कितने कृती-चिंतक स्पाइडर-मैनों का बलिदान होगा। अगर आव्रजन (इमिग्रेशन) अनियंत्रित होकर चालू रहे, तथा सीमित क्षेत्रफल तथा प्रदत्त नागरिक सुविधाओं (आवास, परिवहन, सेनिटेशन, शिक्षा, स्वास्थ्य, रोज़गार, मनोरंजन आदि) में विस्फोट करता हुआ बढ़े, तो अवैध झोंपड़पट्टियों तथा मलिन बस्तियों का संजाल बेतहाशा अतिक्रमणकारी होने लगता है; अराजकता तथा अस्वच्छता, अपराध और अन्याय का बोलबाला हो जाता है। सो, ऐसे **विषम शहरीकरण** के लक्षण शहरीय क्षरण एवं ह्रास हो जाते हैं। उक्त महानगरों के फिरनी वाले उपग्रही शहरों में यह सबकुछ होना शुरू हो चुका है और अब क्रोड़ में भी दाखिल होने को उद्धत है। निष्कर्ष रूप में यही सूत्रवाक्य उच्चरित किया जा सकता है कि 'नई अर्थरचना ने नई राजनीति, नई संस्कृति, नई चिंतना को पैदा किया है जिसको अभी भी पीड़ा तथा विस्थापन की स्वीकृति करना बाकी है।'

अंततोगत्वा हम भविष्य-विज्ञान (फ्यूचरोलॉजी) का कुछ-कुछ अभिज्ञान तथा अनुमान कर सकते हैं।

मानव-समाज और इतिहास में दो-दो के दो युगल शताब्दियों से सक्रिय रहे हैं और शताब्दियों तक रहेंगे :—रचना तथा आलोचिंतना, एवं संस्कृति तथा सभ्यता। इनके बीच धारावाहिकता भी, उत्थान-पतन के साथ, निरंतर संचरणशील है—रचना और समकालीन आलोचिंतना, आलोचिंतना और संस्कृति, संस्कृति और भविष्यवादी सभ्यता। यही हमारा शाश्वत त्रित्व है।

काल-चक्र में जब-जब और ज्यों-ज्यों ये तिगड्डे घुलेमिले हैं, अथवा टकराए हैं, तब-तब और त्यों-त्यों इतिहास तथा समाज में आलोक या आँसू, या अंगारे बरसे हैं, अथवा रोटी और कमल की ताक़त का समुच्चय इतिहास एवं समाज में आंदोलन, संकट, संक्रांति या रिनाँसा पैदा करता आया है।

क्योंकि इन तीनों कुलकों (सेट्स) में शताब्दियों की राष्ट्रीय परंपराएँ और विरासत तथा 'सामूहिक अवचेतन' संग्रथित हैं। विशेषरूप से आलोचिंतना एवं संस्कृति तो विचार-धुरी पर अवस्थित हैं। अर्थात् कमोबेश तौर पर ये भावुकता से सम्मानजनक दूरी बनाए रखती हैं। एवज़ में ये विश्लेषण, चिंतन एवं कर्मयोग (प्रेक्सिस) को दीपित करती रहती हैं।

हमें यह बात भी लगातार ध्यान में रखना होगी कि प्रोक्तियों तथा प्रोक्ति-विश्लेषण की अनेकानेक विधाएँ एवं विधियाँ हैं। मार्क्स की, आइंस्टीन की, 'चे'ग्वेवारा की, फ्रायड की; तिलक, गाँधी और रवींद्र की प्रोक्तियाँ नाना प्रकृति की होंगी। उनके संप्रेषण, प्रभावडोत्पादन और प्रयोजन भी भिन्न-भिन्न होंगे। इसी तरह संस्कृति के चक्रचिह्नों में कोसांबी, आचार्य शुक्ल, मोतीचंद्र, आनंद कुमार स्वामी, एच.डी. सांकलिया, ठाकुर जयदेव सिंह, सत्यजित रे, वासुदेवशरण अग्रवाल के प्रतीक एवं 'अर्थात् जेस्टाल्ट' (मीनिंग जेस्टाल्ट) विभेदक होकर भी द्वंद्वात्मक समन्वय में बँधे हो सकते हैं।

सबकी नाभिनाल भाषा ही है। मायाविनी भाषा विभिन्न ज्ञानानुशासनों के पारिभाषिकों तथा शब्द-भंडारों (लेक्सिकॉन) के कुलकों एवं प्रवर्गों से बहुल-आयामी होगी जिससे चिंतन तथा संस्कृति में विविधता एवं बहुलता आएगी। तभी ये **'आलोचिंतनात्मक संस्कृति'** को आत्मोत्तीर्ण करके **'सांस्कृतिक आलोचिंतना'** में कायांतरित (मेटामार्फोज) कर सकेंगे। एक कहावत हमें सदैव खबरदार करती रही है : 'जहाँ फरिश्ते भी कदम रखने में डरते हैं, वहाँ मूर्ख लोग दनादन आ कूदते हैं।' तो, हमने अपने तईं फूँक-फूँक कर कदम रखे हैं॥

2005

2 इस नयी सहस्राब्दि में

हमारे देश की पचास फीसदी आबादी पैंतीस साल के नीचे की उम्र की अर्थात् युवाशक्ति से संपन्न है। शायद इसीलिए नारी-सशक्तीकरण और दलित-जागरण इस शताब्दी के एजेंडा में हैं। तदपि घोटालों और वंशवाद के बावजूद आर्थिक विकास की दर ऊँचाई की ओर है, विश्व-बिरादरी में भारत एक उभरती एशियाई शक्ति है। भूमंडलीकरण में एक समर्थ साझेदारी के बावजूद भारत सार्वजनिक क्षेत्रों तथा लघु उद्योगों में रोज़गार तथा उद्यम की गिरावट झेल रहा है। लोकतंत्र में सभी चुनाव सत्ता के लिए होते हैं। ताकि (कम-से-कम) एक सिविल सोसाइटी तथा लोक कल्याणकारी राज्य क़ायम हो सके। भारत में वंशवाद का शासन केंद्र से लेकर राज्यों तक में बढ़ा है। शक्ति का बँटवारा हो रहा है। एक मिसाल है हाल ही में पंजाब में संगीत-नाटक अकादमी, ललित अकादमी तथा साहित्य अकादमी को क्रमशः अमृतसर, जालंधर और पटियाला में स्थानांतरित कर देना। ऐसे नए परिवेश को सारे देश पर लागू करें। किंतु इनसे जुड़े कलाकारों तथा सांस्कृतिक संगठनों से सत्ता ने कोई भी सलाह नहीं ली। साहित्य हाशिए पर खिसक गया है।

दूसरी बात है : आधुनिकता या उत्तर-आधुनिकता के मृगजाली चक्रवात में विचारधाराओं तथा आंदोलनों को खोखला तथा विखंडित सिद्ध करना। ऐसे प्रदर्शन में दर्शन और कर्म निरर्थक दिखाए जा रहे हैं। यह उत्सवों (सेलिब्रेशंस), संघटनाओं (हैपनिंग्स) तथा उत्सवधर्मीयम् (सेलिब्रिटीज़) का मानो महायुग है अर्थात् आज नवसमृद्धि के (पुराने) नवकुबेर महाराजा हो गए हैं, अर्थात् अंबानी, गोदरेज, प्रेमजी, सहारा जैसे भारतीय पूँजी के सशक्त परिवार विराट् आयोजनकर्ता हैं चाहे मक़बूल फ़िदा हुसैन की पेंटिंग-फिल्में हों, या क्रिकेट की मैच-शृंखलाएँ हों, या संगीत-नृत्य-समारोह हों। ये चंचला लक्ष्मी की चमत्कारी चालें हैं। इनमें साहित्य-समारोह गुमशुदा हो रहे हैं। उन्हें कुछ सुरुचि वाले ऊँचे अफ़सर कभी-कभार आयोजित करा देते हैं (कथाक्रम, बिरला मोदी और ज्ञानपीठ पुरस्कार आदि) तमाशा जारी है अर्थात् मूल समस्याओं को भुलाते रहने के लिए मैरिज-व-बैंक्वेट हॉल हैं, जलसाघर हैं, सभागीरी (कान्फ्रेंसिंग)

के लिए पंचसितारा होटल हैं, सिनेमाघरों में मसाला-पटकथाओं के भव्य उद्घाटन, शादी के कौमुदी-महोत्सव हैं। उनके बड़े-बड़े बजट हैं। उनमें समृद्धि के नए चक्रवर्ती महाराजे हैं। सारा जीवन ही प्रदर्शन (शो) हो चला है। तदपि तमाशे (शो) जारी रहना जरूरी हैं। अर्थात् गुप्तों और मुग़लों से लेकर आज तक समृद्धि के चक्रवर्ती-समूहों में बेकार और अशिक्षित, भूखी और लाचार जनता के लिए बड़े, उससे भी बड़े, सर्वाधिक बड़े तमाशे जारी हैं। इस लोकतंत्र में तमाशों का जारी रहना जरूरी है। फिलहाल इसमें लोकजन, लोकचित्त, लोकसंस्कृति तथा लोकसाहित्य को ठेंगा दिखाया जा रहा है। लेकिन सेलिब्रेशंस को शनैः-शनैः संघर्षशीलता धकिया देगी। यह जनांतिकम् भी जारी है। इसका जारी रहना सबसे ज्यादा जरूरी है। इसकी धमक भाषा और यथार्थता के अनुचिंतनों (रिफ्लेक्शंस) में परिलक्षित होती आई है—सदियों से?

तीसरी बात ज्ञात हो कि, यह आयोजन राष्ट्रीय साहित्यिक कार्यशाला का है अर्थात् इसमें विभिन्न साहित्य-विधाओं, पत्रकारिता, फिल्म-स्क्रिप्ट आदि की प्रौद्योगिकी की डिज़ाइनों, संरूपों, तकनीकों एवं प्रकार्यों तथा विकास की प्रक्रियाओं के गुर तथा गुणसूत्र (जीन्स) तलाशे जाएँगे अर्थात् यह शुद्ध अकादमिक संगोष्ठी नहीं है; न ही साहित्येतिहास का सर्वेक्षण है और न ही रचनाओं की आलोचिंतना [होना यही चाहिए]। इसलिए इस कार्यशाला को सिद्धांतों के बजाय साहित्य की **सत्ता** तथा साहित्य की **आर्थिकता** वाली समृद्धि पर ध्यान केंद्रित करना होगा ताकि वह हाशिए के बज़ाय हस्तक्षेपकधुरी पर आ जाए। सो हमारा लक्ष्य भी ऐसा ही होगा। हमें भी इस मुकद्दमे में अपने देश की आबादी के पचास प्रतिशत अर्थात् **युवाशक्ति** (रचनाकार एवं पाठक एवं मानक प्रकाशक) तथा साहित्य के घाटे की व्यवस्था को मुनाफ़े की **आर्थिकता** में बदलना होगा। सूचना प्रौद्योगिकी तथा विकास की डायलेक्टिक्स में हमारा सांस्कृतिक एजेंडा नत्थी हो सकता है। इस हेतु रुचियों का विवेचन तथा संप्रेषण की सुलभता अपेक्षित है। हमारे वैज्ञानिक राष्ट्रपति युवा मस्तिष्क को प्रज्वलित करने के लिए लगातार **ज्ञान** तथा **स्वप्न** की संयुक्ता की वकालत कर रहे हैं। साहित्य का भी यही साध्य हो सकता है—इक्कीसवीं शती में।

सुधीश पचौरी ने एक लाख अशर्फ़ियों वाला सवाल उठाया है—चालीस-पचास करोड़ के 'विराट् हिंदी-समाज में किस तरह के ज्ञान की सामग्री की, पाठ्यपुस्तकों की जरूरत है?...यहाँ किस तरह का किताब-बाज़ार है?' एक मिथक फैल गई है कि हिंदी में सिर्फ़ कविता-कहानी-उपन्यास लिखे जाते हैं। अथच, हिंदी-क्षेत्र ज्ञान-विरोधी तथा पुस्तक-शत्रु है। यह ठीक है कि हिंदी-क्षेत्र, हिंदी-भाषा तथा हिंदीयों की संस्कृति की वैसी धारणा नहीं है जैसी कि पंजाब-पंजाबी-पंजाबियत, बंगाल-बँगला-बंगालियत, अथवा काश्मीर-काश्मीरी-काश्मीरियत की है। शायद हिंदी-क्षेत्र का कोई एकल नाम नहीं है, हिंदी एकलक्षेत्रीय भाषा नहीं है तथा बहुभाषी-बहुधर्मी बहुराष्ट्रीयता के बीच हिंदी-संस्कृति

भी एकायामी. नहीं है। पहले यही क्षेत्र साम्राज्यों की धुरी रहा है—मौर्य, शुंग, कुषाण, गुप्त, हर्ष और मुग़लों की। इनमें से कुषाण मथुरा और पुरुषपुर (पेशावर), हर्ष स्थाण्वीश्वर और कान्यकुब्ज, मुग़ल आगरा और दिल्ली में राजधानी अदल-बदल करते रहे थे किंतु शताब्दियों तक यह बेसिन साम्राज्यवाद-सामंतवाद, रूढ़िवाद का बेसाख़्ता कर्म-क्षेत्र बना रहा। इसका परिणाम ही है कि आज तक यमुना-गंगा-सरयू का बेसिन गरीब, भयभीत और पिछड़ा रह गया है। भारतेंदु-युग में 'हिंदुस्तान-हिंदी तथा हिंदू' के अनुप्रास से जो अस्मिता गढ़ी गई उसे स्वयं भारतेंदु ने ही अपने बलिया-भाषण में 'हिंदू' जाति को हिंदी-भाषी भारतीयता का पर्याय बना दिया। रामविलास शर्मा ने एक समाजशास्त्रीय प्रत्यय गढ़ा, 'हिंदीजातीयता' (अर्थात् हिंदी-नेशनिलिटी)। फिलहाल हिंदी-संस्कृति के नाम पर तो हिंदी **की** फिल्मों के बजाय हिंदी **में** बालीवुड का यूरोवुड हालीवुड-लालीवुड वाला मिर्चमसाला ही संस्कृति का गला घोंट रहा है।

इसलिए हिंदी-क्षेत्र में विविध राष्ट्रीयताएँ, विविध जातीयताएँ, विविध भाषाएँ (उर्दू-हिंदी) तथा बोलियाँ एक मिलीजुली भारतीय संस्कृति का अनगढ़ मॉडल पेश करती हैं। इस क्षेत्र में न्यून साक्षर, मध्यम साक्षर बेहद ज्यादा हैं तथा अतिसाक्षर बहुत कम। इनकी जरूरतों के स्तर भी भिन्न-भिन्न हैं। अतः यहाँ समाज के जो विविध समूह हैं उनमें क्षैतिज संचरण (होराइजेंटल मोबिलिटी) तो है, लेकिन प्रलंब (वर्टिकल) लगभग नहीं। इसके अलावा यहाँ उस वित्तीय पूँजी का अर्जन/संचयन कम है जो सांस्कृतिक गतिविधियों का आधार होती है। इस वजह से उपभोक्ता मालों की तो मार्केटिंग हो रही है माँग और आपूर्ति द्वारा, लेकिन पुस्तकों का 'माल' अभी नहीं खप रहा है। इसके विपरीत हिंदी-पत्रकारिता की मार्केटिंग और हाट-बाजार इतना ज्यादा फैल रहा है कि अंग्रेजी की कई टी. वी. चैनलें, अंग्रेजी के कई अखबार हिंदी में अपने संस्करण निकालकर चित्तकोबरा रुचियों को भी थोप रहे हैं। तथापि पत्रकारिता की भाषा और रचनात्मकता की भाषा बखूबी घुलमिल रही हैं। इससे एक बहुसंकुलीय बहुपाठकीय संप्रेषण का बोध निहाल हुआ है जो ग्रामीण बनाम शहरी भाषिकता का फर्क़ क्षीण कर रहा है। हिंदी अपनी आंचलिकता तथा क्षेत्रीयता की लक्ष्मण-रेखाओं को लाँघकर शहरीकरण और आधुनिकीकरण के संक्रमण से जूझ रही है। अतः पुराने ढर्रे की टेक्स्ट बुकें, पुरानी लीकों वाली आलोचनाएँ, पुरानी नैतिकतावाले गल्प अपना बाज़ार लगभग खो चुके हैं। रचनात्मक क्षेत्र में तो नई दिशाएँ जगमग हो रही हैं लेकिन ज्ञानक्षेत्र में अभी सूफ़ियाना सात दीवे नहीं बाले जा सके हैं और न ही उसमें बाज़ार का समानांतरण गठन हुआ है। अगर हिंदी-पत्रकारिता सूचना-प्रौद्योगिकी के तक़नीकों का भरपूर लाभ उठा रही है तो हिंदी-नव लेखन तथा हिंदी-समाज सांस्कृतिक चिंतन के आधार पर अच्छी और उत्तम किताबों की माँग क्यों नहीं बन पा रही है? हिंदी में विविध ज्ञान की सामग्री का निर्माण क्यों नहीं हो पा रहा है? क्या हिंदी में विशेष ज्ञान विधाओं को लाने की क्षमता वाले लेखक नहीं हैं? इस शताब्दी में हम नए लेखकों-विचारकों पर विश्वास रखते हैं

कि वे अवश्यंभावी राहुल सांकृत्यायन, रामविलास शर्मा, श्यामाचरण दुबे, रोमिला थापर, वासुदेवशरण अग्रवाल, सच्चिदानंद हीरानंद वात्स्यायन, आदि के चौखंभों को बारहखंभों तक बढ़ाएँगे। प्रकाशन गृहों में राजकमल, राधाकृष्ण, लोकभारती, वाणी, आधार, विश्वविद्यालय, ज्ञानपीठ, राजपाल, नेशनल, परिमल, किताबघर, साहित्य अकादमी, नेशनल बुक ट्रस्ट, प्रकाशन संस्थान, ग्रंथ-शिल्पी, विभिन्न राज्यों की साहित्य अकादमियाँ आदि के मैनेजमेंटों पर विशेष जवाबदेही है कि वे सरकारी खरीद और लाइब्रेरियों में कमीशनबाज़ी से उभर कर पाठकों के बाज़ारों, मेलों, उत्सवों, सम्मेलनों में भागीदारी करें। हिंदी में अनूदित होकर रश्दी, विक्रम सेठ, नैपाल, अरुंधति, तसलीमा नसरीन भी तो अपनी-अपनी पाठक-हाट बना लेते हैं। अतः प्रकाशन और पत्रकारिता का तालमेल मज़बूत करना हमारी शताब्दी की सबसे खास चुनौती है। अभी तक अक्सर हिंदी में किताब-धुरी पर लेखक-प्रकाशक और सरकार-पुस्तकालय रहे हैं। अब इस पर समाज और पाठकों का हल्ला-बोल होना चाहिए...इसी प्रक्रिया द्वारा किताबें दबी रखी पुरावस्तु के बजाय पुनः वैयक्तिक-सामुदायिक यथार्थों-अनुभवों-स्मृतियों-स्वप्नों का जीवंत तथा संचरणशील दस्तावेज बन जाएँगी।

पत्रकार-कथाकार राजेंद्र यादव ने बेहद सुलगते सवालों से घने अँधेरे जंगल में आग लगाई है—मीडिया के अवसांस्कृतिकीकरण पर, दलित और पिछड़ों के सांस्कृतिक उत्थान पर, तथा नारी-मुक्ति एवं नारी-सशक्तीकरण पर। इस सहस्राब्दि के रचनाधर्म की हमारी प्रस्थानत्रयी यही है। कथाकार-विचारक कमलेश्वर ने कई अगले सिंहद्वारों को खोलते हुए कहा कि 'हम अगर अपनी बहुधर्मी, विविधतावादी विरासत को बनाए रखना चाहते हैं तो हमें लोकतंत्र के लिए बहुपार्टीवादी पद्धति की रक्षा करनी पड़ेगी।' भारत का एक बहुपार्टीवादी-विविधतावादी-बहुधर्मी-बहुभाषी बहु-उपसंस्कृतिवादी समाज है। आजकल जो हमारी राजनीति लक्ष्यहीन तथा विचारधारा-रहित हो रही है, उससे अवसरवादिता तथा सत्ता के गठबंधन के लिए भ्रष्टाचार परिव्याप्त हो रहे हैं। अतः साहित्य-संस्कृति में भी खतरनाक फैशन चल पड़ा है कि (कतिपय) विचारों को, या मुद्दों को, या लोकहितू घटनाओं को बासी रोटी, मामूली चलन या खोटे सिक्के बना बता देना। खासकर सोवियेत संघ के पतन के बाद महासंदर्शों के बजाय महाउत्सवों (सेलिब्रिटीज़) में आत्मविस्मृत होने वाली उत्तर-आधुनिकता हावी-सी है! तो क्या सोवियेत पतन के साथ सामाजिक चिंतन की विचारधाराओं की मृत्यु हो गई? यह मान लेना तो विमर्श (डिस्कोर्स) की हत्या करना जैसा ही होगा। जो विचार हमें समझ में नहीं आते या जो हमारे संज्ञान के प्रतिकूल होते हैं, उन्हें दुरूह या अप्रासंगिक बताकर खारिज़ कर देना थोड़ा आसान है। इससे भी ज्यादा आसानी लिए हैं, उनके संक्षिप्त, या भड़ौआ, या नकटे पर्याय गढ़ लेना! तदपि अर्थशास्त्र तथा मंडी-हाट के साथ-साथ मानवाधिकार एवं सांस्कृतिक स्वतंत्रता भी उतनी ही लाजिमी हैं। आतंकवाद और आणविक हथियार, न्याय और

समानाधिकार, शिक्षा और स्वास्थ्य, संस्कृति और सृजनशीलता, पर्यावरण और विकास हमारी इस सदी के प्रमुख विचार और मुद्दे भी हैं। समाज विशेष रास्तों पर चलकर ही जिंदा बचे रहते तथा संपन्न होते हैं। हम उन रास्तों को वामपंथी मध्यम तथा दक्षिणपंथी संवर्गों में ले आते हैं। उन संवर्गीय रास्तों पर ही हमारे रचनाक्षेत्र तथा ज्ञानक्षेत्र का विस्तार होता है। इसकी अभिव्यक्ति सर्वाधिक समाजविचारों, कविता और गल्प में होती है। जे. के. रीलिंग की 'हैरीपाटर' वाली श्रृंखला, गाब्रिएल गार्सिया मार्क़ेज का जादुई यथार्थवाद, उदय प्रकाश की कथायथार्थ-फांतासियाँ, अलका सरावगी के खुलेअंत वाले कथानक-पृष्ठ आदि ऐसे ही प्रयोग हैं। यूँ तो कविश्री आलोकधन्वा, राजेश जोशी, अरुण कमल, बलदेव वंशी, धर्मवीर भारती, कुमार विकल ने भी भावी दिशाओं के झरोखे खोले हैं। हम दिशानिर्देशक गल्प के दायरों में कुर्रतुल-एन-हैदर का 'आग का दरिया', राहुल सांकृत्यायन का 'वोल्गा से गंगा' को अनागत सूचक मान लेते हैं। इस कड़ी में भी पहले जीवनियाँ रची गईं ('कलम का सिपाही', 'निराला की साहित्य साधना', 'मिला तेज से तेज')। फिर कृती-महारथियों की जीवनियों पर उपन्यास : 'मानस का हंस' (तुलसी की जीवनी), 'सूत्रधार' (भिखारी ठाकुर की जीवनी), 'पावक' (वल्लभाचार्य की जीवनी), 'प्रेम तपस्वी' (बुंदेली लोककवि ईसुरी की जीवनी)। इस तरह जीवनी, जीवनीपरक उपन्यास तथा आत्मवृत्त ('एक साहित्यिक की डायरी' [मुक्तिबोध] 'क्या भूलूँ क्या याद करूँ' [बच्चन], 'साथ-साथ मेरा साया' [नरेंद्र मोहन]) का अद्भुत मेल भी गल्प का नया कायाकल्प करने जा रहा है। ये खुले मस्तिष्क की चाभियाँ बनेंगे। नदी-गाथा के रूप में देवेंद्र सत्यार्थी के 'ब्रह्मपुत्र' तथा नागार्जुन के 'तरुण के बेटे' के बाद अमृतलाल बेगड़ कृत 'सौंदर्य की नदी नर्मदा' भी अनछुई दिशा खोलती है। इस प्रकार का काव्य-प्रयोग विश्वंभरनाथ उपाध्याय ने 'गीत और गंगा' में किया है। मानकदिशाएँ शानी का 'काला जल', महाश्वेता देवी का 'बिरसा मुंडा का तीर' और 'शालगिरह की पुकार', कमलेश्वर प्रसाद भट्ट का 'काफलवाणी' भी कुछ नया संकेतित करते हैं।

बीत गई बीसवीं शती के उत्तरार्ध की कुछ कृतियाँ हमारी इस शताब्दी में अनुकृति-अनुमिति को प्रोत्साहित करेंगी। यथा : 'मैला आँचल' (रेणु) और 'राग दरबारी' (श्रीलाल शुक्ल); 'इदं न मम' (मैत्रेयी पुष्पा) और 'आवां' (चित्रा मुद्गल); 'नौकर की कमीज़' और 'दीवार में एक खिड़की रहती थी' (विनोद शुक्ल); गालिब छुटी शराब' (रवींद्र कालिया) और 'मुझे चाँद चाहिए' (सुरेंद्र वर्मा); 'सूखा बरगद' (मंजूर एहतशाम) और 'झीनी झीनी बीनी चदरिया' (अब्दुल बिस्मिल्लाह); 'जिंदगीनामा' (कृष्णा सोबती) और 'झूठा सच' (यशपाल) व 'कितने पाकिस्तान' (कमलेश्वर) आदि।

उपन्यास में सर्वाधिक प्रयोग होते रहे हैं और उनका बहुत विस्तार भी हुआ है। यह सामाजिक यथार्थताओं के मुताबिक जारी रहेगा क्योंकि उसे बड़ी और तेज़ी से बदलती हुई दुनिया से साक्षात्कार जारी रखना होगा। उसमें भाषा और बोली और स्थानीय रंगों की एस्थेटिक्स भी नए-नए आयाम खोलती रहेगी।

सबसे बड़ी बात तो यह है कि अब ये साहित्य विधाएँ 'वैयक्तिक विधाएँ नहीं रहीं उनके सरोकार समाज की, मनोवैज्ञानिक तथा समाजशास्त्रीय जड़ों में धँस रहे हैं।' (कृष्ण सोबती)। कहानी भी अपने व्यक्तिगत मूडों से आगे निकल आई है। वैयक्तिकता तथा सामाजिकता का अडोल तथा डाँवाडोल तराजू झूल रहा है। अब मानसिक खुलापन सम्मोहित कर रहा है; तदपि चौंका भी रहा है।

हिंदी-उर्दू में लिखने वाले हैदराबाद, छत्तीसगढ़, मध्यप्रदेश, उत्तरप्रदेश, बिहार, पंजाब, हिमाचल प्रदेश, जम्मू-काश्मीर, दिल्ली, कोलकाता और मुंबई तक फैले हुए हैं। किंतु सम्मानित तथा प्रतिष्ठित लेखक पाताली दुनिया कैसे देखते हैं? रोहतक की शुभा बताती हैं कि मामूली आदमी की पाताली दुनिया की "शक्ति से संवाद के लिए शिक्षित मध्यवर्ग को ही अंतिम निर्णायक शक्ति मानने की आदत से बाहर आना होगा। निम्न मध्यवर्गीय और निचले तबकों, अल्पसंख्यकों, दलितों, युवाओं और महिलाओं को लेखक के तौर पर उनकी वास्तविक जगह (केवल प्रतीकात्मक नहीं) मिलने पर **भाषा** भी बदलेगी। संस्कृतनुमा निष्प्राण हिंदी की जगह बोलचाल की हिंदी का स्रोत भी यहीं से खुलेगा। ...यह भाषा अनेक निचले तबकों की हिस्सेदारी से ही बदलेगी।" ('हस्तक्षेप की दिशा में कुछ बातें', रोहतक, 2003)। इसके लिए नवसाक्षर **नवपाठक** की परिकल्पना भी साहित्य-केंद्र में उभरी है। प्रकारांतर से समर्थ **लेखक-संगठन** का सवाल भी उठता है। परंतु हमारी शिक्षा मूलतः और आद्योपांततः अकादमिक रही है, उसमें कैरियर तथा अनुप्रयुक्ति (एप्लाइड) की कम जगह रही है। इससे उसमें व्यक्तिगत, सामाजिक तथा संवेगात्मक दक्षताएँ—अविकसित रह जाती हैं। इसलिए साहित्य में भी वैसा ही धुँधला मुकुर झिलमिलाता है। सो, नवपाठक और नवलेखक, दोनों की कार्यशाला को बहुत लंबे कदमताल का अभ्यास करना पड़ेगा।

आज तो पाठ्यक्रम, और कक्षा-भवन तथा बाहरी समाज के बीच चौड़ी सुरंगें तथा खाइयाँ हैं। इस वजह से रुचियों के परिष्कार की ज़िम्मेदारी एक ओर तो भूमंडलीकरण के उपभोक्तावाद पर तथा दूसरी ओर मसाला-फार्मूला वाली फिल्मों के कंधों पर इस कदर टाँग दी गई है कि सैक्स, अंग प्रदर्शन, हिंसा और डॉनगीरी और उसके ऊपर खिचड़ी बोली, हमारी रुचियों के निर्णायक हो गए हैं। ज्यादातर अध्यापक फक़त ट्यूशनबाज, कुंजी-वाचक तथा अनुवादक हो गए हैं। उभरते लेखक भी लतीफ़ों-जुमलों में जकड़ जाया करते हैं। ऐसे में साहित्य की कार्यशाला लेखन, शिक्षण और निरीक्षण के अमली गुरों को कुछ तो बता सकती है। हमारा यक़ीन है कि यह लक्ष्य कुछ हद तक हासिल होगा।

2004

3 वाक् और मरुत : भाषा के प्रति एक अव्याकरणिक आप्रस्तुति

साक्षी वर्तमान में आर्ष, आदिम, आद्याशक्तिरूपा मिथकें कोरमकोर मिथ्या, या ढपोरशंखी गप्पें, अथवा अवैज्ञानिक गालफुल्ली कल्पनाएँ नहीं मानी जातीं। प्रत्युत उनमें **पूर्वेतिहास** तथा **जादुई यथार्थता** के झीने साम्यरूपकात्मक तानेबाने भी होते हैं।

[क] प्रतिपाद्य भाषा-चक्र में एक ऐसी ही लुभावनी मिथक का सबसे पहले संदर्शन करें। तैंतीस या उंचास **'मरुतों'** का एक झुंड होता है। वेदों में **मरुत** अमित तेजवान, स्वर्ण-वर्ण, अग्नि के समान तेजस्वी, स्वप्रकाश से भास्वर बताए गए हैं। वे विद्युतधारी हैं; सोने की माला, सोने के शिरस्त्राण तथा वस्त्राभूषण धारण करते हैं। [देवनागरी लिपि के समस्त वर्णाक्षर भी लगभग उंचास हैं]। तो 'स्वप्न-समय' में रुद्रदेव के वे पुत्रगण गायों को चुराकर ले उड़े। ध्यातव्य हो कि वर्णाक्षरों तथा मरुतों, दोनों की माता गो (इंद्रियाँ) हैं। इस चोरी पर इनके, और इनके ही दोस्त मरुत्वान (मरुत्सखा) देवता इंद्र के बीच युद्ध छिड़ गया॥ इंद्र सफेद हाथी ऐरावत तथा वज्रधारक उच्चैःश्रवा अश्व का स्वामी है। वर्णों के विभिन्न वर्गों-गणों-प्राणों की गुंजार-प्रकृति भी ऐसी कुछ हैं। अंततः वे गाएँ या वर्णाक्षरादिक मुक्त हुए और फिर स्फोटध्वनिवर्षी होकर पृथ्वी पर झटिति-प्रत्यय से दामिनीवत् देदीप्यमान हो उठे। वे अक्षर मन (वासना) तथा ध्वनि (वैखरी) द्वारा संवाहित होकर सरस्वती-प्रवाह में रूपांतरित हुए। इस प्रकार इंद्रियारूढ़ स्वरों और व्यंजनों (तथा क्ष, त्र, ज्ञ; य, र, ल, व; श, स, ह, इत्यादि) के समूह से वाणी, या सरस्वती, या अनादि भाषा का जन्म हुआ। यूँ इस मिथक का कूट (कोड) भी खुलता है।

मिथक में इसकी दूसरी संघटना का नाम **'वाक्'** है—'वाक् यज्ञस्य रूपम्' अर्थात् यज्ञ जैसी वाणी का यह दूसरा नाम है [देखें, ऋग्वेद का वाक् सूक्त तथा हिरण्यगर्भ सूक्त]। यूँ शनैः-शनैः भाषा के दिव्य या दैवी (डिवाइन) तथा पवित्र (सेकरेड) विराज़ का उन्मीलन होता है।

वाक् एक ओर काम की दुहिता है तो दूसरी ओर ब्रह्म का कारणभूत है। कालांतर में सरस्वती-रूपा वह (वाक् वै सरस्वती) प्रजापति की पत्नी तथा पुत्री, दोनों के रूप

में वर्णित है (कृष्ण-यजुर्वेद की काठ संहिता)। [इस मिथकीय अंतर्कुंडलन (मिथिक इंटरलॉकिंग) द्वारा वाक् और मन के बीच भी वैसा ही झगड़ा होता है (जैसा कि मरुत्त और इंद्र में)। फलतः मन एवं वाक्, ब्रह्म (ब्रह्मा) और सरस्वती का यह चतुरंग भाषा की वे मनोदार्शनिक एवं मनोरहस्यात्मक अंतर्छायाएँ उन्मीलित करता है जो कालांतर में परा और पश्यंती (अंतर्भुक्त) तथा मध्यमा और वैखरी (बाह्यरूप) वृत्तियों के रूप में उन्मीलित हुई हैं। संरचनावादी फर्डीनेंड सौस्यूर (1857-1913) सम्मत भाषोन्मीलन की शैली का स्रोत उक्त अधिष्ठापना में भी झिलमिल है। तो अपनी मरुतवाहिका वाक् अगर एक सर्वशक्तिमती देवी के रूप में रुद्र, वसु, आदित्य तथा विश्वदेवों के साथ विचरती है तो द्वितीयतः मित्रावरुण, इंद्राग्नी, अश्विनौ, सोम तथा त्वष्टा वर्णाक्षर आदि देवों को भी धारण करती है (ऋ. 10/125)। अतः वह वाग्देवी 'विराज्' या 'विराट्' भी है (अथर्ववेद 9/2/5)।

[ख] अथच, विश्व-संस्कृतियों में **देवता** भी मरते रहते हैं। **सभ्यताएँ** भी मरती हैं तथा **भाषाएँ** भी मरती हैं जब-जब उनके विश्वासी लोग तथा अभ्यासी जनपद विलुप्त हो जाते हैं। तो, हमारा आधुनिक 'त्रिपुर-दाह' कौन-सा है? यही हमारा **प्रथम त्रिपुर** होगा।

हमारा समाजवैज्ञानिक त्रिपुर-दाह यही है। यह क्लासिकता और क्रांति और रिनैसाँ की दशाओं में रक्तबीज या फोनिक्स पक्षी की भाँति बारंबार पुनरुज्जीवित होता रहता है। देवताओं-सभ्यताओं-भाषाओं के वे त्रिपुर पाताल लोक में चले जाते हैं; स्वर्गलोक में नहीं!

तो वे **लोक** कौन-से हैं?

वे लोक (i) जीवाष्मविज्ञान के हैं, (ii) पुरातत्त्व के हैं, (iii) नृ-तत्त्व के हैं, तथा (iv) मिथक-आलेख-कारी के हैं [चौथे का आंशिक उद्घाटन हम ऊपर कर आए हैं]; अंततः वे नृतात्त्विक भाषाविज्ञान के हैं...ये पुनर्नवीकृत लोक आज समकालीन, ऐतिहासिक, सांस्कृतिक, वैज्ञानिक तथा दार्शनिक संज्ञान में जगर-मगर होते दिखते हैं। सो, हम भी अतीत के उन लोकों के साथ-साथ मनोरथिक दूरी तक चलते रहते हैं।

वे कुछ लोक गुफा एवं शैलचित्रों (रॉक पेंटिंग्स), चित्रभाषाओं (हाइरोग्लाइफ़्स), चित्रभासिकगाथाओं (सारकोफेगस) आदि के हैं। यह **द्वितीयक भाषिक त्रिपुर** है। यहीं कोई आदि वैश्वक भाषा आच्छादित है जिसकी मास्टर-कुंजी पूर्वेतिहासिक तथा प्रागादिम क्रियाएँ (वर्ब) हैं [इनसे क्रियाविशेषण (एडवर्ब) के मिथुन आविर्भूत हुए जिस तरह से संज्ञाओं (नाउन) से सर्वनाम एवं विशेषण (एडजेक्टिव) के युग्मों का विकास हुआ]। इनकी देशिक-कालिक नानाविध संबंधताओं से पदबंध और वाक्य, संवाद और प्रोक्ति का पल्लवन-कुसुमायन हुआ। इसे **'व्याकरण'** कहते हैं। फिलहाल, हमें इस अक्ष से तो प्रस्थान करना ही पड़ेगा।

शैलचित्र विज्ञान और कला, जादू और धर्म, विभ्रम और यथार्थता के कदंब हैं। नियंडरथल मानव (डेढ़ लाख साल तक रहे) तथा होमो इरेक्टस (40-60 हज़ार साल पहले) के बाद जब हमारा अर्थात् होमोसेपियन्स (10-15 हजार साल पहले) अर्थात् मनुष्य

बनने का क्रमविकास हुआ, तबसे भाषा का निर्माण भी शुरू हुआ। शैलचित्र के कलानुष्ठान हमारी **प्रथम** पवित्र अवाचिक भाषा (नॉन-वर्बल लैंग्वेज) का **प्रथम** सुलगता नाद-बिंदु बने—दुनिया को **देखने, महसूसने** तथा उसकी द्वैतपरक या दुविधायुक्त जादुई यथार्थता की, चित्रों तथा उनके रूपकात्मक प्रतीकों द्वारा, **व्याख्या करने** में (वाकणकर का मत)। रैनबसेरों वाली गुफ़ाओं, एवं उनमें उकेरे या खरोंचे गए शैलचित्रों द्वारा वनचारी आदिमानव शब्द तथा रूप, अर्थ तथा आखेट-आहार वाले कर्म के छिपे संसारों को जादू से खोजा करते थे। इस प्रक्रिया में उन्होंने भाषा के साम्यरूपकात्मक (एनालॉजिकल) और समानुभूतिपरक (इम्पैथैटिक) स्थितियों का अन्वेषण किया। इसलिए भारतीय रूपात्मक एवं प्रतीकात्मक 'न्याय' तथा 'पद्धति' भी सिस्टमों और तर्करेखा को गढ़ती-बुनती आगे बढ़ीं। पहला चरण है **'साम्यरूपकता'** (मेटफर एवं एनालॉजी) का। फलित में वास्तुपुरुष, काव्यपुरुष, चित्रपुरुष, का रूपायन हुआ। बृहत्तरता में काव्यरमणी का भी। (इसके व्याज से अलंकार, शोभा, सौंदर्य, गुण, रीति आदि के प्रकथन हुए)। दूसरा चरण है **'न्याय'** का। उदाहरणार्थ तिल-तंडुल न्याय, रज्जु-सर्प न्याय, गोवलीवर्ध न्याय, शुक्तिमुक्ता न्याय, चित्र-तुरग न्याय, आदि। इन दो धुरियों पर ही कई वैचारिक तथा भाषिक तरकीबें उद्‌घाटित एवं उद्‌घोषित की जाती रही हैं। यहाँ **व्याकरण** से इतर प्रस्थान करने वाला [उससे पूर्ववर्ती अर्थात् वाङ्गगों (पार्ट्स ऑफ स्पीच) से पहले] **वाङ्गरूपकों** (फिगर्स ऑफ़ स्पीच) का भुवन प्रकट होता आया है।

इस भाँति भाषा व्याकरण की लक्ष्मण-रोखा को लाँघती हुई अनिर्वचनीय से अतिवचनीय (अतिशयोक्ति) की वृत्तियों में फांतासियों तथा यूतोपियाओं (कल्पलोक) का आहरण करती रही है। यह व्याकरण-अक्ष पर शायद नामुमकिन हो रहा था। यह सनातन यात्रा परा से पश्यंती से मध्यमा से वैखरी के उच्चार तलक की रही है। इससे मोहिनी भाषा ठगिनी और मायाविनी भी प्रतीत होती है।

तो, फिर हमारे द्वारा पूर्व-अवधारित त्रिपुर-I तथा त्रिपुर-II की वह त्रिपुर-सुंदरी कौन है? वह कौन-सा **मार्ग** है ताकि हम उसका अभिज्ञान कर सकें? निस्संदेह वह व्याकरण-मार्ग पर दर्शन नहीं देगी। इसके लिए पाणिनि (ई. पू. पाँचवीं शती) की अपेक्षा भरत-(ई. पू. पहली शती)-परंपरा की संगोष्ठी में जाना ही पड़ेगा।

[ग] **सौंदर्यबोधशास्त्र** (एस्थेटिक्स) भाषा की अनिर्वचनीयता, तथा **काव्यशास्त्र** (पोएटिक्स) भाषा की छद्म व्याकरणिकता से आगे प्रस्थान-कलश रखने का सांस्कृतिक दायित्व निबाहते आए हैं [मिलजुलकर]।

शब्दार्थों के साहित्य में व्याकरणिक इकाइयाँ तंद्रिल होकर निःस्तब्ध-सी हो जाती हैं। भाषाविज्ञान की वैज्ञानिक ध्वनि (फोनेटिक्स/फोनेमिक्स) और भाषा-विधि की व्यंजक रसात्मक 'ध्वनि' में दोफाँक विभेदन हो जाता है। इस धारावाहिकता में **तीन भाषिक क्रांतियाँ** घटी हैं : पहली है, भरत-भामह धारा में शब्द-सौष्ठव की क्रांति। इसमें सौंदर्य, शोभा तथा लावण्य के मूल में अलंकार एवं गुण, पदरचना एवं पदकदंब लक्ष्य बने। इसी की उपसाध्य दूसरी दंडी-सम्मत गुण-दोषों की क्रांति है। तीसरी है

कुंतल-सम्मत वक्रोक्ति की क्रांति। इस तरह भाषा के मंद चरण अनुभव तथा अर्थगौरव से परे छायाओं एवं ध्वनियों में अर्थात् उनके व्यापारों एवं शक्तियों में, अर्थात् उनके अनुभवों एवं आस्वादनों में मंथर-मंथर चल कर अनजान यात्राएँ करते रहे हैं। हम नानाविध भाषा की प्रज्ञा के नव-नवीन अंगों की वैभवशाली राशि का साक्षात्कार करते हैं जो शब्द-बिंब, रेखा-रंग, सुर-ताल, रस-राग, मुद्रा-भंगिमा आदि की महाप्रभूत इकाइयों का नानाविध साहित्य तथा सौंदर्यबोधशास्त्र गढ़ती हैं। फलतः व्याकरण-अंगों के बजाय अलंकारों-रूपकों के अंगों की इंद्रजालिक परिपाटियाँ खुल पड़ती हैं—काव्यपुरुष-रूपक, काव्यरमणी-रूपक, शरीर-आत्मा-रूपक, साहित्य पुरुष-काव्यवधु की यात्रा का रूपक। इसी तरह बेहद नई-नई शब्द-शक्तियाँ (अभिधा, लक्षणा, व्यंजना, भावकत्व, भोजकत्व, मनोरथ, तात्पर्य, अभिलषित, विनयन आदि) का उन्मेष भी हुआ।

ऐसी पक्षधरता से भाषा का वास्तुशास्त्र (आर्किटेक्चर) रूपकों, रीतियों, न्यायों, साम्यों के चौखंभे पर उसारा जाता आया है। एक जादुई वशीकरण वाली रमणीय थैली खुल जाती है—उक्ति-चमत्कार, सौंदर्य-अलंकार, भाव-रस का क्रमविकास, सूक्ति, सूत्र, भाव (रस), सौशब्ध्य, पद्य, प्रत्यय, अलंकार, गुण, मार्ग, रीति, वृत्ति शक्ति आदि में॥ अस्तु वे मुनिजन वैयाकरण नहीं थे—बल्कि वे विद्याविनोद एवं कलाविलास से मोहित और सौशब्ध्य की आराधना करने वाले वाणी-रसिक मुग्ध आचार्य थे!!

[घ] विकासक्रम (इवोल्यूशन) के नृतत्त्व में होमो सेपियन अर्थात् आधुनिक मनुष्य कैसे आविर्भूत हुआ? पहला, वह चौपाए से दोपाया बना इससे आगे वाली टाँगें हाथ हो गईं जो औज़ार हथियार, कार्य-बंधादि के संपादन के लिए करिश्मा साबित हुईं। इससे वानर (ऐप) नर (मैन) बन गया। दूसरा, रीढ़ की हड्डी प्रलंब (वर्टिकल) हो गई। वह खड़ा होकर दो पाँवों से चलने लगा। तीसरा आँखें पार्श्व के बजाय ललाट के नीचे सामने सीधे स्थित हो गईं। इससे दृष्टि सीधी तथा ध्यानयोग में एकाग्रचित्त होने पर मस्तिष्क का गुणात्मक विकास हुआ। चौथा, त्वचा बेहद सुकोमल पतली और संवेदनशील हो गई। इससे इंद्रियबोध, ऐंद्रियिकता, भाव-प्रकृति, स्पर्श-संवेदना ने इंसानीपन को उभारा। पाँचवें, कंठ का स्वरयंत्र (काकु) टुक नीचे सरक गया जिससे अखंड ध्वनियाँ खंडित होने लगीं और स्वर से व्यंजन तक के वर्णों अक्षरों अर्थात् भाषा का जन्म होने लगा। छठे, प्रजनन-ऋतु, ऋतुमतीचक्र, संभोगासन और प्रसव ने प्रकृति-चक्र का उल्लंघन कर डाला। इससे कामकला और मानवशिशु के लालन-पालन की विधियों का, परिवार का, नारी के गृहकाजों आदि का विकास हुआ। इस तरह से भाषा और परिवार एकसाथ विकसित हुए हैं। हम मनुष्य पशुद्योतक यूथ (हड) से समूह (ग्रुप) बन गए। इन सामाजिक समूहों में गोत्रों, परिवारों की नातेदारी-रिश्तेदारी, कबीले, ग्राम, पुरवे आदि बनने लगे। अब मनुष्य और भाषा का अंतरंग, परिवार और समाज की अनेकानेक संबंधताओं में ग्रंथित हुआ। भाषा एकालाप (मोनोलॉग) का अतिक्रमण करके दोहरे संवाद (डायलॉग) की प्रकृति वाली हो गई। (बाख़्तिन-सर्किल की आधारभूत प्रपत्ति)।

मनुष्य की होंद (अस्तित्व) और सारत्व का सामंजस्य होने पर मिथक और भाषा,

जादू और धर्म, तथा विज्ञान के प्रतीकात्मक संरूपों का विकास हो चला। शैलचित्रों के क्रोड़ से अब सभ्यता और संस्कृति विकसित हो चली। यह सारा प्रगटावा भाषा और परिवार तथा समाज के कर्मयोग द्वारा हुआ; मानव के **श्रम** और सामूहिक **कथनी-करनी** द्वारा।

ङ ऊपर के विवेचन से पर्याप्त धुंध छँटती है। ज्ञात होता है कि **भाषाविज्ञान** (लिंग्विस्टिक्स) तथा **भाषाविधि** [लैंग्वेज मेथड (मेथडलॉजी नहीं)] में फर्क़ है। किंवा वे द्विपर्ण विरोध (बाइनरी अपोजीशन) जैसे भी हैं। इस प्रपत्ति से पहली बात तो यह सुस्पष्ट होती है कि अगर असंगति न हो तो वैयक्तिक रचना और समाजहित भाष्यशास्त्र (हर्मेन्यूटिक्स) में विशेष अंतर नहीं है। दूसरी बात यह है कि, दिव्य (डिवाइन) तथा पवित्र (सेकरेड) के युगल, एवम् फूहड़ यथार्थता (रियलिटी) तथा अश्लीलता (पोर्न) के युगल-भाषिक व्याकरण की निरपेक्षता से विच्छिन्न-से हो जाते हैं। पहले युगल में गुप्तता (सीक्रेसी) का रहस्यात्मक और क्लासिकल विधान होता है तो दूसरे में प्रतिबंधित या **झकझोरने वाला** बोध है; पहले में इल्हामी वाणी (ओरेकल) का **उद्‌गारपरक कोड** है तो दूसरे में **अलंकारिक कोड**। इस शताब्दी के आरंभ में महान रेनासाँ-चित्रकार (विंची ग्राम की काउंटी के) लियोनार्दो (1452-1529) के **'मोनालिसा'** और **'लास्ट सुपर'** जैसे उत्तमोत्तम चित्रफलकों में अंतर्निहित गुप्त 'द विंची कोड्स' के चौंकाने वाले खुलासे हो रहे हैं। उन्होंने शताब्दियों की मान्यताओं को एकबारगी अप्रासंगिक और असत्य सिद्ध कर दिया है। अतः हमको भी 'इल्हामी कोड' तथा 'अलंकारिक कोड' कड़ी चुनौतियाँ देने को उद्‌धत हैं। तीसरी बात यह है कि, 'वर्णनात्मक भाषाविज्ञान' व्याकरण-धुरी पर क्रियमाण होता है। उसमें फोनेटिक्स, फोनेमिक्स, मार्फोलॉजी तथा सिन्टेक्स जैसे पक्षों पर बल दिया जाता है लेकिन अर्थविज्ञान (सीमेंटिक्स) तथा शब्द-भंडार या निघंटु (लेक्सिकॉन) को हाशिए पर छोड़ दिया जाता है। उसमें भी भाषा की वैज्ञानिक ध्वनि-प्रकृति तथा संरचनात्मक भाव-प्रकृति को लक्ष्यीभूत किया जाता है। (इसका काव्यशास्त्रीय 'ध्वनि' से सरोकार नहीं है)। यहाँ शब्दभंडार (लेक्सिकॉन) ही हमारे साध्य हैं। वास्तव में किसी भाषा के **शब्दकोश** से समाजविशेष के प्राकृतिक, सामाजिक, विकासशील, वैज्ञानिक, प्रगतिशील वातावरण का आकलन किया जा सकता है। इसी के साथ भाषा के शब्दों का अर्थीय रजिस्टर केंद्रापसारी हो जाता है। उसमें नवीन सगोत्रीय शब्दों, पर्यायवाची तथा विपरीतार्थक तथा अनेकार्थक शब्दार्थों की विलक्षण प्रविष्टियाँ होती हैं। इसी के साथ शब्दभंडार से सामाजिक स्तरीकरण का सर्वेक्षण तथा वर्गीकरण भी होता है। जैसे भिन्न-भिन्न वर्गों, समूहों तथा प्रोफेशंस के अपने-अपने विशिष्ट शब्द-कुलक होते हैं जो अन्य प्रयोगकर्ता-वर्गों के लिए अजनबी हो जाया करते हैं। अतएव तकनीक-कर्मी और रसिक के, अभिजन और विशेषज्ञ के, कामगर जनता और सत्ताधारी वर्ग के शब्द-कुलक भी सामाजसांस्कृतिक जीवन के द्वंद्वात्मक दर्पण होते हैं। सो, अलंकारिक कोड के परिमंडल में फूहड़ता एवं अश्लीलता, बर्बरता एवं नृशंसता के प्रतिबोध भी चुनौती देने लगे हैं। आजकल तो यह सवाल भी सुलगता है कि क्या खजुराहो एवम् ओड़िशा

के मंदिरों वाले, 'कामसूत्र' और 'गीतिगोविंदम्' वाले अपने देश में कथित अश्लीलता (पोर्न) स्वतंत्रता तथा मनोस्वास्थ्य का लक्षण नहीं रही? यह भी सच है कि एक स्वाधीन तथा सभ्य, स्वस्थ तथा संतृप्त समाज का लक्षण है कि वह अश्लीलता का सहिष्णुतापूर्वक अभिज्ञान कर सके। इसलिए जिस प्रकार दिव्य (दैवी) तथा पवित्र पर हम ध्यान देते आए हैं, प्रकारांतर से यथार्थ को युगचेतना का दर्पण सिद्ध कर चुके हैं; उसी तरह अश्लील और आतंक की भी घेरेबंदी करने का सही वक्त आ गया है। अपने जातीय शब्दकोश में, **कोशकारी-धुरी** (लेक्सिकोग्राफ़ी) के मिलवर्तन से, **अनुवादधुरी** में शब्दबंधों (टर्म्स) के बीच समसंयोजकता (इक्वीवेलेंस) की बेहद मुश्किल समस्या आती है क्योंकि यहाँ एक संस्कृति का भी अन्य संस्कृति में रूपायन तथा रूपांतरण होता है। ये बातें अकेले व्याकरण द्वारा आयत्तीकृत नहीं हो सकतीं, क्योंकि हमारे **सीखने** की दिशाएँ भाषेत्तर भी होती हैं। वे अनुभव, तथा निष्कर्ष, इतिहासाध्ययन तथा मौखिक परंपराएँ हैं। इनकी धुरी **अनुभव** है। अनुभव की चार प्रमुख सीमाएँ हैं; यथा, गलत प्रेक्षण (आब्ज़र्वेशन) हो, सीखने की अयोग्यता हो, तथ्यों के बाबत अनिश्चयता हो, तथा अनुभव की असमर्थता हो। इससे खतरनाक मिथकें फैलती हैं कि अमुक मनीषी या आलोचिंतक की भाषा दुरूह, क्लिष्ट, विभ्रामक, विपर्यस्त आदि है। हमें इनका भंजन करना ही होगा अन्यथा समसामयिक भाषा-विधियों का आधुनिकीकरण, सामाजवैज्ञानिकीकरण, अंतर्ज्ञानानुशासनीयकरण कदापि नहीं हो सकेगा। निष्कर्ष यह है कि 'भाषा के सशक्तिकरण' के बजाय हम 'भाषा के निर्धनीकरण' से जड़बद्धतः चिपके रहेंगे। अतः दोहरा दिया जाए कि शब्दार्थ-केंद्रित भाषा के ऐसे घातक मिथकों का भंजन करना लाजिमी है। हम 'कोड मेकर्स' के संग-संग 'कोड-ब्रेकर्स' भी तो हैं। सिद्ध, नाथ, कबीर, निराला, मुक्तिबोध, राजकमल चौधरी, निर्भय मल्लिक आदि भी तो बराबरी के विवेच्य हैं।

सो, भाषा की योगमाया हमारे सामाजिक जीवन में एक भावात्मक तथा विचारधारात्मक संघर्षों की भी संघटक (फेनामेना) है। भाषा की प्रकृति, आद्यंत सामाजिक तथा शंखवलयाकृत गतिकी में, संवादात्मक हुआ करती हैं। इसलिए उत्तर-आधुनिकता के विलायती बानियों के द्वारा जीवन तथा समाज के यथार्थ एवं आदर्श, व उसकी गतिकी, से दायित्वहीन किनाराकशी के प्रयोजनों के खिलाफ़ संस्कृति-वेत्ताओं को आगामी मोर्चाबंदी करनी ही पड़ेगी।

च बाख़्तीन-सर्किल की अधिष्ठापना है कि कविता तथा महाकाव्य संस्कृति की केंद्राभिसारी, और उपन्यास, विचारधारा आलोचिंतनादि केंद्रापसारी शक्तियाँ हैं। ध्यातव्य हो कि एक ही शब्द का विभिन्न शक्तियों में कायांतरण (मेटामार्फोसिस) होता है। इसके अंतर्गत भाषाई उत्पाद में एक ओर एकालापी या स्वगत कथन का समापन संवादात्मक कथन में अर्थात् डायलॉग एवं प्रोक्ति (डिस्कोर्स) में होता है तो दूसरी ओर भाषा का न तो **एकैक** संप्रेषण होता है, और न ही सभी विधाओं का **एकसमान** संप्रेषण। इसलिए व्याकरणिक भाषा सभी कालों, देशों, समाजों के लिए

मानक नहीं हो सकती। वह बदलती जाती है। असंप्रेषण की स्थिति में तो समझ में न आना, दुरूहता-क्लिष्टता, उबाऊपन ('बोर' होना) आदि की परकीयकृत (एलियेनेटेड) स्थितियाँ आती हैं। द्विभाषिकता या बहुभाषिकता के चक्र में भी बहुत ऐसा कुछ घटता है (संस्कृत-अपभ्रंश, कालिदास की 'शकुंतला'—गोएटे का 'फाउस्ट')। एक 'महान् परंपरा' में ही अनेकानेक 'लघु-लघु परंपराएँ' अंतर्निहित होती हैं। इसके अलावा गणित, रसायनशास्त्र, भौतिकशास्त्र, लागर्थिम, अलजब्रा आदि में तो ज्यादातर अधिकांशरूपेण निर्भाषिक संकेतचक्र होते हैं। नृत्य, संगीत, आंगिक-आहार्य अभिनय में भी अवाचिक संप्रेषण होता है। चित्रफलक एवं चित्रलिपियाँ, मुद्राएँ एवं भंगिमाएँ **देहभाषाओं** की गूढ़ अभिव्यंजनाएँ करती हैं। अतएव भाषा के एकायामी होने की माँग अथवा उसके मात्र सरल-सुलभ, सहज-स्पष्ट होने की शर्त, आधुनिक बहुआयामी विशाल बौद्धिक परंपरा का उन्मेष तथा परिष्कार नहीं होने देगी। हीगेल या विटगेंस्टाइन, अभिनवगुप्त और मम्मट, या भारवि और श्रीहर्ष की भाषा-विधियों का सरलीकरण कतई नहीं हो सकता है। केवल सरलीकरण ही सरलीकरण तो आधुनिकता-पूर्व वाली दशा है। इसलिए कोई भी अंतिम शब्द, या चिरंतन अर्थ भी नहीं हो सकता। इसलिए भाषा (के शब्द तथा अर्थ) निरंतर परिवर्तनशील, तथा सतत विकसनधर्मी हुआ करती है।

व्यक्ति तथा वर्ग का सामाजिक व्यवहार हमें भरपूर सूचनाएँ देता है कि एक ही जीवन और समाज, तथ्य और स्थिति को कई ज्ञानानुशासनों में, तथा कई ढंग से प्रस्तुत किया जा सकता है—जीवनदृष्टि, विश्वदृष्टि, विचारधारा, वर्गीय चरित्र तथा विषय (सब्जेक्ट) के मुताबिक। तदपि वह तब भी पूर्णरूपेण उजागर नहीं होती। बहुत कुछ अनिर्वचनीय, अज्ञात, अनकहा, अबोध, गोपनीय, अपरिमार्जित बचा रहता है, अगले कई-कई प्रस्तुतीकरणों के लिए। जैसा कि हम पहले यह विचारणा कर चुके हैं कि भाषा-विधियाँ सशक्तिकरण एवं निर्धनीकरण के बीच, अभिजन-लोकजन की ग्राह्यता के बीच हिचकोले खाती चलती जाती हैं।

छ बारंबार हमारे तर्कचक्र की सूई शब्द-भंडार की क्रोड़-इकाई अर्थात् **'शब्द'** पर आ टिकती है। यहाँ भी हम शब्द को वाक् के अंग के रूप में निरूपित नहीं करेंगे। हमारा लक्ष्य वाक् के रूपांग की ओर ही रहेगा।

शब्द तो भाषिकीय नृतत्त्वशास्त्र की तरह होते हैं। शब्द इतिहास-आलेखकारी की तरह होते हैं जो पूर्वेतिहास से लेकर उत्तर-आधुनिकता तक की यात्राएँ करते आ रहे हैं। शब्द अर्थीय रजिस्टरों के प्रवर्तनकारी तथा परिवर्तन-कारक होते हैं।

शब्दों में अनर्थता (एण्टी-मीनिंगनेस), अर्थविहीनता (मीनिंगलेसनेस) तथा निरर्थकता (वर्थलेसनेस), दोनों भी हैं। इस न्याय से भाषा अप्रासंगिक या निरर्थक भी हो सकती है। शुरू में हम इसे रूपकात्मक मिजाज़ से कह आए हैं कि भाषाएँ मर जाती हैं। हर भाषिक क्रांति सामाजिक परिवर्तन एवं सांस्कृतिक पारगमन की शुरुआत शब्दसिंधुमंथन द्वारा ही निष्पादित करती आई है। हमें यह मध्यकालीन बैलगाड़ी या धार्मिक अंधविश्वासों के तिलिस्मों से आगे खींचती हुई वैज्ञानिक-प्रौद्योगिक चेतना को आत्मसात

करने का भी ऐतिहासिक मिशन निभाती है। यह अर्थभ्रांतियों तथा प्रोक्ति-प्रस्थानकों को विच्छिन्न करती रहती है। यह अनिर्वचनीय तथा अतिवचनीय के बीच भी डाँवाडोल होती रहती है! क्यों?

क्योंकि भाषा के जटिल शब्दजाल फेंकने पर अगर अर्थों की बहुत ज्यादा और बहुविध-रंगीन मछलियाँ फँस जाएँ, अथवा घपले में केंकड़े, घोंघे, सीपियाँ भी फँसी चली आएँ तो अव्यवस्था, अव्याकरणिकता, अतिअर्थीयता, अतिशयोक्ति, अर्थभ्रांति, विडंबना (आयरनी), अन्यापदेश (एलीगरी) की दशाएँ भी पैदा हो जाती हैं। इसका एक अच्छा असर भी होता है कि इनसे द्वंद्वपरक तथा द्वंद्व-सामासिक **सौंदर्यलोक** भी अनावृत्त होना शुरू होता है। इससे भाषा-विधि (मेथड ऑफ़ लैंग्वेज़) इंद्रियजन्य संवेदना तथा प्रेक्षण (आब्ज़र्वेशन) एवम् अनुचिंतन (रिफलेक्शन) के लोकों में अनुप्रवेश करती है। यहीं से सौंदर्यबोधपरकता (एस्थेटिकेलिटी) की बहुमाध्यमिक भाषा-विधियों का जन्म होना भी शुरू होने लगता है।

इसलिए अभिलक्षित तो यही हुआ कि शब्द की दुनिया केवल **अर्थ** की ही नहीं, अपितु अवांतर तथा **प्रतिबिंबन** (रिफलेक्शन) की, **कर्म** की, **तथ्य** की, तथा **सत्य** की **अर्थीय संरचनाएँ** गढ़ने की भी है। हम तो मानविकी की साधारण व्यासरेखा पर अभी भी बिंब और कल्पना, सौंदर्य और अनुभूति, संरचना और अभिव्यक्ति आदि से जूझ रहे हैं—पृथक्-पृथक्। ये सब मिलकर कई आधुनिक उप-सिद्धांतों को जन्म देते आ रहे हैं।

अतएव **शब्द-मार्ग** भी हैं। शब्द की सूचना-प्रौद्योगिकी अर्थवाची से आगे-आगे कर्मवाची, क्रीड़ावाची, उपयोगवाची (ब्रांड), उपभोगवाची (फैशन, शैली) हो रही है। इस वजह से उनके मार्ग (विधि-प्रविधि) संकेत, गणितचिह्न, प्रतीक, वक्रता, सौंदर्य, साहचर्य, जीन, मुद्रा आदि की प्रगुणता वाले हैं। इस वजह से भी जहाँ पर्याय, अनेकार्थक, विपरीतार्थक, उपछायामय शब्दों के बीच कुछ सुनिश्चियता निर्धारित करने का अभ्यास हमें 'अतिशाब्दिकता' से हटाता है तो वहाँ हम समाजविज्ञानों के इलाक़ों में दाखिल होने पर खुशकिस्मत हो जाते हैं। हमारा श्रेय तथा प्रेय भी तो यही है। यह भी ठीक है कि उन इलाकों की भी अपनी-अपनी पहचानी और अनजानी मिली-जुली समस्याएँ हैं। अतः एक शब्दबंध (टर्म) विभिन्न विषयों तथा ज्ञानक्षेत्रों में अपने अर्थीय रजिस्टर के पन्ने पर पन्ने खोलता चला चलता है। और; **अर्थ**?

शब्दों के वाक्यीय गठन (सिंटेक्टिकल स्ट्रक्चर) के साथ-साथ ही अर्थों के संघटक (कांस्टीचुएंट) गठन भी संप्रेषण के नियामक तथा निर्धारक हो जाते हैं। राधाकृष्ण सहाय ने अर्थों के भी कई स्तरों को सूचीबद्ध किया है—(i) अवधारणात्मक (कांसेप्चुअल), (ii) गुणार्थक (कोनेटिव), (iii) शैली वैज्ञानिक (स्टाइलिस्टिक), (iv) प्रभावात्मक (अफेक्टिव), (v) विमर्शक (सजेस्टिव), (vi) विन्यस्तक (कोलोकेटिव), (vii) विषयसारपरक (थीमेटिक)। अतएव हम भाषा के आभ्यंतरिक रूप को संवादात्मकता तथा संबंधात्मकता में ढालें। ऐसे उपागमों द्वारा ही भाषा की **परिवर्तनशीलता** की जैव/अजैव (हाथी, चींटी, मधुमक्खी) प्रमेयों की विकासात्मक पद्धति के साथ तुलना होती है; **संप्रेषणीयता** की

मनुष्येतर संप्रेषण-पद्धतियों (नर-वानर, नर-नारायण) के साथ तुलना होती है, एवम् **सामाजिक व्यवहार** की आर्थिक-राजनीतिक, धार्मिक-दार्शनिक, सामाजिक-सौंदर्यबोधात्मक, व्याकरणिक-भाष्यात्मक पद्धतियों के साथ तुलना होती है। ज़ाहिर है कि आधुनिक संदर्भों में भी वाक् तथा मरुतों की वर्तमान एकतापूर्ण मैत्री तथा द्वंद्वन्यायिक संघर्ष निरंतर जारी हैं; और जारी रहेंगे। विटगेंस्टाइन (1889-1951) की भावछाया लेकर हम तमामशुद करेंगे कि हमारी भाषा की सीमाएँ ही हमारे संसार की प्रासंगिकता हैं।

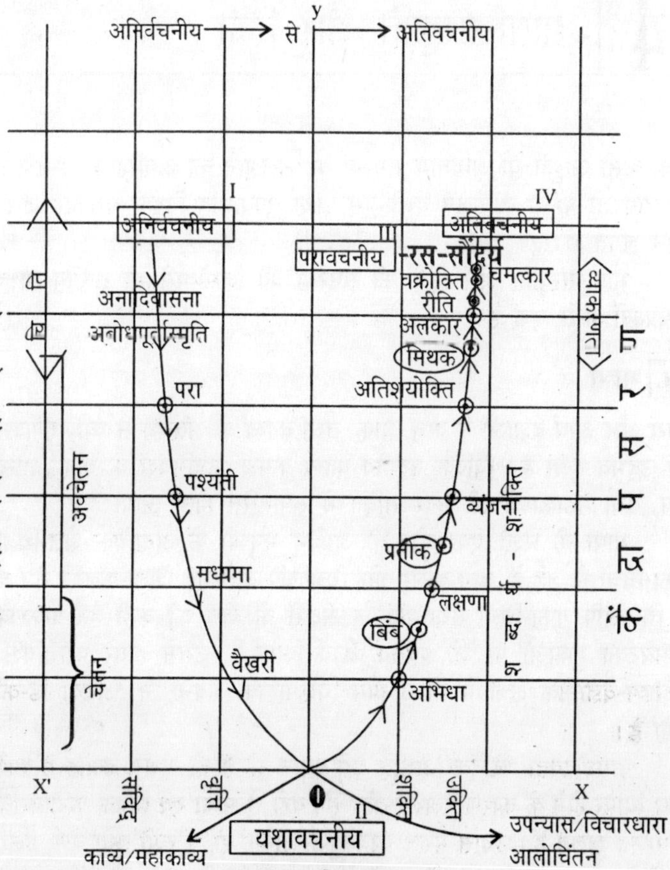

भाषिक जैविकी
[Linguistic Genetics]

2006

4 भाषा-संस्कृति और हिंदी

जब किसी अछूती या अद्वितीय समस्या को सुलझाने की अपरिहार्य ज़िम्मेवारी सौंप दी जाए तो बहुधा ज्ञानीजन बच्चे-जैसे, तथा नक्कूशाह विद्वान बचकाने जैसे नज़र आने लगते हैं।

भाषा-संस्कृति और हिंदी की समस्या की ज़िम्मेवारी भी राष्ट्रीय प्रारब्ध के महाप्रश्नों में-से एक है?

अ. भाषा

आद्य और आर्ष दशाओं में वाच्, वाक्, तथा काव्य के अंतर्बंध से व्याकरणिक भाषा का उद्‌भव हुआ है। [वैदिक **उद्‌गीथ काव्य** क्रमशः उपनिषदों के वाक्, शास्त्रों के सूत्र, तथा महाकाव्यों की सुंदर सूक्ति में रूपांतरित होता आया है।]

भाषा के रिश्ते एक ओर तो आदिम मनुष्यों के अवाचिक शैल-चित्रों एवं गुफ़ा-चित्रों से जुड़े हैं, तथा दूसरी ओर चित्रलिपि वाले गूढ़ शिला-फलकों से। वास्तव में चित्रलिपि गुफ़ा-चित्रों तथा भाषिक अक्षरों के बीच की कड़ी है। वाकणकर ने भीमबेटका गुफाओं पर जो प्रवर्तक कार्य किया है, उससे हमारे पुराजैविक तथा जीवाष्म-वैज्ञानिक क्षेत्रों में भी अनुपम चित्रभाषिक अव-कूटन (अथवा डि-कोडिंग) हुआ है।

अगर देवता 'दिविक' अर्थात् देदीप्यमान रहे हैं तो अक्षर, ब्रह्मांड में स्फोट के साथ व्याप्त होने के कारण, 'अक्षर-ब्रह्म' हैं। यहीं से **भाषा एवं मिथक** के अंतरावलंबन के रहस्य खुलते हैं। उंचास मरुत (पवनपुंज) अनेक इंद्रिय रूपी तथा वर्ण अक्षर-रूपी गायों के चरवाहे बताए गए हैं। यहीं से भाषिक संस्कृति एवं भाषादर्शन के भी सूत्र गढ़े जाने लगे—अनिर्वचनीय से अतिवचनीय की ओर प्रस्थान के; स्वभावोक्ति से (आलंकारिक) अतिशयोक्ति के रूपकों के विधान के; भाषिक वाक्य द्वारा अर्थ एवं सत्य के गहन अनुसंधान के। प्राचीन युग के पाणिनि से लेकर आधुनिक युग में बर्टेंड रसेल, कार्नाप ऐयर, विटगेंस्टाइन तथा जॉक़ देरिदा एवं मिशेल फूको तक यह

अंतहीन यात्रा चलती रही है, चलती रहेगी।

जब किसी भाषा का लिखना-पढ़ना-बोलना-व्यवहृत होना कम होता चले, तो वह मृतप्राय होकर पुरावशेष हो जाती है; मसलन, मोहनजोदारियों-हड़प्पियों की चित्रलिपि (जो आज तक अवकूटित नहीं हो सकी)। उनके अक्षर-देवता भी कूच कर जाते अर्थात् मर जाते हैं। इसी प्रकार जब देवताओं की पूजा-आराधना-अर्चना-आस्था विलीन होती जाए तो वे (दिविक देवता) भी कूच कर जाते या मर जाते हैं; जैसे अनेक ग्रीक, मिस्री, पर्शियन तथा कुछ वैदिक छोटे प्राकृत देवगण। इसी तरह भाषाएँ भी मिथकों की तरह जन्म लेती और मरती हैं। इस तरह से भाषिक मानचित्रों (लिंग्विस्टिक एटलस) का निर्माण होता है। संस्कृत की सांस्कृतिक शैलियों पर दंडी व वामन जैसे रीतिवादियों ने, तथा संस्कृत चक्र में प्राकृतों-अपभ्रंशों के संकुल पर राजशेखर यायावरीय ने साहित्य-पुरुष एवं साहित्यविद्यावधु के रूपक से **भाषिक मानचित्रों** का निर्माण किया था। आधुनिक युग में जार्ज अब्राहम ग्रियर्सन, सुनीति कुमार चाटुर्ज्या, धीरेंद्र वर्मा तथा रामविलास शर्मा ने भारोपीय भाषा-परिवारों के एटलस तैयार किए हैं। अतः भाषिक संस्कृति के ये आरंभिक प्रस्थान-कलश रखे गए हैं। फ्रांसीसी संरचनावादी क्लाद लेवी स्ट्रास ने मिथक और भाषा, तथा परिवार के ढाँचों में समानताएँ उवं सादृश्य सिद्ध किए हैं।

आ. भाषिक 'संस्कृति'

'संस्कृति' पर साँप-सीढ़ी वाली बहसों में न उलझते हुए फिलहाल हम आर्थिक मूलाधार अर्थात् सभ्यता, अर्थात् सामाजार्थिक रूपायन पर उसारी गई वैचारिक सन्निहिति अर्थात् नाना ज्ञानाप्रकारों वाले विचारधारात्मक **सुपरिगठन** को संस्कृति मान लेते हैं।

इस न्याय से भारत जैसे बहुल भाषाधर्म वाले राष्ट्रवर्ती राज्य (नेशन-स्टेट) में संविधान द्वारा हिंदी राजभाषा या केंद्रीय संपर्क भाषा स्वीकृत है (1955.9.16)। सहवर्तन में भाषावार राज्यों की भाषाएँ भी राज्यभाषाएँ मानी गई हैं। ये सभी की सभी राष्ट्रभाषाएँ ही हैं। हिंदी राजभाषा भी है। इसके अलावा आदिवासी क्षेत्रों की, पिछड़े इलाक़ों की बोलियाँ तथा उपबोलियाँ भी हैं। इनकी हैसियत उप-संस्कृतियों की जैसी है जो विभिन्न राष्ट्रीयताओं (नेशनलिटीज़) की अस्मिताएँ (आइडेंटिटी) हैं। अतः एक बड़े वृत्त के केंद्र में राजभाषा के डायमीटर पर हिंदी, तथा रेडियसों पर अन्य राष्ट्रीयताओं की राष्ट्रभाषाएँ मिलकर वृहद् राष्ट्रीय संस्कृति का चक्र-प्रवर्तन कर रही हैं। यह एक ज्यामितिक निदर्शन है—स्वातंत्र्योत्तर आधुनिकभारत का। इसलिए लघु-लघु परंपराओं वाली उपभाषिक उपसंस्कृतियों को तदनुसार महत्त्व और अधिमान देना अपनी अनिवार्यता है। शिरोधार्य है।

इसी उपक्रम में बृहद् या समग्र **भाषिक संस्कृति के प्रभामंडल** में भाषा और मिथक, भाषा और धर्म, भाषा और दर्शन, भाषा और साहित्य, भाषा और इतिहास,

भाषा और राजनीति, भाषा और सौंदर्यबोधशास्त्र, भाषा और नाना विज्ञान आदि के युग्म इसका तानाबाना बुनते हैं। इसमें हम यह भी जोड़ दें कि संस्कृत या फारसी जैसी **क्लासिक भाषाएँ** इस महासंस्कृति का मूल स्रोत होती हैं जिससे उपभाषाओं का ऐतिहासिक उद्‌भव होता है। क्लासिक आदिभाषा प्रेरणास्रोत, संदर्भ-भंडार तथा मूल्यों का मॉडल भी होती है। इस भाषा को शुद्धता, पवित्रता, श्रेष्ठता एवं समादर प्राप्त होता है। तदपि इतिहास-क्रम में यह लोकयान तथा जनजीवन से कट-सी जाया करती है। संस्कृत और प्राकृतों और अपभ्रंशों की संबंधता के समान तो नहीं, लेकिन राष्ट्र-राजभाषा हिंदी तथा अन्य राज्यों की राष्ट्रभाषाओं के बीच ऐसी दूरागत समानांतरता ढूँढी जा सकती है।

सामाजभाषिकी में लक्ष्यभाषा का अनेक रूपों में उन्मीलन का समाजशास्त्रीय प्रकरण यह होता है कि जब क्लासिक, या मानक भाषा अपनी सभी क्षमताओं को संप्राप्त कर लेती है, जब वह किसी ऐतिहासिक आंदोलन के शिखर तक पहुँच जाती है, तब वह स्थिर और रूढ़ और रीतिवादी हो जाया करती है। लोकचित्त, लोकजीवन तथा मीठे देसिल बयनों वाली लोकभाषा इस (शिष्ट भाषा) को पुनर्नस्वीकृत करके इसमें प्राणेय नवीनता तथा नई क्षमताओं का संचार करती हैं। यह अनुक्रम संस्कृत-धुरी पर मागधी, अर्धमागधी, महाराष्ट्री, सौराष्ट्री, शौरसेनी, **प्राकृतों** तथा इनके बाद में उक्त **अपभ्रंशों** द्वारा धारावाहिक चला है। इनसे बाद में भक्ति-आंदोलन से ऊर्ज्वस्वित होकर उत्तर भारत की क्षेत्रीय बोलियाँ केवल उभरी ही नहीं, बल्कि उनमें साहित्य भी रचा गया—काश्मीरी, असमिया, बँगला, मैथिली, अवधी, ब्रजी, उड़िया, गुजराती, पंजाबी, तथा तेलुगु, मलयालम, कन्नड़, मलयालम में भी। ई. प. चौदहवीं-पंद्रहवीं शती में वर्तमान राष्ट्रीयताओं की भाषाओं का वर्तमान स्वरूप ढल गया था। उनमें मध्य एशिया के मुस्लिम कबीलों के हमलों और हुकूमतों के फलस्वरूप उक्त सभी उत्तर भारतीय भाषाओं में फारसी के शब्द भी अंतर्भुक्त हुए। क्षेत्रीय प्रभावों के कारण महाभाषा **हिंदवी** या हिंदी के पिंगल तथा डिंगल रूपायन भी उभरे थे।

सामाजभाषिकी की एक ऐतिहासिक दिशा यह भी मिलती है कि जब उत्तरापथ एवं दक्षिणापथ के बीच आबादी की अदला-बदली होती है, तब मिथकें और धार्मिक लोकाचार, प्रतीक और शब्द, विद्वान और आचार्य भी यात्राएँ करते हैं। पश्चिम की तो एक महान् मिसाल है कि प्राचीन यूनान पर तुर्की व हित्ताई हमलों से आक्रांत वहाँ के कलाकारों तथा विद्वानों ने भागकर रोम में शरण ली थी जिसके फलस्वरूप परवर्ती विश्व प्रसिद्ध **इटैलियन रिनैसाँ** का आलोक चहुँओर फैला था। वैसे ही शांति की दशा में दक्षिणापथ में घुमंतू लोकगायकों में-से आलवारों ने विष्णु की, तथा नायनारों ने शिव की स्तुतियाँ गा-गाकर प्रचारित कीं जिससे पहले तो द्रविड़ क्षेत्र में **भक्ति** उत्पन्न हुई, दूसरे तमिल भाषा और संस्कृत के मिलाप से **मणिप्रवाल** नामक भाषा का निर्माण हुआ और तीसरे रामानुज, विष्णु स्वामी, मध्व, वल्लभ जैसे भक्तिधर्माचार्यों

का आविर्भाव हुआ। पुनश्च; ऐसे ही अमीर खुसरू ने देशी बोलियों तथा उर्दू-फारसी के मिलाप से **'हिंदवी' भाषा** की शुरुआत की जो खड़ी बोली हिंदी तथा उर्दू का एकैक केंद्रिक उद्गम सिद्ध हुई। लोकजीवन ही नवजागरण तथा नई दिशाओं की धुरी होता है। इटली के एक ग्रामीण अंचल की बोली में महाकवि दांते ने महाकाव्य रचकर उसे इटली की राष्ट्रभाषा बना दिया। जायसी और तुलसी ने ग्रामीण अवधी बोली में महाकाव्य रचकर उसमें मानक गाथा-भाषा की सारी क्षमताएँ अनुस्यूत कर डालीं। इंग्लैंड में चॉसर ने अपने क्षेत्र की अनगढ़ बोली को माँजते हुए उसे ब्रिटेन की राष्ट्रभाषा (राजा की अंग्रेजी) में समुन्नत करा दिया। इस तरह से लोकचित्त, लोकव्यवहार एवं लोक-आवश्यकताएँ ही बोलचाल की बोलियों को शनैः-शनैः राष्ट्रीयताओं की तथा राष्ट्र की भाषाओं में समुन्नत कर देती हैं। इस संक्रांत संचरण में एक खबरदारी की ओर टी. एस. एलियट ने आगाह किया है कि, भाषा एवं काव्यभाषा में तीन आवाज़ें हुआ करती हैं—पहली आत्म 'मैं' की; दूसरी 'मैं-तुम' की; तीसरी 'मैं-तुम-वह' की। जब किसी महाकवि या आचार्य या सृजनात्मक अल्पसंख्यकों द्वारा तीनों चुनौतियों का भाषिक समावेश एवं समाधान कर लिया जाता है, तब इसके उपरांत वह भाषा रीति-ग्रस्त, रूढ़, अतएव निष्पंद व निःस्तब्ध होकर पुरावशेष-सी हो जाती है। तुलसी के बाद अवधी, तथा विद्यापति के बाद तिरहुत की मैथिली का कुछ ऐसा ही अंजाम हुआ; कुछ शताब्दियों तलक। निष्कर्षतः क्लासिक भाषा बनाम लोकजन-भाषाबोली के बीच वाद-प्रतिवाद-समन्वय वाले द्वंद्वात्मक संबंध हुआ करते हैं। बहुधा क्लासिक भाषा के पहरुए और संरक्षक अभिजन यह बर्दाश्त नहीं कर सके कि उसे जनगण बोलें, या सीखें, या पढ़ें-लिखें। इसलिए उन्होंने उनसे (संस्कृत) बोलने तक के अधिकार से वंचित कर डाला। नतीजा यह हुआ कि संस्कृत एक जीवाष्म-सी भाषा रह गई। वस्तुतः लोकसंस्कृति एवं लोकभाषा ही परिनिष्ठित एवं शास्त्रीय भाषा को कुमुक तथा आक्सीजन मुहैया कराती हैं। प्रतिक्रिया स्वरूप दलित और उत्पीड़ित और वंचित लोकजन अपनी निजी भाषा तथा निजी देवताओं (मिथकों) की प्रति-रचना कर डालते हैं। भक्तियुग में निर्गुण संतों ने ऐसा ही कुछ किया था। उनकी भाषा शुरू में गूढ़ रहस्यात्मक अनुभवों तथा रहस्यवादी शब्दों अर्थात् शून्य एवं अकाल एवं निरंजन से गुँथकर आगे-आगे खुलती-फूलती है। वह भाषा जनजीवन की निगहबान, तथा संस्थागत दमन एवं अत्याचारों के विरुद्ध निगरानबान होकर बढ़ती है। कबीर, रैदास, दादू, नानक, मलूक, आदि के भाषालोक इसके सबूत हैं। तथापि उनकी भाषा भी एक ऐतिहासिक बिंदु पर आकर परिपूर्ण हो जाती है, और चुक-सी जाती है। इसी तरह पूर्व-आधुनिक युग में 'कामायनी', 'राम की शक्तिपूजा' तथा 'नौकाविहार' की महासिद्धि के पश्चात् छायावादी भाषा पर पूर्ण विरामचिह्न लग. गया था। छठे-सातवें दशक में नागार्जुन व धूमिल की सपाट बयानी तथा मुक्तिबोध के विश्व-वैचारिक ऐनिमेशन ने तो उत्तरोत्तर नई कविता

की कई चट्टानी रूढ़ियाँ तोड़ डाली थीं।

अंततः भाषिक दर्शन के प्रसंग में कहा जा सकता है कि दार्शनिक प्रत्ययों, वैज्ञानिक तर्कों, नैतिक अनुभूतियों एवं सौंदर्यबोधात्मक कलाभिव्यक्तियों की अर्थवत्ताओं में अंतर होता है। अतएव इनके पृथक्-पृथक् संप्रेषण की सीमाएँ होती हैं। अलबत्ता हम युक्ति तथा प्रोक्ति के सार्वभौम प्रतिमानों के अनुसंधाता बने रहते हैं क्योंकि भाषादर्शन मूल्य-केंद्रित होता है जो निष्क्रिय वर्गीकरणों तथा मात्र शाब्दिक व्याख्याओं के परे जाता है। इसलिए शब्द, अर्थ, कथन, प्रोक्ति, विरोध, रूपक सिद्धि, आदि के विभिन्न स्तर होंगे। इसीलिए भाषा-संस्कृति के अंतर्गत हमें भाषा की अर्थवत्ता के कारकों, यथा संज्ञान, संप्रेषण, समीक्षा, तथा मूल्य आदि को उद्घाटित करना पड़ता है। अतः भाषिक संस्कृतिक को एक साध्य मूल्य **सार्वजनिक-साक्षरता है**। यही श्रेयस है!

अब, समकालीन संदर्भों में **हिंदी**?

इ. 'हिंदी'

आज हिंदी के कुछ सकारात्मक पक्ष भी हैं। यह फिल्म, प्रिंट एवं इलेक्ट्रोनिक मीडिया में व्यापक प्रसार पा रही है। आज इसके प्रयोगात्मक (फंक्शनल), प्रशासनात्मक, कार्यालयीय रूप भी खूब विकसित हो रहे हैं, तथा शैक्षिक पाठ्यक्रम का हिस्सा भी बन गए हैं। परंतु बाज़ारीकरण एवं सूचना-प्रौद्योगिकी के इस ज़माने में अपनी नई, प्रत्याशित, अंतरराष्ट्रीय एवं सांस्कृतिक यात्रा के लिए हिंदी को साफ्टवेयर के विकास तथा सुरुचिपूर्ण वेबसाइटों के निर्माण की ओर अग्रसर होना पड़ेगा।

प्रशासन तथा कार्यालयों, शैक्षणिक तथा तकनीकी संस्थानों में **भाषा-योजना** (लैंग्वेज-प्लानिंग) के 'ब्लूप्रिंट' द्वारा ही राजभाषा तथा राष्ट्रभाषाओं के बीच समरसता स्थापित हो सकेगी।

भाषा-योजना तथा आर्थिक-योजना के साथ-साथ होनेपर विषमताएँ नियंत्रित रहती हैं, भारत जैसे बहुभाषी देश में। कारण कि, एक तो भाषा सभी लोक जनगण की साझी मिल्कियत होती है; दूसरे, पहली होंद तो अपनी भाषा की होती है; तीसरे, हर भाषा की एक **संस्कृति** तथा **विरासत** होती है जो भूगोल और इतिहास द्वारा बनती हैं, एवं इन्हें बनाती भी है; चौथे भाषा एक औज़ार भी है जिसे कट्टरपंथी और निहित स्वार्थ वाले हिंसा और सत्ता के लिए बरतते हैं। आज़ादी के बाद नेहरू ने जो सार्वजनिक क्षेत्र विकसित कराया उसके कारण ही रोज़गार बढ़ा, भारी उद्योग क़ायम हुए और तरक्की हुई। इसके साथ ही एक अभूतपूर्व विशाल मध्यवर्ग भी पैदा हुआ। इसके साथ ही अभिजन समूहों के स्वार्थ प्रबल एवं जड़जमाऊ होते गए। अतः अंग्रेजी का वर्चस्व कायम रखा गया है, यद्यपि केवल पाँच से सात प्रतिशत लोग ही उसे जानते हैं।

अतएव भाषा-प्लैनिंग बेहद जरूरी है जो भाषा को एक अनुशासन तथा एजेंडा के द्वारा आगे ले जाएगी, तथा भाषा को (हिंसा तथा द्वेष के बजाय) तरक्की का

एक औज़ार बना सकेगी। भाषा-योजना में साहित्य की अपेक्षा भाषा को भाषा के व्यवहार्य और कार्यवाहक तौर पर अर्थात् **भाषा के तौर** पर, पढ़ाने पर ही भाषा विनिमय में आएगी [अतः **साहित्य के तौर** पर भाषा का प्रयोजन दीगर है]। इसलिए भाषा-योजना का लक्ष्य भाषा को जनोपयोगिताओं (यूटिलिटीज़) के साथ जोड़ना है। भाषा को धर्म, राजनीति, तथा भावुकता के साथ मत जोड़ो। इससे बेहद बर्बादी होती रहेगी।

भाषा शिक्षा का माध्यम भी है। अतः प्राइमरी से लेकर उच्चतर स्नातक एवं शोधात्मक शिक्षा तक इसे माध्यम बनाना चाहिए। इसके लिए **ज्ञान प्राप्त** करने तथा **रोज़गार** मुहैया कराने के लिए प्रशिक्षित (टैकनीशियन, दुभाषिए, अनुवादक आदि) लोगों की जरूरत है। हमें सदैव ध्यान रखना होगा कि सूत्रबद्धता के घटक संस्कृति (मिथकायन), शब्दभंडार (वोकेब्लरी) भी हैं, ज्ञान-संपदा के साथ। भारत सरकार के ढीले-ढाले त्रिभाषा-फार्मूले के ऐच्छिक अनुप्रयोग के साथ अभी तक कोई सर्वांगीण बहुलवादी **'सांस्कृतिक नीति'** नहीं बन पाई है। इसी के साथ कांग्रेस, भाजपा, भाकपा, माकपा और सपा, बसपा जैसी-अखिल भारतीय राजनीतिक पार्टियाँ भी भाषा के सवाल पर चुप्पी साधती लग रही हैं। ऊपर से प्रशासन में इसे लागू करने की कालसीमा में लगातार छूट पर छूट दी जाती रही है।

इसके कुछ कारण हैं। आज़ादी के पहले राष्ट्रीय मुक्ति संघर्ष के दौरान विकसित पूँजीवाद में विभिन्न राष्ट्रीयताओं (नेशनलिटीज़) की एकता बनाए रखना लाजिमी था। अतः हिंदी का प्रचार एवं प्रसार भी राष्ट्रीय मुक्ति आंदोलन का एक एजेंडा था। आजकल कार्पोरेट पूँजीवाद का विस्तार भूमंडलीकरण वाले बाज़ार में हो रहा है। अतः वह राष्ट्रभाषाओं एवं राजभाषा से मुँह मोड़कर अंग्रेजी भाषा तथा पश्चिमीकरण से संलग्न हो रहा है। कोई दस बीस लाख प्रतिभाशाली भारतीयों के विदेशों में प्रव्रजन के हित की खातिर कोई एक सौ दस करोड़ जनता की विभिन्न भाषाओं को ठंडे बस्ते में बंद-सा किया जा रहा है। परवर्ती औपनिवेशिक मानसिकता का वर्चस्व इतना छा गया है कि राष्ट्रभाषाओं, राष्ट्रीय संस्कृति, स्वदेशी हस्तकौशल, देशी जीवन-शैली आदि को पिछड़ेपन की निशानी माना जाने लगा है, नवकुबेरों, तथा मैनेजमेंट और टैकनॉलाजी और प्रोफेशनों वाले आभिजात्य-समूहों द्वारा।

दूसरा कारण जातियों व धर्मों में बँटे संसदीय लोकतंत्र के तनाव तथा दबाव हैं। सन् 1956 में पुनर्गठित राज्यों के साथ-साथ सन् 1955 में गठित **भाषाई राज्यों** (लिंग्विस्टिक स्टेट्स) का स्वरूप उलट कर क्षेत्रीय राज्यों (रीजनल स्टेट्स) में बदल गया। इससे अस्मिता (आइडेंटिटी) का पैमाना राष्ट्रीयता (नेशनलिज़्म) के बजाय संजातीय (ऐथनिक) भाषा, जाति, धर्म व संप्रदाय से जुड़ गया। इससे जो क्षेत्रीय पार्टियाँ उभरीं, उनमें-से कई ने सत्ता पर भी कब्ज़ा जमाया। लेकिन अन्य राज्यों की राष्ट्रभाषाओं तथा राष्ट्रीयताओं की राष्ट्रभाषाओं के बीच के अंतर्विरोध उग्रतर होते गए। भाषिक अल्पसंख्यकों की संतुलनकारी शक्ति के कारण उत्तर प्रदेश में हिंदी

और उर्दू, हरियाणा में हिंदी और पंजाबी, बंगाल में बँगला और नेपाली, कर्नाटक में कन्नड़ और मराठी को एकसाथ मान्यता दी गई। अतएव वर्तमान समय में भारत में एक ओर संजातीय (ऐथनिक) तथा राष्ट्रीयताइयों (नेशनलिटी) और राजभाषा, तथा दूसरी ओर भाषाई-अल्पसंख्यकों के बीच की जटिल समस्याएँ ही विभिन्न राज्यों में बार-बार प्रचंड आवेश के साथ झगड़ों-कलहों में फूटती रही हैं जो अक्सर घृणा और हिंसा से कलंकित हुई है। कर्नाटक, असम, गोवा, तमिलनाडु, पंजाब आदि के आधुनिक इतिहास इसके गवाह हैं। इससे आंचलिक संस्कृतियों की इंद्रधनुषी सुंदर विशेषताओं को प्रकट करने के बजाय पंजाबियत, काश्मीरियत, बंगालियत, भूमिपुत्रवाली तेलुगुयत आदि संकीर्णता एवं मनोग्रंथियाँ फैलाने लगीं। इसका अधिक खतरनाक नतीजा यह भी हुआ कि गाहे-बगाहे अलगाववादी राज्यों तथा स्वायत्त राजनीतिक उप-राज्यों की माँग भी उठती रही। चौथा दुष्परिणाम यह हुआ कि **भाषा तथा धर्म** का जो गठबंधन हुआ उससे काश्मीर तथा पंजाब में, और उत्तर पूर्वी सीमांती राज्यों में **आतंकवाद** भी उभरा। नतीजे यही हैं कि पहले दौर में कालसीमा की छूट, त्रिभाषा-फार्मूले को लागू करने में लापरवाही, सांस्कृतिक नीति का अभाव तथा बड़ी राष्ट्रीय पार्टियों की भाषा विषयक अस्पष्टता के कारण आगे-आगे शहरी बनाम देहाती, पिछड़े बनाम अगाड़ी, एवं अंग्रेजी बनाम हिंदी के बीच जो अंतर्विरोध उभरे वे शत्रुतापूर्ण बनते गए। उनके बीच अभी तक आर्थिक एवं सांस्कृतिक समन्वय तथा संतुलन नहीं बनाया जा सका है। अतएव हम दोहराते हैं कि समकाल में तीन नई समस्याएँ उभर आई हैं—अलगाववादी राज्य, क्षेत्रीय पार्टियों द्वारा आरक्षण तथा स्वायत्त राज्यों की माँग, तथा आतंकवाद।

आर्थिकता के बाद भाषा और धर्म प्राचीन सभ्यताओं में बेहद शक्तिशाली निर्णायक होते हैं। इनसे विभिन्न राज्यों में संकट छाया रहता है। इनसे **केंद्र बनाम राज्य** के बीच भी टकराव पैदा हो रहा है। इनसे भारतीय समाज आंतरिक रूप से विभाजित हो रहा है। हमें यह जरूर याद रखना चाहिए कि ये समस्याएँ हमारे दर्दनाक औपनिवेशिक अतीत से भी जुड़ी हुई गलत विरासत हैं।

सुलगता सवाल तो यही है कि हमारे संप्रभुता संपन्न देश के अविराम नेतृत्व ने कौन-सी निवारक कार्यवाहियाँ की हैं?

आज नई-नई चमकीली तथा भड़काऊ शब्दावलियाँ ऊँचे लोगों के भाषाई हथियारखाने से आम-आदमी को संत्रस्त, अकेला और अरक्षित कर देती हैं—'चमकीला भारत', 'मेगा-मॉल वाले महिम शहर', 'एशिया में अंग्रेजी की हमारी सर्वश्रेष्ठ दक्षता', 'भूमंडलीकरण', 'आंचलिक जातीय अस्मिताएँ' (काश्मीरियत, पंजाबियत आदि), 'हमारा भारत महान्', आदि-आदि। इस दुःखती रग पर सरकारिया-कमीशन ने अँगूठा रखकर केंद्र तथा राज्यों के बीच अधिकारों और वित्तीय बँटवारे की समस्या को सुलझाने के प्रस्ताव दिए हैं ताकि धब्बे वाला अर्थात् (कहीं अति प्रगति और कहीं गरीबी-अशिक्षा

का घोर अंधकार वाला) विषमता तथा फूहड़तापूर्ण **आधुनिकीकरण** एक समान तथा समरस बनाया जा सके।

अपने प्राचीन देश के बाबत हम यह भी जानते हैं कि उत्तरापथ-दक्षिणापथ के जनों के, उनके लोकाचारों के, उनकी मिथकों व धर्मों के, उनके मूल्यों व प्रतीकों के, उनकी नीतियों और आचरण के बीच एक गहरी एकता है। इसलिए महान् चुनौतियों के मौकों पर भारत राष्ट्र एवं भारतीय राज्य एकमुष्ठ होकर एक संगठित राष्ट्रवर्ती राज्य (नेशनस्टेट) बन जाता है।

इसलिए आर्थिक विकास के साथ-साथ भाषा का सांस्कृतिक प्रश्न ही हमारा सन् 2020 के लिए एजेंडा है जो भारत को एक पूर्णतः **विकसित देश** बना सकेगा। तो, हम सबसे बड़ा एकमात्र कारक अवरोध पहचानें : भाषा-योजना का अभाव। इसी के साथ दलित-समानता तथा नारी-सशक्तीकरण अन्य दो कारक हैं। अंतिम कारक स्वास्थ्य एवं शिक्षा का है। अभी ये सभी नकारात्मक कारक विशाल जनता तथा आंचलिक संस्कृतियों को छिन्न-भिन्न किए डाल रहे हैं।

यह भी हक़ीकत है कि आज हरेक राज्य को आप्रवासियों (इमीगेंट्स) को अभियोजित करना पड़ रहा है जो आधारभूत सस्ती श्रम-शक्ति या बुद्धि-बैंक भी होते हैं। इसके अलावा अंग्रेजी-परस्त प्रभावशाली अभिजनों (एलीट्स) तथा नव धनाढ्यों के प्रतिरोधों का भी मुकाबला करना पड़ रहा है। यह आगे चलकर और भी प्रचंड होगा क्योंकि पहले निष्क्रमण द्वारा सस्ते **श्रम** का उपभोग होता था। अब **श्रम के साथ-साथ पूँजी** का जो अंतरराष्ट्रीयकरण हो रहा है, वह छिपे साम्राज्यवाद **जैसा है।** इसे भूमंडलीकरण, उदारीकरण, बाज़ारीकरण, उपभोक्तावाद, व्यक्तिमहत्तावाद, **स्वतंत्र** मंडी जैसे चमत्कारी शब्दों से महिमामंडित किया गया है।

देश में ही अखिल भारतीय सेवाओं तथा आई. टी., मैनेजमेंट, आदि के लाभार्थी कुछ लोग, भद्रलोक, अफ़सर, उद्योगपति, व्यापारी, बुद्धिजीवी आदि के सत्ताधारी-समूह भारत की राजभाषा हिंदी, तथा राज्यों की राष्ट्रभाषाओं का, एड़ी-चोटी का पसीना बहाकर, विरोध कर रहे हैं। इसका मतलब यह हुआ कि सही मायनों में वे देश के विभिन्न राज्यों के बीच बढ़ती हुई भौगोलिक गतिशीलता को ठप्प करके सांस्कृतिक एवं राष्ट्रीय एकीकरण के खिलाफ़ खड़े होते जा रहे हैं।

तो, क्या भाषिक संस्कृति के (चक्रवर्तित्व के) दिग्विजयी रथ का सारथी होने को आम जनता जिस तरह से कटिबद्ध है, उसको सुनिश्चित करने में प्रबुद्ध नेता, पार्टियाँ, उद्योगपति, राजवेत्ता, कलाकार, और बुद्धिजीवी, क्या दोस्ताना मददगार और हमसफ़र नहीं बनेंगे?? भाषा और संस्कृति तो विशाल जनता की साँझी सम्पदा और विरासत हैं!!

2006

5 | कुछ भाषा-मिथकों का भंजन भी लाजिमी है!

कहीं, किसी, कालखंड में भाषा की भूमिका यदाकदा प्रतिक्रियावादी भी हो जाती है। इतिहास-चक्र में भाषारूपों तथा अंतर्वस्तुओं, दोनों की कई 'मिथ्या' (दार्शनिक तात्पर्य में) मिथकें (बनकर) टकराती हैं जिनकी अंधकारा फोड़कर ही नवीनताओं की मंदाकिनी-धारा प्रवाहित होती है। अतएव कुछ **भाषा-मिथकों** के भंजन की घड़ी अब आ गई है, जबकि हम सूचना-क्रांति के युग में आ पहुँचे हैं।

संप्रति हम ललित रचना एवं वैचारिक चिंतन की युगनद्धता वाले **साहित्य के अर्द्धनारीश्वर** को विमर्शमूलक दक्षिणांग को ही लेंगे। प्रकाशपरक वामांग में तो उत्तम कृती बहुधा भाषा की नई-नई संरचनाएँ गढ़ते तथा बासी एवं चुक गए भाषा-मिथकों का भंजन करते ही रहते हैं। दीर्घ ठहराव तो शास्त्रीय चिंतन में हुआ करते हैं। अस्तु।

अंतर्वस्तु (कांटेंट) के अक्ष पर परंपरावादी-परिपाटीबद्ध रूढ़िपूजक विचारों की; तथा भाषा के अक्ष पर भव्यता (सर्वोत्कृष्टता) एवं शुद्धता की, और क्लिष्टता एवं दुरूहता की मिथकों के घटाटोप आडंबर तन जाते हैं। अतः इनके भंजन का न्यौता और चुनौती, तथा चेतावनी युग-युग की प्रगति और आधुनिकता की अनिवार्य शर्त बनती हैं। ताकि इतिहास-चक्र पूरा घूम जाए और नई राह बने।

भाषा एवं विचार के प्रबल संग्राम में विचारधारा तथा प्रतीक-बिंब, सिस्टम और पारिभाषिक मिलकर हथियारों की भूमिका निभाते हैं। कबीर और तुलसी, भारतेंदु और आचार्य शुक्ल, महावीर प्रसाद द्विवेदी और निराला, प्रेमचंद और मुक्तिबोधादि ने भाषा व विचार के कुरुक्षेत्र में प्रखर लड़ाइयाँ लड़ी हैं। यही नहीं; उन एकलों की कई कृतियों के भाषिक वास्तुविधान में भी गहरी दरारें आई हैं। मसलन, 'कामायनी' में कई भाषिक धाराएँ, 'राम की शक्ति पूजा' में आरंभ-मध्य-अंत की भाषा-दुविधा, या तुलसी बाबा के 'रामचरित मानस' बनाम 'कवितावली' की विभेदक थीमें तथा भाषाएँ इसकी साक्षी हैं। मानसिकता तथा प्रयोजन, तथा पारिस्थितिकी के बदलाव के साथ एकायामी भाषा का रीतिवाद भी बदल जाता है।

अगर आज का **दलित-विमर्श** आभिजात्य भाषा-संसार की अलौकिक सुंदरता

तथा उत्कृष्टता, शुद्धता एवं पवित्रता के चतुरंग के विरुद्ध कटिबद्ध है, तो नारी-सशक्तिकरण मर्दवादी सोच की अश्लील तृष्णाग्नि एवं फूहड़ सेक्स-दमन के विरुद्ध बंद-घुटे भाषाई कमरे खोल रहा है। इसलिए हमें मिथक से आधुनिकता तक की सहकारी द्वंद्वात्मक यात्रा करनी पड़ती है। आज यथार्थता की भाषा की विचित्र खोजें अर्थ की लय, जादुई, फांतासीय, आर्केटाइपल, अवाक्यीय, सपाट बयानी आदि के प्राचलों में जारी हैं; जारी रहेंगी।

इसके लिए प्रथम पूर्वानुमिति (प्रि-सपोजीशन) तो है, भाव और चिंतन की द्वंद्वात्मक एकता तथा परस्पर-स्पर्धा। अतः एक ओर अंतर्ज्ञानानुशासनपरक (इंटर-डिसिप्लिनरी) मनन-अध्ययन का बहुवृत्तीय दायरा, तथा दूसरी ओर शास्त्र और प्रज्ञा (इंट्यूशन) का दोगुना समन्वय। आजकल साहित्य के विधक कलाशास्त्र में सौंदर्य-बोध तथा विज्ञान, एवं समाज-विज्ञानों के न्यायों और पद्धतियों का समायोजन किया जा रहा है। इसी के सहवर्तन में द्विपर्णी साहित्य की एकीकृत इकाई में ही विभक्त रचना एवं आलोचना के पार्थक्य, विभेद, विरोध का सामंजस्य करके 'एक संपूर्ण साहित्य-चक्रचिह्न' का विधान होने लगा है। ऐसा प्रयास नाट्य क्षेत्र में बर्टोल्ट ब्रेख्त (1898-1956) ने 'टोटल थियेटर' (**संपूर्ण नाट्य**) की अवधारणा द्वारा तथा स्तानिस्लावस्की (1865-1933) ने 'थियेटर की सिरजना तथा एक्टर की जैविक प्रकृति' के सिस्टम द्वारा किया है। साहित्य के चक्रचिह्न में हमने दशकों से विज्ञान-समाज-विज्ञानों-सौंदर्य-बोध शास्त्र के सापेक्ष्य समाहार की प्रविधि को **'सामाजसांस्कृतिकचिंतन'** का अभिधान तथा अभिग्रहण प्रतिपादित किया है। परिणाम में, भाषा का अमीरी भंडार (लेक्सिकॉन), पारिभाषिक कुलक (टर्मिनालॉजीस) तथा प्रोक्ति (डिस्कोर्स) आहिस्ता-आहिस्ता परिवर्तित, अन-परिचित (डि-फेमिलियर) तथा सरल संप्रेषण से विच्छिन्न हो रही हैं। इस प्रक्रिया में **असहमतियाँ** हो सकती हैं अभिज्ञान होने के बाद; तथा अबोध **दुरूहता** हो सकती है, विशेष क्षेत्र की अज्ञानता के कारण। ऐसे में भाषा अपने नकारात्मक मिथकों का उन्मीलन करने लगती है।

अभिनव सामाजसांस्कृतिक चिंतन के अंतर्गत किसी भी अनुशासन की व्यास-रेखा पर किसी अन्य अनुशासन या अनुशासनों के प्रति अपरिचयता और अज्ञानता का बोध हो सकता है, अगर ज्ञानानुभव बहु-आयामी नहीं हो। ऐसे में गृहीता की नासमझी से पारिभाषिकों एवं प्रतीकों के कुलक **क्लिष्टता** भी पैदा करते हैं, अगर उनके सही अर्थों का अभिकल्प न हो। हम पाते हैं कि ज्ञान, कला एवं भाव के ऐसे त्रिपुर में जो 'रिमिक्स' होता है। उसमें सौंदर्य-साहित्यिक संस्कृति बनाम वैज्ञानिक संस्कृति के बीच उदासीन, अबोधक या उपेक्षित प्रथकता आती गई है। [सी.पी.स्नो ने इसे 'दो संस्कृतियों के बीच पार्थक्य' तथा सेमुएल हंटिंगटन ने कई 'सभ्यताओं के बीच टकराव' (क्लैश) बताया है]। वजह काफी पारदर्शी है। क्लासिकी एवं शास्त्रीय जमीन से 'संप्रेषण' (कम्युनिकेशन) की सैद्धांतिक रचना छिन्न-भिन्न हो जाती है क्योंकि

ज्ञानानुशासनों की प्रकृति एवं प्रक्रिया प्रतिकूल संप्रेषण की प्रकृति एवं मनोवैज्ञानिक प्रक्रिया को भी तदनुसार उलटती तथा बदलती जाती है। अगर कई अनुशासनों का मेल हो तो अनुकूल संप्रेषण में भी (दर्शकों और श्रोताओं और पाठकों के समतुल्य) विषम स्तरीकरण (स्ट्रेटिफिकेशन) हो जाया करते हैं। अगर काश्मीरीय सौंदर्यबोध-शास्त्री अभिनवगुप्त (ई.प.10वीं शती का अंत-11वीं शती का आरंभ) रचनाकार एवं सामाजिक के बीच निर्मल दर्पण के-जैसा सहृदयत्व तथा तन्मय भावन की योग्यता की शर्तें रखते हैं तो जर्मन बर्तोल्ट ब्रेख्त (1898-1956) इनके बीच 'परकीयकरण-प्रभावन' (एलियेनेशन इफेक्ट) पाते हैं, तथा ग्राम्शी (1891-1937) भोक्ता को भी रचनाकार की 'हेजिमनी' में रंग गया सफेद कौवा-सा पाते हैं। वस्तुतः अब जरूरत हो गई है मानस की केंद्रीयता एवं एकाग्रता तथा वैचारिक (विचारधारात्मक या पोलेमिकल) सामंजस्य अथवा समानांतरता की। अब हम भावुक रचना से आगे 'सृजनात्मक चिंतन' की सुदूर सरहदों को भी छूने लगे हैं। अतएव हमने इसका भी, आलूचना के बजाय, भावात्मक आलोचना तथा समाजविज्ञान परक चिंतन के मिथुन से अभिमुद्रित नये **'आलोचिंतना'** नाम से अभिषेक किया है। अतएव आलोचिंतना की बहुविध-बहुआयामी भाषा होती है जिसमें **व्याकरण** और **तार्किक छंदमयता** की जुगलबंदी परिलक्षित है। इस तरह स्वयमेव क्लिष्टता तथा दुरूहता के (अज्ञानता-उद्भूत) मिथ्या मिथकों का भंजन करके ही संयुक्त राष्ट्र संघ तथा विश्व में भारतीय 'बौद्धिक संपदा' की मौलिकता, विपुलता तथा श्रेष्ठता की मुहर लग सकती है। हमारे मॉडल केवल विदिया सागर नैयाल, विक्रम सेठ, अमिताभ घोष, किरण देसाई, भारती मुखर्जी द्वारा प्रस्तुत प्रवासी **'भारतीय साहित्य'** ही नहीं, बल्कि इंदिरा गोस्वामी, तसलीमा नसरीन, सुषम बेदी, अरुंधति राय, महाश्वेता देवी, फणीश्वरनाथ रेणु, फकीर मोहन मोहांती, तकषी शिवशंकर पिल्लै द्वारा रचित विभिन्न **क्षेत्रीय भाषाओं** का बढ़िया कृतित्व होगा। इसके लिए पारिभाषिकों के साथ-साथ हमारे शब्दकोशों तथा व्याकरणों में बोलियों के लाखों तद्भव-देशज शब्द-पुंज तथा प्रोक्तियाँ बेहिसाब संचित हो रही हैं। यह ऐसा जनपथ है जहाँ अर्थहीनता, क्लिष्टता तथा दुरूहता के कई मिथक झूठे, गलत तथा अप्रासंगिक होते जा रहे हैं। इनके प्रतीकधर्मा भाषिक अवकूटन (डि-कोडिंग) के लिए कई प्रकार के आधुनिक व्याकरणों 'रूपांतरण-प्रजनक व्याकरण' (ट्रांस्फार्मेशनल-जेनेरेटिव ग्रामर) तथा शैली विज्ञान (स्टाइलिस्टिक्स) का भी उद्भव हुआ।

जैसा कि हम प्रदर्शित कर आए हैं कि भाषा में विविध-बहुलवादी पारिभाषिकों तथा ज्ञान-क्षेत्रों के शब्दभंडार (लेक्सिकॉन) से प्रतीयमान असंप्रेषणीयता हमारी हठधर्मिता तथा अनपढ़ता को बढ़ावा देती है। हमने तो इसे बेहद भोगा है कि 'एकायामी' समाज-ज्ञान तथा साहित्य-भावन के कारण पिछड़ापन बढ़ता है तथा समझदारी में भ्रांति व्याप्त होती है। हम इसे सदैव नामंजूर करते आ रहे हैं, क्योंकि हमें उक्त स्वयंभूवादी आभिजात्य तथा प्रतिक्रियावादी भाषा-मिथकों का भंजन करते रहना पड़ेगा

अन्यथा हिंदी का विशाल जनतंत्र गोबरपट्टी या हम सबकी पवित्र गौमाता की अंधभक्ति में लसेटा जाकर पड़ा रहेगा। फलतः भाषा भी साथ-साथ पिछड़ी होती हुई सामंतीय मानसिकता में जकड़ी रहेगी।

अगर हम क्रोड़ भाषा की विभिन्न सिद्ध-असिद्ध अभिव्यंजनापरक क्षमताओं, उसमें विविध विधाओं (योनर्स) और विभिन्न ज्ञानानुशासनों (डिसिप्लिन्स) का समाकलन करें तो हमें अलग-अलग अभिव्यक्ति की अनेक तकनीकें मिलेंगी। उनके अलग-अलग तार्किक क्रम भी होंगे तथा इससे उनके संप्रेषण की प्रकृति तथा स्तर भी विभिन्न होंगे। जाहिर है कि 'तन्मयता' और 'सहृदयत्व' की कलाशास्त्रीय व्यास रेखा पर ये सब नहीं अँट सकते। इनकी एकायामिता की किसी भी परिकल्पना से भाषा तथा ज्ञान, दोनों अवरुद्ध व कुंठित होकर पिछड़ते जाएँगे। इसलिए आलोचिंतना हमारी अनिवार्यता है तथा इससे उद्भूत होकर लोकपक्षी सांस्कृतिक स्वतंत्रता भी हमें सिद्ध होगी। गणितीय ग्राफ का रूपक लेकर कहा जा सकता है कि ये तीन अक्ष हैं : Oक. (नए ज्ञान का), Oख. (गंभीर भावन का), तथा Oग. (सामाज-सांस्कृतिक विश्लेषण का)। तो, जो यह त्रि-अक्षीय आरेख बनता है, उसके कठिन-जटिल प्राचलों (पैराडाइम्स) से अछूते अथवा अनजान अध्येता-पाठक-सहृदय आलूचक आदि उसे दुरूहता, क्लिष्टता, विभ्रांति, विषयांतर के जुगुप्सित पदनामों से मापकर हाशिये पर फेंकते चले आ रहे हैं। इसलिए हिंदी-भाषा के वांछित ऐश्वर्य, वैभव, परिष्कार तथा भव्य बहुज्ञता के मनोरथिक मानदंड नहीं बन पा रहे हैं। मौलिक नाटकों की रचना का अभाव, सौंदर्यबोध शास्त्र की भाषा एवं देहभाषा की शून्यता, आधुनिक दर्शन-चिंतन की गरीबी के कारण हम बौद्धिक निर्धनता-रेखा से ऊपर नहीं उठ पा रहे हैं। इस त्रासदी से भाषा का प्रतिक्रियावादी खेमों में अपहरण हो जाता है। इससे उसमें जोखिम भरी ज्ञानानुशासनों की विवादित यात्राएँ आगे समर्थ नहीं हो पा रही हैं। इसलिए भाषा की कई मिथ्या मिथकों का भंजन करने का सही वक्त आ पहुँचा है। हम बारंबार यही दुहराते रहे हैं।

भाषा तथा विविध ज्ञानों के अलावा, **भाषा** तथा **वाक्-श्रुति** के बीच भी संप्रेषण की प्रकृति तथा अभिव्यक्ति और प्रकरण भिन्न-भिन्न हैं। पहली में अनिर्वचनीयता, तो दूसरी में अतिवचनीयता सन्निहित हो जाया करती है। उच्चारण-प्रधान वाक्-श्रुति देह-भाषा की मुद्राओं एवं भंगिमाओं के सह-प्रत्यावर्तन (कंडीशंड रिफलेक्स) से सहबद्ध होकर भाषा-मंडप को लाँघ जाती हैं। तथापि इनको पूर्णतः अलग-थलग नहीं किया जा सकता और गड्डमड्ड भी नहीं। यहाँ यह महासत्य भी ध्यातव्य है कि निरक्षर भट्टाचार्य, प्राइमरी-माध्यमिक शिक्षा प्राप्त शिक्षित जन, साधारण शिक्षित पाठक और विशेषज्ञ आलोचिंतक के भी अपने-अपने प्रिय-अप्रिय अधिग्रहण-क्षेत्र, प्रतिबद्धताएँ तथा प्रतिश्रुत इस्तेमाली विशिष्ट शब्द-भंडार हुआ करते हैं जिनके घेरे में ही वह सहजतापूर्वक सक्रियमाण हो सकता है। अतः भाषा-प्रयोग, भाषा-ग्रहण, भाषा-संबंधता के स्तर भी

भिन्न-भिन्न होंगे। 'परकीयकरण-प्रभावन' इनका काफी उद्घाटन करता है। विचारधाराएँ भी अपनी-अपनी प्रवृत्यात्मकता और पारिभाषिकों के द्वारा विरुद्धक संघर्ष को ध्रुवीकृत करती हैं। वे राजनीतिक और आर्थिक भाषा, सौंदर्यबोधशास्त्रीय और समाजवैज्ञानिक भाषा, धार्मिक और वैज्ञानिक भाषा के भेदादि 'वर्गीकरण' भी करते हैं तथा मिथ्या मिथकें भी 'अन्यथाकरण' द्वारा गढ़ते हैं। इससे विभिन्न विषयक शब्द-भंडारों के सूचीबद्ध वर्गीकरण तथा व्यवहार की कठिन चुनौतियाँ पेश आती हैं। किंतु इनसे निस्संदेह भाषा की सर्वोत्कृष्टता तथा शुद्धता की मिथकों का भी भंजन होता चलता है। इससे विषयों तथा विधाओं की स्वनिमी एवं रूपिमी (रूपकात्मक) भाषिक गोधूलि झिलमिलाती है; जैसे, इस भाषिक गोधूलि के अंतराल में तो परा-पश्यंती-मध्यमा वृत्तियाँ होती हैं। परंतु ऋत्-बंध में अनादि वासना एवं अबोधपूर्वा स्मृति तुरीय रहती हैं। इसलिए भाषा 'मायाविनी' पाई गई है और यह सभ्यता तथा संस्कृति और समाज की सामूहिक धरोहर और विरासत भी है। इसका जबर्दस्त साक्ष्य भाषा के वैश्विक **आर्केटाइपल आकृतिबंध** (पैटर्न्स) हैं।...ऋचा-धर्मी ये अमूर्त (आर्केटाइपल) आकृति-बंध सामूहिक अवचेतन-जन्मा होते हैं। अतः ये सघन अद्वितीयता और तरल सरलता से रंजित-मंडित-शोभित होते हैं। ये भाषा के पुनर्नवीकरण के महत्त्वपूर्ण हेतु हैं। चंद्र कुँवर बर्त्वाल, केदारनाथ सिंह, बलदेव वंशी, अथवा नागार्जुन, भवानी प्रसाद मिश्र, धूमिल इस प्रवृत्ति की द्विपर्ण-विरोधता (बाइनरी अपोजीशन) वाले लुभावने दृष्टांत हैं।

विशुद्धता के मिथक को तो सहवर्ती कलारूप भी तोड़ते चलते हैं। इसके भंजन से भाषिक भेदों की प्रथम दृष्ट्या अनगढ़ बहुलता प्राप्त होती है, विधाओं की एकांगिता तथा एकायामिता विलुप्त होती है तथा नए-नए सामाजसांस्कृतिक, सौंदर्य-समाज-विज्ञानी सिद्धांतों का भी अभ्युदय होता है; मसलन, रूस की महान् उपन्यास-धारा की सैद्धांतिकी को बाख़्तिन ने **'उपन्यासों का स्थापत्य'** (आर्किटेक्चर) की साम्यरूपकता से विकसित किया, काव्य और वृत्तांत के लिए उत्तर-आधुनिकतावादियों ने **'भव्य वृत्तांत'** (ग्रैंड नैरेटिव) की अवधारणा पेश की, लातिन अमेरिकी लेखकों ने अपनी विलुप्त संस्कृतियों तथा आधुनिक सभ्यता के बीच की कालोत्तीर्णता के लिए **'जादुई यथार्थवाद'** की अधिष्ठापना की; फ्रांसिस ओ' कूनर ने कहानी के साहित्यशास्त्र का बीज-पदांश **'अकेली-आवाज'** के रूप में उन्मीलित किया, आदि। मिशेल फूको, देरिदा, चौमस्की आदि ने **'अर्थलोप'** तथा **'संबंधातीतता'** द्वारा मानो भविष्य की दुविधाओं का प्रत्याख्यान किया। यहाँ यह भी उल्लेखनीय है कि विद्यानिवास मिश्र, सत्यदेव चौधरी, सियाराम तिवारी, तथा डोनाल्ड डेवी और क्लींथ ब्रुक्स ने **काव्यभाषा** पर एवं डेविड लॉज और रोजर फॉउलर ने **औपन्यासिक भाषा** पर प्रवर्तक कार्य किए हैं। हमें भी हिंदी-राजभाषा और सहभागिनी राज्यभाषाओं में अंतर्विरोधों से जूझ कर समन्वय खोजना पड़ रहा है। इसी के अनुषंग में साहित्य-चक्र के कई प्रचंड अंतर्विरोध समाहार को उन्मुख

हैं : हमें साहित्य में ही ललित रचना बनाम तार्किक आलोचना, रसात्मक भाव बनाम विचार चिंतन की खाइयों और सुरंगों से गुजरना पड़ रहा है। अतः हमने आलोचना की जगह **'आलोचिंतना'** के, तथा साहित्य के सपाट दर्पण के बजाय 'सामाजसांस्कृतिक अनुचिंतन' (रिफलेक्शन) के सार्थक विकल्पों का अनुप्रयोग चालू किया है। इससे संप्रेषण की समाधिपरक एकायामी मिथक खंडित तथा विभक्त हुई है। यह एक शुभ श्रीगणेश है। ये सब समुपरंजित तथा विचार-संश्लेषित होकर निर्विकल्प उत्कृष्टता की भ्रामक मिथक को भी सापेक्ष गुणवत्ता में पुनःचक्रित (रिसाइकल) करते हैं।

अब प्रतिबोध में आलोचिंतना के भाषा-विधान में **वैज्ञानिक पद्धतियों** तथा **विरामादि चिह्नों** के प्रयोगों की अन्वीक्षा की जा सकती है।

[क] रोमन इन्गार्डेन के मुताबिक रचनाकार (प्रेषक) तथा आलोचिंतक (ग्रहीता), दोनों के ही, ग्राफ अक्षों (OX, OY) पर, भाषा का स्तर एक जैविक देह जैसा होता है जिसमें रूप एवं वस्तु, शब्द एवं अर्थ अंतर्निहित होते हैं। आलोचिंतक भाषा के बाह्य स्तर से आंतरिक यात्राएँ करता है जो अर्थगत स्तर, तथ्यगत स्तर, बिंबपरक स्तर को पार करती हुईं, सामाजसांस्कृतिक आवरण को प्रकाशित-विमर्शित करती हैं। इस अंतर्बाह्य प्रक्रिया में वह संदेश, मूल्य, निर्णय, दर्शन को पुनर्लब्ध करता अथवा उनकी मौलिक पुनर्निमिति करता है। यह प्रक्रिया पाठात्मक भाषा-विज्ञान तथा शैली-विज्ञान से भी बहुत आगे के प्रस्थान-कलश रखती है। (यद्यपि यह सही है कि पाठ की सुघड़ता, स्वीकार्यता, सह्यता, तथा नाना भाँति के 'विचलन', 'विपथन' आदि भाषा का दैहिक व्याकरण दुरुस्त करते हैं)। इस क्षेत्र में विलायत के **रूसी रूपवादी स्कूल** (मास्को और पीटर्सबर्ग : रोमन याकोब्सन, आइसेन बॉम), **चेकोस्लोवाकी स्कूल** (प्राग : मुकेरोव्सकी), **पोलिश काव्य-साहित्यशास्त्रीय निकाय** (रोमान इन्गार्डेन, एडम शॉफ), **फ्रांसीसी नृतात्विक भाषिकीय स्कूल, ब्रितानी 'व्यावहारिक आलोचना'** (आई. ए. रिचर्ड्स, एम्पसन), **अमरीकी 'नव्यालोचना'** (रैंसम, ब्रुक्स, व्हीलराइट) आदि ने कई दिशाएँ खोली हैं।

फिलहाल हमारा प्रतिपाद्य आलोचिंतना का वस्तु-चिंतन-पक्ष नहीं है। हमने विशेषतः भाषिक रूपाकारों की मिथ्या-मिथकों पर बल दिया है। अतः हमारा वर्तमान बुनियादी सरोकार पंडितराज जगन्नाथ (17वीं शती का पूर्वार्ध) के **रमणीयार्थ प्रतिपादक शब्द** से, अथवा महापात्र विश्वनाथ (14वीं शती का पूर्वार्ध) के **रसात्मक वाक्य** से भी नहीं है। अब हमारी चिंता व चिंतन के केंद्रक **वाक्य** तथा अंतर्वाक्य-पुंज हैं। (सूत्र, अनुच्छेद, प्रोक्ति, पूर्वानुमितियाँ आदि)।

आलोचिंतना के मंडल में प्रेषक तथा ग्रहीता के बीच भाषा-संप्रेषण द्वारा जो अर्थ-व्यापार होता है वह **संदेश** के आगे सही **विवेक**, तथा मनोरथिक **कर्म** में भी कायांतरित (मेटामार्फोज्ड) होता है। अतः आलोचिंतना समाजविज्ञानों तथा विज्ञानों को, ज्ञान और कर्म को एकतान करती है। यह नितांत क्रांतदर्शी भाषिक प्रस्थान

हैं। इसकी धुरी **'पाठ-गतिकी'** (टैक्स्ट डायर्नेमिक्स) है जो पहले अंतर्वाक्यीय व्याकरण-गठन में उन्मीलित होती है।

[ख] एन्किविस्ट ने भी इसके कई प्रकार निखारे हैं। पहले **'शब्द'** को लें।

(क) एक वाक्य के शब्द का **'पर्याय'** दूसरे वाक्य में इस्तेमाल करके सूक्ष्म अर्थभेदों तथा तात्पर्यों की अनुमिति; जैसे—देवता **काम** ने अपने **पंचबाण**-संरूप से छिदे-बिंधे मन को मथकर अपना **मन्मथ**-धर्म निबाहा तथा अपने **मदन**-प्रकार्य के द्वारा मदमत्त कर दिया।

(ख) एक वाक्य के विधेयात्मक शब्द का **'प्रतिलोम'** दूसरे वाक्य में इस्तेमाल करना, जैसे—चित्रकूट के सैलानी रोमांटिक तुलसी पहले तो **काम** के सखा थे। लेकिन अयोध्या पहुँचने पर **वे राम** के दासभक्त हो गए।

(ग) एक वाक्य के शब्द को दूसरे वाक्य में दुहराकर **'आवर्तन'** द्वारा किसी कथ्य पर बलाघात; जैसे—हाँ, मीरा के तो **गिरिधर** गोपाल हैं। वे **गिरिधर** ही गोवर्धन धारी हैं।

(घ) एक वाक्य के निर्देशक शब्द का दूसरे वाक्य में **'निर्देशन'**, जैसे श्रीराधा की मधुरा रति महाभाव की है। **महाभाव** में निर्गुण ज्ञान तथा यौगिक कर्म के विपरीत मात्र भक्तिभाव सर्वव्याप्त होता है।

(ङ) एक वाक्य के कथ्य की दूसरे वाक्य में साम्य-वैषम्य द्वारा **'तुलना'**, जैसे—'जाने क्यों तुमसे मिलने की आशा **कम**, विश्वास **बहुत** है।' (कवि रंग)

(च) एक वाक्य के शब्द का दूसरे वाक्य में 'अर्थ विस्तार या संकोच' जैसे—जोन रॉबिन्सन ने बताया कि **वर्ग** की अवधारणा व्यापक है। आधुनिक विश्व में यह **आर्थिक** तो है ही, **नैतिक** और **सामाजिक** भी है—

—(अथवा) **निर्गुण ब्रह्म** और **सगुण ब्रह्म** में तत्वतः कुछ भेद नहीं है, क्योंकि वे **परब्रह्म** में ही अंतर्लीन हैं।

(छ) एक वाक्य में शब्द का अन्य वाक्यों में उस **'शब्द के परिवार'** का उपक्रम, जैसे—'भट्टिनी की आगर खिन्न अरुण **लाल आँखें** धूलि-लुंठित **पलाश पुष्प** के समान, आतपम्लान **बंधुजीव कुसुम** के समान, और **पिंजरबिद्ध खंजन शावक** की भाँति दर्शक को व्यथित, और उत्सुक बना देती थीं।' (हजारी प्रसाद द्विवेदी)

(ज) एक वाक्य के बीज शब्द के क्रोड़ से परवर्ती वाक्यों द्वारा **'सांगरूपक'** अल्पाना, यथा : 'मानस'-रोवर के नाभिक पर :

''सुठि सुंदर संवाद बर बिरचे बुद्धि बिचारि।
तेइ एहि पावन सुभग सर घाट मनोहर चारि॥
सप्त प्रबंध सुभग सोपाना। ग्यान नयन निरखत मन माना॥
रघुपति महिमा अगुन अबाधा। बरनब सोइ बर बारि अगाधा॥

राम सीय जस सलिल सुधासम । उपना बीचि बिलास मनोरम॥
पुरइनि सघन चारु चौपाई । जुगुति मंजु मनि सीप सुहाई॥
छंद सोरठा सुंदर दोहा । सोइ बहुरंग कमल कुल सोहा॥
अरथ अनूप सुभाव सुभासा । सोइ पराग मकरंद सुबासा॥
सुकृत पुंज मंजुल अलि माला। ग्यान बिराग बिचार मराला॥
धुनि अवरेब कबित गुन जाती। मीन मनोहर ते बहुभाँती॥
अरथ धरम कामादिक चारी । कहब ग्यान बिज्ञान विचारी॥
नव रस जप तप जोग बिरागा। ते सब जलचर चारु तड़ागा॥
सुकृती साधु नाम गुन गाना। ते विचित्र जल विहग समाना॥
संतसभा चहुँ दिसि अबँराई । श्रद्धा रितु बसंत सम गाई॥

....

औरउ कथा अनेक प्रसंगा। तेइ सुकपिक बहुबरन बिहंगा॥

(तुलसी)

क्योंकि अंतर्ज्ञानानुशासनात्मक आलोचिंतना में साहित्यशास्त्र-सौंदर्यबोधशास्त्र, विज्ञान-समाजविज्ञान, सभ्यता और संस्कृति, इन सबके संदर्भ गुँथे हुए होते हैं। इसलिए इसके वाक्य-विन्यास में बहुविध **संदर्भात्मक (कांटेक्सचुअल) संसक्ति** (कोहेरेंस) होगी। क्योंकि इसमें विभिन्न क्षेत्रों का गहरा अनुशीलन भी अभीष्ट है जिससे परतें-दर-परतें खुलती आती हैं। इसलिए सजातीय वाङ्गों (पार्ट्स ऑफ स्पीच) की सजातीय शब्दावली से 'ऊँचे-नीचे', 'आगे-पीछे', 'जब-तब', 'निकट-दूर' बोधक शब्दों की **शब्दकोशीय (लेक्सिकल) संसक्ति** भी गुँथ जाती है।

[ग] उक्त प्रमुख संसक्तियों द्वारा वैज्ञानिक एवं तार्किक बहु-आयामी वाक्य-संयोजन ही आलोचिंतना की पहचान बनता है। अतः अब शब्द के पश्चात् **वाक्य** की बारी! आलोचिंतना की सामाजसांस्कृतिक वैज्ञानिकता एवं बाह्यपरकता (ऑब्जेक्टिविटी) के लिए उक्त संसक्तियाँ अनिवार्य हैं। हम तो इनके प्रबल पक्षधर और प्रचुर अभ्यासी रहे हैं। यह मूलतः 'पद्धति की समस्या' है। इसके सामाजसांस्कृतिक आकृतिबंध में तार्किक छंदमयता (लॉजिकल रिद्म) का स्वतः ही समावेश और समाहार होता जाता है।

(I) निगमनात्मक (डिडक्टिव) पद्धति के अंतर्गत एक या कई अनुच्छेदों में व्याख्याओं-निरूपणों-विवरणों-मूल्यांकन के बाद निष्कर्षपरक शब्द या सूत्र, या वाक्य-बंध की प्रस्थापना।

(II) आगमनात्मक (इंडक्टिव) पद्धति के अंतर्गत अनुच्छेद का आरंभ विचार-सारांशी शब्द (थीमेटिक वर्ड) या सूत्र से शुरू करके उसे सिद्ध करने के हेतु भाष्य या व्याख्या या तर्क श्रृंखला का सर्वांगीण आयोजन।

पद्धतियों के लिए भावुक मुक्त साहचर्य के बजाय तार्किक छंदमयता संसक्ति तथा संगोजन करती है।

(अ) 'यदि-तो', 'यद्यपि-तथापि', 'जब-तब', 'जहाँ-तहाँ', 'यहाँ-वहाँ', 'जैसा-वैसा', 'जिस प्रकार-उस प्रकार', 'क्योंकि-इसलिए' आदि क्रिया विशेषण परक द्विपर्ण **सशर्त कार्यकारणता** तकरेखा को आगे बढ़ाती हुई विरोधाभासों तथा अंतर्विरोधों को प्रकट करती है। ये द्विपर्णा (बाइनरीज़) प्रोक्ति तथा विश्लेषण की दिशा निर्धारित करते हैं। अंततः ये मूल प्रतिज्ञा तथा प्रतिपाद्य को प्रामाणिक एवं विश्वसनीय बनाते हैं। ये सबसे ज्यादा आवश्यक हैं।

(आ) 'और', 'तथा', 'आदि', 'अतिरिक्त' के द्वारा **संयोजक युगल** बना करके अधूरेपन को पूरा करना। इसके द्वारा छूटे हुए, या अधूरे, या दूर-दूर के, या अनुपस्थित आकर जुड़ते हैं। इससे विषय की चौमुखी संवृद्धि होती है।

(इ) **वैकल्पिक संयोजन :** 'अर्थात्', 'अथवा', 'या' आदि के द्वारा किया जाता है। इससे पर्यायों की लड़ियाँ, तथा नाममाला शामिल की जाती हैं। यह एक प्रकार से ....(कॉन्फिगरेशन) की प्रक्रिया है।

(ई) **निदर्शनात्मक संयोजन :** 'यथा', 'जैसे', 'उदाहरणार्थ', 'दृष्टांत रूप में' आदि के द्वारा किया जाता है।

(उ) **कदंब-संयोजन** में एक ही अंतःश्रेणी के शब्दों का सिलसिला होता है (जैसे : सौंदर्यबोधतत्त्व में सौंदर्य, शोभा, श्री, रमणीयता, आह्लादकता आदि का थेसारस)

(ऊ) **सोपानक संयोजन** के अंतर्गत तत्त्व, घटक या विशेषताओं की 'एक, दो, तीन, चार....ज्ञ-बार' वाले संख्या वाचकों द्वारा गणना कर देना, अथवा तथ्य, अवधारणा, प्रतीक, मिथक, वस्तु आदि के एक-अनेक-सभी आयामों को 'एक ओर, दूसरी ओर, तीसरी ओर....अंतिम ओर' द्वारा केंद्रापसारी (सेंट्रीफ्युगल) अथवा केंद्राभिसारी (सेंट्रीपेटल) का एक संश्लेष निर्मित करना।

ये आदि से अंत तक छल्लेबंदी वाली लड़ियाँ या झालरें झुलाते हैं।

ऐसे संयोजकों द्वारा भाषा में संक्षेपण, स्पष्टीकरण तथा सघनीकरण आता है जो संसक्ति और कसाव-गठन के लिए अपेक्षित है। वस्तुतः ये सूत्रबंध (कनेक्शंस) दो प्रकार के होते हैं—पहले, लड़ीवार (सीरियल) तथा, दूजे कार्यकारण-बार (कॉजल)।

[घ] सबसे अंत में **'विरामचिह्नों' का व्याकरण** लक्षित है। **विरामचिह्न** निर्भाषिक होकर भी भाषा के वाक्यांशों, पदांशों, पदबंधों के मूक संयोजक हैं। इनका अपना संकेत-विज्ञान (सेमिओटिक्स) है। ये अधिकांशरूपेण अंग्रेजी से आयातित एवं अभियोजित हैं। ये वाक्य तथा अंतर्वाक्यीय व्याकरण की लय-ताल को, गति-विश्राम को, तथा कथ्य के मनोरथों को अधिक मनोदैहिक बनाते हैं। भाषा के आयतन में इनके अंतराल और रिक्तियाँ, तथा मौनताएँ उस (भाषा) के गोपन और अनिर्वचित का अनावरण तथा अभिव्यंजना करते हैं। वस्तुतः ये भाषा की रूप-प्रक्रियात्मक संरचना अर्थात् शब्द

और वाक्य को एक जैविक देह बना देते हैं, तथा स्वयमेव भाषा का चिह्नांकित गोदना या (उसकी ही) देहभाषा होकर मुद्राओं एवं भंगिमाओं की अमूर्त नृत्लिपिकारी (कोरियोग्राफी) करते हैं।

विरामचिह्नों के अंगों में खड़ी पाई अर्थात् **पूर्ण विराम** (।) वाक्य के अंत में लगाया जाता है। यह प्रथम मान एवं माप है। इसके अनुषंग में **अल्प विराम** (,), **अर्ध विराम** (;) और **पौन विराम**(:) ; फिर चिह्न हैं; जैसे, **प्रश्नचिह्न** (?), **विस्मयादिबोधक चिह्न** (!), **उद्धरण चिह्न** ("...."), **निर्देशक चिह्न** (—), **योजक चिह्न** (-), **विसर्ग** (ाः)। शब्दों के संक्षिप्त रूप दर्शाने के लिए (ा॰) जैसे ई.पू. = ईसा पूर्व। शब्द के नीचे **छोटा गोला** है। पाद टिप्पणी के लिए **तारांकन** या **अंक-गणना** (*, 1. 2. 3.) इस्तेमाल होती हैं।

अभी तक इनके निश्चित नियम नहीं बन पाए हैं। आधुनिक काव्य, विशेषतः 'नई कविता' और प्रयोगधर्मी 'नाटकों' में, इनका अर्थसंकेतक उल्लंघन, अतिक्रमण या विलयन भी होता है।

इन कुछ कदमों के साथ हम भाषा में क्लिष्टता, दुरूहता, मूढ़ता, अबोधता के मिथ्या मिथकों का भी भंजन कर सकते हैं। इससे सुदक्ष तथा विजिगीषु आलोचिंतकों एवं पाठकों की तलाश शुरू हो सकेगी।

यह वैज्ञानिक नियम है कि एक चिनगारी तक विशाल लाक्षागृही आग बन सकती है। और यह भी एक समाजविज्ञानी पूर्वानुमिति (प्रि-सपोजीशन) है कि एक ऋत् 'शब्द', अथवा एक **सत्यं शिवं सुंदरं 'विचार'** ही आंदोलक **क्रांति** अथवा **पुनर्जागरण** (रेनासाँ) को चतुर्दिक फैला सकता है। अपने बुरे समय, अथवा गलत समाज में तो यही कुछ शुभ, श्रेयस, श्रेष्ठ, प्रासंगिक तथा सच बच रहता है। हम सभी स्वप्न-समय वाली मिथकों से चलकर अंतहीन आधुनिकता तक के अनंत यात्री हैं!! भाषा हमारी पीयूष-वर्षाणी चिरसंगिनी रही है।

2006

6 इक्कीसवीं शती में साहित्य की संस्कृति

[फिरनी (पेरिफरी) में पंजाब का दृष्टांत भी]

हम इक्कीसवीं शताब्दी के जादुई गोपुरम् में प्रवेश कर चुके हैं; किंवा उसके आठवें वर्ष में डग भी भर रहे हैं। आगे सन् 2020 तक अपने जनगणतंत्र को विकासशील से एक पूर्णविकसित भारत देश के आधुनिकीकरण की उसारी करने का भी संकल्प लेना है तथा जनगण को आधुनिकता-विवेकी एक गंगा-जमुनी व्यास-सतलुजी, नर्मदा-कावेरीय मिलीजुली बृहत्तर सभ्यता-संस्कृति की भी प्रतिष्ठापना करनी है जिसके पाँच स्तंभ अर्थात् स्वास्थ्य-शिक्षा, साहित्य-संस्कृति, सूचना-प्रौद्योगिकी-विज्ञान प्रौद्योगिकी, जैव प्राद्यौगिकी-अंतरिक्ष प्रौद्योगिकी, तथा आणविक ऊर्जा होंगे।

इसके कार्यवृत्त में एक ओर तो 'सकल घरेलू उत्पाद' (जीडीपी) की वृद्धि 9-10 प्रतिशत प्राप्त करनी है तो दूसरी ओर शिक्षा-संस्कृति के सेक्टर में राजभाषा हिंदी को भारतीय राष्ट्रभाषाओं के संघ में समन्वयक तथा संयोजक का दायित्व दिलाना है। इसके सहवर्तन में, परंपरा एवं नवीनता के समायोजन से, आधुनिक भारतीय समाज के आकृतिबंध को संगठित करना है जहाँ कंप्यूटर, जेनेटिक आभियंत्रिकी तथा सूचना-प्रौद्योगिकी, अंतरिक्ष-विज्ञानों एवं आणविक ऊर्जा के अनुप्रयोग की प्रमुख भूमिकाएँ होंगी। हमें याद होगा कि जवाहर लाल नेहरू ने भाखड़ा-नंगल बाँध, भिलाई इस्पात मिल, सूरतगढ़ सामूहिक कृषि फार्म जैसे इदारों को भारत के आधुनिक मंदिर कहा था जहाँ से हम प्रारब्ध की ओर अभिसार करेंगे। हमें 'विकसित' (डेवलप्ड) 'भारत' का 'ब्लूप्रिंट' तैयार करने का जिम्मा किसानों-मज़दूरों, बुद्धिजीवियों-कलाकारों-वैज्ञानिकों, मैनेजरों, राजवेत्ताओं-कार्यकर्ताओं आदि को सौंपना होगा (पुलिसगीरी और नौकरशाही के बजाय)।

आलोचक शिव कुमार मिश्र ने कहा है कि उन्नीसवीं शती के उत्तरार्ध में रामकृष्ण परमहंस, स्वामी विवेकानंद, स्वामी दयानंद सरस्वती, सर सैयद अहमद खाँ, बंकिम चंद्र चट्टोपाध्याय, डेराज़िओ, कनिंघम, भारतेंदु हरिश्चंद्र, जमशेदजी टाटा, दादा भाई

नौरोज़ी, बालगंगाधर तिलक आदि ने उपनिवेशी भारत में भी हमें एक पल्लवित-पुष्पित पुनर्जागरण या 'रेनासाँ' हस्तांतरित किया था लेकिन हमने इक्कीसवीं शती को (बीसवीं शती के मध्यांतर में आज़ादी प्राप्त करने के पश्चात्) घोटालों-हवालों से भरा अर्थतंत्र, गठबंधनों व दलबदल से मूल्यहीन राजनीति, गरीबी-अशिक्षा-बीमारियों में धँसे बहुजन, भ्रष्टाचारों-अत्याचारों में संलिप्त कर्मचारीतंत्र, तथा दलित और नारी और बाल उत्पीड़न में तल्लीन बेशर्म सामंती मानसिकता वाले समूहों के तोहफ़े भेंट किए हैं। यह क्रम अभी तक भी थम नहीं रहा है। समाजशास्त्रीय परिकल्पना में इसे फूहड़ता (एब्सर्डिटी) अप्रतिमानता (एनोमी), परकीयकरण (एलियेनेशन), अवमानवीयकरण (डिह्यूमेनाइजेशन), पाशविकीकरण (ब्रूटलाइजेशन) जैसे फेनामेनों से अभिहित किया जाता है। साहित्यिक संस्कृति के फलक पर एक ओर आचार्य रामचंद्र शुक्ल, हजारी प्रसाद द्विवेदी, नंददुलारे वाजपेई, नगेंद्र की एक परंपरा तथा दूसरी ओर राहुल सांकृत्यायन, रामविलास शर्मा, रांगेय राघव, इंद्रनाथ मदान, विश्वंभर नाथ उपाध्याय की दूसरी परंपरा परस्परस्पर्धी तौर पर सक्रिय तथा शक्तिशील है। इसके साथ ही मार्क्सवादी आधुनिकता तथा यूरोपीय उत्तर-आधुनिकता भी गतिमान अंतर्विरोध (कांट्रेडिक्शन) तथा गतिहीन विरोधाभास (पैराडाक्स) के साथ परस्पर संघर्ष कर रही हैं। शती के अंत से 'हिंदुत्व' बनाम 'हिंदू धर्म' के बीच के अंतर भी गुत्थम-गुत्थ होने लगे हैं।

भाषा के समाजशास्त्र का महावाक्य यह है कि कैसी भी यथार्थता हो उसका प्रत्यक्षण तथा विधि-विधान भाषा के माध्यम से ही होता है।

साहित्य के समाजशास्त्र का महासूत्र है कि समाज साहित्य में, तथा साहित्य समाज में कई प्रकारों की चेतनाओं द्वारा प्रतिच्छायित होता है; कभी दर्पण की तरह, कभी दीपक की तरह, कभी डायनेमो की तरह, और आधुनिक मुहावरे में, एक कंप्यूटर डिस्क की तरह। सर्वविदित है कि 'शब्द' ही मनुष्य की विराट् शक्ति है। तत्त्वचिंतन में इसे 'शब्दब्रह्म' का 'स्फोट' तथा माया-शक्ति कहा गया है। आचार्य शुक्ल ने एक प्रवर्तक क्रांति से इन्हें ऐंद्रियिक तथा इहलौकिक भूमि पर प्रतिष्ठित कर दिया। इससे एकल 'सहृदय' के मनोमुकुर की अपेक्षा 'लोक' (साधारण जनता) की साधना एवं सिद्धि के लक्ष्य पहचाने गए। फलतः परवर्ती छायावादी, प्रगतिवादी, प्रयोगवादी, आदर्शोन्मुख यथार्थवादी, ऐतिहासिक यथार्थवादी, मनोविश्लेषणवादी, अस्तित्ववादी, संरचनावादी, विखंडनवादी, नवलेखनवादी तथा मार्क्सवादी विश्वदृष्टियों में भिन्न-भिन्न 'रजिस्टरों' का विधान किया गया है।

यदि एतराज़ न हो तो हम इस समग्रता को **'आधुनिक परंपरा'** कह सकते हैं क्योंकि यह रूढ़ियों तथा आस्थाओं वाला पहलू ही नहीं, बल्कि विकसनशील तथा प्रासंगिक नवलता भी है। अर्थात् संस्कृति परंपराओं का उत्पादन या निर्माण भी तो करती है।

ऐसे में घटप्रदीपन्याय से परिभाषित **'साहित्य'** एक सांस्कृतिक जेस्टाल्ट वाला

महाप्रतीक है जिसकी आद्योपांत इकाई शब्दार्थों की सहितता ही है। इसी में इसकी शाश्वत शक्ति तथा महती सीमा निहित है। यह ज्ञानेंद्रियों का उल्लंघन नहीं कर सकता; कार्य तथा कर्म के लिए सीधे कर्मक्षेत्र तथा सक्रियता में नहीं कूद सकता। भाव तथा कर्म के साहित्य के सामर्थ्य तथा संकोच का उद्घाटन विभिन्न ऐतिहासिक कालों, आंदोलनों एवं प्रवृत्तियों द्वारा; विचारधाराओं और सामाजसांस्कृतिक रूपाकारों द्वारा; आचार्यों और रचनाकारों द्वारा; प्रतिभाओं, और पाठकों द्वारा; संस्थाओं, वर्गों और जनसामान्य द्वारा; संरूप और अंतर्वस्तु द्वारा; विरासत, परंपरा तथा कृति दस्तावेज़ के तौर पर संरक्षित रहता है। इस वजह से साहित्य दर्पण-दीपक-डायनेमो के तिहरे प्रकर्म निष्पादित करता है तथा कालजयी क्लासिक होकर एकमानवता, एकविश्व एवं एकमानव के महासत्य को (सभ्यताओं-संस्कृतियों में) अभिव्यंजित करता है। अंततः वस्तु-माध्यम-कौशल से संयुक्त साहित्य सत्यं-शिवं-सुंदरं के यूनानी चरम मूल्यों, मम्मट-सम्मत षट् प्रयोजनी, भारतीय धर्म-अर्थ-काम-मोक्ष के पुरुषार्थ-चतुष्टय तथा सत्-चित्-आनंद के ऋतों का संवाहक/प्रतिपादक/संलक्षक/संस्कारक स्रष्टा होता है। तदपि साहित्य विलक्षण, विभिन्न, बहुल एवं अभिन्न होता है। इसकी देह शब्दार्थों की देहरी नहीं लाँघ पाती।

'साहित्य के सामाजसांस्कृतिक दर्शन' के चक्र में एक ओर साहित्य-सिद्धांतों का पुंज है तो दूसरी ओर अंतःज्ञानानुशासनात्मक अध्ययनों के कई उपागम। निकट मध्यकाल में भोज की धारानगरी तथा कन्नौज और काश्मीर ने कई प्रस्थान-कलश रखे थे। विशेष रूप से काश्मीर में उत्पलवंशी सम्राट अवंतिवर्मन से लेकर जयसिंह तक, एवं कन्नौज के गोविंद चंद्र तक के सांस्कृतिक 'इथॉस' का सार-संचय हो गया। कलासंस्कृति का ज्यादातर मंथन काश्मीर में हुआ : **शब्द-धुरी** पर भामहधारा में, तथा **भाव-धुरी** पर भट्टलोल्लट-धारा में। पहला व्याकरण-केंद्रित तथा सौंदर्यालंकार-अपसारी था तो दूसरा मनोरथ-केंद्र पर रसानंद-अभिसारी। पहला काव्यचक्र का था, तो दूसरा काव्यनाटक का। इसकी परिनिष्ठता आनंदवर्धन एवं अभिनवगुप्त की सौंदर्य-दार्शनिक क्रांति में हुई। राजानक कुंतक ने भाषिक **वक्रताओं** की तथा पंडितराज जगन्नाथ ने रमणीयार्थ प्रतिपादक **शब्द** की अवधारणाओं का समावेश करा दिया। अगर सूक्ष्म एक्स-रे करें तो मम्मट की 'षट्प्रयोजनी' आज भी साहित्यिकता में सार्थकता की खोज करती है जिसका ढँका मूलधार 'पुरुषार्थ चतुष्टय' एवं 'अवतार-हेतुत्रयी' में शय्यासीन है। इसे रेखांकित कर लिया जाए क्योंकि भारतेंदु-द्विवेदी-छायावादी युगों तक ये छायाएँ झीने आवरण डालती आ रही हैं। ऐसी भूमिका पर 'रसचक्र' समूचे उत्तरमध्यकाल तक तो डगमग-डगमग करता हुआ येनकेन प्रकारेण घूमता रहा।...तथापि उपन्यासों और कहानियों तथा नाटकों में अर्थात् आधुनिक साहित्यालोचना के प्रकारों के कारण

'रसपुरुष' तथा 'काव्यरमणी' हमारे सौंदर्यदर्शन के मंच से हटकर नेपथ्य के परे-पीछे चले गए। शायद वे पुनर्नवीकरण के लिए प्रतीक्षा कर रहे हों।

आजतलक भी वह वर्चस्वी परंपरा अपने पुरातत्त्व से अनुपम 'आर्टिफेक्ट' उछालकर प्रकाशित हो उठती है। कुंतल वक्र शब्दरथ की ऐसी धुरी बने कि रामनरेश वर्मा और बिजेंद्र नारायण सिंह ने वक्रोक्ति एवं अभिव्यंजना के, रवींद्रनाथ श्रीवास्तव और पांडेय शशि भूषण शीतांशु ने शैलीविज्ञान तथा संकेतविज्ञान के युग्म बनाकर नई प्रासंगिकता तलाशीं। विचार-भावधुरी पर आधुनिक युग में मार्क्सवाद, मनोविश्लेषण, अस्तित्ववाद, मिशेल फूको, बाख़्तिन, डेरिडा आदि भी अंतर्राष्ट्रीय प्रभाव डाल रहे हैं।

यहाँ यह ध्यातव्य है कि राष्ट्र अथवा अंतर्राष्ट्र में **'संस्कृतियों का अंतरावलंबन'** एक विश्वेतिहासिक प्रक्रिया रही है, शताब्दियों से। इसके परिणाम स्वरूप भी सभ्यताएँ तथा संस्कृतियाँ पल्लवित-पुष्पित हुई हैं तथा कई रिनैसाँओं का आलोक फैला है। भारत में भी कुषाणों ने, तुर्कों व मुग़लों ने तथा यूरोपियनों ने एक-दो-तीन पुनर्जागरणों की शृंखला बनाई है। यह वर्तमान में भी जारी है एशिया की भारतीय, चीनी, जापानी कंबोडियाई, इंदोनीसियाई, मलेसियाई, सिंगापुरीण सभ्यताओं के बीच।

क्या इस संवर्धन की कोई डायलेक्टिक्स हो सकती है? हाँ! हम कोशिश करते हैं।

जब किसी **'आंदोलन'** के प्रतीक, पारिभाषिक, अवधारणा, अभिरुचि आदि के संश्लेष प्रचलित होते अथवा जारी रहते हैं तब इनके कई-कई पक्ष होते हैं। इनके द्वारा कुछ यथार्थ तथा कुछ काल्पनिक लक्ष्य हासिल करने की कोशिशें होती हैं। कुछ लक्ष्य हासिल हो सकने लायक होते हैं तो कुछ असंभव अथवा भावी संभावनाओं वाले या असिद्ध होते हैं। जो लक्ष्य हासिल होते चलते हैं उनसे उन आंदोलनों या प्रवृत्तियों या सिद्धांतों की शक्ति में इजाफा होता है क्योंकि उनका लोकाधार बढ़ता जाता है। अतः पूरे आंदोलन या अभियान के दौरान सीखने की, नए प्रयोग करने की, कुछ पुराने रास्तों को सुधारने की प्रक्रिया चलती रहती है। इसलिए आंदोलन या 'वाद'-धर्मी अभियान से जुड़ी स्थितियाँ-परिस्थितियाँ ही उसमें भीतर या बाहर से बदलाव करती हैं, उसे मजबूत या कमजोर करती हैं। सो, परंपरा का ग्रहण, या परित्याग, संशोधन या पुनर्मूल्यांकन भी एक आंदोलन में अपनी समर्थ भूमिका अदा करते हैं। छायावाद और उसके बाद के अनेक आंदोलनों का समाजशास्त्र कुछ ऐसा ही है।...मौलिक सृजन और अनुछापी निर्माण, दोनों में ही कर्ता एवं उपभोक्ता, माध्यम एवं कौशल का चतुष्टय होता है। इनकी प्रक्रिया एवं प्रकर्म भिन्न-भिन्न होते हैं। एस्थेटिक्स' (सौंदर्यबोधशास्त्र) और 'साइनेक्टिक्स' (सृजनशास्त्र) के हाशिए पर हम दो बक्सों [टी. वी. का मनोरंजन-बक्सा, तथा कंप्यूटर का सूचना-बक्सा], दो सामूहिक प्रकार्यों [फिल्म, रेडियो-प्रेस] तक लागू कर सकते हैं। अतएव हमें अब प्रतिभा तथा सृजन-प्रक्रिया के दैवी रहस्यवाद या परा-मनोवैज्ञानिक अद्वितीयता से यथासंभव छुटकारा पा लेना चाहिए क्योंकि जेनेटिक्स तथा 'पालियोन्टोलाजी' ने पृथ्वी के जन्म

से लेकर मानव-जीवन तथा सौरमंडल तक के कई रहस्यों का निरंतर खुलासा किया है। और, यह क्रम जारी रहेगा।

प्रदत्त दशा में संस्कृति-साहित्य के **'विचारों का इतिहास'** (हिस्ट्री ऑफ़ आइडियाज़) लिखना शुरू किया जाना चाहिए। इस खाई को पाटे बिना हमारी बहुलतावादी **संस्कृति के दर्शन** का ठीक निर्माण भी नहीं हो पा रहा है। यह सर्वोच्च बौद्धिक चुनौती है। इसके अनुषंग से **'साहित्य का सामाजिक इतिहास'** भी लिखा जा सकेगा।

'विचार' आसमान से तो उतरते नहीं। वे ज़मीनी हक़ीकत पर अंकुरित होकर अक्षयवट तक बन जाते हैं। विचार कई कालों में, कई लघुविराट संस्कृतियों में, कई-कई ज्ञानानुशासनों में संक्रमण करते हैं। इससे वे एक इतिहास तथा परंपरा का 'रजिस्टर' भी गढ़ते हैं। मिसाल के तौर पर षट्दर्शन में 'ब्रह्म', 'माया', 'कर्म', 'आइडिया', 'धर्म', 'स्वस्तिक' की परियोजनाएँ देखी जा सकती हैं। हिंदी में भारतेंदु ने 'निजता' व 'दुर्दशा' की; आचार्य महावीर प्रसाद द्विवेदी ने 'सादगी' तथा 'रंजन' की; आचार्य शुक्ल ने 'लोकमंगल' की, आचार्य द्विवेदी ने 'मिथक' तथा 'मानवतावाद' की; इंद्रनाथ मदान ने 'आधुनिक' की; नंददुलारे वाजपेयी ने 'व्यक्तित्व' की , नगेंद्र ने 'प्रसादांत' (आशावादी त्रासदी) की विचारणाओं का अनुप्रवेश कराया जिन्होंने प्रकारांतर से ऐतिहासिक गति भी पकड़ ली। इसलिए विचारों के इतिहास का नवोन्मेष इसलिए भी अपेक्षित है कि **'रचना'** तथा **'आलोचिंतना'** के बीच के द्वंद्वाद्वैत को जाँचा जाए अर्थात् भाव तथा चिंतन को एक ही व्यासरेखा (पैरामीटर) पर लाया जाए। आधुनिक आलोचिंतना ने काव्यशास्त्र के साथ-साथ समाजशास्त्र, मनोविज्ञान, दर्शनशास्त्र, राजनीति, अर्थशास्त्र, सौंदर्यबोधशास्त्र, शैलीविज्ञान, मानवशास्त्र आदि से विचार-अवधारणाएँ गृहीत करके स्वयं की समाजविज्ञानों, सौंदर्यदर्शनों, भाषादर्शनों के साथ कांतमैत्री कर ली है। वह न रचना की पिछलग्गू रही है और न ही कृतियों पर परजीवी (पैरासाइट)। यशपाल ने आलोचक को बैलगाड़ी के नीचे लालटेन के पीछे-पीछे चलने वाले कुत्ते से उपमित किया था। आज यह दो-फाड़ दूसरे ढंग का भी है। अकादमियों और संस्थानों द्वारा पुरस्कारों या सम्मानालंकारों में आलोचना तथा आलोचिंतक को बहिष्कृत कर दिया गया है। हाल ही में 'साहित्य अकादमी' (दिल्ली) के अध्यक्ष पद के चुनाव में रचनाकार महाश्वेता देवी बनाम आलोचक गोपीचंद नारंग के बीच यह एक मंदभागी मुद्दा भी उछाला गया।

हम बार-बार दोहराना चाहेंगे कि इस आत्मघाती सांस्कृतिक दशा से मुक्त होना पड़ेगा वर्ना विचारों के इतिहास के स्थान पर मात्र एकायामी साहित्य के इतिहास ही लँगड़ाते रहेंगे।

आधुनिक आलोचिंतना केवल रचनाकेंद्रित ही नहीं रही बल्कि **कृति** के अंतर्लोक के, और उसके बाहर समूची **संस्कृति** तथा **समाज** के बीच बहुविध साक्षात्कार, संवाद

तथा प्रोक्ति (डिस्कोर्स) विश्लेषण भी करती है। वह प्रस्तुत 'स्वायत्त' पाठ (टैक्स्ट) को, तथा अनुपस्थित कई भाषेतर मौनताओं को, परस्पर वाक्यों/पदांशों के बीच में छिपे अर्थों को; तथा कृति की संरचना को, उसके विखंडन (डिकांस्ट्रक्शन) को, उसके विपरिचयन (डि-फेमिलियराइजेशन) तक को पुनर्विधानित करती है। इसके अतिरिक्त 'पाठ' के ऊपर भी प्रत्येक देशकाल के अलग-अलग असंख्य पाठकों के स्वनिर्मित, अनंत पाठों को भी रचती है। इस तरह आलोचिंतना 'कृति' से भी **बृहत्तर सामाजसांस्कृतिक रचना** की हैसियत का निर्वाह कर रही है। इसलिए आज यह **'सामाजसांस्कृतिक रचनात्मक चिंतन'** का अपना नया नामकरण-संस्कार करा चुकी है। इसलिए धुरीण मुद्दा है, मनोभावधुरी वाली रचना तथा बहुलवादी सामाजसांस्कृतिक चिंतन-रचना के बीच बहुग्राही संप्रेषण का संयोजन करना तथा एक ही व्यासरेखा पर कई प्राचलों (पैराडाइम्स) का सामंजस्य स्थापित करना। हमें ऐसे नवोन्मेष का श्रीगणेश करना ही पड़ेगा।

राजनीतिक आज़ादी (1947) के उपरांत **हिंदीभाषा** का बहुविध आधुनिकीकरण शुरू हुआ। एक ओर यह भारतीय गणतंत्र की एक (अंततोगत्वा) राजभाषा के रूप में स्वीकृत हुई; दूसरी ओर प्रशासन में भाषा-योजना (लैंग्वेज-प्लानिंग) के बगैर हिंदी के उत्तरोत्तर प्रयोग के लिए विभिन्न ज्ञानानुशासनों की शब्दावलियों का निर्माण तथा कार्यालयी व्यवहार में छिटपुट लागू किया गया; तीसरी ओर प्रेस, रेटियो, दूरदर्शन, केबिल के हेतु कई किस्म के वाचिक-भाषिक निष्पादन हुए और अब चौथी ओर विज्ञान-प्रौद्योगिकी, सूचना-प्रौद्योगिकी, कंप्यूटर के क्षेत्रों में हिंदी के नवोन्मेषशाली रिनैसाँ का धीमा अभियान चल ही रहा है। इसे ही सन् 2020 के भावी भारत तथा अंतर्राष्ट्रीय जगत में अपनी दस्तक देनी होगी। फलस्वरूप इन चरणों के साथ-साथ हिंदी साहित्य तथा हिंदी-जातीयता में भी **'आधुनिकता के बोध'** का चहुँमुखी विकास हो रहा है। इक्कीसवीं शताब्दी में तो हिंदी भाषा, हिंदी साहित्य, हिंदीपन के अनन्य कायाकल्प होने वाले हैं। कई प्रकार की प्रयोगात्मक व्यवहारवाचक हिंदी के उपरूप उभरने लगे हैं। लगभग सभी विषयों तथा सभी प्रांतों की उम्दा रचनाओं से बाज़ार पाठकों को आकर्षित करने लगा है। यह उसके महानगरीकरण तथा सार्वत्रीकरण की उथलपुथल वाली वर्षा का प्रारंभिक सोंधा दौंगरा है। हिंदी जातीयता (अर्थात् काश्मीरियत, पंजाबियत, बंगालियत की तरह की आंचलिकता) के दावेदारों को इसके लिए नए ज्ञानों के अस्त्र-शस्त्रों से स्वयं-सज्जित तथा कटिबद्ध होना ही पड़ेगा। अधिकांश लेखकों में हीनताग्रंथि को तथा सामाजिक हाशियेपन से उपजे दर्प तथा दंभ, भय तथा चापलूसी को बहुजनवादी मजबूरियाँ और ज़रूरतें रौंदती हुई तेजी से बढ़ रही हैं। आज साहित्य और बाज़ारीकरण के रिश्ते खुल्लमखुल्ला हैं। इसमें कोई आदर्शवाद हमारा रक्षा-कवच नहीं बन सकता है। आज हमें दलित-विमर्श, नारी-सशक्तीकरण तथा मानवाधिकारों की स्थापना, साहित्य की समाजविज्ञानों से सायुज्यता तथा, समाधि एवं आनंद को सलामी नमस्कार करते हुए सामाजिक हस्तक्षेप तथा सांस्कृतिक संघर्ष वाले आधुनिकताबोध

की ललकार लगानी ही होगी।

तथापि 'उपनिवेशी मानसिकता' (कोलोनियल मैंटलिटी) का सबसे बड़ा कारखाना है, व्यक्तिवाद तथा उपभोक्तावाद। करोड़ों का बाज़ार है जिसे अंतर्राष्ट्रीय **अंग्रेजी भाषा** ने हमें दिया है। इसके लिए फर्राटेदार अंग्रेजी बोलने वाला अभिजन (एलीट) बन जाता है। इससे भी 'स्टेटस' का मुखौटा पहना जाता है, जैसे नौकरशाह, नवकुबेर, कारोबारी, नए एंटरप्रेन्योर, टैकनोक्रेट आदि, या फिर अंग्रेजी में लिखने वाले भारतीय लेखक [अरुंधति राय, बच्चन, रामविलास शर्मा आदि थोड़े से अपवाद हैं]। ऐसे 'अंग्रेजीदाँ' लोग तत्काल प्रतिष्ठा पा जाते हैं। ऐसे में हमें अंग्रेजी को **'भूमंडलीकरण'** की जरूरतों के मुताबिक जरूर स्वीकार करना होगा। लेकिन उसे सह-राजभाषा-पद के नीचे उतारना भी होगा। इसके अलावा अब 'इंटरनेट' भी—ग्लोबल व्यापार की भाँति—अंग्रेजी की व्यावहारिक उपयोगिता साबित करता है। कंप्यूटर तथा साफ्टवेयर में अरबों रुपयों वाले हमारे व्यापार के लिए भी अंग्रेजी कामधेनु है। अंग्रेजी की वैश्विक ग्राह्यता को हम भी शिरोधार्य करते हैं। हाँ, उपनिवेशी मानसिकता से मुक्ति हमारे गौरव का ज्वलंत प्रश्न है।

बाज़ार के विस्तार की पूरकता में **मीडिया का विस्तार** होता है। हमारे लोकतंत्र की इमारत का चौथा स्तंभ है यह। मीडिया ही संदेश है तथा जनता की चहुँमुखी आवाज़ है। यह स्वतंत्र, निर्भीक, तथा निष्पक्ष होकर ही समाज, सत्ता तथा संस्कृति का दर्पण और दीपक बनता है। हिंदी-मीडिया का तो अत्यधिक विस्तार हुआ है, अंग्रेजी से भी ज्यादा। लगभग सभी बड़े-बड़े औद्योगिक घरानों, विज्ञापन-एजेंसियों, राजनीतिक सत्ताधारियों ने हिंदी में दैनिक समाचारपत्रों, छमाही या साप्ताहिक पत्रिकाओं का संजाल बिछा दिया है। अतः आजकल यह 'साहित्य' से भी अधिक व्यापक, अधिक प्रसारी, अधिक चित्ताकर्षक, अधिक मनोरंजक अधिक रोमांचक हो गया है। समाचार-सूचना के अलावा आज फोटो-पत्रकारिता, साहित्यिक पत्रकारिता, फीचर पत्रकारिता, कार्टून-कॉमिक पत्रकारिता, विज्ञापन-पत्रकारिता भी जुड़ गई हैं। ये जनरुचियों, जनमत तथा विज्ञापन बाज़ार का निर्माण करती हैं। आज 'नवभारत टाइम्स', 'हिंदुस्तान', 'जनसत्ता', 'पंजाब केसरी', 'हिंदी अजीत', 'हिंदी ट्रिब्यून', 'दैनिक जागरण', 'अमर उजाला', 'दैनिक भास्कर', 'राजस्थान पत्रिका', 'दैनिक देशबंधु', 'आज', 'राष्ट्रीय सहारा' आदि कई नगरों से एकसाथ संस्करण छाप रहे हैं। कुछ समाचारपत्र भी, कुछ टी. वी. चैनलों और फिल्मों की नकल पर, बाज़ार-विस्तार के लिए 'हिंगिश' का भौंड़ा इस्तेमाल करने लगे हैं; मानो उन्होंने 'ब्रिटिश इंडिया' के पश्चात् 'इंग्लिश इंडिया' क़ायम करने की ठान ली है (त्रिलोकीनाथ सिंह)। इसका एक कारण यह भी है किसी भी यूनिवर्सिटी में परास्नातक स्तर पर विज्ञान-शिक्षा राजभाषा या राष्ट्रभाषाओं में नहीं दी जा रही है। अतः विभिन्न खबर-चैनलों के बाज़ार तथा समाचार-पत्रों की शृंखलाओं और बंबइया पॉप फिल्मों की धमक से जुड़ी हिंदी का ताना-बाना प्रचंड तनाव में भी है

क्योंकि अब लक्ष्य (हिंदी प्रेम तथा देश प्रेम के बजाय) **लाभ** और **सत्ता** में भागीदारी हो गया है। अच्छा लक्षण तो यह निकल आया कि अब हिंदी में टी. वी. खबर बनाने-प्रवाचन करने वाले, विज्ञापन के नारे (स्लोग्न) या शुभंकर-वाक्य लिखने वाले, सीरियलों की 'स्क्रिप्ट' लिखने वाले प्रतिभाशाली युवा पदार्पण कर रहे हैं तथा लाखों के वारे-न्यारे भी कर रहे हैं। इसकी आपूर्ति के लिए पत्रकारिता के पाठ्यक्रमों, अनुवाद के डिप्लोमा कोर्सों, तथा संचार-माध्यमों द्वारा नई पीढ़ी के प्रतिभाशाली कुशल कार्मिकों की एक उत्तम हिंदी-सेना भी तैयार की जा रही है। यह रोज़गार तथा गुणवत्ता की दृष्टि से अच्छे लक्षण हैं। किंतु भाषा में अशुद्धि फैल रही है तथा बेहद कड़ी प्रतियोगिता चल रही है। तदपि हमें उचित लचीलेपन से कोई परहेज नहीं है।

निष्कर्षतः यह कहा जा सकता है कि संप्रति साहित्य तथा पत्रकारिता में आधुनिकता के बोध की समस्याएँ लगभग एकसमान-सी हैं। इस संदर्भ में चंद्रत्रिखा ने बताया है कि 'पत्रकारिता का भविष्य आर्थिक तौर पर उतना उज्ज्वल नज़र नहीं आता परंतु इस व्यवसाय में ग्लैमर व थ्रिलर अवश्य है। इसके अलावा सामाजिक परिवेश और सूचना-तकनीक के युग में पत्रकार का योगदान अवश्य बढ़ता है और सामाजिक ज़िम्मेदारी का उसे अहसास रहता है। समय के साथ-साथ पत्रकारिता में जो बदलाव आया है उसे रोका नहीं जा सकता, बल्कि इस पर वैचारिक चिंतन करके अपने पक्ष में करने के प्रयास किए जा सकते है।' कमोबेश तरीके से ये कुछ बातें साहित्यकारिता पर भी लागू होती हैं क्योंकि राजभाषा-अधिनियम के दायरे में 'निजी क्षेत्र' को नहीं लाया गया है।

देश, समाज, राष्ट्र, संस्कृति तथा साहित्य को लेकर इसी वर्ष एक अभिनव संसार भी उद्घाटित हुआ है–**'भारतीय डायस्पोरा'**। यद्यपि यह उन्नीसवीं शती के पूर्वार्ध से ही उपनिवेशवाद के विस्तार के साथ शुरू होता है लेकिन इसका स्वप्निल मिथक, इसके यंत्रणा-शोषण-उत्पीड़न की महागाथाएँ, इसके अभ्युत्थान और आत्मसम्मान की दिग्विजय, तथा इसके वैश्वीकरण एवं आधुनिकीकरण की राजनीतिक आर्थिकता अब आकर मूल जन्मभूमि भारत का ही मध्यवर्ती स्कंध तथा नया कर्मभूमि (भी) सिद्ध होगी। सन् 2003 में जनवरी 8-9 में आयोजित **'प्रवासी भारतीय दिवस'** ने हमें हमारी वह पुरानी दूरदृष्टि लौटाई है जो सन् 2020 तक भारत को एक (विकासशील से आगे) 'विकसित देश' बन जाने की संभावना का एक घटक होगी।

उक्त 'डायस्पोरा' में थाईलैंड में भी एक छोटा गोरखपुर है, मारीशस में एक भोजपुर है, बालीद्वीप में एक वृंदावन है, सिंगापुर में एक कांची-क्षेत्र है, त्रिनिदाद में एक अंतर्वेद है, नीदरलैंड्स में एक रामचरितमानस पाठ का अनुष्ठान है, बर्मिंघम और मांट्रियाल में वारिसशाह की हीर की गूँजें तथा भांगड़ा के ढोल हैं, ब्रिटिश कोलंबिया

में मीठी मलवई पंजाबियत है, सूरीनाम में एक बलिया-आजमगढ़ है, खाड़ी-देशों में केरल की शारदीय परिक्रमा है। उस डायस्पोरा में सरयू है, गंगा है, संगम है, सतलुज है, कावेरी-कृष्णा है। वहाँ बहती-उड़ती हुई मिथकों तथा लोकगाथाओं के लोक बस गए हैं। पर वहाँ के समाज में यहाँ के जैसी सांप्रदायिकता, जातीयता, भाषिक कट्टरता नहीं है। वहाँ भी हिंदी में साहित्य लिखा जा रहा है तथा पत्रिकाएँ प्रकाशित हो रही हैं। वहाँ का साहित्य विदेशी मूल का भारतीय साहित्य है—हिंदी, पंजाबी, गुजराती, तमिल, तेलुगु साहित्य।...अगले दशकों में हमारे लिए एक बड़ी चुनौती होगी कि उन द्वीप-देशांतरों और यहाँ के शोधकर्ताओं तथा साहित्यकारों का आपस में आदान-प्रदान हो। इसके साथ ही **'विश्व हिंदी भाषा-साहित्य के प्रथम इतिहास'** की व्यापक योजना तैयार की जाए।

इसके लिए संगठन-स्तर पर प्राथमिक पहल हो चुकी है। दिल्ली, मारीशस, त्रिनिदाद, लंदन में **'विश्व हिंदी-सम्मेलन'** आयोजित होते आ रहे हैं। इस संगठन के सकेटारियेत क्रमशः वर्धा और पोर्टलुई (मारीशस) में क़ायम हैं। इन्हें अब उत्सवधर्मिता से आगे कदम बढ़ाने होंगे। विश्व हिंदी-सम्मेलनों की यह शृंखला मात्र विदेश-पर्यटन बनकर ही न रह जाए। इसे कार्यक्रमपूर्ण, नीतिगत उपलब्धियों का भी हिसाब लेना-देना पड़ेगा।

हमें अहसास है कि हमारी अनुपस्थित (प्रोक्सी), लेकिन अवस्थित उपनिवेशी मानसिकता से खतरनाक निजभाषाविहीनता की यह छूत फैल रही है। हिंदी-साहित्य सम्मेलन, नागरी प्रचारिणी सभा, राष्ट्रभाषा प्रचार सभाएँ तथा वर्धा के 'महात्मा गाँधी अंतर्राष्ट्रीय हिंदी विश्वविद्यालय', कोलकाता की 'भारतीय भाषा परिषद्', केंद्रीय हिंदी निदेशालय आदि के कंधों पर इस भाषिक क्रांति की जिम्मेदारी हैं। क्या वे इसकी तैयारी में जुट गए हैं?

इतस्ततः अहिंदी/हिंदीतर क्षेत्रों के कुछ **क्षेत्रीय हिंदी साहित्य के इतिहास** भी लिखे गए हैं जो मूल हिंदीक्षेत्र के हिंदी-साहित्य के इतिहास से नहीं जोड़े अथवा संश्लिष्ट किए गए हैं। अतएव दोनों ओर ही अधूरापन तथा एकांगिता परिव्याप्त है। दखनी हिंदी-साहित्य का इतिहास, दक्षिण भारत के सूफ़ी तथा हिंदी साहित्य का इतिहास (श्रीराम शर्मा, इक़बाल अहमद), पंजाब का हिंदी साहित्य (चंद्रकांत बाली, हरभजनसिंह, गोविंद नाथ राजगुरु, शमशेर सिंह अशोक, जयभगवान गोयल, भारत भूषण, हरमहेंद्र सिंह बेदी); बंगाल के हिंदी साहित्य का इतिहास, आदि महत्त्वपूर्ण कार्य हुए हैं। अब इन सभी राज्यों तथा क्षेत्रांचलों के पृथक-पृथक हिंदी साहित्येतिहासों को समेकित करके समग्र **'भारतीय हिंदी साहित्य का इतिहास'** प्रस्तुत करने की तैयारी सम्मेलन या संस्थान कर सकते हैं। इस एजेंडा को और ज्यादा विलंबित या निलंबित नहीं

किया जा सकता।

इस तरह के विश्वकोशीय कार्य की नींव के पत्थर दो तरह से लगाए जा रहे हैं—(क) भारतीय भाषाओं की पुरस्कृत, लोकप्रिय, श्रेष्ठ कृतियों के हिंदी अनुवादों के आयोजनों द्वारा, तथा (ख) हिंदी-पंजाबी, उर्दू-हिंदी, मलयालम-हिंदी, तमिल-हिंदी, कश्मीरी-हिंदी, तेलुगु-हिंदी, उड़िया-हिंदी, मणिपुरी-हिंदी आदि के रचनाकारों, रचनाओं, युगों, प्रवृत्तियों, आंदोलनों के तुलनात्मक मूल्यांकन द्वारा।

अब तीसरे चरण में अहिंदी-क्षेत्रों के पाठ्यक्रमों में संक्षिप्त हिंदी भाषा साहित्य या अनूदित हिंदी-कृतियों को शामिल किया जाए। इसी तरह हिंदी क्षेत्रों में विभिन्न क्षेत्रों-राज्यों की भाषाओं एवं साहित्यों को पाठ्यक्रम में अनिवार्य किया जाए।

ज़ाहिर है कि **भाषा-योजना** (लैंग्वेज प्लानिंग) की यह प्रक्रिया भी लंबी तथा लंबित रही है। इसे सरकार और संस्थानों और संगठनों के सहकार से ही थोड़ा और जल्दी लागू किया जाए। तारतम्य परक विभिन्न परीक्षाओं और सरकारी कार्यालयों में राजभाषा के बढ़ते प्रयोग इस दिशा की सफलता के भी द्योतक हैं। पर मंज़िल अभी तो दशकों दूर है। भारत सरकार अभी तक अपनी **'सांस्कृतिक नीति'** का खुलासा नहीं कर पाई है। (यद्यपि इस वर्ष संशोधित विज्ञान-नीति प्रस्तुत कर दी गई है)। इसकी प्रस्तुति से भाषिक संस्कृति में गुणात्मक उछाल आ जाएगा।

हम प्राचीन बृहत्तर सप्तसिंधु वाले क्षेत्र, या उत्तरापथ, या पंचनद क्षेत्र, या **पंजाब** की भी सांस्कृतिक फुलकारी की बुनावट को जानें, पहचानें। यह कई अनसुलझी पहेलियाँ और शाश्वत् चुनौतियों का 'श्रीचक्र' रहा है। पूर्व-मोहनजोदारो-मोहनजोदारो-हड़प्पा-गांधार-तक्षशिला-सप्तसिंधु-सरस्वती के इस परिमंडल में ही मोहनजोदारो के बाद विश्व का पहला ग्रंथ ऋग्वेद रचा गया था जिसके प्रणेता गोत्र-कुटुंबों वाले, यज्ञकर्ता, ऋचाद्रष्टा ऋषि थे। यह सिंधु-सरस्वती-व्यास-नदी-क्षेत्र के आनंदवादी आर्यों का कर्मक्षेत्र था। बाद में जब वे शतद्रु-गंगा-यमुना-कछार में आबाद हुए तो उन्होंने ज़मीनी यथार्थ का सामना करते हुए करुणा और तपस्या का भी वरण किया; और आत्मपरक उपनिषदों का विधान किया। हम इस 'स्वप्न-समय' से लंबी छलाँग लगाकर 'ऐतिहासिक काल' में प्रवेश करेंगे, लगभग पंद्रह-सोलह शताब्दियों से अधिक के अंतराल से। (लेख के अंत में स्वप्नसमय में भी लौटेंगे)।

उक्त सुदीर्घ अंतराल के बाद की उस अवधि में जब अपभ्रंशों में से क्षेत्रीय बोलियाँ कढ़-कढ़ कर आने लगीं तो पंजाबी बोली आज तलक भी अपभ्रंश से सबसे करीबी संबंध बनाए हुए है। यहाँ राजभाषा फारसी, सांस्कृतिक-साहित्यिक भाषा (गुरुमुखी लिपि में) ब्रजी तथा घरेलू-व्यावहारिक भाषा पंजाबी की रवायतें रही हैं। पंजाबी की उपबोलियों में पोठोहारी, मलवई, माझई, दोआबी आदि रहीं।

'श्री गुरुग्रंथ साहिब' के आले दुआले 'पृथ्वीराज रासो', 'संदेशरासक', 'भाखा योगवाशिष्ठ' पंजाब की शानदार विरासत रहे हैं। गुरुग्रंथ साहिब एक धर्मग्रंथ के अलावा निर्गुण भक्तिधारा तथा गुरु-परंपरा का, भाषाई शुचिता का प्रामाणिक ऐतिहासिक विश्वकोश-जैसा भी है। गुरुनानक की 'बाबर वाणी' एक साथ मध्यकाल में प्रथम राजनीतिक इतिहास का दस्तावेज, युद्ध की नृशंसता तथा मानवमूल्यों के कत्लेआम पर ओजस्वी त्रासदी भी है। यह तथ्य तारांकित किया जाए। इसी क्रम में सिखपंथ के दशम गुरु गोविंद सिंह अपने युग के महामानवों में-से एक हैं।

महाभारत के योगीश्वर गोविंदकृष्ण, मौर्य साम्राज्य के विधाता आचार्य चाणक्य, मुग़ल शाहंशाही के मर्देकामिल बादशाह अकबर के समानांतर ही 'मर्द अगमड़े' गुरु गोविंद सिंह हैं। वे मीरी-फकीरी रूपी तलवारों के सूरमे, एक साथ संत-सिपाही थे जो गोबिंदराय से 'गोविंद सिंह' नाम कहाते हैं अर्थात् जब वे सिंहरूप में सजे होंगे, जब नानकपंथी संगतों को सिखपंथ में संगठित किया होगा तब निस्संदेह भारतीय इतिहास का वह त्रिभुवन क्षण बन गया होगा। उन्होंने नामजप तथा लीलागान वाले मोक्षकामी भक्ति-आंदोलन को सामंतवाद-विरोधी दिशा तथा सामाजिक परिवर्तनकारी शिवा-शक्ति की तलवार भी थमा दी। अश्वारोही, कलगीधर, हाथ में बाज पक्षी थामे मीरी-फकीरी तलवारें बाँधे मानो वे उत्तर मध्यकालीन हिंदोस्तान में **'एक निर्भय तथा सामाजिक मनुष्य'** का भी प्रादर्श सिद्ध करने को सरल जाट किसानों का एकठ बना देते हैं। इसका गहरा प्रभाव हमारे गणतंत्र में आज तक निरंतर है—सर्वधर्म समभाव, संगत, **देग-तेग** की सामाजिक न्याय वाली **फतह** में।

जैसा कि हम पहले कह चुके हैं कि गुरुगोविंद सिंह ने नानक पंथियों को 'सिखपंथ' नाम से संगतबद्ध कर दिया; अपने बाद गुरुग्रंथसाहिब को ही गुरुरूप में प्रतिष्ठित कर दिया; पंजप्यारों और पंचककार-धारण का प्रवर्तन किया; गुरुमता और ऐसे गुरुदरबार को सुशोभित किया जहाँ विद्या-दरबार लगता था जिसमें कवि-कविंद, गवैये, संस्कृत-अध्येता निर्मले साधु, अनेक क्षेत्रों के कलाकार, सूफ़ी मौसिकी के उस्ताद, आदि हुज़ूरी में 'गुरुशोभा' बढ़ाते हुए 'गुरुविलास' की महिमा भी बखानते थे। 'खालसा' की मुहर भी उन्होंने सही करी थी। वे दशमेश गुरु के साथ ही सवालाख से एक को लड़ाने वाले रणकौशल के संस्थापक सेनापति थे। वे एकसाथ परिष्कृत ब्रजभाषा और पंजाबी के सिद्ध कवि तथा फारसी के शायर भी थे। वे एक साथ वीरगाथा, भक्तिधारा तथा रीतिधारा की समरसता के उन्नायक थे। (गुरुचरणसिंह सहेंसरा ने इसे 'गोबिंदधारा' की संज्ञा दी है)। वे आनंदपुर साहिब, पावंटा साहिब, हेमकुंट (हेमकुंड) जैसी नगरियों के कई वास्तु-प्रयोग करने वाले थे। किंवा, नगर-संस्थापक जैसे थे। वे आनंदपुर साहब व बाबा बकाला की मिसाल से सिख वास्तु-सिद्धांत के भी एक सूत्रधार थे। उनके कवि-दरबार में छंदोच्चारकों, 'वार'-पाठियों, प्रतिलिपिकारों, अनुवादकों, भाष्यकारों का भी जमावड़ा होता था।

बाद में उनकी प्रकाश-अनुयायिता में महाराजा रणजीत सिंह जैसे राजा हुए जिन्होंने सर्वधर्मसमभाव, बहुभाषी उदार पंजाबी संस्कृति तथा भविष्योन्मुख खालसा समाज को काफी साकार किया। वे कोहेनूर हीरे को पुरी के जगन्नाथ के मस्तक पर अर्पित करना चाहते थे। उन्होंने ही अमृतसर के हरिमंदिर साहब तथा काशी के विश्वनाथ मंदिर के गुंबदों को सोने से मढ़वाया था।

इसी परंपरा की छायाएँ कभी-कहीं नाभा, कपूरथला, पटियाला, संगरूर, फरीदकोट तथा जींद और कैथल की सिख-रियासतों व मिसलों में झिलमिलाती हैं। वहाँ के राज-पुस्तकालयों में गुरुमुखी लिपि में हिंदी साहित्य (ब्रजी) के अपार ग्रंथ-भंडार मौजूद हैं। उन दरबारों और डेरों में रामप्रसाद निरंजनी, कवि ग्वाल, कवि चंद्रशेखर वाजपेयी, गिरिधर कविराय आदि रहे। उस काल के महाकवियों में भाई संतोखसिंह (कैथल), साहिब सिंह म्रिगेंद्र (संगरूर), सतसईकार अमीरदास (पटियाला), 'स्यामसनेही'-कार आलम, कवि ग्वाल (नाभा) आदि हुए थे। इसलिए हमें सर्वश्री चंद्रकांत बाली, सिद्धेश्वर वर्मा, गौरीशंकर, गोविंदनाथ राजगुरु, हरिभजनसिंह, मनमोहन सहगल, मैथिली प्रसाद भारद्वाज, शिवकुमार भारद्वाज, देवेंद्रसिंह विद्यार्थी, शमशेर सिंह अशोक, चमन लाल, हरमहेंद्र सिंह बेदी, फूलचंद्र मानव के द्वारा पंजाब के हिंदी साहित्य के इतिहास तथा तुलनात्मक साहित्य-अध्ययन के क्षेत्रों में बहुमूल्य योगदान को दोहराना भर नहीं है बल्कि बृहत्तर हिंदी साहित्य के इतिहास के संदर्भ में उसका पुनर्लेखन एवं पुनर्मूल्यांकन की पुरजोर अपील करना है।

हाँ, यह दोहराना एक सुखद अनुभूति जरूर है कि आरंभिक गल्प कृतियों में-से उर्दू में 'उमरावजान अदा' (मिर्ज़ा हादी रुसवा, लखनऊ), पंजाबी में 'सुंदरी' (भाई वीर सिंह, अमृतसर), तथा हिंदी में 'भाग्यवती' (पंडित श्रद्धाराम फिल्लौरी), इन सभी का नायिका-प्रधान होना भी सुधार और जागरण का सबूत है। यही नहीं; पटना, बनारस, लखनऊ की तरह लाहौर भी उन्नीसवीं शती में एक प्रसिद्ध हिंदी-प्रकाशन-केंद्र बन गया था।...सो पंडित श्रद्धाराम फिल्लौरी ने हिंदी उपन्यास का प्रवर्तन किया तो बाबू श्यामसुंदरदास खन्ना ने 'सरस्वती' संपादन की दिशा तय की थी। उन्होंने संपादन, शब्दकोश निर्माण, साहित्यालोचन आदि की दिशाएँ भी खोलीं। सर्वश्री विश्वबंधु तथा संतराम बी. ए. भी अच्छे संपादक थे। आचार्य महावीर प्रसाद द्विवेदी के प्रिय निबंधकार अध्यापक पूर्ण सिंह को 'ललित निबंधों के राजकुमार' की पदवी से सम्मानित किया गया। फिर तो पंजाब के हिंदी-लेखकों ने कई कमानें सँभालीं।

नाटक-गल्प में सच्चिदानंद हीरानंद वात्स्यायन, यशपाल, भीष्म साहनी, चंद्रगुप्त विद्यालंकार, देवेंद्र सत्यार्थी, मोहन राकेश, सुदर्शन के हस्ताक्षरों के साथ कृष्ण बलदेव वैद, उपेंद्रनाथ अश्क, जगदीश चंद्र, कृष्णा सोबती, महेंद्र भल्ला, वीरेंद्र मेंहदीरत्ता, कंचन लता सब्बरलाल, सुधा अरोड़ा, सुषमा बेदी, इंदु बाली, श्यामा मूर्ति, गार्गी तिवारी, कमलादत्त, राजी सेठ, तरसेम गुजराल, राकेश वत्स, कृष्ण भावुक, स्वदेश दीपक, रमेश

बतरा, सुरेश सेठ, चंद्रशेखर, कमलेश भारती, द्रोणवीर कोहली, नरेंद्र मोहन आदि अगले हस्ताक्षर हैं।

इसी तरह कवि अज्ञेय और कुमार विकल की भव्यता एवं श्रेष्ठता वाले काव्यपत्र पर बलदेव वंशी, मोहन सपरा, नरेंद्र मोहन, सुरेश वात्स्यायन, चंद्रशेखर, तेजी ग्रोवर के साथ देवराज 'दिनेश', नंदकिशोर रजनीश, त्रिलोकी नाथ रंजन, द्वारिका दत्त 'उत्सुक', हरमहेंद्र सिंह बेदी, परेश, हरीश सूद 'निश्चिंत, कमलेश आहूजा, कीर्ति केसर, मीरा गौतम, राकेश प्रेम, सुभद्रा खुराना, अवतार सिंह एनगिल, शुभदर्शन, सुभाष रस्तोगी, गीता डोगरा, फूलचंद मानव, सिमर सदोस, जगमोहन चोपड़ा, रामेंद्र जाखू, शशि प्रभा आदि के भी महत्त्वपूर्ण हस्ताक्षर हुए हैं।

चिंतन-आलोक-वृत्त में आधुनिकता के प्रथम बानी इंद्रनाथ मदान, धर्मेंद्र गोयल, यशदेव शल्य, मदनलाल मधु, वी. राजेंद्रऋषि, विनोद शाही, सेवासिंह, हरमहेंद्र सिंह बेदी, हुकुमचंद राजपाल, धर्मपाल मैनी, प्रेमसागर, प्रोफेसर तुलसी, ब्रजलाल गोस्वामी, संसार चंद्र, ज्ञानचंद्र शर्मा, देवेंद्र शर्मा (अमृतसर), राकेश कुमार (लुधियाना), संतोष 'कुमार', मधु संधु, सुधाजितेंद्र, नरेश उप्पल, सुमनिका सेठी, नीलम अरुण मत्तू, नीलम जुल्का, जगदीश सिंह मिन्हास, गुरनाम कौर बेदी आदि अपने हस्ताक्षर अंकित करते चल रहे हैं।

हम सभी जानते हैं कि अनेक पगडंडियों वाली ये यात्राएँ मिलकर महामार्ग की अनंत विराट्यात्रा बनती हैं।

'विविधता के साथ एकता' पंजाबी जीवन-शैली है। उन्नीसवीं शती के उत्तरार्ध में अविभाजित पंजाब की काँगड़ा, चंबा, बसोहली, नूरपुर, गुलेर, आदि पहाड़ियों में **'पहाड़ी चित्रकला'** की कई रंगारंग कलमें एक साथ जगर-मगर हो उठती हैं।

मोहनेजोदारों (अब पाकिस्तान) को छोड़कर पंजाब का पुरातत्त्व लगभग विलुप्त हो चुका है। तदपि गांधार-शिल्प के अद्भुत संग्रह (चंडीगढ़ म्यूज़ियम), हड़प्पा-सभ्यता के आर्टिफेक्ट (रोपड़-संग्रहालय), तथा तक्षशिला के खँडहरों के पश्चात् पिछली शती के आठवें दशक में **संघोल** (चंडीगढ़-लुधियाना मार्ग पर उच्चापिंड) में कुषाण कालीन बौद्ध-विहार तथा कोई साठेक यक्षिणी-प्रतिमाओं के अनुपम पाषाण-पैनल खोद निकाले गए हैं। [संघोल म्यूज़ियम, उच्चापिंड]। हम याद दिला दें कि बेहद बिरली सूर्यप्रतिमाओं में-से पंजाब के सुनाम शहर (संगरूर जिला) की सूर्यप्रतिमा श्रेष्ठ धरोहर है (इसे हाल ही में तस्करों ने चुरा लिया)।

सबसे अंत में, अब, हम सभी समवेत अनादि **'स्वप्न समय'** में उड़ चलें। वहाँ सिंधुघाटी-सभ्यता की, आर्यो-द्रविड़ों के आप्रवासन की, भारतीय 'इथोस' के 'महारूपक' की अबोधपूर्वा पहेलियाँ शायद सुलझ सकें? वहाँ तो परा-पश्यंती वाला सिन्ड्रोम ही

प्राक्कल्पित हो सकता है। यह सबसे महत्त्वपूर्ण समकालीन प्रश्न भी है अस्तु।

एशिया महाद्वीप में मेसो (=मध्य) पोटामिया की दज़ला-फरात-सभ्यता, चीन की यांग-त्सी-सभ्यता, भारत की सिंधुघाटी-सभ्यता पुराप्राचीन ही नहीं, कदाचित **पराप्राचीन** भी हैं अर्थात् वे मिथकों के जन्म के, कबीलों के समूह में संगठित होकर आदिम-समाज बनने के, तथा इतिहास के कालबोध के भी पहले की हैं। उनसे भी पहले मध्य एशिया में आमने-सामने सिंधु-पंजाब-काश्मीर की जो पट्टी है वह तब भी बंदरगाहों, नदी-पत्तनों, व्यापारिक नगरों, पहाड़ी दर्रों, तथा घाटियों-झीलों वाली थी। अतएव मिथकयान के मुताबिक यह पाणिवृत्त **'स्वप्न समय'** का है जब मिथक और भाषा और जादू और आनुष्ठानिक कला के अनोखे कमल अनजानता के सरोवर में डूबने-निकलने-खिलने शुरू हो चले थे। तब देशकाल से स्वतंत्रता थी।

स्वप्न-समय के कारण ही आज तक भी कई अनबूझ पहेलियाँ हमारे सामने मौजूद हैं—मसलन, मोहेनजोदारो-हड़प्पा के भी कुछ सैकड़ों-हज़ारों साल पहले भारत का जनजाति का सांख्यिकीय मानचित्र (एथनोग्राफिक एटलस) कैसा था? मोहेनजोदारो-हड़प्पा के मेसोपोटामिया-पर्शिया-अफ़गान के साथ तथा प्रकारांतर से तिब्बत के ऊँचे पठार के साथ कैसे अंतरावलंबन थे? मोहेनजोदारो हड़प्पा के बाद लगभग तीन साढ़े तीन सौ सालों के अँधेरे में भारत की प्रजाति-संरचना कैसी थी? सभी प्राचीन सभ्यताओं के विपरीत सिंधुघाटी-सभ्यता की लिपि क्यों नहीं पढ़ी जा सकी है? मोहेनजोदारो-हड़प्पा तथा आर्यों के सप्तसिंधु-गंगा-यमुना-कछार में क्या आर्यगण बाहर से आए अथवा यहीं के कबीलों (गोत्रों) का एक श्रेष्ठ समूह बन गए? क्या आर्य और द्रविड़ के बीच कोई संघर्ष हुआ था? मोहेनजोदारो-द्रविड़ों-आर्यों के डी.एन.ए, क्या एक रहे होंगे? क्या उत्तर के लोग दक्षिण की ओर कूच करके द्रविड़-क्षेत्र में जाकर बसे होंगे तथा 'द्रविड़' कहलाए होंगे? ये सारे प्रश्न पंजाब से भी सरोकार रखते हैं।

प्राचीन भूमानचित्रों (जिओमैप्स) के पर्यवेक्षण से हम देखते हैं कि कैस्पियन सागर की केंद्रापसारी परिक्रमा में भी सात लघु सागर-सरोवर हैं तथा आर्यों ने भी 'सप्तसिंधु' का बार-बार उल्लेख किया है जो संयोग से भारतभूगोल में सादृश्य सूचित करता है। तो क्या इनमें समानता है, अथवा समानांतरता, अथवा पर्यायवाचकता? इसके साथ ही प्राचीन (ईरानी) 'ज़ेन्द अवेस्ता' तथा 'ऋग्वेद' की मिथकों के, अथवा ऋग्वेद और अफ़गान (के आमू-सीर दरिया क्षेत्रों) के कई भौगोलिक नामों का परस्पर वलयित होना भी मिलता है। यह संगति क्या है? क्या कोई एक सामान्य अधिभाषा (मैंटालैंग्वेज) थी?

इस तरह भारतीय सभ्यता और इतिहास की कई महत्त्वपूर्ण कुंजियाँ स्वप्नसमय में खो-सी गई हैं। स्वप्नसमय हमारे इतिहास की बिसात पर वर्तमान की गोटों से कई चालें चलता आ रहा है। इसीलिए हम परंपराओं में रूढ़िबद्ध ही नहीं होते बल्कि उनके बीच से चुनाव करते; या निरस्त करते, तथा नई-नई परंपराओं का विधि-निर्माण

भी करते हैं। परंपराएँ इतिहास-कालों की अपेक्षा बहुत ज्यादा दीर्घजीवी तथा अनुकारिणी होती हैं। संस्कृति और साहित्य तो उनके सनातन दर्पण हैं; तथा सापेक्ष दीपक भी हैं।

तो 'ऋग्वेद' से लेकर 'गुरुग्रंथ साहिब' तक, 'झूठा सच' से लेकर 'धरती धन न अपना' तक, 'वे दिन' से लेकर 'कलिकथा; बाईपास' तक अथवा 'कामायनी' से लेकर 'अंधायुग' और 'अँधेरे में' तक, वही अदृश्य स्वप्नसमय अमूर्त हस्तक्षेप करता चला आ रहा है। तो परंपराएँ वे मटके हैं जिनमें स्वप्नसमय की पहेलियाँ, इतिहास-चक्र की लोकगाथाएँ, निजंधरों के अनेक अभिप्राय (मोटिफ़) और आधुनिक युग के देवदानवी वर्ग-संघर्ष संचित हैं : धूप छाँहों की तरह। स्वप्नसमय तथा आदिम समाज ही जो प्रथम गणतंत्र गढ़ते रहे—उनमें सर्वप्रथम समानता, स्वतंत्रता, भाईचारे के आर्ष संदेश गूँजते रहे हैं।

आधुनिक साहित्यधारा में जादुई यथार्थ, मिथक, फांतासी, परंपरा आदि मुक्त-आसंग अथवा चेतना-प्रवाह की विधियों द्वारा स्वप्नसमय में लौट-लौट जाती हैं। यह क्रम चलता रहता है। वह 'कृति' का कायाकल्प (मेटा-मार्फोसिस) एक महारूपक में भी कर देता है जैसे, 'राम की शक्तिपूजा' का सिंह-शक्ति रूपक, 'गोदान' का खेत-गौ-रूपक, 'कामायनी' का मनस्तात्विक रूपक, 'झूठा सच' का देश-वतन विभाजन रूपक, 'धरती धन न अपना' का शूद्र-नारी दलन रूपक, तथा 'मुझे चाँद चाहिए', 'आवाँ' आदि के रूपक। ये कृतियों में सांगरूपक जैसी अधिरचना कर देते हैं।

सन् 2020 की ओर विकसित देश बनने के लिए कर्मरत विकासशील भारत तीन अंगभूत टकरावों से जूझता हुआ बढ़ रहा है—(i) बाजार की ताकतों के आर्थिक टकराव; (ii) राजनीतिक ताकतों के क्षीण विचारधारात्मक गठबंधन वाले टकराव, तथा (iii) भाषा-धर्म-जाति की ताकतों के सांस्कृतिक टकराव। केवल मात्र रसास्वादन या संरचनावाद, या विखंडनवाद, अथवा रूपवादी कलाकर्मों द्वारा इनका कतई निराकरण नहीं होगा। हमारा मीनाक्ष-बेधन सामाजिक परिवर्तन एवं प्रगति, तथा सांस्कृतिक परिवर्तन एवं जागरण के तीरों द्वारा ही हो सकता है। हमारी उत्तर-आधुनिकता का उन्मेष भी, अपने ही, स्वदेशी आधुनिकीकरण एवं आधुनिकता के रिनैसाँ के युग्म द्वारा घटित हो सकता है।

निस्संदेह हिंदी साहित्य सम्मेलन, विभिन्न प्रकाशन-गृह, विभिन्न लेखक-संघ, विभिन्न समारोह, केंद्रीय हिंदी निदेशालय; नागरी प्रचारिणी सभा, राज्यशासन, साहित्य अकादमी, राष्ट्रीय नाट्य संस्थान, राष्ट्रीय फिल्म इंस्टीच्यूट, विभिन्न राजधानियों की ग्रंथ तथा साहित्य अकादमियाँ भी बहुविध परिवर्तन-प्रगति-जागरण की त्रयी के उत्प्रेरक हैं।

फिलहाल, आज के दहशत भरे और खतरनाक समय में हम सपने भी देखें?

सपनों से पलायन नहीं करें। (पहले यथार्थ से पलायन करके सपनों में खोने के अभ्यासी हो गए थे)। सपने भी हमारा प्रारब्ध हैं; प्रकल्प हैं, कुंडलिनी-शक्ति हैं, भविष्य हैं; बशर्ते हमारे सपने सामाजिक सामूहिक वैज्ञानिक भी हों। हमारे वैज्ञानिक राष्ट्रपति ए.पी.जे. अब्दुल कलाम भी युवकों, युवतियों, बालकों-छात्रों को वैसे भरपूर सपनों को देखने तथा क्रियान्वित करने का बारंबार पैगाम दे रहे हैं जो हमारे देश को सन् 2020 तक एक विकसित, तथा समृद्ध भारत में तब्दील कर दें।

तो, वह भारत होगा कैसा? नोबेल लारियेट अमर्त्य सेन उस राष्ट्ररथ के दो पहिए बताते हैं—स्वास्थ्य तथा शिक्षा! इस शाश्वत् सत्य का साक्ष्य तो स्वयं वेदव्यास और कार्ल मार्क्स और महात्मा गाँधी भी देंगे। अतएव, आइए! थमा दें देश के करोड़ों बच्चों के बाएँ हाथ में एक छोटा गिलास भर शुद्ध दूध तथा, दाहिने हाथ में एक किताब जिसमें कंप्यूटर की वर्णमाला हो, प्रेमचंद की 'ईदगाह' कहानी हो और आर्यभट्ट का कोई गणित-सूत्र हो। इससे ही राष्ट्र का संपूर्ण उद्धार हो सकेगा। सच केवल यही है।

2003

7 हमारा वर्तमान और मार्क्सवादी सरोकार

चंद बेहद लाज़िमी बातों को दोहराना या उनकी याद दिलाना ही पड़ेगी। माक्सर्वाद ही ऐसा **अकेला विश्वदर्शन** है जो संसार की व्याख्या करने की अपेक्षा संसार को बदलने का कुरुक्षेत्र भी तैयार करता है; जो तकरीबन अढ़ाई हजार सालों की दार्शनिक तथा बौद्धिक विरासत की बुनियादें बदल देता है अर्थात् ग्रीक (हेलेनिक), रोमन-ईसाई (हिब्राइक), रेनेसाँई व जर्मन-दर्शन के प्रत्ययवाद (आइडियलिज़्म) के सातत्य में दोफाड़ करके भौतिकवाद (मैटिरियलिज़्म) को निर्णायक बनाता है; जो सभ्यता के भौतिक-आर्थिक **'मूलाधार'** पर संस्कृति व कला के **'सुपरिगठन'** के द्वंद्वात्मक रिश्ते खोजा करता है और इस प्रकार अनेक **समाजविज्ञानों का एक संश्लेष** गढ़ता है; तथा, जो विश्वेतिहास में सभ्यताओं-संस्कृतियों में उथल-पुथल मचाने वाला, उनका विनाश-निर्माण करने वाला एकमात्र आशावादी दर्शन है। लेकिन समाज तथा राजसत्ता पर इसके विभिन्न अनुप्रयोगों में काफ़ी भूल-गलतियाँ भी होती रही हैं।

फिलहाल थोड़े सरल ढंग से कहें तो मार्क्स का द्वंद्वात्मक ऐतिहासिक लोकमंगल वाला महामार्ग हीगेल के दर्शन से शुरू हुआ फिर समाज और सत्ता और व्यवस्था की व्याख्याओं में पल्लवित-पुष्पित हुआ। अंततः आर्थिक संरचनाओं में पूर्णरूपेण वसंत-विकसित हो उठा। उसमें शुरू से दर्शनशास्त्र की द्वंद्वात्मक पद्धति, तथा समाजविकास के ऐतिहासिक विवेक को ग्रहण किया गया।

इस सबकी नींव में द्वंद्वात्मक भौतिकवाद अर्थात् मात्र जड़ पदार्थ ही नहीं, बल्कि गतिवान पदार्थ हैं जिसकी न्यूटन, डार्विन, फ्रायड, आइंस्टीन, क्वांटमवादी तथा इलेक्ट्रोमैगनेटिकवादी ने अपने-अपने ढंग से ऊर्जा एवं अधिशेष शक्ति की व्याख्याएँ कीं।

रूस की **महान् अक्तूबर बोल्शेविक क्रांति** (1917) तथा महानायक लेनिन के नेतृत्व के साथ मार्क्सवादी दर्शन-समाजचिंतन-राज्यसत्ता का तिकोना एकष्ठ बना जिसका लक्ष्य कई राष्ट्रों के सोवियेत पंचायती संघ में समाजवाद से आगे विश्व कम्युनिज़्म की स्थापना था जिसमें 'सारी दुनिया के मज़दूर एक होकर' उसमें सर्वहारा

के राज्य को क़ायम करेंगे। इसके उपरांत माओवादी चीनी कृषक-क्रांति (1949) तथा स्तालिन के कठोर शासन के बाद संसार में समाजवादी खेमे की स्थापना हुई जो पूर्वी-योरप, चीन, कोरिया, वियतनाम, कम्बोडिया, लाओस, तथा पश्चिमी गोलार्ध में क्यूबा तक विस्तार पा गया। दो आणविक अतिमहाशक्तियों का अभ्युदय हुआ—संयुक्त राज्य अमेरिका तथा सोवियेत संघ। द्वितीय विश्वयुद्ध की समाप्ति (1945) के साथ नाज़ीवाद तथा फासीवाद तो खत्म हुए लेकिन दो अतिमहाशक्तियों के बीच एक लंबा शीतयुद्ध छिड़ गया तथा संसार दो खेमों में बँट गया—आंग्ल-अमेरिकी 'प्रजातांत्रिक' खेमा तथा सोवियेत-चीनी समाजवादी खेमा। लेकिन दोनों एक-दूसरे को क्रमशः साम्राज्यवादी खेमा तथा तानाशाही खेमा कहते रहे।

इन दोनों के बीच गुट-निरपेक्ष देशों का एक तीसरा खेमा भी उभरा जो विश्वशांति, तथा विकास एवं प्रगति के लिए लगातार कोशिशें करने लगा। भारत इस खेमे का एक संस्थापक देश था। यह योजनाबद्ध मिश्रित अर्थप्रणाली की ओर अग्रसर हुआ तथा कथित समाजवादी पैटर्न का प्रतिपादक बना था।

ऐसे युगांतरकारी परिवर्तनों के दौर में निकिता ख्रुश्चोव ने (1956) साम्राज्यवादी बनाम समाजवादी व्यवस्थाओं के बीच सतत संघर्ष के बजाय शांतिपूर्ण सहअस्तित्व की नीति घोषित की; सर्वहारावर्ग के राज्य के स्थान पर लोकजन (पीपुल) के राज्य का यथार्थ स्वीकार किया तथा सामूहिक कृषि फार्मों में सीमित निजी उद्यमिता को भी मंजूर कर लिया। उन्होंने स्टालिनयुगीन ज्यादतियों से निजात दिलाते हुए व्यक्तिपूजा (पर्सनलिटी कल्ट) का भी अंत किया। विश्व क्रांति के निर्यात को खारिज़ करते हुए 'एक देश में समाजवाद' की स्थापना की नीति स्वीकार की।...इन कदमों से समाजवादी खेमा भी दो-फाड़ हुआ अर्थात् सोवियेत संघ तथा गणलोकतंत्र चीन के बीच कई प्रकार के संघर्ष छिड़े। पहले ने चीन को बचकाना दुस्साहसिकतावादी बताकर अल्बानिया के बहाने, तथा दूसरे ने सोवियेत संघ को संशोधनवादी और सामाजिक साम्राज्यवादी बताकर यूगोस्लाविया के बहाने विचारधारात्मक महाभारत का शंखनाद कर दिया। इस तरह एक ओर शीतयुद्ध तथा दूसरी ओर पोलेमिकल युद्ध जोरों से छिड़ गए। संस्कृति के क्षेत्र में इन युद्धों की लंबी लपटें क्रमशः सांस्कृतिक स्वतंत्रता बनाम सांस्कृतिक क्रांति के रूप में सुलगने लगीं।

विश्व की तमाम कम्युनिस्ट पार्टियों के (1958 वाली) 'मास्को घोषणा' के बाद तथा भारत में भारत-चीन झड़पों (1962) के बाद समाजवादी आंदोलन तथा कम्युनिस्ट पार्टियाँ भी विभाजित होती चली गईं। गोर्बाचेव के 'पेरस्त्रोइका' तथा 'ग्लासनोस्ट' के बावजूद भी सोवियेत संघ तथा यूरोप के समाजवादी खेमे का समग्र विघटन (1989) हो गया।...आज हमारे देश में तीन तो प्रमुख साम्यवादी दल हैं—माकपा, भाकपा, माकपा (माले)। इसके अलावा बीसेक से ज्यादा छोटे-छोटे 'गुट' तथा 'पार्टियाँ' तथा 'सेंटर' हैं। इनकी अपनी-अपनी स्वायत्त मार्क्सवादी व्याख्याएँ हैं, रणकौशल हैं,

रणनीतियाँ हैं, सांस्कृतिक मुहीमें हैं। सब आपस में एक-दूसरे को गलत अर्थात् संशोधनवादी या दुस्साहसिकतावादी सिद्ध करने में वामपंथ को बेहद धुँधला और मटमैला किए जा रहे हैं। अगर साहित्यिक-संस्कृति के क्षेत्र में हिंदी साहित्य का उदाहरण लें तो हम पाते हैं कि सन् 1935 के बाद रवींद्रनाथ ठाकुर, प्रेमचंद, सज्जाद ज़हीर, संतसिंह सेखों आदि से समारंभ किए गए दशकों-लंबे अभियान के दौरान शिवदान सिंह चौहान और रामविलास शर्मा, रामविलास शर्मा और रांगेय राघव, नामवर सिंह और रामविलास शर्मा, भैरव प्रसाद गुप्त और रामविलास शर्मा, पूरनचंद्र जोशी और राहुल सांस्कृत्यायन, आदि के बीच जो वैचारिक संग्राम छिड़ा वह शत्रुता, घृणा तथा चरित्रहनन की हदों तक को पार कर गया। इनमें-से कई महारथी तो रणछोड़ जी तक हो गए। इसकी गहरी वजह यह भी रही है कि **पार्टी** का माध्यम तो तत्कालीन फौरी रणचातुर्य रहे, जबकि **लेखक संघों** का माध्यम सभ्यता-संस्कृति से अनुबंधित लोकजीवन था जिसे दर्पण-दीपक-डायनेमो के त्रिधर्मों के साथ प्रस्तुत करना था। अतः पार्टी की राजनीतिक लाइन तथा संस्कृति की कलात्मक चारित्रिकता के बीच गहरी खाई ही नहीं बनती गई बल्कि समानता, समझौता और सामंजस्य के बजाय विरोधी अंतविर्रोध और एकाधिकारी आदेश भी जारी हुए। पार्टी की धुरी मार्क्सवाद का **कर्मयोग** (प्रेक्सिस) था जिसमें सकारात्मक तात्कालिकता तथा रोज़मर्रा रणकौशल की संघर्षी व्यावहारिकता थी, जबकि साहित्य-संस्कृति की धुरी मार्क्सवादी दर्शन तथा बहुविध समाजविज्ञान थी जिसमें समाज का निश्चयवादी प्रतिबिंबन तथा दूरगामी मानवतावादी अनुचिंतन की प्रज्ञा थी। समानता के बजाय पार्टी के सर्वांगीण निर्देश के कारण साहित्य-संस्कृति में कलाविहीनता, यांत्रिकता तथा छद्म-प्रगतिशीलता के आरोप-प्रत्यारोप लगे। आज भी वामपंथी गुटों के अपने-अपने सांस्कृतिक संघ हैं जिनकी अपनी-अपनी किसिम-किसिम की संदर्शनाएँ हैं जो परस्पर-विरोधी भी हैं। एक अंतिम कारण यह भी हो सकता है कि क्योंकि मार्क्सवाद दर्शन है, समाजविज्ञान है तथा राजनीतिक आंदोलन भी है अर्थात् इसमें **सिद्धांत** तथा **कर्मयोग** (प्रेक्सिस) की, दर्शन और विचारधारा (आइडियोलॉजी) के बीच एकता एवं संघर्ष की डायलेक्टिक्स सक्रिय हैं। अतः दाएँ-बाएँ के किसी भी ध्रुवांत से अपनी प्रस्थापना को जस्टिफाई किया जा सकता है; मार्क्सवाद के विशाल शस्त्रागार से मनमाफ़िक हथियार उठाकर एक-दूसरे को सोदाहरण नेस्तनाबूद किया जा सकता है। इस वजह से सर्वमान्य क्या सच है, क्या सही है, क्या उत्कृष्ट है, क्या करणीय है, क्या शुद्ध है—इसका फैसला ही नहीं हो पा रहा है। यूरोप में मायकोव्स्की, ज्यार्ज लुकाच, बर्तोल्ट ब्रेख्त को भी पार्टी तथा सत्ता के लांछनों का शिकार होकर गेलिलियाई अभिशाप झेलने पड़े थे। भारत में राहुल सांकृत्यायन, ए. आर. देसाई, यशपाल, रामविलास शर्मा, रांगेय राघव आदि को प्रतीकात्मक अग्निकांडों से गुजरना पड़ा है। सातवें दशक के आगे-पीछे यूरोप में 'यूरो-कम्युनिज्म़' तथा 'न्यूलेफ्ट' के सिद्धांतव्यवहारी आंदोलनों के उभार भी

(कठमुल्लायन [डाग्मेटिज़्म] से छुटकारा पाते हुए) एक ओर संशोधनवाद तथा दूसरी ओर एडवेंचरिज़्म से हटकर मार्क्सवाद को समकालीन प्रासंगिकता के अनुरूप ग्रहण करने का लक्ष्य सिद्ध करने में लगे थे। किंतु सत्ताधारी पार्टियों के ऐतिहासिक निश्चयवाद के विपरीत इतिहास-चक्र ने सोवियेत संघ तथा समाजवादी खेमे का ही विघटन कर डाला। मूल कारण तो विश्वसिद्धांत तथा विशेष राज्यसत्ता के बीच कुछ ऐसे अंतर्विरोधों तथा छलावरणों का छाते चले जाना ही था जिससे समाजवादी देशों में ही शनैः-शनैः व्यक्ति व मनुष्य का सम्मान, स्वतंत्रता व अधिकार, तथा कानून व न्याय आदि निरस्त होते चले गए। जबकि ये ही मध्यांतर में अर्थात् समाज वाद-पूर्व सिविल समाज (सिविल सोसाइटी) के घोषित नियामक सिद्धांत हैं।

हमारा मकसद नकारात्मक होकर भर्त्सना करना नहीं है बल्कि निर्भीक पुनरावलोकन करके, भूलों-गलतियों को पहचान-सुधार कर मार्क्सवाद के सभी आयामों का पुनर्नवीकरण है। इतिहास की भी यही ज़रूरत है और हम बुद्धिजीवियों के समक्ष चुनौती भी है।

यूरोप, एशिया, अफ्रीका, उत्तरी व दक्षिणी अमेरिका में डेढ़ शताब्दी से भी अधिक काल में छेड़े गए समझौतों व संघर्षों, हारी-जीती गई सत्ताओं तथा पल्लवित-पुष्पित किए गए जनजीवन के कमलों के लिए मार्क्सवादी कर्मदर्शन को एक समानांतर विश्व इतिहास के सफल-असफल, किंतु मुश्किल, निर्माण से जूझना पड़ा है और आगे भी कई झंझावातों और प्रलयों को झेलना पड़ेगा। इसीलिए मार्क्सवाद में **बेइज्ज़ती के सूचीपत्र** में कुछ पारिभाषिक (टर्मिनॉलॉजी) तो सबसे ऊपर है; जैसे संशोधनवाद (रिविज़निज़्म) बचकाने मर्ज़वाला दुस्साहसिकतावाद (इन्फेंटाइल एडवेंचरिज़्म), बोनापार्टवाद (निर्बंध व्यक्तिवाद), बूर्ज्वाइए। इसके बाद की बारी में सामंतवाद, पूँजीवाद, साम्राज्यवाद, फात्सीवाद, कठमुल्लावाद (डाग्मेटिज़्म), रोमैंटिसिज़्म, व्यक्तिवाद, आदर्शवाद (प्रत्ययवाद), अंतर्मुखवाद आते हैं। फिर मार्क्सवाद-निंदा (ब्लॉसफेमी), यूतोपियादृष्टि, यांत्रिकता, आदि। बीसवीं शताब्दी के उत्तरार्ध से (एंग्लो-अमेरिकी) साम्राज्यवाद, फात्सीवाद, (सोवियेत), सामाजिक साम्राज्यवाद, समझौतावाद, निजी संपत्ति (प्राइवेट प्रापर्टी), व्यक्तिपूजा (पर्सनेलिटी केल्ट), रेनीगेड (भगोड़ा), चीनी चौकड़ी (गैंग ऑफ़ फोर), बहुराष्ट्रीय (मल्टीनेशनल्स), एकाधिकार (मोनोपली), सांस्कृतिक क्रांति (कल्चरल रिव्योलूशन), सुधारवाद (रिफार्मिज़्म), ग्लासनोस्ट एवं पेरेस्त्रोइका (उदारता व सुधार), बाज़ारवादी अर्थरचना (मार्केट इकानॉमी), भूमंडलीकरण (ग्लोबलाइजेशन), उदारीकरण, निजीकरण, आदि आते हैं। विभिन्न मार्क्सवादी खेमों के बीच में एक-दूसरे पर भी ये प्रक्षेपास्त्र दागे जाते रहे हैं। कला-साहित्य-संस्कृति के क्षेत्र में 'समाजवादी यथार्थवाद' तथा 'क्रांतिकारी रोमैंटिसिज़्म', 'प्रवृत्यात्मकता' (टेंडेशियसनेस), 'सकारात्मक युग नायक' (पाज़िटिव

हीरो) 'अंतर्वस्तु द्वारा नियंत्रित संरूप' आदि के आधार सर्वस्वीकृत होते गए।

मार्क्सवाद ही ऐसा बहुआयामी विश्वदर्शन है जिसकी तीन कोणीय डायलेक्सि है—वाद-विवाद-समन्वय की तथा दर्शन-विज्ञान-व्यवहारीकर्म की। इसलिए इसे सदैव जटिलताओं तथा अंतर्विरोधों का निराकरण करते रहना होगा और निरंतर अपनी प्रासंगिकता तथा प्रामाणिकता को सिद्ध करते चलना होगा। यही इसका ऐतिहासिक प्रारब्ध है। इसके लिए यह पूरी तरह से लैस रहा है। चूक जाने पर स्तब्ध भी हुआ है। मार्क्सवाद को निरंतर अग्निदीक्षाएँ लेते-देते रहना होंगी (अ) इसके प्राचल (पेराडाइम) में कला-साहित्य-संस्कृति भी आर्थिक मूलाधार (बेसिस) से प्रस्फुटित होती हैं। इसलिए दर्शन के, समाजविज्ञानों के, राजनीति के, आर्थिकता आदि के बाहरले संदर्श तथा पारिभाषिक अवधारणाएँ भी साहित्य-कला-संस्कृति (सुपरिगठन) में प्रचुरता से इस्तेमाल होंगी। अतः ये विशुद्धकलावाद तथा आनंदवाद तथा संरचनात्मक विखंडनवाद के विरुद्ध भी होंगी। (आ) इसमें आदिम कबीलाई (साम्यवादी) समाजों से लेकर भविष्य के साम्यवादी समाज तक की ऐतिहासिक परियोजनाएँ हैं। (इ) क्लासिकल ग्रीक प्रसुमन से इटैलियन रिनासाँ, औद्योगिक क्रांति, फ्रांसीसी क्रांति [रीज़न से रोमैंटिसिज़्म] तक का मूल्यांकन है। (ई) ग्रीक डायलेक्टिकल पद्धति के हीगेलीय रूपांतरण का भौतिकवादी कायाकल्प (मेटामार्फोसिस) करके इसके ऐतिहासिक भौतिकवाद तथा द्वंद्वात्मक भौतिकवाद के दो सुपर्ण फैले हैं। (उ) इसमें विश्वइतिहासदर्शन का महासूत्र 'वर्गसंघर्षों द्वारा निरंतर इतिहास-निर्माण' सिद्ध किया गया है जिसमें अंततोगत्वा इतिहास तथा मानव-समाज के प्रगति करने का ही आशावादी न्याय (ऋत्) है। (ऊ) एक क्लासिकल वास्तुरूपक (आर्किटेक्चरल मेटेफर) के सिस्टम में आर्थिक **मूलाधार** या सभ्यता की नींव पर विभिन्न सामाजार्थिक व्यवस्थाओं तथा सामाजिक संबंधों के विकास तथा परिवर्तन, सांस्कृतिक गतिकी (डायनेमिक्स) की कई विधियों, कला के सृजन तथा साध्यों वाले **सुपरिगठन** [सुपरस्ट्रक्चर] की उसारी की गई है। (ए) इसलिए मध्य उन्नीसवीं शताब्दी से आविर्भूत हुआ यह दर्शन सुदूर अतीत तथा अनिश्चित भविष्य को एकसूत्र में पिरोता है। यह मिस्री, ग्रीक, रोमन, बाइजेण्टियम, रिनैसाई, सभ्यताओं के साथ-साथ **'उत्पादन की एशियाटिक प्रणाली'** (एशियाटिक मोड़ ऑफ़ प्रोडक्शन) वाली प्राचीन किंतु निरंतर भारतीय तथा चीनी एवं जापानी सभ्यताओं का समावेश करता है। मार्क्सवाद की इस अनुपम अवधारणा पर विश्वभर में वाद-विवाद-संवाद हुए हैं। अनौद्योगिक चीन में मार्क्सवाद को लागू करके कृषक-क्रांति कैसे आई, अथवा उपनिवेशीय भारत में वर्णों का अन्तरण वर्गों में क्यों नहीं हुआ? इनके जवाब इसी अवधारणा में स्पंदित हो रहे हैं। इसके एशियाई प्रसंस्कारों/संशोधनों के जरिए ही हम एक विकसित देश बन सकते हैं। इसे पल्लवित करते हुए आंतोनियो ग्राम्शी ने भारत तथा चीन के क्रांतिकारी अंतरण के लिए उनकी 'प्राचीन सभ्यता तथा परंपरा' के (घटक फैक्टर) पर ध्यान केंद्रित करने की वकालत की है वैसे ही,

जैसे कि स्वयं मार्क्स व एंगेल्स ने प्राचीन ग्रीक सभ्यता के सहस्रदल कमल के सहसा खिलने के रहस्य को उन्मिषित किया। सो, यह सबक गाँठ में बाँधा जा सकता है कि सभ्यता के दायरे तथा उस सांस्कृतिक संदर्भ को कतई नज़रअंदाज़ नहीं करना चाहिए जिसमें हम (सदियों से) रहते रहे हैं। एशिया की भारतीय बौद्धिक परंपरा में दामोदर धर्मानंद कोसाम्बी, राहुल सांकृत्यायन, डी. पी. चट्टोपाध्याय, ए. आर. देसाई, इरफान हबीब, रामशरण शर्मा, रामविलास शर्मा की विरासत हमारा गौरव मानी जा सकती है। अब विश्वपटल पर हमें उन प्रस्थानकों का गंभीर अनुशीलन करना ही पड़ेगा जो एक ओर मार्क्स-एंगेल्स-लेनिन-माओ-होची मिन्ह से लेकर चे ग्वेवारा और गोर्बाच्योव तक, तथा दूसरी ओर मैक्स वेबर, इसाया बर्लिन, लूसियाँ गोल्डमान, ज्योर्ज़ी लुकाश, अंतोनियो ग्राम्शी, सी. राइट मिल्स, जोन राबिंसन, वाल्टर बेंजामिन, पॉल स्वीज़ी तक जारी है। संशोधनवाद बनाम दुस्साहसिकतावाद का साँप-सीढ़ी वाला आत्महंता खेल तो भारतीय वामपंथ को तितर-बितर करके दिशांध-सा बना रहा है।

सुपरिगठन या अधिरचना (सुपरस्ट्रक्चर) में अनेक विचारधारात्मक संरूपों के परिमंडल के साथ संस्कृति की इतिहासचुम्बी इमारत खड़ी है। इसलिए इसका **'अर्थात्-जेल्टाल्ट'** (मीनिंग जेल्टाल्ट) बहुलवादी है। हम कुछ सूत्रों को संकलित करके अनंत संभावनाओं को परिलक्षित कर सकते हैं। कुछेक हैं–

(i) मूलाधार-सुपरिगठन की द्वंद्वात्मक कैटेगरी (संवर्ग, अंतःश्रेणी) में संरचनावादी द्विपर्ण-विरोध (बाइनरी अपोजीशन) के द्वित्व की अपेक्षा द्वंद्वात्मक एका है। इससे कभी मूलाधार के पिछड़ जाने पर भी कुछ रूपायन **सांस्कृतिक छलाँग** (लीप) लगाते हैं; कभी आर्थिक मूलाधार के आगे बढ़ जाने के बावजूद कुछ रूपायन **सांस्कृतिक पिछौकड़** (लैग) में ठहर से जाते हैं तथा कभी उपनिवेशीय या आक्रांतीय दशाओं मसलन मध्ययुगीन हिंदू (इंदोनीसिया या मेसोअमेरिका की प्राचीन इंका सभ्यता के इलाक़ों, या हिटलरी पोलैंड) में समग्र **सांस्कृतिक क्षति** (लॉस) हो जाती है। एक चौथी अभिनव परिकल्पना द्वारा हम **'सांस्कृतिक समतोलन'** (साइनीस्थीसिस) की दशा का संदर्श करते हैं जो आभिजात्य वा लोकधर्मी जैसे विरुद्धों का सामंजस्य करता है, जैसे कि क्लासिकल यूनान में, भारतीय गुप्तों के स्वर्णयुग में, इटैलियन रिनासाँ में, मध्यकालीन भारतीय भक्ति-आंदोलन में, आरंभिक सोवियेत संरचना में इत्यादि। इसी तरह अंतर्वस्तु (कांटेंट) तथा संरूप (फार्म) की डायलेक्टिक्स इनकी विरुद्धता तथा एकता, और इनमें-से किसी एक का वर्चस्व प्रतिपादित करती है जिसमें-से संरूप पर अंतर्वस्तु का वर्चस्व ही मार्क्सवादी अभिप्रेत रहा है।

(ii) मार्क्सवादी दर्शन में **वर्ग** इतिहासचालक हैं और **मनुष्य** समाज-समूह का प्रतिरूप है। इसलिए व्यक्ति और आंतरिक मनोलोक की निरंतर उपेक्षा ने इसे अनेक

त्रुटियों से लाद दिया है। ज्याँ पॉल सार्त्र को द्वंद्वात्मक भौतिकवाद के सहवर्तन में व्यक्ति का मनोमंथन करने वाले 'द्वंद्वात्मक तर्कविवेक' (क्रिटीक ऑफ डायलेक्टिकल रीज़न) को पल्लवित करना पड़ा। ज्यार्ज लुकाच ने अपनी 'एस्थेटिक्स' में रेनेसाँई–रिवोल्यूशनरी धारावाहिकता को लेते हुए 'समग्र मनुष्य' का 'मनुष्य की समग्रता' में प्रकल्पन का महासिद्धांत दिया। प्रदर्शनात्मक संस्कृति-रूपों में-से रंगमंच पर ही अभिनेता दर्शकवृंद के बीच की पोलेमिक्स को दहकाते हुए ब्रेख्त ने 'एलियेनेशन इफेक्ट' तथा स्तानिस्लावस्की ने 'ईपिक थियेटर' के अनुसंधान किए। रामविलास शर्मा ने 'राष्ट्रीयताओं' (नेशनलिटीज़) की अवधारणा का भारतीयकरण करके 'हिंदी-जातीयता' की परिकल्पना की। उन्होंने श्रीपाद अमृतडांगे की तरह ऋग्वेद में आदिम साम्यवाद तथा सामुदायिकता को सिद्ध किया। राहुल सांकृत्यायन ने आदि-विद्रोही-सिद्ध सरहपाद को हिंदी का प्रथम कवि घोषित किया। ये संशोधनवादी-दुस्साहसिकतावादी वितंडों की लीक से हटकर मौलिक योगदान हैं जिनसे मार्क्सवाद प्रासंगिक होने के साथ-साथ विकसित भी हुआ।

(iii) मार्क्सवाद में आवेग-संवेग के स्थान पर तर्कविवेक (रीज़न) की प्रतिष्ठा है। इसमें जैविक **अस्तित्व** (एक्ज़िस्टेंस) धुरी के ऊपर सामाजसांस्कृतिक अस्तित्व एवं **सारत्व** (एशेंस) दोनों की व्यासरेखा पर मनुष्य तथा संस्कृति की अभिव्यक्तियाँ होती हैं। इस समाजदर्शन में तटस्थता की कोई गुंजाइश नहीं है बल्कि प्रचंड 'पोलेमिक्स' तथा 'प्रतिबद्धता' का ही बोलबाला रहा है। इस समाजचिंतन में **भ्रांति** (इल्यूज़न) तथा **विभ्रम** (डिलूज़न) के मनोसामाजिक प्रतिरूपों का खंडन करके दो प्रकार की निम्नोक्त **यथार्थताएँ** विविध संरचनाओं की आधारशिला बनी है–ऐतिहासिक यथार्थता तथा सामाजिक यथार्थता। इनके चक्रचिह्नों से ही मिथकों प्रतीकों, लीजेंडों, अंधविश्वासों, कर्मकांडों (रिचुअल्स), भावातीत-ज्ञानातीत अभिलक्षणों के वैज्ञानिक निर्वचन होते हैं। हम इन अनूठे सूत्रों से इस शताब्दी में अपनी उत्तर-आधुनिकता तथा कला-संस्कृति का नवोत्थान करने में सक्षम हो सकते हैं। बेशक, एक भव्य सांस्कृतिक पुनर्जागरण अपनी अरुणोदयी दस्तकें दे रहा है।

(iv) मार्क्सवादी संस्कृति की एनसाइक्लोपीडिया में कई कालजयी दृष्टियों की प्रविष्टियाँ हुई हैं। इन्हें अप्राप्य क्यों बनाए रखें? कंजूसी को कोई रियायत नहीं है?

मार्क्सवाद के प्रवर्तक कार्ल मार्क्स की ऋषि के जैसी त्रिकालदर्शी मानसिकता के अनुरूप उसके प्रवर्तनकारी चिंतन रहे हैं–लगातर कई त्रित्व (ट्राएड)। इसमें तीसरा पूर्ववर्ती दो विरुद्धों का समन्वय बन जाता है। वे कला-सौंदर्य की तत्वमीमांसा में दैहिक ज्ञानेंद्रियों-कर्मेंदियों की नींव पर ऐतिहासिक-सामाजिक परिस्थितियों के माध्यम से कलाकृतियों का प्रणयन मानते हैं जिन्हें रचयिता अपनी वैयक्तिक संवेदना, सामूहिक तथा वर्गीय चरित्र के अनुसार पुनः प्रस्तुत करता है। अतएव कलाकार की कृतियाँ ऐतिहासिक शक्तियों से प्रेरित तथा सामाजिक एवं राष्ट्रीय चेतना की प्रतिबिंबक होती

हैं। अतः कलाकृतियों का विधान **इतिहासधुरी** में होता है तथा उनके व्यापक **सामाजिक सरोकार** होते हैं। [वे मात्र वैयक्तिक अभिव्यक्ति या मनोविनोद का निमित्त न होकर भविष्य की द्रष्टा तथा लोक का दर्पण-दीपक-डायनेमो होती हैं] अतः उनका अनुषांगिक प्रयोजन समाज-व्यवस्था को बदलना भी होता है; एक शोषण-विहीन समाजव्यवस्था की साधना! यह संपूर्ण विधान वैज्ञानिक एवं भौतिकवादी विश्वदृष्टि से उद्‌भूत हुआ है। अतः इसमें अलौकिक आनंद तथा आभिजात्य रस-समाधि को अस्वीकृत किया गया है। आह्लाद (एक्सटेसी) तथा वेदना (एगौनी) को ग्रहण किया गया है।

फलतः इतिहास तथा यथार्थता की वेदिका पर मार्क्स ने पवित्र-विशुद्ध-सुंदर प्रकृति के अंग्रेज कवि वर्ड्स्वर्थ और किसानों कारीगरों के जर्मन कवि हेनरिख हाइने को काव्याभिव्यंजना का प्रादर्श माना। वे वर्ड्स्वर्थ की काव्यभाषा की सरलता, सुबोधता तथा लोकचेतना से अभिभूत थे, तो हाइने की निर्भीक जनपक्षधरता के प्रशंसक। फिर उन्होंने इटैलियन रिनैसाँ के चित्रकार राफेल तथा उसी आंदोलन के उत्तरार्ध के डच चित्रकार रैम्ब्रां की तुलना करते हुए ['वर्ड्स्वर्थी करण' और 'हाइनीकरण' की तरह] **'राफ़ेलीकरण'** के मुकाबले **'रेम्ब्रांकरण'** का प्रतिपादन किया। वे रेम्ब्रां के यथार्थवाद, ऐंद्रियिकता, स्वस्थ बलिष्ठ ग्रामीण नारी-छवियों तथा तैलरंगों के अद्‌भुत संयोजन के प्रवक्ता बने। मुकाबले में राफ़ेल की भावुकता, सुकुमारता, 'मैडोन्नाओं' की समर्पित तन्मयता, सामंतीय आदर्शात्मकता उन्हें मोह नहीं सकी। तो इस शताब्दी में 'रेम्ब्रांकरण' की स्वीकृति, वर्ड्स्वर्थीकरण का यशोगान करके कला में अभ्युत्थान किया जा सकता है। एक तीसरे कुलक (सैट) में मार्क्स अंग्रेजी नाटककार विलियम शेक्सपियर तथा जर्मन महाकवि गोएथे के मुर्शिद और आशिक दिखते हैं। संदर्भ मिलते ही वे धड़ाधड़ उनके उद्धरणों की प्रासंगिक झड़ी लगा देते हैं। शेक्सपियर की ऐतिहासिक शक्तियों की समझदारी तथा सामाजिक यथार्थता के वृत्त में प्रेतों-चुड़ैलों, अंधविश्वासों तक की साभिप्राय अंदरूनी पैठ से उन्होंने सबक सीखे थे (फ्रांस के अठारहवें ब्रूमेयर की तरह से)। गोएथे ने 'तनाव तथा खिंचाव' की सामाजिक प्रक्रिया को डॉक्टर फास्टस नारीसाइकी-रूपा मार्गरिट तथा नारी-प्रतिभा हेलेन के माध्यम से पूरे यूरोप में समानता, स्वतंत्रता तथा सामाजिकता को स्वीकार कराने का संदेश दिया था। गोएथे ने ही यह अंतर्दर्शन किया था कि पूँजी और उपभोग के शैतान (मेफिस्टोफिलीज़) ने विश्लेषक वैज्ञानिक मनुष्य (डॉक्टर फास्टस) की आत्मा को खरीद लिया है। इससे मुक्ति का मार्ग बलिदानी प्रोमेथियन संघर्ष में तथा मानवीयचिति (हेलेन) द्वारा तत्काल (इमीडियेट) का अतिक्रमण (ट्रान्सेन्ड) करके आत्मोत्तीर्ण होने में मिलेगा। संभवतः मार्क्स ने इसी रिनैसाँई-रोमांटिक आयाम से मानवता के 'समग्र उद्धार' (टोटल रिडेम्पशन) की घोषणा की।

इन सबके साथ-साथ मार्क्सवादी संदर्भ में फ्रांसीसी बालज़ाक के बूर्ज्वा यथार्थवाद के नेतिपक्ष से 'प्रवृत्यात्मकता' (टेंडेशियनेस) के पुंज का जो अधिग्रहण हुआ है हम

इस शताब्दी में उसकी कई पंखुरियों को खिलाकर अपने इस जटिल संसार का पुनर्नवीकरण कर सकते हैं।

मार्क्सवादी समाजदर्शन में अधोगमन या पतन के प्रतिवाद में [उत्थान की अपेक्षा] 'अतिक्रमण' (ट्रांसेन्डेंस) को चुना गया है : **'तत्काल का अतिक्रमण'**। यह विधि तात्कालिकता की नेतियों (निगेटिव) का अपमार्जन करके यथार्थता और मनुष्यता को सुदृढ़ आधार प्रदान करती है।

इस भाँति हम उक्त परिमंडल का पुनरुत्थान करके इस शताब्दी में क्लासिक के, रोमांस के, इतिहास के, तथा आधुनिकता के अनुपम सिस्टमों की सं-रचनाएँ कर सकते हैं।

आठवें-नवें दशकों में समाजवादी शिविर में **सौंदर्यबोधशास्त्र** (एस्थेटिक्स), **भाषिकी** (लिंग्विस्टिक्स), और **लोकयान** (फोकवेज) पर प्रवर्तनकारी कार्य हुए हैं। हंगरी के महाबौद्धिक ज्यार्ज लुकाच ने 'एस्थेटिक्स' पर वृहद् ग्रंथ लिखा। चीनी उपन्यास-चित्र-वास्तु के सौंदर्यबोधों पर वहाँ कई शोधकार्य प्रकाशित हुए हैं। सोवियेत संघ में यूरी बुरोव, एनवर ज़ीस, फ्रोलोव, खापचेन्को जैसे मनीषियों ने सौंदर्यबोधशास्त्र तथा कला-रचना-प्रक्रिया पर नई मार्क्सवादी अधिष्ठापनाएँ कीं। जर्मन विद्वान अर्नस्ट फिशर ने 'नेसेसिटी ऑफ़ आर्ट' जैसी पुस्तक रची। इन अग्रपंथी कार्यों ने **'मार्क्सवादी सौंदर्यबोधशास्त्र'** की मजबूत नींव रख दी है। भारत में तो इसकी अपार संभावनाएँ खुलने वाली हैं।

(v) इसके अलावा कुछ नई दशाएँ और बेहद उत्थापक चुनौतियाँ आमने-सामने ताल ठोंक रही हैं, विशेषतया **'उत्तर-आधुनिकता'** (पोस्ट-माडर्निटी) की।

लूसियाँ गोल्डमान, फ्रेडरिख जेम्सन, बाख़्तिन आदि ने 'संरचना' (स्ट्रक्चर) की धुरी पर **मार्क्सवादी संरचना** का प्रकल्प पेश किया। यह **'पाठ'** (टैक्स्ट) केंद्रित भी है। 'पाठकेंद्र' पर 'न्यूक्रिटिसिज़्म' का वाग्जाल फैला था जिसमें हिंदी के कई नामवर जकड़े गए। दूसरे छोर पर वाल्टर बेंजामिन, अदोर्नो, ईगलटन, हाइबरमान, अंतोनियो ग्राम्शी के समानांतर हेजिमनी (संप्रभुता), पौर्वात्यवाद (ओरियेंटलिज्म) लोकयान, स्थानीय सांस्कृतिक कैटेगरी की व्यावहारिकताओं का भी उभार हुआ। 'पाठ' के केंद्र को ही आगे विकेंद्रीकृत करते हुए उत्तर-आधुनिकता के चरण में 'ग्रैंड नैरेटिव' (भव्य वृत्तांत) बनाम 'माइनर नैरेटिव' के झोले में उपयुक्त प्रवर्तक सूत्र सिए जाने लगे। इससे संस्कृति की ऐतिहासिक-राजनीतिक ज़मीन मानो खोद डाली गई। यही नहीं; बहुआयामी मार्क्सवाद को 'एकायामी, निरंकुश, क्लासिकी मार्क्सवाद' भी बताया जाने लगा क्योंकि सोवियेत संघ के विघटन के बाद के एक ऐसे 'उत्तर-मार्क्सवादी संसार' को प्रस्तुत किया जा रहा है जो 'उत्तर-पूँजीवाद' **भूमंडलीकरण** को तथा विचारधारा से विशृंखल **विकेंद्रीकरण** को वैश्वीय बनाने में जुटा हुआ है। तत्त्वमीमांसा के डिस्कोर्स के अनुसार हम पाते हैं कि इससे तो वाद-विवाद (डिबेट) की परिणति मात्र **संवाद**

में होती है, न कि वाद (थीसिस)—प्रतिवाद (एंटीथीसिस) की प्रस्थापना द्वंद्वन्यासी **समन्वय** (सिंथेसिस) में। इससे समूचा दृष्टिपथ ही उलट-पुलट जाता है। 'वाद' और 'शील' के बीच यूँ फर्क़ किया गया है।

उत्तर-आधुनिकता की अवधारणा की शुरुआत तो उस स्पेन से हुई जिसने पश्चिमी गोलार्ध के करोड़ों मूल निवासियों (कथित रेडइंडियनों) की नस्लकुशी की थी, जिसने प्राचीन अज़टेक, इंका, माया, मोचे सभ्यताओं का विनाश कर डाला था, जिसने तानाशाही की क्रूरताएँ जारी रखने के लिए 'सिविल वार' का खतरा भी उठाया था। तब पाब्लो नेरूदा की जो विद्रोही कविताएँ तथा मार्क्सीय विश्वदृष्टि उभरी उसे पुरोगामी स्पेनी सत्तासंस्कृति वाली स्पेनी भाषावृत्ति में 'उत्तर-आधुनिकतावाद' की संज्ञा दी गई थी। बाद में जर्मनी में 'प्रबुद्धता आलोक' (एनलाइटेनमेंट) के व्यूह में जो तर्कशील (रीज़न), तथा प्रकृति व नैतिकता की कांत मैत्री थी उसको तक नकारा गया। सबसे बाद में आंग्ल-अमेरिकी विश्व-पूँजीवाद ने इसे भी मार्क्सवाद-विरोध का एक अस्त्र बना डाला। यूरोप में 'उत्तर-आधुनिकता' द्वारा एक विचित्र छलावरण का बंधान ताना गया है। एक ओर तो उसमें उत्तर-आधुनिकतावाद के अमेरिकी अति विकसित कार्पोरेट पूँजीवाद की अस्वीकृति है; दूरारी ओर क्लासिकी मार्क्सवाद की तथाकथित केंद्रीकृत, निरंकुश, एकायामिता का भी नकार है और तीसरी ओर संरूप-प्रयोग-कलावाद की एकायामी धुरी पर नव्य मार्क्सशीलता तथा अमेरिकी उत्तर-आधुनिकतावाद दोनों का भी लचीला-लिजलिजा, ढीलाढाला-ढुलमुला फायदेमंद पूर्वाग्रही ग्रहण किया जा रहा है। इसके निमित्त लुकाच एवं ब्रेख्त के विचारों पर संवादों को, वाल्टर बेंजामिन तथा आदोर्नो के कुछ संकल्पों के प्रस्थानकों को भी इस्तेमाल में लिया जा रहा है अर्थात् उनके कतिपय नवीनीकरणों को लपक कर गजब के मृगजाल में उलझाया गया है। वस्तुतः यह एक समानांतर सिस्टम का विकल्प पेश करने का छद्म/छल भी तो कहा जा सकता है।

इस बोध के आविर्भाव का एक प्रमुख समाजशास्त्रीय कारण रहा है यूरोप में अति-विकसित तकनालॉजी, कंप्यूटरीकरण, आटोमेशन, प्रबंधन आदि की वजह से एक ओर तो पाँच/चार दिनों का कार्यकारी सप्ताह, उसमें भी पाँच-छः घंटों का कार्य-दिवस हो जाने से जो विपुल अवकाश बचा उससे एक ओर तो रोज़गार में ज्यादा मानव-शक्ति को कामधंधों पर लगाया गया, दूसरी ओर अधिशेष अवकाश (सरप्लस लेज़र) को मनोरंजन या चिंतन या सृजन या पर्यटन तथा उत्सवधर्मितता में लगाया गया। इलेक्ट्रॉनिकी व कंप्यूटर-संचालित ऐसे कमल-भक्षी समाज में ही उत्तर-आधुनिकता का उनमीलन होता चला गया। इसलिए हम इस प्रक्रिया से उन्मुक्त 'सृजन-समय' को समझें। एक **'कृति'** तथ्य है—समाजसापेक्ष तथा स्वायत्त भी। **संस्कृति'** एक समूचा 'अर्थात्-जेस्टाल्ट' (मीनिंग-जेस्टाल्ट) है। इन दोनों में ही विपुल तथ्य-संचय है। दोनों के अपने-अपने चक्रचिह्न हैं। इसके साथ ही दोनों में अंशरूपेण

सत्य भी अंतर्निहित है—गोपनीय, गुप्त, अनजानी, रहस्यात्मक, फांतासीय आदि विधियों से। इन्हें खोलना होता है—प्रत्यक्षण तथा अनुचिंतन के विधानों द्वारा। प्रत्यक्षण की विविध प्रणालियाँ ही रचना-प्रक्रिया की दिशाएँ तय करती हैं। दूसरी ओर सर्जना के आरंभ को **'माध्यम'** की प्रकृति एवं संकल्प रूपांतरित करता चलता है जो लगातार मध्यांतर से गुजरता हुआ अंत में अन्य तथा अन्यथाकृत हो जाया करता है। ये ही तो बहुकेंद्रिक कृती, कलाकृति, कर्मयोग अथवा सामाजार्थिक रूपायन आदि हैं। यह भी कहा जा सकता है कि स्वयं सत्य भी तथ्य के माध्यम से रूपांतरित होता हुआ बहुरुपिए यथार्थ में परिणत हो जाता है—ऐतिहासिक यथार्थ, सामाजिक यथार्थ, सांस्कृतिक यथार्थ, मनोरथिक एवं जादुई यथार्थ अथवा वर्गीय यथार्थ। इसलिए कुंजी यहाँ रखी है: कब, कहाँ, क्यों, क्या तथा कैसा!! मार्क्सवाद इसी पंचायतन पर क्रियाशील रहता है। तथापि 'उत्तर-आधुनिकता' मानो अजन्ता के किसी छोटे पुरातात्त्विक गर्भगृह की एकल सौंदर्य तात्विक लकीर है। महत्त्व इसका भी है, लेकिन बेहद संकुचित।

तो क्या उत्तर-आधुनिकता की यात्रा अँधेरे से भी आगे ज्यादा गूढ़, धुँधली, विखंडक, अविज्ञात, फांतास्तिक होती जाएगी? क्या यह 'प्रबुद्धता-ज्ञान' बनाम 'भव्य वृत्तांत' के द्विपर्ण विरोध में ही भटकती रहेगी? जो प्रारंभिक मूल वृति स्पेनी बोली के अवगामी परिवेश की वजह से 'उत्तर-आधुनिकता' की नामवाचकता द्वारा अभिहित की गई उसकी प्रकृति एवं प्रक्रिया तो अन्यत्र भी हो सकती है जो खंडित विपरीत, चिह्नक तथा वास्तविक हो। ऐसे भाषा-संकेत तो कबीर-रैदास, बोधा-ग्वाल, निराला-मुक्तिबोध, प्रेमचंद-भुवनेश्वर तक में इतस्ततः ढूँढ़े जा सकते हैं। अतएव मार्क्सीय गतिमान अंतर्विरोधों बनाम उत्तर-आधुनिकता-वाचक विरोधाभासों की पहचान तथा परख करनी तो पड़ेगी ही, वर्ना हम लड़ीवार सूत्रबंध तथा सीढ़ीवार सूत्रबंध के बीच भ्रमित हो जाएँगे। क्या मार्क्सवाद प्रबुद्धता-ज्ञान एवं भव्य वृत्तांत के डिस्कोर्स तथा डिबेट में असमर्थ है? हम तो ऐसा नहीं जानते और मानते हैं। उत्तर-आधुनिकता को भी मात्र एकल 'एस्थेटिक कैटेगरी' का छोटा-सा कंप्यूटरीय 'माउस' बनाकर भला कौन-सी ज्ञानमीमांसा सिद्ध की जा सकती है?

अंत में : कुछ खबरदारी भी!

फिलहाल भारतीय वामपंथ—विशेषतया मार्क्सवादी नया/पुराना वाम—शिथिल होकर सुस्ता रहा है। सोवियेत संघ के अधःपतन को मार्क्सवादी कर्मदर्शन का समापन तो कतई नहीं माना गया है। ऐसा हो ही नहीं सकता, यद्यपि भाजपा के नेता मुरली मनोहर जोशी ने 'सांस्कृतिक राष्ट्रवाद' के तीन शत्रु नामज़द किए हैं—मैकाले, मदरसे और मार्क्स। उक्त शिथिल निष्क्रियता के कुछ सामान्य कारण तो दृष्टिगोचर हैं।

(क) अभी तलक भी सामंतीयता के अवशेष प्रभावशाली रहने के कारण 'वर्णों'

का जो पारकल्पन (ट्रांसमूटेशन) वर्गों में हो रहा था वह **जातीय राजनीति** के उभार के साथ 'जातों' में बिखर गया है। इसी के साथ सामंतीय अवशेषों के कारण **सांप्रदायिकता** मजबूत हुई है। फलतः जातिवादी घृणा, सांप्रदायिक हिंसा, धार्मिक अंधविश्वासों और नारी-उत्पीड़न के फैलाव में मार्क्सवादी वर्ग-संघर्ष, धर्मनिरपेक्षता, जनजीवन का भाईचारा हाशिये पर आते गए हैं। लोकतांत्रिक आंदोलन क्षीणतर होते जा रहे हैं।

(ख) वामपंथ खुद भी बेहद खंड-खंड-विखंडित है। इसके अलावा पहले चीनी-सोवियेत टकराव और बाद में सोवियेत संघ तथा पूर्वी योरुप के समाजवादी देशों के विघटन के पीछे खुद उनकी ही समाजवाद-विरोधी मानवाधिकार-विरोधी नृशंसताओं की वजह से भारत में वाम-प्रभाव प्रसार अवरुद्ध हुआ।

(ग) सन् 1990 के बाद सरकार द्वारा आर्थिक वित्तीय सुधारों के हेतु भूमंडलीकरण (वैश्वीकरण), उदारीकरण, निजीकरण, विनिवेशीकरण, बाज़ारीकरण लागू करने के कारण गरीबी, भुखमरी, बेरोज़गारी, लघु उद्योगों का विनाश, शिक्षा का व्यावसायिकीकरण, तथा कार्पोरेट पूँजीवाद आदि फैलते चले जा रहे हैं।

(घ) आतंकवाद के उभार से घृणा, हिंसा, हत्या, क्रूरता, अधिकारों के हनन तथा प्रजातंत्र के दमन में भी इज़ाफा हुआ। वाम न तो एकजुट हो पाया और न ही इस सबके विरुद्ध जनता को आंदोलनों में लामबंद कर सका।

(ङ) अमेरिकीकरण की दुर्दांत बाढ़ के सामने स्वदेशी, स्वराज, सुराज तथा संस्कृति सभी को हाशिये पर आते जाने का खतरा बढ़ रहा है।

अब ऐसे धब्बेदार-छेदों वाले पर्दे या यवनिका के सामने आकर निम्नोक्त अहम भूल-गल्तियाँ स्वीकार की जा रही हैं; जो शुभ साहसिक कदम है : गाँधी जी को समझौता-परस्त बूर्ज्वा एजेंट बताना; द्वितीय विश्वयुद्ध के दौरान विश्व फासीवाद के खिलाफ़ सही खड़े होकर भी (परंतु) देश के अंदर साम्राज्यवादी अंग्रेज-सत्ता को समर्थन देना; नेताजी सुभाषचंद्र बोस को जापानी विस्तारवादियों का एजेंट घोषित करना; खाड़कू ट्रेड यूनियन आंदोलनों में आर्थिक उत्पादन की क्षति को नज़रअंदाज करना तथा विचारधारा की शिक्षा को छोड़ देना अर्थात् नंगे अर्थवाद का शिकार बन जाना; आपात्काल में इंदिरा गाँधी-सरकार की दमनकारी नीतियों को समर्थन देना : तथा एक व्यापक आधार वाले वामपंथी लोकतांत्रिक उदारपक्षी तीसरे मोर्चे के गठन में असफल होते जाना इत्यादि।

दिल्ली यूनिवर्सिटी के पूर्व प्रोफेसर रणधीर सिंह ने आज भी मार्क्सवाद की सार्थकता का व्याख्यान करते हुए बताया कि मार्क्सवाद ज़िंदगी जीने की पद्धति है। जब तक पूँजीवाद रहेगा तब तक मार्क्सवाद की सार्थकता भी बनी रहेगी। पूँजीवाद को समझने के लिए मार्क्सवाद से बेहतर कुछ भी नहीं है। आज की दुनिया को सैनिक शक्ति से जीतने के बजाय पूँजी की ताकत से आसानी से जीता जा सकता है।

पिछड़ेपन तथा परंपराओं में जकड़े समाजों में राष्ट्रवाद, धर्म तथा देशरक्षक राज्यसत्ता का बेहद गहरा जादुई असर होता है। वामपंथ द्वारा इनकी द्वंद्वात्मक समझदारी की पेशबंदी का जनता अक्सर स्वागत नहीं करती। कुछ रथयात्राएँ, रामजन्मभूमि-आंदोलन, गोधरा-कांड, अक्षरधाम, सूफी मज़ार चरारे शरीफ़ का दहन आदि आग में घी का काम करते जा रहे हैं अतएव विविध राष्ट्रीयताओं की एकता वाला एक संघराज्य, धर्मनिरपेक्षता, जनहितैषी राजसत्ता की माँग शोर-शराबे में गुम हो जा रही है। निर्णायक वर्ग को अन्य वर्णों का रावण बौना करता जा रहा है। अब एकध्रुवीय संसार में विकासशील देश बेहद असुरक्षित हो गए हैं।

इस सबके बावजूद रणधीर सिंह ने सिंहावलोकन करते हुए कहा है कि 'मार्क्सवाद समाजवाद, इंकलाबी सियासत और वर्ग-संघर्ष की आज भी काफी सार्थकता है। आज़ादी के बाद भारत में सिर्फ सत्ता-परिवर्तन हुआ है, जबकि सामाजिक और आर्थिक ढाँचे में बदलाव नहीं आया है। जिन समस्याओं के कारण लोक-आंदोलन उभरे थे, वे समस्याएँ आज भी हल होना बाकी हैं।...मार्क्सवाद ज़िंदगी जीने की पद्धति है। जब तक पूँजीवाद रहेगा, तब तक मार्क्सवाद की सार्थकता भी बनी रहेगी।...आज दुनिया को सैनिक शक्ति से जीतने के बजाय पूँजी की ताकत से आसानी से जीता जा सकता है।...आज आर्थिक हालात कुछ ठीक हैं पर लोगों के हालात ठीक नहीं हैं।...समाजवाद आर्थिकता की अनुपूरक मानवता के बारे में बात करता है। इसकी अगुआई हमेशा मेहनतकश वर्ग ही करता है।...आज मीडिया मुख्य और बुनियादी मसलों को नज़रअंदाज़ कर रहा है।' (चंडीगढ़ : 'साहित्य चिंतन' दी बैठक 1.6.03)

आजकल और आनेवाले कल के लिए भी अपने मार्क्सवादी सरोकार बिलकुल चौकन्ने हैं। बहरहाल अस्थायी ठहराव तो आ गया है लेकिन अनंत ऐतिहासिक यात्रा जारी रहेगी। निश्चय ही; हम होंगे कामयाब, हम होंगे कामयाब, एक दिन!!

2003

8 'कैसे बनाया गया ऐसा अंतर्ज्ञानानुशासनीय श्रीयंत्र?'*

आधुनिक **'कलाइडिस्कोपी'** श्रीयंत्र से हमारा तात्पर्य है, बहु-संमूर्तिदर्शी अध्ययन-प्रणालियों का सामंजस्य। इसमें विज्ञान-समाजविज्ञान-मानविकी-कलासाहित्य के नाना विषयों का अंतर्ज्ञानानुशासनवर्ती समन्वित शोधाध्ययन [इंटर-डिसिप्लिनरी स्टडीज़] शामिल हैं।

I

आदिम समाजों में भी मिथक और भाषा, कला और जादू, धर्म और विज्ञान का प्रतीकात्मक, किंतु अनबूझा, सहकार था। कालांतर में कला एवं कौशल, तथा विद्यादि के बीच वर्गीकरण किए गए। यूरोपीय रिनासाँ में विज्ञान तथा मानविकी ज्ञानादि के द्वैतविभेद हुए। बाद में विज्ञान एवं प्रौद्योगिकी, समाजविज्ञानों तथा मानविकी, एवं कलासाहित्य के विभेदीकरण हुए। फिर 19वीं शती के मध्यांतर से इनके बीच अंतःसंबंधों की अधिष्ठापना ज्यादा तेजी से की गई जिससे आधुनिक युग में अंतर्ज्ञानानुशासनात्मक शोधाध्ययन-मनन की कई व्यास-रेखाएँ बनाई गईं।

इस सुदीर्घ प्रक्रिया में ऐतिहासिक प्राचल पर विकसित होते समाजों में सभ्यता एवं संस्कृति के युगल ही शताब्दियों से मानवीय विकास के संलग्नक रहे हैं। **कार्ल मार्क्स** (1818-83) ने तो हीगेलीय पद्धति की निर्विकल्पता को भूत-सापेक्ष्य बनाते हुए आर्थिक 'मूलाधार' पर 'सुपरिगठन' (सुपरस्ट्रक्चर) के वास्तुपरक रूपक द्वारा सभी

* (दिसंबर 14-15, 2005 को भारतीय समाजशास्त्र-अनुसंधान-परिषद शाखा तथा हिंदी-विभाग, पंजाब यूनिवर्सिटी चंडीगढ़, के संयुक्त तत्त्वावधान में आयोजित संगोष्ठी में प्रस्तुत मौखिक भाषण का विस्तृत आलेख-रूप।

आर्ष दिशाएँ मोड़ दीं। सुपरिगठन में संस्कृति तथा विचारधारा का समायोजन हो गया। इससे आधुनिक बौद्धिक अध्ययनों की नींव पड़ी–'प्रयोगशाला' से 'फील्ड' से 'डेस्क' तक को एकतान करते हुए! **मेक्स वेबर** (1864-1920) ने मार्क्स द्वारा प्रतिपादित 'समाजवाद' के पैनेपन को भोथरा करते हुए 'समाजशास्त्र' की सुदृढ़ नींव रखी। अपने 'आइडियल टाइप' के द्वारा उन्होंने 'स्टीरियो टाइप' तथा 'डायना टाइप' की अवधारणाओं को पीछे धकेल दिया, ईसाइयत के नीतिशास्त्र के परिमंडल में पूँजीवाद के विकास को प्रतिपादित किया तथा नौकरशाही पर भी क्रिटीक लिखा। उन्होंने अर्थशास्त्र के मूलाधार (बेसिस) को समाजशास्त्र से विस्थापित करनेवाला कर्मसिद्धांत गढ़ा। **सी. राइट मिल्स** (1916-62) ने अमेरिकी प्रजातंत्र के क्षय की छानबीन की। उन्होंने राबर्ट मर्टन (1910) से हटकर, समाजशास्त्र की बीमार रगों पर अँगूठा दबाते हुए समाजशास्त्रीय कल्पना (1959), विश्वयुद्ध, सत्ताधारी अभिजनों तथा मार्क्सवादियों पर गंभीर अनुचिंतन किया। मूलतः उदार समाजशास्त्र तथा मार्क्सवाद का मेल उनका मनोरथ था। इसी कड़ी में **सी. पी. स्नो** (1906-80) ने शोपेनहॉअर प्रणीत अपोलोनियन बनाम डायोनीसीयिन मनोरथिक संस्कृतियों की समानांतरता में एक ओर विज्ञान की संस्कृति बनाम कला-मानविकी की संस्कृति की विरुद्धता पर, तथा दूसरी ओर अमीर और सुविधाभोगी बनाम गरीब और अभागे देशों की सामाजार्थिकता पर प्रखर बहस छेड़ी।

इस तरह कला-साहित्य और समाजशास्त्र के अंतर्ज्ञानानुशासनों के बीच विनिमय की दिशाएँ खुलीं। पहले के समयों में साहित्य धर्म और नैतिकता से, अथवा एस्थेटिक्स और कामशास्त्र से युगलबंदी करता था। आधुनिक युग में साहित्य और समाजशास्त्र समेत समाजविज्ञानों (सोशल साइंसेस) के बीच केंद्र ⇋ परिधि के अथवा स्रोत ⇋ लक्ष्य के न्याय, अथवा रूपक, से अनेक उपागम (एप्रोच) निर्धारित होने लगे।

II

आधुनिक विश्व की वर्चस्वी बौद्धिक परंपरा में विज्ञान एवं प्रौद्योगिकी के साथ समाजविज्ञानों, तथा कला एवं साहित्य का एक द्वंद्वात्मक **त्रिकोण** बनना ही सही परिणति है। मानव-समाज में जटिल तथा उभयपक्षी संबंधता परिव्याप्त रही है। इसलिए विभिन्न विशेषज्ञताओं वाले संक्षेत्रों में कार्यरत स्कालर-गण अपनी नातेदारियाँ तलाशते रहे हैं। सो, अब धुरीण समस्या यह है कि मानविकी-ज्ञानों एवं समाजविज्ञानों की समाकलित (इंटेग्रल) एकता तथा अन्योन्यक्रियता (इंटरएक्टिव) के हेतु विवाद-विमर्श हो ताकि कई अस्पष्ट समस्याएँ ज्यादा स्पष्ट हो सकें। मूल वजह तो यह है कि भावानुभव के चरण के बाद, संज्ञान (काग्निशन) के अभ्युदय के उपरांत, से इनमें

विभाजन या द्वैतता शुरू होने लगती है—तार्किक-बुद्धिवादी बनाम प्रज्ञात्मक (इंटूटिव)—अबुद्धिवादी (इर्रेशन) रूप। क्योंकि कला-साहित्य प्रत्येक या किसी प्रकार के संज्ञानात्मक प्रकार्य को वहन करने में प्रकृत्या कम समर्थ हैं, इसलिए इनमें समाजविज्ञान तथा विज्ञान की संपूरक संलिप्तता होती है। इसका मतलब यह नहीं है कि कला-साहित्य स्वयं को समाजविज्ञानों में घुला-डुबा डालें। यह भी सही है कि इतिहास-चक्र के भीतर-बाहर प्रमुखतः कला में ही स्वतंत्र व सृजनात्मक वैयक्तिकता का उन्मीलन हुआ है—श्रमगानों, शैलचित्रों, गोदनों और मुखौटों में। बाद में यही वृत्ति व्यक्ति के आभ्यंतरिक संसार का उद्घाटन करती गई, यथाक्रम में निजी और सामाजिक आदर्शों के द्वारा। इसलिए सभ्यता की प्रगति के साथ-साथ **अंतर्ज्ञानानुशासनों** का **अंतरावलंबन** अनिवार्य हुआ। यह अनिवार्यता ही तो स्वतंत्रता को सिद्ध करती है।

अनादि से (अनंत तक) मानव-प्रजाति की बुनावट अंतर्विरोधों और इहलौकिक मनोवेगों द्वारा हुई है। इसलिए भी वह 'स्वायत्त' (आटोनामस) है। रचनाधर्मी मनुष्य की एक इस पुनरावृत्तिहीन खासियत को कला-साहित्य [स्वतंत्र नैसर्गिकता में] अभिव्यक्त करने की चेष्टा करते हैं। यह सौंदर्य के विधि-विधान के मुताबिक **सत्य** के प्रत्यक्षीकरण, तथा **संसार के रूपांतरण** की चेष्टा है। इससे अपने अंतिम स्वरूप में 'कृति' वैज्ञानिक 'ज्ञान' की भाँति निर्वैयक्तिक नहीं रह पाती। फिर भी उसमें रचयिता 'कृती' की विलक्षण हस्ती वर्तमान रहती है। हम कृति ⇆ कृती के आमने-सामने आ खड़े होते हैं।

इस चिरंतन मुठभेड़ के कारण कला-साहित्य मनुष्य के सौंदर्यबोध तथा मूल्यमीमांसा में महत्त्वपूर्ण अदाकारी करते हैं। 'द्विपर्ण विरोध' (बाइनरी अपोजीशन) की वजह से साहित्य में भी सर्जना-अक्ष पर सौंदर्यबोध, तथा आलोचिंतना-अक्ष पर मूल्यमीमांसा के बीच भी प्रबल दो-फाड़ हो गई हैं (भाष्य व टीका की दशाओं के उपरांत)। इन कारणों से इनमें (एवं विज्ञान में भी) समाजशास्त्र तथा नीतिशास्त्र के सरोकार भी जुड़ते-बढ़ते आए हैं।

आगे हम **ज्ञान, मूल्य** तथा **संस्कृति** के प्रस्थानकों को लेंगे।

III

विशाल **ज्ञान** का नूतन सृजन (क्रिएशन) तथा उत्पादन (प्रोडक्शन), दोनों ही लगातार होते रहते हैं। इनसे बुनियादी प्रकार्यात्मक उप-सिस्टमों का विकास होता है। ज्ञान के अनेक **रूप** हैं तथा उनकी उपलब्धि के भी तदनुसार कई **साधन** हैं। ज्ञान संज्ञान (कागिनशन) की वह आत्मवस्तु (सब्जेक्ट) है जो **पूर्ण ज्ञान** में प्रक्षेपित होती है।

कला-साहित्य का ज्ञान बहुधा व्यावहारिकतोत्तीर्ण अर्थात् सैद्धांतिक है जो संघटनाओं (फेनामेना) से जुड़ा है, जबकि व्यावहारिक ज्ञान स्वयमेव वस्तुद्रव्य (आब्जेक्ट) से निर्वाह करता है। इसलिए समाजविज्ञान ज्यादातर ज्ञान का **उत्पादन** करते हैं जिनके साधन संक्षेत्र के तथ्य, व्यावहारिक निरीक्षण तथा पद्धतियाँ हैं। इसके बरक्स कला-साहित्य में ज्ञान का जो **सृजन** होता है वह मुक्त साहचर्य (फ्री-एसोशियेसन), स्वप्न-करनी (ड्रीमवर्क); वैयक्तिक विलक्षणता (यूनीक़नेस) तथा रचनाधर्मिता (क्रिएशंस) का फलागम है। इसलिए **साहित्यिक कृतियाँ** प्रामाणिक नहीं, बहुधा विश्वसनीय होती हैं। वे प्रतीतविश्वास (मेक-बिलीफ़)-कारी हुआ करती हैं। वे गल्प तथा बिंबों एवं प्रतीकों पर आश्रित होती हैं। मुकाबले में **समाजवैज्ञानिक निर्मितियाँ** (कांस्ट्रक्ट्स) ज्यादातर उत्तरदायी तथा प्रमाणीय होती हैं। वे तथ्यों तथा प्रमापनों (वेरिफिकेशन) द्वारा पुनर्लब्ध की जाती हैं। क्रिएशन तथा कांस्ट्रक्ट, दोनों ही संस्कृति का अंग हैं। दोनों पर ही विचारों तथा सूचनाओं के प्रचंड हमले लगातार जारी हैं। साहित्यिक अध्ययन-चक्र में दर्शनों, विचारधाराओं, विभिन्न ज्ञानानुशासनों, पाठ्यता (टैक्सचुअलिटी) का आधार होता है। अतः हमें 'विशुद्ध' साहित्यिक आलोचना के प्रत्यय को कोरमकोर खारिज़ करके **'सामाजसांस्कृतिक चिंतन'** को मूलाधार बनाना ही होगा—सृजन की अपेक्षा **'आलोचिंतना'** की धुरी पर।

जिस तरह साहित्यिक सृजनात्मकता तथा आलोचिंतना के परिचालन के निमित्त अपनी-अपनी पारिभाषिक एवं अवधारणात्मक शब्दावली के कुलक (सेट्स) हैं, उसी तरह समाजविज्ञान के अंतर्गत विभिन्न विषयों के ज्ञान-अभिज्ञान के भी अपने-अपने कुलक हैं। विज्ञान संज्ञान (काग्निशन) पर निर्भर है तो अन्य विषयादि संक्षेत्र-कार्यवत्ता (फील्ड वर्क) तथा मूल्यों पर निर्भर हैं। अतः समाजवैज्ञानिक संज्ञान को हम वैज्ञानिक-सांस्कृतिक संज्ञान की व्यासरेखा पर अधिष्ठापित करते हैं। ये 'प्रणालीपरक प्रतिमानों' (मेथडलाजिकल नार्म्स) द्वारा नियंत्रित होते हैं जिन्हें कोई विशिष्ट विषय (अनुप्रयोग के विभिन्न चरणों में) आत्मसात् करता चलता है। इनमें पुनरान्वेषण पर बल की अपेक्षा प्रमाण को महत्त्व दिया जाता है। समाजविज्ञानों का ज्ञान 'स्व' के बजाय 'पर' एवं 'अन्य' को संबोधित होता है जिससे आत्माभिव्यंजना की छानबीन नहीं हो पाती। इसलिए इसके द्वारा बेहतर निर्वैयक्तिक 'सामाजिक' अंतःक्रियता (इंटरएक्शन) तथा 'सामाजसांस्कृतिक' कार्यवाहियाँ संभव हैं। निस्संदेह यह दशा **संज्ञान** तथा **मूल्य** के अंतःसंबंधों से गुत्थमगुत्थ हो जाती है। अंततोगत्वा हम ज्ञान के विभिन्न संकल्पों की एक धारावाहिकता भी पाते हैं—वैज्ञानिक-प्रौद्योगिकीय ज्ञानदृष्टि, व्यवहारवादी-उपयोगितावादी ज्ञानदृष्टि, तथा मानवतावादी नीतिपरक ज्ञानदृष्टि। ये सभी ज्ञानभेद ऐतिहासिक कालक्रम में भी विकसित हुए हैं जिनमें-से प्रथम दो में सत्य तथा **तथ्य** का प्रमापन किया जा सकता है; जबकि तृतीय में भ्रांत अथवा यथार्थ **सौंदर्यबिंब** की विश्वसनीयता का तन्मयीभवन भोगा जाता है। प्रथम दो भेदों के

ज्ञानसंरूपों में सामान्यचारित्र्य, सार्वत्रिकता (यूनिवर्सलिटी), आवश्यकता तथा वस्तुगत् सत्य-तथ्य सन्निहित होते हैं।

कला-साहित्य के भेदों के भी विशिष्ट संरूप होते हैं। ये ऐसी मानवीय सक्रियमाणता है जो कलात्मक-सौंदर्यबोधात्मक बिंबों में यथार्थता को प्रतिबिंबित या संदर्श द्वारा विश्व को निरूपित करती है। इनमें भी सामाजिक चेतना अंतर्निहित हो जाती है। कम से कम इतना तो सुनिश्चित है कि विज्ञान के सत्य तथा समाजविज्ञान के व्यवहार कलाबिंबों को पूरी तरह नियंत्रित नहीं कर सकते, बल्कि अंतर्ज्ञानानुशासन की अपेक्षाएँ इनके बीच समरसता (हार्मनी) अधिष्ठापित करती हैं। इस प्रक्रिया में किसी अनुशासन की भी 'मूलस्थ' या 'शुद्ध' प्रकृति की रक्षा नहीं की जा सकती। उसका प्रासंगिक प्रतिस्थापन 'अनुप्रयुक्त' (एप्लाइड) प्रविधियों द्वारा हो जाता है। ऐसी दशा में उपरली बात पर लाल अधोरेखा खींच देनी होगी। कला-साहित्य में इतर अनुशासनों के जो शब्द तथा परिभाषिक लागू होंगे उनका रूपविज्ञान (मोर्फोलाजी) तो वही होता है किंतु उनके अर्थीय मनोरथिक विनयन अर्थात् 'रजिस्टर' तथानुकूल अभियोजित हो जाया करते हैं। ऐसी धुँधली 'ट्रांसफर टैकनालॉजी' का निष्कर्ष यही है कि विभिन्न ज्ञानानुशासनों की अवधारणाओं, पारिभाषिकों तथा शब्द-कुलकों का अनुप्रयुक्त तथा संयोजित इस्तेमाल **ज्ञान के भाषादर्शन का महाप्रश्न** है। साहित्य में तो एक बहुल पर्तों वाला बहुक्षेत्रीय मिश्रण होता है अर्थात् उसमें अनगढ़ तरीकों से सभी समाजक्षेत्र शामिल हैं। पृथक्-पृथक् विद्यक अनुशासनों की अपनी सरहदें हैं। जब इनका उल्लंघन, अतिक्रमण, समन्वयादि होता है तब वे अंतर्ज्ञानानुशासनीय (इंटर-डिसिप्लिनरी) हो जा सकते हैं। तभी उनके रजिस्टर भी अनुकूलित होते या बदल जाते हैं।

साहित्य के द्विपर्ण (बाइनरी) में आलोचिंतना के अंतर्गत ऐसे फेनामेना द्वैधवृत्ति की दुरूहता फैलाने के साथ-साथ व्यापकता तथा आधुनिकता के हेतु भी बनते हैं। साहित्यिक आलोचिंतना में समाजविज्ञानों के विषयों की विलक्षणता का आयत्तीकरण होना मानो कला-साहित्य में निवेश का भूमंडलीकृत लाभांश जैसा है। हम पुनः आगाह कर दें कि विवेक-संगत संज्ञानता तथा संवेगात्मक बिंबधर्मिता के बीच अंतर्विरोध हैं। इस कारण से ये दोनों कभी भी पूर्णतः अंतर्लीन नहीं हो सकते। एक वजह यह भी है कला-साहित्य जीवन को समाकलित कलाबिंबों द्वारा प्रतिबिंबित करते हैं और वे अमूमन पूर्णवत् मनुष्य को संबोधित होते हैं जबकि समाजविज्ञानों के नानाविध विषय एकपक्षीय ढंग से किसी खास दक्षता को संलक्षित होते हैं।

अंतर्ज्ञानानुशासनीय समावेश की एक और भी समस्या है कि हम 'कृति' की प्रकृति, या 'आलोचिंतना' के प्रयोजन के मुताबिक एक-दो-तीन-चार—कई अनुशासनों के सुशब्द व पारिभाषिक लागू करते हैं। तदपि इनके बीच तयशुदा अनुक्रमिकता (हायरार्की) नहीं बना सकते।

अंतर्ज्ञान (इंटर-नालेज) के विधेय की **साझेदारी** से आगे अब उनके **अनुशासन** (डिसिप्लिन) की बारी है। अतएव हम **मूल्य** तथा **संस्कृति** पर बातचीत करेंगे।

IV

इवान फ्रोलोव मानते हैं कि **मूल्य** विषयी (सब्जेक्ट) एवं विषय (आब्जेक्ट) के बीच विशिष्ट संबंध है जिसमें विषय की प्रगुणताओं (प्रापर्टीज़) को विषयी की जरूरतों के मुताबिक परखा/धारण किया जाता है। इससे ज़ाहिर है कि सामाजिक विषयी (सब्जेक्ट) की आवश्यकताओं का जनन समाज द्वारा ही होता है। अतः विज्ञान का उपागम बहुधा लक्ष्योन्मुख होता है जबकि मानविकी एवं कला-साहित्य का मूल्योन्मुख। विज्ञान और समाजविज्ञानों में भी मूल्यनिर्णय होते हैं लेकिन वे ज्ञान की तार्किक संरचना तथा प्रणालीपरक प्रतिमानों एवं संबंधों पर निर्भर करते हैं। समाजविज्ञानों तथा मानविकी विषयों में दार्शनिक अभिमुखता का आयाम भी जुड़ जाता है। विस्तृत दायरों में देखें तो मूल्य-दशाएँ फिल्म, टी. वी., रंगमंच के एकालाप तथा संवादों में, अमर्त्यसेन जैसे अर्थशास्त्री की घोषणाओं में, एपीजे अब्दुल कलाम जैसे वैज्ञानिक के स्वप्नों में, प्रेमचंद की साहित्यिक कृतियों में, ओशो के धार्मिक प्रवचनों में, लालू के तद्भव राजनीतिक भाषणों में, कोसाम्बी के दार्शनिक लेखन में उपस्थित हैं। ये मनुष्य तथा समाज के अंतःसंबंधों की द्योतक हैं तथा संस्कृति को प्रभावित करती हैं। कहने का तात्पर्य यह है कि मनुष्य के पारिभाषिक **शब्द-कुलकों** की भाँति **मूल्य-कुलक** भी होते हैं जो भिन्न-भिन्न अभिकार्य (रोल्स) करते हैं—दार्शनिक सत्य के, सामाजिक नैतिकता के, कलात्मक सौंदर्य के, देह के, शक्तिशील के, सांस्कृतिक सौहार्द्र के मूल्य-चक्र बनकर। हम इनके पदानुक्रम (हायरार्की) को निश्चित नहीं कर सकते। ऐसा कृत्य ही इतिहास-बहिर्भूत होगा। इसके अलावा इन मूल्य-कुलकों के बीच आपसी प्रतिद्वंद्विता भी परिलक्षित नहीं की जा सकती। इनमें कठमुल्लापन, ढपोरशंखपन, तथा सांस्कृतिक बदमाशी भी मंजूर नहीं हो सकती। हम एकायामी मूल्यसंहिता अथवा एकायामी मनुष्य कतई नहीं बना सकते। यह भी सच है कि विज्ञान-प्रौद्योगिकी के युग में इंसान का आत्मनिर्वासन परिव्याप्त है, तथा मानविकी संस्कृति का मिशन शनैःशनै क्षीणतर होता चला जा रहा है।

V

संस्कृति, अर्थात् सुपरिगठन (सुपरस्ट्रक्चर), अर्थात् विचारधारा एवं वैश्विक संदर्श!

यह समाज तथा सभ्यता के बीचोंबीच प्रतिष्ठित है। अतएवं आधुनिक युग में इसमें लगातार मानवीयकरण (ह्यूमेनाइजेशन) तथा सामाजिकीकरण (सोशालाइजेशन) और नानारूपकरण (डाइवर्सिफिकेशन) हो रहा है।

संस्कृति की अनेकानेक परिभाषाएँ मौजूद हैं। तदपि...यह मनुष्य की [ऐतिहासिकतापरक उस प्रभावशाली] सृजनात्मक क्रियाशीलता को मनुष्य [की उक्त क्रियाशीलता के विषयी (सब्जेक्ट)] के तौर पर उसके विकास द्वारा शृंखलित करती है। यहाँ क्रियाशीलता तथा विकास पर बलाघात है। यहाँ संस्कृति को मनुष्य के साथ संबंधों के आधार पर अवधारित किया गया है (न कि उत्पादों के साथ)। अतएव संस्कृति मनुष्य की विकासपरक 'गर्भित' (पोटेंशियल) शक्ति का पुंज है जो **'गतिज'** (काइनेटिक) होती चलती है।

सो, अंतर्ज्ञानानुशासनात्मक अध्ययन की संस्कृति का भी यही प्रमुख प्रयोजन बनता है कि वह सामाजिक निर्धारकों तथा आभ्यंतरिक प्रक्रियाओं के बीच मनुष्य की चेतना को पल्लवित-पुष्पित-सुफलित करे। ऐसी मध्यस्थता के कारण कई नतीजे उजागर होते हैं। पहला, संस्कृति के द्वैततापरक (ड्यूअलिटी) प्रमुख प्रारूप बनते हैं (वैज्ञानिक संस्कृति, कला-साहित्य की संस्कृति); दूसरी ओर इन प्रारूपों के बीच अभिसरण (कनवर्जेंस) तथा अपसरण (डायवर्जेंस) की संघटनाएँ उन्मीलित होती हैं तथा तीसरी ओर द्वंद्वात्मक अंतर्घुलन (इंटर-फ्यूज़न) होता है। अतः कई प्रक्रियाओं के अन्योन्य (रेसिप्रोकल) प्रभाव एवं घटक विभिन्न दिशाओं में गोचर होते हैं। अतएव अंतर्ज्ञानानुशासन का यह बेहद चुनौती भरा उद्देश्य है कि वह इन इतस्ततः प्रभावों एवं घटकों को **'एकल सिस्टम'** में समन्वित कर दे।

इस प्रक्रियायन (प्रोसीजर) द्वारा अंतर्ज्ञान मूल्य तथा संस्कृति से अनुस्यूत होता है।

•

संस्कृति के प्रभामंडल में महत्तम वैचारिक क्रांति तो मार्क्स ने उसके दो-तीन विभागीकरणों को खारिज करते हुए 'सुपरिगठन' के विधान द्वारा की। इससे ज़ाहिर है कि विज्ञान के संज्ञान तथा वैज्ञानिक प्रयोगात्मकता को प्रगतिपक्षी सामाजार्थिक प्रगति से भी जोड़ा गया, तथा मानवीय श्रम और बुद्धि को समृद्धि तथा श्रेष्ठ कौशल का विधायक भी स्वीकार किया गया। यही नहीं, प्राणिशास्त्र (जूलाजी), वनस्पति शास्त्र (बायोलाजी), आयुर्वेद (मेडिसन) आदि की प्रकृति एवं मानव से मैत्रीहेतु, तथा पारस्परिक उत्तमोत्तम उपयोग एवं उत्पादन-निर्माण के हेतु, सिंहद्वार खोल दिए गए। अतः विज्ञान प्रयोगाश्रित चिंतन के साथ-साथ पर्यावरण-संरक्षण, मानवीय कल्याण के श्रेयों से संबद्ध हो गया। प्रयोग एवं निरीक्षण को भौतिक पदार्थों के साथ-साथ जैविक (ऑर्गेनिक) और मानवीय देह के जीनोम-जैवप्रोद्यौगिकी एवं बेहतर मानव-समाज के निर्माण की परियोजनाओं

से जोड़ दिया गया जिसका प्रतिफलन आज हो रहा है। यह भी जोड़ दिया जाए कि **एंटोनियो ग्राम्शी** (1891-1937) ने मानवतावादी वैज्ञानिक चिंतन-सृजन की अगली कड़ी में 'जैव मनुष्य' (आर्गेनिक मैन) की प्रस्तुति द्वारा नई जीवनीय क्रांति का भी इशारा किया।

•

VI

अब एक अन्य विस्फोटक महाप्रश्न सुलग उठता है कि सुपरिगठन को कैसे संचालित-संयोजित करें अर्थात् इनके बीच विनिमय-समन्वय-अन्योन्याश्रय का आधार क्या है? ज़ाहिर है कि आर्थिक मूलाधार के उत्पादन-संबंधों से जो वर्ग-विभाजन होता है, उसके अनुसार सामाजसांस्कृतिक संबंधों से ज्ञानलोक में भी द्वंद्वात्मक अंतर्विरोध उभरते हैं। अतएव इन्हें एकसूत्र में पिरोने वाली विधि दार्शनिक **विचारधारा** (आइडियोलॉजी) है। विचारधारा खुद भी वैज्ञानिक, सामाजसांस्कृतिक, मानविकी-कलात्मक हितों (इंटरेस्ट्स) द्वारा प्रतिच्छायित होती है। अगर हितों तथा विचारधारा का युग्म द्वंद्वात्मक ढंग से सक्रिय होता है तो 'मनुष्य' की यह 'सुपरिगठनात्मक समग्रता' ही 'संपूर्ण या समग्र मनुष्य' में रूपांतरित हो सकती है। आगामी उत्तर-आधुनिक दर्शन तथा समाजों की पाज़िटिव दिशा एवं लक्ष्य यही है। मनुष्य के 'संपूर्ण उद्धार' (टोटल रिडेम्पशन) का यह लक्ष्य विज्ञान-समाजविज्ञान-मानविकी संगत है। यह आध्यात्मिक 'विज्ञान', 'निर्वाण' अथवा 'क़यामत' के बिल्कुल विपरीत ध्रुवांत पर अभिषेकित है। अतएव अंतर्ज्ञानानुशासनी या अंतर्विद्यावर्ती कार्य अंतः (इंटर-), बहुल (मल्टी), अतिक्रांत (ट्रान्स-) परक होते हैं। फिलहाल इनके कार्यादि कोई कुशल मॉडल (प्रादर्श) नहीं बन पाए हैं। अलबत्ता प्रकृति और विज्ञान भी मानविकी-कला-साहित्य के सह-आयामी स्वीकार लिए गए हैं। यह विभागों-विभेदों के समन्वय (सिंथेसिस) की वह आवश्यकता ही है जो मानवीय स्वतंत्रता तथा सृजनात्मकता का विस्तार कर रही है।

चिंतन के निर्णयात्मक चरण तक पहुँचने पर इस पहेली की बेचैनी सुगबुगा उठती है कि जब हरेक विषयानुशासन के अपने इयत्ती घटक, अपने प्रभाव तथा अपनी प्रणाली है तब दो, तीन या कई को किस तरह एकतान करेंगे? अंतर्ज्ञानानुशासनों में कर्ता या चिंतक का **वैश्विक संदर्श** (वर्ल्डव्यू) ही समस्या-प्रस्तुति एवं समस्या-समाहार करता है। यही उपागम (एप्रोच) एवं अभिवृत्ति (एटीच्यूड) का भी प्रदाता है। अतएव इसमें एक केंद्राभिसारी संदर्श (सेंट्रीपेटल विज़न) ही समाहार कर सकता है क्योंकि यह कई विषयानुशासनों के बीच 'साइनाएस्थेटिक' (समतोलित) साझेदारी का मसला है। इसके निमित्त भी कुछ रूपकीय मॉडलों का प्रचलन है—क्रोड़ (कोर) और कोर (फ्रिंज), स्रोत (सोर्स) और लक्ष्य (टार्गेट), केंद्र या धुरी (सेंटर/एक्सिस) और फिरनी

(पेरिफरी) के। सो, क्रोड़, या स्रोत, या धुरी के बदलते ही, अथवा उनमें अदल-बदल होते ही, कोर, या लक्ष्य या परिधि भी बदलेंगी ही।

इसलिए अंतर्ज्ञानानुशासनी अध्ययन-शोध में एक केंद्रीय दृष्टि अर्थात् **वैश्विक संदर्श** तो होना ही चाहिए। ऐसे अध्ययन-शोध की अपनी कोई स्वतंत्र प्रणाली (मेथडलॉजी) कतई नहीं होती बल्कि उपागम या अभिवृत्ति के द्वारा कोई केंद्रीय प्रणाली ही अन्य प्रणालियों को संग-संग अनुकूलित करती है, तथा सम्मिलित विषयानुशासनों के पारिभाषिक-अवधारणात्मक शाब्दिक कुलकों के अर्थीय लेक्सिकॉन (रजिस्टर) भी संशोधित-परिवर्तित-परिवर्धित कर डालती है। इसका फलित अथवा फलागम यह होता है कि हम अपने क्रोड़, या धुरी, या स्रोत वाले विषय से उत्तरोत्तर 'उत्क्रांत' (ट्रांसेन्ड) करते हैं; न कि कोई नई प्रणाली गढ़ने में जुटते हैं। हम अन्य सहकारी विषयों तथा कुलकों को तदनुसार पारस-न्याय द्वारा ढाल लेते हैं। ऐसे महामार्ग के द्वारा 'अपने' अनुशासन से उत्क्रांत करके हम 'उस अन्य' को समृद्ध बनाते हैं।

जॉक़ डेरिडा (1930-2004) तो यह तक प्रतिपादित करते हैं कि **शब्द** का अर्थ निरंतर विचलन में है; वह अधिशेष (सर्पलस) में है। शब्द का कोई एक सत्य भी नहीं है। तो, शब्द के बहुल अर्थ हमें कहाँ ले जाएँगे? हम पारिभाषिक तथा शब्द-कुलक और सौशब्ध्य आदि कैसे गढ़ेंगे? तो क्या संकेत या चिह्न व्यवस्थाओं से ही हम (गणित की भाँति) काम चलाएँ? जहाँ चिह्नों की अनंत लीला है वहाँ स्थिरनिर्धारण (फिक्सिंग) कहाँ करेंगे? यह तो एक अनंत 'साइबरस्पेस' में भटकने-जैसी दशा में फँसना होगा। इसी के समानांतर एक रूलिंग यह भी चालू है कि अधिभाषा (मेटा-लैंग्वेज) की घेरेबंदी में सर्जना और व्याख्या के बीच के सीमांत ही पोंछ दिए जाते हैं। तो, ऐसे में हम क्या कोई समाहार नहीं पाएँगे?

हाँ, ऐसे में आज के दिन तक तो आखिरी योद्धा मार्क्सवाद मिलता है जो अक्षौहिणी कौरव-सेना समेत सप्तमहारथियों से जूझ रहा है। अतः नए प्रणाली-विधान (मेथडलॉजीज़) क्या हों? कहाँ हैं, वे? कैसे हैं, वे?

तो, अंतर्ज्ञानानुशासन का साध्य यही ठहरता है कि बहुत सारे विषयानुशासन मिलकर एक नए मंतव्य तथा गंतव्य के युगल तक पहुँचाएँ। सो, यह सिद्धांत एवं प्रणाली की द्विपर्णा (बाइनरी) समस्या है।

मनोविज्ञान या मानवविज्ञान की भाँति प्रणालीविधान कोई 'विषय' नहीं है। यह तो कागज़ पर बिखरे लौहकणों पर नीचे से घुमाए जाने वाले चुंबक द्वारा निर्मित तदानुगतिक रूपाकारों (पैटर्न) तथा अभिकल्पों (डिज़ाइन) की असंख्यक प्रविधि है। इसमें रूपरेखा ही शोध-अभिकल्प है, अंतरवर्ती विषयवस्तु विचारधारा तथा विश्व-संदर्श है; और व्यापक गंभीर अध्ययन ही उपचार है। यह इस त्रयी का सघन गुंथन है। इसलिए इसकी समग्र संरचना (टोटल स्ट्रक्चर) में सभी प्रतिरोधी वादों-प्रतिवादों की तुलना होती है; फिर मुकाबले में स्थापन-विस्थापन होकर अंततः या निष्कर्षतः 'एकल सिस्टम' की उसारी होती है। परिणति यह है।

इसमें शामिल प्रासंगिक विद्यानुशासनों की भागीदारी के अपने-अपने बँटवारे और हिस्से यथावश्यक ढंग से होते हैं। ऐसे समग्र अध्ययन की एकल (सिंगल) परिणति में रूढ़िबद्ध प्रारूप (स्टीरियो टाइप) तिरोहित होना चाहिए और प्रगतिक प्रारूप (डायने टाइप) का वर्चस्व होना चाहिए। तभी हमारे अध्ययन-मनन-अनुप्रयुक्ति आदि के द्वारा नवोन्मेष (इनोवेशन) होगा। इसे ही मुक्तिबोध ने 'गुणांतरण' की संज्ञा दी है।

जैसा कि हम कह चुके हैं कि हमने कला-साहित्य के क्षेत्र में अंतर्विद्यावर्ती अध्ययन के लिए **'आलोचिंतना'** का पारिभाषिक गढ़ा है। आलोचिंतना में दो सहवर्ती धुरियाँ होती हैं—एक व्यक्ति-कृति की साहित्यिक गुणवत्ता की परख की, तथा दूसरी, सामाजैतिहासिक कृति के सांस्कृतिक 'इथॉस' की पड़ताल की।

इसलिए हम विभिन्न विषयों के औचित्य-संभूत संवेष्टन (पैकेज) लें। उनके कुलक (सेट्स) के पारिभाषिकों-अवधारणाओं का (प्रतिपादन के अनुसार) अर्थांतरण-गुणांतरण करते हुए, अर्थात् उनके 'रजिस्टर' बदलते हुए, उन्हें लागू करें। अगर ऐसी शोध-पद्धति में कुशलता अर्जित नहीं की जाती, तब तो विभिन्न विरोधी एवं समतुल्य सिस्टमों के टकराव की दशा में विशृंखलता तथा असंदर्भता फैलेगी।

निजी तौर पर हम अपने दशकों से जारी तथा निरंतर परिवर्धित-संशोधित अभ्यासों-अनुप्रयोगों के परिणामों के लिए गजानन माधव मुक्तिबोध की एक पंक्ति को मंगलाचरण-सूत्र मानकर कह सकते हैं—'एक कदम उठाता हूँ तो सौ राहें फूटती हैं।' सो, हमने बमुश्किल एक-दो-कई कदम उठाए तो हैं। कामयाबी का फैसला सदैव सुधीजन करते हैं। तथापि ज्ञान की बहुपक्षीय समझ और समृद्धि ही इस मार्ग की परिष्कृति है।

अब तक का सारांश है—

(i) क्रोड़ या धुरीवाले संदर्भ से ही अन्य विषयानुशासनों के कुलक तथा रजिस्टर चुने जाएँगे या, परिवर्तित होंगे;

(ii) इससे परिदृश्य का बहुआयामी विस्तार होगा;

(iii) क्रोड़ या स्रोत, विषय को उत्क्रांत (ट्रांसेंड) करने पर, प्रचुर तथा समृद्ध होगा।

(iv) इसका कोई स्वतंत्र प्रणालीशास्त्र कतई नहीं है, बल्कि यह उपागम तथा अभिवृत्ति प्रदत्त दिशाबोध है;

(v) इस सारे उपक्रम का लक्ष्य किसी उच्चर सत्य की प्राप्ति नहीं है, अपितु उच्चर गुणवत्ता की उपलब्धि है; तथा

(vi) इस विकसनशील चिंतन-विधि के द्वारा अधूरेपन से विमुक्ति मिलती है, ज्ञान का वैभव भी बढ़ता है एवं संपूर्ण यथार्थता का अभिज्ञान भी अधिकाधिक होता है।

कुछ ऐसे विशिष्ट अध्ययनों के लिए कभी-कभार जो सामूहिक प्रयास होते हैं वे किसी व्यापक बहुविध समस्या के समाधानक होते हैं। उनका अनुशासन **'साइनेक्टिक्स'** कहलाता है। तथापि गहरे ज्ञान-क्षेत्र में अंतर्ज्ञानानुशासनी शोधाध्ययन के लिए बहुधा टोली या चौकड़ी की अपेक्षा कमतर ही होती है। इसमें संबद्ध

विषयानुशासनों का तिल-तंडुलवत् मिश्रण नहीं होता। यह मानो 'अंतःपरक अंतरापृष्ठ' (इंटरफेस) है। सो, इसमें प्रणाली-विधान (मेथडालॉजी) पर सारा दारोमदार है। इसमें धुरीण मुद्दा है मूल विषयानुशासन की आत्मोत्तीर्णता अथवा श्रेष्ठतर के हेतु उत्क्रांत एवं अतिक्रांत करना।

कला-साहित्य में जब हम रचना के बजाय **'साहित्य की आलोचिंतना'** को धुरी, क्रोड़ बनाते हैं, तब इसमें समाजविज्ञानों, अन्य विज्ञानों तथा अनेक सौंदर्यबोधात्मक कलाओं के कुलक और रजिस्टरों का निष्णात् अनुप्रयोग करना पड़ता है। साथ ही साथ 'आलोचिंतना' के मूल प्राकृत लोक (इथॉस) को संरक्षित रखना पड़ता है।

VII

कला-साहित्य की **सर्जना** तथा **आलोचिंतना** के 'द्विपर्णविरोध' के बीच अब हम सबसे आखिर में आलोचिंतना-केंद्रित दिग्दर्शन करेंगे।

जैसा कि हम पहले निदर्शित कर आए हैं कि विचारों के इतिहास में एक 'सिस्टम' के रूप में साहित्य में उपर्युक्त परस्पर विरोधाभासी दो-फाँक तो रही है। इसके अलावा इसमें विधा (योनर), संरूप (फार्म) तथा अंतर्वस्तु (कॉनटेण्ट) का त्रिकोण होता है। इसमें माध्यम (मीडियम) तथा कौशल (स्किल) द्वारा 'कृति' का विधान होता है जिसमें 'कृती' तथा सहृदय 'सामाजिक' के संप्रेषणीय ध्रुवांत होते हैं। साहित्य में मुक्त साहचर्य, वैयक्तिक विलक्षणता (प्रतिभा), स्वप्नकार्यता, तथा रचनाधर्मिता का संपुंजन होता है। उसकी बुनियादी इकाइयाँ शब्दार्थ, सौंदर्य-अलंकार, रीति-वक्रोक्ति, बिंब-प्रतीक, ध्वनि-व्यंजना, मिथक एवं मूल्यमीमांसा हैं। साहित्यालोचिंतना के पाठ्य-चक्र में दर्शनों, विचारधाराओं, विभिन्न ज्ञानानुशासनों, पाठ्यता आदि की पहल होती है।

आगे बढ़ने से पहले हम एक और खबरदारी का इश्तिहार करें। संस्कृति में विज्ञान की एकांगिता तथा अनसामाजिकता को समाजविज्ञानों की विविधता पूरी करती है। प्रकारांतर से समाजविज्ञान की व्यापकता तथा विविधता भी कला-साहित्य द्वारा अंतर्निष्ठ होती है और इससे दोनों समृद्ध एवं ऐश्वर्यशाली बन सकते हैं, बशर्ते कि अंतर्ज्ञानानुशासनात्मक प्रकार्यों को अपनाया जाए।

इसके अलावा कला-साहित्य, समाजविज्ञान तथा विज्ञान, तीनों में ही एक सामान्य तत्त्व है—**गूढ़ सृजनात्मकता**। इसके उपरांत ही **शोध**, तथा **अनुसंधान** की सत्ता का अस्तित्व उभरता है। यह यात्रा 'प्रयोगशाला' से 'फील्ड', तथा 'फील्ड' से 'डेस्क' (कक्ष) की ओर जारी रहती है। साहित्य में इसके प्रयोजक लक्षण 'दीपक', 'दर्पण' तथा 'डायनेमो' हैं। अब तो हम कंप्यूटर के 'माउस' को भी शामिल करके अभिनव चतुरंग बनाने लगे हैं।

VIII

साहित्य में आलोचिंतना के विचार-पर्ण से हमारे खास सरोकार तथा साक्षात्कार होते हैं। अस्तु।

मानव-मस्तिष्क के अनेक आभ्यंतरिक रहस्यों को विज्ञान नहीं सुलझा सकता। यह कार्य तो लोरियों-श्रमगीतों से लेकर महाकाव्य-उपन्यास और समकालीन सघन-संरचनाएँ करती आ रही हैं। इसकी एक अन्य वजह यह भी है कि कलाकृतियों की प्रकृति आत्यंतिक रूप से वैयक्तिकीकृत (इंडीजुअलाइज्ड़) हुआ करती है। इससे वे मनुष्य की क्लासिकी भागवत्-भूमा को कदाचित् स्थायी संस्कारिता भी प्रदान करती हैं। कलाकृतियों में मनुष्य की संसार के साथ-साथ ढीली-खुली 'घुसपैठी' सर्वग्राही एकता भी क़ायम होती है। यह साधन तथा साध्य के नज़रियों से विज्ञान द्वारा संभव नहीं है। साहित्य में साध्य सदैव कृती-कलाकार के व्यक्तित्व एवं प्रयोजन तथा संसार के बाबत उसके आत्मगत् प्रत्यक्षीकरण से भी संलग्न होता है। विज्ञान व्यक्तित्व तथा ऐसे प्रत्यक्षीकरण की सरहदों को लाँघकर मूलरूपेण वस्तुनिष्ठता के सिद्धांत से संचालित होता है। समाजविज्ञान सामाजिक व्यवहारवाद, उपभोग तथा उपयोगिता से संवर्धित होता है। इसलिए इन अनुशासनों की अपनी-अपनी भाषा, अपनी-अपनी अवधारणाएँ, प्रति प्रतीक, तथा निर्भाषिक चक्रचिह्नों वाली उप-भाषाएँ होती हैं, ज्ञान की विविधा की भाँति ही।

साहित्य में भी कई ढंग से अर्थभ्रांतियाँ (एंबिग्विटीज़) अंतर्निहित होती हैं क्योंकि इसमें जो प्रत्यक्षीकरण आयत्त हैं वे इंसान के आभ्यंतरिक संसार में अन्यथाकृत, प्रतिबिंबित होते हैं।

साहित्य आभ्यंतरिक होने के संग-संग एक सामाजिक संघटना या फेनामेना भी तो है। कला-साहित्य में प्रकार्यों (फंकशंस) की विविधता-बहुलता होती है जिससे यह समस्त इंसानी क्रियाकलापों का प्रतिरूप हो सकता है। यह विश्व-संदर्श (वर्ल्ड-व्यू) का उन्नयन करता है। यह कई मानवीय विकासों का पूर्वानुमान भी करता है। यह सौंदर्यबोधात्मक आनंद का भी रसात्मक स्रोत होता है। लेनिन, आइंस्टाइन, आदि के वक्तव्य भी इन वृत्तियों को रेखांकित करते हैं। हिंदी-आलोचिंतना के क्षेत्र में तो वीरेंद्र सिंह, कृष्ण कुमार शर्मा, अश्विनी पाराशर, राजेश्वर सक्सेना, रमेश कुंतल मेघ इत्यादि विज्ञान-प्रशाखा से ही बी. एस-सी., या एम. एस-सी. उपाधिधारी हैं। हम इस दिशा की महत् वृत्ति को दृढ़तापूर्वक रेखांकित कर सकते हैं—**सौंदर्य के संसार के प्रति तथा अज्ञात के विश्व के लिए महाप्रमा तथा महाप्रज्ञा की साधना।**

ये उपलब्धियाँ प्रतीकायित प्रयोगशाला-फील्ड-डेस्क-'माउस' के कक्ष के पंचरंग की अदल-बदल से भी प्राप्त होती हैं। इन सभी में पर्यवेक्षण निरीक्षण, तुलना, अभिग्रहण, तफ़सील की जानकारी आदि की प्रमुख भूमिकाएँ होती हैं। इन दोनों-तीनों में ही

प्रज्ञा (इंट्यूशन), **प्रमा** (प्रमाण) एवं **कल्पनाशीलता** की अभिकार्यता होती है। अंततोगत्वा महासूत्र यही है–**"मनुष्य के इंद्रियबोध तथा श्रम में ही इन तीनों का सामान्य उद्गम है।"**

अभिग्रहण (रिसेप्शन) के इस विकीर्ण चक्र में एक और भी बिखराव है–रचनाकारों एवं पाठकों के प्रत्यक्षीकरण अभिनवगुप्त-सम्मत निर्मल मुकुर के न्याय से अब नहीं होते। उनमें बहुलता तथा विविधता तथा मनोविश्लेषणात्मक असदृश्यताएँ विद्यमान होती हैं। अब तदात्मकता बहुत कुछ अप्रासंगिक है। इतने बिखराव और फैलाव को इतिहास की सहक्रमिकता (सिनक्रोनी) तथा अनुक्रमिकता (डायाक्रोनी) और ज्यादा विस्तीर्णती है। तथापि इसी में कला-साहित्य की यक्षता-दक्षता भी छुपी है जो कि मनुष्य के मस्तिष्क को, उसके वैयक्तिक लोक को, उसकी जीवन-शैली को, उसके व्यवहार को प्रभावित तथा अनुरंजित करती है। सो, मनुष्य कला-साहित्य की ओर उन्मुख होकर तर्कशील निर्भ्रांतियों (अन-एंबिग्विटीज़) की कठोर हदबंदियों से आगे बढ़ जाता है और संविश्चमत्कार के संसार में अनुप्रवेश करता है। यद्यपि प्रत्यक्षीकरणों में प्रवृत्यात्मकता, प्रतिबद्धता, विचारधारा भी संघनित होती है तदपि मनुष्य रहस्यों का उद्घाटन करने को सदैव व्याकुल है। यहीं से समाजविज्ञानों द्वारा हस्तक्षेप के अधिकारों को स्वीकार करना ही पड़ता है। आधारभूत तौर पर कला-साहित्य में ही जीवन की, मृत्यु की, अच्छे-बुरे की, स्वतंत्रता व गौरव की, नैतिकता-दार्शनिकता की, मानवता तथा मानव की 'संवेगात्मक बुद्धि' की समस्याएँ उठती हैं। इसलिए मानव-मस्तिष्क के अनेक रहस्यों को कला-साहित्य उद्घाटित करते हैं। वे इसे **अन्यथाकरण, वृत्तांत** (नैरेशन) एवं **विवरण** (डेसक्रिप्शन) द्वारा खोलते हैं।

उपन्यास-नाटक की कथानक-धुरी पर तो कविता के विपरीत 'कृति' (की विधाएँ) एक संपूर्ण साहित्य-सृष्टि होती है। यदि इसमें मनुष्य और समाज, संस्कृति और सभ्यता का प्रवृत्यात्मक अनुचिंतन होता है तो विचारवस्तु (थीम) का कार्यकारण-न्याय भी ग्रंथित होता है अर्थात् इसमें आदि-मध्य अंत का होना अपेक्षित है (अनिवार्य नहीं)। इन कारणों से कोई रचना 'संपूर्ण' तथा 'स्वायत्त' हो जाती है। अनेकानेक विज्ञानों तथा समाजविज्ञानों के शब्द-कुलकों तथा अवधारणों को अनुप्रयुक्त करके 'आलोचिंतना' भी वैसी हो जाती है। इस तरह समग्र 'कृति-संस्कृति' एक संपूर्ण समाज तथा संस्कृति, एक दस्तावेज, तथा एक हिस्टोरियोग्राफी (इतिहास-आलेखनकारी) का पूर्णावतार होकर सौंदर्यबोधात्मक, संज्ञानात्मक तथा अंतर्ज्ञानानुशासनात्मक आयामों में अपना मस्तकाभिषेक करती है।

2005

9 'साहित्य के सौंदर्यबोधशास्त्र' का संयोजन : 'आकाशदीप' कहानी के प्राचल (पैराडाइम) पर*

'साहित्य का सौंदर्यबोधशास्त्र' एक अभिनव तथा नवयुवा अंतर्ज्ञानानुशासनात्मक संघटना (फेनामेना) है।

शताब्दियों से बहुकालिकता में **साहित्य-धुरी** पर **काव्यशास्त्र** तथा **साहित्यशास्त्र** का विधान क्रमशः 'सौशब्य' एवं 'शब्दार्थ' की इकाई द्वारा होता आ रहा है। **'साहित्य के इतिहास-दर्शन'** के वृत्त में सामाजिक इतिहास तथा मूल्यपरक भाषिकी दर्शन की जुगलबंदी हुई है। **'साहित्य का समाजशास्त्र'** भी अपेक्षतया ईपोलील तेन (1828-93) संमत प्रजाति, क्षण, परिवेश की समाजशास्त्रीय त्रयी से शुरू हुआ है।

> **और, अब 'साहित्य के सौंदर्यबोधशास्त्र' का उन्मेष इन इकाइयों पर होना अवश्यंभावी है : कल्पना, सौंदर्य, इंद्रियाँ, प्रज्ञा (इंट्यूशन), विचार तथा सौंदर्यतात्विक बिंब। इसमें विभिन्न तथा बहुल माध्यम हैं, विविध रचना-प्रक्रियाएँ हैं, तथा भाषिक-अवाचिक संप्रेषणीयताएँ हैं, और समानुभूतिपरक-अनिर्वचनीय अधिभाषा है। ये ही इस 'शास्त्र' एवं 'आलोचिंतना' के उपागम तथा उपचार हैं। यही इसकी सौंदर्यबोध तात्विक परिभाषा है। इसी में इसके नियम-सूत्र निर्बंधित हैं। यह प्रकृत्या तुलनात्मक तथा बहुमाध्यमपरक है।**
>
> संप्रति हम प्रसाद (1891-37) की 'आकाशदीप' कहानी के प्राचल पर इन दोनों के रूपाकार उद्घाटित करेंगे अर्थात् पुनर्पाठ करेंगे।

इसके पहले **'साहित्य के समाजशास्त्र'** तथा **'साहित्य के सौंदर्यबोधशास्त्र'** की प्राक्कल्पनाओं (हाइपोथीसिस) की पूर्वानुमिति वांछित है।

---

* इस कहानी की वैकल्पिक प्रस्तुति के लिए देखें लेखक का 'साहित्य के सौंदर्यबोधशास्त्र की प्रस्तावना' शीर्षक लेख; 'खिड़कियों पर आकाशदीप', पृ. 30-34, प्रकाशन प्रतिष्ठान, नई दिल्ली, 2002

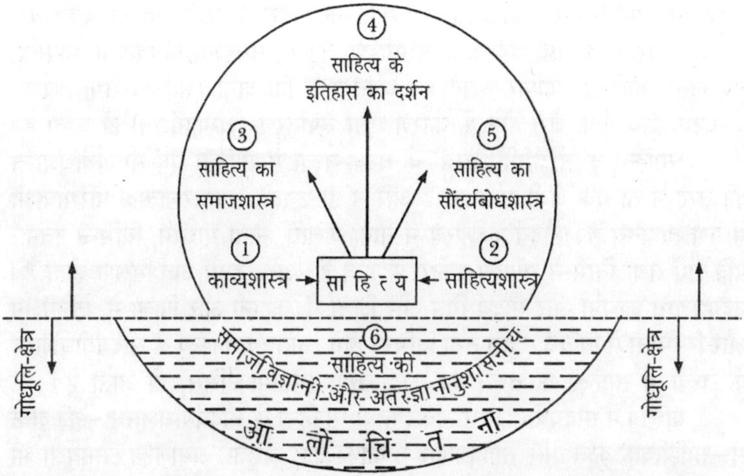

समाजशास्त्र की धुरी मानव-समूह के संबंध, तथा समूह द्वारा हित को साधने की कार्यप्रणाली या संस्था, प्रधान हैं। ये संबंध स्वयमेव तथा तदैव होते हैं। पहले के अंतर्गत इनकी पारस्परिक क्रिया-प्रतिक्रियाएँ तथा साहचर्य तथा दूसरे के अंतर्गत विभिन्न अभिभूमिकाएँ (रोल्स) एवं प्रकार्य (फंकशंस) शामिल हैं। इस न्याय से लेखक तथा रचना का समाज पर प्रभाव, तथा समाज का लेखक एवं रचना पर प्रभाव शामिल हैं। इन उभयात्मक संबंधों की पद्धति वैज्ञानिक—किंवा समाजवैज्ञानिक—है। इसके अंतर्गत सामाजिक प्रक्रियाएँ, सामाजिक ताकतें, सामाजिक संबंध तथा सामाजिक संरूप का चतुरंग है।

साहित्य की धुरी में शब्द की शक्तियों, शब्दार्थधर्मी साहित्य की विधाओं (काव्य, महाकाव्य, प्रगीत, उपन्यास, कहानी, नाटक आदि) साहित्य की देहात्मा (रीति, अलंकार, सौंदर्य, ध्वनि, रस, आनंद) साहित्य के लेखक-पाठक गत संबंधों (प्रज्ञा और अभिव्यक्ति; अभिव्यक्ति रूपों का आस्वाद) तथा लेखक-रचना-पाठक के बीच सृजन-प्रक्रिया तथा संप्रेषण द्वारा आस्वाद एवं आनंद, भावना एवं व्यापार की अवस्थाएँ हैं। इनके चरम मूल्य सौंदर्य तथा दर्शन और प्रकृति आते हैं।

अतः **साहित्य के समाजशास्त्र** में कृति के अंदर तथा कृति के बाहर, समाज-लोकजन-परिवेश के अंतःसंबंधों का अनुशीलन तथा अनुचिंतन है। समाज के प्रमुख घटक (समाज और वर्ग-समूह, सामाजिक प्रक्रियाएँ और सामाजिक संबंध, वातावरण और संस्कृति) तथा साहित्य के प्रमुख घटक (शब्दार्थ-विधाएँ; साहित्य के यथार्थ, कल्पना या आदर्श परक संदर्श; वैश्विक दृष्टि तथा जीवन दृष्टि) अंतरावलंबित हैं। साहित्य के घटकों का समाजशास्त्र के घटकों द्वारा परिपाक तथा तालमेल करके, समाजशास्त्रीय उपागम द्वारा, अनुभवन, विश्लेषण तथा मूल्यांकन होता है। अतएव

दो संसार आमने-सामने आ जाते हैं : कृति के अंदर के, एवं कृति के बाहर के। इन दोनों संसारों के बीच द्वंद्वन्याय, अभिग्रहण, तुलना, समन्वय, प्रतिबद्धता, विपर्यय, समानांतर आदि के व्यापार चलते हैं। ध्यातव्य है कि दोनों (साहित्य/समाजशास्त्र) के घटक प्रायः एक जैसे होने के कारण ऐसा **रूपांतरण** (ट्रांस्फार्मेशन) हो जाता है।

'साहित्य के सौंदर्यबोधशास्त्र' के घटक-तत्त्वों में साहित्य एवं सौंदर्यबोधशास्त्र की तरह न तो एक जैसी समानता है और न ही उनकी अवधारणात्मक परिभाषाओं में पूर्ण तादात्म्य है। सौंदर्यबोधशास्त्र में नाना कलाएँ, नाना माध्यम, विभिन्न रचना-प्रक्रियाएँ तथा विभिन्न संप्रेषण-प्रकार भी होते हैं। अतः इनमें अंतःमिश्रण होता है। उदाहरणार्थ कल्पना और सौंदर्य चित्र और शिल्प में, कहानी और फिल्म में, एनिमेशन और रि-मिक्स में विविध, बहुल तथा विभिन्न होंगे। अतएव साहित्य के सौंदर्यबोधशास्त्र के तत्त्वों **में** साहित्य के तत्त्वों **का** कायान्तरण (मेटामार्फोसिस) हो जाता है।

वास्तव में सौंदर्यबोधशास्त्र—विशेषतया 'साहित्य के सौंदर्यबोधशास्त्र'—की दृष्टि से—साहित्यिक कृति और साहित्यकार में काफी कुछ अछूता, अनलिखा, अनबूझा भी रह जाता है। इसकी आपूर्ति साहित्य के सौंदर्यबोधशास्त्र द्वारा भी होती है। अतः हम इसका भरत-भाष्य गढ़ते हैं :

"साहित्य का सौंदर्यबोधशास्त्र एक ओर साहित्यिक सृजन व सृजेता का कलापाणि-वृत्तात्मक (कलाइडिस्कोपिक) अर्थात् ज्ञात-अज्ञात सभी कोणों से सभी स्तरों का बहुआयामी-विविध कलासंयोजक, एवं बहिर्गत तथा आभ्यंतरिक, केंद्राभिसारी प्रत्यक्षण है। इसी के सहकार में यह एक्स-रे परक अर्थात् कृती और कृति की प्रकट परतों के नीचे गहराई में परा-पश्यंती-मध्यमा-वैखरी के निष्पादनों में उनकी केंद्रापसारी सौंदर्यबोधात्मक अनुभूति तथा सौंदर्यतात्विक अनुभव, दोनों से भी परिपूर्ण है।"

अतः हमें रूपांतरण तथा कायांतरण, केंद्राभिसार तथा केंद्रापसरण के अंतर को आगे के परिसंवाद में सदैव ध्यान में रखना पड़ेगा।

इस पूर्वानुमिति में दो पद्धति-विधियों की एकता तथा विरुद्धता का सामंजस्य होगा : सौंदर्यबोधशास्त्र तथा कहानी-कला का।

तो फिर पूर्वोक्त खचित आरेख में (1), (2), (3), (4) तथा (5) का बहुकालिक उन्मीलन एवं उन्मेष स्पष्ट है। (6) के अंतर्गत 21वीं शताब्दी में **आलोचिंतना** को संवेग और चिंतन का समरस मिथुन बनाते हुए समाजविज्ञानों एवं अंतर्ज्ञानानुशासनों (की पद्धतियों) का अनिवार्य समाहार करना होगा।

प्रतिपाद्य कहानी 'आकाशदीप' में इंपीरियल गुप्त-सम्राटों के दक्षिण एशिया के समुद्रपारीय व्यापारिक अभियानों तथा चंपा-द्वीप (वियतनाम का प्राचीन अमरावती-संभाग) की जनजातियों की समानुभूत (इम्पैथिक), स्वायत्तता (ऑटोनॉमी) तथा शिनाख्त (आइडेंटिटी) का द्वंद्व छिड़ा है। अंततः पहले का प्रतिनिधि महानाविक बुद्धगुप्त स्वदेश में (ताम्रलिप्ति) लौट जाता है तथा दूसरी की जननेत्री चंपा वहाँ की आदिम जनजातियों से तादात्म्यीकृत होकर वहीं की स्थायी निवासिनी बन जाती है। इस प्रकार वह उनकी

स्वायत्त जीवन-शैली, तथा जीवणा-प्रणाली का अनुरक्षण करती है। स्वर्णयुगों के कला-सौंदर्य प्रतिपादक इतिहासकार जयशंकर प्रसाद के ऐसे **ऐतिहासिक निर्णय** एक लंबे अध्ययन-अनुचिंतन का परिणाम हैं जो 'विशाख' तथा 'जनमेजय का नागयज्ञ' से पल्लवित-पुष्पित होना शुरू हो गए थे।

क्योंकि 'आकाशदीप' एक साहित्यिक रचना भी है, इसलिए हमें इतिहास और कल्पना, सौंदर्य और समाजविज्ञान का भी समायोजन करना होगा। इसकी पृष्ठ प्रस्तुति में कुछ बातें स्वतः कौंध आती हैं। एक, रवींद्रनाथ ठाकुर (1861-1941) की 'गीतांजलि' के साथ-साथ उनकी 'क्षुधित पाषाण' तथा 'काबुलीवाला' कहानियों का प्रभाव भी छायावाद के सौंदर्यलोक पर झिलमिलाया है। दूसरे, काशीप्रसाद जायसवाल जैसे इतिहासकार मित्र, और द्विजेंद्रलाल राय एवं राखालदास बंदोपाध्याय जैसे ऐतिहासिक रचनाकारों का परिदृश्य भी प्रसाद के **ऐतिहासिक ज्ञान** तथा **ऐतिहासिक विवेक** को साकार करता रहा है। छायावादी आंदोलन में अकेले वे ही इतिहासकार-कवि-नाटककार की त्रिमूर्ति हैं। अपने अद्वितीय ऐतिहासिक ज्ञान तथा **ऐतिहासिक कल्पना** के संयोग से उन्होंने वैदिक मिथक (कामायानी) से लेकर स्वर्णयुगों ('चंद्रगुप्त मौर्य', 'स्कंदगुप्त-विक्रमादित्य', 'ध्रुवस्वामिनी') तथा उत्तर-सामंतकाल (राज्यश्री) तक की ऐतिहासिक-सौंदर्यबोधात्मक पुनर्निर्मिति की है। इस प्रतिकर्म में उन्होंने ऐतिहासिक कल्पना तथा **ऐतिहासिक यथार्थ** की भी कांत मैत्री की है—प्रकृति एवं प्रेम की तरह। इससे उनके नाटकों की ऐतिहासिक संरचनाएँ प्रामाणिक-विश्वसनीय, सौंदर्यबोधात्मक-संदर्शात्मक हैं। यहाँ तक कि आदिम कबीलाई समाजों का भी जो अनुचिंतन उन्होंने किया उसे भी हम नृतत्त्वशास्त्र (एन्थ्रोपोलॉजी) के सिस्टम में ढाल सकते हैं, मसलन (क) क्लासिकी नृतत्त्वाविक **श्रेणी** के अंतर्गत उन्होंने जनपदों तथा कबीलाई जनजातियों की सांस्कृतिक स्मृतियाँ, उनका देशिक (स्पेशियल) आयाम संयुक्त किया, तथा (ख) अपने अस्तित्व एवं अस्मिता के लिए संघर्ष करते हुए वंचना के शिकार कबीलों के शोभित **रूपकों** का द्वंद्वात्मक गल्प गढ़ा। 'आकाशदीप' में ये दोनों आयाम भी लक्षित हैं।

(हम पुनः दोहरा दें कि ऐसे प्रतिकर्म उन्हें एक साथ इतिहासकार नृतत्त्वशास्त्री तथा सौंदर्यबोधवेत्ता की **त्रिमूर्ति** बना देते हैं।)

साहित्य के सौंदर्यबोधशास्त्र के परिणामी घटक **कलाविधा** तथा **कला-संरूप** हैं।

मध्यकालीन काश्मीरी आचार्यों द्वारा भरत के 'नाट्य' (शास्त्र) के घटकों को काव्य पर भी लागू कर देने के कारण आधुनिक समय तक **'गल्प (उपन्यास, कहानी, आख्यान) का समुचित सौंदर्यबोधशास्त्र'** नहीं उभर पाया। पाश्चात्य आलोचिंतना में वृत्तांत (नैरेटिव), प्रोक्ति (डिस्कोर्स), शिल्प रूपी कलावस्तु (आर्टिफेक्ट), सम्मूर्तिशास्त्र (आइकॉनोग्राफी), भाष्यशास्त्र (हर्मेन्यूटिक्स), शैलीविज्ञान (स्टाइलिस्टिक्स), संकेत विज्ञान (सेमिओलॉजी) आदि की धुरियों पर अब कथा-साहित्य का स्वायत्त साहित्य-शास्त्र एवं सौंदर्यबोधशास्त्र भी विकसित हो चला है।

कहानीकार प्रसाद के बहाने छायावादी कहानी की **कलाविधा (यॉनर)** तथा **सौंदर्यतात्विक कला-संरूप** (फॉर्म) पर शुरुआती चर्चा हो सकती है।

छायावादी कहानी की एस्थेटिक्स में तो 'नाट्य' के ढाँचे' की विनिर्मिति (डिकांस्ट्रक्शन) हुई है (जबकि उसका नाटकवर्ती उत्कर्ष, प्रेमचंद, शरतचंद्र की प्लाट-केंद्रीयता में हुआ)। कहानी-संरूप में **केंद्रीयभावन** की प्रमुखता हो गई, **वृत्तांत** (संवाद के समेत) सौंदर्यबोधात्मक निरूपण में अनुरंजित होते गए, लेकिन **एकता** पर ध्यान नहीं रहा। अलबत्ता आधारभूत वैचारिक **कथ्य** (थीम) को छायावादी कलाविधा की जान बना दिया गया। छायावादी कथा-संरूप भी दो शताब्दियों (उन्नीसवीं-बीसवीं), दो भाषाओं (ब्रजभाषा, खड़ीबोली), दो भाषिक संस्कृतियों (संस्कृत, बांग्ला) के द्वंद्व एवं दुविधा एवं समन्वय का फलागम है।

व्यक्ति-कलाकृती प्रसाद एक श्रेष्ठ बौद्धिक प्रतिभा और मौलिक कला-विवेकी थे। वे भारतीय स्वर्णयुगों तथा राष्ट्रीयता के प्रति गर्वीले थे। इसी के साथ-साथ वे इतिहासवेत्ता तथा नाटककार थे। वे उदात्त छायावादी महाकवि थे। इन तत्त्वों ने उनकी वैश्विक संदृष्टि या जीवन-दृष्टि, दोनों का निर्माण किया। वे अपने मनोलोक में एक ओर हृदय में प्रेम तथा करुणा को सँजोये थे तो दूसरी ओर उनके अवचेतन में निष्फल यौवन, करुण प्रणय, दर्दीली स्मृतियाँ, मादक बेचैनी की आँधियाँ उठती गुजरती रहती थीं। अतः उनकी जीवन दृष्टि में यदि यौवन, प्रेम तथा सौंदर्य का सम्मान है (अर्थात् शारीरिक व्यापारों का वर्णन है) तो अभाव की मर्मांतक पीड़ा, वेदना की नीली गहराइयाँ, तथा आनंद की आत्मोत्तीर्णता है। फलतः उनकी कहानियों के कई प्रतिनिधि पात्र हृदय में प्रेम तथा वेदना को सँजोये किसी अदृष्ट या अनहोनी की ओर अग्रसर होते जाते हैं। इस वजह से वे शारीरिक व्यापारों के वर्णन के सहवर्तन में सूक्ष्म मनोवृत्तियों में तन्मय हो जाते हैं। इतिहास का फलक उनका धर्मक्षेत्र तथा दिग्दर्शन क्षेत्र है। वे इतिहास को कलावत् (हिस्टरी एज आर्ट) प्रस्तुत करते हैं अर्थात् कल्पना, रोमांस एवं सौंदर्य की त्रयी से संयुक्त आदर्शोन्मुख यथार्थता उनका देशिक-कालिक लक्ष्य है। हम चाहें तो इस विधा में जादुई यथार्थता तथा अति प्राकृतिकता का समावेश भी मान लें। यह असंगत नहीं होगा। 'आकाशदीप' कहानी में ऐतिहासिक यथार्थ, ऐतिहासिक रोमांस तथा ऐतिहासिक विवेक का त्रिपुर है। यह पाँच संरचनात्मक स्तरों अर्थात् अंकों में बाँटी गई है। इसमें स्वगत कथन (मोनोलॉग) अंतर्यात्राएँ करते हैं तो संवाद (डायलॉग) बाहरी संघर्षों से जूझते हैं। साथ ही आंगिक-वाचिक-आहार्य अभिनय-त्रयी को प्रभावशाली बनाने को ललित गद्यगीतों ने जनांतिकम् तथा नेपथ्यवर्ती रंगमंचीय संकेतों के प्रकार्य निभाए हैं। यह कहानी नाट्यधर्मी तो है ही, 'फोटोग्राफिक' कोणों वाली तथा फिल्म की 'डॉक्यूमेंटरी मूवी' जैसी भी मंद-मंद-मंथर खुलती जाती है। इस कथा में चरमोत्कर्ष भी अद्भुत है : भारतीय सुखांतिकी तथा ग्रीक दुःखांतिकी के विरुद्धों के सामंजस्य वाला।

सौंदर्यवेत्ता प्रसाद इतिहास के अपेक्षित निम्न वर्ग के पात्रों को भी (कभी-कभार) मानो मत्तवारिणी से बुलाकर सीधे रंगशीर्ष पर ला विराजते हैं। यदि 'पुरस्कार' की मधूलिका एक किसान की बेटी है तो आकाशदीप की चंपा एक पोतप्रहरी की तरुणी। वर्गसंघर्ष के घेरे में वे क्रमशः प्रेम और कर्त्तव्य, तथा प्रेम और घृणा के वादी-प्रतिवादी द्वंद्वों से गुत्थमगुत्थ होती हैं। सारांश में प्रसाद की **'कहानी-कला'** के मूल तत्त्व हैं : वातावरण की सृष्टि, दृश्य विधान (स्पेक्टेकल) तथा परिदृश्यक्रम (सिनेरियो), मानसिक अंतर्द्वंद्वों एवं दुविधाओं वाले चरित्र, भावोद्वेलन तथा सौंदर्य-सम्मोहन, संस्कृत-प्रधान भाषा, संस्कार तथा संयम आदि। ये उनकी क्रांतदृष्टि के प्रवर्तनकारी नंदतिक कुतुबनुमा हैं।

सबसे पहले हम इस कहानी के अर्द्ध-ऐतिहासिक आधार बता दें। बुद्धगुप्त महानाविक एक ऐतिहासिक हस्ती था। सुवर्ण द्वीप (मलेशिया के वेलेज़ली प्रांत) में ईसा की चौथी-पाँचवीं शताब्दी में संस्कृत भाषा में खुदे एक आलेख में रक्त-मृत्तिका निवासी महानाविक बुद्धगुप्त का नाम आया है।

ऐसे ही कंबुज अन्नाम में मेकांग नदी घाटी के बीच एक छोटा-सा लंबा राज्यवाड़ा चंपा था। नदी के किनारे पर सफेद पत्थर की एक चट्टान है जहाँ प्राचीन बौद्ध गुफाएँ हैं। यहीं पर प्राचीन अमरावती राज्य था जिसके चंपा (त्र-क्यू) तथा इंद्रपुर (डोंग-डुअंग) दो प्रमुख नगर थे। प्राचीन चंपा क्षेत्र में 'चम' जाति तथा अन्य जंगली कबीले के लोग रहते थे। इसी क्षेत्र में जहाजी डाकुओं की कार्यवाहियाँ होती थीं। [जयइंद्रवर्मन के शासन काल तक भी]। यहाँ लंपांग लुआंग में चाम टेइवी (चंपा देवी) ने एक मंदिर भी बनवाया था। प्रसाद ने इसे चंपा द्वीप का नाम देते हुए दीप स्तंभ बनवाने का वास्तु-प्रतीक गढ़ा है जिसके आधार पर कहानी का नामकरण 'आकाशदीप' कर दिया है [1929-31] में। ['आँधी' संग्रह 1929 में तथा 'आकाशदीप' 1931 में आए।]

व्यापारी मणिभद्र कुषाणयुग का प्रथम यक्ष-क्षत्रप था। उसका विग्रह ही मथुरा का (प्रथम) परखम-यक्ष कहलाता है।

[क] इस कहानी की सौंदर्यतात्विक संरचना (एस्थेटिक स्ट्रक्चर) तथा व्यवस्थाओं (सिस्टम्स) को लिया जाए।

कहानी के पुनर्पाठ में इसकी संरचना की पाँच प्रमुख परतें मिलती हैं जिनमें इतिहास और भूगोल का यथार्थ, प्रेम और घृणा का मनोविज्ञान, चंपा द्वीप बसाने और आदिवासियों के उत्सव का नृत्तत्त्व-शास्त्र, सिंधु-यात्रा और नौका-भ्रमण में मुद्राओं-भंगिमाओं की सेमिओलॉजी, प्रकृति और पात्र-प्रकृतियों की सौंदर्यलीलाएँ आदि केवल अंतःश्रेणियाँ (कैटेगरीज़) ही नहीं बनातीं, अपितु द्विपर्ण विरोध (बाइनरी अपोजीशंस), प्रचंड अंतर्द्वंद्व तथा बाह्य संघर्ष भी उन्मीलित करती चलती हैं। ये मिलजुलकर **'सौंदर्यबोधात्मक बिंब'** (एस्थेटिक इमेज) की रचना करती हैं।

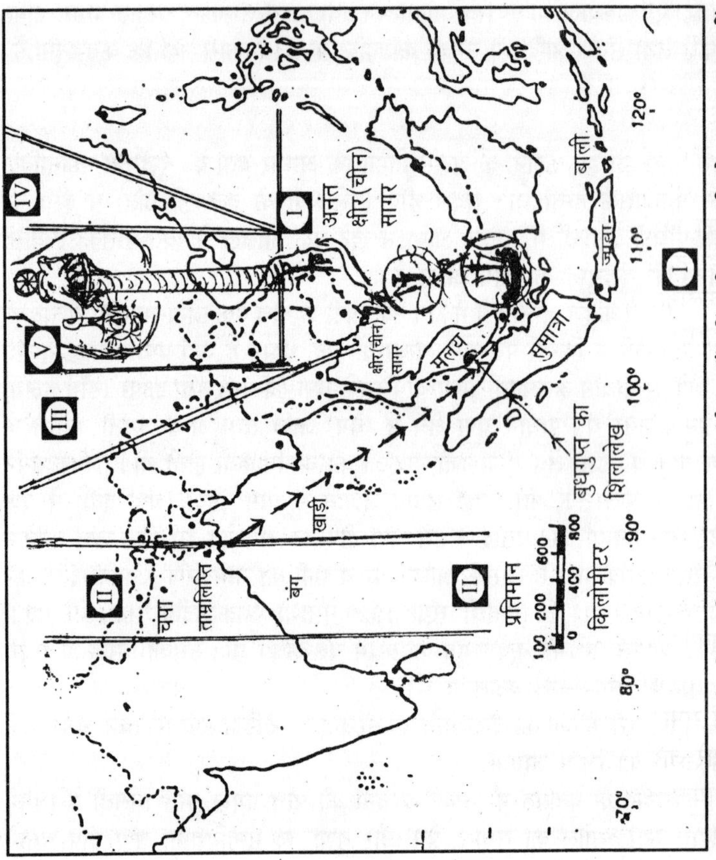

'कितनी ही शताब्दियों के पहले की यह कथा' (ई.प. पाँचवीं-छठी शताब्दी से ग्यारह-बारहवीं शताब्दी)

कहानीकार ने खुद कहा है 'यह कितनी ही शताब्दियों पहले की कथा है'—अर्थात् ई. प. तीसरी-चौथी शताब्दी की कथा है जब भारतीय व्यापारी और नाविक-नौसैनिक गुप्तकाल में ताम्रलिप्ति से दक्षिण एशिया के 'सुमात्रा, जावा और बाली' में व्यापार करने जाते थे। इसके लिए सिंधु-लहरों पर उनका अधिकार होना शर्त थी। उनकी प्रतिस्पर्धा 'सिंहल के बेहतर वणिकों' के वर्चस्व से थी। अतः वे 'बाली द्वीप से बहुत दूर, संभवतः एक नवीन द्वीप' अर्थात् चंपा की ओर चल देते हैं। सिंधु-यात्रा में दुर्दांत जलदस्युओं द्वारा लूटपाट और हत्याकांड, समुद्री तूफानों तथा जलमग्न शैलखंडों, प्रचंड हवाओं तथा दिशांधाकारों के जोखिम झेलने पड़ते थे। कथा में भी इतिहास के इन भौगोलिक तथ्यों का ताना-बाना घटनाचक्र घुमाता है। हम भी इनका उल्लेख कर आए हैं। कथा में वणिक पोताध्यक्ष मणिभद्र के पोत पर जलदस्यु बुधगुप्त द्वारा आक्रमण करने पर पहले तो वह बंदी बनाया जाता है फिर बंधनमुक्त होकर स्वामी बन जाता है। उसकी सहबंदिनी चंपा भी है जो पोत-प्रहरी की बेटी है और मणिभद्र की वासना का विरोध करने पर बंदिनी बना दी जाती है। उसके पिता की हत्या कर दी गई है। दोनों स्वतंत्र होकर एक नया द्वीप बसाने को सिंधु-यात्रा करते-करते (ऐतिहासिक कल्पना से अनुरंजित) रोमांटिक कल्पना, रोमांटिक प्रणय तथा रोमांटिक वेदना के झंझावातों में उलझते जाते हैं। इस तरह ऐतिहासिक यथार्थता (इतिहास), ऐतिहासिक कल्पना तथा ऐतिहासिक रोमांस इस कथा का सौंदर्यबोधात्मक आधार बनते हैं।

कथानक-संरचना के पाँच स्तर यूँ हैं :

I. पहले स्तर में नाटकीय यवनिका उठती है। कई शताब्दियों पहले, दक्षिण एशिया में एक घनी अँधेरी रात में, हिलोरें लेती अनंत समुद्रराशि के ऊपर, एक व्यापारिक जलपोत पर दो बंदी रज्जुओं से बँधे पड़े हैं। दोनों अनाम-अपरिचित-अज्ञात लिंगी हैं। दोनों मुक्ति के लिए संघर्ष करते हैं। भीषण आँधी चलने के बीच जुगुत लगाकर वे बंधनमुक्त होते हैं। प्रकाश होने पर पता चलता है कि बंदियों में एक युवती चंपा तथा दूसरा पुरुष जलदस्यु बुधगुप्त है।

जलदस्युओं के आक्रमण में वणिक पोताध्यक्ष मणिभद्र मारा जाकर अतल जल में समा जाता है तथा चंपा के नौका-प्रहरी पिता भी सात डाकुओं को मारकर स्वयं मारे जाकर जल-समाधि पाते हैं। अब बुधगुप्त नौका का स्वामी महानाविक है। वह नायक को भी कृपाण-द्वंद्व युद्ध में परास्त कर देता है।

दो दिनों तक बुधगुप्त और चंपा समुद्र-संतरण करते हुए दक्षिण एशिया के जावा और बाली द्वीप से बहुत दूर एक नए द्वीप में पहुँचते हैं जहाँ एक जलमग्न शैलखंड से बचते हुए नायक लंगर डालता है।

II. दूसरे स्तर में कथा नवीन द्वीप में खुलती है। पूर्वदीप्ति (फ्लैश बैक) तथा स्मृतियों (मेमोरीज) द्वारा प्रत्याह्वान करते हुए क्षत्राणी तरुणी चंपा बताती है कि वह चंपा नगरी की रहने वाली है और मणिभद्र की कामवासना का शिकार न बनने पर

बंदिनी बना दी गई। उसके पिता ने सात जलदस्युओं को मारकर जल समाधि ली थी। क्षत्रिय बुद्धगुप्त भी दुर्भाग्य से जलदस्यु बना है। उस नास्तिक, निष्ठुर जलदस्यु के हृदय में एक नई वस्तु की हलचल होती है—कोमलता!!

दोनों मिलकर नए द्वीप का नाम **चंपा** रखते हैं। चंपा हँस पड़ती है। दोनों ही दुर्भाग्यचक्र (नेमेसिस) का उल्लंघन कर आए हैं।

III. तीसरे स्तर पर **पाँच वर्ष** के अंतराल के बाद घटना-चक्र फिर घूमना शुरू होता है। शरद ऋतु है। चंपा अभ्रक की एक मंजूषा में दीप धरकर उसे ऊपर खींचकर आकाशदीप बना देती है। कबीलों की वरुण बालिकाएँ (मछुआरिनें) पर्व में मुग्ध हैं। चंपा भी वरुण देवता की आराधिका है। अब बाली, जावा और सुमात्रा का वाणिज्य केवल बुधगुप्त के अधिकार में है। वह स्वीकार करता है कि (बंदी दशा में) चंपा ही उसकी प्राणदायिनी थी। उसकी सर्वस्व है।

किंतु चंपा महानाविक-महाश्रेष्ठि बुधगुप्त की अपेक्षा धीरवीर-दुस्साहसी बुधगुप्त के संग के साधारण जीवन के दिवास्वप्न देखती है। वह बाल-स्मृतियों में खो जाया करती है तथा उस अंधकार वाले युद्ध में बुधगुप्त को ही अपने पिता की मृत्यु का निष्ठुर कारण मान बैठती है।

बुधगुप्त उसे रानी कहता है—चंपा रानी! चंपा द्वीप के स्वामी महानाविक बुधगुप्त तथा उसके एकपक्षीय प्रणयोन्माद की रानी चंपा!!

IV. चौथी परत में चतुर्दिक जल-शीतलता के बीच भी चंपा प्यासे हृदय वाली है। प्रेमयोगी-प्रेमपथिक और प्रबल प्रतापी-अतुल बलशाली महानाविक बुधगुप्त पूर्णतः आत्मसमर्पण कर देता है। वह घुटनों के बल छलछलायी आँखों से बैठा है। वह चंपा के पैर पकड़ लेता है। वह कितना कंगाल है। वह सत्य वचन कहता है कि वह उसके पिता का हत्यारा नहीं है। सत्ता-सेना से अपार बलशाली एक अकेली चंपा के हृदय पर विजय (अधिकार) की लड़ाई हार रहा है। उसे विश्वास नहीं है कि चंपा द्वीप में रहकर वह अपने हृदय पर भी अधिकार रख सकेगा। वह कितने वर्षों से अपने ज्वालामुखी को दबाए है। उधर चंपा है जो "मैं तुमसे घृणा करती हूँ, फिर भी तुम्हारे लिए मर सकती हूँ। अंधेर है जलदस्यु। तुम्हें प्यार करती हूँ।" वह विश्वास नहीं कर पाती कि उसके पिता का हत्यारा वह नहीं है। तदपि कंचुकी में छिपाई हुई कृपाण निकाल कर जल में डुबा देती है। लेकिन अविश्वास तथा रोष की कृपाण तो उसकी जलती छाती में धँसी रह जाती है। अनुरक्ति बनाम अविश्वास तथा प्रेम और घृणा के बीच प्रचंड द्वंद्व (कॉनफ्लिक्ट) तथा दुविधा (डिलेमा) परिव्याप्त है। विचित्र स्थिति-विपर्यय (हामार्शिया) है। सचमुच अंधेर है!! घोर सामंतीय व्यवस्था के उत्कर्ष में मर्दवादी अहं का परित्याग तथा अकेली अनाथ नारी का सशक्तिकरण हो रहा है।

(V) पाँचवें स्तर में चंपा की **मनोग्रंथि** (कामप्लेक्स) खुलती है कि काश, वह

यह विश्वास कर पाती (कि जलदस्यु बुधगुप्त उसके पिता का हत्यारा नहीं है) तो बुधगुप्त 'इस निष्ठुरता में भी कितने महान होते।' तथापि, इतना महत्त्व प्राप्त करने पर भी बुधगुप्त कंगाल-सा है। वह चंपा द्वीप में एक भव्य आकाशदीप का निर्माण भी करा देता है। किंतु चंपाद्वीप के आकाशदीप को, या चंपा को स्वयं आकाशदीप की तरह जीवनपर्यंत जलना होगा। वह 'ओडीपस-ग्रंथि' से ग्रस्त आत्महंता हो गई है।

अंततः स्वदेश (भारत) के गृहमोह को भी छोड़कर चंपा उस विदेशी द्वीप के आदिवासी कबीलों की अपनी होकर बस जाती है। राजनीतिक भाषा में इसे 'हाशियाए हुवों (मार्जिनलाइज़्ड) का सशक्तिकरण' कहा जाता है। 'पराजित' तथा 'कंगाल' तथा 'मजबूर', 'ठुकराया' गया बुधगुप्त स्वदेश लौट जाता है।

चंपा द्वीप में कबीलों के बीच चंपा रानी आकाशदीप की तरह जलती रहती है। यह शताब्दियों पहले की बात है।

निष्कर्ष रूप में संरचना के ये ही पाँच स्तर या **संरचनाएँ** हैं और इनकी विलक्षण **व्यवस्थाएँ** हैं : (I) में बाह्य संघर्ष है तथा अद्‌भुत नाटकीय भ्रांतियाँ हैं। घुप्प अंधकार से धवल प्रकाश तक। (II) का पटल पूर्व दीप्तियों तथा संस्मरणों वाला है जो प्रमुख पात्रों के सामाजपारिवारिक विकास को संलक्षित करता है। (III) में आंतरिक संघर्ष हैं। समग्रतः प्रतीकों तथा चक्रचिह्नों से गुँथी मनोवैज्ञानिक ग्रंथियाँ एवं संभ्रांतियाँ हैं। (IV) में प्रचंड दुविधाओं तथा द्वंद्वों का गोरखधंधा है, यथा किसे चुनें? 'अथवा या यह' तथा, किसे छोड़ें? 'न यह : ना वह'। (V) में आदिम कबीलाई जीवन-शैली का पटल खुलता है। स्कंदगुप्त-देवसेना के सिंड्रोम वाली 'कामद-त्रासदिक' दशा उन्मीलित करते हैं, प्रसाद।

इसके अलावा इस कहानी की मास्टर-कुंजी प्रसाद की एक कविता 'ले चल मुझे भुलावा देकर/मेरे नाविक! धीरे-धीरे' भी प्रतीत होती है। चाहे बुधगुप्त हो, या फिर स्वयं कवि प्रसाद, दोनों ही तो पारसरूप, करुणाकुल **प्रेमपथिक** रहे हैं।

[ख] यह साहित्यिक कृति एक **कलाकृति** के रूप में क्या है?

इसमें नाटककार प्रसाद ने, अपने कवि के अंतःकरण से, पाँच स्तरों, या प्रभागों अथवा **अंकों** वाली कहानी का विधान किया है। अतः अपने अभिकार्यों (रोल्स) की तीनों भाषिक प्रोक्तियों एवं निरूपणों में वे जूझे हैं। इसके साथ-साथ कलाकार प्रसाद ने इतिहास और यथार्थता, इतिहास और कल्पना, तथा इतिहास और रोमांस की (इतिहास-अक्ष पर) शताब्दियों पूर्द के समुद्र-पटल पर जोखिम यात्रा कराई है। सहकार में रोमांटिक कल्पना के वशीभूत होकर कलायात्री प्रसाद ने 'स्थानांतरण प्रौद्योगिकी' (ट्रांस्फर टैक्नॉलोजी) का अपूर्ण-सा प्रयोग किया है। इसके पहले भी वे नाटक 'कामना' को 'कामायनी' में, ब्रजभाषा के 'प्रेमपथिक' को खड़ी बोली के 'प्रेमपथिक' में, और अब स्कंदगुप्त' की स्कंदगुप्त-देवसेना वाली कामादिक-त्रासदी

को बुधगुप्त-चंपा के सिंड्रोम में दोहरा रहे हैं। साथ में अपनी रोमांटिक प्रेमपथिक वाली अबोधपूर्वा स्मृति को भी अंतर्निहित कर रहे हैं। अतः कला रूप में यह एक अलक्षित **'नाटकीय-काव्यात्मक कहानी'** है।

शब्द-चक्र में ही नाटक, काव्य, चित्र, मुद्रा आदि के **'सौंदर्यात्मक बिंब'** (एस्थेटिक इमेज) वाले कई माध्यमों का प्रयोग इस कलाकृति में हुआ है। तथापि धुरी 'नाट्य' रही है अर्थात् प्रसाद की सर्वप्रिय प्रतिश्रुति! यहाँ दर्शक व अभिनेता के बजाय पाठक व पात्र हैं, सूत्रधार को प्रवाचक कहानीकार ने प्रतिस्थापित किया है। पहला स्तर (या अंक) पूर्वरंग जैसा है जिसमें वर्तमान एवं भावी विघ्नों का नाश करने वाले कार्यकलाप हैं। तीसरे व चौथे स्तर (या अंक) रंगशीर्ष की तरह हैं जो मुख्य घटनाएँ व कार्य स्थल हैं। दूसरा स्तर (या अंक) नेपथ्य की तरह है जहाँ उनके आत्मकथात्मक चरित्र सुसज्जित होते हैं। पाँचवाँ स्तर (या अंक) मत्तवारिणी के जैसा है जो कथा-उत्कर्ष भी है तथा कथामग्न शिखरखंड भी। इस तरह संरचना की परतों से ही सिस्टमों की उसारी होती है, **अंकों की तरह से** ये अंक नाट्य-वस्तु (घटनाओं) तथा काव्य-रस (स्थायी भावों) को अपने में आश्रय देते हैं।

ऐसे मिलवर्तन में कलाकार, मानो माध्यम के संकल्प से भी नियंत्रित होकर, प्रयोग पर प्रयोग करने को लाचार है। यदि पहले जलदस्यु और पोत-नायक के बीच, तो बाद में बुधगुप्त और चंपा के बीच सर्वत्र क्रमशः बाह्य तथा आंतरिक संघात ('डिम') जैसा होता है। अतः भयानक तथा करुण की दशाएँ व्याप्त होती हैं। यूँ प्रधानरूपेण सारी कथा दो पात्रों के बीच 'वीथी' है जिसमें श्रृंगार और करुणा का रोमांटिक कौतूहल है। नायिका चंपा तो मानो 'ईहामृग' का विधान कर रही है। वह मुग्धामृगी, प्यासी चातकी और हृदयाग्नि दग्ध चकोरी की तरह अलभ्य है तथा इतिहास एवं कल्पना का योगायोग भी कराती है। बुधगुप्त जलदस्यु था। महानायक हो गया। वह प्रेमयोगी है : धीर ललित तथा धीर प्रशांत। उसकी स्थायीरति वियोग-केंद्रित हैं क्योंकि देवी चंपा मानिनी तथा मनो-ग्रंथि-धारिणी है। तो, यह कथा 'नाटिका' जैसी भी बन जाती है।

सारांश है कि पूरी **कलाकृति** में माध्यम का संकल्प प्रचंड है जिससे कई प्रकार के नाट्य प्रयोगों द्वारा कला-संश्लेष कायम हुआ है। सौंदर्यबोधात्मक चक्र में फिल्म कैमरा के क्लोजअप की दुनिया भी है–प्रकृति तथा मुद्रा-भंगिमा के अक्षों पर। कुछ प्रभागों में अत्यंत ललित चारु गद्यगीतों की अंतरंगता त्रासदिक विश्रांति (ट्रेजिक रिलीफ) भी देती है। सारा कथाचक्र भयंकर 'आँधी' के कथानक-विपर्यय (हामार्शिया) से गर्दिश में डाँवाडोल है। और हम पाठक हैं कि कहानी की रंगशाला में सबकुछ देख-सुन रहे हैं।

इस तरह सौंदर्यबोधशास्त्र के 'कला-माध्यम-कलाकृति' के पहले, तथा 'कलाकार-आशंसक-सामाजिक' वाले दूसरे आयाम कहानी का 'कूट' (कोड) उन्मीलित करके उसकी बहुमाध्यमधर्मी तुलनात्मक प्रकृति का बंधान भी गाँठते हैं।

ग सौंदर्यबोधचिंतक प्रसाद की 'जीवन दृष्टि' तथा 'वैश्विक संदर्श' मिलकर साहित्य के सौंदर्यबोधशास्त्र के प्रतिपादक हैं।

दार्शनिक प्राचल पर प्रसाद मानते रहे थे कि प्रथमागमन वाले आर्य **इंद्र** को महत्त्व देने वाले आनंद के उपासक थे। परवर्ती जीवन-चरण में वे आनंदवाद के दर्शन की उपासना में दीक्षित हुए। उन्होंने द्विरागमन करने वाले आर्यों को **वरुण** का उपासक बताया। इससे यथार्थ तथा दुःख (करुणा) को महत्ता मिली। इस कहानी में प्रसाद 180 डिगरी **यथार्थ** के अति-प्राकृतिक रोमांटिक ध्रुवांत पर चले आए हैं। इस उपक्रम में वे **नियति** की निर्णायक भूमिका के बजाय प्रकृति (मानव प्रकृति तथा रोमांचक प्रकृति) को आश्रय बनाते हैं। तीसरे, पहली बार दार्शनिक आधार पर उन्होंने **आस्तिकता** बनाम **नास्तिकता** के बीच के परिसंवाद में नास्तिक नाविक बुधगुप्त के माध्यम से नास्तिकता के श्रेयस्वान लक्षणों की प्रशंसा की है। वह ईश्वर को नहीं मानता (यद्यपि दार्शनिकों के देश का निवासी है); वह पाप को नहीं मानता (यद्यपि बेहद आत्मसंयम और मर्यादा का पालक है); वह दया को नहीं समझ सकता (यद्यपि हृदय की कोमलता से आद्योपांत अंतर्वेदना भोगता है); वह परलोक का विश्वासी नहीं है (यद्यपि इहलोक के वैभव, विलास, सौंदर्य और प्रणय का आभिजात्य भोग करने का आकांक्षी है); तथापि उसके सामंतीय मूल्यचक्र में हृदय के दुर्बल अंश (अर्थात् नारीशक्ति एवं नारीप्रीति) पर 'श्रद्धा' हो जाती है। यद्यपि महानाविक-महावीर महाश्रेष्ठ होने के नाते वह पशुबल एवं धन-बल से प्रयाण करके शांत और कांत कामना के अभिराम इंद्रजाल में वशीकृत हो चुका है।

वह धीर और संयमी है (वह 'गुंडा' कहानी के चरित्र का उदात्त रूपांतरण है)। तुलना में चंपा आस्तिक है, वरुण देवता की उपासिका है तथा अनंत (शेषनाग जैसी) जलराशि में यदाकदा नौका-विहार करती रहती है। वह मृत पिता के प्रति अगाध श्रद्धा रखती है। वह आकाशदीप के माध्यम से अपने हृदय की गुफाओं तथा शिखरों में प्रकाश (आस्था, विश्वास, जीवन) द्वारा भयानक संकटों से रक्षा में विश्वास रखती है। नियति के अदृष्ट अंधकार की अपेक्षा श्रद्धा विश्वास के आलोक की साधिका है वह! इस तरह सौंदर्यबोध-विचारक प्रसाद ने निष्ठुर प्रकृति, कोमल एवं दुर्बल पुरुष, तथा आत्मविश्वास और आत्मबलिदान को तत्पर नए प्रकार की सशक्त नारी की उद्भावना की है।

यद्यपि **आदिम कबीलाई समाज** का वातावरण स्तर या अंक IV/V में झलकता है, परन्तु उसको रोमांटिक स्वच्छंदता तथा स्वतंत्रता, कबीलाई समानता तथा स्वच्छता की मैत्री के साथ-साथ मोहक-निश्छल अस्मिता एवं सिस्टम की स्वायत्तता भी संकेतों, चिह्नों, स्थितियों द्वारा विमर्शित की गई है। इससे सौंदर्यबोधात्मक संदर्श अनुकूलित हुए हैं।

अथच प्रसाद, इसके ऐतिहासिक यथार्थ-रोमांस के द्वैत वाले पटल पर, द्वंद्व (कानफ्लिक्ट) तथा दुविधा (डिलेमा) की नई तरकीबों द्वारा संभ्रांतियों तथा सम्मोहनों

का बंधान-वितान तानते हैं : वस्तु में, नेता में, सौंदर्यबोधानुभवों में।

सबसे अंत में अपनी सौंदर्यबोध-विचारक उस बेहद क्रांतिकारी प्रवृत्ति को भी पुनः उन्मीलित करते हैं जो 'ध्रुवस्वामिनी' में परवान चढ़ी थी। इसमें रोमांटिक तथा रोमांचक प्रकृति के अंचल में सामंतीय व्यवस्था के 'वर्ग' तथा 'लिंग' के संबंधों तथा सवालों को वे नई क्रांतिकारी दिशाओं में ले जाते हैं। जलदस्यु से महानाविक तथा महाश्रेष्ठि बने क्षत्रिय बुद्धगुप्त सामंतीय आभिजात्य वर्ग का श्रीमंत जैसा होकर भी उन मूल्यों–पशुबल और धन, मर्दवादी सोच, निर्बाधित अधिकार आदि–से वर्गावरोहण (डि-क्लासमेंट) करता है। वह जावा, सुमात्रा, बाली द्वीपों का एकछत्र स्वामी होकर भी चंपा के हृदय पर अधिकार की लड़ाई हार जाता है। कितने ही वर्षों से वह अपने हृदय में ज्वालामुखी दबाए हुए है किंवा 'इतना महत्त्व प्राप्त करने पर भी कंगाल है।' आत्मसंयम और आत्मसमर्पण की पराकाष्ठा को छूते हुए वह घुटनों के बल छलछलायी आँखों से बैठता है, वह चंपा के पैर पकड़ लेता है, वह यहाँ तक कहता है कि चंपा उसकी परीक्षा लेकर तो देखे कि वह कृपाण से अपना हृदय निकाल देगा। परंतु उसके प्रति चंपा कितनी निर्दयी है। बुधगुप्त के वर्गीय चरित्र तथा मर्दवादी अहंकार का कायाकल्प हो जाता है।

प्रतिपक्ष में मृतक पोत-प्रहरी के श्रमिक वर्ग की क्षत्रिय बेटी चंपा भी कोमलता बनाम अविश्वास, कठोरता बनाम अहंरक्षा के द्वंद्व तथा दुविधा में फँसी अपने चारों ओर जटिल सुरक्षाकवच बना लेती हैं। वह जलदस्यु बुधगुप्त को अपने पिता की मृत्यु का कारण मानती है और (बुद्धगुप्त के सत्य कथन के बावजूद कि वह उसके पिता का वधिक नहीं है) जीवन-पर्यंत घृणा-ग्रंथि में विक्षुब्ध रहती है, किंवा निठुर बनी रहती है। वह यह भी स्वीकार करती है कि बुधगुप्त इस निष्ठुरता में भी कितना महान हो सकता। वह महानाविक के बल और वैभव को भी अपने आत्मनिर्वासन का एक हेतु मानती है। हृदय की लड़ाई में वह भी हार जाती है : "मैं तुमसे घृणा करती हूँ, फिर भी तुम्हारे लिए मर सकती हूँ। अंधेर है, जलदस्यु! मैं तुम्हें प्यार करती हूँ।" उसकी दुविधा है कि किसे चुने–विलास और वैभव और वीरता संपन्न श्रीमंत महानाविक को, अथवा निष्ठुर, दयाहीन, संघर्षशील जलदस्यु को। वह दोनों को ही नहीं चुन पाती। वह उससे प्यार भी करती है तथा घृणा भी। वह अकेली रह जाती है। वह अनुदार राष्ट्रीयता की मृगतृष्णा भी छोड़ देती है अर्थात् स्वदेश न जाकर अंतर्राष्ट्रीय आदिमता के चक्र में विदेश में (चंपा द्वीप) में ही रह जाती है। बुधगुप्त द्वारा बनवाए गए आकाशदीप में रोज (अपनी माता की तरह ही) दीपारोहण करती है ताकि माँझियों, नाविकों, समुद्र-यात्रियों को सही मार्ग मिले।

'स्त्री'-नाभिकीयता में चंपा आदिम कबीलाई परिवेश में अकेले ही स्वच्छ-स्वतंत्र-आत्मबल शालिनी होकर **नारी-सशक्तिरण** को आत्मसिद्ध करती है। वहाँ महानाविक बुद्धगुप्त के द्वारा आयोजित संभावित भव्य परिणय-उत्सव को भी **सामंतीय**

'नारीत्व का महोत्सव' समझ कर ठुकरा देती है—"क्या मुझे निस्सहाय और कंगाल जानकर तुमने आज सब प्रतिशोध लेना चाहा?" वह कदाचित् क्षीणतर 'ओडिपस-ग्रंथ' से तथा जलदस्युओं की हिंसा एवं वैभवशाली पुरुषों की हेजिमनीपरक वासनाओं की निरंकुशता से मथित-मर्दित रही है। अतः अपने वर्ग तथा लिंग के प्रति वह आक्रामक तौर पर बेहद सजग तथा संघर्षशीला है। तथापि उसका सुकोमल-सुप्रेमल नारीत्व भी दबा नहीं है, उन्माद तथा उद्दीपन की दशाओं में वह खुल-खिल उठता है। यह आगे का प्रसंग होगा।

इस भाँति प्रसाद ने मनस्सौंदर्यसामाजिक चिंतन में अनुपम प्रस्थान कलश रखा है। इसमें विद्रोहियों एवं बंदियों की बल्ले-बल्ले तथा धनिकों-वणिकों एवं पोत स्वामियों की थल्ले-थल्ले होती है।

[घ] संप्रति, अवांतरता में ही, **सौंदर्यबोधात्मक भाषा** की चर्चा कर ली जाए। यह मूलतः साम्यरूपकात्मक (एनालॉजिकल), तथा किंचित् अवाचिक देहभाषावर्ती, और बहुधा अनिर्वचनीय होती है अर्थात् यह अधिभाषा (मेटा लैंग्वेज) होती है। इसकी प्राथमिक इकाइयाँ भी विविध तथा बहुल होती हैं, यथा, शब्दार्थ, बिंब, मुद्रा, भंगिमा, रेखा-रंग, सुर-ताल, देह, आदि। अतः इसमें सृजन-प्रक्रिया, माध्यग-प्रस्संकरण तथा संप्रेषण एकायामी नहीं होते। यह प्रभावन (इफेक्ट), समानुभूति (इम्पैथी), आवेश (इंपल्स), प्रतीति (सजेशन), अनुमिति आदि से अभिगृहीत होती है। इस भाषा में प्रत्यक्षण के दैदीप्यमान शिशु अर्थात् 'सौंदर्यबोधात्मक बिंब', एवं संदर्शन के जिज्ञासु किशोर अर्थात् 'सौंदर्यमूल्य' का **जादू** तथा **विधि** परिव्याप्त होती है। इस भाषा में शब्द जीवाश्म जैसे, और अर्थ निरर्थक से हो जाते हैं अगर वे सौंदर्य-मूल्यों तथा मानवीय सौंदर्य-बिंबों से मंडित न हों। अतः इसकी परिधि में अप्रत्याशित, अपरिहार्य तथा अनिर्वचनीय के समाहार के भाषिक-अभाषिक प्रयास-प्रयोग होते हैं। इस भाषा की विभिन्न प्राथमिक इकाइयों की छायाओं तथा मनोरथिक अभिव्यंजना को कुशाग्रता से बदल देते हैं, क्योंकि यह भाषा अर्थेतर भी होती है। 'छाया' और उसके 'वाद' प्रसाद के छायावाद के लिए अनुकूल रहे हैं। उन्होंने भाषेतर आयामों (मिथक, लक्षणाओं, संवेदनाओं) की सांस्कृतिक तथा ऐतिहासिक शक्ति के लिए **भाषा-सशक्तिकरण** की कई दिशाएँ खोजी हैं—यथा, आदिम एवं मिथकीय सांस्कृतिकता, गद्यगीतों की काव्यात्मक रमणीयता, संस्कृति एवं समाज-व्यवस्था की बहुलता, ऐतिहासिक स्वर्णयुग के द्वंद्व, भव्य वृत्तांत (ग्रेंड नैरेटिव) तथा अधिवृत्तांत (मेटानैरेटिव) का कौतूहल, रोमांस एवं रोमांच की हेजिमनी, प्रोक्ति संवाद आदि। इस तरह वे संस्कृति के स्तरीय सुपरिगठन के अंतर्गत बहुज्ञानानुशासी-बहुकलारूप धर्मी अक्षों के अतल यात्री रहे हैं। वे इस कहानी में इतिहास-धुरी एवं स्वच्छंदता-धुरी पर कल्पना एवं संज्ञान की अद्भुत दोस्ती कराते हैं। यूँ कहें कि 'आकाशदीप' में एकसाथ भव्य तथा अधि-वृत्तांत का दुर्ललित

युग्म बनता है। इसमें इतिहास तथा रोमांस का 'रि-मिक्स' हुआ है। इसमें काव्य, नाटक और चित्रांकन का भी अद्भुत पारगमन मिलता है।

ङ इस कहानी में, **सौंदर्यबोधानुभूति** तथा **सौंदर्यबोधानुभव** के प्राचल पर भी, सौंदर्यतत्ववेत्ता प्रसाद ने 'साहित्य के सौंदर्यबोधशास्त्र' के अगले पल्लवन-प्रसुमन वाला मधु-माधव पहचनवाया है। सर्वत्र 'चाह' और 'आह' के मनोवेगों का द्वंद्वरण-सा छिड़ा है जिसको असर होने के लिए एक उम्र चाहिए। सारी कहानी में दोनों पात्रों का व्यक्तित्व पारदर्शी है। दोनों ही तो निर्बंध-निश्छल-निडर-निष्पक्ष होकर अपने द्वंद्वों तथा दुविधाओं को आद्योपांत कबूल करते चलते हैं। अतएव समग्र मनस्सौंदर्यलोक में पारदर्शिता एवं पारगामिता, अर्थात् अतिक्रांतता (ट्रांसेडेंस) है।

कृती की सौंदर्यबोधानुभूति तथा सहृदय-सामाजिक के सौंदर्यबोधानुभव के बीच सृजन-प्रक्रिया कार्यरत हो जाती है। सौंदर्यबोधशास्त्र के प्राचल पर हम इसे दो चरणों में पाते हैं–(i) कला तथा कलाकृति के बीच बहिर्मुखी माध्यम एवं कौशल कार्यरत होते हैं। हम इसे **दक्ष-प्रस्संस्कृति** कहेंगे तथा (ii) सौं॰-अनुभूति एवं सौं॰-अनुभव के बीच अंतर्मुखी चिंतन एवं भावावेगों की अनिवार्यतः संसक्ति रहती है। हम इसे **यक्ष-प्रस्संकृति** कहेंगे। यह अवचेतन और अतिचेतन के बीच गोधूलि-वेला होती है। गजानन माधव मुक्तिबोध ने इसे तीन चरणों में उन्मीलित माना है। इसका तात्पर्य यह है कि मानवीय संचेतना तथा व्यवहार (बिहेवियर) के बीच सहकार है। मनुष्य संकेतों (साइन्स) तथा प्रतीकों का व्यवहारकर्त्ता प्राणी है। ये भी उसे पशु से पृथक् करते हैं। प्रसाद की जीवन-दृष्टि एक ओर क्लासिकी रही है जिससे वे ब्रजभाषा के सुकुमार एवं ललित के अनुरागी रहे हैं तथा दूसरी ओर संस्कृत से अनुप्रीत रहे हैं जिससे आभिजात्य भाषा तथा प्रेम एवं सौंदर्य उनके सांस्कृतिक अभिलषित रहे। अतएव पूर्ण नाटकों तथा 'आकाशदीप' में उन्हें प्रकृति के रोमांस एवं रोमांच का, तथा आदिम स्वच्छंद समाज की स्वतंत्रता तथा समानता का आहरण करना पड़ा है। अतः यहाँ वे यथार्थोन्मुख आदर्शवादी होकर ही सृजनलीन हो सकते थे। यही हुआ।

संकेतविज्ञान (सेमिओलॉजी) के 'संकेतों' (साइन्स) तथा उनके संकेत-कदंब अर्थात् चक्रचिह्नों के इस कहानी में सार्थक प्रयोग हुए हैं। संकेत वास्तविक (एकचुअल : यथार्थ नहीं) संघटनाओं के स्थानापन्न प्रकार्य होते हैं। वे सदैव रूढ़ि-बँधे होते हैं तथा स्थिर महत्ता वाले भी होते हैं। भौतिक शास्त्र में न्यूटन या आइंस्टाइन के सूत्र नियम, या रसायन शास्त्र के समीकरण, या गणित के चक्र चिह्न संकेत हैं। कालिदास ने लीलाकमल की पाँखुरियाँ गिनती पार्वती की जो सम्मूर्ति गढ़ी है, वह संकेत है। आकाशदीप में **'कृपाण'** तथा **'जलदस्यु'** संकेत है क्योंकि इनकी विशिष्टताएँ स्थिर हैं। कृपाण से बंदी युगल अपने बंधन काटते हैं, नायक और जलदस्यु द्वंद्व युद्ध करते हैं, चंपा बुधगुप्त से हिंसक प्रतिशोध लेने को अपने पास छिपाए रखती है तथा बुधगुप्त अपने प्रेम की परीक्षा देने को कृपाण से अपना हृदय-पिंड चीरकर निकालने को तैयार

है। इसी तरह चंपा के लिए जलदस्यु बुधगुप्त सभी दशाओं में नास्तिक, निष्ठुर, हत्या-व्यवसायी, तथा अकरुण-सतृष्ण-ज्वलनशील हृदयवाला है। **'सौंदर्यबोधात्मक संकेत'** ऐसे हैं। इसी कड़ी में **'सौंदर्यबोधात्मक बिंब'** (एस्थेटिक इमेज) की श्रेणी है। तुलना करें तो काव्य-बिंब हमें मौन तथा निर्भाषिक आयामों में नहीं ले जाते। वे मूलतः उपमित रूपकात्मक होते हैं। किंतु सौंदर्यबोधात्मक बिंब पाँचों ज्ञानेंद्रियों तथा कर्मेंद्रियों के कुलक से आविर्भूत हैं; कुछ अभिनव, बहुमाध्यमधर्मी तथा अप्रत्याशित हैं। ये हमारी यथार्थता की अवधारणा को बदल देते हैं। अतः ये अव्यक्त तथा अनिर्वचनीय, दोनों का आयत्तीकरण करते हैं। ये प्रायः अर्थभ्रांति एवं अनुभव-बहुलतापरक होते हैं। इनमें वास्तविकता की प्रतीति के बजाय स्थानापन्नता (सब्स्टीट्यूशन) होती है। 'आकाशदीप' के सौंदर्यबोधात्मक बिंबों में नवलता, आश्चर्य, कौतूहल, रोमांस, रोमांच, अंधेर के रहस्यात्मक प्रभामंडल हैं।

सर्वप्रथम **बिंब** घुप्प अँधेरे में बँधे दो अज्ञात रूप, अज्ञात नाम, अज्ञात लिंग वाले बंदियों का है जो शब्दभेदी नाटकीय ध्वनियों और स्वरों के उतार-चढ़ाव द्वारा सम्मूर्तित हुआ है। सहसा धवल उजाला होते ही रहस्योद्घाटन होता है कि रज्जु काटकर बंदी मुक्त हैं। वे पुरुष और स्त्री हैं तथा नौका पर गुक्त जलदस्यु का अधिकार हो गया है। अब जलदस्यु बुधगुप्त महानाविक हो गया है। यह सबसे अद्भुत और चमत्कारी बिंब है। यह संपूर्ण कहानी का कथ्य-सूत्र अथवा आधारभूत विचार (थीम) है।

सौंदर्यबोधात्मक बिंब परोक्षतः मात्र (काव्य-बिंबों की भाँति) दो वस्तुयुगल अथवा रूपकात्मक न होकर चक्रचिह्नक प्रभावना और पूर्वानिमिति की भी छाया लिए होते हैं। उक्त क्रम में हम **गतिकी-बिंबों** को लेते हैं : समुद्रवक्ष पर राग-रंजित संध्या थिरकने लगी, कृपाण युद्ध में घात-प्रतिघात होता है, बंदिनी चंपा लुढ़ककर बंदी जलदस्यु के शरीर से टकराई, चंपा निर्भीकता से कूद पड़ी, लहरें अपनी हँसी का कलकल-नाद छोड़कर छिप जाती थीं, चंपा बुधगुप्त के बढ़े हाथ के सहारे बजरे पर चढ़ गई, बुधगुप्त ने सहायता देकर (चंपा को) शिविका से उतारा, नायक क्रोध से उछल पड़ा आदि।

स्पर्श-बिंब : दूरागत पवन चंपा के अंचल में विश्राम लेना चाहता था, उसके हृदय में गुदगुदी हो रही थी, लहरों के धक्के एक-दूसरे को स्पर्श से पुलकित कर रहे थे, काल के कठोर हाथ, दूसरे बंदी ने हर्षातिरेक से (पहले अर्थात् चंपा को) उसे गले लगा लिया, चंपा के असंयत कुंतल उसकी पीठ पर बिखरे थे, चंपा ने बुधगुप्त के क्षतों को अपनी स्निग्ध दृष्टि और कोमल करों से वेदना-विहीन कर दिया, बुधगुप्त के सुगठित शरीर पर रक्त बिंदु, तरंगों से उठते पवन ने चंपा व जया के वसन को अस्त-व्यस्त कर दिया, बुधगुप्त ने चंपा के पैर पकड़ लिए, फिर एक आलिंगन हुआ, आदि।

गंध-बिंब : सौरभ से पागल चंपा ने बुधगुप्त के दोनों हाथ पकड़ लिए।

स्वर-बिंब : बुधगुप्त ने विकट हुंकार से...नायक को...गिरा दिया, दोनों बंदी मुक्त होकर खिलखिला कर हँस पड़े, किसी ने पुकारा, आपत्तिसूचक तूर्य बज उठा,

मतवाले नाविक के शब्द, आँधी के हाहाकार में उसे कोई सुन न सका आदि।

दृश्य-बिंब : वह श्यामा युवती, चंपा की भोली-भाली आँखें, पालों में शरीर लपेट कर एक-दूसरे का मुँह देखते हुए, आलोक की एक कोमल रेखा इस निविड़ तम में मुस्कुराने लगी, चंपा की आँखों से आँसू बहने लगे, चंपा की निरुद्देश्य आँखें, चंपा भय व विस्मय से देखने लगी, नायक की कायर आँखों ने प्राणभिक्षा माँगी, चंपा की आशा भरी आँखें, नक्षत्रों की मधुर छाया, अनंत जलनिधि में उषा का आलोक फूटा, सामुद्रिक नावों की एक श्रेणी महाजलव्याल के समान संतरण कर रही थी, आदि।

चक्र-चिह्न : दोनों बंदियों का सर्वप्रथम बिंब, आँधी के चिह्न (समुद्र का अवकाश, पवन वेग, तारे ढँक गए, तरंगें उद्वेलित हुईं, समुद्र गरजने लगा, भीषण आँधी)।

प्रतीक : ये बिंब नहीं होते हैं। समुद्र वक्ष पर भीषण आँधी के बहाने **प्रतीक** बनने की प्रक्रिया का उदाहरण ले सकते हैं। वह आँधी चंपा के अभ्यन्तर में भी चल पड़ती है, वह आँधी चंपा में कभी क्रोध, कभी उन्माद बन जाती है। वह भीषण आँधी पिशाचिनी के समान है जो नाव को, अपने हाथों में लेकर, कंदुक-क्रीड़ा और अट्टहास करने लगी, ऐसे रोमांच में दोनों बंदी खिलखिलाकर हँस पड़ते हैं।

इसी तरह जलमग्न शैलखंड प्रतीक बनता है। उससे टकराकर नावें डूब जाती हैं तो चंपा के हृदय में भी अविश्वास तथा घृणा का (जलमग्न) शैल छिपा-धँसा हुआ है। इससे वह 'कितनी निर्दय' हो जाती है कि बुधगुप्त की प्रेम-नौका टकराकर डूब जाती है। प्रतीक में बहुअर्थीयता तथा तिरती हुई विमर्श-छायाएँ होती हैं।

आकाशदीप भी एक थीम-प्रसारक विकसनशील प्रतीक है, अंधकार के खिलाफ प्रकाश की अनवरत लड़ाई का। जब चंपा छोटी थी, उसके पिता नौकरी पर समुद्र में जाते थे और माँ मिट्टी का दीपक बाँस की पिटारी में भागीरथी के तट पर बाँस के साथ ऊँचे टाँग देती थी ताकि उसके पथ-भ्रष्ट नाविक अंधकार में ठीक पथ पर जाएँ और कुशल क्षेम से लौट आएँ। बाद में अंधकार में ही जलदस्युओं से युद्ध करते हुए उसके पिता मारे गए थे। चंपा को यह विश्वास हो गया था कि बुधगुप्त ही उसके पिता की मृत्यु का निष्ठुर कारण है। अब शरद की एक स्वच्छ रात्रि में बाली द्वीप में तरुणी चंपा दीपक जलाकर उसे अभ्रक की मंजूषा में धरकर दीपाधार को ऊपर खींचती है ताकि वह नक्षत्रों से हिलमिल जाए। ...बाद में बाली द्वीप के स्वामी महानाविक बुधगुप्त ने शैल के ऊँचे शिखर पर चंपा द्वीप के नाविकों को सावधान करने के लिए सुदृढ़ दीपस्तंभ बनवा दिया। अंत में जब चंपा द्वीप में ही अकेली रहने का निर्णय ले लेती है (और बुधगुप्त स्वदेश वापस लौटता है) तब वह इस दीपस्तंभ पर से आलोक जलाकर अपने पिता की जलसमाधि का अन्वेषण करने के बजाय जान जाती है कि उसे 'भी इसी में जलना होगा, जैसे आकाशदीप।'

अतः इस कहानी की **सृजन-प्रक्रिया** में कवि ने ऐतिहासिक यथार्थता तथा ऐतिहासिक ज्ञान पर सांस्कृतिक कल्पना और अपनी जीवनदृष्टि का प्रक्षेपण एवं

उदात्तीकरण किया है, निष्फल यौवन, करुण प्रणय, तथा दर्दीली स्मृतियों का। रोमांटिक प्रेमपथिक प्रसाद ने प्रणय-योग वाले मार्ग पर समुद्र-यात्राओं के रोमांच, तथा वेदना एवं आत्मसंघर्ष वाली अंतर्यात्राओं का 'भव्य वृत्तांत' रचा है। इसके कई शताब्दियों पहले के दक्षिण एशिया के विशाल परिदृश्य-फलक (सीनेरियो) पर दीपस्तंभ-आकाशदीप, कृपाण तथा जलमग्न शैलखंड गोधूलि-क्षेत्र से ऊपर उछलकर नानाविध रूपाकारों को अनुभूत-अभिव्यक्त-अनुभव कराते हैं। सचेतन इलाके में पात्रों की दशाओं ने रूपभेद, बिंबों ने वर्णिका-भंग तथा प्रतीकों ने लावण्य-छाया-योजन किए हैं। प्रकृति और संस्कृति के मिथुन इसके सादृश्य-प्रतिपादक हैं। समग्र सृजन-प्रक्रिया नाटकीय तथा चित्रबोधात्मक है।

[च] एक सौंदर्यबोधात्मक कृति में पूर्वनिरूपित चित्रफलक तथा चलचित्र-गतिक फलक के समांतर शिल्प का वास्तु भी संधियों तथा देहभाषा का पश्यंती-विधान करता है। **इसकी इकाई मुद्रा-भंगिमा का दित्व है।** यह अनुभूतियों तथा अवाचिक ऐंद्रियकताओं का अनिर्वचित तथा मनोरथिक आयाम भी है। कथा में मुद्राएँ-भंगिमाएँ एक समानांतर मूक किंतु अतिशय भाव-व्यंजक, तथा समर्थ, तथा अप्रकट देहभाषा का विधान करती हैं। ये शब्दोत्कीर्ण शिल्प-रचनाएँ सौंदर्यबोधशास्त्र की पर्युत्सुकी तथा अनादि वासना की तृष्णा और शोभा है। यथा, **मुद्राएँ व भंगिमाएँ** :– चंपा मुट्ठी बाँधे उन्मादिनी-सी घूमती रही, एक दीर्घकाय दृढ़ पुरुष (बुधगुप्त) ने चंपा की पीठ पर हाथ रखा, बुधगुप्त घुटनों के बल (चंपा के सामने) छलछलायी आँखों से बैठा था, सहसा चंपा का मुख क्रोध से भीषण होकर रंग बदलने लगा।

चंपा के धवल अपांगों में बालकों के सदृश विश्वास था, दस्यु के मन में एक संभ्रमपूर्ण श्रद्धा यौवन की पहली लहरों को जगाने लगी, जया के श्याम मुख में शुभ्र-नक्षत्रों की पंक्ति के समान उसके दाँत हँसते ही रहते, चंपा मुग्ध-सी समुद्र के उदास वातावरण में अपने को मिश्रित कर देना चाहती थी, अकस्मात् चमत्कृत हो जाने की कुछ स्थितियाँ, चंपा हँस पड़ी चंपा द्वीप के नामकरण पर, आदि।

कथा में प्रचंड **द्वंद्वों तथा दुविधाओं** की धूपछाँह भी चेतन बनाम अवचेतन, व्यक्ति बनाम परिवेश, उत्तमपुरुष बनाम मध्यमपुरुष, लिंग बनाम वर्ग के शतरंज की चालें चलवाती है। प्रसाद इसे परिपाटी-श्रुत नियतिलीला से परे ले जाते हैं क्योंकि यहाँ एक वर्ग-प्रस्थानक, धीरप्रशांत, बलशाली नास्तिक नायक तथा आत्मनिर्वासित, अतुल आत्मशक्तिपूर्ण नायिका के बीच टक्कर है।

सौंदर्यतात्विक चक्रचिह्न तथा सौंदर्यबोधात्मक मनोराग किस तरह द्वंद्वों एवं दुविधाओं का अबोधपूर्वा उद्घाटन करके मनस्सौंदर्य को **आश्चर्य** तथा **अंधेर** के विरुद्धों में डाँवाडोल कराते हैं, इसकी मिसालों का उद्घाटन भी केवल ऐसे ही उपागम द्वारा हो सकता है।

जब मुक्त होने पर (पुरुष) बंदी दूसरे (स्त्री) बंदी को हर्षातिरेक में गले लगाते हुए संज्ञान करता है कि वह स्त्री है तो इसकी संपुष्टि करती हुई स्त्री (चंपा) प्रतिप्रश्न

करती है "क्या स्त्री होना कोई पाप है?" यह संबोध लिंग-समानता तथा वर्गीय-समानता के वैश्विक संदर्श का साधन बनता है। (यह नवीन संबंधता ध्रुवस्वामिनी के समानांतर है)। आगे चलकर चंपा अपने-जैसे वर्ग वाले दस्यु को तो शायद मनसा स्वीकार कर ले किंतु शूरवीर वैभवशाली हो गए महानाविक से परकीयकृत (ऐलियेनेटेड) होती चली जाती है। इससे हृदय-संवाद अवरुद्ध होता जाता है। यह अस्तित्ववादी **विसंगति** की दुविधा में बदल जाता है।

तथापि आगे-आगे 'अचानक के चमत्कार' का ऐस्थेटिक मनोविज्ञान अपने जैविक रहस्योद्घाटन करता है। समुद्र के अपार शीतल जल के पास भी चंपा के हृदय की प्यास नहीं बुझती है। एक संध्या में, नीलकमलों के नीलजाल के कुहक से तथा (स्वयं की) पद्मिनी-गंध से उन्मत्त, चंपा के एस्ट्रोजन तथा फेरॉमोन जैसे हार्मोन उत्तेजित हो उठते हैं। वह सामने छलछलाई आँखों से घुटनों के बल बैठे हुए आत्मसमर्पण कर चुके बुधगुप्त को दोनों हाथों से पकड़कर अचानक एक लपलपाता आलिंगन करती है। उसी क्षण झट से अकस्मात् प्रतिशोध लेने के लिए कंचुकी में छिपाकर रखे हुए कृपाण को अतल जल में डुबा देती है। तदपि उपरांतिक क्षण में उसकी घृणा-ग्रंथि में स्राव हो उठता है और वह पुनः अविश्वास की आत्महंता दुविधा में विखंडित हो जाती है। अपने द्वंद्व का स्वयमेव मनोविश्लेषण करती है, "मैं अपने हृदय पर विश्वास नहीं कर सकी...मैं तुम्हें घृणा करती हूँ, फिर भी तुम्हारे लिए मर सकती हूँ। अंधेर है जलदस्यु! मैं तुम्हें प्यार करती हूँ।" और वह रो पड़ती है। एक ऐसे ही अन्य मौके पर (अविश्वास से उपजी धधकती अघोर घृणा के कारण) वह दस्यु बुधगुप्त को अपने वीर पिता की मृत्यु का निष्ठुर कारण मानते हुए मुट्ठी बाँधे (हिस्टीरिया-जैसी हालत में) उन्मादिनी-सी घूमने लगती है, उसका मुख क्रोध से भीषण होकर रंग बदलने लगता है : "मेरे पिता, वीर पिता की मृत्यु के निष्ठुर कारण, जलदस्यु! हट जाओ।" वह ताउम्र उस दिन को कभी नहीं भुला पाती, ताकि यह विश्वास कर लेती कि दस्यु उसकी पिता की मृत्यु का कारण नहीं है। ये अपनर्मिल (एबनार्मल) मनोदशाएँ भी हैं।

महानाविक बुधगुप्त मर्दवादी दंभ तथा दर्प से विमुक्त होकर आत्मसंयम एवं आत्मसमर्पण की विवेकशील विचारभूमि पर क़ायम हो जाता है। वह अकेली और निस्सहाय चंपा का न तो अपमान करता है, न ही उस पर बल-प्रयोग। यद्यपि उसके नाम से बाली, जावा, और चंपा के आकाश गूँजते हैं, लेकिन वह चंपा का हृदय नहीं जीत पाता। चंपा की भ्रांतिजन्य निर्ममता से चूर-चूर वह आर्तपुकार कर उठता है : "आह, चंपा! तुम कितनी निर्दय हो।" वह वर्षों से ज्वालामुखी को अपने में दबाए हुए है। इतना महत्त्व प्राप्त करके भी वह कंगाल है क्योंकि उसके पत्थर से हृदय को एक दिन अचानक 'एक नई वस्तु' का पता चलता है—'कोमलता', अर्थात् अपनी महिमा में अलौकिक एक तरुण बालिका (किशोरी)। यह रोमांटिक तथा भागवत

प्रणय है—आत्मसमर्पण, महाभाव, वासनाहीन अनुराग और संभ्रमपूर्ण श्रद्धा वाला!!

अगर एक की आधारभूमि मनस्सौंदर्यबोधक है तो दूसरे की उज्ज्वल रस के अध्यात्म जैसी प्रेम और घृणा, तथा कोमलता और श्रद्धा के द्विपर्ण-विरोध (बाइनरी अपोजीशंस)॥

इस कहानी में उद्दीपक विभावन, अथवा त्रासदिक विश्रांति के हेतु भी प्रकृति-लीला तथा प्रकृति-सहेलीत्व है। यहाँ प्रसाद की कविताई डिजिटल कैमरे के बटन-दाब चलचित्रों के जैसी संवेदित हो रही है।

प्रकृति के सौंदर्यबोधात्मक बिंब के लिए अपेक्षित है कि हम **फोटोग्राफी** तथा **चित्रण** के बुनियादी फर्क को रेखांकित कर लें। फोटोग्राफी वास्तविक है, जबकि चित्रांकन यथार्थ, अर्थात् समानुभूतिपरक (इम्पैथेटिक) एवं कला-काल्पनिक। चित्र रचना में अनुभूतियाँ भी घुली-मिली होती हैं। फोटो भी पुनः एकबारगी स्मृति द्वारा, या पूर्व दीप्ति (फ्लैश बैक) द्वारा, या दिवास्वप्नों के प्रत्याह्वान द्वारा उन मार्मिक अनुभूतियों-अनुभवों को लिवा लाती हैं। यहाँ प्रसाद के प्रकृति-चित्रण तो गद्यकाव्य जैसे हैं। वे केवल **सौंदर्य** की ही नहीं, **संस्कृति** और **इतिहास** की भी अभिव्यक्ति हैं। उनके फ्रेम पृष्ठभूमि तथा अग्रभूमि, दोनों ही भूमिकाएँ निभाते हैं। उनमें स्वर, स्पर्श, सुगंध की भी अनुमिति कराते हैं। प्रकृति-चित्रों के फ्रेम में संवाद तथा गत्यात्मकता अनुस्यूत है। कहानी के फ्रेम में तो अधिकांशतः समुद्र और शैलमाला विद्यमान हैं। उषाकाल और संध्या की गोधूलि, शरद ऋतु और वसंत ऋतु के भी शोभित संकेत और चिह्न लगाए गए हैं। रथिक बिंबों वाले कलाकार प्रसाद ने उनमें कोण और घुमाव, प्रमेय और चयन, आभा-छाया तथा कौंध-अंधकार का तकनीकी समन्वय (सिंथीसिस) एवं समतोलन (साइनेस्थीसिस), डगमग-सा, क़ायम किया है। यह भी अभिनव कल्प साबित हुआ।

प्रकृति का पहला फोटोशॉट मानो नाटकीय यवनिका के पीछे घोर अंधकार में नौका में दो बंदियों के मुक्ति-संघर्ष द्वारा प्रतिच्छादित हुआ है जहाँ केवल ध्वनियों-प्रतिध्वनियों का अनुरणन होता है। रोमांच से भरपूर नौका का बाहरी संसार रौद्र और भयानक प्रकृति रूप वाला है : समुद्र की हिलोरें, लहरों के धक्के, तारक खचित्र नील अंबर, पवन की दुष्टता, लहरों में नौका को कंदुक की तरह उछालती आँधी, सिंधु गर्जन।...फिर अनंत जलराशि में मुक्ति तथा अनुराग सूचक उषा का मधुर आलोक। शांत समुद्र। मानो प्रकृति ही सूत्रधार है, तथा ज्योतिषी भी। कौंध-अंधकार का तांडव-लास्य हुआ। दूसरा प्रकृति चित्र प्रमेय और चयन से युक्त चित्रांकन जैसा है : वरुण बालिकाएँ, मायाविनी छलनाएँ हैं, कौन? आकृति-भ्रांति है! दूर-दूर क्षितिज रेखा पर, धीवरों की वंशी प्रतिध्वनियाँ और उठते हुए कंदील व कँपकँपाती लहरों के अस्त-व्यस्त बिंब-प्रतिबिंब!...ऐसे में दूरागत पवन भी चंपा के आँचल में घुसकर हृदय में गुदगुदी पैदा करता है। परिणाम : चंपा की नारी-चित्ति का चपल चंचल

मुग्धा-उत्तेजन! यह आलोकमय प्रभात है। फिर भी चंपा पूर्व-दीप्तियों (फ्लैश बैक्स) को दिवास्वप्न बनाने में मुग्ध प्रवीणा है। जब माँझी सो जाते थे, दीपक बुझ जाते थे, हम-तुम परिश्रम से थककर [अपनी नाव के] पालों में शरीर लपेट कर एक-दूसरे का मुँह ताका करते थे! क्यों? यह रहस्य नारी तथा प्रकृति, दोनों ही प्रकट नहीं करना चाहते। विचित्र कोण एवं घुमाव हैं, प्रकृति-वितान के!

इसका उद्घाटन नैतिक मन के प्रहरी के हट जाने पर 'अकस्मात्' हो जाता है जब पिंगल संध्या में मन्मथ उन पर प्रकृति का इंद्रजाल फेंकता है। रहस्य और उन्माद भभक उठते हैं; मदिरा से सारा आकाश सिक्त है, नीलकमलों से भरी अवचेतन सृष्टि है। सौरभ से पागल चंपा बुधगुप्त का आलिंगन करती है। उन्माद दशा है और यह पुरुष एवं प्रकृति की अनादि लीला है। प्रमेय तथा चयन के भाव-वर्ण-लावण्य के त्रिभुवन क्षण हैं!

इसके पूरक कुछ **गद्यगीत** या गद्यकाव्य भी हैं। प्रसाद इन्हें नाटकों तथा कहानियों में संलग्न करने को महालालची रहे हैं। 'स्वर्ग के खँडहरों में' कहानी में गुल-मीना बुलबुल के गद्यगीत तो इंद्रजाल फैलाते हैं।

यहाँ दो गद्यगीत स्वदेश भारत से संबंधित हैं। पहले में दो प्रश्न हैं। उनकी जन्मभूमि, वह दार्शनिकों का देश भारत! महिमा की प्रतिमा! तो कौन अभिशाप उन दोनों को अलग किए है? वे घर वापस क्यों नहीं जाते? 'नास्टेलजिया' की व्यथा! इनका उत्तर है कि बुधगुप्त का पत्थर जैसा दिल एक दिन 'सहसा' चंपा के स्पर्श से चंद्रकांता मणि की तरह पिघल गया।

चंपा-पक्ष से दूसरे-तीसरे उत्तरधर्मी गद्यगीत हैं जो प्रसाद के मानवीय करुणा पूर्ण वसुधैव कुटुंबकम् वाली वैश्विक दृष्टि का भाष्य खोलते हैं। चंपा के लिए सब भूमि मिट्टी है, सब जल तरल है, सब पवन शीतल है। अब हृदय में अग्नि समान कोई आकांक्षा नहीं जल रही है।

वह अपने प्रिय नाविक बुधगुप्त से अनुरोध करती है कि तुम स्वदेश लौट जाओ, विभवों का सुख भोगने के लिए। और...तुम मुझे छोड़ दो इन निरीह, भोले-भाले प्राणियों के दुःख को सहानुभूति तथा सेवा के लिए। सो, अपने-अपने चयन द्वारा दोनों का ही आत्मोद्धार होता है। आत्मोत्सर्गपरक प्रेमाकुलता अपने चरम बिंदु पर निष्काम दर्शन हो जाती है।

अनुष्ठानों (कर्मकांड तथा मेला-महोत्सवादि) का साक्षात् समावेश कहानी के अंतिम चरण में होता है। कला तथा अनुष्ठान (रिचुअल) परस्पर पूरक हैं। सो, ये 'आदिम-कबीलाई सामाजसौंदर्यबोध' के क्षीण तथा झीने दृष्टांत हैं। यहाँ एक और महानाविक बुधगुप्त तथा रानी चंपा (इंद्र और शची के समान) हैं तो दूसरी ओर दक्षिण एशिया के 'चम' आदिवासी तथा वन्य कबीलों के निरीह, भोलेभाले लोग।

अनुष्ठानों तथा **कर्मकांड** का पहला स्तर सामंतीय समाज में धीवर (मल्लाह)

समुदाय का है जो कृषक वर्ग के चक्रचिह्नों तथा प्रथाओं के अनुकर्त्ता हैं। वे वरुण देवता के उपासक हैं। उनकी शपथ कर्म की संचालिका तथा व्यवहार का आदेश है। शपथ लेकर वे विश्वासघात नहीं कर सकते। यह उनकी वचनबद्धता है। माँझी स्त्रियाँ अपने पिता-पुत्र-पति-प्रेमी के नौका-यात्रा से सकुशल लौट आने की मनौतियाँ मानती हैं। वे नदी या सिंधु धारा में मांगलिक दीपदान भी करती हैं। क्षीरनिधिशायी अनंत (नागदेवता) की प्रसन्नता के लिए भी वे आस्थापूर्वक दीप जलाती हैं।...नाविक अपने माथे पर कुंकुम या शरीर पर रक्त-चंदन से विजय-तिलक करते हैं। इन सिस्टमों में संकेत, चिह्न, सूचक, बिंब तथा प्रतीक का मिश्रण है।

आदिवासी कबीलों की वनबालाएँ निरीह तथापि भोली-भाली तथा सहज सुंदर हैं। वे समूह तथा टोलियों में आती-जाती तथा कार्य करती हैं। वनफूलों से श्रृंगार करना, नृत्योल्लास में झूमना, संगीत यंत्रों के संग गाना आदि उनके कलाह्लादक अनुष्ठान हैं। उनके परिवहन के साधन नौका तथा शिविका हैं। कहानी में वे चंपा को भी वन-कुसुमों से विभूषित करके, शिविका में आरूढ़ करके नवनिर्मित दीपस्तंभ या आकाशदीप के लोकार्पण का महोत्सव मनाने इकट्ठा होती हैं। प्रसाद कबीलाई समाज की नृतात्विक संरचना की पहचान में चूक गए हैं। यह समाज जादुई अभ्यास करता है। सुंदरता के बजाय ऊर्जस्विता की शैली में कर्मरत रहता है—तथा 'स्वप्नसमय' में मिथकीय रचनाओं का विधान करता है। शायद प्रसाद ने उनके समाज के उस चरण से शुरू किया है जब जादू के अवसान के बाद धर्म का आविर्भाव होने लगा था। स्वामी (महानाविक), रानी आदि का प्रभुत्व तथा ऐश्वर्य छाने लगता है।

छ इस कहानी में द्विपर्ण-विरोधों की विचित्र श्रृंखला है। जो शुरुआत **रोमांस** और **रोमांच** से होती है, वह कौतुक, कौतूहल से मिलकर सहसा/अचानक/अकस्मात कथ्य-विपर्यय करके आश्चर्य की सृष्टि करती है। द्वंद्व युद्ध और आँधी के कारण इनका विधान अति प्रभावशाली होता है।

दूसरे आयाम में **कठोरता** और **कोमलता** का ऐसा इंद्रजाल है कि दुस्साहसिक जलदस्यु बुद्धगुप्त धीरललित (कोमल हृदय वाला) महानाविक होकर भी पुरुष-अहं को त्यागकर चंपा के सम्मुख आत्मसमर्पण करता है। **आत्मसंयम** तथा **आत्मसमर्पण** का उद्वेलनपूर्ण ज्वार-भाटा उठता है। साथ ही चंपा बचपन की स्मृतियों को दिवा-स्वप्न के साक्षात् बिंबों में रूपांतरित करती चलती है।

प्रेम और घृणा का आयाम सचमुच अंधेर जैसा है। वह विश्वास और संशय के बीच झूलती है, भयानकता और मधुरता के अंतर्द्वंद्व भोगती है। वह अविवेकी आस्था तथा अंतःकरण की श्रद्धा के बीच भी चयन नहीं कर पाती। एक ओर उसके अंतर्मन में भी अविश्वास तथा क्रोध का धँसा हुआ शैलखंड है तो दूसरी ओर पथ-प्रदर्शक प्रकाश का विकल्प दीपस्तंभ भी है। वह 'क्या और कौन' अथवा 'यह या वह' के बीच दुविधाग्रस्त होकर एक विभक्त व्यक्तित्व (स्पिलिट पर्सनेलिटी) से युक्त हो जाती है।

चौथे आयाम में चंपा और बुधगुप्त अपने-अपने हृदय पर अधिकार और एक दूजे के हृदय पर विजय के द्वंद्व में आक्रांत हैं। आलिंगन और परिरंभन के क्षणों में चंपा अपनी कंचुकी से कृपाण निकालकर समुद्र में डुबा देती है। वह क्रोध तथा प्रतिशोध का दमन तो कर देती है किंतु अविश्वास और आत्ममंथन में अनिर्णया ही रहती है। अंधेर हैं : एक चंपा है मदमत्त और उन्मत्त। दूसरी चंपा है घृणा ग्रंथि से जकड़ी तथा तृष्णाग्नि में प्यासी जलती! **चमत्कार** के पश्चात् सौंदर्यतत्त्ववेत्ता प्रसाद ने **अंधेर** की स्थिति का नया अन्वेषण किया है।

अंतिम आयाम वैभव और खुशहाली बनाम लोकजन की सहानुभूति और सेवा के विकल्प चुनने का है। दोनों हृदय से हार चुके हैं। अपने-अपने अलग-अलग रास्तों को चुनकर अजनबी, अकेले, आत्मनिर्वासित किंतु आत्म-दीप हो जाते हैं। अतएव सारी कहानी द्वंद्वों-दुविधाओं, अंतर्विरोधों-विरोधाभासों से गुँथी हुई है। यही इसका रहस्यात्मक इंद्रजाल है।

[ज] अंततः हम सौंदर्यबोधशास्त्र के आरेख पर **'सौंदर्य'** के नकारात्मक तथा सकारात्मक समांतर कोश (थिसारस) के निरूपण के लिए प्रस्थान कर सकते हैं।

इसके लिए यह तथ्य भी ध्यातव्य रहना चाहिए कि यह कहानी सौंदर्यबोध-शास्त्रीय प्राचल के लिए आदर्श मॉडल है। इसमें काव्य-नाटक, कहानी-गद्यगीत, इतिहास-रोमांस, यथार्थ-आदर्श के द्वंद्वात्मक युगल हैं। इसमें दो सांस्कृतिक व्यवस्थाएँ हैं—चंपा नगरी का समुद्रपारीय परिवेश तथा चंपा द्वीप का आदिम वातावरण। इसमें दो दर्शनाभास हैं—वरुण का दुःखवाद, तथा शैव दर्शन का प्रकृति-पुरुष संबंध। इसमें दो नैतिक व्यवस्थाएँ हैं : चंपा की आत्मोत्तीर्णता (देश-प्रेम, पुरुष-प्रेम से उपरामिता, सेवा तथा सहानुभूति); तथा महानाविक बुधगुप्त के वैभव, सत्ता, अधिकार के सुख की निरर्थकता। अंततः इसमें प्रसाद का वैश्विक संदर्श तथा जीवन-दृष्टि में भी क्रांतिकारी परिवर्तन ज्ञानगोचर होते हैं।

'सौंदर्य±' के शब्दबंधों की सकारात्मक-नकारात्मक तथा वस्तुपक्षीय-रूपपक्षीय राशि या 'थिसारस' की तालिका यूँ बनेगी—

उक्त आरेख (ग्राफ) में निम्नलिखित क्रम हैं—

क्ष-अ.त्र. (+) = अंतर्वस्तुपक्ष

क्ष-अ.त्र-'. (-) = अंतर्वस्तु पक्ष

क्ष'–अ.त्र (+) = रूप पक्ष

क्ष'.अ. त्र' (-) = रूप पक्ष

'अमरकोश' (तृ. का.) में सकारात्मक सौंदर्य के निम्नोक्त पर्याय बताए गए हैं :

सुन्दरं रुचिरं चारु सुषमं साधु शोभनम् ।
कान्तं मनोरमं रुच्यं मनोज्ञं मंजु मंजुलम्॥52॥
अभीष्टेऽभीप्सितं हृदयं दयितं वल्लभं प्रियम्॥53॥

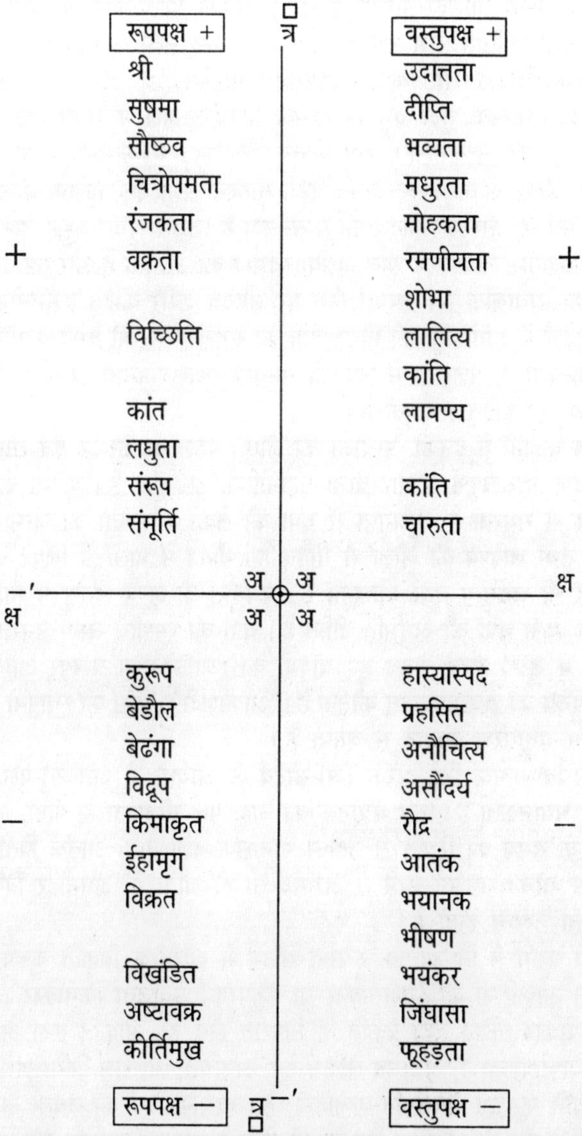

'सौंदर्य ±' के शब्दबंधों (टर्म्स) की राशि

'आकाशदीप' कहानी में सौंदर्यबोधात्मक (सकारात्मक तथा निषेधात्मक) 'सौंदर्य' वाचक शब्द-पुंज के अलावा भी कई शब्दबंध (टर्म्स) चक्रफिरनी (पेरिफरी) में आते

हैं। कथा-कला के लालित्य-संतरण के कारण इनकी परिभाषाएँ सुनिश्चित नहीं हैं किंतु अनुमिति-उपमिति द्वारा संलक्षित हैं। इनमें कुछ संकेतक बिंब हैं, कुछ इंगित हैं, कुछ चक्र चिह्न हैं, तथा कुछ रथिका-बिंब भी हैं।

सौंदर्यबोधात्मक **सुंदर** के सकारात्मक अंतर्वस्तु-अक्ष में सुषम एवं शोभा में अर्थसाम्य हैं; चारु सुव्यवस्थित तथा प्रीतिकर है; कांत में काम्यता है तो कांति में शृंगार और शोभा के फलस्वरूप बनने वाली मोहकता-छवि है; लालित्य में लीला एवं क्रीड़ा की मैत्री है और यह सौंदर्य का पारस रूप है जिसमें शृंगार-बहुल चेष्टाएँ होती हैं। (रूपगोस्वामी); लावण्य में शील अथवा स्वभाव की उत्तमता है और यह अंतःकरण के गुणों का छायालोक है। रूपगत अक्ष पर सौष्ठव शरीर केंद्रित प्रशंसनीय देहरूप गुण है; सुषमा में आंगोपांगों की विलक्षणता का समुच्चय है; श्री वैभव प्रदायिनी तथा मनोकामना-पूर्णा है; पेशलता में रूप की नमनीय तथा कमनीय ढलाई होती है जो इंद्रिय जन्य एवं इंद्रिय प्रभावक है।

अब कहानी में इनकी अन्वीक्षा की जाए। पहले का निष्ठुर एवं **सौष्ठवयुक्त** दस्यु बुधगुप्त **चारुत्वपूर्ण** आचार वाला महानाविक हो जाता है। बंदियों के परस्पर स्पर्श-पुलक में **मधुरता** है। बुधगुप्त में चंपा को लेकर कोमलता का जन्म **लालित्य** की क्रीड़ा तथा **लावण्य** की लीला से मंडित है। नौका में पालों से लिपटे दोनों की अवस्था में भी **लालित्य** तथा मोहकता है। बुधगुप्त के शून्य अंतस् में तारिका-सी उदित होने वाली चंपा की अनुभूति **दीप्ति** है। चंपा का रमणीय संरूप **मधुरता** जनक है। अँधेरे में संघर्ष करके मुक्त हुए बंदियों का हर्षातिरेक में परस्पर आलिंगन से स्त्री और पुरुष का रहस्योद्‌घाटन **कौतुक** है। 'आकाशदीप' स्तंभ की स्थापना-समारोह का समारंभ-वातावरण **आह्लाद** से व्याप्त है।

सौंदर्यबोधात्मक निषेधपरक **(अ)-सौंदर्य** के आयाम के अंतर्वस्तु-पक्ष में भय का कारण **भयानकता** है। क्या भयानक का बाह्य पक्ष **भीषणता** है; पीड़ा, अत्याचार या संकट के समय की स्थिति से उत्पन्न मानसिक दशा प्रायः आतंक होती है जब मनुष्य कुछ सोचने-समझने-करने में असमर्थ-सा हो जाता है; अमनोहर विकरालता से **भयंकरता** उत्पन्न होती है।

इसी प्रसंग में निषेधात्मक रूपगत सौंदर्य में शारीरिक विकृति **कुरूपता** तथा दो विभिन्न आकृतियों की (राक्षसाकार या पशुपरक) संयोजता **किमाकार** (ग्रोटस्क) है। (ये रूपाकार गणित तथा प्रकृति के विपरीत होते हैं); आकृति तथा आकार में असंतुलन **अष्टावक्रता** है; अत्रासद लेकिन हेय, अनुचित, अश्लील क्रिया अथवा भाव अथवा स्थिति **फूहड़ता** (विसंगति-एब्सर्डिटी) है। यह असौंदर्य का उथला अतल है।

चंपा में **रौद्र** तथा **विक्षोभ** तब लक्षित होता है जब वह बुधगुप्त को अपने वीर पिता की मृत्यु का निष्ठुर उत्तरदायी बताती है जब उसकी मुट्ठी भिंच जाती है तथा मुख तमतमा उठता है; ऐसे अनुक्रम में वह अपनी कंचुकी में छिपाकर रखी कृपाण को समुद्र में फेंक देती है क्योंकि वह बुधगुप्त से प्यार (अनुराग) भी करती है। यह

अद्‌भुत है, यह **अंधेर** भी है। इसके प्रतिपटल में जलमग्न **भयानक** शैल शिखर है तथा **भीषणता** फैलाने वाली आँधी है। नायक तथा बुधगुप्त का द्वंद्वयुद्ध **भयंकर** है; चंपा द्वारा प्यार की अद्‌भुत स्वीकृति तथा प्रतिशोध के कृपाण को समुद्र में फेंकना, **अंधेर** होने के साथ-साथ मनस्तात्विक **विखंडन** है;. बुधगुप्त में महत्त्व-प्राप्ति के बावजूद कंगाल होने का बोध **विडंबना** (आयरनी) है; तट से नाव टकराना कार्य-निष्पादन का **बेढंगापन** है; जब आकाशदीपारोहण का महोत्सव होता है तथा चारों ओर वैभव तथा शृंगार वातावरण होता है तब वह **श्री** का अवदान है; और जब चंपा को गलत सूचना दी जाती है कि यह रानी के विवाह के उपलक्ष्य में आयोजन है तो उसे अपने कथित पितृहंता से बिना उसकी स्वीकृति पाए यह स्थिति **फूहड़ता** प्रतीत होती है।

सबसे अंत में कहानी की पराकाष्ठा **उदात्तता** (सब्लिमिटी) में होती है। एक ओर चंपा की घृणा तथा प्रेम, दोनों ध्रुवांतों की तृष्णाग्नि बुझ जाती है तो दूसरी ओर अपने एकपक्षीय प्रेमोद्वेलन को बुधगुप्त विराम देकर स्थितप्रज्ञ-सा हो जाता है। दोनों की परिणति **उदात्त** एवं **भव्य** मनोस्तब्धता में होती है।

हमने आद्योपांत यह पाया है कि सौंदर्यबोध के समांतर, 'ध्वनि'-व्यापार के तीन प्रमुख सूक्ष्म एवं अ बाचिक कारक हैं—संकेत, चिह्न तथा मुद्रा। संक्षेप में इनका परिशिष्ट पुनश्च दोहराना अभीष्ट होगा। **संकेत** प्रत्यक्षीकरण पर आश्रित हैं। ये इशारा करने वाले पार्श्व उत्तेजक हैं जो व्यवहार को उकसाते हैं। कला में ये इंद्रियों की बोधकता के आलंबन बनते हैं। साहित्य में वाचक/सूचक शब्द कूट हैं। ये गतिशीलता के हेतु हैं तथा इस कारण से प्रतीक में रूपांतरित हो जाया करते हैं। **चिह्न** (साइन) द्वारा ही कलाकार के अभिव्यंजित अथवा सांकेतिक उद्देश्यों को चीन्हा जाता है क्योंकि सौंदर्यबोधशास्त्र की भाषा में शब्दार्थ ही शिखर या चरम नहीं होते। इसलिए चिह्न सूचक-द्रष्टक तो हो सकता है परंतु विमर्शक नहीं। कारण कि, यह कलाकृति में अवगुंठित विविध प्रतीकों की सूचना व्यंजित करता है। अतः इसके आशय में भ्रांति या अस्पष्टता भी आ सकती है।

प्रसाद की कहानियों में चित्रकला-शिल्पकला-काव्यकला की त्रिवेणी को चिह्नों द्वारा ही खोजा जा सकता है। **मुद्रा** (जेस्टर/पोस्चर) वैयक्तिक मनोवृत्तियों की प्रक्षेपक है। यह अनिर्वचनीय होती है, अर्थात् एक अवाक् भाषा। इसका गुण गतिप्राप्त को तत्पर होने वाली निस्पंद ऊर्जा है। इसका निकटतम संबंध नृत्य, तथा नाट्य और कार्य से है। इसके द्वारा किसी भी मनोदशा, अनुभूति या प्रतिक्रिया देहभाषाओं के व्याकरण की मदद से पढ़ी जा सकती है। कलाकृति में इनकी उपस्थिति सर्वत्र व्याप्त रहती है। 'आकाशदीप' में तो ये चित्र एवं शिल्प के बंधान तानती हैं।

इस तरह से **'साहित्य के सौंदर्यबोधशास्त्र'** का हमारा पोर्टल, पोर्टफोलियो और एलबम तैयार हो सका है।

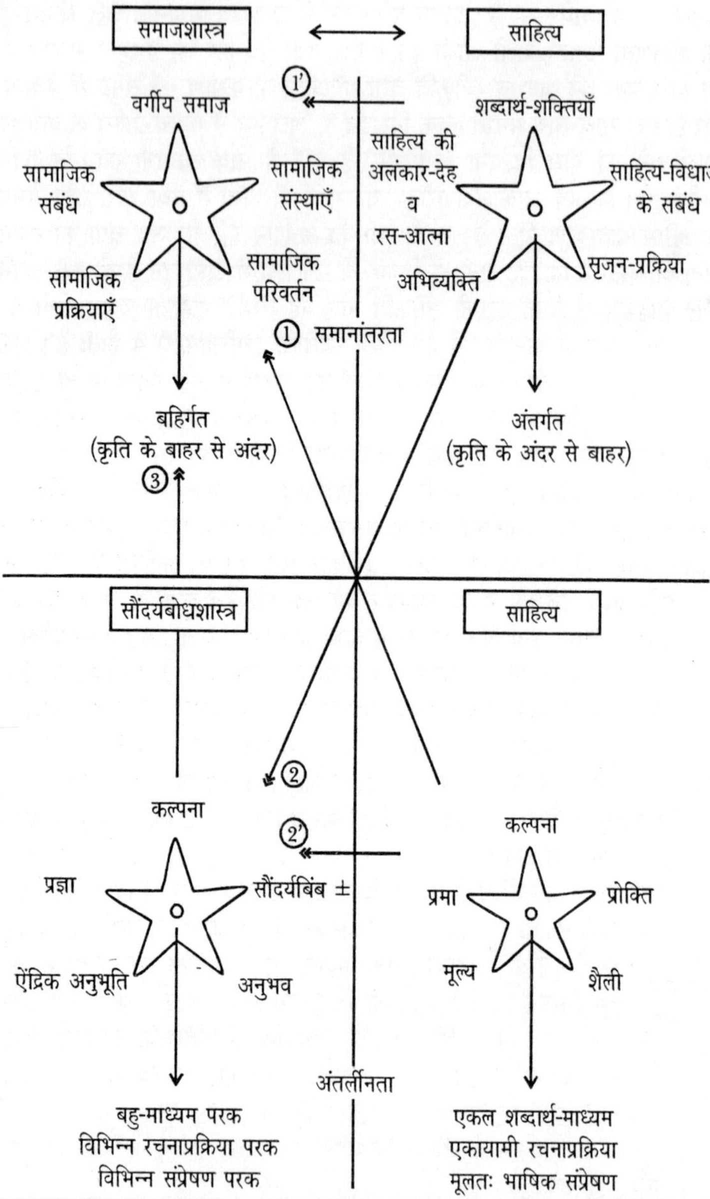

(1') साहित्य का समाजशास्त्र, (2') साहित्य का सौंदर्यबोध शास्त्र, (3) सौंदर्यबोधशास्त्र का समाजशास्त्र

10 'साहित्य का 'देश' निःस्तब्ध है यह आलोचना की संक्रांति का 'काल' है।'

अपने इस समय में राजनीट्रिक्स की तर्ज पर साहित्यिक पेशबंदी में रचना और आलोचना के कथित प्रभामंडलों में भी कुछ ज्यादा ही काली भेड़ें, रँगे सियार तथा ढपोरशंख घुस गए हैं और बखूबी फलफूल रहे हैं। अमरबेल जैसी हालत हो गई है, सरकारी खरीदों, पुरस्कारों तथा सम्मानों एवं पाठ्यक्रमों के चलते। सो, दोनों क्षेत्रों में बहुधा मामूलीपन तथा घटियापन व्यापा हुआ है। 'फील गुड' नदारद है।

कारण कि, इतिहास-चक्र में जब-जब सुदीर्घ द्वैतता (ड्यूएलिटी) की स्थिति बनी रहती है तब तब विभाजन, पार्थक्य की अनुपूरकता में विरुद्धता भी उभरती है। संप्रति आधुनिक जटिलताओं के कारण रचना एवं आलोचना की अंतःश्रेणियों में अनेक अंतर्विरोध (कांट्रेडिक्शंस) भी मौजूद हैं जो विवरण एवं निरूपण की पकड़ के बाहर हैं। इसीलिए उनका समन्वय (सिंथीसिस) भ्रांतिकारक बना रहता है। सो, ज्यादातर साहित्यिक संगतों में रचना को ज्ञानलोक से पृथक्, तथा आलोचना को भावलोक के विरुद्ध माना जा रहा है। यह सपाट और गलत द्वंद्वन्याय है। इसीलिए हमें लगता है कि साहित्य का 'देश' निःस्तब्ध है तथा यह आलोचना की संक्रांति का 'काल' है!!

क्या यथार्थता तथा भ्रांति के ऐसे धूपछाँही दौर में (रचना की भावधुरी पर) आलोचना पाठक के रोल में ही आत्मसीमित होती जाए अथवा (सामाजसांस्कृतिक धुरी पर) चिंतक के रोल में आकर आत्म विस्तीर्ण हो, या विमुक्त हो? साँप-छछूँदर की ऐसी हालत की ऐतिहासिक द्वैतता आज भी मौजूद है कि इसे साहित्य का अर्धांग (लकवा) मानें या न मानें? इसे सर्जनात्मकता (क्रिएटिविटी) की व्यासपीठ का भागीदार बनाएँ कि अछूत बनाए रखें? अगर आलोचना साहित्य का अर्धांश है तो वह सर्जनात्मकता की भी बराबर की साझीदार है। अगर वह समाजविज्ञानों का एक अनुषंग बनती है तो उसे मात्र कविता-कहानी में जकड़ी हुई भावुक प्रतिक्रियाएँ बताकर खारिज नहीं किया जा सकता। तब आलोचना हरफनमौलाओं, तथा ढपोरशंखों की बचकानी

सर्वज्ञता के दावों से भी परहेज करेगी। तब वह 'आलोचिंतना' की ओर प्रस्थान-कलश अधिष्ठापित करेगी। फिलहाल, आलोचना न तो साहित्य का अंतरंग हो पाई है और न ही समाजविज्ञानों के संश्लेष का एक उपांग! साहित्य के प्रभामंडल में आलोचना का यह प्रथम प्रचंड अंतर्विरोध है।

पूर्वानुमान करें कि **आलोचना** समाजविज्ञानों के सांस्कृतिक शिविर में जाकर अपनी नई अस्मिता तलाश रही है। शुरू में तो वह उर्वशी के बजाय एक बृहन्नला की तरह होगी अर्थात् 'कृति' की पर्दानशीनी से बाहर निकलकर वह समाज-संस्कृति, राजनीति-अर्थशास्त्र, दर्शन-धर्म, इतिहास-मनोविज्ञान आदि के दोराहों-चौराहों में उसी तरह से घूमेगी जिस तरह से कोई **रचना** (सृजना प्रक्रिया की गोधूलि में), अपनी एकैक परिपूर्णता प्राप्त करने के पहले, कृतिकार की परा-पश्यंती अंतर्भूमि पर इनका साक्षात्कार अथवा इनसे मुकाबला करती है तथा अपनी भावुक कल्पना से माध्यम द्वारा इनको कायांतरित (मेटामार्फोज़) कर देती है। लेकिन आलोचिंतना की डगर बड़ी कठिन है। उसे दोनों माध्यमों के बीच सामंजस्य बैठाकर परस्परस्पर्धी एकता सिद्ध करना पड़ती है।

समकालीन संदर्भों में सूचनाक्रांति, और ज्ञान की विविधता—अंतःसंबंधता के कारण, उक्त दोनों अक्षों में संप्रेषण की नई-नई जरूरतें उभरी हैं अर्थात् रचयिता और सहृदय के बीच निर्मल मनोमुकुर वाला हृदय-संवाद लगभग खत्म हो चुका है। अब दोनों की वर्गीय हैसियत तथा सामाजिक संचरणशीलता के कारण संवेदना, अनुभव, अनुचिंतन आदि के कई परस्पर-संघर्षी स्तर भी उभर आए हैं। अतएव एक ही धुरी पर रचना एवं आलोचना को कोष्ठित नहीं किया जा सकता है। उनके बीच जटिल परकीयकरण (एलियेनेशन) भी प्रचंड है जिससे द्विअर्थता, प्रतीकत्व, विभ्रांति, कुतूहल, मौलिकता, रहस्यवत्ता, अस्पष्टता, बिखराव आदि छाते जा रहे हैं। इसका अनादि कारण यह भी है कि रचना-चक्र में 'कृती' स्वयंभू तथा निरंकुश तथा निर्बंध है। वह भाव-विचार, समाज-संस्कृति के किसी भी क्षेत्र में उन्मुक्त विचरण करके उसे कृति के भावलोक का अंग बना लेता है।

इसे कृति की श्रेष्ठता, और कृतिकार की व्यापक प्रतिभा का प्रमाण मान लिया जाता है—संश्लिष्ट संरचना की शर्त के साथ। तब अगर आलोचना, रचनाधुरी से अपसरण करके, आलोचिंतक की अपनी निजी जीवनदृष्टि एवं विश्व-संदर्श के अनुसार अपने-अपने अनेक संक्षेत्र, भाव-विचार, ज्ञान-विविधता को चुनती है तो इन्हें बहुधा भटकाव, अवांतरता, अप्रासंगिकता, अनपेक्षा, अनावश्यकता आदि कतई नहीं कहा जा सकता—अंतर्ज्ञानानुशासन की शर्तों के अनुसार। दोनों अपनी-अपनी शर्तों का उल्लंघन करने पर ही नहुषपतित होते हैं। तब तो ये सभी लांछन रचनाचक्र पर भी लागू किए जाएँगे। वस्तुतः यह दो भिन्न-भिन्न प्रतिभाओं का सहविधान है। यहाँ दो विभिन्न माध्यमों के बीच सामंजस्य है। यहाँ **आलोचिंतना** का उद्‌भव है। सो,

यहाँ एक ऐसा अनूठा 'परिपाठ' होगा जिसका प्रभामंडल एकांतिक रचना की अपेक्षा ज्यादा वृहद् तथा दैदीप्यमान होगा (क्योंकि यहाँ दो भिन्न प्रतिभाओं एवं माध्यमों का संगम होगा)। हम इस आधुनिक नवोन्मेष का आलोचना के बजाय **'आलोचिंतना'** के प्रत्यय द्वारा अभिषेक करते आ रहे हैं। मसलन : आचार्य शुक्ल ने लोकरंजन-लोकधर्म को, हजारी प्रसाद द्विवेदी ने भारतीय संस्कृति एवं मानवतावाद को, भगवत शरण उपाध्याय ने ऐतिहासिक-सांस्कृतिक एवं सामाजिक जीवन को, रामविलास शर्मा ने मार्क्सवाद और भाषाविज्ञान को, विद्यानिवास मिश्र ने संस्कृत-काव्यसंस्कार और सांस्कृतिक राष्ट्रवाद को, कुबेरनाथ राय ने आंचलिक संस्कृतियों को, अज्ञेय ने अमूर्त स्वतंत्रता तथा अस्तित्ववाद को अनुषंग बनाकर रचना व चिंतन के नए-नए आलोचिंतनात्मक परिपाठ प्रस्तुत करने में सुदक्षता सिद्ध की है।

अतएव हम सुरक्षापूर्वक कह सकते हैं कि अगर दर्शन की कई शाखाएँ हैं, संस्कृति की कई संदर्शनाएँ हैं, राजनीतिक चिंतन के कई खेमे हैं, समाजशास्त्रियों के कई गुट हैं, साहित्यकर्मियों के कई संगठन हैं तो आलोचकों को भी एक ओर केवल भावधुरी से छिटककर चिंतन के कंटकाकीर्ण अक्ष पर लंबी यात्राएँ करनी ही पड़ेंगी; दूसरी ओर इनके बीच परस्पर वैचारिक संघर्ष भी होगा, तथा तीसरी ओर ज़मीनी हक़ीकत के मुताबिक वर्चस्व की खातिर रणकौशल भी अपनाए जाएँगे। नतीजा यही निकलता है कि आलोचना का जो पतन है, जो वह हाशिए पर फिंका गई है, उसका कारण उसकी भूमि का ही लगातार सिकुड़ते चले जाना, बंजर होकर झाड़-झंखाड़ों से घिरते चले जाना, तथा मात्र कृति के कोल्हू का अंधा-सा बैल बन जाना है। उसकी व्यापकता, विविधता, तथा अंतरज्ञानानुशासनात्मकता की 'स्पेस' का अनुपस्थित या क्षीण, या विलुप्त होते चले जाना ही उसकी क्षय है। उसकी क्षय 'गिरोह' तथा कथित 'साहित्येतरता' के कारण नहीं है। चारों ओर फैली उठापटक, तिकड़म, धोखाधड़ी, घोटाला-घपला, जी-हुजूरी, ढिंढोरी आदि को 'गुंट' या 'प्रतिबद्धता' न कहा जाए। ये सब तो साजिशों की बिसातें है जो कि पुरस्कार हड़पने, चाँदी काटने, तथा पद हथियाने के लिए बिछाई जाती रही हैं, और रहेंगी। इसके बावजूद रचनाकारों एवं आलोचकों, दोनों ही के पक्षों में संतुलित, सर्वोत्तम प्रतिभाशाली लोग मौजूद हैं, और रहेंगे।

कभी-कभी तो ऐसा भी लगता है कि रचना का व्यापार मानो लेखक की आत्मरक्षा और अहंपूजा के लिए भी चलता है। अपनी खुद की वांछित पहचान स्थापित करने के लिए, या वैसा न कर पाने पर, वह शुरू में तो आलोचना-कर्मियों के बंद अथवा उदासीन दरवाज़े खटखटाता है। काम हो जाने पर शायद प्रतिईर्ष्या में आलोचना को अपने तिलिस्म से देशनिकाला दे दिया जाता है—अपनी सदियों पुरानी प्रतिभा-एकाधिकार की दावेदारी की वजह से। यह मामला अभी तक चलता चला आ रहा है, एक (रचना) बनाम अनेक [आलोचनाओं] की अ़न्यता की दशा में। **रचना** 'एक' तथा 'एकल' होती है। वह 'समकालिक' [सिनक्रानिक] है। वह एक काल-देश में जन्म लेकर अपरिवर्तनीय

होती है; तदपि कई कालों में उत्तरजीवी होने के उपक्रम में 'क्लासिक' बन जाती है। इसके उलट **आलोचिंतना** 'अनेक' तथा 'बहुविध' होती है। वह बहुकालिक [डायाक्रोनिक] एवं बहुदेशिक होती है। इस भाँति वह कई कालों में कई चिंतकों द्वारा कई प्रकार से उपचारित होकर नई-नई होती रहती है तथा नवोन्मेष प्राप्त करती रहती है। इसलिए वह इतिहास एवं संस्कृति की निरंतरता तथा परिवर्तन का अंग बन जाती है। उसमें सब कुछ संकलित-संचित-संगृहीत-सुचयनित-परिवर्तित होकर अभिलषित होता रहता है। अगर शुद्ध रचना को लें तो उसका 'पाठ' (टैक्स्ट) अपरिवर्तनीय है; स्वायत्त है। उसका पाठक एक भावुक 'सहृदय' (का प्रादर्श या मॉडल) है। मुकाबले में आलोचिंतना में एक नहीं, अनेक एवं विविध 'पाठ' हैं–विभिन्न, विविध एवं विपुल। वे संवर्धित एवं संशोधित होते हैं। उसके ग्राही 'चिंतक' (के प्रादर्श) हैं। चिंतक कृति के बजाय उसकी अंदरूनी 'कृति' तथा बाहरी 'संस्कृति' में सक्रियमाण हैं। उदाहरण के लिए 'कामायनी' तो एक है। उसका एकल 'पाठ' है। लेकिन 'कामायनी-आलोचिंतना' अनेक तथा बहुविध है। उसके आलोचिंतकों में विश्वनाथ 'शैदा', फतहसिंह, द्वारिकाप्रसाद माहेश्वरी, शिवकुमार मिश्र, भागीरथ दीक्षित, गजानन माधव मुक्तिबोध, रमेश कुंतल मेघ आदि भी हैं। सब इनके 'परिपाठ' या 'परिपाठ-कुलक' हैं। इस तरह हम 'साहित्यिक संस्कृति' में ऐसे विप्लवी संक्रमणकारी बिंदु पर आ पहुँचते हैं जो सर्जनात्मकता को पूरा 180 डिगरी से 360 डिगरी के चक्रचिह्न दे देता है।

सारा का सारा पाणिवृत्त (पेनोरामा) या प्रभामंडल अद्वितीय हो उठता है–(क) सहृदय के बजाय 'चिंतक'; (ख) कृति के बजाय 'संस्कृति' तथा (ग) एकल पाठ के बजाय परिक्रमाकारी 'पाठकुलक' या 'परिपाठादि'।

इस तरह के पुनर्नवीकरण का बीजगणित बनाया जा सकता है। अनुमान करो कि एकल कृति '1' है। यह 1 पूर्ण या संपूर्ण या स्वायत्त स्थिरांक है। अब सहृदय 'x' है। उसके केवल मात्र मनोमुकुर वाला समीकरण महज '$1/x$' होगा अर्थात् पूर्णकृति का अतिलघु भावयित्र अंशमात्र। लेकिन अगर x की x^1, x^2, x^3, x^4 जैसी मूल्य-प्रदत्तियाँ हों अर्थात् देश-काल की अनेक शृंखलाओं में से अनेक आलोचिंतकों के विविध अनुशासनीय संदर्श हों तो वह जोड़ गुणा से '$1.x^y$' हो जाएगा अर्थात् अतीत-वर्तमान-भावी मूल्य-प्रदत्तियों का समृद्ध संपुंजन। यहाँ आधुनिक आलोचिंतना का मॉडल संप्राप्त होता है। यही **ऋचा** है। इसको ही हम **'सामाजसांस्कृतिक चिंतन'** का प्रत्यय देते आए हैं।

अब हम इसके उपर्युक्त तीनों आयामों के कुछ पूर्वानुमान करेंगे।

[क] **चिंतक** (या पाठक) के सर्वप्रथम स्वरूप को सहृदय तथा उसके निर्मल मनोमुकुर से उपमित किया गया है ताकि कृती एवं सहृदय के भावलोकों में अद्वैत रहे। वर्तमान के भयों तथा भविष्य की चिंताओं के बीच आज यह नितांत असंभव है क्योंकि एक ओर तो माध्यम भिन्न-भिन्न हैं तथा स्वयं माध्यम भी स्वभावतः

कई-प्रतिशत प्रेषणीयता को बाधित करता है; तथा दूसरी ओर रचनाकार बनाम पाठक के वर्गीय चरित्र, मनोविज्ञान, संस्कृति तथा संस्कार, और परिवेश भी भिन्न-भिन्न हो चुके हैं। समकालीन प्राचल (पैराडाइम) में वर्तमान चिंतक रचना की वैखरी भूमि से ऊपर ऐड़ लगाता है, गहरी संरचनाओं की समानुभूति करने के पश्चात्। (वह कृती की परा-पश्यंती भूमि तक नहीं डूबना चाहता)। वह कृती एवं कृति की अनुभूति की श्रीशंकुकीय अनुमिति तो कर ही लेता है। इसके उपरांत वह बाहरले समाज तथा कृति की बाह्य संरचनाओं से जूझता है। वह कृति में प्रस्तुत मनुष्य-समाज-संसार की दोहरी पुनर्लब्धि करता है (अंदर-बाहर की तुलना द्वारा)। अब चिंतक की जीवनदृष्टि, विश्वदृष्टि, सामाजसांस्कृतिक दक्षताएँ आदि मिलजुलकर परिपाटीय पुनर्विधान करती हैं। इस तरह कृति एवं कृती के अंदर-बाहर के समाज तथा संसार, तथा चिंतक द्वारा अन्वेषित रचना, बहिर्भूत समाज तथा संसार के बीच तुलना एवं समानांतरता संस्थापित हो जाती है। फलागम में चिंतक को एक तुलनात्मक एवं बहुकालिक-बहुदेशिक प्रतीति ज्यादा यथार्थ, विश्वसनीय, प्रभावी, प्रासंगिक तथा पुष्पित होती हुई साकार हो उठती है।

ख **संस्कृति** का ही लघु रूप हो जाती है कृति। यही उसकी सामासिक समकालीनता है। संस्कृतिवत् कृति अपने अभिग्रहण (रिसेप्शन) में, मनोरंजन तथा आनंद की तुलना में, अब (वह) इतिहास का एक दस्तावेज, संस्कृति की एक कलावस्तु (आर्टिफेक्ट), संदर्भों का एक अभिलेख, प्रोक्ति का एक विमर्श, यथार्थता का एक अनुचिंतनात्मक दर्पण, ज्ञान का एक दीपक तथा सामाजसांस्कृतिक परिवर्तन का एक डायनेमो जैसी सक्रिय, एवं विराट् प्रवृत्तियों की उथल-पुथल से संयुक्त, हो जाती है।

ग उपर्युक्त संस्कृतिवत् कृति चिंतक को पाठ के आगे तथा परे **परिक्रामी परिपाठपुंज** (कान्टैक्स्ट) में अधिष्ठापित कर देती है। जहाँ अब उसका संदर्श (विज़न) प्रौद्योगिकी एवं समाजविज्ञानों, मानविकी तथा साहित्यसिद्धांतों, संरचना और प्रोक्तिविमर्शों, भाष्य एवं आलोचना-प्रणालियों, दर्शन तथा सौंदर्यबोधात्मक संज्ञानों, इतिहास और विभिन्न संस्कृतियों आदि के नानाविध-बहुविध प्रस्थानों द्वारा गोचरीभूत होता है। इन कारणों से कायाकल्पित (मेटा-मार्फोज़्ड) कृति के **परिपाठ** में रचना एवं समाज की ज्ञात-अज्ञात, गुँथी-अनगुँथी, अधूरी-अपूर्ण, अनबिंधी-अनछुई, छूटी-भूली, घटिया-परिष्कृत परत-दर-परत उद्घाटित हो उठती हैं। हम लगातार कृति-केंद्र से अपसरण करते हुए कई अनुपूरकताएँ प्राप्त करते हैं। सो, यह एक सर्वांगीण सांस्कृतिक संदर्श की असमाप्त अनंत यात्रा है।

इस प्रकार हमारे $1.x^y$ वाले बीजगणित का गूढ़ भाष्य भी खुल जाता है।

निष्कर्ष यह हुआ कि आधुनिक आलोचिंतना के चिंतन-संस्कृति-परिपाठ वाले त्रिकोण में नए-नए अंतर्विरोध खुलते हैं। इसमें रस के अनुभव, तथा संस्कृति के चिंतन की

सामासिकता है। इसमें रचना की सृजनात्मकता के अतिरिक्त अन्वेषणात्मकता भी सन्निहित है। इसके दिक् (देश) में आलोचक से आगे चिंतक, विचारक, समाजवैज्ञानिक, आचार्य, दार्शनिक उत्तरोत्तर शामिल होते आए हैं।

इसी के साथ-साथ खुद रचना का भी तो एक आंतरिक अंतर्विरोध है—संरूप (फार्म) बनाम अंतर्वस्तु (कांटेंट) का। यदि हम संरूप पर बल देते हैं तो उसे कलावाद बताया जाता है, और अगर अंतर्वस्तु को प्रमुखता दी जाती है तो ठूँठ बौद्धिकतावाद का ऐलान हो जाता है। इसी अनुक्रम में संरूप की भाषा-शैली को व्याकरण, भाषाविज्ञान, संकेतविज्ञान, संरचना, शैलीविज्ञान, प्रोक्ति, विनिर्मिति आदि शाखाओं के सुपुर्द कर दिया गया है। ज्यादा मुश्किलें अंतर्वस्तु के संसार में होती हैं। इसलिए विचारों, दर्शनों, विचारधाराओं, मतवादों से परहेज तथा एतराज़ करना महज़ पलायनवादी सहूलियत होगी। ये तो आधुनिक साहित्य की अनिवार्य दशाएँ हैं। असली महत्त्व पक्षधरता तथा प्रतिबद्धता का ही होता है। अंततोगत्वा इक्कीसवीं शताब्दी में साहित्य को भी अपनी ऐसी दुविधाओं और दुर्दशाओं का निराकरण करना ही पड़ेगा, परिस्थितियों की जोरज़बर में।

अगर रचना के भावलोक तथा आलोचिंतना के ज्ञानलोक के बीच के शत्रुवत् अंतर्विरोधों को सुलझाने की कारगर पेशबंदी नहीं की गई तो कमोबेश नुकसान दोनों को ही होता रहेगा।

सूचना-प्रौद्योगिकी तथा बौद्धिकतावादी अन्वेषणों के कारण आलोचिंतना तो रचना के रेशम-कोये को बींधकर मुक्त हो सकेगी। वह सामाजसांस्कृतिक तथा विज्ञानदार्शनिक आयामों में शामिल होती चली जा सकती है। उसके पास ये विकल्प खुले हैं। वह कृति-बिंदु से बढ़कर संस्कृति-अक्ष पर अभिसरण कर लेगी किंतु एकल रचना की अनेक सीमाएँ उसे बाँधती रहेंगी।

गठबंधनों के इस बहावघुमावदार समय में आलोचिंतना की नई यात्रा की डगमग शुरुआत करनी ही पड़ेगी वर्ना सत्ता का केंद्र अपराधियों की शरणस्थली बनने के साथ-साथ फिल्म-स्टूडियो भी बन जाएगा क्योंकि लगभग साढ़े पाँच सौ प्रभावी सांसदों में-से एक भी कृती या आलोचक इसके काबिल नहीं पाया गया है। यह कैसा अंधेर है? इस बारे में आचार्यश्री शुक्ल, हजारी प्रसाद द्विवेदी, नंदुलारे वाजपेयी, रामविलास शर्मा, या एपीजे अब्दुल कलाम, अटलबिहारी वाजपेयी, या ज्योति बसु, सोनिया गाँधी लालू प्रसाद यादव, या ज्ञानरंजन, राजेंद्र यादव, या चुनाव-आयोग क्या कहेंगे? क्या करेंगे? आधुनिक भारत में वासुदेव कृष्ण की आलोचिंतक वाणी तक बहुत-बहुत बदल गई है। इसे ज्ञानयोग से समझा जाए।

2004

11 आलोचना की ऐसी ज़मीनी हक़ीकत से विमुक्ति

तसलीमा नसरीन, सलमान रुश्दी, विक्रम सेठ, शोभा दे, विदिआ सागर नैपाल, (फिलहाल, अरुंधति राय का नाम विलंबित कर रहा हूँ) आदि के बृहत्तर भारतीय डायस्पोरा ने हमारे स्वीकृत स्वदेशी औपनिवेशिक मानस को बेहद झकझोरा है, इक्कीसवीं शती की शुरुआत से ही। इससे देसी प्रतिभाशाली रचनाकारों तथा संस्कृति-चिंतकों के बिंब भी थोड़ा घटे हैं, और सृजन की थकन की छायाएँ ज्यादा लंबी हुई हैं। सन् 2004 के आरंभ में नैपाल ने तो वापसी के बजाय अलविदा कहते हुए घोषित कर डाला कि 'साहित्य [ही] मर गया है।' उन्होंने **सभ्यताओं के टकराव** की वकालत तक कर डाली कि जिस प्रकार स्पेन ने मुस्लिम-साम्राज्य की सभी निशानियों को चुन-चुन कर खत्म कर दिया था, कुछ उसी तरह की बुहार-सफाई की जरूरत [यहाँ भी?] है। हमें याद है कि जर्मन दार्शनिक नीत्शे ने 'ईश्वर मर गया है' की घोषणा की थी। नतीजन वहाँ नाज़ीवाद, यहूदियों का कत्लेआम, दूसरा विश्वयुद्ध तथा एडोल्फ़ हिटलर जैसे मानुष का जन्म हुआ था।...यह सही है कि साहित्य—और विशेष रूप से उसकी कुछ विधाएँ—थक रहा है। हिंदी का एक भ्रामक बिंब यह भी छाया है कि 'हिंदी माने कविता-कहानी-उपन्यास!' बहरहाल, सूचना-प्रौद्योगिकी, भूमंडलीय प्रतिस्पर्धा, इंटरनेट आदि की चुनौतियों के बीच अब हम भी बाज़ार में आन खड़े हैं।

ऐसे आधे-अधूरे परिप्रेक्ष्य में मौजूदा साहित्यालोचन को लें जो बहुधा सृजनात्मक साहित्य के चक्रचिह्नों से बाहर निकाल दिया जाता है। इस बहाने से साहित्य-दर्शन एवं विचारों का इतिहास, सामाजसांस्कृतिक चिंतन और समाजवैज्ञानिक संदर्श भी छूट जाते हैं। इससे दोनों पक्ष निर्धन होते जाते हैं।

बहरहाल, पिछली शती के उत्तरार्ध से लगातार हम जिस ज़मीनी हक़ीकत को पुख्ता होते,हुए पा रहे हैं वह हताशा बढ़ाती है। बेलौस व बेदाग़ बातें ये हैं—(क) प्रकाशक एक तो नवोदित तथा पहलौटे आलोचकों की पुस्तकें बमुश्किल समर्थन या

सहायता-राशि लेकर तथा बिना रायल्टी छापते हैं; दूसरे पी-एच.डी. या डी. लिट्. की थीसिसों को घिसी-पिटी नकलपोथियाँ जानकर बिल्कुल ही नहीं छापते। सरकारी खरीद, लाइब्रेरियों में संग्रहण की शर्त पर नफा-नुकसान जोड़ते हुए ही ऐसी किताबें छापते हैं। (ख) सभी संवर्गों के छात्र न तो मूल पुस्तकें पढ़ते हैं और न ही पुस्तकालयों में बैठकी लगाते हैं। वे कुंजियों, गाइडों, प्रश्नबैंकों के सहारे ही उत्तीर्ण हो जाते हैं। यह 'आलू-चना' वाली अध्ययन-अध्यापन संस्कृति है जो आलोचना ने हमें विरासत में भेंट की है। (ग) हिंदी-प्रकाशकों की तथाकथित पुस्तक-सूचियों पर गौर करें तो अजब रहमो-करम वाली हालत है—जैसे, फलाँ-फलाँ का ढिका-ढिका वर्णन, बिंब-विधान, प्रतीक-योजना; फलाँ-फलाँ आंदोलन में भक्ति-सिद्धांत, भारतीय संस्कृति, योगदान, कलापक्ष; फलाँ-फलाँ लेखक, या काल, या धारा का सामाजिक, सौंदर्यशास्त्रीय, मनोवैज्ञानिक, दार्शनिक मूल्यांकन या तुलना या विश्लेषण (जबकि आलोचक इनमें से किसी भी ज्ञानानुशासन का विधिवत् अध्येता नहीं होता)। (घ) अधिकांश प्रबुद्ध आलोचक तथा यूरोपीयज्ञान-संवलित पाठक विदेशी भाषाओं की महँगी से महँगी किताबें धड़ल्ले से खरीद लेते हैं क्योंकि उन्हें प्रचुर ज्ञानवर्धक, नकल प्रोत्साहक, प्रतिष्ठा-संस्थापक सामग्री मिल जाया करती है जबकि हिंदी की आलोचनी कितबियों में उन्हें शायद यह लाभ नहीं मिल पाता। तो प्रकाशकों के सूचीपत्र ही सारा खुलासा कर देते हैं। (ङ) नए होनहार अथवा प्रतिष्ठित आलोचक भी अपनी पुस्तकों में भारतीय मनीषियों और विचार-इतिहास के प्रस्थानों का तकरीबन संज्ञापन तक नहीं लेते हैं जबकि अंग्रेजी विद्वानों (?) तथा 'ग्रंथों' को धकाधक बेलौस उद्धृत करते चले जाते हैं। उपनिवेशीय मानसिकता का यह जबर्दस्त अवशेष है जो उन्हें रौब, गर्व, यश, सम्मान, विद्वत्ता आदि का रुतबा देने वाला हसीन धोखा बना हुआ है।

उपर्युक्त पाँचों तथ्यों के समर्थन में मैं एक-दो चौंकाने वाले दृष्टांत दूँगा। सन् 1960-61 में बनारस हिंदू यूनिवर्सिटी से उखाड़े जाकर आचार्य हज़ारी प्रसाद द्विवेदी पंजाब यूनिवर्सिटी में हिंदी-विभागाध्यक्ष और मैं प्राध्यापक होकर पहुँचे। वे कबीर का पर्चा भी पढ़ाते थे। तब मेरी प्रथमोत्तर पुस्तक ('तुलसी : आधुनिक वातायन से') को प्रकाशित हुए एक वर्ष से ज्यादा बीत चुका था और पुस्तकालय में भी उसकी दो-तीन प्रतियाँ मौजूद थीं। एक दिन मैंने उनसे निवेदन किया कि एक साल से भी ज्यादा वक्त गुज़र जाने के बावजूद मेरी पुस्तक को एक बार भी 'इश्यू' नहीं कराया गया! ऐसे में लिखने का क्या मतलब है? अपनी भेदक हँसी के साथ उन्होंने जवाब दिया कि वे कबीर पढ़ाते हैं जबकि इन्तहान की सैकड़ों उत्तर-पुस्तिकाओं में उनकी किताब का उल्लेख ही नहीं मिलता, कुंजियों के लेखकों के सिवाय।...अतः तुम मानो कि तुम ही अपने पाठक हो और तुम मुख्यतया अपने लिए ही लिख रहे हो। फिर बाद में जब मेरी 'मध्यकालीन रसदर्शन और समकालीन सौंदर्यबोध' प्रकाशित हुई तो उन्होंने हँसी-हँसी में गंगाप्रसाद विमल से (व्यंग से) कहा, 'कुंतल जी की किताब

का हिंदी में अनुवाद तो करवा दो। अच्छी है।'...इस तरह आलोचक तथा पाठक, इन दोनों के ध्रुवांत बहुत-कुछ संकेतित कर देते हैं। दोनों पक्षों में कमियाँ हैं, त्रुटियाँ हैं, दूरियाँ हैं। वे बढ़ती चली गई हैं।

तो, ये कमियाँ, त्रुटियाँ तथा दूरियाँ क्या हैं? क्यों हैं?

यहाँ पर रचनाधर्मिता का मनोविज्ञान तथा सामाजसांस्कृतिक जेस्टाल्ट यही महासत्य देदीप्यमान करते हैं कि रचना और चिंतन (आलोचना) की कम-से-कम परा-पश्यंती-भूमियाँ एकसमान ही नहीं, अपितु एकैक हैं। कैसे? कुछ बातें हैं—

[I] मध्यस्थ (मीडियेटर) तथा दुभाषिया (इंटरप्रेटर) इनकी भूमिकाएँ दार्शनिक, सामाजिक, सांस्कृतिक आदि रही हैं। भक्त और गोविंद के बीच में गुरु मध्यस्थ होता है; आर्य जर्मन-जाति और एब्सोलूट विचार के बीच में हीगेल ने भव्य प्रशियन साम्राज्य को मध्यस्थ बताया; मार्क्स ने सर्वहारा श्रमिक और साम्यवादी समाज के बीच पार्टी को मध्यस्थ बताया। इसी तरह कृती और पारखी के बीच में मध्यस्थ 'कृति' है तथा कृती और पाठक के बीच में मध्यस्थ तथा दुभाषिया 'आलोचिंतक' है। ऐतिहासिक भूल यहाँ है कि आलोचक को मात्र दुभाषिया बना डाला गया। उससे मध्यस्थ की केंद्रीय भूमिका छीन ली गई। जब-जब यह भूमिका उजागर हुई तो वह आचार्य भरत, आचार्य अभिनवगुप्त, आचार्य वल्लभ या रामानुज, आचार्य महावीर प्रसाद द्विवेदी या आचार्य रामचंद्र शुक्ल, आचार्य नलिन विलोचन शर्मा या डॉक्टर रामविलास शर्मा आदि के रूप में अधिष्ठापित हुआ।

वस्तुतः **आलोचनाएँ** ही कृति (रचना) के अनेकानेक प्रतिपाठरूप (कांटेक्स्ट) हैं। इसमें टीका (शब्दार्थी), टिप्पणी (कमेंट्री), भाष्य (एक्सपोजीशन) आदि भी सन्निहित होते आए हैं। मूलरूपेण यह अन्य भाषिक के बजाय तद्रेकभाषिक दुभाषियापन है जिसकी एकीय भाषा-प्रकृति ही दुहरी-तिहरी अनेक पर्त्तों वाली होती है; जो कृति के अनुचिंतन की अनेकानेक प्रणालियों (जैसे प्रस्तुतीकरण, निरूपण, वर्णन, विश्लेषण, तत्त्वविधान, मूल्यांकन, अध्ययन इत्यादि) में रूपांतरण करती है; तथा जो विभिन्न उपागमों या एप्रोचेज़ (जैसे, दार्शनिक, काव्यशास्त्रीय, सांस्कृतिक, राजनीतिक, शैली-वैज्ञानिक, संरचनात्मक, सामाजिक, आर्थिक, ऐतिहासिक, भौगोलिक, मार्क्सवादी, अस्तित्ववादी, मनोविश्लेषणवादी, मिथकीय, विखंडनवादी, उत्तर-आधुनिकतावादी, वैज्ञानिक इत्यादि) द्वारा आत्मोद्‌घाटन करती है। इस तरह यह 'कृति' का ही प्रतिपाठ, रूपांतरण, एवं अंततोगत्वा, कायाकल्प (मेटामार्फोसिस) है। ऐसी अनेकानेक **'कायांतरित प्रतिपाठी कृति'** की अपनी समानांतर सत्ताएँ संरूपित हो जाती हैं। इसलिए पाठक एवं छात्र, मूलकृति को बगैर पढ़े-गुने भी, इसके द्वारा कार्यकारी-सिद्धि पा जाया करते हैं। यह प्रतिकृति आलोचक की अपनी निजी 'निर्मिति' है, उसके घटियापन अथवा नवोन्मेष के अनुरूप। इसके प्रतिमान कुंजी एवं टीका से लेकर आचार्य शुक्ल की 'रसमीमांसा' अथवा आचार्य कुंतल के 'वक्रोक्ति जीवितम्' तक फैलते आए हैं। यही दशाएँ 'रचना'

में भी पाई जाती हैं : नौसिखियों, अनगढ़ियों से लेकर चतुर सुजानों की सृजनशीलता तक।

सो, कृति की संघनित तुषारभूमि के अंतराल में पारखी को पहले तो अपनी ठाँव अर्थात् कसौटी का चुनाव करना होता है। इसमें उसके व्यक्तित्व तथा अस्मिता के अलावा कृति की प्रकृति, अंतर्वस्तु, गुणवत्ता, प्रासंगिकता आदि आधारभूमि तैयार करते हैं।...जब घना धुंधुकारा छँटता है और प्रकाश-विमर्श उद्भासित होता है तब पारखी की अपनी जीवनदृष्टि तथा वैश्वक दृष्टि की 'स्पेस' का उन्मीलन होता है। इसलिए निष्क्रिय/भावयित्र/तटस्थ/निर्मल मनोमुकुरमय/स्वपरान्यबोधमुक्त 'सहृदय' की भूमिका का विसर्जन होना ही आधुनिक मनुष्य की अनिवार्यता है।

कुंतक, भोज, नंददुलारे वाजपेयी आदि के समानांतर पश्चिमी पटल पर स्तानिस्लावस्की तथा बर्तोल्ट ब्रेख़्त में-से कृती बनाम पारखी की पृथक्-पृथक् संबोधि-भूमाओं को उद्घाटित करते हुए पहले ने 'अभिनेता' के जैविक स्वभाव को केंद्रीय मानते हुए मंच पर उसके 'पात्र' में रूपांतरण अवतार पर बल देने में अन्वेषण तथा प्रकृतशीलता को प्रमुखता दी तो दूसरे ने 'ईपिक थियेटर'-चक्र के अंतर्गत मंच एवं दीर्घा पर ही 'एलियेनेशन प्रभाव' के अंतर्गत 'दर्शक' को अभिनेता-पात्र-नाटककार से मतभेद रखने तथा स्वयंसंवाद करने की अनिवार्यता को स्वीकारा। इससे अभिनेता एवं दर्शक की अभिभूमिकाओं (रोल्स) में 180 डिगरी का घुमाव आ गया। अतएव हम भी यहाँ से, भरत से लेकर पंडितराज जगन्नाथ और लाला भगवानदीन तथा नगेंद्र तक के सौंदर्यबोधक अधिनियमों से प्रस्थान करते हैं।

[II] ऊपर से दूसरी बात यह भी निःसृत होती है कि अब हमें कृती बनाम पारखी के बीच भी एकतरफा एकपक्षीय संचरण-अभिग्रहण की दशा को समाप्त करना होगा। कैसे? इनकी परा-पश्यंती वाली अनुभूति-भूमि के उपरांत पारखी [अर्थात् सामाजसांस्कृतिक चिंतक] के लिए स्वाध्याय, चिंतन, अध्ययन, विद्वत्ता, दर्शन, संदर्श आदि सभी की क्षमताएँ-दक्षताएँ लाजिमी हैं। लेकिन कृती के लिए? उसे ज्यादातर अनुभूति, अनुभव-निरीक्षण पर ही आश्रित होना होता है। सो, क्या वह मात्र 'एक **भोक्ता यक्ष'** ही बना रहे? क्या उसे दर्शनों, सामाजिक चिंतनों, आलोचक के प्रदेयों, चिंतक के परिष्कृत विवेक-लोकों से कोई भी सक्रिय सरोकार नहीं रखना चाहिए? क्या केवल पारखी अर्थात् चिंतक ही कृती एवं कृति का एकतरफा पठन-पाठन-आस्वादन करता रहे? भला, साहित्य की संस्कृति में ऐसा एकांगी व्यापार तो कृतियों की गुणवत्ता तथा कृतीजनों के ज्ञानलोक का लगातार क्षय करता आ रहा है? अतएव यक्ष और क्षय का मिलाप आगे नहीं चलेगा। इसे बदलकर यक्ष और दक्ष की कांतमैत्री बनाना होगा जिससे यक्ष बनाम दक्ष के बीच भी उभयपक्षीय संवाद, पोलेमिक्स और टकराव की शुरुआत हो। ऐसे वैचारिक संघर्ष सत्ता-संघर्ष की तरह ही उच्चतर धरातल पर होते रहे हैं। अलबत्ता पारखी-विचारक को कृती-कृति के द्वंद्व की धुँधली एवं रहस्यात्मक भूमि के खुलासे में अब अपनी भी स्वतंत्रता तथा वर्चस्व, संदर्श तथा सृजन वाली,

'स्पेस' को फैलाने के लिए लंबी लड़ाई का शंखनाद करना पड़ सकता है।

अब तो एकांगी, एकतरफ़ा, एकालापी विमर्श का अंत होना ही होगा ताकि चिंतन और सृजन की बराबरी कायम हो और उससे भी ऊँचे उभयपक्षीय आरोहण हो सके।

[III] क्या लौकिक कृति को भी—वेद या कुरान की धुर की वाणी की तरह—स्वायत्त मान लें? यह तो 'शब्द के मिथकीय सिद्धांत' का दृष्टांत बन जाएगा। देश-काल के अक्षों पर केवल सुधी पाठक ही नहीं, बल्कि आचार्य और आलोचक भी लगातार उसके अनेकानेक परिपाठ-प्रतिपाठ प्रस्तुत करते आए हैं। इससे ही सृजन अथवा चिंतन की कृति एक 'क्लासिक' का दर्जा हासिल करती है। आधुनिक काल में कई तरह के 'माध्यम-तबादलों' (मीडिया ट्रांस्फर) की प्रौद्योगिकियाँ विकसित हो चुकी हैं। तो क्या नाट्यनिर्देशक या अभिनेता, फिल्म निर्देशक या सितारे, नाट्यकाव्यकार या नृत्यकोरियोग्राफर (मसलन) प्रसाद के 'स्कंदगुप्त' (अलकाज़ी), मोहन राकेश के 'आषाढ़ का एक दिन' (मोहनमहर्षि), रेणु की 'तीसरी कसम', (राजकपूर), जयदेव के 'गीतगोंविदम्' (राजराधा रेड्डी, केलुचरण महापात्र) के कृति-पाठों का संशोधन-संपादन-संवर्धन-प्रतिपाठन करके उसे एक अन्य माध्यम में श्रेष्ठतर नहीं बना देते? हाँ तब रंगभूमि निष्पादन (पर्फोर्मेंस) वाली हो जाती है? इसलिए मानस की रंगकर्मी भूमिका पर सामाजसांस्कृतिक चिंतक (उर्फ़ आलोचक से आगे बढ़कर 'आलोचिंतक') भी कृति का संपादन-पुनर्पाठ-पुनर्नवीकरण-एक्स-रे करता है। इस पद्धति में वह आलोचक एवं आलोचना की समीक्षा, आशंसा, रिव्यू, समालोचना जैसी घिसी-पिटी शताब्दी पुरानी तरकीबों का परित्याग करते हुए नवोन्मेष करता है। कथा को फिल्म में तब्दील करने पर, कहानी को रेडियो या नाटक में बदलने पर, या कविता को नृत्याभिनय में रूपांतरित करने पर अज्ञात संभावनाएँ दृष्टिगोचर हो रही हैं।

[IV] प्रकारांतर से सामाजसांस्कृतिक चिंतक या विचारक, या पारखी के लिए कृती की तरह—अनेक विकल्प खुल जाते हैं, अगर वह 'कृति' की एकाकी केंद्राभिसारी धुरी से छिटककर केंद्रापसरण करे। अब वह अपने तर्कपूर्ण भाषा-सिस्टम द्वारा साहित्य-कृति की (गद्य-पद्य) विधाओं का उल्लंघन करते हुए समाज-संस्कृति, समाजविज्ञान-मानविकी, कला-विज्ञान आदि का भी समाहार कर रहा है। ऐसी दशा में कभी-कभार साहित्यिक कृति की हैसियत मात्र एक दृष्टांत, एक उदाहरण, एक उद्धरण, एक समर्थक के जैसी भी हो सकती है। ऐसे में कृति का दमखम अर्थात् संकुलता-सीमा-सामर्थ्य भी उद्घाटित हो जाएगा। ऐसे संघात तथा संक्रमण से साहित्यिक कृति का भी उन्नयन होगा और कृती भी अपने घोंघेवाले खोल से बाहर कढ़कर खुली हवाधूप में आ सकेगा; कृति में भी भाव एवं विचार का मणिकांचन अथवा सोना-सुहागा जैसा संयोग होगा। यही उसका आधुनिक प्रारब्ध है। आधुनिक प्रारब्ध : अर्थात् कृति के 'संरूप-माध्यम-अंतर्वस्तु' वाले आयामों के बजाय समाज

व संस्कृति के अक्ष; तथा आलोचक के बजाय आधुनिक सामाजसांस्कृतिक आलोचिंतक का अनुप्रवेश!!!

चिंतकों की 'रचनाधर्मी अल्पसंख्यक' श्रेणी में कुछ मार्गदर्शक महाभीम भविष्य की झलक और झाँकी दिखाते हैं। मसलन, राहुल सांकृत्यायन का 'दर्शन-दिग्दर्शन' और 'मध्य एशिया का इतिहास', रांगेय राघव की 'महायात्रा', वासुदेव शरण अग्रवाल का 'कांदबरी' तथा 'पद्मावत' पर कार्य, हजारी प्रसाद द्विवेदी का 'प्राचीन भारत के कलात्मक विनोद' तथा 'हिंदी-साहित्य का आदिकाल', रोमिला थापर की 'शकुंतला' और 'सोमनाथ', रामविलास शर्मा के 'भाषा तथा संस्कृति पर कार्य', रामधारी सिंह दिनकर की 'संस्कृति के चार अध्याय', प्रेमचंद का 'गोदान', कुर्रतुल एन हैदर का 'आग का दरिया', यशपाल का 'झूठा-सच', रेणु का 'मैला आँचल' जैसे कृतित्व।

ऐसा क्यों? **आलोचिंतना** में स्रोत एवं लक्ष्य के, कार्य एवं कारण के 'न्याय' अदल-बदल जाते हैं। एक : बाहरले समाज में जो सभ्यता एवं संस्कृति है, जो इतिहास एवं समाजविज्ञान है, वह रचना और आलोचिंतना में आभ्यंतरीय (इंटर्नलाइज्ड़) हो जाती है। प्रकारांतर में इसकी विश्वसनीयता तथा खोज फिर बाहरले संदर्भों में (साम्यरूपकता या एलॉलाजी द्वारा भी) होती है। दूसरे : स्रोतरूप में जो दर्शन, राजनीतिशास्त्र, इतिहास, धर्म, नीति, सौंदर्यबोध, विज्ञान आदि जैसे समाजविज्ञान के अनुषंग हैं वे साहित्य-साहित्यालोचन के परिमंडल में युग, समाज, संस्कृति, चेतना, भावलोक, जनजीवन, मूल्य, मीमांसा आदि में संरूपित होते हैं। तीसरे : अब इनके लिए मनोरंजन, तन्मयीभवन, समाधि आदि की दशाओं के बजाय समकालीन प्रासंगिकता, सार्थकता, विश्वसनीयता, और सरोकार जैसी शर्त्तें भी लागू होती हैं।

[V] उपर्युक्त अन्यथाकरणों के अभाव में रचना एवं आलोचना, दोनों की दुर्दशा जारी है। उनमें भारी गिरावट आती जा रही है। अखबारनवीसी और बाज़ार हावी होता जा रहा है। उनका व्यावहारिक तथा सामाजिक महत्त्व भी प्रभावहीन हो रहा है। जो चोटी व सोंटीवाले आलोचक हैं, वे 'भारतीय साहित्य के संश्लेष' तथा 'भारतीय विचारों के इतिहास' के अपने ज्ञान का परिचय तनिक भी आगे नहीं बढ़ा रहे हैं। मानों वे अब यथेष्ट पढ़ते ही नहीं उनसे उद्धरण तक नहीं देते; शायद उनसे जलन-कुढ़न के कारण, या उन्हें घटिया समझकर। एवज़ में पश्चिम के ऐरे-गैरे नत्थू खैरों के उद्धरण-उल्लेख ताबड़तोड़ ठूँसे चले जाते हैं। उनकी नज़र में ये उनके रुतबे और वज़न के बटखरे माने जाते हैं। नतीज़ा यह है कि रचनाएँ सरकारी खरीदों में, तहखानों और अलमारी के बंडलों में दफ़न हो जाती हैं। उनके पाठक दलबदल कर गुम होते चले जा रहे हैं। अब वे घर-बाहर की पहचान और प्रतीक नहीं रहीं। अब वे माल हैं। फिक्र की बात यह है कि अज्ञेय और निर्मल वर्मा, कमलेश्वर और राजेंद्र यादव, रांगेय राघव और वागीश शुक्ल जैसे कृती-चिंतक भी कम से कमतर हो रहे हैं। नतीजन साहित्यरथी और चिंतन-सारथी भी अपनपौ, कीर्ति, प्यार और सम्मान खोते जा रहे

हैं। पत्रिकाओं और अखबारों (के रविवारीय संस्करणों) के रंगबिरंगे पन्नों पर अब फिल्मों, फैशन, क्रिकेट, हैल्थक्लब आदि ने कब्ज़ा जमा लिया है। यही ज़मीनी हक़ीकत है। पाठ्यक्रमों को छोड़कर बाहर में वे आत्मनिर्वासित हो चुके हैं।

यह भी एक प्रबल विरोधाभास है कि समाजविज्ञानों की भाँति साहित्यालोचन का अनुशासन, पद्धति और सिद्धांत अंतर-ज्ञानानुशासनात्मक नहीं हो पाया है। वह एकायामी है अर्थात् आलोचकों द्वारा ही प्रायः विकसित-निरूपित-विवेचित होता है। आगे का अंधेर यह है कि कृती या रचनाकार तो इन सीमाओं से भी निर्बंध है—विमुक्त तथा वियुक्त। शायद वह स्वयंभू, मनीषी, मौलिक, प्रतिभानशाली और आनंद-भोक्ता समझे बैठा है। शायद आज भी उस पर कोई भी नियम, या संयम या अनुशासन लागू नहीं होता। इस वजह से वह अध्ययन तथा प्रमापन, अनुशासन तथा तर्क से कोसों दूर कलित कल्पनाएँ करता रहता है। बहुधा वह कम ही चिंतन करता है, और आलोचनाएँ आदि नहीं पढ़ता। यह जहमत तो केवल 'आलोचक' पर थोपी गई है कि वह हरेक छोटी-बड़ी, दुबली-मोटी, घटिया-उत्तम रचनाएँ पढ़ता रहे, पढ़ता चले।

इस स्थिति के कुछ ऐतिहासिक तथा विधापरक (यॉनरिक) कारण भी हैं। यदि रचना में रमणीय भावना प्राथमिक है तो आलोचिंतना में सर्वांगीण ज्ञानबोध; यदि रचना में कलालंकृत सौंदर्य है तो आलोचिंतना में तलस्पर्शी विश्लेषण; यदि रचना अ-लौकिक है तो आलोचिंतना लौकिक; तथा यदि रचना लोकोत्तर आह्लाद के हेतु है तो आलोचिंतना मूल्यविवेक के निमित्त। इसलिए जब इनके प्रयोजन इतने भिन्न-भिन्न हैं तब इनका एक ही प्राचल (पैराडाइम) मानने की सदियों पुरानी भूल-गलती क्यों जारी रखी जाए? इससे दोनों कार्यपर्णों की दुर्गति जारी है। समकालीन 'आलोचना' के ऐसे सिद्धांतों के बारे में रेमंड विलियम्स ने भी लिखा है कि 'लगभग सभी समकालीन आलोचना-सिद्धांत उपभोग के सिद्धांत हैं जिनमें कलाकृति-विशेष का अर्थ वस्तु के रूप में, पाठ के रूप में, और एकाकी शिल्प के रूप में केंद्रीय हो उठा है। फलतः साहित्य संबंधी उत्पादन के व्यवहारों की उपेक्षा की गई है। जिसका परिणाम यह हुआ कि वे विच्छिन्नता के शिकार होकर—व्यापक सामाजिक प्रक्रिया से विच्छिन्न—उपभोग या आस्वाद की एकमात्र वस्तु होकर रह गए हैं।'

जैसा कि हम पहले कह आए हैं कि कृती या रचनाकार अध्ययन/चिंतन/निष्कर्षों से स्वयं को निरपेक्ष भी रख सकता है अर्थात् वह अबौद्धिकता एवं अप्रतिबद्धता की (कलागुण के तौर पर) घोषणा भी कर सकता है। ज़ाहिर है कि यह ज्ञानानुशासन की अवस्था नहीं हो सकती। अलबत्ता किसी उदार तथा विशुद्ध गठबंधन की संभावना ज़रूर पैदा होती है कि व्यक्तिवाद, स्वार्थपरकता अवसरवाद, लुंजपुंज-लिजलिजवाद, उपभोक्तावाद का बंधान तनता जाए। ऐसे में सभी कुछ के चमाचम तथा उदीयमान

होने की भ्रांति ही यथार्थ नज़र आती है। नागार्जुन ने सही सांस्कृतिक-सामाजिक 'प्रतिबद्धता' की समीचीनता यूँ जताई है–

'प्रतिबद्ध हूँ
संबद्ध हूँ
आबद्ध हूँ

प्रतिबद्ध हूँ, जी हाँ, प्रतिबद्ध हूँ–
बहुजन समाज की अनुपल प्रगति के निमित्त–
संकुचित 'स्व' की आपाधापी के निषेधार्थ
अविवेकी भीड़ की 'भेड़िया धसान' के खिलाफ
अंध-बधिर 'व्यक्तियों' को सही राह बतलाने के लिए
अपने आप को भी 'व्यामोह' से बारंबार उबारने की खातिर
प्रतिबद्ध हूँ, जी हाँ, शतधा प्रतिबद्ध हूँ।

संबद्ध हूँ, जी हाँ, संबद्ध हूँ–
सचर-अचर सृष्टि से...
राग से, द्वेष से, क्रोध से, घृणा से, हर्ष से, शोक से,
उमंग से, आक्रोश से...
उत्थान से, पतन से, प्रकाश से, तिमिर से...
यश से, कलंक से, नाम-दुर्नाम से
संबद्ध हूँ, जी हाँ, संबद्ध हूँ।

आबद्ध हूँ, जी हाँ, आबद्ध हूँ–
स्वजन-परिजन के प्यार की डोर में
प्रियजन की पलकों की कोर में
सपनीली रातों के भोर में
बहुरूपा कल्पना-रानी के आलिंगन-पाश में
तीसरी-चौथी पीढ़ियों के दंतुरित शिशु-सुलभहास में
आबद्ध हूँ, जी हाँ, शतधा आबद्ध हूँ! (1975)'

व्यापक तौर से **प्रतिबद्धता** साहित्य के सामाजिक एवं सांस्कृतिक स्वरूप की परियोजना-जैसी है। ज्यादातर धार, धारा, सान, प्रतिबद्धता से ही संप्राप्त होती है। रोमिला थापर ने इसकी धार तथा धारा के बाबत कहा है–"साहित्य संस्कृति के दूसरे रूपों से प्रभावित होता है और संस्कृति की पूरी प्रक्रिया सामाजिक प्रक्रिया है। इसलिए साहित्य

के **सामाजिक स्वरूप**, अर्थ और प्रयोजन को समझने के लिए उसके ऐतिहासिक संदर्भ को समझना जरूरी है। किसी सांस्कृतिक रूप या, विचारधारात्मक मान्यता के ऐतिहासिक संदर्भ के बोध से हमें यह समझने में मदद मिल सकती है कि **सांस्कृतिक स्वरूप** के विकास और बाहरी तत्त्वों के प्रभाव के कारण समाज में उनके अर्थ बदलते हैं और प्रभाव में परिमार्जन आता है। इसका तात्पर्य यह भी है कि सांस्कृतिक रूपों की जड़ें **सामाजिक यथार्थ** में होती हैं। इसलिए जब किसी सांस्कृतिक स्वरूप को स्वीकार करें तो हमें उसके मूलभूत यथार्थ के बारे में सजग रहना चाहिए। तभी परंपरा का विवेकपूर्ण बोध हो सकता है।'' [मैनेजर पांडेय : 'साहित्य का समाजशास्त्र', पृ. 66 से उद्धृत]। जब-जब साहित्य (कृति), समाज और संस्कृति के त्रित्व के बीच द्वंद्वन्याय सक्रिय होता है, तब-तब, शब्दार्थ के संसार में रचना और आलोचिंतना भी परस्पर स्पर्धी होते हैं। इस भाँति से विचारक-रचयिता की युग्मता की एक अनूठी मिसाल अभिनवगुप्त की है जिन्होंने 'तंत्रालोक' (काश्मीरीयशैवाद्वैतवाद की ज़मीन) के अनुषंग में 'ध्वन्यालोक लोचन' तथा 'अभिनवभारती' का भी प्रणयन किया था। इसी तरह दंडी और क्षेमेंद्र थे जो एक समान अधिकार से रचना एवं चिंतन के सामासिक (कंपोज़िट) प्रतिनिधि थे। आधुनिक युग में प्रसाद, हजारी प्रसाद द्विवेदी, अज्ञेय, निर्मल वर्मा, रांगेय राघव को भी यह श्रेय मिलेगा। उत्तर-मध्यकाल में अगर केशवदास तथा देव और पद्माकर संस्कृत-काव्यशास्त्र की कार्बनकापी बनाकर प्रामाणिक शास्त्रानुजयी भी बनने की आकांक्षा को तिरोहित कर पाते तो वे द्विकर्मा आचार्यकृती हिंदी के मौलिक काव्यशास्त्र के अधिष्ठापक होते। आचार्य और विचारक की संयुक्त भूमिका पर प्रतिष्ठित होने का श्रेय गंभीर नंददुलारे वाजपेयी को जाता है। मिलेजुले 'एथॉस' में भगवत शरण उपाध्याय, श्यामाचरण दुबे, गोविंद चंद्र पांडेय, वासुदेव शरण अग्रवाल, विश्वनाथप्रसाद मिश्र, विजयदेव नारायण साही, धर्मेंद्र गोयल, मैथिली प्रसाद भारद्वाज, राजेश्वर सक्सेना, कमला प्रसाद, मैनेजर पांडेय, विश्वंभरनाथ उपाध्याय, देवेंद्र इस्सर, नंद किशोर आचार्य, चंद्रकांत बांदिवडेकर, वीरभारत तलवार, प्रदीप सक्सेना, अजय तिवारी, रविभूषण प्रसाद, प्रमोद वर्मा, विजय कुमार, भगवानसिंह, विष्णु चंद्र शर्मा, कुमार विमल, शिव कुमार मिश्र, नीलाभ आदि हमारे समर्थ हस्ताक्षर हैं। विजिगीषु आलोचिंतकों की ऐसी जमात भी बड़ी मुश्किल से आविर्भूत हो सकी है। ये नेतृत्व तो प्रदान कर सकते हैं लेकिन हुक्मनामे या फ़तवे कतई जारी नहीं कर सकते। समसामयिक परेशानी यह भी है कि जहाँ श्रेष्ठतातंत्र (मेरिटोक्रेसी) की निष्पक्ष एवं स्वतंत्र कसौटियाँ नहीं हों वहाँ गधों-घोड़ों-ऐरावतों की एकल कतार ही बनती है।

ऐसी परिस्थितियों में क्यों गलत सवालों को पूछकर सही उत्तर तलाशे जाते हैं जबकि ग्रीक दार्शनिक सुकरात की हिदायत थी कि सही उत्तर के लिए सही प्रश्न पूछो! भला किसके पास ऐसे प्रश्नों के उत्तर हैं कि आलोचक और रचनाकार में कौन श्रेष्ठ है? आचार्य शुक्ल और प्रेमचंद में-से कौन ज्यादा बड़ा है? सोनल मानसिंह और

शबाना आज़मी में-से कौन ज्यादा सिद्ध है? मेधा पाटेकर और लता मंगेशकर में से किसने ज्यादा लोकरक्षण किया है? राधाकृष्णन् और सी. वी. रमन के बीच कौन बड़ा है? भगतसिंह और जवाहरलाल नेहरू में से कौन अधिक युवा-सम्राट है? या खुशवंतसिंह और किरण बेदी में से कौन ज्यादा प्रासंगिक है? वजह साफ़ है। इनकी अपनी-अपनी अस्मिताएँ तथा महत्ताएँ हैं। अतएव इस तरह की तुलनाएँ बेतुकी, बेहूदा और महज बेवकूफी हैं।

सबसे आखिर में पाठक की असली समस्या शेष रहती है।

मौजूदा सांस्कृतिक रिक्तता के फैलते इंद्रजाल की यौन हिंसावाली फिल्में, फैशन-शो, मौजमस्ती नाचगाने वाले होटल तथा क्लब, पॉप-संगीत आदि भरपाई कर रहे हैं। फलतः ज्ञान और कला की शून्यता भी उसी अनुपात से फैल रही है—विशेषकर युवक-युवतियों में।

तदपि पाठकों के परिग्राही क्षेत्र (कैचमेंट एरिया) रेलवेस्टेशनों के पुस्तक-खोखे, प्रदर्शनियाँ, पुस्तक-मेले, छिटपुट पुस्तक-दुकानें, लेखक-सम्मेलन और संगोष्ठियाँ, स्कूल से लेकर यूनिवर्सिटियों तक के पाठ्यक्रम आदि हैं। इनमें से पहले और अंतिम क्षेत्र ज्यादा व्यापक हैं। आजकल 'इंटरनेट' का भी प्रचलन हो गया है।

विविधता और बहुलता के उपक्रम में पाठक खास लेखक, खास पुस्तक, खास विधा, खास विषय आदि को पसंद करना शुरू करते हैं। तब पढ़ना उनकी आदत बनने लगती है। तब पाठक-वृंदों का स्वतः निर्माण होने लगता है। तब पाठक पसंद तथा प्रज्ञान के मुताबिक रचनात्मक अथवा आलोचिंतनात्मक आयामों से प्रतिश्रुत होने लगते हैं। बाद में वे विचारों तथा विचारधाराओं से प्रतिबद्ध हो जाते हैं। इस तरह पाठक-वर्ग पसंदीदा लेखक के बंधान में, कुछ विषयों की पक्षधरता में, या कुछ विश्वदृष्टियों की शिविरबंदी में शामिल होने लगते हैं। फ्रांस में तो सार्त्र और मरलो पोंटी के, इंग्लैंड में थैकरे और चार्ल्स डिकेंस के, सोवियेत संघ में मायकोव्स्की और येवगेनी एवतुशेंको के अपने-अपने आबद्ध पाठक-श्रोता-समूहों का अभ्युदय भी हुआ था। हिंदी में मैथिलीशरण गुप्त, प्रेमचंद, निराला, प्रसाद, अज्ञेय, आचार्य शुक्ल, आचार्य हज़ारी प्रसाद द्विवेदी, नागार्जुन, धूमिल, नीरज, आदि के पाठक-समूहों के थोड़े-बहुत, छोटे-बड़े मिश्रित अवशेष बाकी बचे हैं। बहुधा आलोचिंतना में ध्यानस्थ होने वाले पाठकों, तथा रचना में मनोरंजित होने वाले पाठकों के अलगावी समूह तो स्पष्टतः परिलक्षित होने लगते हैं। उनकी वृत्तियाँ भी पृथक्-पृथक् संवेदनाओं अथवा संचेतनाओं में ढल जाती हैं।

हम जानते हैं कि साहित्य व आलोचिंतना के बहुसंख्यक अनिवार्य पाठक तथा अध्येता प्राथमिक, माध्यमिक, उच्चतर विद्यालयों से लेकर महाविद्यालयों तथा विश्वविद्यालयों

के छात्र-छात्राएँ ही हैं। ये ही प्रधान संस्रोत हैं। इन्हें पाठ्यक्रम, पाठ्यचर्या, पुनश्चर्या, परीक्षाओं व परीक्षणों के द्वारा समग्र साहित्य के इतिहासक्रम से कुछ चुनिंदा नमूनों एवं अंशों को पढ़ना, आशंसा करना, सप्रसंग व्याख्या करना होता है। लेकिन मंदभागी बात यह है कि इन हलकों में भी घिसे-पिटे प्रश्नोत्तरों को रटना-लिखाना-नकल करवाना, कुंजियों-कैंचियों का इस्तेमाल करना, नकलें व सिफारिशें पहुँचाना आदि का रिवाज़ चल गया है। (अब तो पर्चे भी खूब 'आउट' हो रहे हैं) नतीजन नब्बे पचानवे प्रतिशत छात्र मूल पाठ को देखते तक नहीं, अथवा उस अंश के अतिरिक्त लेखक या कृति के बाबत कुछ जानते तक नहीं। ऐसी ही दुर्दशा 'आलोचना' की भी है। आलोचना के नाम पर सफलता दिलाने वाले रुद्राक्ष या रामबाण जैसे अँगुलियों पर गिने गए घिसेपिटे सवाल-गुच्छ, छंद-अलंकार, लोकोक्ति, मुहावरे, पर्यायवाची-विलोम, संधि-समास आदि और उच्चतर कक्षाओं में जड़रूढ़ काव्यशास्त्र रटाया जाता है। इस भाँति रचना और आलोचना, दोनों ही घटिया परिदृश्य में धब्बेदार हो जाती हैं। उच्चतर कक्षाओं में तो भारतीय (हिंदी) साहित्य-विषय को पढ़ना मानो हीनता-ग्रंथि में जकड़ते चले जाना होता है। साथ ही अवमानना, अवमूल्यन, बेरोजगारी को भी न्यौता देना बन जाता है। साथ ही जीविकोपार्जक संतोषप्रद नौकरी या धंधे, तथा सही विवाह से भी हाथ धोना पड़ता है। उधर प्रकाशन-गृहों की पुस्तक सूचियों में "हिंदी मतलब कविता-कहानी-उपन्यास" वाली उक्ति अभी भी चरितार्थ हो रही है। पुस्तकों के वर्गीकरण में समाजशास्त्र, संस्कृति, समाजविज्ञान, विज्ञान, सौंदर्यबोधशास्त्र, मिथकायन, सूचना-प्रौद्योगिकी, पत्रकारिता, कलाएँ, पर्फार्मिंग आर्ट्स आदि के उपशीर्षक या तो गायब हैं अथवा न्यून। साहित्यालोचनाएँ भी व्यक्तित्व एवं कृतित्व, बिंब एवं प्रतीक से लेकर प्रेम-भक्ति वर्णन तक ही पहुँच पाती हैं। ऐसे में भला, युवा पाठक-वृंद की रुचियाँ तथा नए-नए ज्ञान-क्षेत्रों के विस्तार की उम्मीद कैसे की जा सकती है? यह 'आलोचना' का आद्योपांत पतन ही नहीं, बल्कि संपूर्ण विनाश ही है। हुआ यही है : "आलोचना माने आलू-चना!" यह तो चाट है। स्वाद लो, मजा लूटो, डिगरी हथियाओ, और इस सबको जूठी पत्तलों की तरह लावारिस कुत्तों के आगे फेंक दो। इससे उद्धार का केवल एक ही रास्ता है—'सामाज-सांस्कृतिक चिंतन' का, **'अर्थात् जेस्टाल्ट' (मीनिंग-जेस्टाल्ट)** का, अर्थात् 'आलोचिंतना' को शिरोधार्य करने का! अथाह गरीबी और बेपनाह निरक्षरता में धँसे हुए स्वदेश के सर्वाधिक जनसंख्यक तथा सर्वाधिक प्रांतीय राज्यों की राष्ट्रभाषा व (केंद्रीय) राजभाषा हिंदी के बोलने वाले पाठक 'गाय-और गोबर-पट्टी' के निवासी बताए जाते हैं। वे जहालत और पशुता और उजड्डता की रेखा के ऊपर उचक तक नहीं पा रहे हैं। भ्रष्टाचार तथा शोषण के अलावा सामंतवाद-जातिवाद-सांप्रदायिकता के भुजंगी नागपाश इन्हें अचेतन बनाए हुए हैं। यहाँ साक्षरता और संपन्नता और सुसंस्कार कैसे प्रसारित करें? समाजशास्त्री श्यामा चरण दुबे के अनुसार "सत्ता और उसके अधिकारी तंत्र की संस्कृति के संवेदनशील

पक्षों पर—विशेषकर उन पहलुओं पर जो सर्जना और कलात्मकता से जुड़े हैं—नियंत्रण और निर्णय के असीमित अधिकार नहीं दिए जा सकते। सत्ता का निरंकुश हस्तक्षेप, दीर्घावधि में, विघातक हो सकता है, क्योंकि सत्ताधारियों और नौकरशाही के सांस्कृतिक विवेक के साथ कई प्रश्नचिह्न जुड़े हैं।"

फिर हिंदी के पाठक जाते कहाँ को हैं? जो येनकेन प्रकारेण बच रहे वे महँगी किताबों तथा साहित्यिक संस्कृति की शून्यता के कारण वालीवुड की फिल्मों के पर्दों के सामने, या बेकारी में पानमसाला चबाते हुए परकीयकरण (एलियेनेशन) तथा अप्रतिमानता (एनोमी) के फांतासी-जाल में जकड़ जाते हैं। छन-बिन कर जो कुछ सुधी पाठक आते हैं, पुस्तक-मेलों में अज्ञात तथा जागरूक या जिज्ञासु पाठकों की जो भीड़ सहसा प्रकट हो जाती है, वे ही भविष्य के निवेश हैं और संभवतः वे ही संस्कृति के सृजनात्मक अल्पसंख्यकों के बीच रह सकते हैं। यही वह स्रोत है जो प्रतिष्ठापक अंग्रेजी-संस्कृति से संबद्ध होता जाता है। सचमुच, वह पाठक यहाँ से वहाँ को चला जाता है और कभी-कभार लौट भी आता है!! फिर चला जाता है!!

2004

12 कैसा साहित्य? कौन-सी आलोचना?

पिछले समकालीन तथा 'नवलेखन' के दौर में उभयपक्षी हरफनमौलाओं और प्रतिभाशालियों ने भी कई लतीफे उछाले; जैसे—अनुभूति की गहराई व सचाई, अनुभव की प्रामाणिकता, अर्थ की लय, रचना की स्वायत्तता, नए प्रतिमान, आत्मसाक्षात्कार, मात्र आत्माभिव्यक्ति के लिए रचना, प्रतिबद्धता से मुक्ति, सिस्टम की विनाशकारी परिणति, आदि-आदि। ये सभी विश्लेषण से लगभग परे हैं तथा अपारिभाषिकेय हैं अर्थात् प्रतिमानों एवं प्रमाणों द्वारा नहीं साधे जा सकते; ज्ञान द्वारा प्रोक्ति (डिस्कोर्स) में नहीं बाँधे जा सकते। ये समाजशास्त्रीय कल्पना के प्राचलों से लुढ़क जाते हैं अर्थात् ये अंतर्मुखी, अनिर्वचनीय हैं। तो क्या ये कलावादी विशुद्धता या उत्कृष्टता का गूँगा गुणगान करते रहे हैं?

इस सबसे सृजन और चिंतन के बीच के जटिल रिश्ते तहस-नहस होते गए हैं। इससे सामाजैतिहासिक मनुष्य गायब हुआ है (फोको द्वारा)। इससे सामाजैतिहासिक सभ्यता फिजूल बना दी गई है। ऐसे संस्कृति-निरपेक्ष अभियान में विचार, विचारधारा तथा विवेक की योजनाबद्ध हत्याएँ हुई हैं। वे अनावश्यक तथा अप्रासंगिक बना डाले गए हैं। कुल मिलाकर हम 'इंट्यूशन' तथा 'फांतासी' के घोल वाली उत्तर-आधुनिकता के जाल में फँसते गए हैं। जहाँ मूल्यों का समस्त निषेध है। सो, जवाबदेही से मुकम्मिल छुट्टीशुदा ऐसे कई दशकों ने रचना को समूह व समाज, सभ्यता व संस्कृति से, तथा आलोचना को सामाजसांस्कृतिक चिंतन तथा बौद्धिक परिवर्तन से विच्छिन्न-सा कर दिया है।

रचनाकारों और आलोचकों के बीच इस छद्म महाभारत में बेचारा युयुत्सु पाठक ही गजब का अजनबी तथा निरर्थक बन गया है। तो क्या सचमुच साहित्य में रचना तथा आलोचना के बीच प्रबल संघर्ष छिड़ा है? प्रथम दृष्टया रचना के 'मैं' (उत्तम पुरुष) बनाम/और आलोचना के 'तुम' (मध्यम पुरुष) की संबंधताओं में यह पदार्थीकरण (रीइफिकेशन) जैसी दशा भाषित हो रही है।

इस संदर्भ में हम ज्याँ पाल सार्त्र से जुड़े एक-दो प्रसंग लेंगे। वे यह तो मानते

थे कि मार्क्सवाद संघर्ष और परिवर्तन का संपूर्ण 'दर्शन' है किंतु उसमें उत्तम पुरुष ('मैं') की घोर उपेक्षा हुई है अर्थात् व्यक्ति और व्यक्तित्व की आंतरिकता तथा रचनाधर्मिता को हाशिए पर फेंककर अन्य पुरुष {'वे' और 'वह' [इट] अर्थात् नपुंसक लिंग} को धुरी में रखा गया है, अर्थात् संघर्ष व समूह व समाज तथा इतिहास प्रमुख रहे हैं। इसलिए उन्होंने 'क्रिटीक ऑफ डायलेक्टिकल रीज़न' द्वारा **'पद्धति की समस्या'** हल करते हुए 'मैं' की द्वंद्वात्मकता का विशद उद्घाटन किया। 'मैं' और 'वह' के अंतःसंघातों (अनुक्रमवार सूत्रबंध और कारणवार सूत्रबंध) में उथल-पुथल, क्रांति और नवोन्मेष होता है। अतएव उन्होंने रचना और कर्मयोग (समालोचना) को बराबर का निर्णायक सिद्ध किया। इसी के चलते उन्होंने नोबेल पुरस्कार इस निष्ठा के आधार पर भी ठुकरा दिया कि पहले वह फ्रांसीसी कवि लुई अराँगा तथा सोवियेत नामानिगार मिखाइल शोलोखोव को दिया जाना चाहिए, उन्हें नहीं। [बाद में शोलोखोव को वह पुरस्कार देना पड़ा था]। अतः रचना में मनोरंजन और थैलीशाही की गूढ़ मित्रता भी विचार तथा विचारधारा को धुँधला करके साहित्य के द्वंद्वात्मक समन्वय (रचनात्मक सर्जना तथा समाजविज्ञानी चिंतन) या एकता को खंडित और पाखंडित करती रही है—आधुनिकता और उत्तर-आधुनिकता के क्रमशः 'एलियेनेशन' तथा 'छलावे' से।

ऐसी दशा में चतुर रचनाकार सफल होकर ज्यादा फैलते-फूलते हैं तथा प्रतिभाशाली साहित्य की क्षय होती है। साहित्य के दोफाड़ होने का तात्पर्य है आर्थिकता तथा सार्थकता के बीच सामंजस्य के बजाय कड़ा विरुद्धक संघर्ष। अतएव रचनाधुरी पर मामूलीपन का ऐसा प्रदूषण फैलता है कि घटिया लेखन तक महाप्रतिभा का उदाहरण बताया जाने लगता है। साहित्य के चिंतनपर्ण की ऐसी क्षति से सांस्कृतिक जीवन में परिश्रम का मूल्य कम हो गया है तथा स्वाध्याय और आत्ममंथन लुप्तप्राय हो रहे हैं। अतः लेखक एक सचेष्ट सेल्समैन की भूमिका में भी नज़र आ रहा है जो नवधनाढ्य ग्राहकों को पंजों में जकड़ता है और विशाल संभावित पाठक-वर्ग को छोड़ता चला जा रहा है। इससे सामाजसांस्कृतिक चिंतन या संदर्श विलुप्त हो रहे हैं। भला, मनोरंजन और रसज्ञरंजन के घेरों में इस तरह से क्या मिलेगा? मिर्च मसालेदार आलू-चना (आलोचना) तैयार करने वाले ही!! हम यहाँ यह रेखांकित करेंगे कि निःस्वार्थ भावना से लेखन और आर्थिक स्वावलंबन के लिए लेखन-चिंतन में शत्रुता के बजाय कांतमैत्री अपेक्षित है। अलबत्ता स्टीरियो-टाइप 'स्वीकृत लेखन' मंच तथा पुरस्कार के मीनाक्षबेधन के लिए हुआ करता है और हमेशा ऐसे धनुर्धर अर्जुनों की भीड़ लगी रहती है। अतएव साहित्य के सर्जनापक्षीय कर्मियों को ही तय करना होगा कि वे कहाँ स्थान पाएँ—मंच में, अथवा लोकमन, सामाजसांस्कृतिक विवेक में?

ऐसे कालोत्तीर्ण निर्णय अकेला व्यक्ति, समूह या धारा नहीं ले सकेंगी। ये इतिहास और सभ्यता के बीच सुदीर्घ संक्रमण (ट्रांजीशन) की प्रक्रियाएँ हैं। इसलिए हम कुछ पुराने हाशियों को संक्षेप में उजागर करते चलेंगे।

पुराने क्लासिकी साहित्य-दर्शन में रचना (मैं) तथा सहृदय (तुम) की एक ऐसी मैत्री थी जिसमें सहृदय को ही स्व (मैं), पर (तुम), अन्य (वे) के संबंधों से विमुक्त होकर अपना ही स्वच्छ निर्मल 'मनोमुकुर' बनाना होता था ताकि रचना के माध्यम से रचनाकार के मनोलोक से पूर्ण, अलौकिक, निर्विकल्प तादात्म्य कर सके अर्थात् 'आनंद' का अखंड अनुभव पा सके। ऐसे दर्शन में रचनाकार (कवि) तो मनीषी और स्वयंभू था लेकिन रसिक उसका अद्वैतं बिंबग्राही। सारी कोशिशें पाठक या रसिक द्वारा ही करने का विधान था। तथापि इस दर्शन की तीसरी निष्पत्ति में कर्ता-कृति भोक्ता को एक-ही-व्यासरेखा पर प्रतिष्ठित करने के लिए धारावाहिक साधारणीकरण का व्यापार चलाया गया था। दोनों में ही एकस्तरीय प्रतिभा है। कर्ता में वह सक्रिय (कारयित्री) है तो रसिक में प्रथमतया अक्रिय (भावयित्री)। अलबत्ता रसिक या पाठक को कृति-धुरी से बाहर जाने की कोई स्वतंत्रता नहीं है जबकि कृती स्वयंभू है अर्थात् वह उत्तम-मध्यम-अन्य पुरुषों या स्वपरान्यसंबंधों से, निर्मल मनोमुकुर की अपेक्षाओं से निर्बंध होकर मिथक, इतिहास, समाज, पात्र और प्रकृति में रमने को स्वतंत्र है। तदपि व्यवस्थाजन्य मर्यादामान (नार्म्स) और नियम (कोड) उनके तथा समाज के लिए एक ही हैं। तदपि मनोलोक में 'मैं' $\not\lessgtr$ 'तुम' (स्व $\not\lessgtr$ पर) का अंतर बना ही रहा अर्थात् कालिदास-भवभूति और भरत-आनंदवर्धन की अपनी-अपनी श्रेष्ठतम छापें जगमगाती रही हैं। इनकी उत्कृष्टताएँ परस्परस्पर्धी रही हैं। तदपि दो-फाड़ या दो-फाँक की दार्शनिक पूर्वानुमिति यहाँ संस्थापित हो चुकी थी क्योंकि विज्ञान और समाज-दर्शनों का स्पष्ट आविर्भाव नहीं हो पा रहा था; वात्स्यायन और बाराहमिहिर और क्षेमेंद्र के द्वारा कला-विद्या के सूचीकरण के बावजूद तब तक वे ऐतिहासिक गतियाँ नहीं उभरी थीं।

इसकी तुलना में पश्चिमी पटल पर सोलहवीं शताब्दी में इटैलियन 'रेनेज़ाँ' में एक नए विश्वबोध का नवजागरण हुआ।

प्राचीन ग्रीक संस्कृति में दर्शन और इतिहास के अतिरिक्त अन्य पाँच कलादेवियाँ (म्यूज़ेस) थीं : काव्य, संगीत, चित्र, शिल्प और वास्तु! [प्लेटो ने समलैंगिक सैफो को भी एक म्यूज़ घोषित कर डाला था]। रोमन-साम्राज्य के दायरों में नौ कलावागर्थ-देवियाँ हो गईं। रेनेजाँ के प्रकाश में समस्त संवर्धमान सांस्कृतिक विरासत का वर्गीकरण हुआ—मानविकी (ह्यूमेनिटीज़), कलाएँ (आर्ट्स) तथा विज्ञान (साइंसेज़)। इस आलोक में कला-वागर्थ-देवियों (म्यूज़ेज) तथा भक्त-कुमारिकाओं (मेडोन्नाज़) की प्रमुखता और प्रचुरता हो गई। साहित्य और कला और धर्म एकतान व्यापार में घुलमिल गए। मार्को पोलो और कोलंबस की सुदूर यात्राओं के रूपकत्व से ज्ञान के रहस्य लोक की अनंत यात्राएँ भी शुरू हुईं। संस्कृतियों और कलाओं के, साहित्य और मानविकी ज्ञानों के अंतरावलंबन हुए। दांते, बोकेशियो, लियोनार्दो द-विंची, गैलीलियो, आदि ने 'रिनैसाँ मनुष्य' के प्रादर्श (मॉडल) पेश किए। रोमांटिक कल्पना तथा वैयक्तिकता के उभार

से पहले तक यही विश्वबोध प्रभावशाली रहा था। अतः कहा जा सकता है कि रिनैसाँ की तर्कशीलता (रीज़न) में जो समाज एवं संस्कृति का एकठ्ठ तथा एकता थी, उसे रोमांटिकता (स्वच्छंदतावाद) ने आत्माभिव्यंजना और निर्बंध कल्पना में संकुचित कर दिया। बाद में साहित्य तथा उसकी चेरी आलोचना इसी तंगहाली में अपने विश्वबोधों का विकास करती रही और इसे ही स्वतंत्रता तथा संपूर्णता मानती रही।

एडवर्ड सईद तथा विद्यासागर नैपाल की भी साखी बताती है कि स्वतंत्र भारत में अभी तलक 'औपनिवेशिक मानसिकता' का बोलबाला तथा बंदरनकल जारी है। यहाँ मुक्ति की छटपटाहट बहुत ही दर्दनाक है—विशेषतया भूमंडलीकरण और उदारीकरण के दौर में।

साल 2003 में लखनऊ में आयोजित 'कथाक्रम' के मंच पर रचनाकारों ने एक-दो-तीन हुक्मनामे जारी किए, आलोचकों के खिलाफ़। एक ने उन्हें खुद को ब्रह्मा-विष्णु-महेश समझने की भ्रांति का शिकार बताया तो कथाकार रवींद्र कालिया ने उन्हें वात-पित्त-कफ़ जैसे साहित्य-शरीर के रुग्ण दोष बताए। मंच पर तालियों की गड़गड़ाहट में बात खो-सी गई।

किंतु यह समस्या तो शताब्दियों से अबूझ या अनसुलझी बनी रही है।

क्या साहित्य दो-फाँक है? क्या रचना और आलोचना, सृजन और चिंतन, भावना और विवेक, व्यक्तिमत्ता और सामाजसांस्कृतिक चिंतन इसके दो पृथक्-पृथक् या परस्परविरोधी, या अन्योन्याश्रित या एकपक्षीय अवलंबितता इसके दो-फाड़ हैं? उपन्यासकार यशपाल ने भी कहा था कि आलोचक तो बैलगाड़ी के नीचे लटकी लालटेन (रचना) के पीछे चलने वाले कुत्ते की तरह है।

असल बात यह है कि अभी तक हम कुछ आदिम आर्केटाइपल बिंबों के शिकार हैं। हम रचनाकार या कृती की कल्पना को स्वतंत्र और मौलिक संसार घोषित करते हैं जो तर्क और विवेक और प्रमाण से परे हैं। हम रचनाकार के सामाजिक जीवन और व्यावहारिक कार्यवाहियों को अप्रासंगिक मान लेते हैं। हम रचना या कृति की नींव अर्थात् समकालीन जीवंत समाज-सभ्यता और संस्कृति के (कृति के) बाहर और परे जाने की जहमत नहीं उठाते। वहाँ मनोविज्ञान, राजनीति, अर्थनीति, दर्शन, विज्ञान, समाजशास्त्र, इतिहास आदि गुत्थम-गुत्थ हैं।

इसी के समानांतर हम 'साहित्य के इतिहास' एवं 'रसज्ञरंजन' के तत्त्वों के प्रति तो परंपराधर्मी बने हुए हैं लेकिन 'विचारों के इतिहास', 'साहित्य के सामाजिक इतिहास' तथा 'सामाजसांस्कृतिक चिंतन' की सहवर्ती संस्थापना नहीं कर पाए। हम आलोचक को सरल सहज-भावुक पाठक की ही मात्र अगली कड़ी, या बड़ी छाया माने हुए हैं। हम आजकल के अंतर्ज्ञानानुशासनों वाले युग तथा आज के सूचनाप्रौद्योगिकी वाले समय में यह तथ्य नहीं शिरोधार्य कर पा रहे हैं कि कोई धूर्जटिप्रसाद मुखर्जी जैसा समाजशास्त्री, श्यामाचरण दुबे जैसा नृतत्त्वशास्त्री, रोमिला थापर जैसी इतिहासकार, कुमार विमल जैसा

सौंदर्यबोधशास्त्री, जयंत नार्लीकर जैसा वैज्ञानिक, एपीजे अब्दुल कलाम जैसा मिसाइलमैन, गोविंद चंद्र पांडेय जैसा मूल्यमीमांसक, विश्वनाथ प्रताप सिंह जैसा राजवेत्ता, अथवा कांति चंद्र पांडेय या नरवणे जैसा दार्शनिक भाष्यकार भी अपने ज्ञानानुशासन तथा वैचारिक प्रणालियों के द्वारा साहित्य में, साहित्यिक कृति, और रचनाकर्म में कैसे सक्रिय, सार्थक तथा साहित्येतर हस्तक्षेप कर रहे हैं। आगे यह प्रक्रिया संवर्द्धित होती जाएगी। इस तरह साहित्य में रसिक-पाठक की श्रेणी की अपेक्षा विचारक-समाजसंस्कृतिवेत्ता के हाथों आलोचना की जो बागडोर आती जा रही है, वह उसके आमूलमूल चारित्र्य का ही कायाकल्प (मेटामार्फोसिस) कर रही है। ऐसे में हम आलोचना का पुनर्नवीकृत नामकरण 'सामाजसांस्कृतिक चिंतन' करते आ रहे हैं। ऐसी दशा में तथाकथित आलोचना कृति की परजीवी (पैरासाइट) या मात्र रचनाश्रित नहीं रह सकती। वह 'स्वतंत्र' तो होगी किंतु रचना की तरह 'स्वयंभू-स्वायत्त' नहीं। वह 'रचना' की सीमाओं और कमियों को भी समाजसंस्कृति के फलक पर उद्घाटित करेगी तथा साहित्य की संरचना (स्ट्रक्चर) एवं सिस्टम की मूलभूत प्रकृति को भी बताएगी। साहित्य की संरचना शब्दार्थ की संयुक्ता पर निर्भर है। यह शब्दार्थ से शब्दकर्म तक न जाकर मनोरंजन (रसास्वाद) में पर्यवसित होती है। साहित्य की संरचना दर्शन की तरह विवेकी विश्लेषण, या राजनीति की तरह सत्ता का उपयोग, या अर्थशास्त्र की तरह विकास और उन्नति नहीं कर सकती। साहित्य की संरचना में विश्वसनीयता तो है लेकिन वैसी प्रामाणिकता और कार्यशीलता नहीं। इन वजूहात से आलोचना भी रचना के रेशमी कोए में बंद होकर बहुविध समाजविज्ञानों (सोशल साइंसेस) से यथेष्ट संबद्ध व संलिप्त नहीं हो सकी, पिछले कई दशकों से। अतः आलोचना रचना में पिछलग्गू, या उत्कृष्टता की वेदी पर अछूत-जैसी बनी रही थी क्योंकि वह रचना के वर्णाश्रम में सबसे नीची रही। उसके चक्रचिह्नों में आचार्य और भाष्यकार जो ऊँचाइयाँ दे सके वे दर्शन, धर्म, काम, नीति आदि के समायोजन के कारण ही अर्थात् उस युग के अंतर्ज्ञानानुशासन की पद्धति के द्वारा ही वे सिद्ध हो सके थे। इसीलिए भरत से लेकर अभिनवगुप्त-भोज-पंडितराज जगन्नाथ तक, या आचार्य शुक्ल से लेकर हज़ारी प्रसाद द्विवेदी-राहुल सांकृत्यायन-रामविलास शर्मा तक **'साहित्य-दर्शन'** की एक समानांतर श्रेष्ठतम अन्येतर परंपरा भी चलती आ रही है। इसलिए हम आलोचक के ब्रह्मा-विष्णु महेश होने, या फिर वात-पित्त-कफ़ से ग्रस्त होने की समझदारियों को अनिरर्थक तथा अद्धैतिहासिक मानते हैं। अक्सर यही होता रहा है कि साहित्य की रचनाधुरी पर चतुर और स्वार्थी रचनाकारों का, तथा चिंतनधुरी पर उद्दंड हिटलरों का अभ्युदय हुआ (वे पहले के आचार्य और उस्ताद जैसे नहीं हैं)। इनके खिलाफ़ ईमानदारी से बग़ावत करने वालों में विश्वनाथ प्रसाद तिवारी, शुकदेव सिंह, अजय तिवारी की पहल हुई है। शायद रवींद्र कालिया और दूधनाथ सिंह एक दूसरे विपथन से दुस्साहस दिखा रहे हैं। वस्तुतः अब एक ही महासूत्र उभर रहा है। **"स्वतंत्र सामाजसांस्कृतिक चिंतन के वृत्त में ही साहित्य की आलोचना सार्थक तथा प्रासंगिक हो सकती है।"** अब

सार्थक होने वाले प्रतिभाशाली, तथा सफल होते हुए चतुर के बीच विभाजन साफ़ हो रहा है। अब तो यह सार्थकता और आर्थिकता के बीच फर्क़ करने की भी मुहिम है।

देवीशंकर अवस्थी ने भी बताया है कि आज वास्तविक रचनाशीलता की अपेक्षा पद, लोकव्यवहार, सभा-चातुर्य आदि अधिक मान्य विधियाँ हैं।...अतः साहित्यिक राजनीति के कारण जीवंत लेखन में तमाम चतुर जनों का जाल फैला है अर्थात् प्रतिभा और चतुराई का फर्क़ मुश्किल हुआ है। इस सबके बीच मज्झिम निकाय पर अजय तिवारी की सोच है कि साहित्यविवेक और जीवनविवेक को जोड़कर ही आज के युग में रचना और आलोचना अपनी-अपनी सार्थकता अर्जित कर सकते हैं। रचना अगर 'सभ्यता के आवरण' हटाकर मूल रागों से जोड़ती है तो आलोचना 'सभ्यता के आचरण' सिखाकर मूल रागों को परिष्कृत करती है। सो साहित्यिक आलोचना और सामाजसांस्कृतिक (राजनीति समेत) सक्रियता को अलग-अलग रखने वाली कुलीनतावादी मनोवृत्ति से हटकर आपस में दोनों को जोड़ने की जरूरत है। इसी संदर्भ में (राजस्थान-मध्यप्रदेश-छत्तीसगढ़ की विधान-सभाओं के चुनावों के पहले) सोनिया गांधी का यह उवाच कि (कवि प्रधानमंत्री अटल बिहारी वाजपेयी के) 'केवल शब्दों और कविताओं से देश नहीं चलता। इसके लिए **ठोस** घोषणाएँ और **काम** करने पड़ते हैं'—वास्तव में साहित्य की संरचना व सिस्टम में व्यावहारिकता तथा सक्रियता की क्षीणता को तो उजागर करता है लेकिन उसके मनोरागों की प्रबलता तथा सांस्कृतिक लोक की प्रत्याशाओं को नहीं। यह इस बात का भी निर्देश है कि साहित्य में भावप्रवण रचना बनाम विवेककर्मी आलोचना के द्विपर्ण के बीच विच्छेद और भेदभाव भी अंतर्निहित है। अंतर्ज्ञानानुशासन के चक्र में बहुत पहले छठे दशक में आचार्य नलिन विलोचन शर्मा ने बृहद् उपन्यासों की सामाजसांस्कृतिक जटिलताओं के मद्देनज़र 'गोदान' को मिसाल बनाकर क्रांतदर्शी प्रस्ताव किया था कि इस उपन्यास के राजनीतिक, सामाजिक, आर्थिक, धार्मिक, साहित्यिक, सांस्कृतिक, मनोवैज्ञानिक, सौंदर्य-बोधात्मक आयामों की सघन संरचना एवं विभिन्न स्तरीय सिस्टमों की समग्र समझदारी के लिए क्रमशः राजनीतिक दार्शनिक, समाजशास्त्री, अर्थशास्त्री, नीतिशास्त्री, साहित्यालोचक, नृत्तत्त्वशास्त्री, मनोवैज्ञानिक, सौंदर्यबोधशास्त्री द्वारा अपने पृथक्-पृथक् क्रिटीक तैयार करके कृति के एक 'अर्थात् आकृतिबंध' (मीनिंग-जेस्टाल्ट) का निर्माण करना चाहिए।...यह दिशा भी रचना और आलोचना की प्रौढ़ परिपाटियों की सीमाओं को हस्तामलकवत दिखाती है। लेकिन छद्म आलोचना इन सभी में एक साथ पारंगत होने का दावा करती है।

इसका उपचार यही है कि हम स्वीकार करें कि फिलहाल साहित्य की दो-फाँक में रचना के मुकाबले आलोचना को परजीवी, आश्रित, पिछलग्गू माना जाता है अर्थात् अकादमियों, संघों और पुरस्कार-सम्मानों में श्रेष्ठ आलोचना तथा कद्दावर आलोचकों तक को दूध की मक्खी की तरह निकाल फेंका जाता है और अनधिकृत, या अर्हतारहित

घोषित कर दिया जाता है। पुरस्कारों के नरक की राजनीति के षड्यंत्रों और गोरखधंधों में आलोचना को सदैव बाहरी बताया व माना जाता रहा है जिससे अविवेकी, उत्कृष्टता-रहित, अवांछित चंडाल-चौकड़ियाँ आदि बाज़ी मार लेती हैं। नतीजन 'साहित्य-संस्कृति' का ही विनाश हो जाता है; श्रेष्ठता तथा प्रतिभा के प्रतिमान भोथरे हो जाते हैं। परस्परहंता होड़ में मानो गुपचुप ऐलान और मुनादी कर दी जाती है कि (साहित्यमुखापेक्षी) आलोचना न तो मौलिक है, न रचनाधर्मी है और न ही साहित्यकला के भावुक रसज्ञ गुणों से परिपूर्ण। इस तरह स्वाध्याय, आत्मज्ञान और दीर्घ बौद्धिक ध्यानयोग का अंत हो जाता है। स्वाध्याय और ज्ञान तो श्रम का योग तथा रिसर्च का 'ज़ेन' है। इनके नाश के बाद तो मनोरंजन और मनोवेग ही ढिंढोरा पीटेंगे, वे ही बच रहेंगे। ऐसी विद्रूपता से उद्धार होने पर ही साहित्य आधुनिक विश्वबोध से संयुक्त हो सकेगा।

'इतिहास' का भी ज्वलंत उदाहरण हमारे सामने है। पहले अपनी संरचना और प्रणाली (स्ट्रक्चर एंड सिस्टम) के पूर्व-आधुनिक स्वरूपों में यह बहुधा दस्तावेज़ी (आर्काइवल), कालगणक (क्रानिकलर), तथ्य-संग्राहक तथा तटस्थ या निरपेक्ष हुआ करता था। इनसे विमुक्ति के लिए ऐतिहासिक कल्पना, ऐतिहासिक ज्ञान और ऐतिहासिक निर्णय/विवेक ने हस्तक्षेप किया। फलस्वरूप इतिहासवाद (हिस्टोरिसिज़्म), इतिहास-आलेखकारी (हिस्टोरियोग्राफ़ी) तथा इतिहास-दर्शन (फिलासफ़ी आफ़ हिस्टरी) के विभिन्न प्रकारों का उत्थान हुआ। साहित्यवृत्त में भी एकांगी साहित्य और साहित्यालोचन से आगे साहित्य-दर्शन, साहित्य का सामाजिक इतिहास, साहित्य का सामाजसांस्कृतिक चिंतन ही अवश्यंभावी प्रारब्ध हैं। जब प्रकरण, प्रसंग, संदर्भ, सापेक्षता, अनिवार्यता आदि की माँग उभरती है तब इतिहास की तरह रचना एवं आलोचना के द्वंद्वात्मक समन्वय वाला **'सामाजसांस्कृतिक लेखन-चिंतन'** भी समसामयिक, प्रासंगिक, तथा नवलतर होता हुआ सभ्यता-संस्कृति एवं समाजविज्ञानों का अंग हो जाता है। यही तो दोफाँक वाले साहित्य के विपरीत द्वंद्वात्मक साहित्य का उन्मेष है। यह स्वीकृत (स्टीरियोटाइप) लेखन के विरुद्ध होगा। इसमें 'मैं-मुझे' के एकायामी व्यापार के बजाय 'मैं-तुम-वह' (स्वर-पर-अन्य) की समग्रता होगी। यह निर्मल मनोमुकुरवादी और विशुद्ध न होकर सापेक्ष्य और प्रतिश्रुत होगा। यह कोई भविष्यकथन (प्रेडिक्शन) नहीं है, बल्कि निश्चयगमन (डिटर्मिनिज़्म) है।

और, सबसे आखिरी सवाल **'पुस्तक-संस्कृति'** का उठता है। नृत्य, नाटक, संगीत जैसी रूपंकर और प्रदर्शनकारी कलाओं की तरह 'द्वंद्वात्मक' साहित्य पठन/पाठन के क्षेत्र में सीमित रहता है। आजकल उसपर मीडिया, फिल्म, टी. वी., प्रेस आदि के जबर्दस्त दबाव हैं। अतः उसकी अर्थरचना (इकोनामी) बेहद डाँवाडोल है; किंचित् अंशकालिक रोज़गार और बेगारी वाले श्रम की जैसी हालत वाली। साहित्य की अस्मिता और महत्ता की गिरावट उसकी गरीबी की आर्थिकता से जुड़ी है। इससे उबारने के लिए 'पुस्तक-संस्कृति' भी एक उपचार है। यह पुस्तक-प्रकाशन, खरीद, पठन-पाठन,

प्रचार-प्रसार, मनोरंजन, मूल्य-प्रोत्साहन आदि से जुड़ी है। सामाजिक पाठक और सांस्कृतिक मंच इसके अनुषंग हैं। इसमें लेखक-पाठक-चर्चाकार-आलोचक-श्रोता की संगोष्ठी का जमघट होता है। यह पुस्तक और पाठक के बिना असंभव है। इसमें लाइब्रेरियाँ, नुमाइशें, पत्रिकाएँ, अखबार आदि भी जुड़ जाते हैं। यह खरीददारी, पुस्तक-प्रोडक्शन-सज्जा, अभिमत-निर्माण से भी जुड़ी है। यह एक प्रकार से साहित्य के पुस्तकरूप का प्रबंधन और प्रचार और विपणन है। ज़ाहिर है कि साहसी, ईमानदार और समझदार वाद-विवाद संवाद के बिना सही 'पुस्तक-संस्कृति', और प्रकारांतर से, 'संश्लिष्ट सामाजसांस्कृतिक चिंतन-लेखन', की स्थापना ही असंभव है। हमारी दुर्गति का रहस्य यहीं है।

पांडुलिपि से लेकर प्रकाशित पुस्तक तक मानो एक जुझारू या दूल्हे की सेहराबंदी सुंदर, बुद्धिमत्तापूर्ण, चुस्त और दुरुस्त होनी चाहिए। विषयानुसार शीर्षक, आवरण, ब्लर्ब तो उसका छबीला-रोबीला मुहांदरा होते हैं। तदपि किताब का केवल बिक जाना, पुस्तकालयों में पहुँच जाना ही उसके लोकप्रिय पठनीय, पठित, महत्त्वपूर्ण होने का पैमाना नहीं होता।

भाई, बॉलीवुड की अंग-दिखाऊ अभिनेत्रियों के ठुमकों-झुमकों की तरह न तो क्लासिकी नृत्य होता है और न ही आह्लादक सिरजना। **'आलोचिंतना'** की संसक्ति तो ऐसे गोरखधंधे से बिल्कुल ही अलहदा है। वह अड़ंगेबाज़ियों-अंधेरगर्दियों को दरकिनार करती है क्योंकि उसका प्रबल मूलाधार ही एक सापेक्ष संस्कृति-समाज-विज्ञान है। आजकल लक्षित साहित्य की कॉलोनियों में भी कब्ज़ाखोरों की नाजायज़ **'विशेषज्ञता'** जबरन अपना आरक्षण लागू करा रही है। इसका गुर धक्केशाही तथा सिद्धांतविहीन गुटबाज़ी है। अतः मोलतोल के बिकवाली सूचकांक के लिए नकली माँग तथा रुचि पैदा की जाती है। आज तो चारों ओर इनामार्थी घाघ ही घाघ छा रहे हैं। हाय! हमारा तो हरमन-कीमती लोक-कहावतिया घाघ तो बाज़ार से कहीं गायब हो गया है। यह साहित्य के व्यापार की जखीरेबाजी है।

इस सबको झेलते हुए भी लेखक-चिंतक अपनी पुस्तक का **प्रथम पाठक** होता है तथा आलोचिंतक ही **अंतिम** उद्घाटक।

2003

13 | 1.1 कविता की रचना-प्रक्रिया

1.2 कविता और काव्य-भाषा

कोई एक **कविता** काव्यकला का उदाहरण तथा उपज होती है। काव्य साहित्य का एक भेद है। काव्य एक विशिष्ट भाषा में, रचनाकर्मी मनुष्यों द्वारा रचा तथा सामाजिकों द्वारा ग्रहण किया जाता है। यह पूरा कार्य-व्यापार इतिहास तथा समाज में घटता है।

काव्य एक भाषिक संरचना है; एक सौंदर्यबोधात्मक रूप है। यह सामाजिक यथार्थ की व्याख्या के लिए, अथवा बाह्य यथार्थता की समझदारी के लिए सूक्ष्म मानवीय कार्यशीलता है। **काव्यभाषा** के अपने प्रकार्य (फंकशन) तथा विशेषताएँ हैं।

इसलिए कविता (रचना) के दो पक्ष हो जाते हैं—पहला, कविकेंद्र पर रचना की मूल संवेदना या अनुभूति वाला है; दूसरा, रचना के अभिव्यक्त रूप का बाह्य रूपांतर है। रचनाकार कथ्य या अंतर्वस्तु को अभिव्यक्त करने के लिए आकृतिबंध (पैटर्न), शिल्प को माध्यम बनाता है। पर पाठक या श्रोता कथ्य तक पहुँचने के लिए रचना-प्रक्रिया के माध्यम से उस गहराई तक पहुँचना चाहता है। यह एक ऐसी जटिल गतिशील प्रक्रिया है जो कवि की अनुभूति तथा सहृदय के प्रेषणीय अभिग्रहण (रिसेप्शन) के बीच संचारित होती है। इसे ही **रचना-प्रक्रिया** कहते हैं।

कविता या रचना (कृति)-केंद्र को ही हम आधार बनाते हैं। कवि का ऐतिहासिक व्यक्तित्व, उसकी सृजनात्मक कल्पना तथा सामाजिक जीवनदृष्टि (क्रांतदर्शिता) आदि एक कविताकृति में रूपांतरित होते हुए भिन्न हो जाती हैं। इसलिए कलाकृति पर प्रकाश डालने के लिए कवि (साहित्यकार), सहृदय (पाठक/श्रोता), समाज, तथा संस्कृति एवं इतिहास इन चारों पक्षों को खोला जाना चाहिए। ये एक साथ, या अलग-अलग, कविता तथा काव्यभाषा के रचनाधर्म उद्‌घाटित करते हैं। आइए, हम कवि तथा सहृदय पक्ष को पहले लें!

1.2.1 कविता क्या है?

कविता एक एकल, अपने में पूर्ण कृति या रचना है। यह काव्य-कला की मिसाल

है। यदि आप अपने अनुभवों को रचते हैं तो कवि हैं और अगर आप कविता में अभिव्यक्ति को पढ़ते या सुनते हैं तो पाठक हैं, या फिर श्रोता हैं।

फिर भी कविता एक संयोजना है। इसके खास लक्षणों में कल्पना और पदरचना है। चाहे आप या हम काव्य के बाएँ कवि के रूप में मौजूद हों, या कविता के दाएँ गृहीता अथवा सहृदय के तौर पर शामिल हों, या फिर हो सकता है कि आप दोनों ही भूमिकाओं में उपस्थित हों; आप कल्पना द्वारा भावों को ऊँचा उठाते हैं अर्थात् हम भावात्मक उदात्तता की ऊँचाई को छूते हैं। इसके लिए हम बिंबों की लक्षणा से; इच्छाओं, संवेगों और फांतासी की अभिव्यंजना में तन्मय होते हैं। हम पद-रचना के द्वारा विशिष्ट काव्यभाषा तथा रूप की व्यवस्था के कई नियमित ढंग पाते हैं। ये ढंग शब्दों की ताल हैं, लय हैं, छंद हैं। ये मुक्त छंद भी हैं। प्रसाद की 'ले चल मुझे भुलावा देकर मेरे नाविक धीरे-धीरे!' छंदोबद्ध है। निराला की 'वह तोड़ती पत्थर' मुक्त छंद में है। दोनों की पदरचनाएँ भिन्न-भिन्न हैं।

> 'कविता एक संयोजना है जिसके लक्षण हैं–
> कल्पना और पद रचना। कविता एक एकल कृति या काव्य कला का उदाहरण है।
> –टामस मुनरो : 'दि आर्ट्स एंड देअर इंटररिलेशंस' [न्यूयार्क, 1951,] पृ. 478, 492

कम-से-कम यह तो निश्चित है कि शब्द-ध्वनि के माध्यम से कवि कविता में अपने यथार्थ अनुभवों को कल्पना द्वारा मूर्त करता है; तथा भाषिक कृति में अभिव्यक्ति के द्वारा सहृदय (पाठक/श्रोता) कवि के कथ्य या कविता की अंतर्वस्तु को ग्रहण करता है।

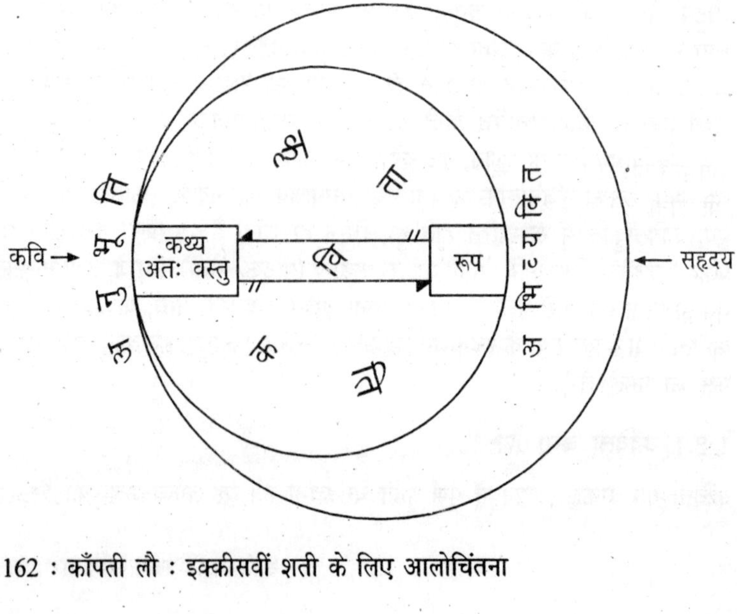

ऊपर के रूपायन (फिगर) से दो-तीन बातें ज़ाहिर होती हैं—

(i) कविता (कृति) के संपूर्ण प्रभाव या अभिव्यक्ति को ग्रहण करने के लिए कथ्य (अंतर्वस्तु) एवं रूपशिल्प (पदरचना) का आधार लिया जाता है। इससे अभिव्यंजकता, उदात्तता, सौंदर्य या रमणीयता, कौशल आदि के गुण उभरते हैं।

(ii) कवि (रचनाकार) कथ्य को, अनुभूति और अनुभव को व्यक्त करता है। इसी अभिव्यक्ति के व्यापार में लयात्मकता उभरती है तथा बिंब झिलमिलाते हैं।

(iii) अनुभूति और अभिव्यक्ति के बीच की प्रक्रिया ही **रचना-प्रक्रिया** (क्रिएटिव प्रासेस) है। इसके जरिए ही कवि तथा सहृदय, कविता या रचना की मूल संवेदना की गहराई तक पहुँचते हैं। यह यात्रा कवि कथ्य से शुरू करता है, तो सहृदय शिल्प या रूप से [उलट कर]।

आप भी सहमत होंगे कि रचना (कविता) के प्रधान लक्षण तो कल्पना और पदरचना हैं ही, लेकिन महाकाव्य से लेकर प्रगीत तक और क्लासिक से लेकर रोमांतिक के काव्य के अन्य लक्षण भी हैं जो हमें इतिहास तथा समाज से विरासत में मिले हैं। हमारे पुराने आचार्यों ने माना है कि काव्य रसात्मक पदवाक्य है, रमणीय अर्थों के प्रतिपादक शब्द हैं, कल्पना एवं अनुभूति द्वारा रमणीय शब्दों में अभिव्यक्ति है। आधुनिक विद्वान मानते हैं कि काव्य एक भाषिक संरचना है, सामाजिक यथार्थ की अभिव्यक्ति है, सुंदर कल्पना है। इसी कड़ी में क्रिस्टोफर कॉडवेल ने काव्य के सात लक्षण गिनाए हैं—(1) कविता लयात्मक होती है, (2) कविता का अनुवाद कठिन होता है, (3) कविता बौद्धिकताबद्ध नहीं होती, (4) कविता शब्दों से विन्यस्त होती है, (5) कविता अनप्रतीकात्मक (वैज्ञानिक अभिप्राय में) होती है, (6) कविता सम्मूर्त होती है; तथा (7) कविता के प्रगाढ़ प्रभाव उसे विशिष्ट बनाते हैं। ['इल्यूज़न एंड रियलिटी', (नई दिल्ली, 1955), पृ. 123-37]

अब तक नतीजा यही निकला है कि एक रचना (कविता) में कवि और सहृदय रचनात्मक प्रतिभा और भावात्मक प्रतिभा के संयुक्त होते हैं, और यह भी कि, कवि की अनुभूति तथा सहृदय द्वारा अभिव्यक्ति-ग्रहण एक समूची रचना-प्रक्रिया का ही अभिन्न हिस्सा हैं। इन लक्षणों के अनुसार काव्य भाषा को समझना तथा खुद चुनना भी होता है।

1.2.2 काव्य-भाषा क्या है?

भाषा का विकास सामाजिक जीवन तथा सामूहिक श्रम से हुआ है। **शब्द** और **कार्य** के रिश्ते **समाज** में ही स्थूल से सूक्ष्म तक हुए। इसलिए मानवीय **चेतना** की खूबियों का भी विकास तथा निश्चय हुआ।

रचना (कविता/कहानी) में कथ्य को अभिव्यक्ति भाषा के रूप में ही मिलती है। हमने ऊपर देखा कि काव्य-भाषा विशिष्ट/विलक्षण होती है क्योंकि भाषा की सार्थकता इसी में है कि वह कथ्य के अनुसार हो। सूक्ष्म भावों की **अभिव्यक्ति** के

लिए काव्य-भाषा की प्रकृति भी कुछ दूसरी होती है तथा उसमें बिंब, प्रतीक, संकेत आदि का सहारा लिया जाता है। इससे उसके **संप्रेषण** (कम्युनिकेशन) में सफलता मिलती है। इससे उसमें सौंदर्यबोध भी उभरता है।

हमें काव्य-भाषा चुनने में अपनी जीवनदृष्टि से फैसला करना है। अगर हम समाज में परिवर्तन के पक्षधर नहीं हैं तो हम बेहद मौलिक और कलात्मक ढंग से भाषा में उलझ सकते हैं।

अगर हममें सामाजिक जवाबदेही का अभाव है तो भाषा में लतीफ़ेबाजी-फ़िकरेबाजी तथा शैली शिल्प की तरकीबों में डूब सकते हैं। अगर हम सामाजिक अन्याय की निंदा नहीं कर सकते और मानवीय स्वतंत्रता के पक्ष में नहीं खड़े हो सकते तो भी सामाजिक ज़िम्मेदारी के अभाव में हम भाषा द्वारा शुद्ध आत्माभिव्यक्ति तथा अर्थ-भ्रांतियों को कार्यशील बना सकते हैं। तथापि हमें यह समझना होगा कि **'भाषा आत्माभिव्यक्ति तथा पूर्ण और सामूहिक संप्रेषण का मानवीय कर्म है।'** काव्य-भाषा के 'शब्द' यथार्थ के **दर्पण** हैं, जगत को अँधेरे से बाहर लाने के **दीपक** हैं तथा नए विचारों के **सारथी** हैं। ये काव्य-भाषा को हमारे समाज की सामान्य गतिविधियों से गूँथ देते हैं। इसलिए हमारी जीवनदृष्टि हमारी काव्य-भाषा के शब्द-वाक्य रूप अर्थ को भी चुनती है। यह हमारा मानवीय दायित्व है।

इसलिए जीवनदृष्टि ही शब्दविवेक देती है। आधुनिक मनीषी आई. ए. रिर्चड्स ने काव्य-भाषा के चार प्रकार्य बताए हैं। पहला आशय (सेंस) है जो किसी वस्तुस्थिति के संबंध में विचार, मनन आदि उत्तेजित करता है। दूसरा अनुभूति (फीलिंग) है जो किसी वस्तुस्थिति का बोध कराने में हमारे भाव, रुझान, झुकाव, वैयक्तिकता की अभिव्यंजना करती है। इसे ग्रहण करने में कल्पनाशीलता चाहिए। तीसरा ध्वनि (टोन) या सहृदय के प्रति कवि का रुख है जो अनुभावों, वाक्यकथनों, संवादी मुद्राओं आदि से मालूम होता है। चौथा मंतव्य (इंटेंशन) अर्थात् चेतन या अचेतन लक्ष्य है। इसलिए कवि-रूप में हमारे भाषा-प्रयोग को निर्धारित करने में सहृदय और सामूहिक पाठक का महत्त्वपूर्ण हाथ रहता है। मतलब यह है कि कविता में संप्रेषण का माध्यम भाषा है।

काव्य-भाषा में शब्द-केंद्र, अर्थ-केंद्र, शब्दार्थ-केंद्र बन जाते हैं। नीलकंठ दीक्षित ने कालिदास के काव्य को आदर्श मानकर शब्द और अर्थ के बीच दांपत्य-संबंध को काव्य के लिए सर्वोत्तम माना है। शिव का वामभाग शब्दमय तथा दक्षिण भाग अर्थमय है। हजारी प्रसाद द्विवेदी ने महाशिव की शक्ति (महामाया, ललिता, सिसृक्षा) के रूप में इस विधान को विस्तार दिया है। तथापि इससे रचनाकार की काव्यभाषा के बारे में समझदारी बढ़ती है। पंत की 'नौकाविहार' में इन तीनों केंद्रों को पहचानें—'शांत, स्निग्ध, ज्योत्स्ना उज्ज्वल!/अपलक अनंत, नीरव भूतल!/सैकत शय्या पर दुग्ध धवल, तन्वंगी गंगा, ग्रीष्म विरल,/लेटी है श्रांत, क्लांत, निश्चल!/तापस बाला गंगा निर्मल, शशि मुखसे दीपित मृदु करतल,/लहरें उर पर कोमल कुंतल!/गोरे अंगों पर सिहर

सिहर, लहराता तार तरल सुंदर,/चंचल अंचल सा नीलांबर!/साड़ी की सिकुड़न सी जिस पर, शशि की रेशमी विभा से भर,/सिमटी है वर्तुल, मृदुल लहर!'

प्रतिमानक भाषा की व्याकरणता और निश्चय अर्थवत्ता को काव्य-भाषा विपथन (डिफ्लेक्शन) तथा विचलन (डेवियेशन) द्वारा तोड़ती है। छंद और लय, अलंकार और अर्थक्षेप इन तरकीबों के साधन हैं। ऐसे उपायों से काव्यभाषा की विशेषताएँ उद्घाटित होती हैं। पहली विशेषता रूपकात्मकता है। जैसे नई कविता में दूज का चाँद—कटी रोटी का सूखा हुआ हाशिया, दूर बाँस का झुरमुट—पेंसिल की रेखा, धूप शिशुवदन पर माँ की हँसी का प्रतिबिंब, नवंबर की दुपहर—जार्जेट का पीला पल्ला, माथे पर रखे अधर—आरती के दीपकों की झिलमिलाती छाँह में भागवत के पृष्ठ पर रखी हुई बाँसुरी आदि के रूपक समानांतरता हैं और तुलना पर आधारित होते जा रहे हैं।

दूसरी विशेषता प्रतीकात्मकता है। मसलन कवि निराला की चाल को रामविलास शर्मा गजराज की चाल से उत्तमोत्तर कहते हैं ('वह सहज विलंबित मंथर गति जिसको निहार, गजराज लाज से राह छोड़ दे एक बार'); अज्ञेय आधुनिक मनुष्य को साँप अथवा व्यक्ति को नदी के द्वीप बताते हैं ('किंतु हम हैं द्वीप। हम धारा नहीं हैं। स्थिर समर्पण है हमारा। हम सदा से द्वीप हैं स्रोतस्विनी के। किंतु हम बहते नहीं हैं। क्योंकि बहना रेत होना है। हम बहेंगे तो रहेंगे नहीं। पैर उखड़ेंगे, प्लवन होगा, ढहेंगे, सहेंगे, बह जाएँगे।')

तीसरी विशेषता बिंबात्मकता है। बिंबों की अनंत राशि है। एक उदाहरण ताज़ा-सा है—'अजीब है!! गगन में करफ़्यू धरती पर चुपचाप जहरीली छीः थूः,/पीपल के सुनसान घोंसलों में पैठे हैं/कारतूस-छर्रे/जिससे कि हवेली में/हवाओं के पल्लू भी सिहरे/गंजे सिर चाँद की सँवलाई किरनों के जासूस/साम-सूम नगर में धीरे-धीरे घूम-घाम/नगर के कोनों के तिकोनों में छुपे हुए/करते हैं महसूस/गलियों की हाय-हाय!! चाँद की कनखियों की किरनों ने/नगर छान डाला है। अँधेरे को आड़े-तिरछे काटकर/पीली-पीली पट्टियाँ बिछा दीं/समय काला-काला है।'

चौथी विशेषता रागात्मकता है। असद ज़ैदी ने (तीन) बहनें यूँ ऐतिहासित की हैं—'लकड़ियाँ हैं हम लड़कियाँ/जब तक गीली हैं, धुआँ देंगी पर इसमें/हमारा बस क्या? हम/पतीलियाँ हैं तुम्हारे घर की, भाई-पिता/हम बन कालिख/बढ़ती रहेंगी और चीथड़े/भरती रहेंगी शरीर में जब तक है गीलापन/कोयला हो चुकी हैं हम/कहीं जूतों से पिटते हुए/बहनें सुबकती हैं, राख हैं हम।'

काव्य-भाषा की ये प्रमुख विशेषताएँ एक साथ या पृथक-पृथक एक ही कविता, या अनेक कविताओं में प्रस्तुत हो जाती हैं और प्रस्तुत की भी जा सकती हैं। बहुधा बिंब और प्रतीक घुलामिला दिए जा सकते हैं; या रागात्मकता के साथ रूपकात्मकता की मैत्री से गहरा और देरगामी असर छोड़ा जा सकता है।

अब हम काव्य-भाषा के विन्यास का रूपायन अंकित कर सकते हैं।

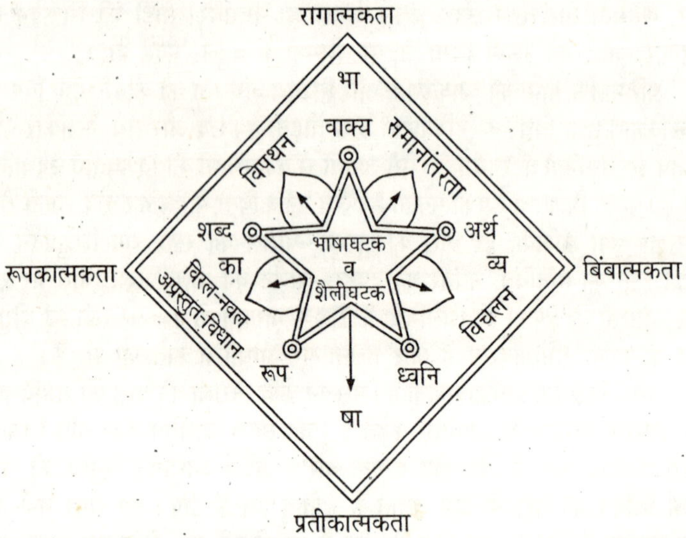

1.3 कविता की रचना-प्रक्रिया

हम पहले इकाई 1.2.2 में यह प्रदर्शित कर आए हैं कि अनुभूति तथा अभिव्यक्ति के बीच की प्रक्रिया ही रचना-प्रक्रिया है। यही रचना (कविता) की मूल संवेदना की गहराई तक पहुँचा सकती है। इससे रचना के दो पक्ष भी हो जाते हैं।

कविता की रचना-प्रक्रिया में **'कथ्य'** [रचना का आंतरिक पक्ष, उसकी मूल संवेदना अर्थात् (कान्टेंट)] उभरता है। इसके अन्य पर्याय विषयवस्तु, प्रसंग, प्रकरण, विचार, अंतर्वस्तु या धारणा है। कथ्य को अभिव्यक्ति भाषा के रूप में मिलती है। दोनों का द्वंद्वात्मक संबंध ही काव्यकृति बनाता है। यह रचनात्मक कार्यिकी या कार्यशीलता है।

कविता में विशेष रूप से विधायक या सर्जनात्मक कल्पना तथा साहित्य-विवेक द्वारा मनुष्य, या प्रकृति या समाज के जीवन के किसी पक्ष की रागात्मक अभिव्यक्ति की जाती है। इस प्रक्रिया में शब्द नाना प्रकार के बिंबों में ढलते चलते हैं।

अनुभूति या **भावन** के धरातल पर सभी साहित्य-विधाओं और कलाओं में समानता बनी रहती है। इसे हम अस्पष्ट 'सौंदर्यबोधानुभूति' (एस्थेटिक फीलिंग) कह लें।

इसके बाद **सर्जना** या रचना के धरातल पर जब हम उन अनुभूतियों को उठाते हैं अर्थात् जब हम उन्हें अभिव्यक्ति-प्रणाली के अनुरूप ढालते और गढ़ते हैं तब रचना प्रक्रिया में अंतर शुरू हो जाते हैं। कृती या रचयिता कवि, उपन्यासकार, नाटककार अथवा गीतकार के कर्म निबाहने लगता है।

कवि बिंबों, विशेष रूप से सौंदर्यतात्त्विक बिंबों, से कविता में अंतरण करने लगता है।

रचना-प्रक्रिया की कई मानसिक अवस्थाएँ मानी जा सकती हैं और पाई भी जाती हैं। लेकिन उसके दो चरण ज्यादातर स्वीकृत हैं। दूसरे शब्दों में पुनः दोहरा दिया जाय कि पहला चरण कवि/कलाकार, या कारयित्री प्रतिभा के पक्ष में अभिव्यंजना या **सर्जना** का है; तथा दूसरा चरण सहृदय/गृहीता या भावयित्री प्रतिभा के पक्ष में **संदर्श** (विज़न) या भोग/आस्वाद का है। संदर्शन की दशा में आरंभ में स्वात्म से तात्कालिक संबंधता होती है जो बाद में शनैः-शनैः इस स्व-संबंधता से निस्संग हो जाती है। जिन्हें रचना करनी है उनके लिए सर्जना की अवस्था में अभ्यासजन्य दीप्ति या स्फुरणा (इल्युमिनेशन) होती है और तदुपरांत मानों एक झटके से स्वयंप्रकाश्य काव्य-कर्म निष्पन्न हो उठता है।

हजारी प्रसाद द्विवेदी ने इसे निष्क्रिय महाशिव की सृजनेच्छा कहा है। वे अपनी शक्ति ललिता के साथ क्रीड़ा द्वारा सृजन की अनुभूति करते हैं। इसमें उन्हें आनंद आता है तथा रचना में लालित्य या सौंदर्य का सम्मूर्तन छा जाता है।

> 'शिव की लीलासखी होने के कारण ही उन्हें ललिता कहते हैं। यह लोक-रचना उनकी क्रीड़ा है—इसमें उन्हें आनंद आता है; चिन्मय शिव उनके प्रिय सखा हैं—क्रीड़ा-विनोद के साथी हैं;' हजारी प्रसाद द्विवेदी : "प्राचीन भारत के कलात्मक विनोद" [बंबई, 1952] पृ. 9

हम देखें कि इस अनुपम भारतीय मिथक से ही सामंजस्यकारी मिथकत्वों का ऐतिहासिक विकास विषयवस्तु और रूप, अनुभूति और अभिव्यक्ति, शब्द और अर्थ, शरीर-अलंकार और भावसौंदर्य आदि की 'द्विपर्णी विरोधता' (बाइनरी अपोजीशन) संलक्षित हुई है।

> द्विपर्णी विरोधता मानवीय समझदारी या ज्ञातता के मूलभूत सिद्धांत के तौर पर विकल्पों के एक जोड़े के बीच चुनाव है। इसमें विरुद्धता नहीं है।

1.3.1. अनुभूति और अनुभव की अवस्था

भावना या अनुभूति तथा अनुभव के साथ सबसे बड़ी बात है **दृष्टि**। यह जीवनदृष्टि है जो विश्वदृष्टि में व्यापकता को प्राप्त होती है।

इस दशा में हमारी रचना-प्रक्रिया के मनोविज्ञान का नीलकमल अनखिला-अनबंद होता है। यह 'भावन' की ऐसी घुलीमिलीजुली अर्थात् संकुल मानसिक अवस्था है जिसमें कई घटकों का संचयित तथा अदृश्य विनियोग रहता है। अगर हम नीलकमल की पंखुरियों को घटक मानें तो वे पंखुरियाँ हैं—अनुभूति-संवेदना, वैयक्तिक अवचेतन-सामूहिक अवचेतन, प्रभाव-ग्रहण, प्रतिक्रियात्मक घातप्रतिघात, अनुभव, चिंतन,

कल्पना, बुद्धि, निर्वैयक्तिक अभिव्यक्ति-इच्छा आदि।

अनादिवासना धरातल तक सभी साहित्य-विधाओं और ललित कलाओं में रचना-प्रक्रिया में ज्यादा फ़र्क नहीं आ पाते। दोबारा याद दिला दें कि यह वही भावन का धरातल है जहाँ अनुभूति-अनुभव की विशेष भूमिका होती है।

भावनाएँ या अनुभूतियाँ (फीलिंग) एक तरह से वे इशारे और सूचनाएँ हैं जो हमारी देह के भीतर से अर्थात् हमारी अंतर्वृत्ति में उभरती हैं। ये हमारी मानसिक ज़िंदगी में ज्यादा प्रभावशाली होती हैं बाहरी प्रत्यक्षीकरण के मुकाबले में। ये हमारी पहरेदारी भी करती हैं। अगर इन्हें संवेदनाओं (सेन्सेशंस) और प्रत्यक्षीकरण (पर्सेप्शन) के साथ संयुक्त कर लें, तो रचना-प्रक्रिया को हम ज्यादा सफलता से संचालित कर सकते हैं। हमारा पहला सर्जनात्मक उभार अनुभूति से अनुभव तलक होता है। जैसे—मुझे यह अनुभूति होती है कि मुक्तिबोध में भयानक फांतासी उनकी प्रेतबाधाओं (नाइटमेयर्स) की उपज है; लेकिन प्रसाद मुस्कानों और लहरों में भुलावे के साथ बहते जाते हैं। इसके लिए मुझे विश्लेषण की या यह 'क्यों' है को विवेकसम्मत बनाने की कोई जरूरत नहीं है। बात अधिक साफ करते हुए हम कहें कि (i) इंद्रियजन्य **संवेदना** हमें समझाती है कि कभी कुछ (पीड़ा/उत्तेजना) अस्तित्वमान हैं; (ii) **अनुभूति** संकेतित करती है कि वह काम्य (आकर्षक) है कि विकर्षक; (iii) **विचारण** (थिंकिंग) हमें बताती है कि वह है क्या; तथा (iv) **स्वयंप्रकाश्यबोध** (प्रज्ञा) यह निर्दिष्ट करता है कि वह कैसे कब प्रकट हुआ तथा कहाँ गतिशील है। मानवीय व्यवहार के ये चार प्रतिरूप हैं।

चिंतनशील टाइप में अनुभूति सबसे कम विकसित होती है तथा संवेदनशील टाइप में स्वयंप्रकाश्य ज्ञान सर्वशिथिल होगा।

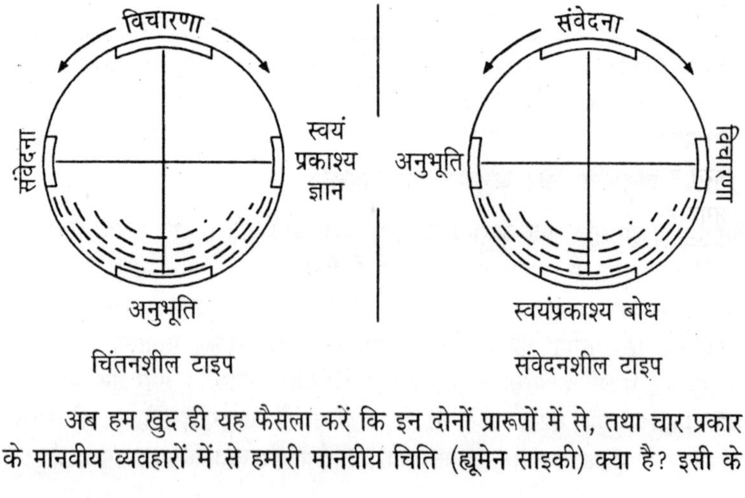

चिंतनशील टाइप | संवेदनशील टाइप

अब हम खुद ही यह फैसला करें कि इन दोनों प्रारूपों में से, तथा चार प्रकार के मानवीय व्यवहारों में से हमारी मानवीय चिति (ह्यूमेन साइकी) क्या है? इसी के

अनुसार अपनी सर्जनात्मकता की दिशा भी निर्धारित होगी।

कार्ल जुंग ने एक रूपक के द्वारा चिति* को एक ऐसा गोलक (स्फिअर) के रूप में कल्पित किया है जिसकी नाभि में स्वात्म/स्व (सेल्फ) है। सूर्य के चारों ओर घूमती हुई पृथ्वी की तरह इसका प्रकाशित भाग **चेतना** का, तथा प्रकाशित भाग का केंद्र **अहं** का और अँधेरे में घुलता हुआ शेष भाग अनेक अंतर्मुखी नियामक प्रक्रियाओं का प्रतिनिधित्व करते हैं।

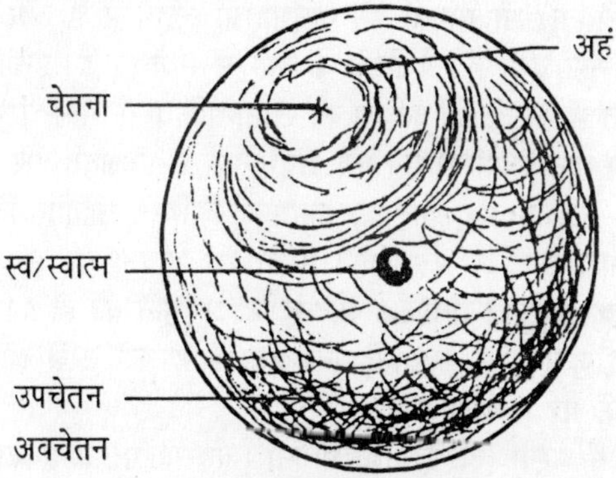

चिति-गोलक

[कार्ल जुंग : " मैन एंड हिस सिंबल्स " (1960), पृ॰ 60-61, 162]

चेतन में हमारी सामाजिक प्रगुणताएँ मौजूद हैं। जो 'मैं' (अहं) को 'हम' में रूपांतरित करती हैं अर्थात् सामाजिक चेतना को तदनुरूप उभारती हैं। उपचेतन-अवचेतन के क्षेत्र में हमारी शिशुता, हमारे स्वप्न, हमारी कलाक्रीड़ा, हमारी संवेदनाएँ-अनुभूतियाँ आदि सक्रियमाण हैं।

हमारी चिति (साइकी) के धरातल भी ताश के पत्तों की तरह खिसकते-पलटते हैं। यह नियंत्रण तथा पश्चगमन के प्रकार्य हैं। अगर हम बहुत पीछे की ओर पश्चगमन करते हैं तो काव्यानुभूति तथा कल्पना-बिंब बेहद प्राइवेट और अबोधगम्य हो जाएँगे। अगर हम बेहद नियंत्रण लागू करते हैं तो भी वे निर्जीव, यांत्रिक तथा घटिया बन जाएँगे। हमें अहं को विश्रांति देनी है अर्थात् अवचेतन में पश्चगमन करना ही होगा।

---

* चिति (साइकी) में अतीत-वर्तमान संभावित भविष्य की संघटनाएँ विन्यस्त होती हैं। इसमें चेतन और अवचेतन का संयोग है। वैयक्तिक स्तर पर अतीत की संघटनाएँ अनुभव एवं स्मृति में; वर्तमान की बिंबों की समग्रता, भावुक अनुभवों तथा मानसिक कलापों में; और संभावित भविष्य की संघटनाएँ आशयों, मंतव्यों, लक्ष्यों, फांतासियों-स्वप्नों में गोचर होती हैं। सामाजिक-ऐतिहासिक नियमन मनुष्य की चिति की नई संरचनाएँ भी रचते हैं।

लेकिन काव्य रचना के लिए अत्यंत तल्लीनता या तन्मयता की दशा में पहुँचना पड़ेगा। तभी विलक्षण, नूतन एवं मौलिक शब्द, शब्दबिंब, स्वप्न और फांतासी आदि की दीपशिखाएँ झिलमिलाएँगी।

इंद्रिय-विशेष से व्युत्पन्न संवेदना, आंतरिक अनुभूति या भावना, तथा संवेग के बीच के मनोविज्ञान में एकतान व्यापार भी माना जाता है। सुशाने लेंगर कलाक्षेत्र में अनुभूति-अनुभव के सातत्य को लेती हैं। लेकिन वे 'अनुभूति' और 'रूप' के बीच ध्रुवांतता (विपरीतता) भी मानती हैं। अनुभूतियाँ अंतर्मुखी हैं और बाह्य ऐंद्रियिक संवेदना से भी नहीं बँधी हैं। ये चिति के अहं से संबंधित हैं। इसीलिए ये अनुभव और अभिव्यक्ति में फैलती हैं। कविता की रचना-प्रक्रिया के भान-चरण में अनुभूतियों की अभिव्यंजना होना अपेक्षित है। तब अनुभूतियों में प्रबलता और तिहरी विशेषता मौजूद होती है—सुखात्मक-दुःखात्मक, तनावपूर्ण-शिथिल, उद्दीपित-विश्रांत।

यदि हमारी रोमांटिक रचनादृष्टि है तो हम भावना या अनुभूति की अत्यंत शक्तिपूर्ण भूमिका मानेंगे। रोमांटिक जीवनदृष्टि अनुभूति को ही कविता का आधार मानती है। इस जीवनदृष्टि में मानों एक झूला है जिसके उरले झोंके पर **अनुभूति** तथा परले झोंके पर **कल्पना** है।

अनुभव में करना (डोइंग) तथा भोगना (अंडरगोइंग), दोनों का संयोग है। यह एक समग्र व्यापार है जो अभिव्यंजना या अभिव्यक्ति में फलीभूत होता है। अनुभव में जीवन तथापर्यावरण के बीच समेकित विनियोग है।

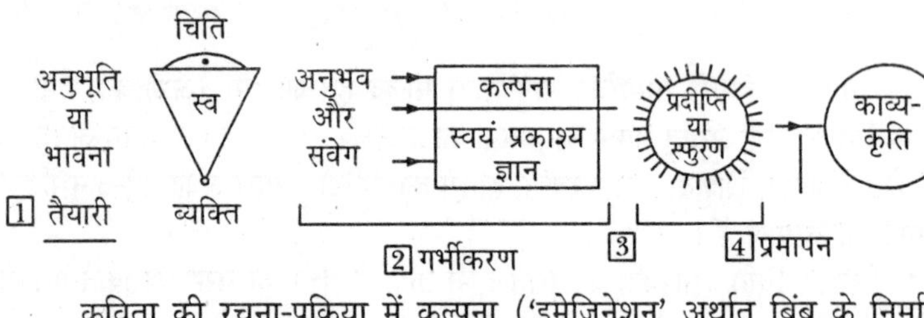

कविता की रचना-प्रक्रिया में कल्पना ('इमेजिनेशन' अर्थात् बिंब के निर्माण में जुटा हुआ मानसिक कलाप) मनोरथ की धुरी है। कल्पना के द्वारा ही अमूर्त को मूर्त बनाया जाता है। कल्पना किसी भी तरह के सृजनात्मक क्रियाकलाप में—चाहे वह कला का, या विज्ञान का, बुनियादी पक्ष है।

सर्जनात्मक कल्पना की पहली शर्त ही यह है कि विषय क्या "है" इससे हमारा इतना सरोकार नहीं है जितना कि वह कैसा **"प्रतीत होता"** है—इससे है। साफ़ होता है कि कल्पना हमारे प्रत्यक्षीकरण का एक माध्यम है। अर्थात् कृती/मनुष्य वस्तु के अपने आभ्यंतर बिंबों को मौलिकतापूर्वक बहिर्मुखी बनाता है। इस तरह वह मूल्यवान कृतियाँ और उत्पाद तैयार करता है।

कविता में बिंब-विधान विधायक कल्पना की देन है। यह साम्य (एनालॉजी)

पर आधारित है। बिंब जगत् या उसके किसी अंश की अंतर्मुखी छवि है, बाह्य यथार्थता के अनुमूर्तन का एक रूप है। यह एक 'दृश्य चिंतन' है।

हमने धरती पर बहती हुई **गंगा** और आकाश में झिलमिलाने वाले लहरदार **तारापंथ** में साम्य पाकर **आकाशगंगा** का बिंब बना दिया। इसी तरह **मीनाक्षी गजगामिनी** रमणी के बिंब बने। इसी तरह **ज्ञानदीप हृदयकमल** के बिंब बने। इस तरह बिंब काव्य-भाषा की प्रमुख शक्ति है। कविता की रचना में अमूर्त भावों तथा अनमिथे अनुभवों को सजीव, स्पष्ट तथा प्रभावशाली बनाने के लिए बिंबों का प्रयोग अपेक्षित है। यह अनुभव के संप्रेषण को भी ताकत देता है। इससे भावगत सौंदर्य में बढ़ोतरी होती है। तुलसीदास की एक आधी चौपाई है—**'सुंदरता कहँ सुंदर करई। छविगृह दीपसिखा जनु बरई॥'** सीता के दिव्य रूप का मनसा साक्षात्कार कवि करता है, अपनी सगुण भक्ति की उपासना में। किंतु उसकी अनुभूति अमूर्त है। इसे मूर्त करने के लिए वह साम्य या सादृश्य के द्वारा मंदिर की चित्रशाला में बलती हुई दीपशिखा का प्रभाव तथा संस्कार ले आया है। पहले चरण की कल्पना से दूसरे चरण के साहचर्य (एसोसिएशन) या स्मृति का जो संयोजन हुआ वह विधायक कल्पना की देन है। इससे शब्दबिंब या काव्यबिंब का चयन हुआ है।

सामूहिक अवचेतन से मानव-चिति अर्थात् समग्र मानवता के बिंब उभरते हैं। इन्हें हम **आद्यबिंब** (आर्केटाइपल इमेज) कहते हैं। निराला की 'राम की शक्तिपूजा' में शक्ति का, या नागार्जुन की 'हरिजन गाथा' में शिशु का बिंब आद्यबिंब हैं। ये समसामयिक सामाजिक अवचेतन से, अथवा संस्कारों में संचित, सामूहिक अवचेतन से सहसा उछलते हैं। मिथकों के इंद्रजाल की एक वजह यह भी है। मानों हमारे दिमाग़ को एक आँधी-सी झकझोर देती है। फांतासी एवं यूतोपिया यद्यपि कल्पना ही हैं; लेकिन हैं उसका सर्वोच्च स्वरूप। इसे स्पष्ट करने को हम बाइजेंतियम की एक मिथक लेते हैं। आकाशगंगा से ही संबद्ध। यूनानी मिथक में तो देवताओं के इंद्र (ज़ियस) के महल में जिस मार्ग से देवता जाते हैं वह 'दुग्धमार्ग' है। बाइजेंतियम की मिथक के अनुसार ज़ियस को यह फ़िक्र लगी कि मानुषी अल्किमीन के गर्भ से उत्पन्न उसका पुत्र हर्क्यूलीज़ जीवन में अलौकिक हो। इसलिए वह उसे देवी **जूनो** की शय्या में छिपा देता है। जब जूनो के पयोधरों के चूचुकों में चुक् चुक् होती है तो वह अकबका कर अंतरिक्ष में निधड़क छलाँग लगाती है जिससे चूते हुए दूध की असंख्य बूँदें आकाश में छिटक उठती हैं। ये ही 'दुग्धमार्ग' या आकाशगंगा का निर्माण करती हैं। कवि मुक्तिबोध ने रचना-प्रक्रिया की अपनी व्याख्या में अनुभव के तीन क्षणों में से इसे दूसरा क्षण बताया है।

उनके अनुसार **पहला** अनुभव का क्षण है जब रचनाकार किसी तीव्र अनुभव से उद्वेलित तथा उत्प्रेरित होता है। इस क्षण में संवेदनात्मक ज्ञान की प्रमुखता होती है। इसका केंद्र 'अनुभव' है। **दूसरा** क्षण है दृश्यवत् (मनसा साक्षात्) उपस्थिति का

क्षण। इसमें संवेदनात्मक ज्ञान तथा ज्ञानात्मक संवेदनाएँ घुलमिल जाती हैं। इसका केंद्र अनुभव-कन्या अर्थात् 'फांतासी' है। क्योंकि अनुभव नूतन और मौलिक कल्पना में रूपांतरित हो जाता है]। **तीसरा** क्षण कृति के रूपायन वाला है। इस पर हम आगे विचार करेंगे।

अनुभूति-अनुभव की रेखा कविता की रचना के लिए **तैयारी की अवस्था** है—तथ्यों, बिंबों, भावनाओं आदि के संचयन और संकलन की। यह शिक्षा तथा शोध और अभ्यास से भी आती है क्योंकि यह **विद्या** की देन है। बुद्धि जन्मजात होती है लेकिन विद्या सीखी जाती है। बुद्धि आंतरिक है और विद्या का बाह्य प्रकाशन होता है। इसलिए बुद्धि के मुकाबले विद्या बढ़ सकती है। बुद्धि-विद्या का मेल हमारे धैर्यवान प्रयत्नों की बुनियाद है ताकि कविता की रचना हो सके।

इसी बुनियाद पर प्रेरणा, अंतर्दृष्टि और स्वयंप्रकाश्यज्ञान आदि हमारी मदद करते हैं। हमारे रचना-चिंतन में साहचर्य (एसोसियेशन) के कई समानता तथा साम्य वाले नियम सक्रिय हो उठते हैं। तैयारी की अवस्था जितनी अधिक तीव्र और मर्मस्पर्शिनी होगी उतना ही गहरा और प्रबल **गर्भीकरण** होगा। हम पाँचों या कुछ इंद्रियों के प्रत्यक्षीकरणों का बिंबों द्वारा प्रत्याह्वान कर सकते हैं, हम अनेक तरह के बिंबों के अंशों को जोड़कर कल्पना का विधान कर सकते हैं; हम बिजली के फूल को खिला और इंद्रधनुष को भी तान सकते हैं। अर्थात् हम अवचेतन-चेतन द्वारा अजन्मी कविता को सृजनगर्भ में सँवारते-सँभालते रहते हैं। हम यदा-कदा तनाव झेलते हैं लेकिन कुल मिलाकर विश्रांति की हालत में होते हैं। ऐसे में लगातार सोचने-संवेदने के कारण कई बाधाएँ और विघ्न भी उत्पन्न हो जाते हैं। किंतु यह प्रसव-जैसी अवस्था है। हमें जन्म का अनुमान होने लगता है। हम तर्क और कार्यकारण द्वारा समाधान नहीं पा सकते। हम पूर्ण चेतना के द्वारा भी कविता नहीं रच सकते। हम घिसी-पिटी नकल भी नहीं कर सकते। जब हम इन सभी बाधाओं को लाँघने के पल में होते हैं तो वही **स्वयंप्रकाश्यज्ञान** (इंट्यूशन) की दशा भी है। अर्थात् हममें ज्ञान और विद्या का प्रगटावा तो हो गया होता है किंतु हम कर्त्ता अपनी हालत तथा ज्ञान के ऐसे साधनों को नहीं जान पाते। अंतर्दृष्टि में परिस्थिति के किसी पूर्व अनुभव के प्रयोग के बिना हम अचानक ही कविता की रचना और उसके तत्त्वों के संबंधों का अभिज्ञान कर बैठते हैं। हम रचना की समस्या के समाधानों की संभावना के नज़दीक पहुँच जाते हैं। **प्रेरणा** में तनाव और उत्थान की दशा उत्तेजना के शिखर को छू लेती है। अतः कविता की रचना का बोध तथा उसकी संयोजना मूर्तिमान हो उठती है। इस दशा से **सर्जनात्मक** कर्म की शुरुआत होती है। बिंबों और कथ्य-विधान में सचेतन ढंग से स्पष्टता आने लगती है। आरंभ के कष्टसाध्य तथा आरंभिक तैयारी और गर्भीकरण से ही यह कर्म प्रसूत होता है।

1.3.2. कविता के रूपायन की अवस्था

इसकी शुरुआत हम कवि मुक्तिबोध द्वारा प्रणीत तीसरे क्षण से करते हैं जिसे हमने 1.3.1 में स्थगित कर दिया था। इस तीसरे क्षण में फांतासी शब्द-माध्यम से रचना का स्वरूप ग्रहण करती है। यहाँ फांतासी अनुभूति या भावना-प्रसूत होकर भी अनुभव-बिंबित होती है। इसका केंद्र स्वयं फांतासी-कन्या 'रचना' है। इस सृजन-व्यापार में रचना या कलाकृति या कविता फांतासी (फैंटेसी) की पुत्री है; प्रतिकृति नहीं।

हमने पहली व्यापक अवस्था को **भावन की अवस्था** कहा था। इसे **सर्जना की अवस्था** कह लें क्योंकि इसमें ही कविता के स्वरूप या आकृतिबंध का निर्माण होता है।

यह अवस्था अभिव्यक्ति या अभिव्यंजना के माध्यम से साकार हो उठती है और अगर हम काव्य में महाकाव्य, या शोकगीत या गोपगीत जो भी विधा रूप अपनाना चाह रहे हैं उसी के मुताबिक रचना का रचा गया मौलिक रूप उजागर होने लगता है। अभिव्यक्ति-प्रणाली की इसी अवस्था में आकर विधा के अनुरूप रचना-प्रक्रिया में भी फर्क़ आने लगते हैं। कविता के संदर्भ में त्रिलोचन के सानेट, केदारनाथ अग्रवाल के मनःस्थिति-चितेरे लघु हाइकू पद्य, निराला की बहुव्रीहि-समास में रची गई 'राम की शक्तिपूजा', लावनी जैसी लोकधारा में सुभद्रा कुमारी चौहान की 'झाँसी वाली रानी', नागार्जुन की 'मंत्रकविता' आदि रचना-प्रक्रिया के पहले चरण का परिणाम भी है तथा उससे प्रस्थान भी है। कथ्य के अनुरूप छंद-बिंब-भाषा का माध्यम भी ढलता, पिघलता, उभरता है। जब समस्या का समाधान **अचानक** स्फुरित हो उठता है तभी **प्रदीप्ति** (इलुमिनेशन) फैलती है। प्रदीप्ति में अचानक दीप्ति का आश्चर्य तो है ही, उन्नयन (उत्थान) का तीव्र संवेग है तथा एक अज्ञेय-अप्रत्याशित शक्ति-निर्देश भी है।

यह अवस्था हमें संदर्श (विज़न) या तल्लीनता में भी घेरती है। हम अपनी कविता में भावनात्मक जीवनदृष्टि को चिंतन से संयुक्त करके विस्तार देने लगते हैं। अपने कथ्य को कलात्मक सत्य तथा मानवीय विश्वसनीयता से भी साथ-साथ परखते चलते हैं। यदि कुछ बाकी रह जाता है तो उसे बाद में भी संशोधन, परिवर्तन, परिमार्जन आदि द्वारा कृति को पूर्ण बनाते हैं ताकि वह हमारे व्यक्तिगत मानदंडों तथा सामाजिक यथार्थता की आवश्यकताओं को भी पूरा करे। यह **प्रमापन** की अवस्था है और अंतिम है।

इस दशा में कविता-निर्माण में कवि के मानवीय दायित्व भी माँग करते हैं। कवि मानवीय स्वतंत्रता तथा सामाजिक परिवर्तन के प्रति अपने उत्तरदायित्व का वरण करता है। वह मूर्त और कठोर परिस्थितियों में इस दायित्व का खुद वरण करता है अर्थात् वह स्वतंत्रता का वरण करता है अर्थात् वह अन्याय और मानवीय यंत्रणा के विरुद्ध प्रतिबद्ध होता है। वह समाज में मानवीय रिश्तों–साथ रहने की समझदारी और साझेदारी–को ढूँढ़ता है। यही तलाश उसे वैयक्तिक संबंधों से आगे सामाजिक

संबंधों से जोड़ती है और यही सामाजिक अत्याचारों के खिलाफ़ नए समाज और नए इंसान के बंधुत्व का पक्षधर बनती है। इस तरह एक कविता, रचना के साथ-साथ, दस्तावेज़ भी होती है। वह अपने समय का प्रामाणिक तथा संपूर्ण प्रतिबिंब होने पर ही ऐतिहासिक सीमाओं का अतिक्रमण करके मानवीय प्रारब्ध का सत्य आलोकित करती है। अतः सृजित कविता संदर्शन है—पाठकों, ग्रहीताओं के लिए। हमारे वैयक्तिक स्वात्म तथा अवचेतन को सामूहिक अवचेतन तथा सामाजिक प्रतिकर्म में तिरोभूत करती है। यही कविता की अनवरत प्रासंगिकता है।

अब हम 1.3.1 तथा 1.3.2 के निरूपणों को एक अवरेखन द्वारा प्रकट कर सकते हैं—

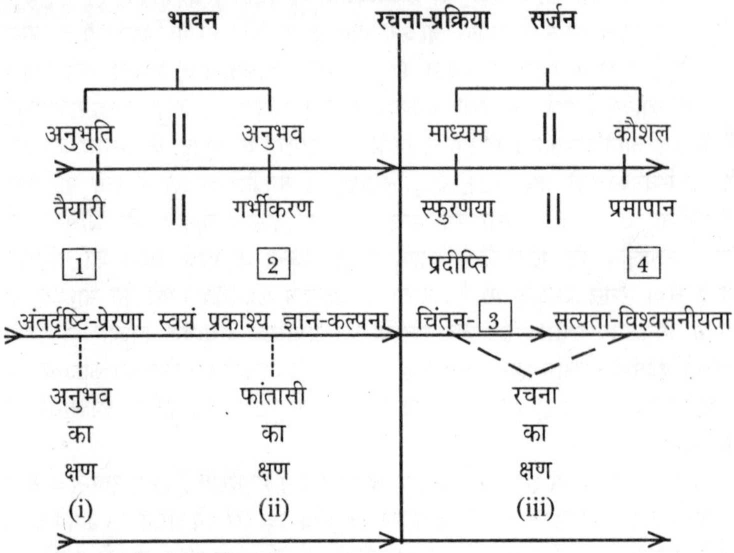

1.4 कविता की रचना की तैयारी

1.3 में हमने रचना-प्रक्रिया के जो चरण, जो अवस्थाएँ, जो क्षण, या जो स्थितियाँ बताई हैं और उन्हें भावन-सर्जन के अथवा अनुभूति-अनुभव व अभिव्यक्ति के दो ध्रुवांतों में अलगाया है, वे सामान्य तौर पर ठीक हैं। लेकिन विभिन्न प्रवृत्तियों वालों को कविता की विभिन्न पद्धतियाँ जँचती हैं। कुछ अनुभूति में डूबकर लिखते हैं तो कुछ अनुभवहीन होकर। तथापि रचना-प्रक्रिया का इन दो व्यापक ध्रुवांतों में बँटा होना सही है।

रचना के लिए तैयारी में साहचर्यों (एसोसियेशंस) के आह्वान की मनोदशा बनानी चाहिए।

अभिव्यक्ति के क्षणों में संप्रेषण की फिक्र में फँस जाने पर रचना अनुभूतिहीन-सी हो जाती है।

विषयवस्तु रचना (कृति) की साख है। वही कृति भी जीवनदृष्टि तथा प्रतिबद्धता की कसौटी है। उसमें मूल्य होते हैं। वह कृति को मौलिक, अभिनव, तथा सशक्त भी बनाती है। अब हम आगे समझेंगे तथा अभ्यास करेंगे।

1.4.1 कहाँ से शुरू करें और कैसे शुरू करें

कविता की रचना की तैयारी में कौंध या प्रदीप्ति के क्षण को पाने या छूने के लिए अवचेतन-पूर्वचेतन को आंदोलित होना जरूरी है। हम बता आए हैं कि यह प्रेरणा से होता है। कई कलाकार रचना (सृजन) में इतने चेतन हो उठते हैं कि एक ही कृति को कई बार लिख कर माँजते हैं। बहुधा ऐसी हालत शुरू में होती है–तैयारी के चरण में ही रचना की शुरुआत करने पर। तथापि प्रेरणा एक रवानगी देती है। वरिष्ठ रोमांतिक कवि वर्डस्वर्थ लिखते समय मुँह से सीटी बजाने के आदी थे; जर्मन कवि शिलर सेबों को काटकर उनकी सुगंध से उत्तेजित होकर अनुप्रेरित हो उठते थे; शैले किसी निर्जन, एकांत कुंज, सरोवर घाटी में ही लिख पाते थे; प्रसाद अपनी कविता का संशोधन किया करते थे जो 'प्रेमपथिक' (ब्रज/खड़ी बोली) तथा 'आँसू' (प्रंथम/द्वितीय संस्करण) से परिलक्षित हैं; भारतेंदु लिखने में उतावले थे (इसकी शिकायत प्रेमघन हमेशा किया करते थे) तथा मैथिलीशरण गुप्त, श्यामनारायण पांडेय, गुरुभक्त सिंह 'भक्त' पहले गद्य में कविता के विचार लिख लेते थे। इस तरह सृजन-प्रक्रिया के कोई भी रूढ़ नियम नहीं बनाए जा सकते हैं। अतः रचयिता को खुद अपनी प्रवृत्ति तथा प्रकृति की पहचान करनी चाहिए।

तैयारी की दशा में 'स्वतंत्र साहचर्य' (फ्री एसोसियेशन) की पद्धति, चेतना के मुक्त-प्रवाह की पद्धति और दिवास्वप्न की पद्धति का हेलमेल होता है। मुक्त (स्वतंत्र) साहचर्य-पद्धति हमारी रचना-प्रक्रिया को काफ़ी सुलझाती है। कविता में यह प्रमुख भी होती है। सृजन के क्षणों में भाव/विचार हमारे मानस में तैरने लगते हैं अर्थात् उन क्षणों में उनमें कोई भी दिशा या सूझ नहीं होती। ये तैरते भाव/विचार कवि के दिमाग़ में प्रवाहित होते रहते हैं। लेकिन जब कल्पना अपने नियंत्रण तथा रूपाकार का ताना-बाना बुनती है तो ये बिंबों में सुस्थिर (फिक्स्ड) हो जाते हैं। जितने विविध और अधिक काव्यबिंब होंगे, उतने ही अधिक तथा मुक्त ये तैरते विचार! काव्य में अगर आप 'दिल की घाटी' का बिंब बनाते हैं तो उसमें 'ज़ख़्मों के लाल गुलाब' भी महका सकते हैं। इसी तरह आप 'हँसी के गुलाबी मेघ' या 'हँसी के लुकते छिपते जुगनू' के बिंब बना सकते हैं। इस प्रक्रिया में अमूर्त तत्त्व जब व्यापक हो जाते हैं तब आर्केटाइपों या आद्यरूपों की प्रतिष्ठा होती है। नरेश मेहता, प्रभा खेतान और गिरिजाकुमार माथुर का ज्यादा जादू इनमें छिपा है।

सृजन अथवा रचना के आरंभिक क्षणों में कोई एक संवेदना या उत्तेजना हमारी किसी स्मृति को, किसी प्रत्याह्वान को, किसी निष्पंदता को मथ डालती है। एक शब्द अथवा एक भाव या विचार भी हमारी अंतर्दृष्टि में साहचर्य की शुरुआत कर देता है (महादेवी वर्मा को दीपक, निराला को बादल ऐसी ही उत्तेजना देते-से थे)। नतीजन कवि की तैयारी-अवस्था की सामग्री में उथलपुथल मच जाती है। वह प्रेरणा और कल्पना में बँधकर प्रबलतापूर्वक प्रेरित हो उठता है। शनैः-शनैः अनुभवों के पुंज भी संयोजित होने लगते हैं। अवचेतन में सोए हुए, जकड़े हुए भाव/विचार मुक्त होने लगते हैं। इसलिए कोई एक नन्ही चीज़, छोटी घटना, कोई भाव या विचार या बिंब इस साहचर्य के जादुई झरने का उत्स खोल देता है जिससे कवि के मस्तिष्क में मूल उत्तेजना से संलग्न अनेक विचार उफन उठते हैं।

कविता की रचना प्रारंभ करने के पहले की तैयारी में तुकों की नवीन तथा इफरात वाली कोई सूची या कोश हो तो काफी सहूलियत होती है। हमारा मतलब यह नहीं है कि आप कविता के बहाने प्राणहीन तुकबंदी करें। तुकों, छंदों और मात्राओं का अभ्यास और शिक्षा तो हर होनहार कवि को प्राप्त कर लेना चाहिए।

हाँ, एक बात का खयाल रखा जाय। सृजन के समय कवि/कलाकार को अभिव्यक्ति में निमग्न रहना चाहिए, न कि **प्रेषणीयता** के प्रति चौकन्ना हो जाए। आई. ए. रिचर्ड्स ने सावधान किया है कि यदि कवि या कलाकार अपना ध्यान अभिव्यक्ति के बजाय प्रेषणीयता (कम्युनिकेशन) में लगा ले तो वह कलाकृति की श्रेष्ठता के लिए घातक सिद्ध होगा। फिर भी अभिव्यक्ति और प्रेषणीयता गुत्थम-गुत्थ हैं क्योंकि एक की स्थिति दूसरे के बिना असंभव है। इसलिए प्रेषणीयता के लिए जरूरी है कि वह सफल प्रेषणीयता हो। यह तभी संभव है जबकि सृजन के समय कवि ने सफल अभिव्यक्ति की हो।

कवि-रूप में कृतीजन सफल अभिव्यक्ति तभी कर पाएँगे जब वे इन बातों का ध्यान रखेंगे–

(i) उचित माध्यम, उचित विषयवस्तु और उचित भाषा का प्रयोग करें;
(ii) अपनी अनुभूति और जनता की अनुभूति में सामंजस्य रखें;
(iii) खुद संतुष्ट हों तथा अपनी अभिव्यक्ति को सफल मानें/जाँचें।

अतः अगर कवि शुद्ध अभिव्यक्ति के हामी हैं तो वे बेहद असंपृक्त होकर मौलिक ढंग से भाषा की पच्चीकारी में उलझ सकते हैं; प्रतिबद्ध नहीं होकर खोखले विद्रोह का ढकोसला कर सकते हैं और अपनी चिंताएँ समाज तथा संस्कृति-विरोधी रुख में मोड़ सकते हैं। किंतु प्रतिबद्धता का सवाल चिरंतन है। यह नए-नए अर्थ ग्रहण करता है। समाजपेक्षी कवियों में अभिव्यक्ति के साथ-साथ सहायक तौर पर प्रेषणीयता की अवगुंठित इच्छा झिलमिलाती रहती है।

1.4.2 विषयवस्तु का अनुमान

एक यज्ञप्रश्न द्वारा हम **विषयवस्तु** (कान्टेंट) का अनुमान लगा सकते हैं—कवि क्या कहना चाह रहा है अर्थात् उसका 'कथ्य' क्या है और उसके बाबत वह हमें क्या अनुभूति कराना चाहता है?

इसके उत्तर के लिए हम शब्द-बिंब और शब्दार्थ की इकाई में से—अकेले **'शब्द'** का संदर्शन करें। शब्द में ध्वनि और संवेदना है, अक्षर और उच्चारण है। इसके अतिरिक्त शब्द में अर्थ और मनोरथ है, इतिहास और प्रभाव है, रूपकात्मक अर्थ और व्यंग्यार्थ हैं। इनकी संरचनाओं से कवि एक कविता का विधान करता है। काव्यभाषा में **प्रतीक-निर्माण** की क्षमताएँ हैं, प्रतीयमान **इतिहास** और मानवीय **अनुभव** की विश्वसनीयता है। इसके अलावा यह प्रोक्ति (डिस्कोर्स) का विधान भी है। इन लगातार फैलते हुए चक्रों में कविता का 'कथ्य' घूमता हुआ लक्ष्य तक आन पहुँचता है।

विषयवस्तु या कथ्य रचना (कविता) का आंतरिक पक्ष है और रचना की मूल संवेदना है। विषयवस्तु और विषय के बीच भी फ़र्क़ है। एक ही **विषय** (राम़कथा) पर रामचरित उपाध्याय, मैथिलीशरण गुप्त, बालकृष्ण नवीन ने काव्य लिखे किंतु उनकी **विषयवस्तु** अलग-अलग या अनेक हैं। विषय का प्रत्यक्षीकरण तो काव्य के पहले चरण में होता है। लेकिन विषयवस्तु या कथ्य रचना-प्रक्रिया में उभरता है। विषयवस्तु को अभिव्यक्ति कविता के भाषिक रूप से मिलती है।

विषयवस्तु के शाश्वत क्षेत्र तीन हैं—मनुष्य, प्रकृति और ईश्वर। इनमें समस्त ब्रह्मांड समाहित हो जाता है। तथापि आधुनिक पुनर्जागरणों ने मनुष्य को सृष्टि का केंद्र तथा संसार का सर्वोच्च प्राणी स्वीकार किया है। इस भाँति हम भी अपने युग की चेतना के मुताबिक मनुष्य—व्यक्ति मानव तथा सामाजिक मनुष्य—को केंद्र में रखें। मनुष्य के ही प्रकृति और परमात्मा के साथ संबंध से सृष्टि, रचना एवं निर्माण होता है। मनुष्य-धुरी पर ज्ञान, विज्ञान, समाजविज्ञान तथा मानविकीशास्त्र एवं कलाएँ इत्यादि इतिहास क्रम में उभरती और विकसित होती हैं। मनुष्य-धुरी पर ही समाज संस्कृति एवं सभ्यता के क्षेत्र आते हैं। तथापि इतिहास और समाज के चक्रों पर ही मानव की अनवरत यात्रा का रथ अनादि से अनंत तक चलता रहेगा। अतः कविता की विषयवस्तु के अनुमान में मानवधुरी से ही आरंभ किया जाए। सामाजिक परिवर्तन की प्रक्रिया को [व्यक्तियों, नर-नारी, अन्य पात्रों आदि के] बदलते हुए नाना भाँति के **संबंधों** में देखें। उनकी सरलता, जटिलता, अंतर्विरोध तथा विरोधाभास पहचानें। अनुभूति और अभिव्यक्ति में परिवर्तन का सबसे पहला और गहरा प्रभाव संबंधों पर पड़ता है। भावलोक में इनसे नौ या अधिक रसों का परिपाक होता है।

जीवनदृष्टि देखने का कोण है। कला और कविता में **यथार्थता** का सच्चाई भरा तथा ऐतिहासिक अनुर्वचन करना चाहिए। अपनी वफ़ादारी जीवन की सच्चाई के प्रति

ही होनी चाहिए; भले ही वह मुश्किलों, आफ़तों और जोखिमों में डाल दे। अलबत्ता ऐसी सामाजिक यथार्थता की अभिव्यंजना कलात्मक बिंबों के द्वारा की जाती है। इसमें जनता के दुःखदर्दों तथा संघर्षों का अनुभव, आपकी मानवीय स्वतंत्रता के प्रति प्रतिबद्धता, व्यक्तिवाद तथा रूपवाद की अस्वीकृति तथा ऐतिहासिक आशावाद पर यकीन शामिल है। आप सामाजिक यथार्थता में सामूहिक अवचेतन तथा सामाजिक चेतना का ऐसा आयत्तीकरण करें जो दमित तथा शोषित वर्गों के जीवन, चिंतन तथा भाव को भी साकार कर सके। क्या कृती सत्तापक्ष के चाटुकार या मानवद्रोही कवि होना या कहलाना कुबूल करेंगे? स्थापित व्यवस्था तथा स्वार्थी बुद्धिजीवियों ने सच्चे विद्रोही कवियों को मुज़रिम करार दिया है। क्या आप निराला, नज़रुल इस्लाम, सुकांतो भट्टाचार्य, कुमार विकल के साथ शामिल होना नहीं चाहेंगे? आज भारतीय कविता की चेतना समाजवाद के पक्ष में तथा खोखले विद्रोह के विरोध में है। यही उसकी 'आधुनिकता' है। अतः ऐसी प्रतिबद्धता द्वारा हम स्वतंत्रता के पक्ष में होते हैं और अन्याय तथा प्रतिक्रिया की निंदा करते हैं। यह विषयवस्तु का भारतीय तथा प्रासंगिक अनुमान है।

1.4.3. विषयवस्तु की विश्वसनीयता तथा मौलिकता

ज़ाहिर है कि विषयवस्तु की विश्वसनीयता की कसौटी न तो वैज्ञानिक सत्य है, और न ही ऐतिहासिक तथ्य। कविता की विषयवस्तु की विश्वसनीयता मानवीय कर्म में है, उस कर्म को भाषा द्वारा अर्थ देने में है, उस अर्थ को सामूहिक संप्रेषण द्वारा समाज को प्रभावित करने में है। अतः विषयवस्तु की सार्थकता मानवीय मूल्यों में है। विषयवस्तु में **कलात्मक सत्य** की प्रतिष्ठा का होना ही उसकी विश्वसनीयता है।

कलात्मक सत्य जीवन के प्रति भी सच्चा होता है। इसलिए हमारे द्वारा उसे यथार्थता द्वारा ग्रहण किया जाना है। उस सत्य को परलोक को नहीं, बल्कि इहलोक को प्रतिबिंबित करना है।

इसका मतलब यह हुआ कि हम कलात्मक सत्य को कविता की बुनियादी खूबी मानें। तभी हम जीवन के सत्य से ज्यादा **श्रेष्ठ** सत्य अर्थात् कलात्मक सत्य की प्रतिष्ठा कर सकेंगे। यह सत्य जीवन से ज्यादा **सुंदर** भी होगा। यह हू-ब-हू जीवन की अनुकृति भी नहीं होगा।

अगर हम मुक्तिबोध की 'अँधेरे में', सुभद्रा कुमारी चौहान की 'झाँसी की रानी', या धूमिल की 'पटकथा' में कलात्मक सत्य का अभिज्ञान करें तो वह जीवन के सत्य एवं यथार्थ से श्रेष्ठतर और सुंदरतर है। इसके साथ ही वह जीवन की समकालीन सामाजिक **व्याख्या** भी है। इस तरह **'कलात्मक बिंब'** में सत्यता और विश्वसनीयता आपस में घुलमिल जाते हैं।

एक छोटा परंतु सच्चा कवि होना बेहतर है।

उसकी कविता की विषयवस्तु की **मौलिकता** का मतलब उसका शुद्ध और

पवित्र होना नहीं है। हमारी भाषा पूरे राष्ट्र तथा समाज की संपत्ति है। हमारे कविता-क्रम को भी तो अनेक सीमाएँ घेरे हैं। अतः मौलिकता का मतलब घटिया अनुकृति का विरोध है। मौलिकता तथ्यों के प्रचुर संकलन के साथ-साथ अनुभूति की विश्वसनीयता तथा कल्पना की स्वतंत्रता के संयोग से उभरती है। अतः कविता की अनुभूति एवं अभिव्यंजना में मौलिकता–

(i) एक नैसर्गिक क्रिया है जैसे कोयल का कूकना; हरसिंगार का फूलना; बादलों का घुमड़ना आदि;

(ii) एक बड़े मानवीय उत्तरदायित्व का वरण है अर्थात् तिरस्कृत और वंचित लोक को अभिव्यक्त करना, मानवीय स्वतंत्रता का पक्षधर होना, नए समाज और नए मनुष्य के लिए संघर्ष करना, अन्याय के विरुद्ध होना आदि; एवं

(iii) एक अनवरत तलाश है; जैसे एक रचना के अधूरे तथा अनसुलझे पक्षों को अगली, उससे अगली और इसी प्रकार नई रचना द्वारा यथार्थता तथा कल्पना के सहकार से पूर्णता की ओर बढ़ना है। कविता-रचना में विश्वसनीयता और मौलिकता की ऐसी प्रस्थापना ही कीर्ति भी प्रदान करेगी।

1.5 कविता की पूर्णता

एक कविता की पूर्णता का मतलब उसकी उपलब्धि है–भाषा के क्षेत्र में, कला-सौंदर्य के क्षेत्र में, सामाजिक यथार्थता की व्याख्या में मौजूदा मानवीय प्रारब्ध के भविष्य में। इसमें सर्जनात्मक चिंतन, सर्जनात्मक कल्पना और सर्जनात्मक कार्य-कलाप की त्रयी का समाहार होता है।

कविता की पूर्णता कविता की सामाजिक-सांस्कृतिक प्रासंगिकता से भी जुड़ी है। कविता हर हालत में समकालीन अनुभव से जुड़ी हो। जितनी गहराई से वह जुड़ी होगी उतनी ही विश्वसनीयता के साथ वह कविता समकालीन सार्थक अनुभवों में ऐतिहासिक सीमा और व्यक्तिगत सीमा को लाँघने का सामर्थ्य पैदा करेगी। कविता की पूर्णता अगले बदलाव की कविता भी होती है। यह सही है कि रसखान के एक सवैये की तुलना ताजमहल से, अथवा 'आँसू' की तुलना अजंता की चित्रांकित गुफ़ाओं से नहीं होनी चाहिए। किंतु मानवीय कर्म और सौंदर्यबोधात्मक बिंबों में हम छोटी कविता में भी विराट् पूर्णता पाते रहे हैं। वास्तव में यह समस्या कला और कविता के माध्यम के मूर्त या सूक्ष्म आधारों की है, पूर्णता की नहीं।

रची गई कविता की पूर्णता उसकी सफल अभिव्यंजना उसका मूल्यवान होना है। यह रचना-प्रक्रिया पर निर्भर करेगा। एक पूर्ण कविता ही 'कविता की पूर्णता' को उपलब्ध कर सकती है।

एक पूर्ण कविता, या कविता, या सिरजना की कुछ सर्वमान्य कसौटियाँ हैं :

(क) एक अभिनव रचना जो काल-बिंदु पर किसी समूह द्वारा धार्य, या उपयोगी,

या संतुष्टि प्रदायक हो;

'सृजित पदार्थ को ऐसी अभिनव रचना के रूप में पारिभाषित किया जाता है जो काल के किसी बिंदु पर किसी समूह द्वारा धार्य, या उपयोगी, या संतोषप्रद स्वीकार किया जाय।' एम. आई. स्टायन और एस. जे. हैज, ''क्रियेटिविटी एंड दि इंडिविजुअल'' [न्यूयार्क, फ्री प्रेस, 1960], पृ. 36

(ख) जहाँ नवलता और ताजगी हो;

'...जहाँ कहीं नवलता जन्म लेती है, जहाँ कहीं हमारे आभ्यंतर को एक ताज़ा कर्म में अभिव्यक्ति मिलती है, चाहे वह कोई भंगिमा हो, कोई नृत्य या पुष्प सज्जा या कहानी हो—कोई भी कृत्य जो सिर्फ़ पुराना और पुनर्कृत् नहीं है।...हमारी उत्पादित चीजें तब तक सिसृक्षात्मक नहीं बनतीं जब तक कि वे अभिव्यक्तिधर्मा नहीं होतीं।' एल. ई. कोल और डब्लू एफ. ब्रूस, ''एजुकेशनल साइकोलॉजी'' [बंबई, टाइम्स ऑफ इंडिया प्रेस, 1966], पृ. 527

(ग) अथवा जो अधिकाधिक साहचर्यों और नए संयोगों से परिपूर्ण हो—

'...साहचर्यमूलक तत्त्वों को ऐसे नए संयोगों की शक्ल देना, जो निर्दिष्ट अपेक्षा की पूर्ति करते हों, या किसी तरह उपयोगी हों।'—एस. ए. मेडनिक ''दि एसोसियेटिव बेसिस ऑफ दि क्रियेटिव प्रासेस'' ''साइकोक्लाजिकल रिव्यू'', खंड 69 (1972), पृ. 221

इस तरह रची गई पूर्ण कविता तथा कविता की पूर्णता एक अभिनव कृत्य है। एक नवलताकारी संयोग है, एक ऊर्जस्वित उत्पादन (सर्जन) है जिसमें मौलिकता, विश्वसनीयता, कल्पनापूर्णता और रचनात्मकता होती है।

1988

14 नग्न कुमारिता वाले झीने आवरण : महादेवी की नारी-रहस्यमयता

'भारतीय नारीत्व' (वुमेनहुड) की जैविक, सांस्कृतिक और मनोकामुक भूमिका के लिए किसी ऐसे आर्केटाइपल बिंब की आविर्भावना कैसी हो ताकि हम आज के संदर्भ में कवयित्री श्रीमती महादेवी वर्मा की **'नारी-रहस्यमयता'** (फ़ीमेल मिस्टीक़) को भी किसी तरह से पहचान सकें?[1]

(1)

एक समांतर मिथक ऋषि अत्रि की पत्नी, अपार सुंदरी और गुणशीला अनसूया का है जिसका संरचनात्मक विश्लेषण शायद हमारी कुछ कुहेलिकाओं को खोल दे।

एक ईर्ष्याविहीन (अनसूया) और निश्छल (टैबू तथा ग्रंथि से विमुक्त) नारी-मूर्ति के प्रादर्श में ही नैतिकता और काममयता का सह-अस्तित्व है।

आर्ष मिथक के मुताबिक शिवकांता सती, विष्णुकांता लक्ष्मी और ब्रह्मा-पत्नी सरस्वती ईर्ष्या के कारण अपने देवपतियों से अनसूया के सतीत्व (उनसे विभिन्न प्रकार वाले नारी-शील) को भंग करने की प्रार्थना करती हैं। इसी के दूसरे आद्य मिथपाठांतर के मुताबिक स्वयं पद्मयोनि ब्रह्मा (सृष्टि), पद्मनाभ विष्णु (स्थिति) और पद्मपाणि शिव (संहार) अनसूया की नारीशक्ति (सुरति) को परखने की इच्छा करते हैं। यहाँ ईर्ष्या से एक ज्यादा जटिल एवं विराट् फलक है अर्थात् इसमें सृष्टि-स्थिति-संहार

---

1. पार्वती (तपस्या), सीता (त्याग) और राधा (अनुराग) का अंतर्लयन दिव्य आदर्श को सामने रख सकता है। सरस्वती, सती और लक्ष्मी की देवकांता-त्रयी भी अपूर्ण आध्यात्मिक चित्र बनाती है। मनोमिथकीय प्रादर्श (मॉडल) का दोहरा कर्म 'काम' की दो पत्नियाँ पूरा करती हैं—'रति' (शरीर से संबंधित अनुराग का भाव) तथा 'प्रीति' (हृदय संबंधित प्रेम का भाव)। यहाँ केवल यौनशील का हाशिया ही खुलता है। अनसूया मिथक के बजाय अगर कोई दूसरी मिथकीय व्याख्या हो सके तो हमें कतई एतराज नहीं है; और इससे न ही हमारी अनुवर्ती स्थापनाएँ खारिज़ हो जाएँगी।

के कारणों की स्त्री देह में खोज है। यहाँ एक प्रकार का क्षीण 'द्विपर्ण विरोध' (बाइनरी अपोजीशन) परिलक्षित है। अतः दोनों ही बातें पूरी होती हैं अर्थात् देवकांताएँ सतीत्व को भंग करा देती हैं तथा फलस्वरूप देवता भी संसृति-चक्र को समझ लेते हैं।

नारी-शक्ति के रहस्य को समझने के लिए पहले-पहल वे निर्मल और निर्बंध नारी-शरीर को देखना-समझना तय करते हैं अर्थात् अनसूया को देखने के लिए वे तब पहुँचे जब वह भी आँगन [आंतरिक (गृह) काया] में नंगी नहा रही थी। अब वे मनुष्य के मन के इच्छा और कर्मवाले 'द्विपर्ण विरोध' के रूप में अर्थात् मुनिवेश (मनन रूप) में पहुँचते हैं।

एक पाठांतर के अनुसार उन्होंने 'शिशुवत्' कौतूहल तथा कामुकता के कारण 'सूराखों' से देखा। उन्होंने भिक्षा [उर्वरक अन्न के दाने, विराज] लेने की शर्त यही रखी कि अनसूया नंगी ही दान देगी। संसृति-रहस्य का पहला द्वंद्वन्याय यह खुलता है कि अनसूया द्वारा प्रतीकात्मक भिक्षा-दान की यथार्थता तो असल में उनसे (उसकी) भिक्षा-ग्रहण करने में है।

अतः अनसूया ने नारी-शक्ति के तेज से उन तीनों को 'शिशु' बना दिया ताकि वह [पाप-मुक्त और दोषहीन होकर] इन शिशुओं के सामने 'नंगी' होकर आ सके। छद्मवेशी देवताओं का कायाकल्प (मेटामार्फोसिस) भोले शिशुओं में हो गया अर्थात् सृष्टि, स्थिति और संहार के मूल आविर्भाव प्रकृत नारी शक्ति में, और 'पवित्र' तथा 'स्वच्छ' की धुरी नारी-शरीर में ही, बारंबार अभिव्यक्त होते हैं। शील-भंग करने वाले छलिया पुरुषरूपों की बाल्यकालीन मनोकामुकता भी खुल गई : एक ईर्ष्याहीन शैशव के भोलेपन के कारण वे तीनों नन्हे बालकों में कायाकल्पित हो गए। नंगी अनसूया ने उन्हें उभरे 'स्तनों से दूध पिलाया' (भिक्षा?) और बालक गोद (गर्भ) में सुरक्षित [छिपकर] खेलने लगे। तो, यह रति की 'पवित्रता' और शरीर की 'स्वच्छता' के संदर्भों से जुड़ी हुई व्याख्या है। यह 'उत्थित लिंग' केंद्रित विश्व के बजाय मातृसत्ताक-व्यवस्था के प्रतिरूप में योनिकेंद्रित ब्रह्माण्ड की वैश्विक दृष्टि भी है।

एक समांतर कथा-संस्करण के अनुसार भिक्षार्थी देवता गण स्वयं शिशु न बनकर अपने ही अंशों [वीर्य-बीजों] का भिक्षा-दान करके अनसूया-गर्भ से चंद्रमा (ब्रह्मा), दत्तात्रेय (विष्णु) तथा दुर्वासा (शिव) जैसे शिशुओं को जन्म दिलाते हैं। सृष्टि-स्थिति-संहार चक्र का रहस्योद्गम यही है अर्थात् ब्रह्मा-विष्णु-शिव के विस्तारण में **सृष्टि** चंद्रमा, ज्ञान और सत्वगुणपरक है; **स्थिति** सूर्य, इच्छा और जोगुणपरक है; तथा **संहार** अग्नि, क्रिया और तमोगुणपरक है। ये सब गर्भस्थ होकर नाना आरम्भिक एवं द्वंद्वहीन रूपों से उन्मीलित होते हैं। ये नारी-शक्ति द्वारा पुनः-पुनः नए होते हैं और नारी-शरीर द्वारा नए-नए प्रतीकात्मक रूपों में जन्म लेते हैं। ये शिशुत्रय मातृसत्ताक पक्ष में अपनी अस्मिता प्राप्त करते हैं। **फलतः** यहाँ मातृ नारी परवर्ती पत्नी की पवित्रतावाले संभोग-निषेध से विमुक्त है। यहाँ यौन पवित्रता और शारीरिक स्वच्छता का सवाल

भी नहीं उठता क्योंकि गंगा (रजधर्म से स्वच्छ रखने के लिए) अनसूया के 'घर' के पार्श्व में ही प्रवाहित है।

यही अनसूया की नारी-शक्ति (सतीत्व) और नारी-शरीर (सृजन) का अर्थात् योनिकेंद्रित ब्रह्माण्ड नारीत्व (फेमिनिटी) का रहस्य है। 'देव' प्रभु ही युवा प्रिय है। किशोर 'प्रिय' (पुरुष) ही शिशुवत् है। शिशुवत् प्रिय ही 'पुत्र' बन जाता है। यही रति और प्रीति जैसी युवाकांताओं का भी चिरंतन रहस्य है। यही सेक्स की संपूर्ण कामकला है। अत्रि-पत्नी होकर भी अनसूया में तीनों देवकिशोरों के वीर्यांशों से संतान प्राप्ति करने पर भी लौकिक सतीत्व-भंग का संस्कारी बोध नहीं है; शिशुमन किशोरों के सम्मुख नग्न हो जाने में लौकिक पाप की भावना नहीं है; और न ही पति के साथ विश्वासघात की अथवा तज्जन्य पाप या अपराध की कोई कुंठा है। यह अनसूया आदिम और अनंतर और अकुंठ भारतीय नारीत्व का आर्केटाइप हो सकती है जो अभिनव सतीत्व (पाप-भावना से तटस्थ) और महा सृजन (टैबू से विमुक्त) का दोहरा संकल्प है। ऐसा 'नारीत्व' प्रेम (पति) और यौन (प्रेमी) को, नैतिकता और नैसर्गिकता (प्रभु) को, चेतन (अहं-आदर्श) और अवचेतन (रति-प्रतीक) को साफ़ ढंग से विभाजित कर देता है; तथापि उनका सामंजस्य भी करता है।

तो हमारी समकालीन शुरुआत देवप्रभु, किशोरप्रिय तथा प्रियशिशु (शैशव) के सामंजस्य से ही हो सकती है। यह एक संरचनात्मक 'पुलिंदा' (स्ट्रक्चर्लिस्टिक बंडल) भी है क्योंकि इसमें प्रभु/प्रिय, देव/मानव, किशोर/पुरुष, प्रिय/पुत्र, तथा शिशु/पुत्र के विरोधाभास (पैराडाक्सेज़) भी समेकित हैं और उनका अस्तित्ववादी समाहार भी हुआ है।

अनसूया-मिथक के 'मिथकाभिप्राय' (माइथीम) में एक ओर देवता से लेकर मनुष्य तक की, तथा दूसरी ओर प्रभु, प्रिय, शिशु, पुत्र, किशोर तथा पुरुष तक की एकान्विति हो गई है। इसमें सनातन नारी-शरीर और नारी-चिति (फीमेल साइकी) की भी द्वंद्वात्मक एकता कायम हुई है। एक-पतिव्रत (पत्नी) तथा बहुप्रेमीव्रत (प्रिया) का यौन ध्रुवांत अपनी आभ्यांतर गोपनीयताओं को भी निरावृत कर डालता है।

एक बड़े लंबे कालांतर में 'महीयसी भारतीय नारी' के छद्म में महादेवी ने भी सामंतीय पुरुषसत्ताक-मूल्यों तथा संस्कारों का आदर्शीकरण किया। ऐतिहासिक दृष्टि से सामंतीय संदर्भों में (काव्यशास्त्रीय तथा कामशास्त्रीय नायिका-भेदों को छोड़कर) 'नारी' के चिंतन, चेतना तथा चिति में बस प्रभु और पति का शक्तिशाली आतंक व्याप्त हो गया; प्रिय और शिशु का सहज आह्लाद लुप्तप्राय होता गया। नारी-यौनता में **शरीर** अस्वच्छ तथा **सुरति** अपवित्र बन गई। 'कामातुरता-विहीन (अनइरोटिक) नारीत्व' ही आदर्श हो गया। बहुपत्नी प्रथा, बाल-विवाह, बाल वैधव्य और वैधव्य जैसी संस्थाओं के कारण निर्मदता या निर्मादकता (फ्रिजिडिटी) को मर्यादा समझा गया। इस तरह आत्मसमर्पिता, पति-प्रभु सेविका, आज्ञाकारिणी-अनुगामिनी (दासी), चरण-पुजारिणी, स्वामी-बन्दिनी जैसे सामंतीय संस्कृति-चक्र ने उसे मात्र एक ऐसी व्यक्तित्वक्षीण

'कर्तव्यपरायण नारी' बना कर अवनत कर दिया जिसमें आत्म-विकास और सेक्स-परितृप्ति की लगभग कोई संभावना बाकी नहीं बची। अधिकांश मनोबंदिनी नारियों के समूचे मनोविज्ञान में आज भी यही सामंतीय संस्कार 'भारतीय नारी की शाश्वत आत्मा' की मिथ्या चेतना बनकर पोर-पोर में रिसा हुआ है। वैवाहिक संबंधों तक में नारी द्वारा यौन-अनुभव की स्वीकृति या प्रदर्शन 'अश्लील' माना गया। नारीत्व और पुरुषत्व के बीच के दांपत्येतर रिश्तों को अश्लीलता, अनैतिकता और अधार्मिकता की त्रयी में जकड़ दिया गया। इस तरह भारतीय नारी का आत्म-पीड़न और आत्म-रहस्य शताब्दियों के संचित दमन तथा संत्रास के नाना उपरूपों में आदर्शीकृत हुआ : सेवा, समर्पण, दया, करुणा, विरह, वेदना, पीड़ा, साधना, सतीत्व, आदि में। इनका निर्धारण सांस्कृतिक और धार्मिक परिपाटियाँ करती चली आ रही हैं। उसके ऐसे समाजशास्त्र की वजह से उसका मनोविज्ञान तक वैसा बन गया। भारतीय नारीत्व की यह एक महत्तम त्रासदी है। इसे आध्यात्मिकता और रहस्यवाद के घने अँधेरे वाले अज्ञात पर्दों से ढाँक दिया गया। अतएव प्रेमदीवानी मीराँ और मस्ताने सूफ़ियों (की प्रेम की पीर) के बाद/इलावा भारतीय नारी के 'मनोकामुक' (साइको-सेक्चुअल) विकास की समझ को तकरीबन नहीं गहराया गया।

महादेवी वर्मा ने व्यक्तिवादी तथा रोमांटिक दृष्टिकोण से अपनी अकेली नारी-त्रासदी और आधुनिक अभिशप्त नियति को भोगा। अपनी नारी-शक्ति तथा नारी-शरीर के द्वारा उन्होंने नारी के इतिहास को तथा नारी-संबंधी सनातन (धर्मी) संस्कारों को **संवेगों** और **सौंदर्य** की धुरियों में आदर्शीकृत और अमूर्तीकृत किया। जब-जब वे तर्कशीलता और सामाजिक यथार्थता की चुनौती स्वीकार करके गद्यपंथ अपनाती हैं तब-तब उनमें नारी-जातीय **विद्रोह** प्रकट होता है—अर्थात् बौद्धिक अक्ष में वे प्रौढ़ और आत्मोत्तीर्ण होती हैं, किंतु जब वे अंतर्मुखता और आत्मनिर्वासन की दशा में पद्यमार्ग में तन्मय होती हैं तब उनमें दमित नारीजातीय **रहस्य** प्रकट होता है। यह अंदाज़ लगाना कोई गलत नहीं होगा कि बौद्धिक अक्ष पर वे विकासमान और परिष्कृत हुई हैं किंतु संवेगात्मक अक्ष पर वे बहुत दूर/देर तक शिशु जैसी, किशोरी मुग्धा जैसी, सुहागिन कुमारी जैसी, उलझी साधिका जैसी दुखी छायामूर्ति बनी रहीं। महादेवी की चेतनता का यह अंतर्विरोध है। कवि-महादेवी भारतीय नारी-जातीयता (फेमिनीनिटी) के रूढ़ एवं सुविदित साध्वी पैटर्नों का इस्तेमाल करने पर विवश हैं। उनके काव्य में 'पति-बिंब' लगभग नहीं है। उन्होंने स्वयं ही संपूर्ण दोषों को स्वीकार करके आत्म वेदना अंगीकार की है। उन्होंने पति-परमेश्वर अथवा विवाह-संस्था की आधारभूत आलोचना भी नहीं की। विवाह के बाद की 'भीति' (फोबिया) तथा 'विच्छेद' का प्रचंड मनोशारीरिक प्रभाव उन्हें आत्म-निर्भर तथा आत्म-गोपित की विपरीत दशाओं से अनुकूलित कर गया।

विवाह-पश्चात् की भीति को प्रलय, झंझा, मेघ, अमा, विध्वंस आदि के घोर तिमिर सूचक भयानक बिंबों द्वारा उभारकर वे 'करुणेश' और 'नाविक', अतिथि और देव आदि के माध्यम से 'पति' के विचार को ही 'देव' तथा 'प्रिय' के युगल भाव

द्वारा प्रक्षेपित और प्रतिस्थापित करती हैं ('नीरजा', 'सांध्यगीत')।

प्रभु और पति के युगल को अपनी चिति की लीला-भूमि से प्रतिस्थापित करके वे एक ऐसे 'प्रिय' (पुरुष) का निर्माण करती हैं जो उनकी मनरिाजा नारी के आत्मविकास के अभावों एवं बाधाओं की, तथा योन-विलास की अतृप्तियों एवं उलझनों की दिवास्वप्नमनोरथिक पूर्ति करे। इसके लिए वे 'एक' प्रिय के 'वहु' प्रिय (प्रेमी) मूलक संबंधों की संज्ञाओं को मिटाकर, घुलाकर, छिपाकर, धुलाकर मानो अनजान, अपरिचित, अज्ञात सर्वनामों [तुम/वह/कौन/किस/उस/जो/जिसे आदि] में अमूर्तित और संघनित कर डालती हैं। उनके काव्य में यह भाषिक संरचना मनोभाषिकी के जरिए नारीत्व की रहस्यमयता को उन्मीलित करती हैं। इससे अभिव्यंजित अस्पष्टता का आश्चर्य एक आलंबन (प्रिय) को अलौकिक बनाकर नारीकवि को आध्यात्मिक रहस्यवाद के शिविर में भी सुरक्षित कर देता है। यदि कलियाँ और शूल, सीप और मोती, तीर और किरण आदि के अप्रस्तुत उनके लौकिक राग-अनुराग को संकेतित करते हैं तो शलभ और दीपक, क्षितिज और सूर्य, चंद्र और दर्पण आदि के प्रतीक अथवा उपमान अक्सर धुँधलापन और अर्थभ्रांतियाँ फैलाते हैं।[1]

सपूर्ण कृतित्व में अतीत की 'सुधियों' और 'स्वप्नों' की अपार तथा प्रबल धारावाहिकता उनकी जीवनी तथा वेदनाजन्य अनुभूतियों को बेहद अवास्तविक, अगोचर, अग्राह्य बना देती है। यदि इनकी कविताओं में नारी (मैं) के साथ दीपक और कमल, सुधियाँ और सपने, शूल और आँसू मिलते हैं तो चित्रों में रमणीमूर्तियों का दीपक और कमल, काँटों और हारों से कांत संयोग हुआ है।

इस तरह श्रीमती महादेवी वर्मा अपनी 'कुमारीमुग्धा नारी' को तो सती की तरह पवित्र और स्वच्छ (ओस तथा आँसू, स्वर्ण और रजत, तारे तथा दीपक) रखने का अभिमंत्र रचती हैं तथा अपनी ही 'सुहागभरी प्रिया' को बाणों और किरणों से गुप्तवेधित, स्पर्शों और स्वप्नमिलनों से कंटकित, 'रज' के कण-कण से सनी-भरी और 'मधु' के अणु-अणु से गर्भित, स्नेह से भीगी और राग से भीनी कर डालती हैं। यह उनके विवाहोत्तर अनसूया-मन की पहेली तथा अठखेली, अतृप्ति तथा प्यास, चाह तथा आग आदि के द्वित्व/द्वैत हैं। यह 'दिव्य' भी हैं; किंतु प्रतीकात्मक रूपों के अंतराल में लुके-छिपे ये मांसल, 'मानुषी' हैं। इतिहास-पूर्व की उस मिथक में अनसूया ने भी तो 'त्रिदेव' के संग कुछ ऐसी ही मन की क्रीड़ाएँ की थीं।

1. "महादेवी के कुछ गीतों में विशृंखल बिंब मिलते हैं।...इस विशृंखलता का एक कारण यह है कि इनके बिंब नंदतिक सूक्ष्मताओं के गोचर प्रत्यक्षीकरण से अधिक उन अतृप्त इच्छाओं का सम्मूर्तन प्रस्तुत करते हैं, जिन्हें कवयित्री सरेआम प्रकट करना नहीं चाहती, फ़लस्वरूप अधीक्षक की भूमिका में रहने वाले 'सुपर ईगो' से प्रेरित अपह्नव के कारण इनके बिंब अपेक्षित साफ़गोई खो देते हैं।"—कुमार विमल, 'आधुनिक हिंदी काव्य', पृ. 80, अर्चना प्रकाशन, आरा, 1964।

विवाहोत्तर अनुक्रम (1916-23) में कवयित्री की चिति में और भी कुछ गूढ़ घटा है जो 'नीहार' (1924-28) तथा 'रश्मि' (1918-31) से किंचित् अनुमानित हो सकता है। सन् 1907 में जन्मी और सन् 1916 में नौ वर्ष की गौरी-उम्र में विवाहिता होने वाली इस बालिका का भारतीय नारी की दशा से जो नंगा साक्षात्कार हुआ होगा वह 'अबला' तथा 'विधवा' शीर्षक किशोरी रचनाओं में अभिव्यक्त हुआ। सन् 1920 में जब पंत की 'ग्रंथि' छपी तभी तेरह साल की कली-जैसी 'मुग्धावस्था' में इस महादेवी नामक किशोरी ने सौ छंदों में एक करुण खंडकाव्य लिखा। सन् 1924 में सत्रह वर्ष की उम्र में जब वह मैट्रिक पास करके एक 'कालेज की लड़की' बनीं तो 'नीहार' की रचनाएँ लिखी जाने लगीं और उन्हें वह इक्कीस साल की युवती-उम्र तलक लिखती रहीं। 'रश्मि' में एक कमलवत् पूर्णयुवती महादेवी की चौबीस साल की उम्र तक की (1928-31) कविताएँ संकलित हैं जब, बीच में वह दो-तीन साल तक वैवाहिक विसंगतियों से जूझती हुई, बी. ए. तक पहुँच चुकी होंगी। इस तरह 'नीहार' से 'रश्मि' चरण तक सत्रह से चौबीस साल तक की इस संघर्षशील कालेज-छात्रा युवती की सृजनात्मक और अनिर्वचनीय अनुभवों वाली कविताओं में शुद्ध वेदांती रहस्यवाद तथा उच्च दार्शनिक अध्यात्मवाद थोप देना जबर-जुलुम नहीं तो भला क्या है? बस, तब वह लड़की मैट्रिक के बाद, इंटर और बी. ए. कर रही थी।[1] अतएव यह ज्यादा न्यायसंगत लगता है कि उनके नारी-जीवन की मनोकामुक, मनोसामाजिक तथा सामाजसांस्कृतिक समस्याएँ ही 'नारीत्व की रहस्यमयता' बनीं जिन्हें उनकी कवयित्री ने प्रतीकों और अप्रस्तुतों द्वारा अस्पष्टतः—अटपटी नई संध्या-भाषा में—अभिव्यंजित किया। नारी-रहस्यमयता तथा सामाजिक यथार्थता की विभ्रांति को प्रकट करने में गोपनीय अस्पष्टता के संयोग से ही 'अलौकिकता' की छायाएँ तथा धुँधलके, और अर्थभ्रांतियाँ झिलमिल होती गईं। 'नीहार' सन् 1930 में छपी। तब तक 'पल्लव' (1927), 'परिमल' (1930) और 'आँसू' (1930) निकल चुके थे। तब महादेवी तेईस वर्ष की एक कालेज-छात्रा थीं, पंत तीस वर्ष के थे, निराला की उम्र बत्तीसे पर चढ़ रही थी तथा प्रसाद इकतालीसवें साल में चल रहे थे। तो फिर 'नीरजा' से पहले

---

1. इसी तरह की एक और विडंबना को केवल रामकुमार वर्मा ने समझा है—"किंतु जब हम महादेवी के काव्य-सृज़न की मूल प्रेरणा को सामने रखकर उनके काव्य विकास का विवेचन करते हैं, तब उनकी छिटपुट रूप में प्रकाशित-अप्रकाशित पूर्ववर्ती रचनाओं और परवर्ती सुनियोजित प्रकाशित रचनाओं के विकास क्रम को देखते हुए ऐसा प्रश्न उठता है, कि महादेवी के काव्य-विकास और चिंतन की दिशा में यह आकस्मिक परिवर्तन कहाँ से उत्पन्न हो गया और क्यों?...महादेवी जी की सन् 1922 की कविताओं का कहीं कोई संग्रह नहीं है, एक तरह से उन्हें भुला दिया गया है। यदि उनका संग्रह कहीं होता तो इस महान अंतर के प्रारंभिक सूत्र उनमें खोजे जा सकते थे। यह 'छायावादी अंतर' उनमें सहसा किन मार्गों से आविर्भूत हुआ, यह मनोवैज्ञानिक समस्या है।"

—महादेवी संस्मरण ग्रंथ, पृ. 36

और बाद के 'अंतर' में कौन-सी मनोवैज्ञानिक समस्याएँ हो सकती हैं? स्वयं कविदेवी तो मौन हैं।

इस चरण में उनके काव्य-संसार में देव/प्रिय, नाविक/अतिथि, चितेरे/गायक हैं; माँ और अलि/सजनि भी हैं; बावली और भोली युवती/कवयित्री भी है; कलीमन तथा कमलहृदय भी है; तथा जलते छोटे दीपक तथा मुरझाते सुमन भी हैं। इस ज़माने की एक दुर्लभ अति-शिक्षित उत्तरप्रदेशी युवती के रूप में वह अपने आत्म-संघर्ष और आत्म-सार्थकता के 'पथ' खोज रही हैं। बचपन में घर के धार्मिक वातावरण के कारण माँ वाले भक्ति के पावन तथा पुनीत संस्कार पड़े। किशोरावस्था और युवावस्था तक पालन-पोषण एक सम्पन्न तथा सुसंस्कृत परिवार में हुआ। किशोरावस्था तक वे आधुनिक तथा पुरुषजातीय (मैसकुलिन) वेशभूषा भी धारण करती रहीं। इस तरह उनमें नारीजातीय हीनता की सर्वसामान्य ग्रन्थि वैसी नहीं पड़ी। वे बुद्धिजीवी पिता की दुलारी पुत्र जैसी सयानी तथा आत्मसम्मानी बेटी रही होंगी। इससे उनका नैतिक मन (सुपर ईगो) बेहद सजग हो गया। उनको आत्मरति (नार्सीसिज़्म) वाली उम्र-देहरी लाँघकर आत्मपीड़न-रति (मेसोकिज़्म) का अंतःपुर देरी से मिला। पिता और पितामह ने बालिकावस्था में ही उनका विवाह करके उनमें दमित यौन स्थितियों की आँधी और चिनगारी सदा के लिए रख दी। लंबी यातना तथा अंतःवेदना की इस दशा में उनका 'ऐतिहासिक अतीत' सीधा और स्पष्ट नहीं रहा, बल्कि स्मृतियों और स्वप्नों में अस्पष्ट हो गया। अतः वे अपने सामाजिक तथा यौनपरक भविष्य (पंथ) को नहीं पहचान सकीं। न वे 'प्रिय' को पहचानीं और न ही 'पंथ' को ही पा सकीं। सुसंस्कृत पिता और परिवार ने उनके एक 'बौद्धिक नारी' तथा 'पवित्र युवती' के रूप में विकास को प्रोत्साहित किया। अतः महादेवी में पच्चीस वर्ष के बाद से, अर्थात् 'नीरजा' और 'सांध्यगीत' के चरण में, अर्थात् उन्तीस साल की उम्र तक आते-आते शीतल चुंबन, हिमअधर आदि के संकेतक (सेमिओस) मिलने लगते हैं जो निर्मादकता (फ्रिजिडिटी) के स्पष्ट इशारे कहे जा सकते हैं।

कालेज की किशोरियाँ और युवतियाँ जब किसी संकट पर प्रतिक्रिया करती हैं तो बहुधा उनमें शमन और दमन और निराश्रिता की प्रवृत्तियाँ उभरती हैं। वे अरक्षित जीवन से वापसी के तौर पर शरण के लिए शादी करा लेती हैं (दे. कार्ल बिंजर का लेख : 'इमोशनल डिसर्बेंसेज़ एमंग कालेज वुमन', "इमोशनल प्राब्लेम्स आफ़ दि स्टुडेंट्स" में : सं. ग्राहम बैलाइन, न्यूयार्क, डबलडे, 1961)। अतिशिक्षित नारी और बुद्धिजीवी युवती के स्वरूप में महादेवी आत्मनिर्भर होने में सक्षम थीं। सो, वे सन् 1934 में एम. ए. (संस्कृत) पास करने के बाद छब्बीस साल की उम्र में ही प्रयाग महिला विद्यापीठ की प्राचार्या बन गईं। किंतु वे अनसूया या अनुराधा की तरह परिपूर्ण या परितुष्ट नहीं हुईं। आत्म-निर्भरता को उन्होंने मुख्यतः आत्म-अभिव्यंजना के लिए अंगीकार किया। अतः विवाहोत्तर 'संघात' और 'भीति' ने उनमें प्रबल संवेगात्मक झंझा/प्रलय मचाए; आत्मयातना ने उनमें (वेदना, दुख और आँसू के रूपों में) 'करुणा' को मूर्तिमान किया।

इस तरह महादेवी वर्मा बाल-विवाहिता होकर भी आजन्म कुँवारी-जैसी रहीं और अपने लोक वैभव में स्वतंत्र जीवनयापन करती हुई भी एकाकिनी, तपस्विनी, उन्मादिनी (हिस्टीरिकल जैसी), अभिमानिनी, साध्वी बनी रहीं। ऐसी दशा में उनके स्वभाव की आद्यंत 'अत्यंत रहस्यमयता' (इलाचंद्र जोशी के संस्मरण) भी अंतनिर्हित हैं। आर्थिक आत्मनिर्भरता और सामाजिक आत्मविश्वास के संयोग से उनमें स्वयं का **अभिमान** ही आत्मरक्षा, आत्मरंजन और आत्मोद्धार की भूमिकाएँ अदा करने लगा। [क्योंकि उन्होंने अपने बालविवाह को कभी स्वीकार नहीं किया]। तारुण्य-पूर्व की **आत्मरति** (नार्सिसिज्म) उनके सामाजिक जीवन और बौद्धिक पक्ष में यौवनावस्था से लेकर प्रौढ़ावस्था तक विलंबित चलती रही। यह उनके 'विद्रोह' की भूमिका बनी। किंतु अंतर्मुखी संवेग-पक्ष तथा व्यक्तिगत जीवन में किशोरावस्था से ही उनमें **आत्मपीड़नरति** (मेसोशिज़्म) परिव्याप्त होती गई। यह उनकी 'वेदना' की महांत भूमिका बनी।

अब तक 'प्रिय' और 'पंथ' की दो महाधुरियों पर उनकी मनोसामाजिक जीवनी की पुनर्रचना हुई है जो उनकी नारीजातीय रहस्यमयता (मिस्टीक) के एक प्रमुख आयाम को आलेखित करती है।

(2)

हम महादेवी को समकालीन भारतीय नारी की दुविधा (डिलेमा) का एक प्रादर्श (मॉडल) मानते हैं। कवि और विदुषी श्रीमती महादेवी वर्मा के प्रति हमारे मन में न तो अश्रद्धा का भाव है; और न ही असम्मान का। हमें उनकी निजी ज़िंदगी मालूम नहीं है। हमें उसमें हस्तक्षेप करने का अधिकार भी नहीं है। हमारा संबंध तो उनके नारीजातीय व्यक्तित्व से है। हम उनकी **सृजनात्मकता** तथा **रहस्यमयता** का विश्लेषण तथा उद्घाटन कर रहे हैं। अब हम (मनोकामुक अक्षांश के बाद) **मनोसामाजिक आयाम** को ले सकते हैं।

तब के उत्तरप्रदेश की पिछड़ी, सामंतीय तथा उपनिवेशवादी संस्कृति में कायस्थ-जाति सर्वाधिक उदार, बुद्धिजीवी पेशा और श्रेष्ठ मध्यवर्गीय आत्मप्रदर्शनों वाली थी। हिंदी-भाषी हिंदुओं के सांस्कृतिक पैटर्न में अबला तथा भोग्या नारी महत्त्वहीन, व्यक्तित्वहीन तथा सामाजिकता-विहीन रही है। भारतेंदु-युग में नारियाँ 'आँगन' से बाहर निकलकर सामाजिक-राजनैतिक-सांस्कृतिक 'पंथ' में नहीं आईं। उस समय में वेश्याओं और तवायफ़ों से ही मुहब्बत और ऐश की पौरुषेय अनुमति-मूलकता (पर्मिसिवनेस) थी। द्विवेदी-युग में भी नारियों की विशेष भूमिका दृष्टिगोचर नहीं हुई। किंतु स्वामी दयानंद, स्वामी विवेकानंद और महात्मा गाँधी द्वारा शुरू हुए नारी-स्वतंत्रता के आरंभिक अभियानों का कर्मफल ऐनीबेसेंट, सिस्टर निवेदिता के बाद सरोजिनी नायडू, कमला नेहरू, तारुदत्त, अमृताशेरगिल, अमृता प्रीतम और महादेवी वर्मा के सांस्कृतिक वैचारिक प्रसुमन में मिला। संस्कृति के दीपों और नारी-व्यक्तित्व के कमलों की तरह-से ये नारियाँ अपनी आधुनिक 'अस्मिता' खोजती हैं और सांस्कृतिक आंदोलनों में अपने पहले-पहल योगदान करती हैं। सन् 1920 के आसपास—श्रीमतियाँ महादेवी वर्मा (तेरह साल),

तोरणीदेवी शुक्ल 'लली' (चौबीस साल), और सुभद्राकुमारी चौहान (सोलह साल) का आगमन होता है। सन् 1930 तक ('नीहार' के छपने पर) तो रामेश्वरी देवी 'चकोरी' (सत्रह साल), विद्यावती 'कोकिल' (सोलह साल) और तारा पांडेय (सोलह साल) के अन्य नारी-कंठों के नए स्वर गूँज उठते हैं। इस तरह रोमांटिक आंदोलन ने सचमुच 'नारी' को मानवी के रूप में प्रतिष्ठित किया। उसे सखी और प्रिया, पूज्यदेवी और प्रेरणा-शक्ति के नए अंतर्बाह्य सामाजिक संबंधों से जोड़ा। समलैंगिकता (होमोसैक्चुअलिटी) महाभाव बनी। विद्रोही युवामन नई चिति का उन्मेष कर रहा था, नए सामाजिक स्वप्न देख रहा था तथा नई आत्माभिव्यंजनाओं के लिए व्याकुल था। यह एक बेहद नया मनोसामाजिक प्रस्थान था। नारी-चिति भी प्रेम और मुक्ति के दोनों पंखों को खोलकर उड़ने को उत्सुक हो गई। यारब! सवाल फ्रायडीय 'शिश्न-असूया' (पेनिस-एन्वी) का नहीं, बल्कि सामाजिक चेतना की सहवर्ती नारी की 'चरित्र-संरचना' के नवीकरण का था। अतः 'नारीजातीय रहस्यमयता' (फेमिनीन मिस्टीक) के उदात्तीकरण तथा उन्मीलन, दोनों होते हैं। 'चिरंतन भारतीय नारी' के सामंतीय आदर्श में गहरी दरार फटती है। अब 'समकालीन भारतीय नारी' के प्रेम और विवाह के **सवाल,** आत्मसम्मान और आत्म-अभिव्यंजना के **पंथ,** जीवन और समाज में **नई दिशाएँ** आदि झिलमिलाती हैं।

मूलतः यह सब कुछ नारी द्वारा सांध्यगीतों वाले **'आँगन'** के बंधनों से छुटकारा पाकर; सामाजिक-सांस्कृतिक-राजनैतिक **'प्रिय'** तथा **पंथ** के बहुविध चुनावों के बीच की बाधाएँ (शूल), अनिश्चयताएँ, असफलताएँ आदि पार करके, उसके द्वारा समाजानुकूलित हृदय के सत्य तथा अंतर्ज्ञान के आलोक का दोहरा स्वयंवर करने का चिरंतन बोध और आधुनिक त्रासदी है। इस तरह नारीवृत्त में प्रिय और पंथ, और प्रिय-पंथ, का बहुवचनीय त्रिकोण बनता है, जिसका मध्यबिंदु यह अभिनव नारीत्व है : सामंतीय संस्कारों और आधुनिक संघर्षों के बीच द्वंद्वात्मक समन्वय के लिए जागरूक और आकुल! (अर्थात्) दीपशिखा और नीरजा!! श्रीमती महादेवी वर्मा में यह द्विधा और द्वंद्व सबसे सूक्ष्म और सघन है। कारण, उन हिंदी-कवयित्रियों में-से उन्हें ही सर्वाधिक सामाजिक पलायन तथा गुप्त अस्वीकृतियाँ करनी पड़ी हैं, शायद सबसे लंबी आत्मयातना और सबसे गहरी आत्मवेदना भोगनी पड़ी है। फिर भी महादेवी की रचनाधर्मिता में लगभग इतनी अस्पष्टता, इतनी एकरसता, वैविध्यहीनता, बलात् वेदनावाद आदि क्यों परिव्याप्त होता गया?[1]

---

1. "...इसी प्रकार महादेवी का काव्य उपकरणों की दृष्टि से भी वैविध्यहीन है। भाव-भूमि की एकरसता के कारण इनके विनियोजित उपकरण मिलते-जुलते से हैं।...उदाहरणार्थ, 'सांध्य-गीत' और 'दीपशिखा' की पृष्ठभूमि अत्यंत एकरस तथा धारांकित है। 'सांध्य-गीत' में संध्या और 'दीपशिखा' में रात्रि के ही बहुविध आयामों को अंकित किया गया है। फलस्वरूप चित्रों का वातावरण ही एक-सा नहीं मिलता। बल्कि दीपक और बादल जैसे उपकरण बार-बार चित्रफलक पर आकर सहृदय चित्त में 'मोनोटनी' पैदा कर देते हैं।"

—कुमार विमल, 'महादेवी वर्मा' पराग प्र., पटना, पृ. 37

विनयमोहन शर्मा कहते हैं :

'महादेवी ने रहस्यवाद की साधनात्मक अनुभूति को स्पर्श किया है, यह संदिग्ध है।' लक्ष्मीनारायण सुधांशु मानते हैं कि उनका लोकोत्तर आलंबन (प्रभु/देव) पाठक या श्रोता की भावभूमि से इतनी दूर पड़ जाता है कि वहाँ तक कल्पना किसी तरह कभी-कभी पहुँच भी जाती है : हृदय को पहुँचने में बड़ी कठिनता होती है। कृष्णशंकर शुक्ल के अनुसार 'उनके दुख का ठीक-ठीक विश्लेषण भी नहीं किया जा सकता।' प्रभाकर माचवे को लगता है कि उनमें 'आत्मार्पण और आत्मपीड़न अत्यधिक है यानी कहीं भी उन्होंने अपने को उभारकर नहीं रखा है। पर वैसे उन्होंने अपने सिवा और किसी के भावों की बात भी कहाँ की है?' शचीरानी गुर्टू ने कुछ समझाते हुए कहा कि उनके 'काव्य में विषण्ण वातावरण की सृष्टि हुई है। उनकी अस्पष्ट आकारहीन चाहनाएँ आंतरिक विवशता का परिणाम है।' इसीलिए इलाचंद्र जोशी ने स्वीकार किया : 'इतना मैं जान गया हूँ कि उनके स्वभाव की कुछ बातें अत्यंत रहस्यमय हैं और यह रहस्यमयता अंत तक उनके साथ लगी रहेगी।' उनके रहस्य और अनुभूति की गाँठें खुलती चलती हैं। रेखा अवस्थी ज्यादा गहरा मर्म छूती हैं—'महादेवी अपने काव्य में यथार्थवाद को कहीं भी स्वीकार नहीं करतीं—बल्कि यथार्थ के विरुद्ध क्षयग्रस्त दुखवादी रूमानी दृष्टि और अरूप प्रियतम की लालसा का रहस्यवाद प्रतिष्ठित करती हैं—आध्यात्मपरक दुखवाद।' एक अछूते कारण को नंददुलारे वाजपेयी बताते हैं—'हिंदी में महादेवीजी का प्रवेश छायावाद के पूर्ण ऐश्वर्यकाल में हुआ था किंतु आरंभ से ही उनकी रचनाएँ छायावाद की मुख्य विशेषताओं से प्रायः एकदम रिक्त थीं।' इनके रहस्यवाद पर आचार्य शुक्ल का अनुमान है कि 'वेदना को लेकर इन्होंने हृदय की ऐसी-ऐसी अनुभूतियाँ सामने रखी हैं जो लोकोत्तर हैं' मतलब, कि वे इतनी वास्तविक नहीं हैं। अर्थात् वे 'अनुभूतियों की रमणीय कल्पना' (विनयमोहन शर्मा) या 'प्राकृत अनुभूति को छोड़कर परोक्ष अनुभूति' (नंददुलारे वाजपेयी) की भूमि की हैं।

बुनियादी नतीज़े साफ हैं--महादेवी के हृदय की अनुभूतियाँ ठोस और नंगे यथार्थ के विरुद्ध हैं; लोकोत्तर प्रतीत होकर भी रहस्यवाद की साधनात्मक भूमि का स्पर्श नहीं करतीं; परोक्ष अनुभूति बनकर प्राकृत् अनुभूति से भी पृथक् हो जाती हैं। उनकी हृदय की अनुभूतियों में आत्मार्पण और आत्मपीड़न हैं, वे अत्यंत अस्पष्ट और आकारहीन चाहनाओं की आंतरिक विवशता का परिणाम हैं; वे रहस्यवादी से ज्यादा रहस्यमय हैं। अतः उनकी धारा न तो छायावादी है, और न ही रहस्यवादी। क्यों?—पुनश्च।

पुनश्च। उत्तर भी साफ़ है—इसलिए, कि वे यथार्थवाद को स्वीकार नहीं करतीं और यथार्थ के विरुद्ध हैं; इसलिए कि वे अपनी लौकिक और वास्तविक अनुभूतियों को भी—रहस्यमय नारीत्व और मनोप्रतिरोधकों के कारण—अलौकिक और भ्रांत बना डालती हैं जिससे वे अस्पष्ट, आकारहीन और अस्वाभाविक बन जाती हैं; इसलिए कि वे चिर-एकाकिनी, चिर-मुक्त और चिर-रहस्यमय हैं; इसलिए, कि वे अत्यंत

स्वाभिमानिनी (अहं-रति की पुजारिणी) तथा अरक्षित आत्मपीड़ानुगामिनी रही हैं। वास्तव में उनका रहस्यवाद उस समय के नवजागरण वाली नवेली 'नारीजातीय रहस्यमयता' है जो सामाजिक रूढ़ियों, सामंतीय संस्कारों तथा वैयक्तिक मनोग्रंथियों का यथार्थ और प्राकृत उल्लंघन नहीं कर सकी। इसमें उनके विवाहित शरीर तथा कुँवारी चेतनावाली **अनसूया-चिति** हैं जो देव और प्रभु, प्रभु और प्रिय, प्रिय और पुत्र (शिशु) के एकान्वित चिरंतन पुरुषबिंब की स्वायत्तपूरक है। यह उस नारी का छटपटाता हुआ **अर्द्ध-नारीश्वरत्व** है जो उसके अप्राप्य मानुषी प्रिय को दिव्य प्रियतम के छद्म में प्रदर्शित करता है।

अपने समकालीनों के बीच अकेले महादेवी को ही इतना विपथन क्रियान्वित करना पड़ा। उनकी सहेली श्रीमती सुभद्राकुमारी चौहान माता और पत्नी के रूप में लगभग सहज और संतुष्ट रहीं। उनके जीवन का क्रम घर और जेल के बीच चलता रहा। उनका भी विवाह तभी हो गया था जब ये आठवीं कक्षा में पढ़ती थीं लेकिन इनके आत्मोद्धार का पंथ राजनीतिक संघर्ष का था। अतः **'वेदना'** के बजाय वे राजनीतिक-पारिवारिक **विद्रोह** के आह्लाद द्वारा मुक्ति पाती हैं। ('मैंने हँसना सीखा है/मैं नहीं जानती रोना')। उनसे बड़ी श्रीमती सरोजिनी नायडू भी राजनीतिक राष्ट्र-संघर्षों के मध्य गीतों के परचम फहराती रहीं। उन्होंने भी भारतीय जीवन के यथार्थ चित्रों और लोक-अनुभवों को रोमांटिक दृष्टिकोणों से पेश किया। कतिपय विषय हैं : चूड़ी बेचनेवाली, कारोमंडल तट के मछुआरे, राधा का गीत, शाम की नमाज़, वृंदावन का वंशीवाला, काली माई, कमल, वसंत पंचमी, गोलकुंडा के मकबरे, मेहँदी, वधूपालकी के कहार, आदि। उनकी समकालीन चित्रकर्त्री अमृता शेरगिल (1913-1941) भी रोमांटिक सौंदर्यबोध में मूर्त भारतीयता का ही परिपाक करती हैं। उनके चित्रों में अजंता, और काँगड़ा-कलमों, पॉल गॉगिन और सेज़ाँ की विधियों, तथा मुग़ल और राजपूत कलमों की भाव-योजनाओं का मेल है। उनकी रचनाधर्मिता में भारत (पूर्व) और यूरोप (पश्चिम) का सांस्कृतिक अंतर्द्वंद्व तीव्र है तथापि वे भारतीय ग्रामीणों और भारतीय 'लोक' की आत्मा को पहचान लेती हैं : तीन लड़कियाँ, पहाड़नें, पहाड़ी लोग, हरे तालाब में हाथी झुंड, फलवाला, भिखारी, वधूस्नान, दक्षिण भारत के ब्रह्मचारी, आदि उनके चित्र हैं। उनकी कई **निर्वसन** आत्म-छायाकृतियाँ तो उनके नारी-शरीर तथा नारी-चित्ति को स्वच्छ और सहज और सुंदर बना डालती हैं। पंजाबी कवयित्री अमृता प्रीतम (1919) भी एक तो इश्क के रोमांटिक रुझानों में फँसी हैं और दूसरे मांसल प्यार में बिरहा की पीर का बार-बार ज़िक्र करती हैं। वह कम-से-कम ज़ागीरदारानां पुरुष-प्रधान समाज की उस विवर्जना को चकनाचूर कर देती हैं जो प्यार और सुरति को पाप मानती है। मध्यकालीन दृष्टि में अबला, निर्बल नारी का हठात् विरह-रोदन ही ज्यादा पवित्र तथा उचित रहा था। आज भी अमृता प्रीतम ने मुहब्बत में असफलता का शिकवा करके नव्य रोमांटिकता का ही इज़हार किया है

किंतु काम तथा प्यार में सामाजिक अन्यायों का नंगा प्रकाशन उन्हें अभी तक भी चिरंतन युवती और प्रिया बनाए रखता है।

फिलहाल कम-से-कम यह कहा जा सकता है कि हमारे जिस साम्राज्य-विरोधी तथा सामंतवाद-विरोधी सामाजिक जागरण में, और वैयक्तिक अनुभूति तथा रोमांटिक आदर्श वाले जिस सांस्कृतिक वातावरण में स्वच्छंदतावादी (छायावादी) कविता का आगाज हुआ, उसमें इन सभी कवयित्रियों ने सामंतीय समाज के बंधनों तथा मध्यकालीन संस्कारों से ग्रस्त भारतीय नारी की पीड़ा तथा मुक्तिकामना की अपने-अपने ढंग से अभिव्यंजनाएँ कीं। इन्होंने भारतीय लोक-जीवन के प्रत्यक्ष यथार्थ में, राष्ट्रीय जागरण के असंतोष में अपनी-अपनी अस्मिताएँ ढूँढ़ीं। ये ससीम और ज्ञात की चाहत को, नारी-हृदय की पीड़ा और नारी-मन की प्यास को भी साफ़गोई से उद्घाटित करती रहीं।

लेकिन ऐसे वातावरण और जागरण के बीच भी महादेवी वर्मा सामाजिक यथार्थ और प्रत्यक्ष लौकिक अनुभवों के पूर्णतः विरुद्ध हो जाती हैं। यथार्थवाद की अस्वीकृति के कारण ही उनकी 'रहस्य-चेतना' रहस्यवाद के असीम और अज्ञात अभिव्यंजना-पंथों में चलकर अलौकिक एवं आध्यात्मिक मिथ्याभासों में उलझ गई। उन्होंने भारतीय लोक-जीवन तथा खुले सामाजिक विद्रोह में अपनी अस्मिता नहीं ढूँढ़ी; बल्कि तम के पर्दों और सघन घनों की छाया में, क्षयग्रस्त रोमांटिक दृष्टि (साधना) के घेरे में, असीम और अज्ञात और अरूपप्रियतम (चाहों-स्वप्नों-इच्छाओं) का रहस्यवाद (इदं की दमित लालसा का उदात्तीकरण) प्रचारित करती रहीं। इससे उनका संपूर्ण रचनाक्रम अविश्वसनीय, अस्वाभाविक, अप्रासंगिक तथा अंततोगत्वा अमूर्त-असार्थक-सा सिद्ध होने लगा। न तो उनका 'छायावाद' स्वाभाविक-स्वच्छंद बन सका और न ही 'रहस्यवाद'। 'सांध्यगीत' (1936) के बाद छह वर्षों के अंतराल में राष्ट्रीय जीवन में जन-आंदोलनों का महाभियान शुरू होता है, कई अभिजात दृष्टियाँ निरर्थक होने लगती हैं और प्रगतिवाद के गर्जन-तर्जन फैलने लगते हैं। सन् 1942 में निराला 'कुकुरमुत्ता' लिखते हैं तो महादेवी 'दीपशिखा'! वे रचनात्मक विविधता तथा अभिव्यंजनात्मक प्रासंगिकता के अक्षों में आत्मविकास करने में पूर्णतः अक्षम हो जाती हैं। अतः लिखना ही बंद कर देती हैं। दीप और शलभ के उपमान उनके ही सृजनात्मक तथा मनोवैज्ञानिक 'निधन' की परिणति हो जाते हैं।

'पंथ' उनके लिए संसार का प्रतिनिधि बना रहा है। इसके संसर्ग से वे **आत्म-निर्वासित** भी हैं, **अभिशप्त** भी हैं, **अजनबी** और **अपरिचित** (अनजान) भी हैं। 'नीरजा' (1934), 'सांध्यगीत' (1936) तथा 'दीपशिखा' (1942)—अर्थात् चौबीस साल की पूर्ण युवावस्था से लेकर पैंतीस साल की प्रौढ़ वय तक—में। अब तक आधुनिकताबोध वाले शब्दबंध छायावादी-रहस्यवादी अर्थमीमांसाओं से बाहर आकर कर्मनिष्ठ होने लगते हैं। किंतु उन्हें आधुनिक और सामाजिक हाशिए नहीं मिलते।

अतएव वे पुनः वैयक्तिक **वेदना** की आत्ममैत्री के तथा महा **करुणा** की दार्शनिकता के 'रजिस्टर' में अंकित हो जाती हैं। उनके पारिभाषिक आद्य बिंबों की सुधियों तथा स्वप्नों में वापस लौट जाते हैं तथा अतिरिक्त काम की अतृप्तियों का बहुरुपिया रूपांतरण करने लगते हैं। **संघर्षों और यथार्थों वाले संसार** (पंथ) से अपरिचित बने रहकर महादेवी दुख और आँसू की अनुभूतियों तथा अतिरंजनाओं में अभ्यस्त महज़ एक 'रीतिशैलीवाद' (मैनरिज़्म) ही विकसित कर पाती हैं। इस तरह **उनके स्वप्नों और सुधियों वाले अतीत-संसार** में वेदना, करुणा और आँसू का अमर लोक बस जाता है। वे अपने जीवन तथा सृजन के भविष्य कीं दिशाओं की फिक्र नहीं करतीं।

उनके बाहरी संसार में बाह्य घटनाओं की पूर्णरूपेण अनुपस्थिति, तथा उनके अंदरूनी संसार में समुचित अंतर्मुखी प्रतिबोधों की अनुपस्थिति ने मिलकर **'घटनाविहीनता के मानसिक आघात'** (ट्रौमा आफ़ इविन्टलेसनेस)[1] को 'चिर' (स्थायी) बना दिया है। वे अपने ऐतिहासिक अतीत (कथा, कहानी, बात, इतिहास) को सँवारने में अपने संपूर्ण वर्तमान तथा भविष्य के सृजनात्मक और सामाजिक जीवन को **'उसी' अतीत का सातत्य** बना डालती हैं। सपनों और सुधियों की, आँसू और दुख की बहुधर्मा कैटेगरियाँ इसी तथ्य की प्रतिपादक हैं। अतः महादेवी में अतीत के मानसिक आघात (ट्रौमा) की मानो वर्तमान और भविष्य में [अनवरत, असीम, अज्ञात, अनंत–] पुनरावृत्तियाँ पाते हैं–सूक्ष्म और अमूर्त। वे अपने वैयक्तिक ऐतिहासिक अतीत का न तो अतिक्रमण कर सकीं, न ही उसका अस्वीकार, और न ही उससे प्रस्थान; बल्कि उसका त्रिमूर्त आदर्शीकरण, आध्यात्मिकीकरण और सौंदर्यात्मिकीकरण करती रहीं। यह उनकी रहस्य (-परक,-वादी,-मूलक,-मय)-भावना का एक प्रधान मनोसामाजिक प्रादर्श (मॉडल) है।

अपने भविष्य और बहिर्गत संसार से अज्ञात और अनजान बने रहने/हो जाने की त्रासदी उन [के सभी 'पंथों' अथवा अंतर्मुखी नारीत्व] को बहुधा **'आँगन'** की सीमाओं में ही बंदिनी और विरहिणी, अनुगामिनी और अनुरागिनी बना देती हैं। वे 'आँगन' (=सुरक्षात्मक प्रतिरोधक) में ही शूल बिछातीं तथा दीप जलाती हैं, सपने और सुधियाँ सजाती हैं। 'आँगन' (=बाल्यकालीन प्रतिगमन) के छोटे से आकाश से ही वे तारे गिनती हैं, शशि के दर्पण तथा मेघों को देखती हैं, आँसू बहाती हैं तथा पथ देखकर रैन बिताती हैं। इसलिए 'आँगन' का महाप्रतीक पिंजर और महांत मनोकारा उनके काव्य में **प्रकृति** की अज्ञानता तथा भाव-**उपकरणों** की वैविध्यहीनता को उजागर कर देती है। यद्यपि इनके अधिकांश बिंब प्रकृति से अँजकर और रँजकर आए हैं लेकिन उनमें तेज़ी से खुलती हुई फिल्म की रील के-जैसे खंड-खंड चित्र हैं। इससे चमत्कार तो होता है किंतु तन्मयता और रमणीयता का केंद्रीभवन नहीं हो पाता।

1. दे. राबर्ट साइडेनवर्ग का लेख, "साइकोएनालिसिस एंड वुमेन", लंदन पैलिक ने, 1974, पृ. 350, (सं. जीन बेकर मिलर)।

मानो ये प्रकृति-सौंदर्य पर आरोपित चेतन खंड-खंड चित्र-बिंब विशृंखलित हो गए हैं तथा रूपक, उपमा या अपह्नुति के साधन बन गए हैं। अतः इनमें सूक्ष्म निरीक्षण कम हैं; संपूर्ण सौंदर्य-बिंब [कुछ सांगरूपकों को छोड़कर] उससे भी कम हैं। बहुधा एक ही गीत में या तो ऋतु-अनुक्रम के चित्र हैं अथवा कई ऋतुओं के चित्रों का गड़बड़झाला हो गया है। प्रकृति की राग और रंग से भरपूर अनुभूति नहीं है। बहुधा अमूर्त वस्तुओं तथा घटनाओं (फूल, संध्या, वृक्ष, चंद्र, तूफान, सिंधु) की अलंकाराधायक परिगणना हो गई है। ऐसे आँगन-केंद्रित अनुभव-संसार ने उनमें रहस्यमय 'बाह्यभीति' (एगोराफोबिया) अवस्थिति कर दी है। इसलिए विराट् उन्मुक्त प्रकृति-व्यापार और यथार्थ जटिल सामाजिक जीवन के दोहरे देशांतर भी धुँधले हो गए। उनका स्वमुग्ध अनसूया-मन और तन अपने गोपन-आँगन में मोतियों (आँसुओं) और हीरों (तारों) से, सुधियों और सपनों से, 'रज' और 'अणु' से नहाता रहता है। उनके ऐसे संपूर्ण काव्य के आद्यरूपात्मक बिंब **दीपक** और **आँसू** बन गए हैं।

(3)

कवि महादेवी की 'चिति' (साइकी) को 'चेतना' (कांशसनेस), और 'सचेतनता' (कांशियेंस) में पल्लवित-पुष्पित करने वाले शक्तिबिंदु तथा सौंदर्यबीज कई रहे हैं।

उनकी लिखावट में अक्षर (तिरछे उत्तर-पश्चिम से दक्षिण-पूर्व की ओर) हैं जो विपथन वाले दृष्टिपथ तथा दूरदर्शिता के द्योतक हैं। अक्षर छोटे-छोटे तथा सधे-सजे हैं। ऊपर इकारांत-ईकारांत मात्राएँ घेरे डालती हैं तथा ओकारांत-एकारांत मात्राएँ नुकीले तीर-जैसे फेंकती हैं। पंक्तियाँ ठीक सीधी रेखा में हैं [बाहरी सतर्कता और संतुलन वाली] किंतु शब्दों की ललाट-पाइयाँ किले की परकोटे-सी नुकीली हैं मानो भालों की कतारें हों। यहाँ हस्तलिपिविज्ञान उनकी चिंतन-प्रणाली पर उँगली रखता है।

उनके चित्रों के जरिए भी कई दिशाएँ खुलती हैं। 'दीपशिखा' के चित्र एक ही रंग में बने हैं और उनमें भाव-अंकन का उत्कर्ष भी अधिक हुआ है। चित्र-कर्त्री' 'बहुत थोड़े' और 'विशेषतः नीले, सफेद से ही काम चला लेती' हैं। 'जहाँ कई को मिलाना **आवश्यक** होता है वहाँ ऐसे मिलाना **अच्छा** लगता है कि किसी की स्वतंत्र सत्ता न रह सके।'[1]

उनके भाव-चित्र जल-रंगों से बने हैं। बुनियादी तौर पर वे रेखाचित्र हैं जिनमें-से अधिकांश में नारी-छवियाँ अंकित हैं। उन चित्रों में दीपक, कमल, कुंतल, आदि चित्र-शब्द का काम करते हैं। जिन फ़लकों में बड़ी आकृतियाँ बनी हैं उनमें एक ओर तो मूर्तिकला के तीसरे आयाम का आभास है तथा दूसरी ओर उनकी आकृतियों में अर्द्धनारीश्वरत्व है अर्थात् उनमें उभयलिंग (जेंडर) की प्रतीति है।

---

1. 'दीपशिखा', भूमिका, आठवाँ संस्करण, (इलाहाबाद, भारती भंडार), 1971, पृ. 60

नारी-छवियों के ज्यादातर नेत्र बंद हैं। उनकी ठोढ़ी नाक की तरह नुकीली-गर्वीली है तथा अधर रेखा की तरह पतले हैं। अतः आसक्तिहीन मुख से लगभग निर्मादकता ही अभिव्यंजित होती है। इन आकृतियों को साड़ी से इस कदर लपेट-लिपटा दिया गया है कि उरोज, नितंब, कटि, जंघा आदि की वर्तुलताएँ वर्जित हो गई हैं। केवल मुख, बाहुएँ और चरण भर दिखाए गए हैं। इस तरह नारी सुरक्षित और रहस्यमय हो गई है। साड़ी की निचली चुन्नटों में खुली सीपी की-जैसी लहरियाँ हैं [दे. चित्रगीत 28]। कुछ चित्रों में वस्त्रों के घुमावों तथा फहरानों में बोटिचेली या माइकेल ऐंजिलो के जैसी संगमर्मरी कटानें हैं।

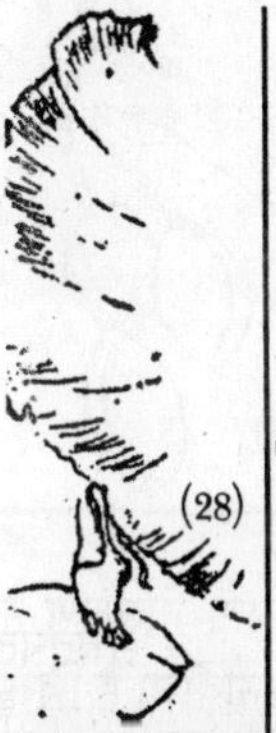
(28)

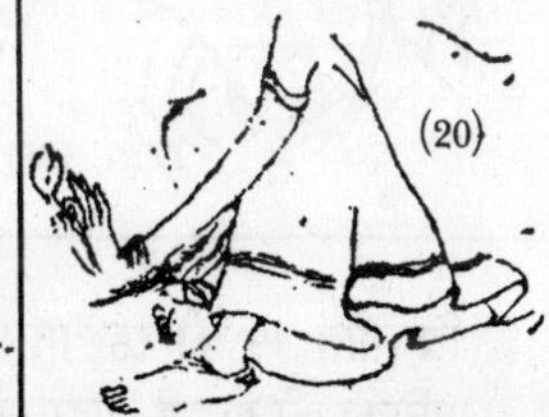
(20)

चित्र की सहवर्ती संरचना में ज्यादातर बंद कमल-कलियाँ हैं। जो मृणाल के साथ हैं। ये उर-कली (किशोरी/कुँआरी) के प्रतीक हैं। ये कमल-कलियाँ अथवा बंद कमल कँटीले कमल नालों से गुँथे हैं। (नाल कँटीले या कंटकित नहीं होते)। मृणाल समेत ये पुष्ट कमल एक विचित्र सांकेतिकता देते हैं—सर्पों के जैसे जिनके फण खुले-चमकीले हैं [दे. चित्रगीत 20]। गीत 20 का कमल (उभयलिंगी) दुमुँहे साँप के जैसा है जिसके साथ एक कमलपत्र भी सिकुड़ा है और एक मुँह दोनों पाँवों के बीच में है।

बंद कमलों की संख्या ज्यादातर तीन है [दे. चित्रगीत 1, 26, 38]। इसी तरह दीपकों की संख्या भी ज्यादातर तीन है [दे. चित्रगीत 27, 14] यह तीन की संख्या सत्व, रज और तम के त्रिगुणों का, अथवा इच्छा-क्रिया-ज्ञान के त्रिकोण का, या फिर ब्रह्मा-विष्णु-शिव के त्रिदेवत्व के नानाविधि प्रतीकात्मक रूपों को अनुरंजित करती है और अनसूया के प्रिय-प्रभु-पतिवाले आर्केटाइपों से जुड़ जाती है। कवि भी अपने संपूर्ण काव्यलोक में अरुणा (विष्णु), चाँदनी (ब्रह्मा), तिमिर (शिव) के आँगन-संसार में डूबी-भीगी-नहाई हुई आत्मरत है।

(14)

(27)

(1)

(26)

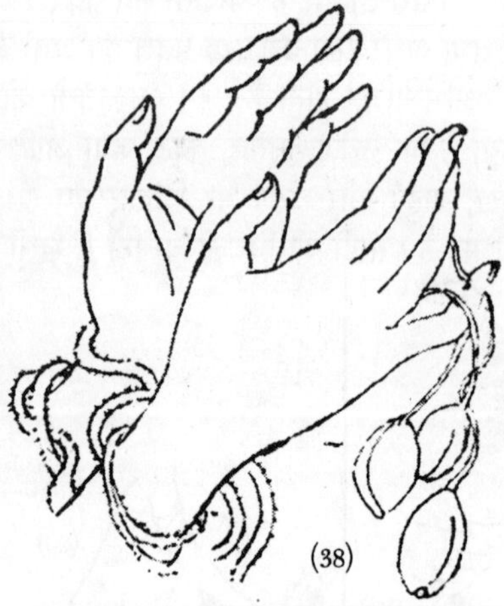

(38)

(49)

चित्रगीत 49 की रहस्यमयता विलक्षण है। गायिका की गोद में जादूगरनीवीणा है जिसमें पाँच तीरों (पंचबाण) जैसी मूठियाँ हैं। वीणा की आकृति भी उभयलिंगी है (अर्द्धनारीश्वरत्व)। पंचबाणयुक्तयिष्ट सीधे वीणा गर्भ तक धँस गई है। चारों ओर की योनि-आकृति का आभास भी स्पष्ट है [यह आकृति चित्रगीत 26 के दीपक से भी मिलती-जुलती है]। पंचबाणयुक्त सीधे दंड के ऊपर जो आकृति है वह मानव-भ्रूण से मिलती-जुलती-सी है।

(6)

(22)

(25)

(33)

चित्रगीत 6, 22 और 33 में-से पहले दो में अर्द्धनारीश्वरत्व (हर्माफ्रोडाइटिज़्म) और समरति (होमोसेक्चुअलिटी) की जो छायाएँ घुल-मिल गई हैं वे अंतिम में आकर विभक्त हो जाती हैं : कृष्ण के आभास वाला सघन मेघाच्छादित छाया-रूप [प्रिय] और उसके स्पष्ट बिंब (प्रिया) में। 'प्रिय के अंक में या प्रिया के अंक में बड़ा कमल'—कलात्मक अर्थों का यह विस्तारण ही कविताओं के संबोधनों को अर्थभ्रांतियों में चमत्कृत करता है। [चित्र सं. 33]

चित्रगीत 25 में नारीदेह के कामुक क्षेत्रों [स्तन, कटि, नाभि] को वस्त्रों से लपेट कर बिल्कुल चपटा और सपाट बना दिया गया है। मानो निर्मदता क्रूरता-पूर्वक दबाई गई है।

इसी तरह अजंता-चित्रित अथवा कालिदास-चर्चित वे पारंपरित मृणाल-वलय यहाँ कुछ दूसरी ही अवचेतना को लिख जाते हैं—'लिखती हूँ कुछ, कुछ लिख जाती!' इन चित्रों की शैली में अजंता और बंगला-स्कूल की नव्यरोमांटिकता के बावजूद कविचितेरे विलियम ब्लेक या ताहिती-द्वीप वाले चित्रकार पाल गोगेन के चित्रों-जैसी आदिम तथा अकुंठ मुक्ति और मिथक नहीं हैं।

'प्रिय' के संदर्भ में ये तीन दीप तथा तीन कमल और भी अचेतन गहराई में गोताखोरी करते हैं [क्योंकि ये प्रगीतों में पुंजरूप नहीं हैं]। ये प्रिय-पति-पुत्र या प्रभु की त्रयी हैं, जो अनसूया को सुहागिनी-अभिसारिका, दोनों बनाती हैं। 'नीहार'-वृत्त में **'देव'** है; 'नीरजा' और 'दीपशिखा' में **'प्रिय'** आ जाता है। 'सांध्यगीत' में उसका कौतूहल **'वह'** में ज्यादा है। किंतु संपूर्ण वृत्त में **बालक** और बाल (पुत्र) की कुमारी ममता कहीं-कहीं झिलमिलाती है। प्रिय-पति का द्वंद्व ही संपूर्ण काव्यात्मक प्रेमानुभूति को—'वह' यथा 'उसका' में अस्पष्ट बना डालता है। कवि केवल एक ही प्रगीत ('जग

ओ मुरली की मतवाली!') में खुलकर कह पाई है कि नारीचिति की विमुक्ति या तो गोपिका के रूप में संभव है जब वह करुणा की मंगल गागर धर ले अथवा मीराँ की तरह सनेह-बेली को खारे जल से सींचकर और विष की प्याली को मधु बनाकर वर ले। किंतु कवि के लिए तो इस 'शीत निशा' (निर्मदता) का कोई अंत नहीं।

इसी कड़ी में **'भिक्षुक'** का प्रयोजन है। इसकी दार्शनिक सांकेतिकताएँ स्वयं गौतम बुद्ध (कोई) और उनके आर्य सत्यों से निश्चित रूप से संबद्ध है ['कोई यह आँसू आज माँग ले जाता'/; 'तू धूल भरा ही आया'/]। कवि स्वयं बाली उमिर में भिक्षुणी बनना चाहती थी। अतः जीवन के प्रति उसके दृष्टिकोण में निराशा के बजाय 'एक गंभीर करुणा की छाया' ('आधुनिक कवि'—भूमिका) ही दिखती है क्योंकि उस पर पार्थिव दुख की छाया नहीं पड़ी ['यामा', भूमिका, पृ. 12]। अतः कवि के पास 'अपनी विकलांगता के बल पर याचना करने वाले भिखुक की दरिद्रता भी' नहीं है ('दीपशिखा', भूमिका, पृ. 64)। इन कारणों से उसे दुख के दोनों ही रूप **प्रिय** हैं—मनुष्य के संवेदनशील हृदय को सारे संसार से बंधन में बाँध देने वाला, तथा; काल व सीमा के बंधन में पड़े असीम चेतन का क्रंदन। अतएव कवि का **व्यक्तिगत दुख** विश्व के कण-कण से उमड़ी एक **करुणा की धारा** में घुल-मिल गया है। इस तरह भिक्षुक का अभिप्राय उनके व्यक्तिगत दुख को असीम चेतन के क्रंदन तथा विश्वकरुणा की धरा में विराटीकृत कर देता है। यह और कुछ भी करता है—माइथीम-बीज को अंकुरा कर। यह कवि को कृतित्व तथा जीवन में आद्यंत ईर्ष्याहीन (अनसूया) बनाता है, उसके परिवेश में अरुण (सूर्य, विष्णु), चंद्रमा (मधु, ब्रह्मा) तथा तम (रात, शिव) को भिक्षुकवत् उपस्थित रखता है; उसके चिति-आँगन में प्रभु (देव) और प्रिय और बाल को नाना प्रतीकों में/की भिक्षा चाहता है; 'मानस-दोलों में सोतीं शिशु इच्छाएँ अनजान'। चकोर से तादात्म्य करके कवि कहती है—'तू अकिंचन भिक्षुक है मधु का,/अलि तृप्ति कहाँ जब प्रीत नहीं।' कई ढंगों से यही प्रतीक खुलता है—'चिर जाग्रत थी तू दीवानी,/प्रिय की भिक्षुक दुख की रानी!'...'तेरे वैभव की भिखुक या कहलाऊँ रानी।'...'भिक्षुक-सा यह विश्व खड़ा है पाने करुणा प्यार/हँस उठ रे नादान खोल दे पंखुरियों के द्वार।'...'अश्रु मेरे माँगने जब नींद में वह पास आया/'...'जिन अधरों पर काँप रही हैं/अनमाँगी भिक्षाएँ सारी/'...'पुजारी, दीप कहीं सोता है!' [सचेतनता और पवित्रता से गुप्त क्षणिक चोरी]। कवि के चित्रों के तीन दीपक या कमल, कविता का प्रिय त्रिमूर्ति और नारी-शरीर में दृग-अधर-उर की त्रिकोणता एकतान हो जाती हैं।

सारे काव्य-कर्म में सत्व (सत्य), रज (कण-कण, अणु-अणु, रज-बिंदु) और तम (घन, धूल) के आँधी-प्रलय के बीच कवि लगभग हरेक प्रगीत में आँसू और बूँदों से, मोती और तारों से नहाती है, उनसे भीगी और भीनी हो जाती है क्योंकि वह नभ और अवनी, कमल और दीप, बीज और बिंदु, रस और रज की उर्वर मादकता भी जानती है। इसीलिए नहाने-भीगने के अनसूया-प्रतिकर्म के माध्यम से उजले होने,

स्वच्छ होने, पवित्र होने, शुद्ध होने, मुक्त होने तथा दिव्य होने का कथित आत्मोद्धार मिलता है। यह **विरेचन** त्रिगुणों के अवगुंठन में रहस्यमय होकर भी प्रत्यक्ष हो उठता है—'जो नभ में **विद्युत मेघ** बना वह **रज में अंकुर** हो निकला।'...'**रज में शूलों** का मृदु चुंबन/नभ में मेघों का आमंत्रण/'...'हल्के आतप में रस-भीनी/शतरंगी **रज** बरसा करती/'...'देख तो रज में अचंचल,/स्वर्ग का युवराज तेरे अश्रु से अभिषिक्त है यह/' ...'पदरज धोने उमड़े आते लोचन में जलकण रे!' 'नीरजा' में 'शृंगार कर ले री सजनि!' तथा 'रूपसि तेरा धन केशपाश!' जैसे प्रगीतों में रमणी-शिशु के तथा सद्यःस्नाता विलासिनी, दोनों के चित्र विरेचन को स्पष्ट करते हैं ['तारक लोचन से सींच-सींच नभ करता रज को विरज आज']। 'सांध्यगीत' तक आकर निर्मदमयी कवि रजवती होकर भी 'विरज' [=रज (स्वला) हीन] होने का पवित्रीकरण चाहती है; 'रजकणों में खेलती किस विरज विधु की चाँदनी मैं?' संदर्भों में चुनाव की गुंजाइश रहते हुए भी कवि ने रज के बजाय रेणु या धूल का इस्तेमाल नहीं किया। ऐसी ही विटगेंस्टाइनीय भाषा-क्रीड़ा 'सुभग' अर्थात् सौभाग्यशाली प्रिय और (सु-भग-स्वामी) प्रिय में हुई है; शायद केवल कुछ बार; वह भी 'सांध्यगीत' में ['विरह का इतिहास कहती जो कभी पाते सुभग सुन'...'प्रिय बसा उर में सुभग! सुधि खोज की बसती कहाँ?']। यहाँ सौभाग्य और सुभगता के अर्थों का बाजूबंद खुल ही गया, मानों।

'आँगन'-'स्नान' के आद्य अभिप्रायों से बँधी हुई नारी-शरीर की **पवित्रता** तथा नारी-रति की **दिव्यता** के पुरातन संस्कारों के बारे में भी कवि की सौंदर्यप्रतिक्रिया बेहद अस्पष्ट, अमूर्त, अप्रत्यक्ष, रहस्यवादी तथा रहस्यात्मक हो गई है। वह सामाजिक आयामों में नारी-संघर्षों को प्रकट करने का जातीय तथा वर्गीय साहस और स्वतंत्रता प्रदर्शित नहीं करती। उसने वेदांती-रहस्यवादी शब्दों को सामाजिक स्वीकृति तथा अंतर्मुखी गोपनता के लिए भी प्रयुक्त किया।

स्वयं कवि कहती हैं कि 'नीहार' (17-21 वर्ष) का अधिकांश उनके मैट्रिक होने के पहले लिखा गया है जबकि उनकी अनुभूतियों में कुतूहलमिश्रित वेदना थी। 'रश्मि' (21-24 वर्ष) काल में उन्हें अनुभूति से अधिक उसका चिंतन प्रिय हुआ। 'नीरजा' (24-27 वर्ष) और 'सांध्यगीत' (27-29 वर्ष) की अवधि में उनका हृदय अनायास ही सुख-दुख में सामंजस्य का अनुभव करने लगा था। (दे. 'यामा', भूमिका पृ. 6)। 'दीपशिखा' (29-35 वर्ष), के रचना-काल में उनकी अनुभूति बौद्धिक (दार्शनिक) हो गई। यद्यपि इसमें आशावादी स्वर नहीं है तथापि अविश्वास का भी कोई कंपन नहीं है और (कवि की आकांक्षा है कि) रात की सघनता को इसकी 'लौ' झेल सकती है (दी. भूमि. 64)। अतः पहले (1) अनुभूति में कुतूहलमिश्रित **वेदना;** फिर (2) अनुभूति का **चिंतन;** फिर (3) सुख-दुख मिश्रित अनुभूति के चिंतन का **सामंजस्य;** फिर (4) बाहर; भीतर के बीच परस्पर-पूरक अनुभूति का **समन्वय;** और अंततः (5) अनुभूति की विराटता में **विश्वास**।

(4)

इस तरह उनकी वेदना, चिंतन, दुख-सुख सामंजस्य, बाहर-भीतर समन्वय, करुणा के दार्शनिक विश्वास—इन पाँचों की महाधुरी अनुभूति ही है। इसीलिए वे बाह्य जीवन की कठोरता, संघर्ष, जय-पराजय की मूल्यता कुबूल करती हुई भी अंतर्जगत की कल्पना, स्वप्न, भावना आदि को अनमोल मानती हैं। वे अपने अंतर्जगत में ऐसी स्फूर्ति उत्पन्न करने की विश्वासनी हैं जिससे कि सामंजस्यपूर्ण गतिशीलता एक अनिवार्यता हो उठे। इसीलिए उनके लिए 'एकरस अनेक वर्षों की तुलना में', अंतर्मुखी 'सहानुभूति स्नेह सुख-दुख के कुछ क्षण' ज्यादा मूल्यवान हैं। हमने उनके इस **'घटनाविहीनता के आघात'** का स्पष्टीकरण किया है। बुनियादी तौर पर वे रोमांटिक ही बनी रहीं। अकेलेपन-सूनेपन-अनजानेपन की तत्कालीन आधुनिक दशाओं ने उनमें रोमांटिक आत्मबलिदानी वेदना (रोमेंटिक एगॅनी) की बूँदें-धाराएँ, प्रलय-आँधियाँ इतनी भर दीं कि उनके निषेध से बंधनहीन और नैसर्गिक व्यक्तित्व का लीलाकमल नहीं खिल पाया। उनका यह विशिष्ट क्षण-भोग ही उन्हें वैयक्तिक कहानी (जीवनी) तथा सामाजिक इतिहास, दोनों के पंथों से अपरिचित और अनचाही बना देता है। इसीलिए उनके संपूर्ण कविकर्म में कण और अणु, क्षण और पल, आँसू और तारे, मोती और चिनगारियाँ हजारों बार छिटकी हुई हैं। अंतर्लोक की अनुभूति-धुरी की तरह उनके संबोधन-त्रिकोण में 'प्रिय' मध्यबिंदु है। 'नीहार' में वह 'नायक बिंब' के रूपों वाले देव, करुणेश अतिथि, नाविक आदि के स्वकर्म निभाता है। 'रश्मि' में चितेरा और गायक होकर कलाकार-नायक भी बनता है। साथ में अलि और सजनि की स्त्रीलिंगात्मक अस्मिताएँ भी हैं। 'सांध्यगीत' तक प्रिय और पाहुन की ज्यादा इयत्ता फैलती है। 'दीपशिखा' में प्रिय का शीर्ष संबोधन केवल एक गीत में ही शेष रह जाता है। 'तुम' और 'मैं' का अमूर्तीकरण परिणत हो जाता है।

पुल्लिंग 'तुम' संबोधन में अंतरंग वार्तालाप है : किंतु स्त्रीलिंग (तू, सजनि) संबोधन में आत्मोद्घाटन और आत्मारोपण ज्यादा है। 'वे' में सूचनाएँ-सामंजस्य हैं। 'कौन/किस' में रहस्यमयता है तथापि ये सभी 'प्रभु/प्रिय' के दोहरे विरोध के प्रतिफलन हैं।

संपूर्ण कृतित्व में-से कुछ और भी चिनगारियाँ दमक उठती हैं। 'नीहार' में स्वप्न, छाया, नींद, माया ज्यादा हैं जो यथार्थता का विभ्रांत निषेधन हैं। किशोरी महादेवी सुधि तथा पीर के द्वारा अपनी यथार्थता और अस्मिता की पहचान करती हुई कुतूहलमय होती हैं। (यहाँ रहस्यमयता लक्षित नहीं है)। यहाँ वेदना कम है किंतु मुग्धावस्था की आत्मरति और आत्मपीड़न-रति के बीच सेतु न बन पाने के कारण मरणपीड़ा (एगनी, थैन्टास) कुछ ज्यादा है। अतः इसमें कहीं नखशिख नहीं है; कहीं पूरे ऋतुचित्र नहीं हैं; केवल खंडचित्रों की रमणीय लड़ियाँ हैं। मानवीय संबंधों में संज्ञाएँ लगभग नहीं हैं। केवल सर्वनाम (मैं-तुम, वह, कौन, किस-किसे) आदि हैं जो अस्पष्टता फैलाते

हैं। मानव-शरीर पूरा नहीं उभरता। आँखें और अधर सर्वाधिक ललित हैं। चरण और कर इसके बाद आते हैं। मनोदेह में प्राण, मन, मानस, उर ज्यादा आए हैं। यहाँ किशोरी-मन में तो शरीर छूना ही मानो बिजली का गिर जाना है।

'रश्मि' और 'नीरजा' में जब यह सुहागिन कुंवारी-कवयित्री सहज होती है तो तुरंत एक मुग्धा किशोरी की अवस्था में पहुँच जाती है; अन्यथा अपनी-उम्र से ज्यादा की एक प्रौढ़, वियोगिनी तथा साधिका के रजरंगे चीवरों से अपने को नख-शिख ढाँक लेती है। एक तो रश्मि का प्रतीक ही स्पष्ट है; दूसरे यहाँ नींद ज्यादा है, पथ व चरण कम हैं। 'नीरजा' में पग और पद छाने लगते हैं। साथ ही प्रिय भी आ जाता है। 'दीपशिखा' और 'सुभग' भी शायद पहली बार आ जाते हैं। अँधेरे हैं कि अभी तक 'दीपक' कम हैं; 'प्याली' ज्यादा है! 'कली' तो सर्वत्र विद्यमान है। मधुप हैं। किंतु 'शलभ' कम हैं। ये युवती महादेवी के प्रणय-स्वप्नों के अनुविस्तारण (सेकेंडरी एलाबोरेशन) हैं। यहाँ 'दीपक' बनाम 'हिम' के विरोधाभासों से सहज रति और नैतिक निर्मदता के द्वंद्व की गाँठ खुलती है। 'सांध्यगीत' में अंतर्विरोधों और विरोधाभासों से जड़ी हुई भाषा का मैनरिज़्म परिष्कृत हो जाता है। यहाँ नारीत्व के संस्कारी तथा परंपरागत छवि-बिंब को ही आदर्शीकृत और अमूर्तीकृत किया गया है। प्रस्थान और भाषिक विपथन नहीं ही हैं। यहाँ प्रिय के लिए 'वह' स्थानापन्न होता है। 'आज' का बोध प्रमुख होने लगता है। इंद्रधनुष ज्यादा हैं; दामिनी कम है। 'दीपशिखा' में यह सब आत्मोत्सर्ग, आत्मसमर्पण और आत्मज्ञान बनकर ज्यादा रहस्यात्मक—बहुधा रहस्यवादी भी—हुआ है। इसमें मरण-स्वप्न-प्रलय की त्रयी भी शक्तिमान है। निर्वाण बहुत बार आया है। कमल तथा कली लगभग गायब हो गई है। प्रलय से जुड़े उल्का, झंझा, तड़ित् ज्वाला, चिनगारियाँ आदि छाई हैं। नगेंद्र के अनुसार इसमें 'स्पष्टतः काम का स्पंदन है ही।'

वास्तव में भाषिक संरचना और अप्रस्तुतों का शिल्प-कौशल ही ज्यादातर रहस्य फैलाते हैं। अव्यक्त और अपरिचित को खोजने की भावातिशयता तुम <> मैं, तुम <> वह, प्रिय <> देव आदि की सर्वनामीय भाषा-क्रीड़ा बनती है। इसके मूल में कवि का आत्मगोपन है। वह स्वयं को मिथ्या चेतना की 'छाया' में निरंतर अपहचानी-अनजानी रखती है; छिपाती है, भुलाती है, अजनबी बन जाती है। इसके अलावा वेदना/दुख/करुणा का केंद्रीय बोध भी उसे बहिर्मुखी नहीं बनने देता । वह अपने को संरक्षित भी रखती है। इसीलिए काव्य में संपूर्ण नारी-शरीर या पुरुष-काया नहीं है। पलक, नयन, अधर, चरण ही प्रमुख हैं। इसी के संग संपूर्ण शरीर की ऐंद्रियिक अभिव्यंजना **रोमों** के द्वारा, तथा भोग की व्यंजना सुरभि के द्वारा की गई है। नारी के अंगों में पुलक, सिहरन तथा रोमांच (कंटकन) के द्वारा ही सारी कहानी कही गई है; शेष कथा सुधि-सपने, आँसू-हास, शूल-कली; दीपक-कमल आदि पूरी करते हैं।

संपूर्ण काव्य में 'आनंद' और 'अमृत' कहीं भी नहीं है। 'ब्रह्म' और 'आत्मा'

भी कहीं नहीं है। इसी तरह धार्मिक तांत्रिक हठयोग की रूढ़ शब्दावली तकरीबन नहीं है। [समाधि, निश्वास-श्वास-उच्छ्वास के अतिरिक्त]। सूफी **'प्रेम की पीर'** तथा मधुरोपासनावाली **'प्रेमदीवानीपन'** का संयोग ही महादेवी के अनुभूति-गर्भ का शिशु-सृजन तथा चिरंतन रहस्य है। समूचे काव्य-मंडल में मिथक भी कहीं नहीं है [जबकि सभी छायावादी कवियों ने इसका भरपूर उपयोग किया है]। महादेवी की रचनाधर्मिता में ये उपर्युक्त बिंदु विलक्षण तथा सकारात्मक हैं। तथपि उनके काव्य की अंदरूनी बुनावट, तथा चिति के स्वभावों को समझने में उनके काव्य-संग्रहों की भूमिकाएँ बेलाग स्पष्टीकरण करने के बजाय बहकाती और भटकाती हैं। वे अपने काव्य-प्रेमियों तक के साथ क्यों ऐसा वाक्छल करती रही थीं? रहस्यवाद भी उनका ऐसा ही चमत्कारिक अवगुंठन था जिसे उन्होंने, उतार फेंककर अनसूया की तरह नैसर्गिक हो जाने के बजाय, अपने 'देवी-साधिका' वाले मिथक को पवित्र-शुद्ध-असीम-अनंत बनाते जाने को ओढ़े रखा।

'सांध्यगीत' के कुछ आखीरले प्रगीतों में उनके जबर्दस्त विद्रोह और प्रस्थान के लक्षण नज़र आते हैं। उनका सौंदर्यबोध तथा यथार्थबोध विप्लवी बदलाव की सूचना देते हैं। वे क्षितिज को तोड़कर 'उस ओर' के 'क्या' को देखने की चुनौती मंजूर करती हैं; अपनी छाँह (छाया, भावना) को अपने लिए कारा न बनाने का आत्म-तर्क करती हैं तथा वह जलती कहानी भूलने की बात कहती हैं; सामाजिक मुक्ति के लिए कीर का पिंजर खोलने को राज़ी हो जाती हैं; लेकिन 'दीपशिखा' में वे मुक्ति तथा निर्वाण के लिए लौट पड़ती हैं और पुनः दार्शनिक रहस्यवाद से 'लौ' लगा लेती हैं। इस वापसी के कारण भारतीय नारी की विमुक्ति के इतिहास का सही और सच्चा अध्याय कोरा रह जाता है। दुर्भाग्य से उनके बाद इतनी प्रतिभाशाली और महिमामयी नारी-कवयित्री ही नहीं आ सकी। वे **पंथ** को अपरिचित तथा **प्राण** को अकेला छोड़ देती हैं।

(5)

उनकी **'नारी-रहस्यमयता'** (फेमिनीन मिस्टीक़) की अतल गहराइयों में ही शायद उसका उत्तर मिले कि आख़िर इतनी प्रबुद्ध, प्रसिद्ध और प्रवीण नारी के साथ ऐसा क्यों हुआ? हमारा आधार तो केवल उनका काव्य ही है! अनसूया के 'आद्य नारीत्व-बिंब' से तो बहुत ज्यादा ज्योति-पंथ दिखे हैं ही; हमें समाज-सौंदर्यात्मक (सोश्यो-एस्थेटिक) अक्ष पर और भी कुछ प्राप्त हो सकता है।

'नीहार' का अधिकांश मैट्रिक पास होने के पहले लिखा गया है। इसमें सत्रह से बीस साल की किशोरी के युवा कौतूहल की, तथा दमित यौवन की इच्छा-पूर्ति तथा मरण-व्यथा की आकुलता है। कहीं भी आध्यात्मिकता रंचमात्र नहीं है। वह अपने यौवन के मधुमास की तीव्र मादकता तथा व्यर्थता का एक साथ खुलकर अनुभव

करती है। यहाँ मधुमदिरा, मधुमय पीड़ा, मनमोहन गान, मूक मिलन, मादक राग, और 'विधुर हृदय' आदि का ऐसा वातावरण है जहाँ चाँदनी खाली कलियों के प्याले धोती है और राकेश निशा की अलकें चाँदनी में धोती है, लेकिन उसकी मधुवाली मदिरा ढुलका दी जाती है और एवज़ में छोटी जीवन-प्याली पीड़ा से भर दी जाती है। इस अवस्था में यह मूलतः अनंग-पीड़ा है जिसने अंगवीणा के तारों को झंकृत कर दिया है और वह श्रद्धा सम्मान तथा पूजा के कैशोर भावों के साथ किसी भी **'अनंत पथ'** की ओर नहीं जा सकती।

वह चाँदनी तक में **'असीम तम'** में सो जाती है क्योंकि 'उसने' छोटी **जीवन-प्याली** से उसकी मधुमदिरा ढुलका दी है तथा निष्ठुर काल ने सुकुमार जीवन को पाषाणों का शयनागार दिया है। उसका वह जीवन मधुर था, संगी था, सुभग था (मधुर वह था मेरा जीवन)। वह भोला था। उसे मोह की मदिरा से **'अज्ञान'** बना डाला गया। अतः वह समझ लेती है कि 'विच्छेद' (तलाक़) सहन करना पड़ेगा और छोटी जीवन-प्याली को ऐसा बनाना पड़ेगा कि उसमें सारा संसार डूब जाए। यह उसका लक्ष्य-बिंदु बनता है। उसे यह भी अभिज्ञान है कि जिसकी उसे खोज है, वह तो **'अज्ञात'** है; जिसे संदेश भेजा है वह **'शून्य'** है। इसी तरह उसे यह भी ज्ञात है कि उसका एकांत ही अब उसके 'अनंत' 'असीम' 'उस पार' का चिरसाथी होगा। एकांत ही तपोवन है, साधना है, विरागी है। यदि एकांत न [होकर मिलना/साथ] होता तो वह सब कुछ होता जो समीर, फूल, निर्झर, वसंत करता। इसलिए उसका प्यार केवल पागल ही नहीं है बल्कि वह एक ऐसा नया और अनोखा संसार चाहता है जिसमें विरोधाभास हो : जैसे सपने पहरेदार हों, सीमा और सीमाहीन मिल जाएँ, वेदना ही मधुमदिरा की धारा हो जाए; कोमल प्राण बुझ-बुझकर आलोक करते हों, जलने में विश्राम हो, तथा मिटने में **'निर्वाण'** हो। इस तरह उसका 'छोटा दीप' जो मुग्ध, लजीला और नेही है, अब वियोगी, बुझता तथा **निर्वाणोन्मुख** हो जाता है। उसके इस प्रणयदीप में मूक ताप, सुप्त उन्माद, जलते प्राण और छिपे अंतर्नाद का संचय है। वह अपने को 'नीरस वन का फूल' जैसा पाती है जिसे सूने (एकांत) में छिन्न, मलिन तथा परिचयहीन बने रहना है ['जिसमें नहीं सुवास'—गीत अत्यंत महत्त्व वाला है]। यह किशोरमना महादेवी की प्रतीकात्मक आत्मकथा है जो स्वयं एक पूरा आलेख है।

'रश्मि' में छोटी प्याली, छोटे दीप और नीरस वनफूल के तादात्म्यों से एक अगला कदम रखा गया है। यहाँ 'जल' के स्थान पर जलने का बोध जागता है। 'रश्मि' उर्फ़ 'मैं', उर्फ़ कवि, उर्फ़ युवती—अजान और मुग्धा है तथा विधु के बिंब का पूरक है। वह 'कौतूहल के बाणों' से खिंची आई है। किंतु 'तुम' भी मधुमय गान सिखाने, रश्मि बनकर चुपचाप आता है। अर्थात् रश्मि—में अर्द्ध-नारीश्वरत्व (हर्माफ्रोडाइटिज़्म) है। 'रश्मि' कवि के लिंग-बोध (सेंस आफ़ जेंडर) को क्षीण

कर देती है : किंवा उसे आत्मरत (नार्सीसस) जैसा बना देती है। ये रश्मियाँ (कौतूहल के अनंग-बाणों-सी) फूलों के उर खुलवाकर मधु भी पीती हैं ('प्राणों के अंतिम पाहुन')।

यहाँ 'रश्मि' की सहवर्ती 'कलिका' है जिसकी पूर्णता मधु में छलककर साकार होती है, जिस पर अलि का पहला गान मृदु मुस्कान बनकर थिरकता है। उस किशोरी प्रिया का शरीर भी तो नवलतिका जैसा है (कंपित हो उठता सुख से भर नवलतिका-सा गात!)। इसमें भी वही चिरकिशोरी प्रिया का बिंब है (सजनि तेरे दृग बाल! चकित से विस्मित से दृग-बाल) जिसमें मुगधावस्था वाली हास और अधर और पद की वस्तुरति (फेंटिश) है। अपनी आत्मसखी के बाल दृगों से वह 'चातक के (से) **बालक-मन'** को भी देखती है। तब झुलसती तितली और तारे पिघलाती रातों के बीच लज्जा उसकी जीवन-प्याली को निर्द्वंद्व होकर, मृदु पुलकों के कारण, छलका देती थी। उसके मन-बालशिखी में, चपला के बेसुध नर्तन से, हूक उठती थी। उन दिनों में उसका जग से परिचय हो रहा था। तब मन आँसू छूते ही मिश्री-सा घुल जाता था; तब मानस मुकुर में, अपनेपन की छाया के स्थान पर, सबके दुख-सुख प्रतिबिंबित लगते थे। तब कवि छोटी थी, मामूली थी—विराट संसार से परिचय हो रहा था; हँसी और आँसू दोनों अदल-बदल रहे थे (अंतर्विरोध खुल रहे थे)। संसार का सत्य पीड़ाएँ दे रहा था और मन कुतूहल से भरा था। हँसी और आँसू, दोनों ही शिशुओं-जैसे क्रीड़ा कर रहे थे। किंतु **भोलापन** चुरा लिया गया अनजाने में; अर्थात् **भोलापन** ही विस्मृत हो गया; **विस्मृति का सपना** हो गया और उसी **सपने** ने जीवन को छूकर चौंकाया। इसीलिए साथ-साथ कवि में युवावस्था में ही शारीरिक निर्मदता (शीत की निठुर रात; हिम शीतल चुंबन; हिम का चिर निष्पंदभार; 'कर गया तुझे पाषाण कौन') आदि के सांकेतिक लक्षण महसूस होने लगे।

अतः मन की मुग्धावस्था और रतिकौतूहल, तथा तन में छाती हुई अतृप्ति और ठंडापन मिलकर, ऐसा द्वंद्व रचते हैं कि 'पाहन' का रूपांतरण 'पाहुन' में और बाद में 'प्रतिमा' (सांध्यगीत) में होता है। कवि नारी-शरीर का सत्य समझ लेती हैं—भला इस सुंदर शरीर को तू कैसे सँभालकर रख पाएगी जब तू स्वयं 'बीते वसंत की चिरसमाप्ति' जैसी हो गई है। तूने तो वह जीवन देखा है जिसमें वसंत भी पतझर था। अतः तेरा पाहुन तो समाधि है अर्थात् तू बीते वसंत की चिर समाधि है, तू **मूक प्राण** है, अर्थात् तू निष्फल पवित्रता (दिन बरसा अपनी स्वर्ण रेणु मैली करता जिसकी न सेज) तथा निष्पंदता (साधिका) की शिकार है! ऐसी मूकता और निष्पंदता में कवि [एकांतप्रिया होने के बाद] तृप्ति के विरुद्ध हो जाती है (चिर तृप्ति कामनाओं का निष्फल कर जाती जीवन) क्योंकि वह जीवन निष्फल करती है, विरक्ति बन जाती है, तथा मधु से मन फिरा देती है। इसलिए वह चाहती है कि यह जीवन चिर अतृप्ति हो तथा मिट जाना ही **चिर** तृष्णा हो। इस दशा में झटके और झोंके की

मदु, लघु, सुकुमार और करुण त्रासदियाँ फैलती जाती हैं—अपरिचित और अनजान! ['किसी नक्षत्र लोक से टूट—']। इस चरण में कवि के शब्द-संसार के नए 'रजिस्टर' बनते हैं। दृग बाल, बालक मन, सुकुमार कली की त्रयी उसके 'लौकिक' 'जीवन' को स्मृतियों, सपनों तथा पुलकों में सघनीभूत कर डालते हैं। यहाँ कवि अपने कुमारित्व पर ज्यादा मानसिक प्रतिबंध (टैबू आफ़ वर्जिनिटी) लगाती चलती हैं। यहीं उसके नारी-कवि की उभयलिंगी किशोरावस्था भी खूब कुसुमित होती हैं। चित्रों में वह बंद कमलों तथा पलक-सीपों के रूप में अंकित हुई है।

'नीरजा' में वह सांकेतिकताओं (एल्यूज़ंस) तथा छायाओं (इल्यूज़ंस) के द्वारा अपने अंतर्द्वंद्वों को प्रकट करती है। अब काव्य-व्यापार ज्यादातर प्रकृति के आँगन में तथा जीवन की सुधियों-सपनों में चलने लगता है अर्थात् ज्यादा वैयक्तिक और रहस्यात्मक और सूक्ष्म होने लगता है।

यहाँ 'पथ' का रूपक बदलते ही पंथ-प्रिय-पग (पद) के संदर्भ बदल जाते हैं। प्रथम असीम तम, लघुतम जीवन का स्थानापन्न बनता है; फिर 'असीम का सुंदर मंदिर' बन जाता है जहाँ प्रिय का अभिनंदन श्वासें करती हैं तथा आँसू उसकी पदरज धोने को उमड़े आते हैं। पुलकित रोम अक्षत बन जाते हैं, तथा पीड़ा चंदन हो जाती है। इस तरह 'शरीर-पवित्रता' की संस्कारी धारणा का नए ढंग से पूजन-अर्चन हुआ है। इस दिशा में पूर्ण आत्मसमर्पण और पूर्ण आत्म-पीड़न-रति की स्वीकृति ही होनी है ('तुम सो जाओ मैं गाऊँ'); प्रिय को असीम बनना है, पथ को अनंत बनना है तथा प्रिय के पदचिह्नों की पथरज को अंजन बनना है। यही सब कुछ होना ही है।

पथ और **प्रिय** का द्वंद्व बंधन तथा मुक्ति का संघर्ष भी छेड़ेगा। किंतु यह संघर्ष अंतर्जगत में होता है—सपनों तथा सुधियों में; बाह्य यथार्थ और संसार में नहीं। अतः पथ अज्ञात होता है, प्रिय दूर होता है; अथवा प्रिय सुधि भूलता है और प्रिया (मैं) पथ भूलती है। वह स्वयं को पथ की निशानी नहीं मानती बल्कि प्रिय की अमर सुहागिनी, मिलनयामिनी में कामिनी तथा मतवाली, भी मानती है। अतः प्रिय और मैं के बीच यह सवाल केंद्रीभूत होता है : मेरा मुक्ति पथ क्या है और प्रिय-बंधन कैसा है?

यदि मैं (कवि, नारी, चिति) तुम्हें सपने में बाँध पाती तो **अपने-में** सौ-सौ **'लघुतम'** बंधनों से मुक्ति को भी बाँध लेती क्योंकि स्वप्न में बंदी प्रिय अवचेतन के असीम बंधनों से मुक्ति दिलाता है, क्योंकि वह सौ-सौ निषेधों, वर्जनाओं, नैतिकताओं आदि के बंधनों को बंदनवार बना देता है। आगे वह अपने **'छोटे-से'** क्षण में चिरजीवन की प्यास बुझा लेती अर्थात् उस छोटे-से क्षण भर को उसका मरु उर्वर प्रदेश हो जाए और उपल पुलकित-से निर्झर बन जाएँ अर्थात् कुंठा और निर्मदता दूर हो! केवल 'क्षण' ही महत् है ('केवल जीवन का क्षण मेरे')। एक क्षण की मुक्ति

तथा एक क्षण में कर्म नारी-लालसा की प्रमुख सामाजिक टोह है। वह क्षण भर को गा लेना चाहती है (कुंठाहीन, मुक्त होना चाहती है) क्योंकि संसार-दर्पण में चातक, फूल, दीपक भी ऐसा ही करते हैं। अर्थात् 'क्षण' में कवि **अपनापन** (आइडेंटिटी) खोजती है क्योंकि अपनेपन के **अवगुंठन** के बिना उसका अपलक आनन सूना है ('तेरी सुधि बिन क्षण-क्षण सूना') जिस तरह शिशुओं के बिना अनसूया-आँगन सूना है (वही;)। अंततः 'मेरा' **अपनापन** 'तेरे' छिपने का **अवगुंठन** बन जाता है ('टूट गया वह दर्पण निर्मम')। यहीं चिति की ग्रंथि खुलती है। उपाय तो द्वंद्वातीत हो जाने में है क्योंकि "तुम मुझमें हो" (तुम मुझमें प्रिय! फिर परिचय क्या!)। कवि के "मैं—तुम" का यह विरोधाभास रहस्य द्वारा नंगा साक्षात्कार नहीं करा सकता। इसे केवल टाला जाता रहा है।

'कौन तुम मेरे हृदय में?' शीर्षक प्रगीत इसी प्रश्न को आत्मसंघर्ष में धधका देता है। वह ऐसा है (मैं=तो) जो कसक में मिठास तथा नींद में स्वप्न भरता है; जो मुझे बंदी करके अपनी विजय में बँधता है; जो एक करुण अभाव में तृप्ति है; जो एक लघु क्षण में निर्वाण है; जो मुझे खुद को खोने पर **विपरीत**-सा खोया मिला। अतः मैं जीवन और प्रलय (मैं $\lessgtr$ तो) में एक ही झंकार सुन रही हूँ। यह क्यों है? इसलिए कि मैं स्वयं अंतर्विरोधों वाली हूँ ('प्रिय! मैं हूँ एक पहेली भी।')। मैं स्वयं दुख और सुख दोनों की प्यास-धारा हूँ; मेरे रोमों में निर्झर और आग, दोनों हैं, और मैं सीमा की गोद में पलकर भी असीम से खेली हुई हूँ। यह विरोधों का बाहरी तथा शारीरिक सामंजस्य मनोलोक और अपनेपन में विचित्रता, रमणीयता तथा चमत्कार बन जाता है। इसीलिए "तुम $\lessgtr$ मैं" अंततः "मैं (तुम-) मैं" में रूपांतरित होकर द्वंद्वातीत होने की अंतर्मुखी डायलेक्टिक्स पेश करता है। द्वंद्वों को तीव्र करके समाधान के पथ तो कवि-नारी ने स्वीकार ही नहीं किए क्योंकि वह मिलन-वेला में कुछ जागकर अलस सो गई (रहस्यमयता), क्योंकि उसके वे स्वप्न, भूलें और मान यहाँ काँच (की चूड़ियों) से टूटे पड़े हैं; (अवगुंठन) जब वे अवसर गए, तो 'उर तिमिरमय, घर तिमिरमय!' यहाँ एक बात इसी आत्मसंघर्ष को ज्यादा खोलती है। जब कवि श्रीमती सुभद्राकुमारी से जाकर मिलती तो वे अपने थैले से दो चमकीली चूड़ियाँ निकालकर हँसती हुई पूछतीं—"पसंद हैं? मैंने **दो तुम्हारे** लिए खरीदीं और दो **अपने** लिए। लाओ अपना हाथ, **मैं तुम्हें** पहना दूँ, तुम तो पहनने में तोड़ ही दोगी।" ऐसी ही अंतर्मुखी डायलेक्टिक्स के द्वारा कवि एक दूसरा सामंजस्य भी लागू करती हैं—'जग [करुण-करुण] मैं [मधुर-मधुर] / दोनों मिलकर देते रजकण/चिर करुण मधुर।' केवल एक बार इसे वे सामाजिक तथा ऐतिहासिक संदर्भों में लाकर ('जाग बेसुध जाग'), करुणा के दुलारे सिद्धार्थ तथा वृंदाविपिन वाले कृष्ण के क्रमशः दुख और संताप में, तथा शंख और मुरली के प्रकार्यों में, बहिर्मुखी करती हैं। किंतु तर्कणा फिर भी अंतर्मुखी रही है जिसमें अज्ञानता तथा अस्पष्टता निश्चित रूप से अंतर्निहित रहेगी—'जान न पाई अपना ही उर/तुमको क्या बाँधूँ छायातन!'

(6)

अतएव मुक्ति-बंधन का अंतर्विरोध केवल सौंदर्यशाली चमत्कार-न्याय से "तुम ⋚ मैं" की समरसता बन जाता है तथा रहस्यात्मक अवगुंठनों में प्रतीकार्थों के अनेक बाण छोड़ने लगता है।

'वह' और 'तुम' और 'प्रिय' एक-से हैं। 'मैं' और 'अलि' या 'सजनि भी एक सी हैं।'

इस पहेली का खुलाव रहस्यवाद नहीं है। वह तो बस संगति बैठाती है। जीवन की पवित्रता तथा शरीर की शुचिता की जीवन-दृष्टि ग्रहण करने पर यह संबंध-ग्राम गहरी अर्थमीमांसक संरचनाएँ (डीप सीमेंटिक स्ट्रक्चर्स) रचता है।

एक खास ढंग से गाँठ खुलती है—'मुझमें हो तो आज तुम्हीं 'मैं'/बन दुख की घड़ियाँ देखो!/मेरे गीले पलक छुओ मत/मुर्झाई कलियाँ देखो!' यदि तुम 'मुझमें हो' (मनोदेशी/मनोज हो) तो 'मैं' बनकर दुख की घड़ियाँ देखो अर्थात् मैं ⋚ तुम; मैं=तुम (विश्व); मैं=मैं (जग)। यहाँ सचेतनता-भूमि पर विरुद्धों का समन्वय तथा एकात्म हुआ है।

अब इसका विस्तार आगे है—'जब मैंने अपने प्राणों में प्रिय की छाँह छिपा ली'। आगे : 'काया छाया में रहस्यमय! प्रेयसि-प्रियतम का अभिनय क्या!' और आगे : 'तम ही तुम हो और विश्व में मेरा चिरपरिचित सूनापन/मेरी छाया हो मुझमें लय/छाया में संसृति का स्पंदन—'। अनुमान हुआ कि 'नीहार'-वाला असीम तम ही प्रिय-तम अर्थात् प्रियतम अर्थात् प्रिय बन गया (इस असीम तम में मिलकर मुझको पलभर सो जाने दो)। यह प्रियतम 'छाया' भी हो गया जिससे (नारी-) काया प्रेयसि हुई। किंतु यह तो स्वयं नारी-काया की ही छाया होकर 'अर्द्धनारीश्वरत्वग्रंथि' का अनूठा और अद्‌भुत उद्‌घाटन है। वस्तुतः प्रिय कायातन न होकर छायातन है ('जान न पाई अपना ही उर/तुमको क्या बाँधूँ छायातन!')। लगता है कि विभक्त मनस्कता में कवि की आत्मरक्षक वृत्ति मूलतः काममय है लेकिन उसका ही नारी-अहं साध्य भी हो गया है। साधन उसकी काया है। यह 'स्व-रति' (ऑटो-इरोटिसिज्म) ही है। उसकी लुब्धा (लिबिडो) अहं में ही स्थित है तथा आत्मोन्मुखी (सेल्फ-डाइरेक्टेड) है। कामुक वृत्ति पर अहंवृत्ति की विजय हो जाती है (कौन बंदी कर मुझे अब बँध गया अपनी विजय में)।

इस 'प्रिय' और 'तुम' का अगला आयाम यूँ है—'प्रिय, तुमने अर्थात् जिसने' (प्रिय जिसने दुख पाला हो)...; अर्थात् [मेरी तरह] जिसने, [उसे मैं आँसुओं की जयमाला से स्वयं वरूँगी...] अर्थात् 'प्रिय' अर्थात् 'तुम' अर्थात् 'मेरे जैसे' अर्थात् वही मेरा वरेण्य पुरुष या तादात्म्य है। यहाँ "प्रिय=मेरे जैसा" का समीकरण है। यह एक 'चिरंतन पुरुषत्व' (ईटर्नल मैस्कुलिन) की नारीवादी खोज है : नारीत्व के जैसा पुरुषत्व! एक

असंभव आदर्शीकरण!!! किंतु इस प्रिय पथ अथवा प्रिय-पंथ का कण-कण आकर्षण है और यह नादान उलझन नहीं सुलझती ('दूर घर मैं पथ से अनजान')। अंततः वह आत्मोद्घाटन करती है—'यह क्षण क्या? द्रुत मेरा स्पंदन;/यह रज क्या? नव मेरा मृदु तन;/यह **जग** क्या? मेरा लघु दर्पण;/प्रिय तुम क्या? चिर मेरे जीवन;/' इतने आत्मोद्घाटनों के बाद आरोपित प्रतीकों को उधेड़कर, आत्मभर्त्सना करती हुई, नारी सहज और सरल हो उठती है—'मिथ्या, प्रिय मेरा अवगुंठन,/पाप-शाप, मेरा भोलापन!/चरम सत्य; यह सुधि का दंशन;/अंतहीन, मेरा करुणा-कण/' यूँ वह उसी आरंभिक मूर्त यथार्थता को शिरोधार्य कर लेती है।

लगता है कि 'प्रभु/प्रिय' के संरचनात्मक पुलिंदे से महादेवी 'दिव्य/मानुषी' पुरुष के रूप में ऐसे 'प्रिय' की स्व-रचना करना चाहती हैं जो उसके सूनेपन को भरे, जो उस-जैसा हो, जो उसका हो, जो उभयलिंगी अर्थात् अर्द्धनारीश्वरत्व हो। अतः ऐसा प्रिय अमूर्त और आध्यात्मिक प्रतीत होने लगता है क्योंकि वह चाहती है कि ऐसा प्रिय उस पर शासन न करे और उससे पार्थिव यौन-तृप्ति भी न माँगे बल्कि चिर प्यास देता रहे। तथापि स्त्री-जीवन की जो आदिम और चिरंतन 'पहेली' है—जो सेक्स-प्रेम-स्थायित्व की त्रयी है और प्रिय-पति-प्रभु के त्रिकोण से उसे बाँधती है—वह 'उलझन' ही बनी रह जाती है।

'सांध्यगीत' में आकर ही यह पूर्ण युवती किशोरता तथा भोलेपन से अलविदा ले लेती है क्योंकि अब उसकी उम्र सत्ताईस से उन्तीस साल की है। यह सांध्यभाव उसे समकालीन समय-चेतना अर्थात् 'आज' से बड़े समर्थ ढंग से जोड़ता है ['क्यों **आज रिझा** पाया उसको मेरा अभिनव शृंगार नहीं'...'तारक-लोचन से सींच-सींच नभ करता रज को विरज **आज'** ...'क्यों मुझे प्राचीर बनकर **आज** मेरे श्वास घेरे?'...**'आज** विस्मृति-पंथ में निधि से मिले पद-चिह्न उनके'...आदि] वर्तमान-काल के प्रति जागरूकता ऐसी नारी-चेतना को जग तथा युग के किंचित् नज़दीक लाती है। अतः अब दूसरा संस्कार 'नीरजा' कालीन 'छाया' का होता है। वस्तुतः यह छायावाद की छायामयी की आत्मगोपनता तथा आत्मरक्षा है।

अब उसका प्रियतम छाया नहीं है; अब खुद उसकी ही छाया का उलझाव नहीं है; बल्कि वह 'किसी की मूक छाया' है। वह अपनी सजनि को बताती है कि 'छाँह को उसकी सजनि नव आवरण अपना बनाकर प्रात में हँस छिप गई ले छलकते दृग यामिनी मैं!' यहाँ नारी-चेतना को पुरुष की आकांक्षा की अनुगामिनी तथा अनुरागिनी होने की दशा तो है किंतु यह केवल कुछ सूने पहरों तक ही चली। उसमें एक गहरा द्वंद्व है : "मिलन-मन्दिर में उठा दूँ जो सुमुख से सजल 'गुंठन'...सजनि मधुर निजत्व दे कैसे मिलूँ अभिमानिनी मैं!" महादेवी की नारीचिति का यह **'अपनापन'** (निजत्व) ही उनकी नारी-रहस्यमयता...(फेमिनीन मिस्टीक) है अर्थात् अभिमानी 'अवगुंठन' है। उनके सामाजिक व्यवहारों में ये दोनों उन्हें बेहद अभिमानिनी बना

चुके हैं। अतएव 'अपनापन–अभिमान–अवगुंठन–' के इस त्रिकोण में केवल आध्यात्मिकता को ही थोपना महज सौंदर्यबोधात्मक विसंगति होगी। इसी मनोदशा के कारण इस सृजन-चरण में उन्हें प्रिय के लिए 'वह' सर्वनाम ज्यादा सुप्रिय हो गया। अभिमान अर्थात् 'सुपरईगो' की साधक नैतिकता का यह उद्‌घाटन कवि के भावों के इतिहास की कई समस्याएँ सुलझा सकता है।

मसलन, वह स्पष्टतया स्वीकार करती हैं कि 'पद चले जीवन चला पलकें चलीं स्पंदन ही चल/किंतु चला जा रहा मेरा क्षितिज भी दूर धूमिल,'। पहले मधुभरी प्यालियाँ ढुलका दी गई थीं। उन्हें पीड़ा से भरा गया था। अब प्यालियों में हलाहल बाँटा गया है। यह हलाहल भी आँसुओं में घुलकर हाला हो जाता है जिसकी खुमारी से विश्व झूमता है तथा नक्षत्र भी घूमते हैं। फिर भी, 'अगर, आज तक, 'तुम' घना अँधेरा बनकर साधकर **रंगीला अवगुंठन** उठाते और आँसुओं की रेखा गिन लेते!' यह हविश ही नारी के मिलन-पथ को 'अनंत' बना देता है। इस जीवन-चरण में कवि-नारी आत्म-निवेदन तथा आत्म-समर्पण की अपेक्षा आत्म-विश्लेषण की ओर ज्यादा उन्मुख हो रही है।

कवि आत्मसंशय करती है कि ऐसा हो क्यों रहा है? पपीहे के प्रिय और अपने प्रिय की भावना के बीच एक नाटकीय संवाद-गीत ['रे पपीहे पी कहाँ'] में कवि एक तो स्वयं पपीहे जैसी हो जाती है दूसरे यही पाती है कि उसका प्रिय तो उर में बसता है तथापि उसका प्रिय समाकर भी उसके प्राण कहाँ नाप पाता है? उसका जीवन तो प्यास ही है। अतः वह तृप्ति में कहाँ जी सकेगी? वह यदि दीप-सी न जलती और (आँसू से सजल न होती) तो यह सजलता कहाँ रहती? इस गीत की तार्किक योजना में ही चमत्कार है। उस समलैंगिकी को पुरुष-शरीर के स्पर्श का सलज्ज और सहज आतंक इतना है कि एक तो वह उसे दिव्य (देव) मान लेती है; दूसरे उसे पता है कि छूने पर अपनी चित्रमय क्रीड़ा तो अधूरी रह जाएगी। इसलिए वह दूर रहकर खेलने का आत्मसंयम बाँधती है। जब हृदय हठ करता है तो वह पलकें मूँदकर रात करती है; वह चिन्मय आराध्य की मृण्मयी अनुरागिनी है। इसकी वजह भी साफ़ है। कवि ने बड़े लंबे अभ्यास (युगों की साधना) से प्राण का क्रंदन सुलाया है तब आज यह लघुजीवन किसी निस्सीम प्रियतम में समाया है। अतः अरुण वासना (मादक रंग-राग वाली) उषा इस पथ में राग छलकाती मत हँसे! (दे. 'ओ अरुण वसना!')। कारण कि, अब दूरी और देरी हो चुकी है (देव अब वरदान कैसा!), अतः अब तो मैं ही भाला बन जाती हूँ और मेरा हृदय वेध दो। इसमें प्रतिकूल है भी क्या? यदि मैं तुम्हें इस कूल ही पहचान लूँ तो उस कूल में क्या है?

आत्म-विश्लेषण कवि-नारी को एक अंतर्निहित मोहभंग की दशा का 'निष्ठुर' साक्षात्कार कराता है। आज तो 'वेदना लौटा रही है विफल खोए स्वप्न गिन के'। पपीहे से उसके पी का पता पूछने वाली नारी प्रतीकतया कीर का पिंजर खोलने का

फ़र्मान देती है क्योंकि यह युगों का अलस बंदी शिथिल कारा को ही ले उड़ेगा, क्योंकि घायल परों का सारा विभव जाग उठा है।

जीवन-बोध और सौंदर्य-बोध में इस परिवर्तन का प्रमाण यह है कि काव्य की मिथ्या चेतना के स्थान पर सामाजिक चेतना का उन्मेष होता है। अब तक के काया-छाया वाले द्वंद्व के बाबत फैसलाकुन जवाब देती है–'तू न अपनी छाँह को अपने लिए कारा बनाना।' अब कोकिल के यह राग गाने पर 'मेरे रोम में सुकुमार उठते विश्व के दुख जाग!' अब वह यह भी बता देती है–'पथ बिन अंत, पथिक छायामय,/साथ कुहकिनी रात री!'

'दीपशिखा' में पूर्ववर्ती आत्म-विश्लेषण की प्रवृत्ति आत्म-संदर्शन में चरमोत्कर्ष प्राप्त कर लेती है। कवि-नारी की जीवन-दृष्टि तथा जीवन-दर्शन, दोनों सूक्ष्मता, बौद्धिकता और सघनता के शिखर छू लेते हैं। 'सांध्यगीत' से जो **'एक स्पंदित मृत्यु की छाया'** (आ. कवि., भूमिका 31) भी झिलमिलाने लगती है, वह यहाँ एक ओर तो प्रलय तथा आँधी के आतंक एवं संघर्ष में ढलती है तो दूसरी ओर विद्युत् तथा चिनगारियों के माध्यम से मृत्यु बनाम निर्वाण के अंतर्दर्शन के प्रबल आत्मविश्वास पाती है जिसमें आत्मोत्कर्ष, आत्मोत्सर्ग तथा आत्मदर्शन निरूपित होता है। 'नीहार' और 'दीपशिखा' में प्रयुक्त निर्वाण, स्वप्न, जैसे शब्दों की तुलना, अथवा 'सांध्यगीत' और 'दीपशिखा' में प्रयुक्त चंचला (तड़ित्/दामिनी) और दीप जैसे शब्दों की तुलना ही मानसिक उत्थान को परिलक्षित कर देती है। अलबत्ता 'सांध्यगीत' की अन्तिम अवस्था में कवि में जो सामाजिक चेतना का हाशिया खुला था, इस संग्रह में उस दिशा से भी मोड़ ले आया है और कवि ज्यादा से ज्यादा आध्यात्मिक दर्शनाभासों के प्रभामंडल में चली गई हैं।

'सांध्यगीत' तक भी मधुर मधु की यामिनी, निशि के कुंतल, मृदु उर, गुदगुदाता वात, स्नात चंचला, साँवली बरसात आदि जो संकेतक और बिंब आ गए थे, वे यहाँ लगभग नहीं हैं अर्थात् मधुरता और पीड़ा के वातावरण का विलयन होता है/आत्मशुचिता और आत्मदर्शन की अवस्था के लिए पूजा का रूपक तथा पवित्र भावना कई ढंग से पुनः-संस्कारित होती है–'शून्य मंदिर (सूने घर) में बनूँगी आज मैं प्रतिमा तुम्हारी' वाली मनःस्थिति अब 'यह मंदिर का दीप इसे नीरव जलने दो' में (मैं) [प्रतिमा] =यह [दीप] में बदलती है जहाँ पहले के 'दुख मेरा पुजारी' के बजाय 'ज्योति का यह लघु प्रहरी पुजारी' बन जाता है। पवित्रता और शुचिता के अनुभावक 'हुए शूल अक्षत मुझे धूलि चंदन,' अथवा 'धूप-सा तन दीप-सी मैं', हो जाते हैं। पहले तक ये शूल कई बार तीर और उर बेधने वाले बाण भी बने हैं, तथा रज भी शय्या पर रंगी गई है।

प्रौढ़ वय वाली महादेवी जैसी बुद्धिजीवी नारी की 'चिति' एवं 'चेतना' में ऐसी तब्दीली के मनोसामाजिक कारण ज्यादा प्रखर रहे होंगे। वह स्वयं भी कहीं-कहीं अतीत

के इतिहास और अनुभव-संसार का लेखा-जोखा कर डालती हैं–"आज तार मिला चुकी हूँ!...वह अनामा रागिनी अब साँस में ठहरा चुकी हूँ!...एक स्वर में विश्व की दोहरी कथा कहला चकी हूँ!...एक ही झंकार में अश्रु-हास घुला चकी हूँ!...राग में अपने कहो किसको न पार बुला चुकी हूँ!...पर न मैं अब तक व्यथा का छंद अंतिम गा चुकी हूँ...!" अब तक वे "उनके स्वर से अंतर भरने,/उस **गति** को निज गाथा करने,/उनके पदचिह्न बसाने को,/मैं रचती नित परदेश रही!"

अतः अब तक वह ज्यादातर भावक्षेत्र में विरुद्धों के असंभव तथा चमत्कारिक अंतर्विलयन ही करती रही और इससे आज तक भी उसका पंथ अपरिचित बना रहा तथा प्राण अकेला रहा। वह मेघ-सी घिरी और झर भी चली। इसी प्रतिकर्म के कारण पहले भी 'परिचय इतना इतिहास यही/उमड़ी कल थी मिट आज चली!'। 'दीपशिखा' में यह 'नीर भरी दुख की बदली' अब 'मेघ-सी' हो गई है अर्थात् वह पंथ के हर शूल का मुख मोतियों से भर चली है, रज में गगन का दर्प लेकर सहज उतर-निखर चली है, वेदना-पाई धरोहर अश्रु की निधि धर चली है, जीवन के प्रश्न स्वयं मिट आज उतर कर चली है। इस तरह वह अपने अंतर्जगत के पूरे इतिहास-कर्म का लेखा-जोखा इसी संग्रह में करती हैं।

इस परिप्रेक्ष्य में अभिमानिनी कवि-नारी का अपनत्व आत्मगर्व अथवा **विश्वास** में दीप्त हो उठता है ['नीहार' का मेरा लघु दीप, 'नीरजा' का मधुर-मधुर मेरा दीपक, 'दीपशिखा' में 'दीप मेरे जल अकंपित,/घुल अचंचल!' हो जाता है]। 'प्रिय मुझी में खो गया अब दूत को किस देश भेजूँ' अथवा 'मेरी पी रही कब साध/जग होता तनिक अनुकूल?', अथवा 'वरद मैं मुझे, कौन वरदान देगा?' जैसे कवि-कथन निर्णय और निष्कर्ष का दर्जा पा लेते हैं। ये प्रबल आत्मविश्वास और अहंलीनता के सुफलागम हैं।

इसी चिंतन-दशा में कवि अब "मैं (मन) $\lessgtr$ तन" के, अथवा "तन $\lessgtr$ मन" के संबंधों का भी अनुचिंतन करती हैं। पवित्र अग्नि-शुद्धि वाले रूपक के अनुसार 'धूप-सा तन दीप-सी मैं' के रिश्ते हैं तो अंतर्मुखी रोमांटिक मरणपीड़ा वाले रूपक के अनुसार 'मोम-सा तन घुल चुका अब दीप-सा मन जल चुका है।' ढलती उमर और प्रौढ़ चिंतन अंततोगत्वा रहस्यवाद की अपेक्षा परिणामों के उत्कर्ष पेश करते हैं। आत्मपीड़न-रति की पूर्ववर्ती मधुरता अब मृत्यु-छाया भी बनने लगती है ('आ रही अविराम मिट-मिट स्वजन और समीप-सी मैं!')। इसी तरह 'घुले' हुए तन और 'जले' हुए मन की दशा में चेतना का स्वर्ण जलती वेदना में 'गल' चुकता है अर्थात् चेतना अगिनधर्मा (सत्वप्रधान) हो गई है। अब 'शिथिल कर से सुभग सुधि-पतवार भी बिछल चुका है।' पहले तन-मन के रिश्तों में दीपसी जलने (तन) और आँसू से सजल (मन) रहने की, अथवा 'नयनों में दीपक-से जलते/पलकों में निर्झरिणी मचली' की अवस्थाएँ (सांध्यगीत) थीं। इसके साथ-साथ ही शलभ-दीपक के रिश्ते उभरे–('शलभ

मैं शापमय वर हूँ!/किसी का दीप निष्ठुर हूँ!')। यहाँ कवि 'शून्य मंदिर' के स्थान पर 'मृत्यु मंदिर' और 'राख का घर' भी है तथा 'दिवस की चाह का शर' और 'विरह में चिर' भी है। लेकिन कवि इस अंतर को स्पष्ट करती है। [क्या जलने की रीति शलभ समझा दीपक जाना?] जिसके लिए उसे जल/निर्झर की विरोधमूलकता छोड़नी पड़ी। अब दीपक की धूमरेखा और शलभ के झुलसे पंख, दीपक का आलोक और शलभ का क्रंदन अलग-अलग होते हैं। इसके साथ ही कवि का 'मेरा प्रिय चिर दीप' अथवा 'मेरा प्रिय (वह) चिर दीप' जैसा सिद्ध होता है—जिसे छूकर जीवन जल उठता है; जिसमें दीपक का आलोक तथा शलभ का क्रंदन मिला है। इसीलिए प्रभावधर्मिता के कारण 'दीपशिखा' में ('-आँसुओं के देश में!-') निशा के शेष में स्वयं शलभ जलकर दीप बन जाता है। 'दीपशिखा' में इस तरह दीप-शलभ समान तथा एकैक हो गए हैं। तन और मन, दोनों का सात्विकीकरण तथा विलक्षण अपोलो-कैथार्सिस हो गया है। इसी तन <> मन के द्वंद्व तथा द्वैत का आकल्पन कई बार मिलन-विरह के विरोधी सामंजस्यों में हुआ है। आदर्शवादी भावात्मक-सौंदर्यबोध के मुताबिक इनकी एकता तिमिर फैलाती है तथा दूरी रूप-शतदल खिलाती है। मिलन क्षण है, जबकि विरह युग है [दे. 'मैं न यह पथ जानती री!']। इसी भावात्मक यथार्थता के मध्य यह नारी इस तरह से जीती चली आई—'पंथ को निर्वाण माना,/शूल को वरदान जाना,/जानते यह चरण कण-कण छू मिलन-उत्सव मनाना!...प्यास ही से भर लिए अभिसार रीते! निमिष से मेरे विरह के कल्प बीते!' अतः 'दीपशिखा' में वह मलय मारुत से मतवाले झकोरे को लौटा देती है क्योंकि अब शेष हैं 'प्यालियाँ रीती, कली की,/शून्य पल्लव के कटोरे!'

इतनी पवित्रता और शुचिता के बाद अब उसे यह सत्य ज्यादा प्रासंगिक लगता है कि उसका चंचल जीवन-बाल धूल-भरा ही आया है, उसका मन अंगार-खिलौनों का अनुरागी था, गाढ़े विषाद ने उसके अंग पंकिल कर दिए, उसके पगों में व्यथा के दुर्मिल शूल बिंध गए, उसे शत-शत प्यासों की लुभाती छाया चलाती रही और फिर उसे मृत्यु-जननी ने ही अंक लगाया। 'नीहार-रश्मि' के 'दृग-बाल' तथा 'बालक-मन' के 'वामन' का 'जीवन-बाल' में यह विराटीकरण एक अनुभूति के पूरे इतिहास की भी व्याख्या करता है।

ऐसा ही दूसरा कंट्रास्ट पूर्ववर्ती मलय, मारुत, सुरभि, वात, समीर आदि के मुकाबले में 'दीपशिखा' में व्यंजित प्रलय, झंझा, आँधी, अंगारे, ज्वालाओं, चिनगारियों आदि के परिवेश में परिलक्षित होता है। यह नया परिवेश बाहर के सामाजिक संघर्षों, राजनीतिक आंदोलनों और सांस्कृतिक विद्रोह का मिला-जुला तथा संकेतात्मक-प्रतीकात्मक संघनीकरण है।

इस भाँति **प्रिय पथ और प्रिय-पंथ से लेकर अग्निपथ तक की ये अंतर्यात्राएँ** कवि महादेवी की अतीत की 'कहानी,' शेष 'कथा', अंतर्मुखी 'इतिहास' आदि को

भी तम के परदों से बाहर ले आती हैं। इस काव्यरूप इतिहास-कथा में कार्य-कारण की एकता वाली भूमिका 'प्रिय' करता है, अंतर्द्वंद्वों को उद्घटित 'मैं-तुम' के संबंध करते हैं; आत्मनिर्वासन और अजनबीपन की अव्याख्याएँ 'वह' करता है। अंततः अर्द्धनारीश्वरत्व ही उसकी 'नारी-रहस्यमयता' (फेमिनीन मिस्टीक) को क्षणालौकिक तथा क्षीणालोकित करता है।

यह आत्मेतिहास काव्यबिंबों तथा सौंदर्य-प्रतीकों के सूक्ष्म तथ्यों तथा भावों द्वारा लिखा गया है। 'नीहार' में छोटे दीप, छोटी प्याली, वनफूल के केंद्रीय बिंदु हैं; 'रश्मि' में रश्मि और कली है; 'नीरजा' में प्रिय-पथ, मुक्ति-बंधन, दीप-कमल आदि हैं, 'सांध्यगीत' में शलभ-दीप, चंचला-सजनि आदि हैं; तथा 'दीपशिखा' में मृत्यु-निर्वाण, प्रलय-ज्वाला, प्राण-पंथ आदि हैं।

पाँच काव्य-कृतियों के माध्यम से कवयित्री के **'भावों के इतिहास'** का अवगुंठित तथा नंदतिक अभ्यास ऐसा ही परिलक्षित होता है।

निष्कर्षों के पुनर्पाठ में कहा जा सकता है कि सहवर्ती संदर्भों में जयदेव के 'गीतगोविंदम्' के अतिरिक्त इटेलियन बरोक़ शिल्पी बर्निनी की एक संगमरमरी युगल-प्रतिमा भी ध्यातव्य है जिसमें ऐविलाँ की युवती संतिन टेरेसा को प्रेमी-पति-प्रभु ईश्वर का एक किशोर देवदूत उसके हृदय में उन्मादक कामातुरता (इरोस) का तीर चुभा रहा है।... सह-प्रसंग में मीरा को भी 'उसके' सबद का तीर बिंधा था। महादेवी को भी 'उसका' तीर चुभते ही कण-कण से बेसुध करने वाले गान फूट पड़ते हैं।

सो, भविष्य में भी कवयित्री की रहस्यमयता के **'महादेवी-कोड'** पुनः-पुनः खोले जाने चाहिए। यह होता रहेगा।

15 प्रेमचंद के उपन्यास : आधुनिक सामाजिक इतिहास के दस्तावेज़

(I) राष्ट्रीय परंपरा और प्रेमचंद के उपन्यासों की स्थापत्य-शैली
(II) राष्ट्रीय मुक्ति-आंदोलन और प्रेमचंद के समाजचिंतन का प्रवर्तक मॉडल।
(III) आधुनिक राष्ट्रीय इतिहास के चरण और प्रेमचंद के विश्लेषणात्मक औपन्यासिक प्रादर्श (मॉडल)।

I
राष्ट्रीय परंपरा और प्रेमचंद के उपन्यासों की स्थापत्य-शैली

'भारतीय राष्ट्रीय मुक्ति-आंदोलन' (1857-1947) ब्रिटिश साम्राज्यवाद के एशियाई उपनिवेशों के स्वाधीनता-संघर्ष का हिस्सा है जिसके रणकौशल का चरित्र बदलता रहा है। एशिया में प्रेमचंद (1880-1936) तथा लुह्सुन (1881-1936) जैसे कलाकार इन मुक्तियुद्धों के महागाथाकार माने गए हैं। भारतीय मुक्तियुद्ध साम्राज्यवाद-विरोधी, सामंतवाद-विरोधी तथा पूँजीवाद-विरोधी रहा है। इसकी राजनीतिक अंतर्वस्तु को 'राष्ट्रीय' कहा जाता है। प्रेमचंद जनता के बहुमत का प्रतिनिधित्व करते चले आते हैं और सांस्कृतिक क्रांति के घेरे में वे ही राष्ट्रीय नायक ठहरते हैं जो निरीह-अपढ़ किसान या मज़दूर की स्वतंत्रता को अपना आदर्श बनाते हैं, जो आदर्शोन्मुख यथार्थवाद से शनैः-शनैः समाजवादी ढंग के यथार्थवाद की ओर कदम बढ़ाते हैं। उनके उपन्यासों का 'रूप' राष्ट्रीय है तथा 'विषयवस्तु' समाजवादी ढंग की। वे साधारण भारतीय जनता की मशाल के अगुवा हैं।

उन्होंने कहा है, ''साहित्यकार का लक्ष्य देशभक्ति और राजनीति के पीछे चलने वाली सचाई नहीं, बल्कि उसके **आगे** मशाल दिखाती हुई चलने वाली सचाई है।''

इसका आशय स्पष्ट है कि वे साहित्य को बृहद् जन-संस्कृति का पर्याय मानते हैं। वे यह भी समझते हैं कि आर्थिक दृष्टि से पिछड़े हुए उपनिवेशों में राष्ट्रीयता

तथा राजनीति में इतने छलछद्मछंद हैं कि जनचित्त को आलोकित करने वाले विचार ही सामाजिक-आर्थिक जड़ता तथा अंधकार को दूर कर सकते हैं। अतः उन्होंने राष्ट्रीय मुक्ति-आंदोलन के अपने लंबे सर्जनात्मक दौर (1901-36) में यूतोपिया नहीं गढ़ी; बल्कि अपने समकालीन 'आधुनिक इतिहास' की व्याख्याएँ कीं तथा इतिहास का लोकायत-संदर्शन पेश किया। हम उनके सर्जनात्मक दौर का हाशिया ही लेंगे। हम उनके उपन्यासों को ही अपना आधार बनाएँगे ताकि कोई बात कही जा सके।

पहले हम उनके 'उपन्यास-रूप' के राष्ट्रीय आयाम को लें।

गरीबी और संस्कार कुछ ऐसे रहे कि प्रेमचंद अपनी पूर्ववर्ती संस्कृत-हिंदी गल्पधारा से संबद्ध नहीं हो सके। वे उर्दू की अफ़साना-निगारी से जुड़े। मौलाना अब्दुल हलीम 'शरर' (1860-1926) मुसलमानों के प्राचीन जीवन का आदर्शीकरण तथा पुनरुत्थान कर रहे थे। (उन्होंने बंकिम की 'दुर्गेशनंदिनी' का भी अनुवाद किया था)। मिर्ज़ा मुहम्मद हादी 'रुसवा' (1858-1931) ने 'उमराव जान अदा' शीर्षक उपन्यास में पहली बार एक वेश्या को मानवीय गुणों तथा करुणा से परिपूर्ण अंकित किया। यथार्थवाद के उनके आग्रह में समाजसुधार का कोई भी उद्देश्य (तब) नहीं जुड़ा था। रतननाथ 'सरशार' (1847-1902) स्पेनी किस्सागो सर्वांतीज़ से अनुप्राणित होकर यथार्थता का व्यंग-विद्रूपपरक किंतु जीवंत स्पर्श दे रहे थे। 'फसानाए आज़ाद' में उन्होंने लखनऊ का साहित्यिक-सांस्कृतिक-सामाजिक इतिहास भी गढ़ डाला। हज़ारों पृष्ठों के इस मसनवीनुमा उपन्यास में लखनऊ का मस्ती भरा सांस्कृतिक जीवन, उसके विभिन्न वर्ग (बिगड़े रईस, कुलीन घराने, महिलाएँ, चोर, उचक्के, डाकू, मौलवी, जमींदार, पंडित, साधु), उसकी अच्छी-बुरी समस्याएँ इस प्रकार जीते-जागते ढंग से चित्रित हुई हैं कि एक ही उपन्यास में मानो तत्कालीन समूचा भारतीय जीवन आ गया है। उसमें एक ओर फारसी-अरबी के पदांशों की लड़ियाँ हैं तो दूसरी ओर कथोपकथनों में बेहद चलताऊ और चुलबुली भाषा-बोली तथा उसमें मुहावरों की टाँक मिलती है। उन्होंने चरित्र-वैभिन्न्य तथा भाषा-वैभिन्न्य का साम्य कर दिया।[1] अर्थात् चरित्र और वातावरण को उभारने के लिए भाषा को प्रथम साधन माना गया।

शुरू में प्रेमचंद की आकांक्षाएँ इनसे संचालित हुईं। वे समूचे भारतीय जीवन को प्रस्तुत करने का लक्ष्य बनाते हैं। वे भारतीय जीवन के विभिन्न वर्गों तथा सामाजिक जीवन को प्रस्तुत करते हैं। वे भारतीय समाज की व्याख्या तथा सुधार की आवश्यकता भी समझते हैं। वे भारतीय शहरों और गाँवों की गरीबी तथा गुलामी के आतंक तथा उससे संघर्ष के रास्तों को भी तलाशते हैं। अतः वे यथार्थ की धुरी पर अपनी

1. 'उर्दू भाषा और साहित्य', रघुपति सहाय फ़िराक़, हिंदी समिति, लखनऊ, 1962, पृ. 187

जीवन-दृष्टियों से उपन्यास-'शताब्दी' चलाते हैं। समूचे भारतीय समाज तथा उसकी महाकाव्यात्मक जटिलताओं को धुरी बनाकर लिखने का हौसला ही उनके स्थापत्य को महागाथात्मक या महावास्तुरूपात्मक (एपिकल) रूप प्रदान करता है। शरर और सरशार के 'अफसाने' उनके बृहद् महाकाव्यात्मक उपन्यासों के अधगढ़ 'रूप' का मॉडल बन जाते हैं।

राष्ट्रीय स्वतंत्रता-आंदोलन के चरण जिस तरह बढ़ते हैं, जिस तरह विभिन्न राष्ट्रीय सवाल उठते हैं, जिस तरह क्रमशः वर्गीय संबंधों के अंतर्विरोध तीव्र होते हैं, जिस तरह उत्पादन-संबंध राष्ट्रीय जीवन में आदर्श और यथार्थ, पराजय और संघर्ष, प्रेम और घृणा आदि को उछालते हैं, उसी तरह जागरूक प्रेमचंद के उपन्यासों के कथानक भी दोहरे-तिहरे, सरल-जटिल, संश्लिष्ट-शिथिल हो जाते हैं। नलिन विलोचन शर्मा इसे 'समानांतर स्थापत्य शैली' कहते हैं जो 'ग्रैंडनेस' का प्रभाव उत्पन्न करती हैं।[1] वे भारतीय जीवन की समग्रता को उपन्यास के पूर्णवृत्त में बाँधते हैं। वे 'महाकाव्यात्मक उपन्यास-रूप' के स्थापत्य के लिए कई पूर्वप्रारूप गढ़ते चले आते हैं। इतने बड़े देश, इतने प्रचंड राष्ट्रीय मुक्ति-संग्राम, तथा इतने ज्यादा अंतर्विरोधपूर्ण वर्गीय संबंधों को लंबा एकायामी कथानक सँभाल ही नहीं सकता। इसके लिए कई संरचनाओं, समानांतर शैलियों तथा स्वतंत्र कथाओं को उन्हें गूँथना पड़ा है ('प्रेमाश्रम', 'गोदान')। उनके बृहद् उपन्यासरूप व्याख्याओं तथा संदर्शनों के सूत्रों से बँधे हुए हैं, बहुधर्मी समस्याओं को लिए हुए आपसी सामंजस्य-संघर्ष करते हैं तथा अंततोगत्वा नगर, ग्राम, समाज, परिवार, व्यक्ति आदि सभी की असाधारणताओं एवं विलक्षणताओं को एकतान कर देते हैं। उनका दृष्टिकोण ही उनके महाकाव्यात्मक उपन्यासों का स्थापत्य संयोजित करता है। इसका उल्टा भी होता है (रंगभूमि, कर्मभूमि)।

इस तरह बहुआयामी राष्ट्रीय मुक्ति-आंदोलन की अंतर्वस्तु के अनुरूप ही प्रेमचंद के महाकाव्यात्मक उपन्यासों का स्वरूप ढला है। इसकी स्थापत्य-शैली तथा संरचना राष्ट्रीय है अर्थात् यह पश्चिमी या बंगला कलम से नहीं बँधी। इस स्थापत्य-कौशल की महत्तम सिद्धि 'गोदान' है क्योंकि उसमें समूचा भारतीय जीवन, नगर-संस्कृति तथा ग्राम्य-संस्कृति आदि एकतान हो गए हैं। पश्चिम के एक-आयामी उपन्यासों की तर्ज़ पर इस नए 'राष्ट्रीय रूप' को असंबद्ध या शिथिल या दुहरे कथानक वाला कतई नहीं कहा जाना चाहिए।

राष्ट्रीय मुक्ति-आंदोलन में राष्ट्रभाषा का भी एक महत्त्वपूर्ण राष्ट्रीय सवाल होता है। प्रेमचंद पहले उर्दूधारा के उपन्यासकार थे। सन् 1901 से 1924 तक अर्थात् चौवालीस वर्ष की उम्र तक उन्होंने पहले उर्दू में ही लिखा : 'असरारे मुआबिद', हमखुर्मा-वा हमसबाब,' 'बाज़ारे हुस्न', 'जलवाए ईसार', 'गोशाए आफियत', 'चौगाने

1. 'हिंदी उपन्यास : विशेषतः प्रेमचंद,' ज्ञानपीठ प्राइवेट, पटना, 1968, पृ. 58

हस्ती'। इसके बाद 1925 से 1936 तक अर्थात् पैंतालीस वर्ष से छप्पन वर्ष तक (मृत्युपर्यंत) हिंदी के हिंदुस्तानी रूप में लिखा। इस तरह उनके बारह उपन्यासों में-से छह पहले उर्दू में तथा छह पहले हिंदी में लिखे गए। उनकी भाषा पर संस्कृत-आख्यायिका की भाषाशैली का प्रभाव नहीं पड़ा। उन पर 'तिलिस्म-इ-होशरुबा', 'तिलिस्म-इ-दिलरुबा', 'फसानाए आज़ाद' का गहरा असर पड़ा। वे गल्प की मौखिक अर्थात् किस्सागो-परंपरा को जनशैली मानकर आगे बढ़े। पहले के उपन्यासों के अनूदित रूपों में शिक्षित पात्र उर्दू और फ़ारसी शब्दों का, तथा अशिक्षित पात्र (औरतें भी) साधारण बोल-चाल की हिंदुस्तानी जबान का प्रयोग करते हैं। 'बाज़ारे हुस्न' (सेवासदन : 1918) तक आते-आते उनकी भाषा स्थिर हो सकी : मुहावरों का स्वाभाविक प्रयोग होने लगा तथा शिक्षित (नारी) पात्र भी सरल हिंदी का प्रयोग करने लगे। मुसलमान (नारी) पात्र फ़ारसी लदी कठिन उर्दू बोलते रहे हैं। 'गोशाए आफियत' (प्रेमाश्रम : 1920) में सभी ग्रामीण हिंदू-मुसलमान पुरुष-स्त्री पात्र साधारण बोलचाल की मुहावरेदार हिंदुस्तानी बोलते हैं। शहर के पात्रों की भाषा भिन्न है। 'चौगाने हस्ती' (रंगभूमि : 1925) की भाषा सरल और ज्यादा साफ़-सुथरी है।

इसके बाद मूलतः हिंदी में लिखे 'कायाकल्प' (1926) में उर्दू शब्दों की भरमार के बावजूद सभी पात्र साधारण बोलचाल की भाषा का प्रयोग करते हैं। 'निर्मला' (1927) में क्लिष्ट शब्द लगभग नहीं मिलते। 'कर्मभूमि' (1932) में आकर वे राष्ट्रभाषा के स्वरूप को पूर्णतः ढाल लेते हैं : सरल हिंदी-उर्दू शब्दों से सजी हुई एक सुगम, सुबोध, सजीव और रोचक भाषा! 'गोदान' (1936) में आकर यह कोरमकोर जन सामान्य भाषा हो गई है जिसके अधिकतर वाक्य सरल और छोटे हैं। इस तरह भाषा की सरलता के सवाल से प्रेमचंद बीसवीं शती के पूर्वार्ध में जीवनपर्यंत जूझे हैं। उन्होंने राष्ट्रभाषा संबंधी विभिन्न भाषिक समस्याओं को रचनाधर्मी अभ्यास से सुलझाते हुए अपने बहुसंख्यक अपढ़ भारतीय जनों को एक श्रव्य बोली भी प्रदान कर दी। साहित्यिक भाषा के राष्ट्रीय स्वरूप को भी उन्होंने अपनी विचारधारा—लोकमंगल और लोकदीपन—के अनुरूप ढाला।

अतः अब हम यह निर्णय ले सकते हैं कि प्रेमचंद के उपन्यासों का 'रूप' (भाषा, और स्थापत्य) राष्ट्रीय है तथा 'विषयवस्तु' सामूहिक-सामाजिक !! उन्होंने हमें 'जातीय उपन्यास' का वह रूप दिया है जो संस्कृत के गल्प और आख्यायिकाओं, मध्यकालीन अलौकिक तथा सूफ़ी महाकाव्यों, मसनवियों और किशोरीलाल गोस्वामी के-जैसे वृत्तांतों से कढ़कर आया है। इस पर हिंदी उपन्यास-धारा का इतना प्रत्यक्ष प्रभाव नहीं पड़ा। प्रेमचंद को सन् 1925 के बाद से इस क्षेत्र में भी अपना पाट स्वयं तैरना पड़ा है। 'रूप' की वह सिद्धि आज तक किसी को वैसी नहीं मिली।

II
राष्ट्रीय मुक्ति-आंदोलन और प्रेमचंद के समाज-चिंतन का प्रवर्तक मॉडल (प्रादर्श)

भारत का 'राष्ट्रीय मुक्ति-आंदोलन' भी कई चरणों में विकसित हुआ है जो राजभक्ति से शुरू होकर बूर्ज्वा राष्ट्रीयता, राष्ट्रीय रिनैसां, अंधदेशभक्ति, सांप्रदायिकता आदि से गुज़रता हुआ संघर्ष और क्रांति में समापित होता है। कुल मिलाकर इसका चरित्र साम्राज्यवाद-विरोधी, सामंतवाद-विरोधी और (तीसरे दशक से) पूँजीवाद-विरोधी रहा है।

गहराई से देखें तो प्रेमचंद सचमुच उस समय के राजनीतिक नेताओं से भी आगे थे, क्योंकि उन्होंने 'प्रेमाश्रम' (1918-1920) के ज़माने से ही इस आंदोलन के तीनों आयामों को स्वीकार कर लिया था। उस समय तिलक साम्राज्यवाद-विरोधी थे और गाँधी सामंतवाद-विरोधी। उस समय तक स्वतंत्रता आंदोलन की अंतर्वस्तु भी 'स्वराज' और 'स्वदेशी' थी अर्थात् यह मूलतः राजनीतिक थी। किंतु प्रेमचंद ने इसे लगातार राजनीति के साथ-साथ आर्थिकता की धुरी पर गतिशील किया। लगातार वे अंधराष्ट्रवाद के विरुद्ध रहे और प्रगतिशील विचारों (साहित्य) अर्थात् विचारधारा को पथप्रदर्शक मानते रहे (याद करें—"साहित्यकार का लक्ष्य देशभक्ति और राजनीति के पीछे चलने वाली सचाई नहीं है। बल्कि उससे आगे मशाल दिखाती हुई चलने वाली सचाई है।")। लगभग एक ही समय में गाँधी लोकपक्षीय राजनीति के, तथा प्रेमचंद लोकपक्षीय संस्कृति के नेता स्वीकृत हो चुके थे। (1918 का सन् : पहला सत्याग्रह, और 'सेवासदन')। प्रेमचंद प्रखर स्वाध्यायी थे। शिवरानी प्रेमचंद ने लिखा है कि वे विभिन्न विषयों और समस्याओं पर विचार-संकलन-आकलन करते थे। इसलिए उनके उपन्यासों का 'फलक' ही विशाल नहीं है बल्कि उनमें अभिव्यक्त और व्याख्यायित ऐतिहासिक 'अंतर्वस्तु' भी समूची विचारधारा अर्थात् पूरे सुपरिगठन (संगठन और संस्थाएँ; तथा राजनीतिक, नैतिक, कलात्मक, धार्मिक, कानूनी और दार्शनिक विचार आदि) का प्रवृत्यात्मक दिग्दर्शन करा देती है।

इन उपन्यासों में भारत-उपनिवेश का सामंतीय तथा अर्द्धपूँजीवादी मूलाधार कई पत्तों पर कई कथाओं तथा समस्याओं के ज़रिए पुनःप्रस्तुत होता है कि नारी-समस्या, अछूत-समस्या, राजसत्ता की समस्या, परिवार और शिक्षा की संस्थाएँ, वर्गों के संगठन आदि अपने अंतर्विरोधों को उजागर कर देते हैं। प्रेमचंद चाहे अपने ढंग से उनकी सुधारवादी या आदर्शोन्मुख व्याख्याएँ भी करें, तो भी वे राष्ट्रीय मुक्ति-आंदोलन के दर्पण तथा दीपक (मशाल), दोनों बन जाते हैं। हम उनके संदर्शन के क़ायल हो जाते हैं। कहीं-कहीं उनकी व्याख्याओं की त्रुटियाँ हमें खुद भी नज़र आ जाती हैं। किंतु उस समय एक उपनिवेश के आर्थिक मूलाधारों तथा सांस्कृतिक प्रतिरूपों पर इतना विशाल तथा विराट् चिंतन उनके अलावा केवल गाँधी कर रहे

थे। इसे अंधदेशभक्ति न कहे जाने की कामना करते हुए हम बिनती कर सकते हैं कि भारतीय राष्ट्र का इतना सर्वांगीण आकलन, सामाजिक चिंतन का इतना व्यापक ग्रहण तथा विप्लवी सामाजिक परिवर्तन के प्रति ऐसी छटपटाहट उनके सांस्कृतिक समकालीनों में-से न तो रवींद्रनाथ ठाकुर (1861-1941) में थी [वे मूलतः कवि थे]; न शरच्चंद्र चट्टोपाध्याय (1876-1938) में; और न ही शेख मुहम्मद इक़बाल (1873-1938) में।

इसीलिए हम प्रेमचंद के उपन्यासों को 'राजनीतिक' या 'सामाजिक' जैसे छोटे विशेषणों में नहीं बाँध पाए। वर्षों से हम सबने उन्हें 'राष्ट्रीय' उपन्यास किंवा **'राष्ट्रीय जीवन और राष्ट्रीय संघर्षों के महाकाव्यात्मक उपन्यास'** घोषित करके एक सही फैसला किया है जिसकी सचाई आज तक देदीप्यमान है।

राष्ट्रीय मुक्ति-आंदोलन (1857-1947) अनेक अंतर्विरोधों के दौर से गुज़रा है। इसके व्याख्याता प्रेमचंद भी कई अंतर्विरोधों-अंतर्द्वंद्वों से गुज़रे हैं। दोनों के मिलेजुले दस्तावेज़ प्रेमचंद के उपन्यास, कहानियाँ तथा लेख और पत्र हैं। आंदोलन और उपन्यासों के बीच भी द्वंद्वात्मक प्रतिबिंबन हुआ है। उनके उपन्यासों की धुरी यथार्थवाद है। "हममें से कोई भी जीवन को उसके यथार्थ रूप में नहीं दिखाता, बल्कि उसके वांछित रूप में ही दिखाता है। मैं नग्न यथार्थवाद का प्रेमी नहीं हूँ।"—प्रेमचंद ने जैनेंद्र को एक पत्र में यह बात लिखी थी।

राष्ट्रीय मुक्ति-आंदोलन के विकास की पृष्ठभूमि में हम इन कुंजियों से कुछ खोल सकते हैं। शुरुआत बीसवीं शताब्दी से की जा सकती है क्योंकि प्रेमचंद के लेखन की शुरुआत सन् 1901 से होती है जब वे बीस साल के थे ('सन् 1901 में लिटररी ज़िंदगी शुरू की') तीस साल की उम्र तक उन्होंने उर्दू में तीन उपन्यास लिखे जिनके हिंदी अनुवाद क्रमशः 'देवस्थान रहस्य' (1901-1905), 'प्रेमा' (1904-1905) या 'प्रतिज्ञा' (1929), 'रूठीरानी' (1907), तथा 'वरदान (1909-1910) हैं।

क इस दौरान राष्ट्रीय मुक्ति-आंदोलन (1900-1914) पर बाल गंगाधर तिलक (1856-1920) के विप्लवी राजनीतिक चिंतन का प्रभाव प्रमुख रहा। सांस्कृतिक क्षेत्र में महर्षि दयानंद सरस्वती के वैदिक राष्ट्रवादी आर्यसमाज का, तथा स्वामी विवेकानंद के समाजोद्धारक हिंदूधर्म का प्रभाव पड़ा जिसने हिंदूधर्म तथा हिंदू-समाज में सामाजिक सुधारों की हलचल पैदा कर दी। तिलक को 1897 में गिरफ़्तार करके एक वर्ष बाद छोड़ा जाता है। 1908 में वे दोबारा गिरफ्तार होते हैं। बंबई प्रांत में हड़तालें होती हैं। लेनिन प्रजातंत्रवादी तिलक की गिरफ़्तारी का विरोध करते हुए कहते हैं कि ऐसे दमन से 'रूसी (ज़ार—) शैली के बरतानवी शासन का सत्यानाश होगा।'

तिलक के राजनीतिक कार्यों (1897-1908) से 'मध्यवर्गीय राष्ट्रीय आंदोलन'

के अंकुर फूटते हैं (अपने अधिकांश भाषणों में वे युवकों तथा छात्रों को संबोधित करते हैं)। उनके प्रबल प्रभाव से महाराष्ट्र में 'गणेशोत्सव' तथा बंगाल में 'दुर्गापूजा'—धर्म के माध्यम से—'राष्ट्रीय प्रदर्शनों' के माध्यम बन जाते हैं। इसी उपक्रम में लार्ड कर्ज़न (1899-1905) बंगभंग (1905) कर देते हैं जिससे 'राष्ट्रीय विक्षोभ' पैदा होता है। अतः राष्ट्रीय आंदोलन का यह चरण मध्यवर्ग की चेतना से जुड़ा है; धर्म के माध्यम से पुनरुत्थानवाद का संकल्प करता है, तथा समाज-सुधार द्वारा स्वदेश सँवारना चाहता है। तिलक स्वतंत्रता को भारतीय जन का जन्मसिद्ध अधिकार घोषित करते हैं।

प्रेमचंद आर्यसमाज के सुधारवादी आंदोलन से प्रभावित थे और लोकमान्य तिलक के साथ स्वदेशी आंदोलन में भी दीक्षित हो गए थे। (उन्होंने इटैली के क्रांतिकारी गैरीबाल्डी की एक संक्षिप्त जीवनी भी लिखी थी)। वे गोखले और फीरोज़शाह मेहता के समर्थक नहीं रहे। इस पृष्ठभूमि में प्रारंभ से ही वे शरच्चंद्र चट्टोपाध्याय (देवदास : 1901; परिणीता : 1914) या रवींद्रनाथ ठाकुर (नौकाडूबी : 1905; गोरा : 1910) की भावुकता और स्वच्छंदता से अलग हो गए। अभी उनमें राष्ट्रीयता की कोई स्पष्ट धारणा नहीं पनपती। सामाजिकता हिंदू समाज का पर्याय-सी है (जैसे शरर की हालत थी)। 'देवस्थान रहस्य' (1901-1905) में वे यह दिखाते हैं कि धर्म की आड़ में लिंगेश्वर मंदिर के महंथ त्रिलोकीनाथ और उनके चेले भोले-भाले स्त्री-समाज (रामकली) का शोषण करते हैं।

'प्रेमा' (1904-1905) का नायक अमृतराय एक मध्यवर्गीय वकील है जो कोरे आदर्शवाद के कारण 'रिफार्म पार्टी' में शामिल होता है तथा अपनी प्रेमिका प्रेमा को त्याग देता है। आदर्शवाद में ही विधवा पूर्णा से शादी करता है तथा दूसरी बार विधवा हो गई अपनी पूर्व प्रेमिका प्रेमा से पुनर्विवाह कर लेता है। इसमें विधवा-विवाह तथा पुनर्विवाह की समस्याएँ सुलझाई गई हैं जो 'रूठी रानी' (1907) में बहुविवाह की समस्या बनाकर उठाई गई है। 'वरदान' (1909-1910) में राष्ट्रीय मुक्ति-आंदोलन और आर्थिक समस्याएँ एक साथ उठाई गई हैं। कंट्रास्ट के लिए प्रेमचंद लिंगेश्वर के मंदिर की छिनाल रामकली तथा आर्यसमाज मंदिर की प्रेमा के माध्यम से सामाजिक परिवर्तन में नैतिकता की भूमिका पर आलोचिंतन करते हैं।

इस चरण में देश में ब्रिटिश पूँजी फैल रही थी। देशी पूँजी सूतीधागा मिलों, गेहूँ और चावल मिलों, तेलमिलों में लग रही थी। दोनों के कारण किसानों का तिहरा शोषण होने लगा थाः—साम्राज्यवादी, जमींदारी तथा महाजनी। लगभग पाँच लाख जुलाहे तबाह हो गए। तथापि पूँजीवाद के आदिम विकास के साथ-साथ 'राष्ट्रीय चेतना'—सामाजिक सुधार की चेतना के विकास में—जाग रही थी (जो 'वरदान' में द्रष्टव्य है)। इस चरण में 'स्वदेशी' (माल के) ग्रहण पर बल था। स्वदेशी आंदोलन शहरों तथा गाँवों में फैलता जा रहा था। तिलक ने उसे 'स्वराज'-आंदोलन से जोड़ दिया।

तब तक गाँधीजी भारतीय राजनीति में नहीं आए थे। किंतु प्रेमचंद ने उभरते हुए मध्यवर्ग की राष्ट्रीय भूमिका को पहचाना। अभी वे नगर-केंद्र के उपन्यासकार थे। अभी उनमें तिलक वाले राजनीतिक विरोध को अभिव्यक्त करने का हौसला शायद नहीं था क्योंकि अभी वे उस दुनिया के बीच खड़े थे जो मुर्दा हो चुकी थी। किंतु वे उसे सुधारना चाहते थे। वे मानो पात्र अमृतराय के रूप में खुद ही आर्यसमाजी हों, विधवा विवाह कर रहे हों तथा 'रिफार्म पार्टी' के मेंबर हों। अभी तक तो वे मध्यवर्ग के नायकों को चुन रहे थे। सन् 1910 से 1917 तक उनके रचना-वर्षों में रहस्यात्मक खामोशी छाई है। प्रेमचंद इस चुप्पी को 'सेवासदन' (1907-1918) द्वारा तोड़ते हैं।

तथापि (1913-1917) के वर्ष प्रथम विश्वयुद्ध के हैं। भारत की आर्थिक लूट ज्यादा बढ़ती है। मुद्रास्फीति से तिगुनी महँगाई बढ़ती है। 1914 में तिलक जेल से छूटते ही बायकाट के बजाय 'राजनीतिक विरोध' की लाइन अपनाते हैं। होमरूल लीग क़ायम होती है। 1916 के कांग्रेस अधिवेशन में 'गरम' तिलक शामिल कर लिए जाते हैं। 1914 में गांधी लौटते हैं और युद्ध के संदर्भ में अंग्रेजों की मदद करते हैं। वे अहिंसक आंदोलन के प्रयोग कर चुके थे। 1918 में उनका प्रथम 'सत्याग्रह'। किंतु चौरीचौरा में हत्या। अतः तिलक द्वारा प्रवर्तित जन-पैमाने पर राजनीतिक विरोध ही गाँधी के अहिंसक सत्याग्रह में रूपांतरित होता है—हृदय परिवर्तन की जीवन दृष्टि के द्वारा। प्रेमचंद ने यह संदर्शन 'सेवासदन' में व्याख्यायित किया। इसमें भी शहरी मध्यवर्ग का फ़लक है किंतु केंद्र में नारी-समस्या—स्त्री की दीनता, पराधीनता, वेश्यावृत्ति—हो जाती है।

अपने पति गजाधर द्वारा घर से निकाले जाने पर सुमन अपनी तुलना भोली (वेश्या) से करती है जिसे हर स्थान पर सम्मान मिलता है। वह धन-हीनता के कारण ही विधुर से ब्याही गई और घर से निकाली गई। धन की विषमता ही वेश्याओं को बनाती है (पद्मसिंह, अनिरुद्धसिंह के कथन) धन के लिए ही महंत रामदास नैतिक अपराध करता है। अतः धन की दुश्मनी में सुमन सेवासदन की कल्पना करके आर्थिक शोषण से नारी-विमुक्ति का रास्ता दिखाती है। दूसरी ओर चेतू चमार का विद्रोह और मृत्यु पहली बार किसानों के महाभारत का इशारा करती है। इसमें विट्ठलदास एक कृषि-सभा का भी उद्घाटन करता है। प्रेमचंद किसानों की समस्या का पहली बार इशारा करते हैं तथा सुधारवादी दृष्टि से बचते-से हैं। अब तक मन्नन द्विवेदी गजपुरी का 'रामलाल' छप चुका था जो हिंदी का प्रथम ग्रामीण उपन्यास है।

[ख] राष्ट्रीय मुक्ति आंदोलन का दूसरा चरण सन् 1918-1927 के बीच का है। आठ वर्ष की लंबी खामोशी के बाद प्रेमचंद 'प्रेमाश्रम' (1918-20), 'रंगभूमि' (1922-24), 'कायाकल्प' (1924-26) तथा 'निर्मला' (1925-27) लिखते हैं।

इस बीच वर्ग-संघर्ष के फलस्वरूप पूँजीवादी शोषण बढ़ा तथा व्यापारिक पूँजी

उत्पादक कार्यों के बजाय सूदखोरों-महाजनों के ऋणों में छिटक गई। सन् 1911-25 के बीच किसान सूदखोरों के दुगुने कर्ज़ में अर्थात् साठ करोड़ रुपयों से लद गए। बेदखलियाँ बेतहाशा बढ़ीं। हज़ारों दस्तकार तबाह होकर औद्योगिक सर्वहारा की मजूरी घटाने लगे। कीमतें चढ़ने लगीं। आर्थिक शोषण, लूट, दमन-चक्र तेज़ चला।

विश्वयुद्ध के तुरंत बाद रूस में सर्वहारा क्रांति हुई जिसका अंतर्राष्ट्रीय प्रभाव पड़ा क्योंकि संसार में पहली बार किसान-मजदूरों ने अपना राज्य स्थापित किया और सामंतवाद तथा साम्राज्यवाद का खात्मा कर डाला। तारीख 2-1-1918 के 'केसरी' के संपादकीय में तिलक ने लिखा : 'सेना और आम आदमी के बीच लेनिन का प्रभाव बढ़ा है क्योंकि उन्होंने जमींदारों की भूमि किसानों में बाँट दी।' प्रेमचंद ने भी मुंशी दयानारायण निगम को लिखा : "मैं अब करीब-करीब बोल्शेविक असूलों का क़ायल हो गया हूँ।"[1] आगे : 'आज़ाद मेहनत की रोटी खाने वाले इंसान पूँजीपतियों के गुलाम होते जा रहे हैं।'[2]...'न्याय और सचाई का शोर सिर्फ जुल्म के मारे हुओं की आवाज़ को दबाने के लिए मचाया जाता है।'[3]...'आनेवाला ज़माना अब किसानों और मज़दूरों का है। दुनिया की रफ़्तार इसका सबूत दे रही है। हिंदुस्तान **इस हवा** से बेअसर नहीं रह सकता।'[4] 'प्रेमाश्रम' में किसान-पुत्र बलराज कहता है '...लेकिन मेरे पास जो पत्र आया है उसमें लिखा है कि रूस देश में काश्तकारों का ही राज है। वह जो चाहते हैं करते हैं। वहाँ अभी हाल की बात है कि काश्तकारों ने राजा को गद्दी से उतार दिया है और अब किसानों और मजदूरों की पंचायत राज करने लगी है।'[5]

इस चरण में स्वराज-आंदोलन भी जोर पकड़ता है। गाँधीजी भारतीय राजनीति पर छाने लगते हैं। वे रौलट एक्ट के विरोध में पहला सत्याग्रह आंदोलन छेड़ते हैं। जगह-जगह गोलियाँ चलती हैं। चौरी-चौरा में हिंसा होती है। अमृतसर के जलियाँवाला बाग़ में भयंकर कत्ले-आम होता है। गाँधी के असहयोग-आंदोलन के आह्वान पर प्रेमचंद भी 1921 में सरकारी नौकरी छोड़ देते हैं।

प्रेमचंद और गाँधी, दोनों तोल्सतोय (1828-1910) से प्रभावित थे। प्रेमचंद अनीश्वरवादी थे; गाँधी-तोल्सतोय ईश्वरवादी। गाँधी-तोल्सतोय अंत तक आदर्शवादी रहे। प्रेमचंद आदर्शवाद त्यागते गए। गाँधी-तोल्सतोय गरीबी का आदर्शीकरण करते हैं तथा आवश्यकताएँ कम करने पर बल देते हैं जबकि प्रेमचंद आर्थिक व्यवस्था

---

1. 'चिट्ठी-पत्री,' भाग 1, पृ. 93
2. विविध प्रसंग, भाग 1, पृ. 258
3. वही, पृ. 262
4. वही, भाग 1, पृ. 268
5. प्रेमाश्रम, पृ. 49

को बदलने की बात तेज़ कर देते हैं। इस तरह प्रेमचंद कोरमकोर गाँधीवादी नहीं हैं। उन्होंने स्वयं को गाँधी का प्राकृतिक चेला कहा था। वे गाँधी के आदर्श व्यक्तित्व से बेहद प्रभावित रहे।

वस्तुतः इस चरण में प्रेमचंद के कुछ अन्य अंतर्विरोध उभरते हैं। वे शहरी-मध्यवर्गीय दुनिया छोड़ रहे होते हैं। किसानों-मज़दूरों की नई दुनिया के संघर्ष उनके सामने उभर रहे हैं जहाँ किसानों पर जमींदारों का शोषणचक्र तथा अत्याचार-चक्र चल रहा है। देश-भर में सत्याग्रह-आंदोलन फैल रहा है जिससे गाँवों तक में स्वतंत्रता की भावना बढ़ रही है। प्रेमचंद इस चरण में भी इसके साथ आर्थिक स्वतंत्रता के पक्ष को जोड़ देते हैं जिसे उन्होंने मार्क्सवाद पढ़े बगैर, कम्युनिस्ट प्रभाव बगैर, अपने युग के सामाजिक अंतर्विरोधों से प्राप्त किया था। तब भी उनकी समझ गाँधी से काफ़ी आगे थी। तभी उन्होंने साहित्य (संस्कृति) का लक्ष्य मनोरंजन नहीं, स्वतंत्रता-प्राप्ति घोषित कर दिया था।

अतः प्रेमचंद गाँधी (के हृदय परिवर्तन के सिद्धांत) तथा मार्क्स (के वर्ग संघर्ष) के सिद्धांतों का सामंजस्य करने में उसी तरह विफल हो रहे हैं जिस तरह 'प्रेमाश्रम' में मनोहर का विद्रोह असफल होकर सारे गाँव को बँधवा देता है जिससे किसानों की शक्ति छिन्न-भिन्न हो जाती है। इसी अंतर्विरोध के कारण वे आदर्शोन्मुख बने रहते हैं तथा प्रतिबद्ध यथार्थवादी भी नहीं हो पाते। इसी अंतर्विरोध के कारण एक ओर संपत्ति के लोभी राक्षस ज्ञानशंकर को तथा दूसरी ओर त्याग और अहिंसा की प्रतिमूर्ति प्रेमशंकर को प्रस्तुत करके हृदय-परिवर्तन द्वारा गाँवों को प्रेमाश्रम जैसा बनाने की परिकल्पना करते हैं। संपत्ति के साथ उन्होंने स्वार्थ, हिंसा, लोभ, झूठ, द्वेष, अनाचार आदि को जोड़कर 'धन की दुश्मनी' का अपना मौलिक सिद्धांत प्रमाणित किया है जो अंत तक उनकी मशाल बना रहा। हृदय-परिवर्तन के चमत्कार का प्रयोग तो प्रेमचंद करते हैं क्योंकि यहाँ तक वे सुधारवादी-आदर्शवादी साधनों की भी परीक्षा करते हैं। इसी की तुलना में जब मनोहर किसान के बेटे बलराज की पत्नी विलासी को गौस ख़ाँ बेइज़्ज़त कर देता है तो वह (बलराज) उसकी हत्या कर देता है (प्रेमाश्रम, पृ. 201)। प्रेमचंद अपना समाजदर्शन स्पष्ट करते हैं—'मेरा सिद्धांत है कि मनुष्य को अपनी मिहनत की कमाई खानी चाहिए, यही प्राकृतिक नियम है। किसी को यह अधिकार नहीं है कि वह दूसरों की कमाई को अपनी जीवन वृत्ति का आधार बनाए।' (प्रेमाश्रम, पृ. 163)। शायद प्रेमचंद मनुष्य को भीतर से अच्छा बनाने के लिए तो गाँधी को, तथा बाह्य व्यवस्था को अच्छा बनाकर मनुष्य को अच्छा बनाने के लिए मार्क्स को 'परस्पर एक-दूसरे के पूरक'[1] पाते हैं। प्रेमचंद गाँधीवादी या

---

1. दे. महादेवी वर्मा का लेख, 'पुण्य स्मरण', साप्ताहिक हिंदुस्तान, दिल्ली, वर्ष 30, अंक 43, 1980, पृ. 49

मार्क्सवादी नहीं हैं। वे स्वतंत्र रूप से गाँधी से अपने स्वयंसिद्ध लक्ष्यों की तुलना करते हैं।[1] सिद्धांततः हृदय-परिवर्तन के सिद्धांत तथा सामूहिक अवज्ञा के वे क़ायल हैं। इसी तरह वे कहीं भी मार्क्स या लेनिन का नाम लिए बगैर एक 'क्रांति' का उल्लेख करते हैं। मूलतः वे शोषण और अत्याचार के विरोधी हैं। "मैं कम्युनिस्ट हूँ किंतु मेरा कम्युनिज़्म केवल यह है कि हमारे देश में जमींदार सेठ आदि जो कृषकों के शोषक हैं, न रहें।" अतः उनका मॉडल है–**"मार्क्सीय व्यवस्था के अंतर्गत शोषण और अत्याचार मिटाने के लिए किसानों-मजदूरों का सामूहिक एका तथा गाँधीवादी जैसी विधि से आत्मोद्धार!"** प्रेमचंद अपने ही ढंग से, अपने हक़ से, एक सही आधुनिक सामाजिक विचारक सिद्ध होते हैं। वे निरंतर अपने सामाजिक चिंतन को विकसित करते हैं। तथा स्वतंत्र रूप से मनुष्य की सामूहिक मुक्ति का रास्ता ढूँढ़ते हैं। इस प्रक्रिया में स्वतः तथा स्वभावतः आदर्शवाद, गाँधीवाद, डेमोक्रेसी आदि से उनका मोहभंग होता जाता है। अतः प्रेमचंद के कृतित्व का महाभारत 'प्रेमाश्रम' से शुरू होता है जहाँ उनके तथा उनके युग के अंतर्विरोध उभर कर अच्छाई-बुराई, सही-गलत, अतीत-भविष्य आदि को उन्मीलित करते हैं। वे सामंतवाद-विरोधी, सांप्रदायिकता-विरोधी, धर्म के पाखंड-आडंबर के विरोधी हो जाते हैं।

एक समाज चिंतक के रूप में प्रेमचंद 'प्रेमाश्रम' की सांस्कृतिक संरचना द्वारा भारत के वर्गीय संबंधों में किसानों की शक्ति तथा जमींदारों की सत्ता को पहचानते हैं, यथार्थवाद की धुरी पर नग्नता तथा भावुकता का विरोध करते हैं, स्वाधीनता आंदोलन में राजनीतिक स्वतंत्रता के लिए आर्थिक स्वतंत्रता तथा वैयक्तिक उत्थान को भी अनिवार्य बना देते हैं। अपने अंतर्निहित अंतर्विरोधों के बावजूद तत्कालीन समाज का यह सही विश्लेषण है, और तत्कालीन समाज के अंतर्विरोधों का भी उद्घाटन है।

वे यह सब कुछ गाँधी और तिलक के समानांतर कर रहे हैं। जिस तरह उन्होंने उपन्यास-शिल्प में संरूप एवं विषयवस्तु की ध्रुवांतता का अंतर्विरोध सामंजस्य में बदल दिया, उसी तरह तोल्सतोय-गाँधी-तिलक-मार्क्स द्वारा ज्ञापित 'समाज के द्वंद्वात्मक समानांतर स्थापत्य' का विन्यास किया। अतः उपन्यास तथा समाज, दोनों में ही समानांतर स्थापत्य है जो द्वंद्वात्मक भी है। बाद में वे आजीवन इसी सामाजिक-सौंदर्यबोधात्मक दृष्टि को अपने कृतित्व में आद्योपांत संशोधित-परिवर्धित करते रहते हैं (1920-1936 के बीच)।

---

1. "उनका भी उद्देश्य यही है कि मजदूर और किसान सुखी हों, वह इन लोगों को आगे बढ़ाने के लिए आंदोलन कर रहे हैं। मैं लिखकर उनको उत्साह दे रहा हूँ। महात्मा गाँधी हिंदू-मुसलमानों की एकता चाहते हैं तो मैं भी हिंदी और उर्दू को मिलाकर हिंदुस्तानी बनाना चाहता हूँ।"

III

आधुनिक राष्ट्रीय इतिहास के चरण और प्रेमचंद के विश्लेषणात्मक औपन्यासिक मॉडल

'प्रेमाश्रम' (1918-1920) में प्रेमचंद ने समानांतर स्थापत्य-शैली वाला ऐसा उपन्यास-मॉडल गढ़ लिया था जिसमें संरूप बनाम विषयवस्तु की ध्रुवांतता का सामंजस्य हो गया। उपन्यास के द्वारा उन्होंने उपन्यास-रूप-समाज का मॉडल भी प्राप्त कर लिया था जिसमें संस्कृति (साहित्य) का 'सुपरिगठन' छलाँग लगा कर 'मूलाधार' को संचालित करता है। इस फेनामेना को हम यथार्थवाद-आदर्शवाद के, मार्क्सवाद-गाँधीवाद के, किसान-जमींदार के, क्रांति-सुधार के अंतर्विरोध कहते हैं। ये प्रेमचंद के, प्रेमचंद के समाज के तथा प्रेमचंद की कला के भी एकलड़ीपुहे अंतर्विरोध हैं।

सन् 1919 तक गाँधी का भारतीय जीवन पर चहुँव्यापी असर छा जाता है। 1920 में लोकमान्य तिलक की मृत्यु हो जाती है। किंतु शुरू में ही ज़लियाँवाला बाग़ के नरसंहार (1919) तथा चौरीचौरा-हत्याकांड के कारण सत्याग्रह आंदोलन का स्थगन, आदि ऐसी घटनाएँ हैं जो एक उपनिवेश में राष्ट्रीय संघर्ष की रणनीति का परीक्षण करते हैं। चौरीचौरा कांड की कड़ी में ही उत्तर तथा मध्योत्तर भारत के किसान कई जगहों पर शोषण और ज़ुलुम के खिलाफ़ 'एका' बनाकर हिंसक संघर्ष छेड़ते हैं जो ज़मींदारों-महाजनों के विरुद्ध था। अतः वर्ग-संघर्ष की आवश्यकताओं के बीच गाँधी के वर्ग-सहयोग का मॉडल खरा नहीं उतर रहा था। सो, उन्होंने निम्न भद्रलोकों और मध्यम किसानों का एक यूतोपियन मॉडल दिया : (1) आधुनिक बूर्ज्वा सभ्यता की आलोचना और उसी सभ्यता का आध्यात्मिकीकरण; (2) बड़े पैमाने पर मशीनों का विरोध; (3) पूँजीवादी शहरीकरण का विरोध; (4) कुटीर-उद्योगों को बढ़ावा; (5) ग्राम पंचायतों में राज्यसत्ता का विकेंद्रीकरण; (6) अछूतोद्धार, सहकारिता, नारी-जागरण, आदि। इस मॉडल में 'कृषक रोमांटिकता' का भी सम्मोहन है। इससे किसान, दस्तकार, मज़दूर, मध्यवर्ग, छोटे व्यापारी आदि प्रभावित हुए। प्रकारांतर से यही 'रामराज्य' का सपना भी घोषित किया गया।

लेकिन चौरीचौरा के बाद आंदोलन हारकर पीछे मुड़ता गया—सुधार की ओर। संघर्ष से भय लगने लगा। यह उपक्रम 1922 से 1927 तक रहा। इसी बीच 'गरम दल' उभरा। श्रम-आंदोलन उठे।

इन गुणात्मक परिवर्तनों के कारण 'प्रेमाश्रम' वाला मॉडल भी संशोधित हुआ। वह नाटकीय रंग-स्थल वाला मॉडल अर्थात् 'रंगभूमि' (1922-24) बन गया। देश में संघर्ष नाटकीय ढंग से द्वंद्वात्मक हो उठे। पात्रों का जीवन ऐतिहासिक खेल के मैदान के खिलाड़ियों के-जैसा प्रतीत होता गया।

'रंगभूमि' का नायक सूरदास भिखारी और अंधा है। वह अदम्य शक्ति और

अपराजेय कर्म में विश्वास रखता है। 'अन्याय देखकर उससे रहा न जाता था। अनीति उसके लिए असह्य थी।' सुभागी को लेकर उस पर अनेक लांछन लगाए जाते हैं किंतु वह अडिग रहता है। सूरदास उस ऐतिहासिक अनिवार्यता की देन है जब गाँधी असहयोग-आंदोलन बंद कर देते हैं। वह एक 'सच्चा और अनाड़ी खिलाड़ी' है जबकि पूँजीपति जानसेवक धाँधली करने वाला एक 'मँजा हुआ खिलाड़ी' है। पूँजीपति और प्रतिक्रियावादी वर्ग से वह इस पहले संघर्ष में हार जाता है। किंतु यह भी कहता है कि 'हार-हारकर तुम्हीं से खेलना सीखेंगे और एक न एक दिन हम जीतेंगे।'[1] सूरदास औद्योगीकरण का कट्टर विरोधी है। तथापि वह गाँधीवादी नहीं है। उसके माध्यम से गाँधीवादी सिद्धांतों के वे अंतर्विरोध उद्घाटित हुए हैं जो प्रेमशंकर में नहीं खुल सके थे। सूरदास प्रेमचंद के जीवन-दर्शन का प्रतिरूप ज्यादा है। वह उनकी नई समझ का आईना है।

इस उपन्यास में जानसेवक, राजा महेंद्रनाथ, विनयसिंह जैसे बूर्ज्वा और निम्नबूर्ज्वा पात्रों के दोहरेपन का भी उद्घाटन है जो जनता के सेवक होने का दम भरते हैं किंतु वर्गीय स्वार्थों पर आँच आते ही किसानों के दुश्मन बन जाते हैं। अब उनमें 'हृदय-परिवर्तन' जैसी कोई घटना नहीं घटती। साँपों की तरह उलटकर वे दमनकारियों से भी ज्यादा क्रूर और अमानुष हो जाते हैं। वस्तुतः यहाँ प्रेमचंद गाँधीवाद का प्रत्यालोचन करते हैं। वस्तुतः वे असहयोग-आंदोलन की असफलताओं के कारण सूरदास की पराजय, तथा जानसेवक और क्लार्क की विजय में ढूँढ़ लेते हैं। भूमि के लिए किसान 'एका' करके संघर्ष करते हैं, उन पर गोलियाँ चलाई जाती हैं, भूमि उनसे छिन जाती हैं। सूरदास आज हारता है किंतु कल जीतेगा। प्रेमचंद जमींदारों तथा पूँजीपतियों के 'ट्रस्टी' होने के सिद्धांत को पूर्णतः खारिज़ कर देते हैं।

उन्होंने सोफ़िया-विनयसिंह के रोमांस तथा रोमांटिक प्रेम की क्रमशः त्रासदी और फूहड़ता को उजागर किया है—सामाजिक परिवेश में। ईसाइन सोफिया एक थियोसोफिस्ट की भाँति सभी धर्मों के मूल में पहुँचने की जिज्ञासा के कारण, तथा अपनी कट्टर माँ के कारण, घर छोड़ देती है। वह सिद्धांतों की पक्की तथा प्रेम में सच्ची है। रानी जाह्नवी के घर आकर रहने पर वह उसके पुत्र विनयसिंह के साथ प्रेमसूत्र में बँध जाती है। वह आदर्शवादी रोमांटिक प्रेम की उपासिका है। विनय एक ढुलमुल चरित्र वाला रोमांटिक क्रांतिकारी है। सामंतीय होने के कारण वह राजा के साथ है तथा रोमांटिक क्रांतिकारी है। इसी संकट में वह सोफ़िया के सामने फूहड़ नज़र आता है। आत्महत्या करता है। जब सोफ़िया की माँ उसे क्लार्क से शादी करने को मजबूर करती है तो वह भी आत्महत्या कर लेती है। यहाँ उन्होंने क्रांतिकारी और प्रेमी के उस नुकसानदेह घोल को अलगाया है जो बंगला-धारा में शरच्चंद्र शरबतिया

---

1. रंगभूमि, पृ. 521

रहे थे। उन्होंने यहाँ स्वच्छंद प्रणय और सामंतीय नैतिकता के अंतर्विरोध भी उभारे हैं जिनकी विसंगतियों के कारण दो आत्महत्याएँ हुईं। इस क्षेत्र में वे 'प्रेमा' तथा 'सेवासदन' से कितना आगे आकर—विवाह से परे—'मुक्तप्रेम' के विभिन्न आयाम की परख करते हैं। इन विरोधों का विचित्र सामंजस्य बाद में जैनेंद्र और अज्ञेय पुनः-पुनः करते हैं। 'कायाकल्प' (1924-26) में वे 'रंगभूमि' के एक छोटे कथासूत्र को फैलाते हैं जिसमें भोगविलास में डूबे हुए देशी राजाओं के अत्याचार के प्रसंग हैं। इस उपन्यास में देशी रियासतों की समस्या का फ़लक खोला गया है। दो वर्गों की समानांतर कथाएँ हैं—एक तरफ़ जागीरदारों और रानियों की तथा, दूसरी तरफ किसान जनता की।

सोफिया एवं विनयसिंह के सामंतीय-रोमांटिक प्रणय के विपरीत यहाँ (विधवा) रानी देवप्रिया तथा राजकुमार महेंद्रकुमार की रहस्यमयी भोगविलास वाली लीलाएँ हैं। यहाँ प्रेम, वासना तथा विलास की धुरी में लीलाबद्ध है। रानी देवप्रिया का कायाकल्प हो जाता है। क्षयशील उच्च सामंतवर्ग के पतन का यह एक घृणित उद्‌घाटन है। यहाँ भी मानो वे व्यंग्य करते हैं कि इनका तो कायाकल्प हो रहा है; गाँधीवादी हृदय-परिवर्तन नहीं। अमृतराय ने कहा है कि 'यह महज़ आत्माओं के पुनर्जन्म की कहानी नहीं, जैसा कि प्रतीकात्मक कथानक की वजह से प्रतीत होता है, अपितु यह उन नेताओं, महत्त्वाकांक्षियों, लालची और आत्मकेंद्रित व्यक्तियों की कहानी है जो एक बार शक्ति मिलते ही किस प्रकार रंग बदलकर विकृत हो जाते हैं। इसे इस वक्त हू-ब-हू घटित होते और भारतीय राजनीति में आतंक का केंद्र बनते देखा जा सकता है।'[1]

देशी रियासतों के पतन में 'प्रजा निर्धनता, बेकारी और करों के बोझ से बुरी तरह दबी हुई कराह रही है।'[2] किसानों से बेगार लेना; गोलियाँ और हंटरों द्वारा उनकी माँगों को दबाना; इजाफ़ा, बेदखली, बेगार आदि अत्याचारों से उन्हें कुचलना आदि जनता को संघर्षशील बनाते हैं। उसको न तो गोली का भय है, न गाँव छिन जाने का; वह दबकर जीने को मारने के समान मानती हैं और लड़ते हुए मरने को बैकुंठ धाम समझती है।[3] प्रेमचंद 'गाँधीवाद' से कितना निराश होते जा रहे हैं—'हमें शांत रहना मत सिखाओ, हमें मरना सिखाओ। तभी हमारा उद्धार कर सकोगे।[4]

ऐसी क्रूर लूट वाले उत्पादन-संबंधों में राजा और उसके कर्मचारी, तथा उनसे मिलकर धनी किसान (चक्रधर) भी शोषक-टोला बना लेते हैं।

---

1. 'आज प्रेमचंद की जरूरत क्या है?' (लेख), 'सारिका', वर्ष 20, अंक 265, 16 जुलाई 1980, पृ. 17
2. विविध प्रसंग, भाग 2, पृ. 133
3. 'कायाकल्प', पृ. 101, 116
4. वही, पृ. 146

'निर्मला' (1925-1927) तथा 'गबन' (1927-29) भी राष्ट्रीय स्वाधीनता-आंदोलन के थकान के चरण की देन हैं। इनमें वे अपने आरंभिक चरण की तरह पुनः मध्यवर्ग को केंद्र बनाते हैं।

'निर्मला' में दहेज न दे पाने के कारण एक पंद्रह वर्षीय युवती का अनमेल विवाह बूढ़े तोताराम के साथ कर दिया जाता है। यहाँ भी पुरुष (पति) अपनी पत्नी पर संदेह करता है। ('सेवासदन' की तरह)। यहाँ से आगे नारी को शोषित वर्ग में रख दिया गया है। विवाह के इस अनमेल-वृद्ध रूप को प्रेमचंद पूर्णतः अमानवीय, अमनोवैज्ञानिक तथा अस्वीकार्य घोषित करते हैं। इससे तो अच्छा है कि एक जवान लड़की कुँआरी रह जाय।

'गबन' (1927-1929) में भी—'सेवासदन' की ही वस्तु की पुनर्व्याख्या हुई है। 'सेवासदन' के कृष्ण चंद्र अपनी बेटी सुमन के दहेज के लिए घूस लेते हैं और नौसिखिया होने के कारण जेल जाते हैं। अब सरकारी धन में यह घपला अर्थात् भ्रष्टाचार आम हो जाता है। 'गबन' का मध्यवर्गीय नायक रामनाथ उच्चवर्ग में उठने की आकांक्षा से एक सामाजिक अपराधी तक बन जाता है। उसका मध्यवर्गीय त्रिशंकु-चरित्र अंततः उसे राष्ट्रीय अपराधी अर्थात् देशद्रोही तक बना देता है। यहाँ रामनाथ छोटी-मोटी रिश्वत के बजाय अपनी पत्नी जालपा में गहनों की असीम लालसा पूरी करने के लिए गबन करता है (इसके कंट्रास्ट में एक धनी वकील की संतानहीन पत्नी रत्ना के लिए गहने स्त्रीधन, जीवन-निर्वाह का साधन आदि बताये गए हैं)। यही रामनाथ सरकारी गवाह अर्थात् मुखबिर बनकर राजनीतिक क्रांतिकारी आंदोलन में पकड़े गए बेगुनाह लोगों को फांसी लगवाने में भी नहीं हिचकता। विभिन्न आडंबरों और दिखावों में छला हुआ मध्यवर्ग झूठी मर्यादा का शिकार हो चुका है, खोखला तथा अहंकारी हो गया है।

इसी प्रकार बूर्ज्वा राजनीतिक नेता अर्थात् देशभक्त भी 'सबके सब भोग-विलास में अंधे हो रहे हैं, छोटे भी और बड़े भी। इस पर दावा यह है कि देश का उद्धार करेंगे। अरे तुम क्या देश का उद्धार करोगे। पहले अपना उद्धार कर लो। गरीबों को लूटकर विलायत का घर भरना तुम्हारा काम है।'[1] इसी तरह सेठ करोड़ीमल एक ओर दान करके धार्मिक मुखौटा लगाता है दूसरी ओर अपनी मिल में मजदूरों के प्रति निर्दय रहता है। घी में चर्बी मिलाकर लाखों कमाता है।

इस उपन्यास में व्यापारिक पूँजी तथा सरकारी वित्त के बढ़ते हुए प्रभावों को समझा गया है जिनसे आर्थिक अपराध, भ्रष्टाचार, नैतिक पतन, परोक्ष शोषण ज्यादा बढ़े हैं। इन नए उत्पादन-संबंधों ने समाज में देशभक्त और देशद्रोही, राजनीतिज्ञ और कर्मचारी, धर्मात्मा और डाकू, भ्रष्टाचारी और सम्मानित आदि के अंतरों को

1. गबन, पृ. 218

मानो घुलामिला दिया है। लगता है कि इन सभी की अपरिहार्य, गुप्त मैत्री हो गई है, एक ही व्यक्ति के दोहरे मुखौटे हो गए हैं। अपने स्वार्थों तथा किसानों और गरीब जनता के शोषण के लिए मानो देशभक्त और देशद्रोही, राजनीतिज्ञ और कर्मचारी, धर्मात्मा और डाकू आदि घूस, ग़बन, महँगाई, मिलावट, भ्रष्टाचार आदि के नए-नए हथकंडों का ज्यादा इस्तेमाल करने लगे हैं।

'रंगभूमि' से शुरू करके 'कायाकल्प', 'निर्मला' और 'गबन' तक प्रेमचंद ने अंततः गाँधीवादी यूतोपियन मॉडल छिन्न-भिन्न-सा कर डाला है। वे सुधारवादी और आदर्शवादी जीवनदृष्टियों को त्यागते जा रहे हैं तथा अब आर्थिक समस्याओं की जटिलताओं को समझकर राष्ट्रीय स्वाधीनता के सवाल को दूर रखने की साजिश जान लेते हैं। अब वे राजनीतिक अंतःप्रक्रियाओं को, राजनैतिक नेतृत्व को, सरकारी तंत्र में छाए हुए स्वदेशी मध्यवर्ग लोगों को, (सामंतों तथा जमींदारों के अलावा) पूँजीपतियों तथा छोटे व्यापारियों की भूमिका को एक सामाजिक चिंतक तथा राजनीतिक द्रष्टा की तरह पूर्णतः विश्लेषित कर लेते हैं। वे गाँधीवादी राजदृष्टि तथा असहयोग-आंदोलन के भूल चरित्र तथा मूल अंतर्विरोध को पकड़ लेते हैं। समाजवादी दल और कम्युनिस्ट पार्टी से **पहले** तथा **अलग** किया गया उनका यह सारा विश्लेषण वर्गसंघर्ष की अर्थात् विद्रोह की ओर मुड़ता है; तथा राष्ट्रीय मुक्ति-आंदोलन में जुड़े मध्यवर्ग, जमींदार-पूँजीपति वर्ग, मध्यम तथा धनी किसान-वर्ग के लोभी तथा स्वार्थी चरित्रों को बेलौस पेश कर देता है जो मूलतः किसान-मजदूर विरोधी हैं। यह विश्लेषण एक उपनिवेशी-सामंतीय-अर्द्धपूँजीवादी राज्य के चरित्र तथा राजसत्ता के कार्यों को भी गहराई से झाँक लेता है। प्रेमचंद भारतीय ढंग के सही समाजवाद के एक प्रखर समाजचिंतक के रूप में उभरते हैं जो तत्कालीन गाँधी, मानवेंद्रनाथ राय, जवाहरलाल नेहरू, सुभाष चंद्र बसु, आचार्य नरेंद्र देव, स्वामी सहजानंद के समकक्ष हैं।

[ग] राष्ट्रीय मुक्ति-आंदोलन का तीसरा चरण सन् 1928-1939 तक का माना जा सकता है। सन् 1929 में विश्व आर्थिक संकट अर्थात् 'विराट मंदी' (1929-31) से भारत की उपनिवेशी आर्थिकता और ज्यादा तहस-नहस हो गई। कृषि-संकट बढ़ा। पचास से साठ प्रतिशत तक कृषि-उत्पादों की कीमतें गिरीं। किसानों पर ऋण चढ़कर नब्बे करोड़ रुपए हो गया। ऐसी स्थिति में रंगभूमि 'कर्मभूमि' हो गई (धर्मक्षेत्र ही कुरुक्षेत्र हो गया) अर्थात् गरीब किसानों की ज़मीन कर्ज़-बेदखली-लगान-गिरवी आदि के कारण ज़मींदारों, महाजनों तथा धनी किसानों के कब्ज़े में आती गई। अतएव 1928-29 में उग्र श्रमिक आंदोलन उभरे। हड़तालें हुईं। 30 जनवरी 1929 को जवाहर लाल नेहरू ने 'पूर्ण स्वराज' का नारा दिया। सन् 1930 के अंत तक साठ हज़ार लोग जेलों में ठूँस दिए गए। साथ ही कृषक-आंदोलन उभरे। साथ ही गाँधी-इरविन-समझौता पूरा हुआ। अब गाँधी ने अछूतोद्धार आंदोलन चलाया। (दूसरा विश्वयुद्ध ही इस आर्थिक मंदी को झकझोर सका)। नतीजा यही हुआ कि किसान और दस्तकार बेहद दरिद्र

होते गए; ग्रामीण आबादी बढ़ी तथा जमीन घटी। कृषि-उत्पादन घटा जिससे संयुक्त कुटुंब की संस्था टूटी और बेखेतिहर किसानों ने शहरों की ओर पलायन किया। देहाती समाज में किसानों के विभिन्न वर्गों के स्तरों में पैना फर्क आया : एक ओर बेखेतिहर मजूरे बढ़ रहे थे और दूसरी ओर धनी ग्रामवर्ग अपना कब्ज़ा दखल करते जा रहे थे। माल और रकम के संबंध भी फैलते गए जिससे अंदरूनी मंडी मजबूत हुई, जिससे कृषि-उत्पादन में भी नए पूँजीवादी संबंध मजबूत हुए ('कफ़न', 'नशा')। ग्रामों में प्रमुख वर्गों के बीच के अंतर्विरोध तथा वर्गीय स्तरण गहराए जिससे सामाजिक तनाव बढ़े। निष्कर्ष के तौर पर कह सकते हैं कि राष्ट्रीय पूँजी के विकास के साथ-साथ गुणात्मक ढंग से साम्राज्यवाद-विरोधी संघर्ष तीव्र तथा उग्र हुआ। कम्युनिस्ट पार्टी तथा समाजवादी पार्टी ज्यादा असरदार बनीं। लखनऊ कांग्रेस (1936) में **किसान** और **चुनाव**–ये दो सवाल राष्ट्रीय बन गए। कांग्रेस ने लगातार समझौता भी किया (1935-36)। लेकिन राष्ट्रीय मुक्ति-आंदोलन किसानों-मज़दूरों की शक्ति से जुड़कर बलशाली हुआ। 1934 तक तो नेहरू-सुभाष के अलावा नरेंद्रदेव-जयप्रकाश, डांगे-मुजफ्फर अहमद आदि भी नए राजनीतिक समूहों के संवाहक बन गए।

विचारक प्रेमचंद के लिए तो बस आतंक तथा आह्लाद वाली दुनिया ही सामने थी। 'कर्मभूमि' (1929-32) तथा 'गोदान' (1932-1936) में उन्होंने सामाजिक-आर्थिक समस्याओं को धुरी बनाया; गाँवों के साथ-साथ शहरों की भी दुरवस्था एवं दरिद्रता को विश्लेषित किया; 'सांप्रदायिकता' तथा 'अस्पृश्यता' की नई दानवी शक्तियों से मोर्चा लिया; तथा अंततोगत्वा उपनिवेश-भारत की व्यवस्था का विश्लेषण कर गए कि यहाँ **'महाजनी सभ्यता'** है जिसके केंद्र में 'धन' है। उन्होंने अपना 'प्रेमाश्रम' वाला मॉडल बेहद संशोधित कर डाला–'यदि मुझे यह विश्वास हो जाता और मैं जान लेता कि ध्वंस से हमें स्वर्ग मिलेगा तो मैंने ध्वंस की भी चिंता नहीं की होती' (इंद्रनाथ मदान को पत्र : 26-12-34); 'मुझे तो अब इस डेमोक्रेसी में भक्ति नहों रही...मेरा बस चले तो कौंसिलों में आग लगा दूँ जिसे हग डेमोक्रेसी कहते हैं वह व्यवहार में बड़े व्यापारियों और जमींदारों का राज्य है, और कुछ नहीं। चुनाव में वह बाज़ीमार ले जाता है जिसके पास रुपए हैं।' ('गोदान', पृ. 137-38, शुरू के वर्ष : 1932-34)। अब उन्होंने कांग्रेस को मृगतृष्णा कहा[1] तथा सन् 1932 के अवज्ञा आंदोलन तथा गाँधी-इरविन पैक्ट को 'कर्मभूमि' में विवेचित किया। यद्यपि 'गोदान' में ऐसा कोई प्रखर आंदोलन नहीं है तथापि उसमें पूरा भारत अपने समूचे प्रमुख ऐतिहासिक-सामाजिक-सांस्कृतिक स्तरों पर आंदोलित हो रहा है, तथा अपने ऐतिहासिक प्रारब्ध की निराशा-आशा में ऊभचूभ हो रहा है।

'कर्मभूमि' (1929-32) में प्रेमचंद ने अपना भाषिक सूत्र भी पूर्ण सिद्ध कर

1. विविध प्रसंग, भाग 2, पृ. 110

लिया : 'जनता से प्यार करने का मतलब जनता की भाषा से भी प्यार करना है।' इस उपन्यास में प्रेमचंद ने कांग्रेसी आंदोलन का गहरा विश्लेषण करके स्वयं भी 'समाजोन्मुख यथार्थवाद' की ओर पक्का कदम उठाया जिस प्रकार कांग्रेस आंदोलन ने भी समाजवाद की ओर डग बढ़ाये। इस दौरान प्रेमचंद ने रायसाहबी प्रदान किए जाने के प्रस्ताव को ठुकराया, सांस्कृतिक संघर्ष के लिए मार्च 1930 में 'हंस' का प्रवेशांक निकाला तथा राष्ट्रीय मुक्ति-आंदोलन में विद्यार्थियों तथा नारियों की भूमिकाओं पर भी पहली बार सूत्र-संस्थापन किए। अंतिम रूप से राष्ट्रीय स्वाधीनता-संग्राम में मध्यवर्ग की अभिभूमिका तथा वर्गीय चरित्र का चतुरंग विश्लेषित कर दिया।

इस उपन्यास का मॉडल 'प्रेमाश्रम' से ज्यादा पेचीदा है तथा 'रंगभूमि' के मॉडल का संशोधन है। गाँव तथा शहर के दो सहवर्ती केंद्र गुत्थम-गुत्था हैं क्योंकि अब स्वतंत्रता-आंदोलन शहरों से गाँवों के छोरों तक फैल रहा है। दोनों केंद्रों में गरीब अछूत लोग क्रांतिकारी वर्गों में-से बुनियादी बन जाते हैं। दोनों केंद्रों में नौजवान (छात्र) मज़दूरों और किसानों के साथ एकजुट होकर साम्राज्यवाद विरोधी संघर्ष तेज़ करते हैं ('प्रेमचंद ने राष्ट्रीय आंदोलन की एक महत्त्वपूर्ण कड़ी को पकड़ा था और उसका यहाँ चित्रमय वर्णन किया है'—रामविलास शर्मा)। दोनों केंद्रों में नारियों (सुमन, निर्मला, सोफ़िया, सुहागी, जालपा आदि से आगे) के क्रांतिकारी उद्धार का रास्ता भी राकीना, नैना, मुन्नी, सुखदा जैसी नई नायिकाओं द्वारा सही तथा सच्चा सिद्ध किया जाता है। दोनों ही केंद्रों में अमरकांत के माध्यम से मध्यवर्ग के ढुलमुल तथा दोहरे चरित्र को उद्घाटित किया गया है। दोनों ही केंद्रों में एक ओर हिंदू-मुस्लिम एकता है तो दूसरी ओर अछूतों की मुक्ति की तलाश। दोनों ही केंद्रों में डॉक्टर शांतिकुमार तथा स्वामी आत्मानंद हिंसात्मक संघर्ष की रणनीति के भी प्रवक्ता हो जाते हैं। इस तरह दो समानांतर संरचनाओं की तुलना, विलोम तथा सामंजस्य द्वारा इस उपन्यास-रूप में सामंतीय-पूँजीवादी दो पाटों तथा चाकों के बीच पिसते हुए उपनिवेश-भारत की बुनियादी संरचना भी व्याख्यायित हुई है।

मुन्नी में वर्गीय, सामाजिक तथा सांस्कृतिक शोषण केंद्रीभूत है। वह मानो भारतीयजन के शोषण और उत्पीड़न का प्रतीक है। उसके साथ गोरे फौजी बलात्कार करते हैं। जनशक्ति तथा जनपीड़ा का प्रतीक बनने पर वह जनश्रद्धा का केंद्र बन जाती है। अब वह वेश्या (सुमन), विधवा (निर्मला), परित्यक्ता (सुहागी) से आगे हिंसक बलात्कार का शिकार होकर भी नारी की महती करुणा तथा शक्ति का पुंज है। वह प्रतिशोध लेती है। दो फौज़ियों को मार डालती है। ललकारती हुई पुलिस से टक्कर लेकर विदेशी राजसत्ता के खूनी आतंक का मुकाबला करती है। इलाक़े पर मार्शल लॉ लागू होता है। फौज़ हत्या, आगजनी, लूट, बलात्कार द्वारा आंदोलन को कुचलने की कोशिश करती है। चार स्वतंत्रता सेनानियों की अर्थियाँ निकलती हैं (भगतसिंह, राजगुरु सुखदेव की शहादत का रूपांतरण)।

इसी संघर्षकड़ी में स्वामी आत्मानंद (किसान नेता स्वामी सहजानंद का प्रतिरूप) है जो किसान सभाएँ बना रहा है। बेदखली को रोकने के लिए वह अमरकांत का सहयोग चाहता है क्योंकि यह न होने पर किसान-संगठन अपनी बुनियादी कमज़ोरी के कारण तितर-बितर हो जाएँगे। आख़िर संघर्ष में कई आदमी मारे जाते हैं किंतु वह खत्म नहीं होता। यह आंदोलन वापस नहीं लिया जा सकता क्योंकि यह साक्षात् इतिहास-यात्रा है—यही प्रेमचंद का नतीजा और फैसला है।

इसी तरह अछूतों के क्रांतिकारी चरित्र की भूमिका का समारंभ धर्म के माध्यम से अर्थात् उनके मंदिर-प्रवेश से होता है किंतु वे क्रमशः उभरते चले आते हैं। वे वर्ण-व्यवस्था के सामंतीय उर्फ़ उच्चवर्ण वाले अंतर्विरोधों से मुक्त हैं। अतः उनकी छद्म नैतिकता से भी आज़ाद हैं। मुन्नी को वे ही आश्रय देते हैं; स्वच्छंदकेलि द्वारा मुन्नी के दुर्दमनीय स्वच्छ सैक्स का रुख भी उभारते हैं। उनका आर्थिक शोषण सर्वाधिक है।

प्रेमचंद धर्म के माध्यम से छद्म आर्थिक शोषण को भी रहस्योद्घाटित करते हैं। महंत जमींदार भी है। वह किसानों को बेदखल करता चला आता है। विराट् मंदी के दिनों में महंत ठाकुरद्वारे में 'वही उत्सव, वही जलविहार' आयोजित करवाता है। इस कृति में देश के चहुँव्यापी हाहाकार को प्रेमचंद ने सामाजिक तथा क्रांतिकारी अर्थवत्ता प्रदान की। इसीलिए कतिपय चंद लोगों ने कहा 'प्रेमचंद घृणा के प्रचारक हैं।' प्रेमचंद ने सामाजिक क्रांति का पांचजन्य फूँका है। इसमें अमरकांत संशयात्मना, दोहरे-दोगले चरित्र वाला पात्र है जो परिवार तथा राजनीति, विवाह तथा प्रेम, दोनों में ही अवसरवादी तथा अहंपूजक है। उसकी पत्नी सुखदा तथा बहन सुनीता के चरित्रों की त्रासदी तथा आह्लाद में वर्ग-संक्रमण होता है। सिस्टम के समग्र विश्लेषण में, तथा व्यवस्था के विशिष्ट चरण में विद्यार्थियों तथा नारियों की ऐतिहासिक भूमिका को रेखांकित करके इस उपन्यास में एक संशोधित समाज-मॉडल प्रस्तुत हुआ है।

इस मॉडल में प्रेमचंद ने गाँधीवाद, सुधारवाद तथा आदर्शवाद, तीनों को नकार दिया है। इसे हम आतंक और विद्रोह की थीम वाला उपन्यास कहेंगे।

'गोदान' (1932-36) में वे समाज और देश के ऐतिहासिक प्रारब्ध को देखते हैं और अनेक पर्त्तों में सामंतीय-बूर्ज्वा समाज के 'ऐलियेनेशंस' भोगते हुए तात्कालिक हार में निश्चयवादी ऐतिहासिक जीत का विश्वास मजबूत करते हैं। 'रंगभूमि' के जीवन-खिलाड़ी सूरदास के 'मैं हारा, तुम जीते' के सूत्र के बजाय वे अंततः परास्त होरी की त्रासदी को अस्थायी मानते हैं : "कौन कहता है, जीवन संग्राम में वह हारा है।...इन्हीं हारों में उसकी विजय है। उसके टूटे-फूटे अस्त्र उसकी विजय-पताकाएँ हैं।" रामविलास शर्मा कहते हैं कि 'होरी का चरित्र भारत के अजेय किसान का चरित्र है। 'गोदान' उसके भगीरथ परिश्रम की गाथा है।'[1] इसमें क्रूरता और आतंक

---

1. 'प्रेमचंद', राजकमल प्रकाशन, दिल्ली, 1952 सं., पृ. 131

के बजाय चारों ओर व्यंग्य और शोषण की निर्ममता फैली हुई है विभिन्न प्रकार के पात्रों द्वारा अनेक प्रत्यक्ष-परोक्ष स्तरीकरण पर वर्गीय तथा सामाजिक शोषण की जटिलता तथा भारत के तत्कालीन वर्गीय ढाँचे की सूक्ष्मता स्पष्ट की गई है—बेहद निर्ममता के साथ। इसमें बड़े पूँजीपति धनाढ्यों के अलावा जमींदार वर्ग (रायसाहब, मिर्ज़ासाहेब, तथा अन्य आधे दर्ज़न) नौकरशाह (चपरासी, कारिंदे, पटवारी, तहसीलदार, थानेदार, पुलिस, कानूनगो, कलक्टर, अनेक अफ़सर), आधारभूत शोषित वर्ग (चमार), निम्न मध्यम-धनी किसानों के स्तर, राष्ट्रीय बूर्ज्वा (खन्ना), काम्प्रेदोर, मध्यवर्ग (मेहता, मालती, ओंकारनाथ, तन्खा आदि) इत्यादि हैं। सारे उपन्यास की संरचना में कोई भी प्रबल संघर्षी आंदोलन या बाह्य घटना नहीं है। संपूर्ण साधारण कार्यव्यापार में पुही-गुँथी छोटी-छोटी संघटनाओं एवं पात्रों द्वारा सारे शहरी-देहाती समाज का तीखा सामाजिक-आर्थिक-सांस्कृतिक विश्लेषण हुआ है। स्पष्टतः प्रेमचंद ने यही पाया कि अब गाँवों में प्रमुख वर्गों के बीच अंतर्विरोध तथा वर्गीय स्तरण गहराए हैं; धनी किसान अपना आधिपत्य जमा रहे हैं; बेखेतिहर मज़दूरों तथा ग्रामीण आबादी के बढ़ने से लोग किसानी वृत्ति से वंचित हो रहे हैं (डी-पीज़ेंटाइजेशन)। अंदरूनी मंडी के बढ़ने पर माल एवं मुद्रा के संबंध फैल रहे हैं जिससे राष्ट्रीय बूर्ज्वाज़ी तथा राष्ट्रीय आंदोलन भी विकसित हो रहा है। अतः इस चरण में **कृषक** और **चुनाव** (संघर्ष नहीं) के महाप्रश्न उभरे। मानो रायसाहब प्रतिनिधि हैं। वे कौंसिल की मेंबरी छोड़ देते हैं और जेल जाते हैं, राष्ट्रवादी और मानवतावादी हैं तथा अंग्रेजी साम्राज्य के पोषक होकर ज्यादा निर्मम शोषण करते हैं; सट्टेबाज़ी तथा शेयरबाज़ारी द्वारा पूँजी फैलाते हैं। मिल-मालिक खन्ना भी ऐसा ही जेलयात्री नेता है किंतु मज़दूर हड़ताल करके उससे लड़ाई करते हैं। यहाँ मज़दूर और किसानों की लड़ाइयों का साँझामोर्चा नहीं है—उनमें अलगाव है; तथा उन ही दोनों लड़ाइयों में उनके छद्म शोषक वर्ग ने ही उनका नेतृत्व थामा हुआ है। यही व्यंग्य सारे 'गोदान' में धँसा हुआ है। प्रेमचंद ने ऐसी पाखंडपूर्ण देशभक्ति का भी भंडाफोड़ किया है। ऐसे बैंकर, पूँजीपति, रायसाहब जैसे काँग्रेसी नेतागण आदि दोहरा-तिहरा शोषण करते हैं। चौथा शोषण महाजन-साहूकार करते हैं जो कर्ज़ और डिगरियों की तलवारें लटकाए हैं। पाँचवाँ शोषण पुजारी और पुरोहित करते हैं जो दान तथा अंधविश्वास द्वारा अमानवीय ढंग से लूटते हैं। प्रेमचंद का आक्रोश अब प्रचंड तथा अंदरूनी है। भारतीय जीवन के विभिन्न रूपों को वे ग्रामीण संस्कृति तथा लोक-जीवन, नागरिक सभ्यता तथा शहरी जीवन की कसौटियों पर परखते हैं। इससे जो 'वैषम्य' तथा 'तनाव' उत्पन्न होता है—वह सामाजिक यथार्थवाद की उपयोगिता तथा ऐतिहासिकता को, तथा वर्गीय मनुष्य की दुर्बलता तथा क्षमता को, महाकाव्यात्मक ढंग से विराटत्व प्रदान करता है।

प्रोफेसर मेहता और मालती मध्यवर्ग की नई निर्मितियाँ हैं जो अमरकांत की तरह ढुलमुल तथा अहंपूजक नहीं हैं बल्कि शोषकों से घृणा एवं जनता से प्यार करती

हैं। वे बुद्धिजीवी हैं, सही तथा खरे सिद्धांतवादी हैं; तथापि वे राष्ट्रीय जीवन के महाभारत में सक्रिय नहीं हो पाए हैं। ये उपन्यास के रंगे सियारों की वास्तविकता के उद्घाटन के लिए स्वाँग, व्यंग्य, चिंतन, तर्क आदि के कार्मिक भाषिक कौशलों का इस्तेमाल करते हैं।

व्यवस्था के द्वंद्वात्मक संयोजन में होरी और मेहता, मालती और धनिया, शहर और ग्राम, पूँजी और खेती, मरजाद और बेशर्मी एकतान हो गए हैं। नारी-मुक्ति की मशाल अब धनिया-मालती के हाथों में है। इस लड़ी में झुनिया, रूपा, सोना, सिलिया आदि आती हैं। मुन्नी और गुरिल्ला-चरित्र से ज्यादा गहरी तथा दायित्वपूर्ण धनिया है सोफिया के रोमांटिक प्रणय की आत्महंता-दशा से आगे मालती का वैयक्तिक निर्णय प्रथम है। वह समझती है कि मेहता की पत्नी बनने पर उसका नारी-स्वाभिमान तथा नारी-स्वातंत्र्य खतरे में आ जाएगा। अतः वह विवाह को ही अस्वीकार कर देती है। सुमन तथा प्रेमा से लेकर मालती तक प्रेमचंद को नारीमुक्ति के लिए बेहद गहरी समझ तथा दायित्व का संस्थापन करना पड़ा है। यहाँ उच्चवर्गों की तथा उच्चवर्णों की नैतिकता से प्रयाण करने के लिए ही झुनिया, रूपा, सोना, (नोहरी), सिलिया के साथ मीनाक्षी तथा सरोज जैसी नवयुवतियाँ, तथा मालती जैसी आधुनिक महानारी उपस्थित है।

'गोदान' की आंतरिक (गहरी) संरचना का केंद्र कोई प्रचंड घटना (आंदोलन) नहीं है; बल्कि एक 'पात्र' (होरी) है। उन्होंने पहले की तरह बहुत-से किसान पात्रों के पुंज के स्थान पर होरी महतो को धुरी बनाया है। उपर्युक्त दोनों कारणों से उपन्यास-व्यवस्था में कार्यिकी चतुर्दिक धीमी गति से चलती है। समकालीन पाठक चिंतन-मनन करता चलता है, दो या तीन विकल्पों के बीच खुद चयन करता है, तथा आदर्शवाद-सुधारवाद-मानववाद आदि से परे जाकर आजकल राष्ट्रीय स्वतंत्रता संग्राम की विफलताओं और भारतीय जीवन की अपूर्णताओं का भी बिंदास मुकाबला तथा जातीय साक्षात्कार करता है। ये ही निरंतरताएँ हैं जो आज तक भारतीय समाज तथा प्रेमचंद के अधिकांश महत्त्वपूर्ण कृतित्व को 'समकालीन' बनाए हैं अर्थात् इस समाज और उस कृतित्व के 'आधुनिक' काल में हम अनुपस्थित नहीं हैं, बल्कि हम जिंदा हैं। अर्थात्, प्रेमचंद हमारे समकालीन हैं। प्रेमचंद प्रासंगिक हैं।

'मंगलसूत्र' (?—1936) का शिल्प उपन्यास, जीवनी, आत्मकथा, लंबी कहानी आदि विधाओं का मिश्रण-सा हो गया है। यह कृति पूँजीवादी व्यवस्था में धन का अमानवीयकरण (डि-ह्यूमेनाइजेशन) तथा पाशविकीकरण (ब्रूटलाइजेशन) करने वाली ताक़त का पूरा लेखा-जोखा करती है। धन, धर्म और समुदाय को पंजों में जकड़ता रहा है, गृहस्थी को चौपट करता रहा है; किसानों, अछूतों तथा नारियों को गुलाम बनाता रहा है। अब वह वैयक्तिक तथा पारिवारिक संबंधों के बीच स्नेह को मिटाकर लेन-देन लागू करता है—'मियाँ-बीवी में बिजनेस, बाप-बेटे में बिजनेस, गुरु-शिष्य में

बिजनेस। सारे मानवी, आध्यात्मिक और सामाजिक नेह-नाते समाप्त।'[1] व्यापारिक पूँजी के चरित्र को प्रेमचंद पूरी तरह विश्लेषित करते हैं। कथावस्तु के बहाने आदर्शवादी साहित्यकार देवकुमार अपने एक बेटे संतकुमार को वकालत पढ़ाते हैं, दूसरे को बी. ए. करवाते हैं तथा तीसरी बेटी की शादी के लिए दहेज इकट्ठा करना चाहते हैं। जायदाद को लेकर बाप-बेटे के बीच दुश्मनी हो जाती है। खोखले आदर्शों वाला साहित्यकार-पिता हार जाता है। वे जीत जाते हैं। व्यापारिक पूँजी के परिचालन से सामाजिक संबंध तथा नैतिक मर्यादाएँ मिटने लगती हैं। इसमें शोषण और दमन से ज्यादा मुनाफ़ा और भोग की प्रधानता है।

तत्कालीन राजनीतिक अर्थरचना के इस आयाम को उजागर करने के लिए प्रेमचंद ने 'हंस' के सितंबर 1936 के आखरी अंक में 'महाजनी सभ्यता' शीर्षक एक लेख लिखा जिसमें धन का विरोध करते हुए वर्गविहीन समाज व्यवस्था की घोषणा है। भगतसिंह-चंद्रशेखर आज़ाद की क्रांतिकारी लाइन के अंतिम लक्ष्य को प्रेमचंद तथा नेहरू, दोनों स्वीकार कर लेते हैं—अपने-अपने रास्तों से। उक्त लेख में उन्होंने लिखा है : "इस महाजनी सभ्यता में सारे कामों की गरज महज पैसा होती है। किसी भी देश पर राज किया जाता है तो इसलिए कि महाजनों वा पूँजीपतियों को ज्यादा से ज्यादा नफ़ा हो। इस दृष्टि से मानों आज दुनिया में महाजनों का ही राज्य है।... इस धन-लोभ ने मनुष्यता और मित्रता का नाम शेष कर डाला है।...(मरने-खपने वालों के बड़े हिस्से) 'उसका अस्तित्व केवल इसलिए है कि अपने मालिकों के लिए पसीना बहाए, खून गिराए और एक दिन चुपचाप इस दुनिया से विदा हो जाय।... परंतु अब एक नई सभ्यता (सोवियेत समाजवादी व्यवस्था—लेखक) का सूर्य सुदूर पश्चिम से उदय हो रहा है जिसने इस नाटकीय महाजनवाद या पूँजीवाद की जड़ खोदकर फेंक दी है।'...इस समाज व्यवस्था ने व्यक्ति को यह स्वाधीनता नहीं दी है कि वह जनसाधारण को अपनी महत्वाकांक्षाओं की तृप्ति का साधन बनाए और तरह-तरह के बहानों से उसकी मेहनत का फायदा उठाए, या सरकारी पद प्राप्त करके मोटी-मोटी रकमें उड़ाए और मूँछों पर ताव देता फिरे।"

पूँजीवाद और (उसकी सर्वोच्च अवस्था) साम्राज्यवाद जब सामंतवाद को क्षीण करके धन तथा मुनाफ़े के द्वारा शोषण करता है तो वह छद्म मानवतावाद का, बहानों का, शान-मान का सहारा लेकर घूस, बलात्कार, भोग, भ्रष्टाचार, व्यभिचार आदि के जाल फैलाता है। 'कफ़न' तथा 'पूस की रात' में इन जालों में फँसे पात्र जनसाधारण के प्रतीक हैं जो मनुष्य के रूप में भी शेष नहीं बचते। उनमें खौफ़नाक आत्मनिर्वासन की वजह से अवमानवीयकरण तथा (उसकी सर्वोच्च अवस्था) पाशविकीकरण छाता चला जाता है। अब प्रेमचंद 'लिटरेचर' के दो प्रकार घोषित करते हैं—एक, हमारा

1. 'प्रेमचंद स्मृति', पृ. 261

लिटरेचर तथा दूसरा वही भक्तिवाला महाजनी लिटरेचर।[1]

इस तरह प्रेमचंद (1880-1936) का बुनियादी सरोकार स्वाधीनता-संग्राम में विजयी होना था। एक कलम-के-सिपाही की तरह उन्होंने साहित्य की सार्थकता और उपयोगिता की तलाश की। मोहक काव्यत्व तथा छलकपट भरी अर्थभ्रांतियों के तकनीक को छोड़कर उन्होंने अपने प्रमुख उपन्यासों के मॉडल रचकर समाज-व्यवस्था तथा राष्ट्रीय मुक्ति-आंदोलन के द्वंद्वात्मक संबंधों का विश्लेषण किया। अतः वे **आधुनिक इतिहासदर्शन** के भाष्यकार हैं, वे सामाजिक विचारक हैं तथा एक प्रतिबद्ध बुद्धिजीवी हैं। अंततः वे आत्मसंघर्ष करते हुए समाजवादी व्यवस्था के खेमे में चले आते हैं। सोवियेत यूनियन की क्रांति तथा समाज-व्यवस्था के बारे में वे आद्यंत जिज्ञासा रखते रहे। उसके प्रशंसक रहे। तोल्सतोय (1828-1910) और गाँधी (1869-1948) की महानता के क़ायल रहे। मैक्सिम गोर्की (1868-1936) के हमराही रहे। लू सुन् (1881-1936) के समकालीन रहे। और, आज समकालीन भारतीय जन-जीवन के दर्पण तथा सांस्कृतिक क्रांति के दीपक बने हुए हैं। उनके साहित्य की सचाई देशभक्ति और राजनीति के आगे मशाल दिखाती हुई चलने वाली सचाई है।

1. दे. 27 जुलाई 1936 को अख़्तर हुसैन रायपुरी को लिखा गया पत्र।

16 आज भी; अनेक अनुसंधानों के इंतज़ार में 'गोदान'

तब सभ्यताएँ तथा कृतियाँ, दोनों ही क्लासिक हो जाया करती हैं जब वे भविष्योन्मुख होने की क्षमताओं वाली होती हैं; यूँ कहें कि बारंबार, पीछे संदर्भों में मुड़-मुड़कर, भविष्य की यात्राएँ भी करती हैं। यद्यपि वे सभ्यताएँ तथा वे कृतियाँ, अपने तत्कालीन जीवंत यथार्थ को तो खो देती हैं लेकिन उनमें या तो आदिमता तथा आधुनिकता एकतान हो जाती है, अथवा उनमें तत्कालीन देशकाल का संपूर्ण प्रसुमन हो जाया करता है। कार्ल मार्क्स ने यूनानी सभ्यता तथा संस्कृति के बाबत ये क्रांतदर्शी अनुचिंतन पेश किए थे अर्थात् उनमें 'समग्र मनुष्य' ही 'मनुष्य की समग्रता' में रूपांतरित हो जाता है : विशिष्ट 'सभ्यता-संस्कृति' को महाकाल-महादेश में उत्तीर्ण होते हुए। तो क्या प्रेमचंद का 'गोदान' (1936), तथा उसके होरी-धनिया, मेहता-मालती, दातादीन-मातादीन, झुनिया-सिलिया, रायसाहब-मिर्जा खुर्शेद जैसे मानव-पात्र पिछली सदी के तीसरे-चौथे दशक के समाज के 'दर्पण' को अपने आधुनिक वर्तमान के 'दीपक' में रूपांतरित कर सकते हैं? 'गोदान' का दिग्विजयी महत्त्व इस धुरी पर ही घूम सकेगा।

उस समय के औपनिवेशिक तथा पिछड़े कृषि-प्रधान सामंतीय भारत के 'सांस्कृतिक पिछड़ेपन' (कल्चरल लैग) में ही जो आगामी 'सांस्कृतिक छलाँग' (कल्चरल लीप) लगाई गई थी, वह 'आर्थिक मूलाधार' की नहीं, बल्कि विचारों और विचारधारा के स्तरों पर 'सांस्कृतिक पुनर्जागरण' (कल्चरल रिनासाँ) वाली सिद्ध हुई। उसमें परंपरा को प्रगति का वाहन बना दिया गया। वही 'गोदान' के क्लासिक होने की प्रमुख धुरी बनी है।

'गोदान' में घोर ग्रामीण दरिद्रता के विरुद्ध आर्थिक विकास तथा उपनिवेशी गुलामी के विरुद्ध स्वतंत्रता-आंदोलन को साथ-साथ लेने अर्थात् यथार्थ और आदर्श की द्वंद्वात्मक एकता करने, या यथार्थ बनाम आदर्श के बीच संघर्ष जारी रखने के लिए खुद प्रेमचंद को प्रचंड आत्मसंघर्ष करना पड़ा था क्योंकि वे मेहता और मालती के माध्यम से अपने आदर्श की धुँधली दिशा देखते हैं, तो होरी, गोबर, रायसाहब,

दातादीन के माध्यम से सामाजिक यथार्थ की विसंगतियाँ तथा वर्गीय चारित्रिकता के मुखौटे भी उघाड़ते हैं। अतः आज के मुकाम पर पहुँचकर हम कह सकते हैं कि यथार्थोन्मुख आदर्श बनाम आदर्शोन्मुख यथार्थ की बहस अब असार्थक है। इसलिए कि, सभी पात्रों द्वारा यथार्थ को ही अंगीकार करने का प्रारब्ध है। केवल होरी की मृत्यु पर लेखक की जीवनसंग्राम में खंड-खंड विजय-पताकाओं वाली महासूक्ति इसे न तो आदर्शोन्मुख बनाती है और न ही वर्तमान में अंधा बनाकर छोड़ती है। सभी पात्र संघर्ष और आत्मसंघर्ष करके ऐतिहासिक निश्चयवादिता का प्रबल नक्शा बनाते हैं। दोनों दिशाओं के बीच एक डाँवाडोल पुल है : कुछ पात्र आत्मसंघर्ष द्वारा आदर्शों की ओर तो कुछ आत्मयंत्रणा से **यथार्थ के भय** से जूझ रहे हैं। होरी-धनिया की जोड़ी ही परंपरा में जकड़ी है। उसमें भी धनिया लगातार आत्मोत्तीर्ण होती चलती है। इसलिए 'गोदान' में करुणा है, दया नहीं; भय है, भीरुता नहीं। इसलिए इसे दुःखांत कतई नहीं सिद्ध किया जा सकेगा। ऐसा करने से तो इसकी ऐतिहासिक नियति छीन ली जाएगी। जब 'त्रासदी' (ट्रेजेडी) विखंडित होती है तभी उसमें-से ही 'विसंगति' (एब्सर्डिटी) का उन्मीलन होता है। महाजनी सभ्यता, उपनिवेशवाद, जमींदारी प्रथा, प्रजातंत्र के वर्गीय छलछद्म के बीच 'गोदान' और प्रेमचंद, दोनों ही, मोहभंग की कफ़नखसोट स्थिति में, विसंगतियों को ही प्रतीयमान करते हैं। हम इंद्रनाथ मदान के निर्णय को ज्यादा प्रासंगिक मानते हैं; 'उपन्यास का सृजन व्यंग के स्तर पर है...जिसमें त्रासदपुट है...व्यंग्य...समूची रचना में व्याप्त है।' (विसंगति का एक प्रधान अस्त्र व्यंग्य है।)

तो प्रेमचंद का उस समय का भारतीय समाज कैसा था और उनके वैश्विक संदर्श (वर्ल्ड व्यू) के आयाम क्या थे?

फिलहाल, हम 1925 से 1936 तक के एक दशक को ही ले रहे हैं। वह समाज सामंतीय संस्कारों, जमींदारी प्रथा तथा आरंभिक व्यापारिक पूँजीवाद द्वारा विषम शोषण फैलाता हुआ था। वह सम्राट के राज्यतंत्र उर्फ़ साम्राज्यवाद के द्वारा संचालित उपनिवेशी व्यवस्था थी जहाँ म्युनिसिपल कमेटी, प्रांतीय कौंसिलों तथा विधायिकाओं को सीमित अधिकार मिले थे। वह सभ्यता हिंदू मुसलमानों के बीच विद्वेष बढ़ाने वाली, जाति-प्रथा के चलते झूठी मरज़ाद एवं रूढ़िग्रस्त परंपराओं में बँधी, तथा खाप-पंचायत व बिरादरी के नियमों से संचालित थी। उस संस्कृति में ग्रामीण से शहरी, लोक से अभिजन के बीच गहरे विभाजन तथा अंतर्विरोध थे। सारे आंदोलन 'स्वदेशी' से 'स्वराज' की ओर बढ़ रहे थे।

इसलिए 'विचारधारा-विहीन सैद्धांतिकता' को लेकर प्रेमचंद पर (बहिर्गत) विचार करना खतरनाक है। यदि भारत के देहात (तब) अँधेरा और दलदल हैं तो हम उन्हें

केवल मिथकों, टोटकों, अंधविश्वासों, रूढ़ियों में ही नहीं ढूँढ़ें। उन्हें सामाजिक-राजनीतिक-आर्थिक संरचनाओं में खोजें; जाति के साथ-साथ वर्ग में तलाशें। प्रेमचंद की अंतर्वस्तु को, मूलगामी नाभि पर, 'राष्ट्रीय' कहा जाता है। उनके विवेच्य दशक का औपन्यासिक वस्तुतत्त्व समाजसुधार से लेकर समाजपरिवर्तन और पूँजीवादी (महाजनी), सामंतवादी (जमींदारी), उपनिवेशवादी (शोषण, स्वेच्छाचार, अत्याचार) दशाओं से उद्धार की तलाश कर रहा है। उनकी औपन्यासिक अंतर्वस्तु में 'संपूर्ण सुपरिगठन' (टोटल स्ट्रक्चर) जरूरतन आया है जिससे उसमें बिखराव (शहरी बनाम ग्रामीण), फैलाव (आदर्श बनाम यथार्थ) तथा उलझाव, तीनों (गाँधीवाद-आर्यसमाज बनाम बोल्शेविज्म की सामाजिक समानता की छाया) ही सर्वत्र व्याप्त हैं। यूँ भी बृहद्‌काय उपन्यास संश्लिष्ट नहीं हो पाते। उनका वास्तुशास्त्र भूलभुलैया बना हुआ है।

अस्तु। सन् 1927 के अंत तक कांग्रेस के अंदर वामधड़ा ज्यादा सशक्त होता है क्योंकि 1925 तक कम्युनिस्ट पार्टी स्थापित हो चुकी थी। ब्रिटिश लेबर पार्टी (1925-27) भारत की उपनिवेशवादी दशाओं के सुधार के पक्ष में थी। उधर 1923-27 के बीच मज़दूर-आंदोलन भी उभर रहे थे, 'एटक' के साथ-साथ। साथ-साथ 1929 में 'विश्वव्यापी आर्थिक संकट' के छाने के पहले से ही '27-'28 में भारतीय कृषि-संकट गहरा गया था। तदपि उपनिवेशी हुक्मरानों ने लगान की दरें बढ़ा दी थीं। अतः ज़मींदारों ने बेगारी अर्थात् मुफ़्त मज़दूरी का भरपूर सहारा लिया। शनैः-शनैः किसानों की ज़मीनें उनके हाथ से खिसककर ज़मींदारों और साहूकारों के पास जाने लगीं। संयुक्त कुटुंब विघटित होने लगे।

ऐसे सहवर्तन में ही शहरों में फैक्टरियों तथा घरेलू उद्योग-धंधों में भी मंदी आई—छँटनी और रेशनलाइजेशन हुए। विलायती माँग महँगा और देसी माल सस्ता होता गया। धरने लगे, हड़ताले हुईं, गोलीकांड हुए। सारी उथल-पुथल से राजनीतिक चरित्र के मुखौटे और मुकुट, दोनों ही उघड़ने लगे। 1929 में उत्तर प्रदेश में कृषक-संघों की स्थापनाएँ शुरू हुईं। अवध में लगान और करों के खिलाफ किसान-सभाओं का गठन हुआ (1927-33)। इसी दौर में सत्याग्रह आंदोलन शुरू हुए ('रंगभूमि') सामंत-विरोधी प्रतिरोध हुए ('कर्मभूमि') गाँधी-इरविन पैक्ट हुआ (1931)। साथ ही तीन युवा क्रांतिकारियों (भगतसिंह, राजगुरु, सुखदेव) को फाँसी दी गई तो दो युवा (जवाहरलाल नेहरू और सुभाष चंद्र बोस) कांग्रेस के महासचिव बने। सुधार को सीताराम कहते हुए 'पूर्ण स्वराज' का लक्ष्य स्वीकार किया गया। 'गोदान' में कर्ज़ एक राष्ट्रीय मुद्दा बन गया क्योंकि माल (कमोडिटी) और मुद्रा के संबंधों तथा आंतरिक बाज़ार के प्रसार के कारण कृषि-क्षेत्र में भी पूँजीवादी संबंधता ज्यादा मज़बूत, विघटनकारी तथा क्रूर होती गई। सौहार्द्र व कुटुंब टूटने लगे। नैतिकता भी विलुप्त होती गई। तदपि गाँवों में सामंतीय ढर्रे का चलन इतना फौलादी था कि किसान व्यापार-चक्र से बाहर ही रखे गए।

प्रेमचंद की वृहत्रयी–'रंगभूमि'–'कर्मभूमि'–'गोदान'–में लगभग सभी उपयुक्त दशाएँ-दिशाएँ धूप-छाँह की तरह प्रतिबिंबित हुई हैं। इन्हें ग्राफ में बखूबी खींचा जा सकता है।

'सेवासदन' (1918) में आर्यसमाजी एजेंडा के सुधारवाद को लेकर उन्होंने वेश्या और वेश्यालय पर, दहेज-प्रथा पर सुधारवादी आदर्श पेश करते हुए सेवासदन स्थापित किया। इसमें 'प्रेमाश्रम' के उत्तरार्ध में सुधारवादी आँधी के अंतर्गत पुनः गाँधीवादी हृदयपरिवर्तन कराकर एक आश्रम भी बनाया गया।

अब उनके सामने 'रंगभूमि' (1924) का जटिल यथार्थ था जहाँ एक अंधे-अकिंचन भिखारी सूरदास को नायक बनाकर ज़मीन की बेदखली के विरुद्ध गाँधीवादी-सत्याग्रह होता है। अंग्रेज शासकों की स्वेच्छाचारिता तथा अत्याचारपूर्ण शासन, औपनिवेशिक गुलामी की पृष्ठभूमि में ज़मींदारों की बर्बर स्वार्थलिप्सा, पूँजीवादी शोषण-चक्र को बढ़ाने के लिए मिल खोलने पर सूरदास की ज़मीन को हड़प कर उसे बेदखल करना आदि अपने 'आधुनिक इतिहास' की गाँधीवादी व्याख्याएँ पेश करती हैं। इसी के समानांतर कथानक के दूसरे छोर पर आदर्शवादी रानी जाह्नवी के देश सेवक बेटे विनय और ऊँचे रोमांटिक धरातल की भावुक युवती सोफिया की प्रेमकथा का दुःखांत भी दोनों द्वारा आत्महत्या में होता है। तो क्या प्रेमचंद आदर्शवाद तथा रोमेंटिसिज़्म को एक ही व्यासरेखा पर रखकर मोहभंग को समझ रहे थे?

'कर्मभूमि' (1932) अपेक्षतया कुछ अधिक संघटकों से जुड़ता है–शिक्षा-संस्थानों का व्यापारीकरण, म्युनिसिपल कारिंदों की खुदगर्ज़ी, सेठ-साहूकारों की लूट के ज्यादा खौफ़नाक उपाय, मठाधीशों-महंतों-ज़मींदारों की विलासिता एवं क्रूरता; तथा राज्यकर्मचारियों का अधोपतन एवं स्वेच्छाचार। इससे भी आगे इसमें मुन्नी, सकीना, पठानिन, रेणुका, सुखदा आदि सत्याग्रह-संग्राम को संचालित करती हैं, जेल जाती हैं तथा सुधारवादी झोंक में अकस्मात् [शायद गाँधी-इरविन पैक्ट की छाया में] छोड़ भी दी जाती हैं। इस उपन्यास में हिंदू-मुसलमान भाईचारे का भी उभार है। साथ ही मुन्नी चमारों के गाँव में आश्रय पाती है तो सकीना दूध-सी स्वच्छ दिखती है।

इस उपन्यास में भी ('प्रेमाश्रम' के जैसा) उत्तरार्ध में सुधारवादी आवेश कथ्य को हठात् तोड़-मोड़ देता है। प्रेमचंद अभी भी दुविधा में फँसे हैं।

तथापि अपनी जीवन-संध्या में उन्होंने 'गोदान' (1936) का प्रणयन करके भारतीय गल्प-क्लासिक के शिखरों को छू लिया।

यहाँ न आशावादी दार्शनिक सूरदास है, और न ही 'प्रेमाश्रम' की तरह रामराज्य का स्वप्न, या 'सेवासदन' की तरह समाज-सेवा का कार्यक्रम। यहाँ न विजय है, और न ही पराजय। यहाँ न आशावादिता है और न ही भय। 'रंगभूमि' में उन्नत होते हुए राजकुमार विनय एवं सोफिया के रोमांटिक प्रेम की आत्महत्या वाली परिणति के बजाय यहाँ एक ओर प्रोफेसर मेहता और मालती के प्लेटोनिक प्रणय की

(विवाहरहित) ऐसी परिणति है जिसमें परिवार और विलास को सेवा तथा सामाजिक परिवर्तन के लक्ष्य प्रत्यास्थापित होते हैं, तथा दूसरी ओर धन में मदहोश मिल मालिक खन्ना और उसकी पत्नी गोविंदी के बीच आत्मसम्मान और समानता के विरोधाभासों की फूहड़ता बेनकाब होती है।

इस कृति में गोबर, झुनिया, रूपा, सिलिया, मीनाक्षी के रूप में एक ऐसी विद्रोही पीढ़ी उभर रही है जो गाँव का गर्म खून है। मसलन विवाहपूर्व गर्भवती झुनिया को सास धनिया अपनी पुत्रवधू के जायज़ हक़ देती है, मीनाक्षी अपने ऐय्याश पति को हंटरों से पीटकर विवाह-विच्छेद कर लेती है; रूपा अपने भटके हुए किसान पति को गँड़ासा तानकर खबरदार करती है; और चमारिन सिलिया अपने ब्राह्मण प्रेमी मातादीन को हड्डियाँ-मांस खिलाकर अपनी बिरादरी में सहजतः शामिल करा लेती है। यह नारी-सशक्तिकरण, दलित-विद्रोह, युवा-रूपांतरण का भविष्यवादी घोषणापत्र बना दिया जाता है जो प्रेमचंद के सुधारवाद को सदैव के लिए हाशिए से भी बहिष्कृत कर देता है। भविष्य का संदर्श देते हुए प्रेमचंद गोबर को शहर में मज़दूर बनाकर वर्गीय संबंधों की नई क्रांति को सिद्ध करते हैं। तब तक इसे वे भी पूरी तरह नहीं समझ सके थे (हंसराज रहबर)।

प्रेमचंद की दूरदृष्टि का एक और भी सबूत है कि जहाँ 'रंगभूमि' में सूरदास की ज़मीन पर सिगरेट की फैक्टरी के कायम होने पर वे पर्यावरण के प्रदूषण, ग्रामीण जीवन के विघटन तथा समाज में भ्रष्टाचार एवं दुराचार की संभावनाओं से खबरदार करते हैं, वहीं 'गोदान' में गाँवों के उजड़ने तथा शहरों के उखड़ने का भी संदर्श कर लेते हैं कि ग्रामीण तथा देहाती समाज झोंपड़ियों और शोषण-उत्पीड़न के कत्लगाहों में तब्दील होने वाला है। तथापि वे मिर्जा खुरशेद को मानो सीधे 'शतरंज के खिलाड़ी' से हटा कर पूरे समाज की सेक्युलर नियति को भी रेखांकित कर देते हैं। वे यह भी तय करते हैं कि जब तक ग्रामीण संस्कृति में चिरंतन आर्केटाइप [पवित्र **गाय** तथा **जात** की] बिरादरी क़ायम रहेंगे तब तक देश सामंतीय अवशेषों तथा उपनिवेशी विषमताओं से प्रभावशाली ढंग से उद्धारित नहीं हो सकेगा। इसके लिए तो अनवरत विचारधारात्मक महाभारत लड़ना ही पड़ेगा। 'गोदान' यह भी सामाजार्थिक भविष्यवाणी करता है कि कृषि विकर्षण का केंद्र बनती गई है। बिना भूमि-सुधारों और आर्थिक विकास के उपर्युक्त कारण-पुंज ही 'गोदान' को क्लासिक तथा भविष्य का घोषणापत्र साबित करते हैं। यही उस कृति की सांस्कृतिक दशभुजा-महाशक्ति है।

वस्तुतः प्रेमचंद लगातार आगे बढ़ते चले गए हैं—सामाजिक सुधारों से आर्थिक राष्ट्रीयता की ओर। पहले वे कांग्रेस के कार्यक्रमों तथा गाँधी के हृदय-परिवर्तन के सिद्धांत के अनुयायी थे। लेकिन बाद में वे लेनिन-सम्मत बोल्शेविक व्यवस्था की ओर उन्मुख होने लगे थे।

प्रेमचंद ने 'गोदान' में **ग्रामीण-संस्कृति** के दैनिक पक्षों को भी जनजीवन के

लिए अपेक्षित माना है—खेत-खलिहान के ऋतु-सौंदर्य, धनुष-यज्ञ, होली का स्वांग, पंचायत, गोहत्या का पाप, बटाई, नज़राना, पंचायत आदि-आदि। शहरी जिंदगी में वे क्लब, पार्टी, नाटक कौंसिल के चुनाव, पिकनिक, आफिस, कालेज, मिल, आदि तक उपन्यास-फलक का विस्तार कर लेते हैं। तब की औपन्यासिक संस्कृति में यह सब एक 'जादुई यथार्थ' जैसा ही तो था। आदर्शवाद के प्रति उनकी संदिग्धता 'रंगभूमि' तथा 'कर्मभूमि' से जो उबरी तो अंततोगत्वा 'गोदान' में आकर मोहभग्न हो जाती है। कहानियों में भी यह प्रक्रिया 'पूस की रात' (1930), 'सद्गति' (1930), 'मुक्तिधन' (1924) में समानांतर चालू रही थी।

समाजशास्त्रीय सूचीकरण, वर्गीय द्वंद्वों के स्तरीकरण, तथा राजसत्ता के चरित्र को भी 'गोदान' से निष्कर्षित किया जा सकता है। यहाँ रायसाहेब, ज़मींदार, साहूकार, सहुआइन, सरकारी कर्मचारी हैं; यहाँ ब्राह्मण-क्षत्रिय-वैश्य-शूद्र-ईसाई-मुसलमान हैं; यहाँ पंडे-पुरोहित हैं; यहाँ उपेक्षित परिणीताएँ, अविवाहित युवतियाँ, तथा विद्रोही पत्नियाँ हैं। यहाँ मिल मालिक, शहरी-मज़दूर, राजनेता भी हैं। ऐसा प्रतीत होता है कि प्रेमचंद व्यक्तिवादी छायावाद के विरुद्ध तथा बरक्स **बेचैनी** पैदा करना चाहते थे। वे **सादगी** को ही साहित्यिकता तथा दार्शनिकता की ऊँचाइयाँ देकर यह सिद्ध भी कर देते हैं। वे यथार्थता की कई नई संभावनाएँ भी खोलते हैं—प्रेम और परिवार, ग्राम और शहर, लोक और अभिजन के अंतःरूपांतरण तथा अंतःनिर्वचन द्वारा पहले वे अपने सुधारक तथा विचारक को, उपन्यास-संरचनाओं के उत्तरार्ध में, मनमाने संचालन की बागडोर दे देते थे किंतु 'गोदान' में पात्र—होरी महतो, धनिया, रायसाहब, मेहता, मालती खुद-ब-खुद अपनी पक्षधरता की स्वायत्त शिनाख्त करते हुए दिखाई देते हैं।

'गोदान' में चरित्रों तथा घटनाओं की बहुलता और विविधता समाज की जटिलता तथा सर्वांगीणता को भी प्रतिच्छायित करती है। इससे यह कृति 'सामूहिक अनुभवों का महापुंज' अर्थात् सामाजिक चेतना का भाष्य भी बन गई है।

इस उपन्यास में वे राष्ट्रीय मुक्ति आंदोलन के तीनों आयामों की पहचान करा देते हैं—साम्राज्यवाद-विरोधी, सामंतवाद-विरोधी, तथा पूँजीवाद-विरोधी। आरंभ में स्वतंत्रता-आंदोलन की अंतर्वस्तु [स्वदेशी-स्वराज] मूलतः राजनीतिक थी। प्रेमचंद ने उसे भी सामाजार्थिक स्वरूप प्रदान किया। सामाजिक विचारों के इतिहास में यह उनका एक महत्तम योगदान है। इसके लिए उन्होंने भारतीय उपनिवेश के सामंतीय तथा अर्द्धपूँजीवादी चरित्र को 'रंगभूमि' 'कर्मभूमि' 'गोदान' में क्रमशः व्याख्यायित किया है। इसीलिए अनेक घटनाएँ और विविध, बहुल पात्रों की जरूरत पड़ी ताकि 'मूलाधार' एवं 'सुपरिगठन' को कई परतों पर, कई थीमों तथा कई समस्याओं के जरिए साक्षात् किया जा सके। उन्होंने उपनिवेशी आधारभूमि पर एक महान् संस्कृति का 'रूपाकारी जेस्टाल्ट' निर्मित किया है। उनकी वृहत्रयी में हम गाँधी, सहजानंद, नरेंद्रदेव और लेनिन के अनुचिंतनों की भारतीय छायाएँ झिलमिलाते हुए ढूँढ़ सकते हैं।

सबसे अंत में प्रेमचंद के प्रौढ़तर होते हुए 'स्थापत्य' की समस्या अभी तक अनसुलझी हुई है।

इस प्रसंग में नलिन विलोचन शर्मा ने कुछ बड़े मुद्दे उठाए हैं–(i) 'गोदान' जैसे बृहद् उपन्यास के अध्ययन को समाजवैज्ञानिक अक्ष पर लें आएँ अर्थात् इसका अध्ययन राजनीति, अर्थशास्त्र, समाजशास्त्र, सौंदर्यबोधशास्त्र, सांस्कृतिक नृतत्त्वशास्त्र, दर्शनशास्त्र, इतिहास आदि के अनुशासनों की प्रविधियों द्वारा कराकर समेकित किया जाए (ii) 'रंगभूमि' में मध्यवर्ग की जो महत्त्वपूर्ण भूमिका रही है उसे हम फिर एक बार 'कर्मभूमि' में पाते हैं। 'गोदान' में संपूर्ण भारतीय जीवन ही पात्र बनाया गया है और स्वभावतः उसमें मध्यवर्ग को अनुपात के अनुसार ही स्थान मिला है तथा (iii) 'गोदान' में एक 'शिथिल समानांतर स्थापत्य-शैली' का विधान हुआ है जिसके उपलक्षण 'महाकाव्यात्मक भव्यता' (ग्रेनड्योर) तथा 'चित्रफलक वाली तरलता' है ('हिंदी उपन्यास–विशेषतः प्रेमचंद', ज्ञानपीठ, पटना, 1968, पृ. 52-53, 85)।

उक्त तीनों ही पक्ष, लगभग आज तक, काफी अनछुए-से बने हुए हैं, छिटपुट कोशिशों के अलावा।

बाख़्तिन ने 'उपन्यास के वास्तुशास्त्र' की, लुकाच ने 'उपन्यास में आधुनिक ऐतिहासिकता' की, तथा मिलान कुंदेरा ने 'रूपकीय विविधता' की चर्चाएँ छेड़ी हैं।

यह एक कठिन सांस्कृतिक पहेली रही है। एक ओर तोल्सतोय का 'वार एंड पीस', शोलोखोव का 'एंड क्वाइट फ्लोज़ डॉन टु द सी' कुर्रतुल-एन-हैदर का 'आग का दरिया', शिवाजी सावंत का 'ययाति' जैसे एक खंडीय बृहद् उपन्यास हैं तो दूसरी ओर दो-तीन-चार खंडों में मुक्तक तथा महानिबंधक को मिलाती उपन्यास-शृंखलाएँ हैं : जैसे फ्रांसीसी क्रांति के पश्चात् तथा पहले के फलकों को लेते हुए अलेक्जेंडर ड्यूमा (मृ. 1870) के 'थ्री मस्केटियर्स', 'द नाइट ऑफ़ सेंटे हर्माइन' (इसी वर्ष ढूँढ़ा गया), 'ल क़ोम्पेनॉन द जेहु'; प्रसाद की नाट्य-त्रयी ('अजातशत्रु', 'स्कंदगुप्त' 'चंद्रगुप्त'), कल्कि की ऐतिहासिक उपन्यास-त्रयी ('पार्तिप का सपना', 'शिवकामी की शपथ', तथा 'कावेरी का पुत्र') और प्रेमचंद की उपन्यास-त्रयी ('रंगभूमि, 'कर्मभूमि' और 'गोदान')।

ऐसी कृतियाँ उपन्यास में इतिहास-दर्शन तथा साहित्य के समाजशास्त्र के महाप्रश्न सुलगाती हैं क्योंकि ये सुपरिगठन (सुपर-स्ट्रक्चर) का दर्पण तथा विचारदर्शन (आइडियोलॉजी) का दीपक भी होती हैं। ये प्राचीन संस्कृतियों में जीवंत परंपराओं के (दे. ग्राम्शी) के सवाल भी धधकाती हैं कि क्या आंचलिकता तथा लोकरंग ही किसी जातीय राष्ट्रीय विधा की पहचान हैं, अथवा जातीय कथारूप, अथवा मिथकीय-निजंधरी रूपक को आत्मसात् करती लोकगाथा, अथवा कृती की सामूहिक अवचेतन से संयुक्त वैश्वक संदर्श (वर्ल्ड व्यू)? तद्यपि इन सभी में अंतर्विरोध मौजूद हैं–विभिन्न वर्गों के, शहर और ग्राम के, विभिन्न सामाजार्थिक रूपायनों के,

आदर्श-यथार्थ-जादू के तथा व्यक्ति बनाम समाज के।

ऐसा 'कृतिपुंज' एक पूरे युग या महाकाल, या एक समग्र समाज का आयत्तीकरण करने को उद्धत रहता है। प्रेमचंद 'गोदान' तक पहुँचकर इस लक्ष्यमीन की आँख बेध लेते हैं। वे अनजाने ही 'एशियाटिक मोड ऑफ़ प्रोडक्शन' के औपनिवेशिक वातावरण से घिरे हुए हैं। उनका स्रोत कृषक-समाज है जहाँ उपनिवेशी एवं प्रति-उपनिवेशी (दे. एडवर्ड सईद) शोषण-दमन-सम्मोहन की देशी-विदेशी दुहरी सत्ता है, जुए के तले पिसते या बिकते हुए बिचौलिए वर्गों की क्रिया-प्रतिक्रियाएँ हैं। यहाँ **भय** तथा **स्वार्थ** भी हैं, जो जात, बिरादरी, धर्म, मरजाद द्वारा एक समानांतर कसी-फँसी हुई चेतना की छटपटाहट को इंगित करती हैं।

प्रेमचंद ने ('गोदान' में, विशेषतः) युवा पीढ़ी के माध्यम से परंपरा एवं आधुनिकता के बीच के अंतराल को, दलित-विद्रोह द्वारा (सूरदास, सिलिया को लेकर) नई वर्ग-वर्ण वाली द्विपर्ण-विरोधता को, नारी-सशक्तिकरण (मालती, झुनिया, रूपा, मीनाक्षी), को तथा खूबसूरत प्रकृति के पर्यावरण के प्रदूषण को भी भविष्यदृष्टि से दिग्दर्शित कर लिया था। आज जरूरत है कि हम प्रेमचंद की नित-नवीन, चिरनवीन छवियों-बिंबों-सम्मूर्तियों को पुनर्लब्ध या अनुसंधानित करें। प्रेमचंद में ही भविष्य के उद्धार की कई चिनगारियाँ अभी भी दबी हुई सुलग रही हैं।

विश्व के पटल पर प्रेमचंद, गोर्की, लुशुन की त्रयी के लक्ष्य त्रिकालदर्शी हैं।

2005

17 'फिर लौटते हुए' कुछ अच्छे लोग

लगभग पौने दो सौ पृष्ठों में राकेश वत्स की इस जीवनी-कथा 'फिर लौटते हुए' (2003) को किस विधा का नाम दें? गल्प या उपन्यास, या फांतासी? इसका उत्तर पेचीदा है।

संपूर्ण कृति मोटे तौर पर मात्र पाँच या छह खंडों में बँटी है। हर खंड के काव्यात्मक उपशीर्षक हैं। हर खंड में लगभग हर प्रसंग में बूढ़े नायक दिवाकर शर्मा सर्वत्र मौजूद हैं। सो कथा-पतंग की डोर उनके हाथ में थमी है। ज्यादा पात्र भी नहीं हैं जिससे पाठक रास्ते में भटकता नहीं। कथा में खास चमत्कारिक मोड़/मरोड़ भी नहीं हैं जिससे किसी जादुई यथार्थ अथवा वैज्ञानिक फांतासी की कोई गुंजाइश हो। इसलिए इसकी संरचना को 'अर्ध-फांतासीय सामाजिक गल्प' कहना ज्यादा समीचीन होगा। कारण कि द्वैतवादी पटल है : जैसे शर्मा और उनके दो बेटे (चंद्रमोहन तथा बलबीर); शर्मा और उनके दो पुराने दोस्त (जसबीर सिंह और विवेक मटियानी उर्फ़ पागल बाबा); शर्मा और दो महिलाएँ (पत्नी लक्ष्मी और तेजस्विनी नंदिता राय); शर्मा और दो सरपंच (खानपुर गाँव का साधूसिंह तथा मसाहा गाँव का बड़ी मूँछों वाला); शर्मा और दो शहर (नाभा और चंडीगढ़); शर्मा और दो कर्मक्षेत्र (आश्रम और हस्पताल)। इस तरह यह कृति मौजूदा उपन्यास के ढाँचे में अँट नहीं रही। सो हम इसे 'गल्प' (फिक्शन) कहते हैं क्योंकि इसमें यथार्थता के तथ्य भी गल्प की आकांक्षा से लपेटे गए हैं।

अगर 'फिर लौटते हुए' शीर्षक गल्पकृति की दुनिया की तुलना या अभिग्रहण का सवाल उठे तो कौन-सी दुनिया का संदर्भ प्रमुख होगा? एक हमारे अनुभवों की दुनिया है। दूसरी मीडिया द्वारा प्रस्तुत वर्तमान दुनिया है। तीसरी स्वाध्याय तथा परिवेश द्वारा संप्राप्त दुनिया है। चौथी हमारे समूचे स्वप्नों और प्रत्याशाओं की दुनिया है। मान लें कि हम इन सभी दुनियाओं का कृति की दुनिया से संसर्ग कराते हैं। तभी तर्कसंगत बात बना सकेगी। कृति की दुनिया कैसी है? इसमें एक कविमन से 'स्वप्नसमय' (अगर 'फांतासी' शब्द गैर-आधुनिक लगे तो) को तलाशती हुई बूढ़े

पात्र के कई बार पुनर्नवा (मेटा-मार्फोस) होने की दुनिया है। इस दुनिया में बूढ़ा नायक दिवाकर शर्मा कवि है, भूतपूर्व समाजवादी है तथा निरंतर आत्मसंघर्ष करता हुआ राहों का अन्वेषी है। इस औपन्यासिक गल्प में कविताओं तथा कवित्व की घटनांतरकारी भूमिका है। वर्तमान कथा-साहित्य में इसे रोमांटिकता के तहत अस्वीकार कर दिया जाता है। इस कृति में [बोरिस पास्तरनाक के 'डॉक्टर ज़िवागो' की तरह] कविताएँ केंद्रीय आत्मनिर्णय ही नहीं करतीं बल्कि पौत्र बसंत द्वारा वृद्ध दादा अर्थात् नायक दिवाकर शर्मा के आदर्शों को हस्तामलकवत् बना देती हैं। इसमें स्वयं शर्मा जी भी नंदिता राय की एक प्रिय कविता की कविस्वरूप में उम्दा आलोचना करते हुए उसके तेजस्वी व्यक्तित्व तथा शाश्वत् नारीत्व का उद्‌घाटन करते हैं। सो, हम कहते हैं कि इस कृति में काव्य का आयाम इसे 'स्वप्न समय' में खींचे लिए आता है।

'स्वप्न समय' कालखंड को लाँघता है अर्थात् वृद्ध और शिशु एक साथ अस्मिता बनाते हैं। यहाँ अंत तक आते-आते शर्मा जी बूढ़े नहीं, नवजात शिशु [जैसे] हैं। 'समय-स्वप्न' दिवास्वप्नों स्मृतियों-पूर्वदीप्तियों-फांतासियों का इकट्‌ठ होता है। इस कृति में पहले खंड में चंद्रमोहन फांतासी करता है कि अगर बूढ़े बीमार बाप मर गए तो...। इसमें कोहरे से ढँकी घाटी में पागल बाबा हिजड़ों और वेश्याओं के बेटों की फौज तैयार करके जनक्रांति का बीड़ा उठाता है। वह बूढ़ा भी पहाड़ को काटकर नदी की धारा को मोड़कर माओवादी चीनी कहावत को चरितार्थ करता है। इसमें शर्मा कामकाजी वाल्दैनों के बच्चों का आश्रम बनाकर दया और ममता को प्रसारित करते हैं तो सेठ सुगमचंद जैन उस बगीची और आश्रम को उजाड़कर कांक्रीट का तिलिस्म चाहते हैं। इसमें शर्मा हस्पताल को सेवागृह और स्वास्थ्य संरक्षक बनाने को चोगाधारी बूढ़े मिशनरियों की फौज बनाने का संकल्प लेता है। अर्थात् एक ऐसे 'स्वप्न समय' की रचना के लिए सेवाकर्म हैं जिसमें अपने अंदर का (आर्केटाइपल/महापितृसत्ताक) इंसान—सच्चा इंसान—जागेगा। वह मात्र देह-कर्म के बजाय सेवाकर्म तथा देहकर्म के योग से जागेगा तथा आत्मा को बचाएगा। इस स्वप्न-समय का **नवजागरण** ऐसा होगा जिसमें कोई विचारधारा नहीं होगी, कोई राजनीतिक दल नहीं होगा, कोई सरकारी दखल नहीं होगा, और कोई आत्मप्रचारक लीडर नहीं होगा। इसके लिए बूढ़ा नायक एक युवा पात्र (पौत्र बसंत) के साथ 'आश्रम' और 'अस्पताल' के ध्रुवांतों में डोलता है। वह इन दोनों प्रयोगों को मॉडल में बदलने को तत्पर है। यही इस औपन्यासिक गल्प का जादुई यथार्थ है, सामूहिक फांतासी है तथा आधुनिकता को लाँघती हुई नई संभावनाओं की खोज है। यह कृति 'स्वप्न समय' में आतंक-अन्याय-शोषण-स्वार्थ के **'कोहरे'** को चीरकर सच्चे इंसान को ढूँढ़ने की परिकल्पना है जिसमें विशाल भीड़ गूँगी और बहरी नहीं होगी, जो हिजड़ों की तरह दलित-दमित नहीं होगी, बल्कि शिशु और युवा की तरह भविष्य के समय का स्वप्न देखेगी। अतः हमें भी

इस कृति को आधुनिकता, यथार्थता और बौद्धिकता के आयामों से छूट देनी चाहिए।

विलुप्त सभ्यताओं एवं समाजों के भयंकर तथा रोमांचक रहस्य हुआ करते हैं। जब एक उत्तर मिलता है तो वह दूसरे कोहरे में खो जाता है और संबद्ध कहानी तीसरी बन जाती है।

अगर हम इस कृति को केंद्र बनाएँ तो पाते हैं कि इसमें **सावधान प्लॉट-संरचना** की कमी है। किंतु इसमें एक मामूली आदमी की जीवन दृष्टि से **सुस्पष्ट निरीक्षण**—भले ही वह सीमित हो—यत्र-तत्र-सर्वत्र परिव्याप्त है। पहले खंड में शर्माजी के तीन पीढ़ियों वाले परिवार में एक ओर तो तीन स्तरों का जेनरेशन-गैप है बाप-बेटे में, पति-पत्नी में। किंतु दादा और पौत्र-पौत्री की पीढ़ी में अद्भुत समरसता भी है। इससे संयुक्त परिवार खंडित ही नहीं हुआ है किंतु शर्माजी और संतति के बीच घृणा-स्वार्थ, तनाव-टूटन आदि भी बढ़े हैं। संबंधों में बदले तथा घृणा की भावना भर गई है। तथापि कथाकार ने, समाज-विवेक के विशेषाधिकार द्वारा, एक (छद्म) सिद्धांतवादी प्रोफेसर का परिवार, उसकी पितृघृणा के विरोध में साहस के साथ खड़ा दर्शाया है। तनाव के विस्फोटक बिंदु तक पहुँचने पर दादा (शर्मा) बेटे (चंद्रमोहन) से गिड़गिड़ाकर माफी माँगता है। इससे मन स्वच्छ हो जाते हैं, परिवार का धुआंरा गगन धुल जाता है। मानसिकता का स्वच्छ होना शर्त बनती है। इसके बाद शर्मा बिना बताए घर छोड़कर चले जाते हैं। दूसरा निरीक्षण रेलवे-डिब्बे में है। जहाँ एक प्रति-संसार है। तीसरा निरीक्षण हस्पताल में है। वहाँ की नारकीय गंदगी, ऑपरेशन-टेबल की निर्ममता तथा लूट-खसोट का माहौल। चौथा निरीक्षण पहाड़ में दुएली गाँव में हुई पंचायत का है। ये लेखक की सूक्ष्म एवं तटस्थ दृष्टि के सूचक प्रखंड हैं। इसी में खच्चरों पर पहाड़ी सफ़र भी जोड़ा जा सकता है।

लेखक का सबसे मार्केवाला सूक्ष्मनिरीक्षण अन्य पात्रों एवं इतर पात्रों की रचना में है। सचमुच, यहाँ उसका जादू शिखर पर है। दादा शर्माजी की पत्नी लक्ष्मी की निष्ठा; छोटे बेटे बलबीर का अंध स्वार्थ तथा धोखाधड़ी; बलबीर की बाँझ पत्नी का समर्पण भाव; तेजस्विनी महिला नंदिता राय की शालीनता, परदुखकातरता व भावुकता; पागल बाबा के शिष्य मेधावी की कर्तव्यनिष्ठा; अलगस्त दोस्त जीतसिंह की संगीतकारी; पागल बाबा की मसीहाई आत्मोत्तीर्णता; एस. एच. ओ. केहर सिंह की पुलिसिया व्यावहारिकता; मिलिट्री कर्नल की मानवीय दानशीलता; खच्चरवाल अब्दुल की गुण ग्राहकता; भीमसेन की सेवा-सहकारिता; विवेक की पत्नी शकुंतला का महोत्सर्ग आदि इन कम पात्रों के आंतरिक ऐश्वर्य तथा मनोवैशिष्ट्य का उद्घाटन करते हैं। शायद लेखक राकेश वत्स के खंड-खंड जीवनानुभवों का निचोड़ भी यहीं मधुसंचित हो गया है। लेखक मानो यही सूत्र देता है कि कुछ अच्छे लोग बहुत कम आत्मप्रचार करते हैं। वह मानता है कि बूढ़े लोग और मामूली लोग देश के रंगमंच पर फिर लौटेंगे। तथापि लेखक ने अत्याचारों, भ्रष्टाचारों और आतंक का हाशिया लगभग छोड़ दिया

है। ताकि मामूली लोगों की मामूली जिंदगी को कोहरे से बाहर निकालकर उद्दीप्त किया जा सके। यह सवाल हम सामाजिक पाठक उठा सकते हैं कि नायक कौन है—दिवाकर या पागल बाबा? क्या वे कोई खास बंदे हैं अथवा अन्य सही/सच्चे/संवेदनशील लोग-बाग भी इसी तरह प्रतिक्रिया करते हैं? क्या हरेक परिवार में बूढ़े लाचार, आश्रित, फालतू, सम्मानहीन होकर जीने को अभिशप्त हैं?

गल्पकार राकेश वत्स ने देश में व्याप्त सामूहिक गूँगेपन एवं अंधेपन के लिए, अन्याय और अत्याचार के विरोध के लिए, एक महाप्रतीक उठाया है—पागल बाबा, कोहरे से ढँकी निचली घाटी, वेश्याओं के बच्चों और हिजड़ों की फौज द्वारा जनक्रांति तथा पहाड़ को काटकर नदी-धारा का पानी सूखे खेतों में सींचना। उसने घटनाओं तथा विवरणों को उक्त महाप्रतीकों में संक्षिप्त कर दिया है। इसीलिए कृति का फलक छोटा हुआ है तथा फांतासीय-स्वप्निल भी हुआ है। कुछ उद्धरण बात खोलेंगे।

"देखो शर्मा देखो, गंगा के दोनों तटों पर हिजड़ों का मेला लगा है। सजे-धजे हिजड़ों का। हिज़ड़े जोर की तालियों के साथ हिजड़ों का स्वागत कर रहे हैं। नेता हिजड़े, अभिनेता हिजड़े, शिक्षक हिजड़े, वैज्ञानिक हिजड़े, उद्योगपति हिजड़े, धर्मगुरु हिजड़े, पत्रकार हिजड़े, दुकानदार हिजड़े, साहित्यकार हिजड़े, कलाकार हिजड़े, खिलाड़ी हिजड़े, धनकुबेर हिजड़े, लालफीताशाह हिजड़े, हिजड़े ही हिजड़े!"...नाचेगी तो सिर्फ बेहयाई, नामर्दगी, धूर्तता, कमीनगी। इन सबका नंगा नाच होगा। नाच को उछालेगी मीडिया। लोग मुग्ध होकर देखेंगे। मुग्ध होकर देखेगी हिजड़ों की नई पीढ़ी। अथच..."कुहरे के आर-पार देखना कोई आसान काम थोड़े ही है। अभी तो आप मिलावटी सोना हैं। शुद्ध हो जाएँगे।...दरिंदे भी दिखाई देंगे जो कुहरा फैलाते हैं...। लकड़बग्घों की रक्षा में खड़े लकड़बग्घे। सब कुछ दिखाई देगा तुम्हें।...इन हिजड़ों ने मेरी मर्दानगी छीन ली। नपुंसक बना दिया मुझे। जहर बना दिया गंगा के पानी को। लूट लिया भरपूर संस्कृति का खजाना।" (पृष्ठ 85) पागल बाबा ने पहाड़ को रोज छैनी से तोड़ने का व्रत लिया है। इसी को वह 'देहधर्म' कहते हैं।...सो हिजड़े, गंगा का पानी, पहाड़ का काटना, कोहरा, आदि के ये महाप्रतीक वृहदाकार उपन्यासों का संक्षेपण जैसे हैं। इनकी भव्यता स्वयंसिद्ध है। तदपि इससे लेखक का उपन्यास-विवेक जरूर क्षीण हुआ ही है।

सूक्ष्म निरीक्षण-पर्यवेक्षण की एक महत्त्वपूर्ण कड़ी भाषा-संसार के प्रयोग तथा कोशकारी भी है। इस छोटी कृति में भी लेखक ने कुछ आश्चर्यों की पिटारी खोली है। वृत्तांत (नैरेशन) की ऐस्थेटिक्स में भाषा के 'लांग' तथा 'पेरोल' (वाक्) का उपयोग पहले भी हुआ है। कृष्णा सोबती तथा जगदीश चंद्र ने पंजाबी शब्दों, और मुहावरों का शिद्दत से इस्तेमाल किया है। राकेश वत्स ने दादी लक्ष्मी से खाँटी और सहज पंजाबी बोली सोच्चारण बुलवाई है। इसमें अनुपम छटा है, पटियालवी के मेल की।... जीत सिंह भी लच्छेदार चटक-मटक पंजाबी बोलता है। इसी के समानांतर शर्माजी

की पौत्री (अंग्रेजी की छात्रा) रेणु हिंदी और अंग्रेजी के मिश्रण वाली कामचलाऊ रोबजमाऊ 'हिंगिश' बोलती है। पौत्र बसंत तथा शिष्य मेधावी शुद्ध-स्वच्छ और सुंदर हिंदी बोलते हैं। इनमें से ही पात्र यथावसर हिंदी और पंजाबी के घोल से नई 'हिंजाबी' भी गढ़ते-से मिलते हैं। उन सबके ऊपर प्रवाचक (नैरेटर) उपन्यासकार राकेश वत्स साहित्यिक हिंदी को प्रवाहित करते हैं।

गल्प में एक अन्य तकनीक पत्रों तथा कविताओं द्वारा कथा-प्रवाह को मोड़ने/बदलने की है। प्रमुख पात्र शर्मा जी (दिवाकर शर्मा) जब भी अपना तथा अपनी स्पेस का स्थानांतरण करते हैं तो वे पत्र की तकनीक अपनाते हैं—अपनी पत्नी लक्ष्मी को, दोस्त जीत सिंह को, साथी विवेक (पागल बाबा) को कई बार। इसी तरह कविताएँ भी उपन्यास की देहभाषा का अंग बनती हैं, उसी तरह जैसे हिजड़ों की देहभाषा प्रसंगानुसार संकेतित हुई है। तीसरी तरकीब पूर्वदीप्ति (फ्लैशबैक) द्वारा स्वयं शर्माजी चंद्रमोहन, लक्ष्मी, पागल बाबा, शकुंतला, नंदिता राय पिछले कथासूत्रों को धारावाहिकता प्रदान करते हैं। चौथी महत्त्वपूर्ण तकनीक **प्रोक्ति-विश्लेषण** या विमर्श (डिस्कोर्स एनालिसस) की है। इसके कई उम्दा और नए प्रयोग इस छोटी कृति में हुए हैं—दादा पिता को लेकर चंद्रमोहन के परिवार की गोष्ठी, शकुंतला को कई नारियों का आँखों (के मानवीयकरण) से समझाना, मसाहा गाँव की समस्या को लेकर पंचायत, शर्मा जी के लौटने पर परिवार के प्रत्येक सदस्य का पृथक-पृथक (संभावित) प्रतिबोध; चंद्रकांत व कृष्णा की एक-दूसरे के प्रति चेतन (प्रकट) बनाम अप्रकट (अवचेतन) प्रतिक्रियाएँ, शर्मा की मानसिक हस्ती का उनकी कविताओं के माध्यम से बसंत व रेणु द्वारा उद्घाटन, शर्मा का पत्नी और नंदिता को लेकर आत्म संवाद। ...वगैरह-वगैरह।. ..ये सभी तकनीक अलग से विवेचन-निरूपण की अपेक्षा रखते हैं। हमने तो मात्र परिगणना कर दी है ताकि यह पक्ष छूट न जाए। यहाँ कृती ने सचमुच नए रास्ते ढूँढ़े हैं। इसलिए हम परिलक्षित करते हैं कि यह कृति कविमन से लिखी गई है और भाषिक यथार्थता तथा भावलोक की गहराइयों के उद्घाटन में यथावसर काव्यात्मक भी है। इसकी विलक्षण संवेदना यह है कि यह एक वृद्धनायक को केंद्र में ले आई है। वृद्ध नायक कवि भी है। वह देहकर्म और सेवाकर्म का सहयोगी है। इस तरह तो यह हिंदी में शायद पहला उपन्यास ठहरता है जो एक वृद्धनायक पर, वरिष्ठ नागरिक के विश्वदृष्टिकोण के माध्यम से लिखा गया है। यह तथ्य रेखांकित किया जाना चाहिए।

निष्कर्ष की ओर बढ़ते हुए कहा जा सकता है कि यह गल्प सामाजिक-सामूहिक गूँगेपन-बहरेपन-अंधेपन को छिन्न-भिन्न करने की कोशिश कर रहा है।

यह छोटे फलक पर 'खामोशी की संस्कृति' को भंग करता है। यह महाप्रतीक में परिणत होता है कि 'इस देश में आज हर क्षेत्र की सत्ता और व्यवस्था में हिजड़ों और हीन लोगों का ही आधिपत्य है। इन बेशर्म और धूर्त हिजड़ों को परास्त करने के

लिए महाहिजड़ों और महाधूर्तों की आवश्यकता है। मेरा विवेक-आश्रम ऐसे प्रतिबद्ध लोगों को पैदा करेगा और पूरे देश में इनका जाल फैलाएगा।' (पृ. 89)। यह पहली कुंजी है।

दूसरी कुंजी है, वरिष्ठ नागरिकों अर्थात् वृद्धों द्वारा देहधर्म एवं सेवाकर्म की ओर फिर लौटना। इस उपक्रम में वे युवाओं के बराबर सिंसियर होंगे तथा पुनर्नवीकृत होकर अपने अंदर तथा देश में शिशु की पवित्रता, निश्छलता तथा सामाजिकता की प्रतिष्ठापना कर सकेंगे।

तीसरी कुंजी है कि यह वृद्ध मनुष्य पर लिखी गई उत्तरवर्ती जीवनी है। इसमें शायद रचनाकार की आत्मकथा की छायाएँ कहीं-कहीं, कभी-कभी झिलमिलाती-सी दिखती हैं। सो, यह कृति बूढ़ों के सेवाशक्ति एवं देहशक्ति से संपन्न होकर–शिशु (जैसा) हो जाने की वह कथा है जो एक मामूली इंसान की जमीन पर पल्लवित-पुष्पित हुई है। इसमें सामूहिकता-सामाजिकता की अंततोगत्वा विजय पर आस्था जगमगाती है। इसमें नायक दिवाकर शर्मा का एक बार नहीं, बल्कि कई बार 'कायाकल्प' (मेटा-मार्फोसिस) होता है।

इसमें कोई मिर्च-मसालेदार प्रेमकथा नहीं है। इसमें कोई हाहाकारी-जयजयकारी संघर्ष नहीं है। इसमें कोई सनसनीखेज भंडाफोड़ नहीं है।...वास्तव में यह कृति नई सदी की गैरतमंद पीढ़ी के लिए 'फिर लौटते हुए' (वृद्ध/विवेकी) लोगों की मामूली दिखने वाली महत्त्वपूर्ण कहानी है।

2004

18 'गदल' : आदिमता तथा आधुनिकता के बीच सेतु?

रचना और उत्पाद, कार्य और चिंतन, मनुष्यों तथा मानव-समाजों के कई सतहों वाले दर्पणों व दीपकों की कतारों-से होते हैं। सभ्यताओं और संस्कृतियों में लोक, पाठक तथा आलोचिंतक उनका नाना प्रकार से अनुचिंतन और अनुप्रयोग किया करते हैं। किंतु 'कहानी'-धुरी पर एक तकनीकी त्रुटि बरकरार है कि इसका अपना निजी साहित्य-संस्कृति-शास्त्र [काव्यनाटक के सौंदर्यबोधशास्त्र से इतर] स्वायत्त नहीं हो पाया है। दूसरे कहानी **का** सामाजिक इतिहास तथा कहानी **में** विचारों का इतिहास भी अधिष्ठापित नहीं हो पाया है। अगर ऐसी कोशिश की जाए तो कहानी के ग्राफ़ में कुछ चमकीले बिंदु जगमगाते हैं। मसलन, कुछेक : 'उसने कहा था' (चंद्रधर शर्मा गुलेरी), 'शतरंज के खिलाड़ी' (प्रेमचंद), 'कफ़न' (प्रेमचंद), 'आकाशदीप' (प्रसाद), **'गदल'** (रांगेय राघव), 'तीसरी कसम' (रेणु), 'एक ज़िंदगी और' (मोहन राकेश), 'वापसी' (उषा प्रियंवदा), 'हंसा जाई अकेला' (मार्कण्डेय), 'राजा निरबंसिया' (कमलेश्वर), 'भेड़िए' (भुवनेश्वर), 'लंदन की एक रात' (निर्मल वर्मा), 'तिरिछ' (उदय प्रकाश), 'गलियारे' (राजीसेठ), 'लकड़बग्घा' (चित्रा मुद्गल), 'काला रजिस्टर' (रवींद्र कालिया) आदि-आदि।

'गदल' (1955) कहानी की पहली सही परख शिवदान सिंह चौहान ने की थी। उनमें गजब का ऐतिहासिक विवेक भी मौजूद था। इसके छपने के बाद उन्होंने 'कहानी' पत्रिका (इलाहाबाद) में ही अपने एक पत्र में इसे 'उसने कहा था' (1915) के बाद इसी स्तर की बताया था। उसमें अमृतसर शहर, गाँव और विदेश में अंग्रेज-जर्मन-युद्ध के पटलों पर द्विवेदीयुगीन नैतिकता तथा सिखी की रहत-मर्यादा में आदर्श किशोर रोमांस से लेकर प्रौढ़ प्रेमयोग का मेल हुआ था। इसमें गुर्जरों का एक कबीलाई समाज है जिसमें 'राजस्थानी परिवेश में प्रेमानुराग की निगूढ़ अभिव्यक्ति हुई है।' (मधुरेश)। अतः यह ध्यान रखना होगा कि यहाँ बनैले व हिंसक पशुओं

का कोई **यूथ** नहीं, बल्कि एक रिश्तेनातेदारी में चरमराता पिछड़ा हुआ कबीलाई मानव-**समाज** है। तुलना में इसमें आधुनिक बर्बर-खुदगर्ज़ अत्याचार तथा बेरहम यौन-उत्पीड़न कतई नहीं है। और भी : ऐसे कबीलाई (पिछड़े?) समाज में—'गदल' के माध्यम से—सटीक नृतात्त्विक निष्कर्ष निकाले गए हैं कि यहाँ देह की पवित्रतावादी नैतिकता तथा सामंतीय वंशानुगामी शील-प्रतिबंधों की अवधारणाएँ गैर-हाज़िर हैं। सारी कहानी में जो स्थितियाँ हैं उनसे प्रस्फुटित तो **अस्तित्व (एक्ज़िटेंस)** होता है किंतु पल्लवित-पुष्पित **सारत्व** (एशेंस) कम ही हुआ है। यह कठिन दुविधा स्वयं कहानीकार रांगेय राघव की भी रही है। कहानी में नारीचिति (साइकी) का भी आर्केटाइपल बिंब देदीप्यमान है जो आधुनिक प्रेडिकामेंट को भी समाविष्ट कर लेता है। यहाँ प्रौढ़ पात्रों का विरोधाभासी संसार है।

बकलम लेखक " 'गदल' मेरी एक पुरानी विचारदृष्टि में-से निकली धारा का एक और बिंदु है।...गदल ग्राम जीवन का एकचित्र है। गाँव में गूजरों का समाज अपनी अलग रीतियाँ निबाहता है। किंतु गदल केवल उस बाह्य का ही चित्रण नहीं है। उसमें एक स्त्री का हृदय बोलता है।...मैं भावपक्ष का अनुरागी हूँ; मनुष्य ढूँढ़ता हूँ।...चरित्र का व्यवस्था में-से ऊपर लाने का पक्षपाती हूँ।...'गदल' फिर भी गदल है और गदल ही रहेगी।...मुझे गदल कुछ विशेष नहीं लगती।" जी, हाँ श्रीमान! 'गदल' और उसकी गदल सदैव गदल ही रहेगी। लेकिन क्यों? लेखक के पूरे खुलासे में हम कई रिक्तताएँ, काफ़ी अधूरापन और थोड़ा-सा बड़बोलापन भी पाते हैं। सो, हमारा भी अपना समांतर पाठ-परिपाठ जारी होगा। इसके पहले हम कथानक और थीम को दुहरा लेते हैं—

नातेरिश्तेदारी की ढीलम-ढीली बुनाई वाला, खानाबदोश गुर्जरों का, एक कबीला है जिसकी खारी और लौहारों गुर्जर-शाखाएँ हैं। इसमें अमूमन तेल-पिलाई लाठियों के जोर से दुलहनियाँ लाई-लौटाई-बुलाई जाती हैं।

पचास साल का डोड़ी गूजर है जिसकी बहू बच्चे मर गए और वह अकेला रह गया। वह भौजाई गदल के सहारे था। सो ब्याह नहीं किया। उसने भाई से पत निभाई।

गदल पैंतालीस साल की विधवा है जिसका पति मुन्ना पचपन साल की उम्र में नहीं रहा था। गदल के बेटों में बड़ा निहाल और छोटा नरायन है। गदल ने डोड़ी को अपना ही समझा। अब उसका (घर में) कौन है? अब उसे किसी की परवाह नहीं है। वह इन लड़कों और बहुओं की गुलामी नहीं करेगी। अतः वह पेट के लिए परायी ड्योढ़ी लाँघती है और लौहारें गूजर मौनी के यहाँ बैठ जाती है। मौनी रड़ुवा है। इस तरह विधवा गदल, मृतक (पहला) पति मुन्ना, रड़ुवा (दूसरा) पति मौनी, देवर डाड़ी और बड़ा बेटा निहाल, पूरा सीनेरियो अभिनीत करते हैं।

निहाल अपनी अम्मा गदल को कुलच्छनी कुलबोरनी मानकर धिक्कारता है

क्योंकि वह घर छोड़कर चली गई जिससे जग-हँसाई हुई। पंचायत जुटाने के लिए जब छोटा बेटा नरायन माँ से दंड धराने आता है तो वह कड़े और हँसुली उतार फेंकती है और फिर (नए घर में) कदम न रखने की चेतावनी दे डालती है।...वह बहू दुल्लो के जहरबुझे व्यंगों का धमाकेदार जवाब देती है कि वह देवर (डाड़ी) के नाते 'देवरानी' है। उसकी जूती या, बाँदी, नहीं। सास-बहू के बीच प्रोक्ति पिछड़े कबीलाई समाज के संबंधों के संकट को उभारती है।...डाड़ी सही बात समझता है कि गदल रूठ कर ही चली गई है।

मौनी के घर पर भी वह चूल्हा फूँकती और रोटी पकाती है। वह यह फैसला कराने पर आमादा है कि यहाँ बाहर से एका रहे किंतु भीतर से अलग-अलग चूल्हा रहे। वह तो यह भी कहती है कि मौनी अपनी उमिर लायक एक दूसरा विवाह कर ले। वह अपने सम्मान और अस्मिता से किसी स्थिति में समझौता नहीं कर सकती।...मौनी के घर आकर गिर्राज ग्वारिया खबर देता है कि गदल का देवर डोड़ी मर गया। गदल को बताया कि मरते बखत तो उसके मुँह पर तुम्हारा नाम कढ़ा था। गदल जब ज़ाने का हठ ठानती है तो मौनी उसे कमरे में बंद कर देता है परंतु वह रात में छप्पर ऊपर उठाकर साँपिन की तरह रेंगकर दूसरी ओर कूद गई।

पहुँचने पर बेटा निहाल उसके.भीतर पग धरने पर खबरदार करता है लेकिन दबंग गदल जुनून में खुद ही देवर डाड़ी का (मरणोपरांत अंतिम भोज) 'कारज' कराने का दृढ़ निश्चय करती है। दरोग़ा को रिश्वत देकर दावत में पच्चीस लोगों के प्रतिबंध को अनदेखा कराती है। लेकिन ईर्ष्या और प्रतिशोधवश मौनी बड़े पुलिस कप्तान से शिकायत कर देता है। बिरादरी और सरकार के बीच टकराव अवश्यंभावी हो जाता है। मंच की अगली यवनिका खुलती है।

पुलिस हथियार बंद होकर आती है। गदल कारज को धर्म का कार्य तथा बिरादरी का सदा की प्रथा मानकर टस से मस नहीं होती। अंतिम पंगत तक संघर्ष छिड़ जाता है। अखंड ममता से गदल अपनी कोख की सौगंध दिलाकर बेटे निहाल तथा नरायन को, बहू को, बच्चों के साथ बाहर निकाल देती है। अकेली बची वह खुद बंदूक थाम लेती है। अब गदल बिल्कुल अकेली है।

गदल ने गोली चलाई। दरोगा ने भी गोली चलाई जो गदल के पेट में लगी। गदल रक्त से भीगी हुई पड़ी थी। उसकी शिनाख्त कौन करे? दरोगा के पूछने पर उस अकेली ने बताया कि 'जो एक दिन अकेला न रह सका उसी की...'। और उसका सिर लुढ़क गया।

कहानी का फलक छोटा किंतु बेहद प्रौढ़ तथा गहरा है। एक ओर गदल तथा देवर डाड़ी के बीच अव्यक्त, निगूढ़ और आभ्यंतरिक प्रीति का महाभाव है (एक विधुर

और विधवा के बीच), दूसरी ओर गदल और मौनी के बीच अपने-अपने अधिकारों तथा बराबरी का आत्मसंघर्ष जारी है (एक रड़ुवा और विधवा के बीच) तथा तीसरी ओर बिरादरी के सनातन **नेमों** तथा राज की सरकार के वक़्त के **क़ानूनों** के बीच त्रासद संघर्ष छिड़ता है। पहले आयाम में प्रेमयोगी डाड़ी का वियोगांत होता है। तो तीसरे आयाम में क़ानूनी आतंकवाद से गदल मारी जाती है। इस तरह डाड़ी और गदल की मृत्यु कथा में समर की छोटी पराजय तथा संग्राम की बड़ी विजय का परिणाम बनती है। ('गोदान' के होरी की तरह से)।

मानों गदल आधुनिक नारी-सशक्तिकरण की तेजस्विनी तथा नारी-स्वाभिमान की गुरिल्ला-जोधा के रूप में बखूबी समसामयिक भी हो आती है। यही उसकी सार्थकता का ध्रुवांत है।

इस कहानी के छोटे से फलक के दो ही पर्ण हैं—(i) बिरादरी के नेम से जहाँ परिवार-धुरी में सामंतीय पवित्रतावादी यौन नैतिकता नहीं है (अतएव गदल का नए मर्द के पास घर छोड़कर चले जाना अनैतिक कतई नहीं है)। (ii) राज का क़ानून : जिसके अनुसार दावत में पच्चीस से ज्यादा लोग नहीं हो सकते किंतु गदल के लिए (डाड़ी के अंतिम) 'कारज' में कई पंगतें जीमाना भावनात्मक एवं धार्मिक कृत्य है। वह दिवंगत डाड़ी की अनिर्वचनीय प्रीत के लिए तथा मृतक पति मुन्ना के अधूरे 'कारज' को पूरा करने के लिए एक सशक्त लड़ाई तक लड़ती है और वीरगति को प्राप्त होती है।

अतः 'गदल' की गदल एक आदिम ग़ज़ल है : गदल एक गुरिल्ला-ग़दर है। रांगेय राघव ने अपने ढंग से ठीक ही कहा है कि गदल फिर भी गदल है और गदल ही रहेगी।

हम तो सन् 1955 में लिखी गई **'गदल'** को विशाल कबीलाई व ग्रामीण फलकनुमा उपन्यास **'कब तक पुकारूँ'** (1957) का पूर्वाभ्यास मानते हैं (जैसे कि जयशंकर प्रसाद ने 'कामना' के उपरांत 'कामायनी' का प्रणयन किया था)। 'गदल' में सामंतीय संघात विशेष रूप से दो-तीन थीमेटिक शब्दों (कुलच्छनी, कुलबोरनी, जगहँसाई) में, तथा उपनिवेशी व्यवस्था में क़ानून तथा न्याय (दरोग़ा द्वारा रिश्वत लेना, तथा पुलिस द्वारा छोटी-सी परिस्थिति में बेसब्री से गोलियाँ दागना) की ढोल में पोल द्वारा परिलक्षित होता है।

सामंतीय एवं पूँजीवादी उत्पीड़न का खौफ़नाक तथा बर्बर पक्ष तो 'कब तक पुकारूँ' में खुलकर उद्‌घाटित हुआ है। इसमें करनट कबीले का जो वृत्तांत एवं विवरण है वह सामाजिक तथा सांस्कृतिक नृत्तत्त्वशास्त्र (एंथ्रोपोलॉजी) की विश्वस्त सामग्री बन गया है, यद्यपि अतिशयता तथा स्वच्छंद कल्पना भी दृष्टिगोचर होती है। मसलन,

यहाँ करनट कबीला लोक से संभ्रांत, पावन से इहलौकिक तथा ग्रामीण से शहरी होने की संक्रांति से छिन्न-भिन्न-सा हो रहा है। यहाँ ज्यादातर लोग भयंकर गरीबी, निरक्षरता और बीमारियों के शिकार हैं; वे चोरी करते हैं, औरतें डोमिनों की तरह नाचती हैं तथा ऊँची जाति के लोगों द्वारा यौन शोषण का शिकार होती हैं। संभवतः यह इसलिए कि देहकेंद्रित यौन-नैतिकता को ये आभिजात्य वाली बुराई नहीं मानते। इससे औरतें वेश्या की तरह धन-कमाई का एक साधन भी बन जाती हैं। यह एक खानाबदोश समाज की सामाजिकता तथा नैतिकता का दस्तावेज़ भी बन गया है। नतीजा : स्त्रीहरण, बलात्कार, गर्भपात, बीमारी भी। अतः 'गदल' तथा 'कब तक पुकारूँ' **कबीलाई खानाबदोश समाजों** के अध्ययन के भी दस्तावेज़ हैं। विचारों के इतिहास के संदर्भ में हम दोहराएँ कि छठे दशक (1951-1960) में देश और समाज के जनजीवन की शाश्वत, नैसर्गिक, जातीय आमूल जड़ें खोजने की प्रवृत्ति सशक्त हो गई थी। इसमें नृतत्त्वशास्त्र, सांस्कृतिक पैटर्न, समाजशास्त्र तथा सौंदर्यबोधशास्त्र का सहकार होता है। इस धारा के सहवर्तन में 'नई कहानी' का आंदोलन भी ताजगी लेकर चल पड़ा था। इसीलिए 'मैला आँचल' (1955), और 'वरुण के बेटे' (1957) भी प्रकाशित हुए। उस दशक में ऐसी 'समाजशास्त्रीय कल्पना' सर्वाधिक सक्रिय हो उठी थी कि कई सृजित कृतियाँ एकबारगी क्लासिक अथवा प्रतिनिधि हो गई थीं। इसका तात्पर्य यह नहीं है कि अन्य दिशाएँ गतिशील नहीं थीं। किंतु तब पहली बार नृतात्त्विक-सौंदर्यबोधशास्त्रीय आयाम में **आदिमता-आंचलिकता-आधुनिकता का एकतान-व्यापार** क्रियमाण हुआ था। यह भारतीय लोकचित्त के 'संपूर्ण उद्धार' (टोटल रिडेम्पशन) की विचारधारा (आइडियोलॉजी) एवं कल्पलोक (यूटोपिया) का युग्म समकालीन इतिहास की भी अद्वितीय संघटना थी।

इसी तरह एक पूर्ववर्ती गल्प-त्रिभुज भी बना था जिसका प्रवर्तन भगवती चरण वर्मा की 'चित्रलेखा' (1934) ने किया था। अन्य कृतियाँ थीं : यशपाल की 'दिव्या' (1945), हजारी प्रसाद द्विवेदी की 'बाणभट्ट की आत्मकथा' (1948) तथा सहकोष्ठित रांगेय राघव कृत 'मुर्दों का टीला' (1948)। इनमें-से रांगेय राघव का समाजशास्त्रीय अभिकल्प भी पोलेमिक्स से गुत्थम-गुत्था रहा। वे मानो यशपाल की 'दिव्या' के ऐतिहासिक (प्रवृत्यात्मक) रोमांस को लाँघकर आदिवासी जनजीवन में घुसपैठ करते हैं। उनकी भौतिकवादी पद्धति में ऐतिहासिकता तथा द्वंद्वात्मकता का युग्म अंतर्निहित है। 'गदल' में बिरादरी के **नियम** बनाम सरकार-राज के **क़ानून** के द्वंद्वन्यायों में भी यही परिलक्षित होता है। तो, हमें यह कुबूल करने में भी हिचक नहीं होनी चाहिए कि 'सांस्कृतिक आकृतिबंध' (या उसके कुछ अक्ष) की आवृत्ति पीढ़ियों, लेखकों, कृतियों के आर-पार भी होती है। अतएव 'गदल' में तदनुसार **'गाथा'** की ऐतिहासिक दक्षता तथा **गल्प** की विश्वसनीय यक्षता का भी तो सामंजस्य हुआ है।

उपर्युक्त निदर्शन में हमारा प्रयोजन (शिल्प से प्रस्थान करके) यह रहा है कि

आलोचना वाली आलूचना वाली कचौड़ी तलने से बेहतर है कि हम **'पृष्ठभूमिक अध्ययन'** (बैकग्राउंड स्टडीज़) के द्वारा विचार एवं समाज के इतिहास का भी संभावित युग्म गढ़ें। 'गदल' के प्रसंग में अगला खुलासा करते हुए कहा जाए कि इस रचना में 'काव्यात्मक न्याय' के बजाय **गल्पात्मक तर्काभास** का लकदक अनुभव है। इसमें **स्थलीय रंगायन** में भाषिक भराव ने भी प्रोक्तियों का सम्मोहन बुन डाला है (जिसमें भाव के बजाय तर्क केंद्र में आ गया है) तथा, फलस्वरूप, आदिम-स्वछंद कबीलाई संकटग्रस्त समाज पर आधुनिक सभ्य समाज के कठोर-बेरहम प्रहार होने लगते हैं। कैसी है इसमें ऐसी आदिम प्रीत? कैसी है कबीलाई नाते-रिश्तेदारी??

आखिर 'गदल' को लेकर, मुड़-मुड़कर इतना संदर्शन क्यों? क्यों 'नई कहानी' आंदोलन ने परंपरा की परिपाटियों से छिटकने का सबसे मुश्किल मोड़ खोजा और अंगीकार किया था?

महज़ कुछ नया कर दिखाने की सनक में औसतन सहज पाठक रचना से दूर होते चले जाते हैं। इसके अलावा जब हदबंदी की रेखा पर द्विअर्थी कहानियाँ लिखी जाती हैं तो एक अवसरवाद तथा उपभोक्तावाद भी उभरता है (हम यहाँ कोरी प्रतीकात्मक तथा फांतासीय प्रवृत्ति को शामिल नहीं कर रहे हैं)। इसके प्रतिपक्ष में 'गदल' जैसी कहानी व्यावहारिकतावाद की दावेदारी सिद्ध करती है। यह हमारी मानसिकता में नई-नई चुनौतियाँ, खबरदारियाँ तथा ज़िम्मेदारियाँ ले आती है। यह तभी हुआ जब कोरी कथनीयता (कहानीपन) के अलावा यह कहानी एक ज्ञानयोग तथा कर्मयोग की ज्ञापक भी हो। गदल मानो तलवार की धार पर धावती है। देवर डाड़ी उसका सहारा बना और उसके सहारे से ब्याह नहीं करता है। देवरानी गदल भी स्वीकार करती है कि डाड़ी ने उससे और भाई (गदल के मृतक पति) से निबाही तो मैंने भी तुझे अपना समझा। तो अब वह अपने इन लड़कों तथा बहुओं की गुलामी नहीं करेगी। उसने चूल्हा तब फूँका जब उसका कोई अपना था। अब उसे इनकी परवाह नहीं।...वह कड़क कर दुल्लो से कहती है कि वह देवर के नाते देवरानी है; तेरी जूती नहीं। वह होने-वाले-दूसरे-रडुवे पति मौनी से भी फैसला करवाने पर आमादा है कि अब वह दो जने हैं और अलग करके खाएँगे। जब छोटा बेटा दंड धरवाने आता है तो वह तपाक से अपने कड़े और हँसुली उतार फेंकती है और उसे आइंदा इधर कदम बढ़ाने से खबरदार करती है। जब मृतक देवर को देखने जाने से मौनी रोकता है तब वह रात को छप्पर उठाकर साँपिन-सी रेंगकर उधर कूद कर पहुँच जाती है। अंततः जब देवर के 'कारज' में पंगतों को जीमाने पर (रिश्वत खाने के बावजूद) दरोगा सशस्त्र दलबल समेत रोकने के लिए गोली भी चलाता है तब वह सिंहनी एक गुरिल्ला-योद्धा बनकर बंदूक थामती है और कुर्बानी करती है। देवरानी

का मायामोह तथा बेटों के प्रति अगाध ममता के साथ वह अपनी कोख की सौगंध खिलाकर उन्हें बाहर भगा देती है और स्वयं फ्रांसीसी आर्क की संतजोन की भाँति बिरादरी के नेम तथा 'कारज' के धरम को पूरा निभाती है। वह अपनी अस्मिता, स्वतंत्रता, समानता के लिए अविराम प्रचंड आत्मसंघर्ष करती है। यह **कर्मयोगिनी** नारी-सशक्तिकरण के सभी पक्षों के आयुधों से लैस आदि-दुर्गा जैसी है।...उसका **ज्ञानयोग** भी त्रिकालदर्शी है। एक ओर डाड़ी और निहाल के अंधविश्वासों तथा अपमानों से बचने के लिए वह डायन की तरह विकराल होने का टाइप बताती है, दूसरी ओर बेटा निहाल उसकी दिलेरी से संत्रस्त उसे सिंहनी बताता है, तीसरी ओर डाड़ी को कायर कहती है क्योंकि उसमें हिम्मत नहीं थी कि उसे अर्थात् अपनी विधवा देवरानी को रख ले। रिश्तेदार मर्दों को भी वह कायर सिद्ध कर देती है जब बिरादरी के नियमों के अनुसार 'कारज' में गाँव की सारी पंगतों को जीमाती है। अंततः वह आदि विद्रोहिणी राजसरकार की गोली से मारी जाती है। वह आद्यंत मानती है कि 'गदल तो मालकिन बनकर रहती है'; न कि बाँदी या चाकर होकर।...कबीलाई समाज की 'बिरादरी' से वह संघर्ष करके जो भी स्वतंत्रता और अधिकार हासिल करती है उन्हें निर्भीक आत्मनिर्णय द्वारा सनातन नेमों के मुताबिक मनवा डालती है। अतएव गदल की परंपरा में ही तो आजकल मेधा पाटकर, अरुंधति राय, वृंदा करात, तसलीमा नसरीन आदि बढ़ती चली आ रही हैं। वह मातृसत्ताक शक्ति के आद्य पथ-प्रदर्शन की अभिनव जननेत्री इड़ा हो गई है। उसका सांस्कृतिक अवतार यह इशारा करता है कि चरित्रांकन के पुराने मॉडल ऐसे देशकाल वाले 'यॉनर' पर आइंदा लागू नहीं हो सकेंगे। उनका पुनरुद्धार लाजिमी है।

तो, होगा यही कि जब 'नारी-सशक्तिकरण' क्रियान्वित होगा तो वह केंद्रापसारी होगा तथा मातृसत्ताक इथॉस का अभिषेक भी करेगा। ऐसे में भला पवित्रतावादी देह तथा खून की कुलमर्यादा वाले पुरुष-प्रधान नियमों की भी यह कहानी उल्लंघना करेगी ही। देवर और भावज के रिश्ते क्या हैं? बेटे और माता के आर्थिक स्वार्थ कैसे हस्तक्षेप करते हैं? 'नारीत्व' क्या है? कहानी में इनकी पड़ताल पंचायत तथा बिरादरी के सदा-सदा के **नेम** (रिवाज़ों) बनाम सरकार एवं राज के सामयिक तथा भ्रष्टाचार से कलंकित **क़ानूनों** के बीच के अंतर्विरोधों के द्वारा गोचरीभूत होती है। परंपरागत सवर्ण परिवारों से पृथक यहाँ डाड़ी-गदल-निहाल का खानाबदोश कबीलाई कुनबा ही है। यहाँ पति बनाम बेटा, देवर बनाम दूसरा पति, पुत्रवधू बनाम सास, बेटा बनाम माता के बीच की पेचीदा नातेदारियाँ (किनशिप) हैं। ये रक्त के बजाय अस्तित्व और अस्मिता द्वारा संचालित होती हैं। विधवा गदल-धुरी पर एक ओर पहला मृतक पति तथा दूसरा आसन्न रडुवाँ पति है; एक ओर देवर डाड़ी तथा दूसरी ओर बेटा निहाल है। इनकी संबंधता में निर्णय आसक्ति या रक्त नहीं, अनुरक्ति व विरक्ति कराता है। इसमें कुछ क्षीण रेखाएँ भी हैं, कबीलाई से शहरी हाशियों में प्रयाण की।

इस कथावृत्त में कायर और दब्बू पुरुष, तथा एक दिलेर और प्रबल अहं-पूजक नारी के बीच पहले तो 'फूहड़ता' (एब्सर्डिटी) की दशाएँ प्रतिभासित होती हैं किंतु क्षण और घटित के अस्तित्वों को लाँघकर वे सारत्वपूर्ण **'त्रासदी'** (ट्रेजेडी) में उत्कर्ष पाती हैं। मौन प्रणयी डाड़ी की मृत्यु, तथा गुरिल्ला-जोधानी गदल द्वारा 'कारज' के कबीलाई आदर्श तथा अवचेतन प्रणय के लिए आत्मबलिदान इस संक्रमण की ही अनुमितियाँ हैं। अतः बिरादरी के नेम बनाम सरकार के क़ानून के समानांतर **फूहड़ता** बनाम **त्रासदी** के अंतर्विरोध भी इस कहानी की संरचना के संयोजक हैं। यह बात लाल रेखा से अधःअंकित की जाए। इसी वजह से कहानी के पटल के त्रिकोण में देवर और भौजाई और पुत्र के, अथवा मृतक देवर की विधवा तथा पुनर्याहिता देवरानी तथा बेटों द्वारा भर्त्सना प्राप्त माता के रिश्ते ही छाए हैं। पृष्ठभूमि में तीन मौतों की गहन नीली छायाएँ हैं। (मुन्ना, डाड़ी, गदल)। अतएव कहानी की पात्रगाड़ी की गाड़ीवान गदल ही है जो एक ग़ज़ल है, एक ग़दर है। गोली लगने के बाद मरणासन्न गदल का देवर के लिए अंतिम टूटा वाक्यांश 'जो एक दिन अकेला न रह सका, उसी की...' का एक क्षण ही समय तथा युग को अतिक्रांत कर जाता है।

इस कहानी के सौंदर्यबोधतत्त्व की इशारतन व्याख्या तो हम बाद में करेंगे ही। परंतु यह ध्यातव्य है कि दृष्टिपथ (पर्स्पेक्टिव) तथा संदर्भात्मक व्यासरेखा (पैरामीटर) बदलने से उपागम (एप्रोच) में डिगरी शून्य से लेकर तीन सौ उनसठ तक का कोणीय घुमाव आ सकता है। इसके ऊपर भी यवनिका के पीछे वैश्वक संदर्श (वर्ल्ड व्यू) का सूत्रधार संचालन करता रहता है। रांगेय राघव ने 'आनंदमठ' के प्रतिपक्ष में 'विषाद मठ' (1946), भगवतीचरण वर्मा के 'टेढ़े-मेढ़े रास्ते' के प्रतिवाद में 'सीधा सादा रास्ता' (1951) भी दिखाया है। इस न्याय से 'गदल' की सुप्रतीति भी अद्वितीय हो गई है। किसी विलक्षण कहानी के गहन पाठ और पुनःपठन के लिए एक-दो-तीन कई विधियाँ प्रवाचित होती हैं क्योंकि (इस) कहानी में न तो उपदेश हैं, न नैतिक शिक्षा, और न ही मौज-मस्ती वाला मनोरंजन। इसलिए वेशभूषा—शरीर-रचना, पर्यावरण के लिए हमें ग्रामीण सौंदर्यबोध को दृष्टिगत रखना होगा; मनुष्य के भावों की आंतरिक गोताखोरी के लिए लिरिकल वृत्त की सँभाल करनी होगी; तथा संवादों-घटनाओं-तथ्यों के लिए 'प्रोक्ति'-चक्र का प्रवर्तन करना होगा। ये दिशा-निर्देश एक ही कहानी की भिन्न-भिन्न व्याख्याओं का विधान करते रहे हैं। इनसे चरित्रों के संवेगों के ज्वार-भाटों की गहन समझ आती है, कबीलों के पवित्र **टोटेम** तथा सर्वग्राही **नियमों** (मोरेस) की शक्ति का विस्फोट पता चलता है तथा कहानी-खंडों में प्रेम, प्रथा, परिवार, संघर्ष आदि के सहकारी तत्त्वों का विकास परिलक्षित होता है। इस कहानी के छोटे फ़लक में 'चूल्हा' तथा 'कारज' प्रमुख कबीलाई बुनियादें हैं। इसमें नारी द्वारा 'चाकरी' का अस्वीकार प्रमुख **थीम-चिह्न** (सेमिओलॉजी) है तथा सारी कहानी एक लंबे पारिवारिक मुकद्दमे-दावेदारी तथा कबीलाई समाज के नियमों के भंजक सरकारी क़ानून से आदिम

न्याय की लड़ाई के रूप में धधकती है। यही रांगेय राघव की भी महाभारती भूमि है।

यूँ भी 'चाकरी' का अस्वीकार नारी-शक्ति का धुरीण **थीम-चिह्न** है। 'गोली' द्वारा दूसरा चिह्न है। मरने की स्वप्नवेला में डाड़ी द्वारा ढोला मारू वाला गाना सुनना चौथा थीम-चिह्न है तथा गदल की पूर्वदीप्ति (फ्लैश बैक) वह प्रत्याह्वानकारी पाँचवाँ चक्र-चिह्न है जिसमें उसके (मृतक पति) मुन्ना के संग देवर डाड़ी **तेलपिली** लाठियों के साथ उसे अपना बनाकर ले आए थे। ये क्षण के चिह्न त्रिकाल को कँपा देते हैं।

इस कहानी का अन्य अनूठा जादू-टोना **प्रोक्तियों** से मंत्रमुग्ध करता है। इसमें प्रमुख पात्रों के कुछ निजी शब्द-कुलक (सेट्स) हैं जिनमें अर्थ-भ्रांति, व्यंग्य तथा विडंबना की उफनाती-प्रलयाती त्रिवेणी है। मसलन डाड़ी और उसके प्यारे भतीजे तथा गदल के बेटे निहाल के कुलक में जगहँसाई, माया-ममता, कुलबोरनी, डरना, कुलच्छनी, सिंघनी, डायन आते हैं; गदल के बनैले-विद्रोही दुर्गावाही शब्द-कुलक में कायर, चूल्हा फूँकना, रोटी सेंकना, पैर की जूती, बाँदी, चाकरी, कारज, गुलामी, उमिर, इज्जत, सौगंध, सरकार का क़ानून, बिरादरी के नेम, पंगत, न्यौता आदि पूरी की पूरी संकटग्रस्त कबीलाई व्यवस्था के वास्तुशास्त्र को चित्रांकित कर देते हैं। ये **थीम-चिह्न** ही चरित्र तथा घटना, संवाद तथा तथ्य को सार्थक प्राणवान एवं प्रासंगिक बना डालते हैं। ये ही संदर्शात्मक (विज़नरी) 'कर्मवाची शब्द' हैं जो कविशील वाले हैं। इन्होंने ही प्रोक्ति में संवाद-संघटना तथा विवरण का तर्कविधान किया है। अतः नृत्तत्त्व ने भी इस कहानी की प्रतीति और संदर्श को नौवीं-नवीं बना डाला है।

हम यह अनुमान लगाने में भी शायद गल्ती नहीं कर रहे हैं कि रांगेय राघव ने 'वास्तविक' (एक्चुअल) को [कहानी में] 'यथार्थ' (रियल) में ढाल दिया है। ऐसा यह है कि जब वास्तविक जीवन वाले व्यक्तित्व गल्पात्मक चारित्र्य वाले हो जाते हैं तब वे यथार्थ एवं विश्वसनीय होने के साथ-साथ जादुई या आंचलिक यथार्थतावाले भी हो जाया करते हैं; तब वे सांस्कृतिक आकृतिबंध (कल्चरल पैटर्न) के अचेतन व्याख्याकार तक हो जाते हैं। [गदल और डाड़ी और निहाल ऐसे ही जीवित मनुष्यों के प्रतिनिधि-से हैं]। चित्र और शिल्प के सहकार में ऐसा 'ऐतिहासिक उपन्यासों' में अक्सर होता आया है ('मृगनयनी')। 'ऐतिहासिक रोमांसों' में भी ('विराटा की पद्मिनी', 'बाणभट्ट की आत्मकथा', 'दिव्या') यह प्रक्रिया निष्पादित होती रहती है, बंकिम घुमाव से। 'मैला आँचल' से आंचलिक उपन्यासों में भी इस सौंदर्यतात्त्विक दशा का प्रक्षेपण प्रबलता से लागू हुआ। लातिन अमरीकी गल्प में यह प्रवृत्ति अदल-बदल कर 'जादुई यथार्थवाद' का उन्मीलन करती है जिसकी पृष्ठभूमिका स्वप्न-समय की भी हो जाया करती है। इस तरह रांगेय राघव 'गदल' तथा 'कब तक पुकारूँ' के बहाने यथार्थ बनाम वास्तविक गल्प बनाम रोमांस के बीच गहन साझेदारी का निर्वहण करते हैं। चुनाव तो पाठक को भी करना होगा कि वह गल्प को किस परिप्रेक्ष्य में

ढूंढ़े—ज्ञान के रूप में, या दर्पण के रूप में, अथवा दीपक के रूप में? काव्य में जो अदाकारी छंद करते हैं, गल्प में वह प्रोक्ति एवं संवाद करते हैं और 'गदल' के संवाद तो उसकी लोकायतिक आत्मा हैं! उनमें थीम-चिह्नों तथा शब्द-कुलकों द्वारा अपरिचित इंद्रजाल बुना गया है। कहानीकार ने बेहद सहजता से यह सबकुछ पाठक को संप्रेषित कर दिया है। यह इसकी अन्य श्रेष्ठता है। इसके बीज-शब्द संस्कृति, समाज, मनुष्य के अंतर्मंथन से उछल कर बाहर आए हैं। हम तो यही कहेंगे कि इस कहानी में कहानीकार एक मनो-चिकित्सक (साइको-थेरापिस्ट) की तरह है जो कहानी को कभी एक संदेश के रूप में, कभी एक नृतात्त्विक शिक्षण के रूप में इस्तेमाल करके भावों का साँझा कर रहा है। किंवा लेखक **जीवन** बनाम **गल्प** के बीच की खाई लाँघ रहा है। अतः यह कृति दस्तावेज जैसी है।

अंत में एकल टिप्पणी के साथ हम तमाम शुद करेंगे।

अभी तलक कहानी-छोटी कहानी का सामाजसौंदर्यबोधशास्त्र परवान नहीं चढ़ सका क्योंकि कहानी अपने दो पुराने अंगरक्षकों द्वारा ही मानो युद्ध-बंदिनी बना डाली गई है : पहला नाटक के तत्त्व और दूसरा काव्य की रससिद्धि। इन्होंने उपन्यासों को भी घेरा है। हमने 'गदल' के माध्यम से कहानी की एस्थेटिक्स पर कुछ बुनियादी चुनौतियों को इंगित किया है। अतएव वृत्तांत-व्याख्या-विवरण के त्रिभुज में-से ही कहानी के लालित्य-तत्त्व का श्रीगणेश हो सकता है। कहानी न तो 'एकल-आवाज' (ओ'-कूनर) है, और न ही 'अँधेरे में चीख' (निर्मल वर्मा)। कहानी के प्रवचन को उस यथार्थता की अपेक्षा से भी काफी ज्यादा विप्लवी (रेडिकल) बनाना होगा, जो लेखक के इर्दगिर्द फैली होती है। उसे कई अदृश्य दबावों की मौजूदगी को भी सृजनात्मक दक्षता में ढाल देना होगा। यह चुनौती तथा अवसर आलोचिंतकों को मिल ही गया है।

2006

19 बोरिस पास्तर्नाक का 'डाक्टर ज़िवागो'

कला और राजनीति—दोनों ही : सोवियेत संघ के विघटन के पहले का सीनेरियो

सन् 1917 ई. की महान अक्तूबर क्रांति के पहले और बाद के लगभग डेढ़-दो दशकों के समय का चित्रण करने वाला यह उपन्यास कुछ साहित्येतर कारणों से वाद-विवाद का विषय बन गया था। कतिपय शुद्ध राजनीतिक कारणों से ही पास्तर्नाक को नोबेल-पुरस्कार भी प्रदान किया गया। यदि इस पुस्तक का मूल्यांकन शुद्ध साहित्यिक-दृष्टि से किया जाता है तो भूल होगी; और यदि शुद्ध राजनीतिक दृष्टि से, तो भी भ्रांति। लेखक खुद भी एक प्रतीकवादी कलाकार, रूसी फ्यूचरिस्ट मेनिफेस्टो के हस्ताक्षर-कर्ताओं में-से एक, जर्मनी के आदर्शवादी वातावरण में पल्लवित मनीषी, पिता-पक्ष से तोल्सतोयी-परंपरा का अनुयायी और वर्गीय संस्कारों से मध्यवर्गीय बुद्धिजीवी है। कृति भी एक विश्व-प्रसिद्ध ऐतिहासिक भ्रांति तथा उसके प्रभाव का—निष्पक्ष नहीं, वरन् प्रवृत्यात्मक—चित्रण करती है। यह निरूपण स्वयं में निश्छल न होकर सोद्देश्य है क्योंकि इसमें बार-बार राजनीतिक, सैद्धांतिक और नैतिक प्रश्न उठाए गए हैं। अतः कला और सोद्देश्यता—दोनों ही दृष्टियों से इसकी विवचेना जरूरी है।

इस उपन्यास में सभी पात्र मध्यवर्ग के हैं...अपदस्थ बुद्धिजीवी। यह भावात्मक, बौद्धिक तथा सामाजिक दृष्टि से विस्थापित गतश्री बुद्धिजीवी मध्यवर्ग की गाथा लगती है जिसके परोक्ष अर्थ को हम आगे स्पष्ट करेंगे। सभी पात्र—जो इतने अधिक हैं कि कोलाहल-सा मच जाता है और जिन्हें लेखक कठपुतली की तरह अपनी मान्यताओं तथा पूर्वाग्रहों के अनुसार नचाता है—घोर अंतर्विरोधों में भस्म होते जाते हैं। सभी मानो जीवन में उद्देश्यहीन होकर जी रहे हैं; सभी के लिए जीवन बर्फ की तरह ठंडा होकर जम चुका है; सभी क्रांति के युगांतरकारी, संघर्षों से भयभीत होकर कुंठित हो गए हैं। क्रांति के पहले वे क्रांति की बातें करते हैं लेकिन क्रांति हो जाने के बाद वे उससे भयभीत और उसके प्रति अनास्थावान हो जाते हैं। यह विचित्र मोहभंग है। वे कभी भी जीवन और समाज के महाभारत में नहीं कूदते; केवल संजयों की तरह समाधि लगाकर निरपेक्ष-सी बातें करते हैं। जीवन और जन से बिल्कुल कटे

हुए रहकर वे समझते हैं कि अब रूस में कुछ भी नहीं बचा। भय, भाग्य मरण-भावना में ग्रस्त मानो वे जीवन की दिशा, रूस का गंतव्य तथा समाज की संभावना नहीं देख पाते। निराश, हारे, थके, एकाकी, अहंलीन और निहिलिस्ट होकर वे अपने व्यक्तित्वों को खंड-खंड में तोड़ देते हैं। लारा का संघर्षपूर्ण जीवन नारी संबंधी सभी मान्यताओं को झकझोर देने वाला और अंत में खंड-खंड विकृत होकर लुप्त हो जाने वाला है। तीन खंडित प्रेमों के दर्द और मानसिक विकृतियों से पूर्ण आत्महत्या की छाया में डूबा, यूरी का जीवन टोन्या की निराश्रित और पति से वियुक्त एकाकी यंत्रणा, ऐंटीपोव का भयभीत पलायन और उपेक्षित जीवन, कोमारोव्सकी का पतित चरित्र इत्यादि हमें एक दांतेई नर्क (इन्फर्नो) में डुबा देते हैं।

निष्कर्ष यह है कि लगभग सभी पात्र 'निगेटिव', भाग्यवादी और निष्क्रिय हैं। यूरी का जीवन तो निष्क्रियता का ही प्रतीक है। वह क्रमशः टोन्या, लारा और मेरिना से संबंध स्थापित करके, क्रांति के पूर्व की यंत्रणाओं तथा बाद की संभावनाओं, और गृहयुद्ध की परिस्थितियों को न समझकर केवल जीवन तथा नए परिवर्तन से घबराया हुआ है। वह मार्क्सवाद तथा क्रांति के लक्ष्यों और उपलब्धियों को न समझकर गृह-युद्ध के चरित्र में इतना दूषित रंग भर देता है कि मानो समाज में एक प्रलय, क्रांति, बर्बरता के बाद एक वैसी ही दूसरी बर्बरता आ गई है। वह खुद स्वीकार करता है कि "मुझे अक्तूबर क्रांति के बाद सामाजिक उत्थान का विचार उत्साह से नहीं भर पाता"(पृ. 305)। ये लोग (रूस की जनता) "जीवन की पुनर्रचना" क्या करेंगे जो जीवन के स्पंदन तथा हृदय को नहीं पहचानते। जनता और जन-जीवन, क्रांति और पुनर्रचना के प्रति यह प्रतिक्रियावादी दृष्टिकोण ही यूरी की मध्यवर्गीय बौद्धिक विकृतियों को साफ करने के लिए काफी है। सभी प्रमुख चरित्रों की ये विशेषताएँ हैं—निगेटिव, आतंकित, अंतर्विरोधों से ग्रस्त बुद्धिजीवी, शिलीभूत, पूर्वनिश्चित और मनोविकारों के पुंज। इनमें पराजय और मरण की छाया में डूबी एकरस अनिश्चयता ही मिलती है। अंतर्विरोधों से पूर्ण वे स्वयं को नहीं पहचान पाते। टोन्या बहुत कुछ तुर्गनेव की लिसा की तरह है। वह यदि सरला और सहिष्णु है, तो लारा तूफानी, भटकी हुई, मानसिक विक्षोभों का शिकार। सभी पात्र मरणकामी हैं—तुर्गनेव के पात्रों की तरह अंतर्विरोधों में भस्म होने वाले। लारा तो यहाँ तक कहती है—"हम सभी पागल हो जाएँ, यदि पागलपन के सिवाय कुछ भी नहीं बचा है।" (पृ. 382)। सभी के लिए जीवन आतंक से पूर्ण है। क्या यह सोवियत रूस का एक छिपा ढँका अल्पसंख्यक हाशिया रहा है? यहाँ अंधेर भरी हताशा और गजब का परकीयकरण है।

इस प्रकार के अंतर्मुखी, शिलीभूत, मरणकामी और भाग्यवादी चरित्रों को किस प्रकार यथार्थवादी कहेंगे? सामाजिक यथार्थ या समाजवादी यथार्थ वाले मानवतावादी मनुष्य से ये कोसों दूर हैं। कहा जा सकता है कि यथार्थ सापेक्षिक है (अर्थात् संभवतः उस समय वह ऐसा ही रहा हो)। यथार्थ की इस प्रकार की संकीर्ण दृष्टि यह तो बता

सकती है कि यह फूल है। लेकिन इसके आगे भी तो यथार्थ है। यह फूल कागज का हो सकता है या प्राकृतिक। इसमें सुगंध हो सकती, या नहीं भी। यह गुलाब का हो सकता है, चमेली का नहीं। यह गुलाब की किसी खास किस्म का हो सकता है। ये सभी यथार्थ ही होंगे। इस सारे उपन्यास का यथार्थ केवल पहली सीढ़ी को छूता है। वह उस सारे समाज के परिवेश में जन और क्रांति को नहीं देख पाता। परिवेश केवल मध्यवर्गीय बुद्धिजीवियों के पलायनवादी भय का है। और यह परिवेश भी एकपक्षीय है। इसीलिए सारे उपन्यास में 'मेलान्कोलिया' की छाया पड़ी है। सभी पात्र इस वास्तविक जीवन से भयभीत होकर उस 'सनातन-जीवन' की खोज में चलते जाते हैं जो मृत्यु, भय और अनास्था की अँधेरी घाटियों में चीखता कराहता है। वह 'सनातन-जीवन' ईसाई-धर्म के महान पुनर्जागरण में है। ईसाई धर्म का तोल्सतोयवादी संस्करण ग्रहण करने के कारण यूरी एक अनंत अराजकता और सामाजिक असंतोष को ही क्रांति समझ लेता है। इसीलिए लगता है कि क्रांति-पूर्व रूस में स्वर्ण-युग था और क्रांति-पश्चात नरक। यह तो इतिहास के आगे भी आँखें मींच कर खड़े हो जाने के समान है। वस्तुतः रूसी कवि एलेक्जेंडर ब्लाक के ईसाई और अराजकतावादी विचारों के अनुरूप ही इस कृति में अक्टूबर-क्रांति को समझा गया है। इसके अलावा तोल्सतोयवाद की पास्तर्नाकी छाप सारे उपन्यास में है—तोल्सतोय की ईसाईवादी अराजकता और पास्तर्नाक की अहंलीनता। संपूर्ण उपन्यासों में मार्क्सवादी कला-दृष्टि तथा जीवन-दृष्टि के बजाय तुर्गनेववादी-कला-दृष्टि (का भावुक-पक्ष) तथा दोस्तोएव्सकी और तोल्सतोयवादी जीवन-दृष्टि है। वस्तुतः दोस्तोएव्सकी में एक अंतर्विरोध है—उसमें एक ओर मानवतावादी कलाकार है जो अपमानित और आहत लोगों का पक्षधर है, तो दूसरी ओर एक निश्छल विश्लेषक है जो मनुष्य को घेरने वाले भद्देपन को देख तो लेता है लेकिन संसार के विषय में बहुत ही प्रतिक्रियावादी निष्कर्ष निकालता है। जरा ज़िवागो की तेरिनीको में लिखी गई डायरी की तुलना दोस्तोएव्सकी के 'नोट्स फ्राम दि अंडरग्राउंड' से करें। उसमें खुल्लमखुल्ला व्यक्तिवाद और अहंलीनता की अतियों के सिद्धांतों का समर्थन हुआ है जिससे विद्रोह का स्वरूप मानवतावाद के खिलाफ ही हो गया है। 'पजेस्ड' में किरिलोव आत्महत्या करना अपना कर्तव्य समझता है। इसी प्रकार 'ब्रदर्स कार्माज़ोव' में तो सारे चरित्रों का रचना-तंत्र ही यह है कि वे अराजकतावादी विद्रोह अथवा धार्मिक समर्पण में ही बहिश्त का दरवाजा खोजते हैं। तोल्सतोय के अंतर्विरोधों का स्पष्टीकरण लेनिन ने किया है। किंतु उनमें जन-जीवन के प्रति अगाध प्रेम, भविष्य की आस्था; मनुष्य और जीवन के प्रति श्रद्धा थी। तुर्गनेव में मानवतावाद और रूसी जनता की सांस्कृतिक मधुरता की प्यास थी। पास्तर्नाक में तो ये सभी पक्ष या तो गायब हो गए हैं या निषेधात्मक होकर कलुषित हो गए हैं। अस्तु ब्लॉक और तोल्सतोय के सिद्धांतों की अंतर्मुखी भाग्यवादी वस्तु-दृष्टि का सतहीपन मानो इस कृति में आया है जिससे क्रांति का स्वरूप ही केवल वैयक्तिक और विकृत हो गया है।

वस्तुतः यह कृति इसलिए भी मशहूर हुई कि, शीतयुद्ध के दौर में, इसमें क्रांति और साम्यवाद की आलोचना है। चरित्र या तो बातें करते हैं, या उधर-इधर के काम। उनका व्यक्तित्व नहीं उभर पाया है। वे ऐसी अहंवादी पूजा करते हैं जो **आत्म-लीनता** तथा **आत्म-हनन** से पूर्ण है। सभी के सभी अहंवादी दर्पस्फीत, जीवन में भ्रमित, रूस की अतीत आवाज के प्रेमी तथा वर्तमान की शक्तिशाली पीढ़ी के उदय से आतंकित हैं। हम भी यही कहते हैं कि **क्रांति** के समय बहुत कष्ट, यातनाएँ और भूलें हुईं, लेकिन शिवत्व, सौंदर्य और आशा की प्रेरणाएँ भी थीं। उपन्यासकार ने क्रांति के इस पक्ष को (संभवतः) जान-बूझकर बिल्कुल छोड़ दिया है। क्रांतिकारियों और क्रांति को वहशीपन का प्रतिरूप बनाकर लेखक ने शायद खुद एक राजनीतिक चाल खेली है। यह एकांगी स्वरूप है यथार्थ का—यहाँ तक कि नेचुरलिस्टक यथार्थ का भी। पेम्फिल और सेर्योझा-कांड में बोलशेविकों की नृशंसता, लाल-सेना की लूट, गोलाबारी, हत्याएँ, षड्यंत्र, अमानवता आदि के भयानक मर्मान्तक चित्र खींचकर लेखक यह कहता है कि ये क्रूरताएँ ही बोल्शेविकों का आदर्श है। क्रांतिविरोधी भावनाओं की बाढ़ भी इस कृति में है। ज़िवागो जब जनता द्वारा 'जीवन के पुनर्निर्माण' की बात सुनता है तो आत्म संयम खोकर निराश हो जाता है। उसे लगता है कि क्रांति के बाद किसान और गाँव, दोनों ही मिट गए। उसके अनुसार सहकारिता एक गलती है और क्रांति 'रशिया के भयानक वर्षों' की धात्री है। उसके अनुसार मार्क्सवाद से अधिक आत्मकेंद्रित तथा तथ्यों से दूर कोई भी सिद्धांत नहीं है। इस प्रकार लेखक क्रांति, मार्क्सवाद, साम्यवाद, बोल्शेविक, कृषक, सभी की आलोचना करके सभी को क्रूर तथा व्यर्थ ही सिद्ध करता है। क्या यह राजनीति नहीं है? इसलिए कृति की राजनीतिक दृष्टि से भी छान-बीन की जानी चाहिए क्योंकि यह एक राजनीतिक दस्तावेज-सी लगती है।

इसके अलावा लेखक ने (प्रतीकवादी होने के नाते) प्रतीकवादी ढंग से बीसवीं शती के तीसरे दशक में डाक्टर ज़िवागो की मृत्यु में क्रांति के फलस्वरूप रूसी बुद्धिजीवी-वर्ग की ही मौत की लक्षणा उपस्थित की है। मानो ज़िवागो ही रूसी बुद्धिजीवी वर्ग की सर्वोच्च परिणति है। वस्तुतः **उस समय** क्रांति का इतना प्रतिक्रियावादी मूल्यांकन करने वाले ज़िवागोवादी बुद्धिजीवियों ने तो अवश्य अपनी बौद्धिक आत्महत्या कर ली थी। उपर्युक्त तथ्यों की बुनियाद पर हम कह सकते हैं कि इस उपन्यास को राजनीति तथा पोलेमिक्स से अलग करके नहीं पढ़ा जा सकता क्योंकि अधिकतर राजनीतिक और सामाजिक प्रश्नों पर **दृष्टि के बजाय जो दृष्टिकोण पेश किया गया**

है वह सोद्देश्य और एकपक्षीय है। यह भी राजनीति है। नोबेल-पुरस्कार प्रदान करने के पीछे क्या राजनीति नहीं है?

कलात्मक दृष्टिकोण

उपन्यास के मकसद के विषय में लेखक एक स्थान पर लिखता है—''केवल भद्दे उपन्यासों में ही जनता दो कैंपों में बँटी होती है जो एक-दूसरे से कोई सरोकार नहीं रखते।'' (पृ. 270)। इसलिए समस्त जनता के स्थान पर कुछ चुनिंदा मध्यवर्गीय बुद्धिजीवी अंकित हुए हैं। इसके आगे लेखक ज़िवागो के मुख से पुनः कहलाता है कि सारे रूसी साहित्य में उसे पुश्किन और चेखोव जैसे लेखकों की ''शंकालु लापरवाही पसंद है जो मानवता के भविष्य या अपने निर्वाण की फ़िक्र नहीं करते।'' अतः यहाँ जनता की बात भी गुम हो गई। इसके बाद पास्तर्नाक कहते हैं कि कला 'बेहद सीमित' घटना है, न कि बहुमुखी धारणाओं व घटनाओं का पुंज! शहर ही सच्ची, आधुनिक कला के स्रोत हैं। जब गाँवों का वर्णन किया जाता है तो वह किताबी हो जाता है। हमारे युग की भाषा शहरातू है। इस प्रकार क्रमशः जनता से बुद्धिजीवी वर्ग, और बुद्धिजीवी वर्ग से शहरी जीवन तथा सीमित क्षेत्र ही लेखक की कला की दुनिया है। क्या यह महान् रूसी परंपरा या सोवियेत-परंपरा के सभी सिद्धांतों के खिलाफ नहीं है? किसी भी प्रकार से ये सिद्धांत न तो सामाजिक कला के हैं, न मानवतावादी कला के और न समाजवादी-यथार्थवादी कला के। यह स्वरूपवादी या फार्मलिस्ट कला तथा व्यक्तिवादी कलाकार की आत्म-पूजा तथा आत्म-पीड़ा को गौरवान्वित करने वाले मंत्र हैं। इसीलिए कृति के सभी पात्र बातफ़रोश हैं, वे यहाँ-वहाँ के काम किया करते हैं—जैसे स्टोव जलाना, आलू उगाना, आदि। उनमें कोई छापक व्यक्तित्व नहीं है। वे पलायन करते हैं। **'मास्को से दूर'** के पलायन की आवाज सारे उपन्यास में गूँज उठी है—; मानो सभी पात्र अतीत की रशिया और अतीत के गौरव के लुप्त हो जाने के कारण साइबेरिया के बर्फीले प्रांतों में जाकर भटकते हैं। अतएव 'मास्को से दूर' की प्रतिध्वनि क्रांति से उत्पन्न नई रशिया से दूर जाने का पर्याय हो जाती है। पुनः जब लारा तथा यूरी मास्को लौटते भी हैं तो अपना अंत करने।

अलबत्ता संपूर्ण उपन्यास में काव्य का सौंदर्य निखरा है। रूसी धरा-चित्रों के चित्रणों का यह जादू रूसी कवि नेक्रासोव की याद दिला देता है। चूँकि यह किताब एक वेणुगीतिकार (लिरिसिस्ट) द्वारा लिखी गई है और इसका नायक यूरी डाक्टर होने के साथ-साथ कवि भी है अतः पन्ने-पन्ने पर रूसी प्रकृति के सजीव और हसीन दृश्य झिलमिला उठते हैं। भाव-पक्ष का इतना परिमार्जन ही कई स्थानों में मर्म को छू लेने में समर्थ हो सका है। यत्र-तत्र-सर्वत्र सम्मूर्त्तनों का मेला लगा है जो इसकी भाषा को तो महाकाव्यत्व प्रदान करता है; लेकिन वस्तु को अत्यंत क्षुद्र और एकांगी

बना देता है। वर्णनों की इस 'साकारता' के कारण ही लेखक के वर्णन भावोत्तेजक हैं जो हमारे आत्महत्या-प्रेमी व्यक्तित्वहीन पात्रों को भी प्रिय पात्र बनाने का भ्रमकारी कमाल कर सकते हैं।

टेकनीक की दृष्टि से इस भारी भरकम कृति का लगभग तीन-चौथाई अंश (लगभग साढ़े तीन सौ पृष्ठ) बेतरतीब और नीरस लगता है जिसमें कार्य-व्यापार अवरुद्ध तथा चरित्र-विकास के बजाय एकमात्र आत्मकुंठा व्याप्त है। पात्रों का स्वाभाविक विकास नहीं होता, बल्कि लेखक उन्हें कठपुतलियों की तरह नचाता है। शिल्प-निर्माण की तो बेहद कमी है। तंत्र-संगठन नहीं है। सबसे बड़ी कमी तो 'मनोवैज्ञानिक एकता' की है। खंड-खंड में विभाजित उपन्यास में जहाँ प्रकृति-वर्णन कविता का रस देते हैं वहाँ वे तंत्र को कमजोर बनाते हैं। डायरी-शैली (जिस पर दोस्तोएव्सकी की छाप है), स्मरण, शैली, वर्णन-शैली, स्वरूपवादी शैली का योग है तथा बुद्धिजीवी सिद्धांतों से पूर्व कथोपकथनों में बहुत ज्यादा बनावटीपन और नक्कूशाही है।

कथावस्तु में भी बहुत कम मोड़ हैं। संगठन की कमी और संक्रांतियों का अभाव इसे बिखरा देता है। मोड़ का एक सफल स्थल है वेरिकीनों में। जब यूरी से लगाव और लारा से प्रीति की वजह से द्विधायुक्त होकर अंततः लारा से अलविदा लेने जाता है तभी पार्टीजन फौज उसका अपहरण कर लेती है। दूसरा स्थल है मास्को में। जब यूरी की लाश शव-पेटिका में पड़ी है, तभी अचानक ब्लाडीवास्टक से भटकती हुई लारा उपस्थित हो जाती है। वह आई थी ढूँढ़ने अपने पति ऐंटिपोव को (क्योंकि मास्को में वह उसी मकान में रहता था), और पाती है यूरी की लाश। ये दो घटनाएँ भी **'दैवयोग'** की उपज हैं। नई गल्पकला की दृष्टि से यह 'ट्रिक' अस्वाभाविक और पुरानी मानी जाती है। इसी प्रकार सारे उपन्यासों में पात्रों का आना-जाना, मिलना-बिछुड़ना ऐसे दैवयोगों से होता है कि मानो सभी का भाग्य तथा चरित्र पूर्व-निर्धारित है। यह चमत्कारिक भाव कथा तंत्र और यथार्थ को काफी धक्का पहुँचाता है। इसके अलावा उपन्यास के अंत में ज़िवागो की कविताओं के परिशिष्ट की असंबद्धता को भी नजरअंदाज नहीं किया जा सकता।

इसमें बार-बार **'आत्म संगीत'** की बात दोहराई गई है। अंतस्थ संगीत में तो जीवन के माधुर्य, आस्था, आशा, यंत्रणा आदि के बीच भी मानवता के कमल का सौंदर्य-सौरभ ध्वनित होना चाहिए। लेकिन इसमें आत्म-हनन की खामोश चीखें मिलती हैं। यदि 'संगीत' की कोई स्थिति है तो वह सम्मूर्त्तनों से प्रचुर कलात्मक वर्णनों और भावों को उत्तेजित करने वाले मर्म-स्थलों में। यदि 'आत्म' की कोई बात है तो वह पात्रों की आत्म-पूजा में।

जहाँ तक इस कृति को तोल्सतोय, चेखोव, तुर्गनेव, दोस्तोएव्सकी की 'कथात्मकता की महाकाव्यात्मक परंपरा' में रखने का सवाल है (जैसा कि नोबेल पुरस्कार के परिपत्र में घोषित किया गया है), वह कला और भाव दोनों ही दृष्टियों से असंगत है। और

न ही यह पॉस्तोव्सकी, अलेक्सी तोल्सतोय, शोलोखोव, एहरेनबर्ग आदि की परंपरा की दावेदार है। हमने इस तथ्य को चौथे और छठे खंड में स्पष्ट किया है। बोरिस लियोनिडोविच पास्तर्नाक का यह उपन्यास सारी रूसी जनता और एक सामाजिक युग का उभय-पक्षीय स्वस्थ दृष्टि-पथ पेश न करके अपदस्थ, व्यक्तित्व विहीन मध्यवर्गीय बुद्धिजीवियों के आतंक को कलात्मक माधुर्य में डूबे स्वर देता है।

अस्तु, कला-पक्ष की दृष्टि से यह कृति जितनी ही कुछ श्रेष्ठ संभावनाओं से पूर्ण है, वस्तु-क्षेत्र में उतनी ही निषेधों की ओर ले जाने वाली है। यह रूस के अतीत का भ्रामक गीत गाती है, जबकि उसकी तब की नई और मजबूत पीढ़ी को देख तक नहीं पाती।

1958
2007

20 'सन् सत्तावन का ग़दर' : डेढ़ सौ सालों में यथार्थ तथा स्वप्न की लंबी होती छायाएँ!

इक्कीसवीं शती की वर्चस्वी वैश्विक संदृष्टि में **व्यक्ति** की अपेक्षा मनुष्य, **मनुष्य** की बनिस्पत वर्ग, तथा वर्ग को अपेक्षतया सामाजार्थिक-ऐतिहासिक वास्तविकताओं में अवस्थित करके मनुष्य अथवा व्यक्ति का (अमूर्त के बजाय) मूर्त संदर्श किया जाता है। तथापि हर सोचवान व्यक्ति के दिमाग़ में एक ज्वालामुखी हमेशा धधकता रहता है, और उसके घरे-बाहरे हर रोज़ की संभावित त्रासदी ही आह्लाद में अतिक्रमण करती रहती है। ऐसे संक्रांति-पारगामी व्यक्ति बहुधा जुनूनी, या विचारधारक, या क्रांतिद्रष्टा होते हैं। सो, **राष्ट्र** तथा **मनुष्यता** की वे श्रेयस् भावमूर्तियाँ (आइकन) बाद में व्यक्ति-काया तथा सामाजिक देह में पूर्णतः अंतर्लीन हो जाया करती हैं। वे आकार तथा आकृति, देश तथा काल को भी लाँघकर, युग के 'आर्केटाइप' हो जाया करती हैं।

आधुनिक भारत की ऐसी नाममाला को सीमित करते हुए हम सबसे पहले सन् सत्तावन के 'ग़दर' के प्रथम नायक सिपाही **मंगल पांडे**, फिर ग़दरपार्टी के **करतार सिंह सराभा** और इसके बाद, 'हिंदुस्तान सोशलिस्ट रिपब्लिकन आर्मी' के प्रधान कमांडर **चंद्रशेखर आज़ाद** तथा शहीदे-आज़म **भगतसिंह** पर कुछ अनुशीलन करेंगे। वे हमारे आधुनिक इतिहास और समाज, जीवन और नई सोच की विरासत बन चुके हैं। इनमें से मंगल पांडे तथा भगतसिंह को फाँसी दी गई थी तथा चंद्रशेखर आज़ाद को एक गद्दार की शिनाख्त के बाद पुलिस मुठभेड़ में गोलियों से भून डाला गया था। इनकी गौरवपूर्ण परिणति भी यही होनी थी। बेहद ताज़्जुब है कि चंद्रशेखर आज़ाद (1906-1931) तथा भगतसिंह (1907-1931) की ज़िंदगानी महज़ चौबीस-पच्चीस साल की ही रही। इसी तरह उपलब्ध फोटोग्राफ के आधार पर मंगल पांडे भी पच्चीस-तीस साल तक जिंदा रह सके होंगे।

अब तो सन् सत्तावन के ग़दर को डेढ़ सौ साल होने वाले हैं (2007)। चंद्रशेखर आज़ाद और भगतसिंह की जन्मशताब्दियाँ भी इस-उस वर्ष पूरी होने को हैं। कृतज्ञ लोकजन के रूप में हम उनका पुण्य स्मरण करते हैं। इतिहास का प्रारब्ध तो यही

है कि बीते कल ये लहू की शम्माएँ थीं और आगत कल को ये ज्वालामुखी बनेंगी। आधुनिक भारत की प्रस्थानक मशाल सन् सत्तावन का ग़दर अर्थात् प्रथम राष्ट्रीय मुक्ति-संघर्ष की ही रहेगी?

क उन्नीसवीं सदी के पूर्वार्ध-उत्तरार्ध में किसानों तथा आदिवासियों के छिटपुट विद्रोह होते रहे थे। कबीलाई जनगणों ने तो सदैव से ज़मीन तथा जंगल के लिए संघर्ष किया। आगे यह भी सुविदित होगा कि सन् अठारह सौ सत्तावन के 'गदर' अर्थात् राष्ट्रीय विप्लव के पहले भी आदिवासी (संथाल) जनों के, तथा किसानों के कई आकस्मिक तथा असंगठित विद्रोह हुए। लेकिन इनमें भी एक पूर्वाभ्यास जुलाई 10, 1806 में मद्रास प्रेसिडेंसी के वेल्लोर क़िले में भारतीय सिपाहियों के असंगठित विद्रोह द्वारा हुआ जब उन्होंने क़िले में गोरों की बैरकों पर धावा बोल दिया था। कारण मूलतः धार्मिक थे क्योंकि उनपर तिलक लगाने, दाढ़ी रखने, और मांगलिक आभूषण धारण करने पर पाबंदी लागू कर दी गई थी। इस विद्रोह का नेतृत्व टीपू सुलतान के बेटों ने किया था। छोटा नागपुर (1831-32) में संथालों की, भीलों (1818-31) की, कोली जनजाति (1824) की, कित्तूर के वनवासियों (1824, 1829) की, कच्छ के आदिवासियों (1832) की, राजपूताना के मेड़ लोगों (1820) की, उड़िशा में खोड़ों (1846) की, बिहार में संतालों (1855) की बगावतें छिटपुट शोलों की तरह भड़कती रहती थीं।

इसी तरह वहाबियों की 1820 से 1831 तक बगावत रुक-रुक कर धधकती रही थी। 1852 में उन्होंने पटना में अंग्रेज कंपनी बहादुर के खिलाफ जेहाद का ऐलान कर दिया था। पंजाब में कूके अपने ढंग से अहिंसक जत्थेबंदी को धारदार बना रहे थे।

आदिवासियों और जनजातियों के अलावा कुछ शोषित इलाक़ों में किसान भी लामबंद हो रहे थे। 1848 में नागपुर में रोहिल्लों ने हथियार उठा लिए। 1847 में करनाल में तथा 1844 में कोल्हापुर में किसानों के विद्रोह मूलतः लगान-वसूली के खिलाफ़ हुए क्योंकि इससे उन निर्धनों पर नौकरशाही, ज़मींदारी तथा साहूकारी की तिहरी खंजरकुशी होने लगी थी। इसके ऊपर उन्हें ज़मींदारों तथा रजवाड़ों को नज़राना पेश करना होता था। साथ ही बिना मजूरी के बेगार भी करनी पड़ती थी। वे **लगान** तथा **कर्ज** के दुहरे पाटों के बीच पिसते रहे।

क्षेत्रीय जनजातियों, तथा किसानों के अलावा राज-रजवाड़ों की सत्ता, शक्ति और दौलत छिनने लगी थी। खून के रिश्ते वाले वारिस के बिना शासक के राज्य का विलय करने का कानून बना दिया गया। इसके चलते 1848-57 के बीच सतारा, नागपुर, झाँसी, संभलपुर का विलय हो गया। 1856 के आरंभ में अवध का विलय करके खूब लूटा गया। इस तरह राजाओं-रजवाड़ों-नवाबों की ताकत व पदवी भी छिनती गई।

अंततः क्षेत्रीय जनजातियों, किसानों और राजे-नवाबों के बाद चौथा हाशिया ब्रिटिश नेटिव (काले गुलाम) सिपाहियों पर संचित हो जाता है। वे ही ग़दर की रोटी और कमलफूल, चिनगारी और कत्लेआम के हेतु एवं उपादान बन गए।...कंपनी-बहादुर

की फौज की तीन कमानें थीं। सबसे बड़ी बंगाल प्रेसिडेंसी की। इसमें एक लाख सत्तर हज़ार सिपाही थे जिनमें तीस हज़ार गोरे थे। इसमें ज्यादातर बिहार-उत्तर प्रदेश (आज के) पश्तून लोगों की भर्ती हुई थी। यही ग़दर की आँधी फैलाने वाली फौज बनी। दूसरी कमान मद्रास प्रेसिडेंसी, तथा तीसरी बम्बई प्रेसिडेंसी की थी। बंगाल प्रेसिडेंसी के सिपाही मुख्यतः किसानों तथा कारीगरों के ग्रामीण-कस्बाई परिवारों से आए थे। अतः उनकी जड़ें गहरी ज़मीन तक गई थीं। वे ज्यादातर छावनियों में रहते थे। जब उपनिवेशी फौज ईजिप्ट, या चीन, या अफ़गानिस्तान भेजी जाती थी, तब ये वहाँ भी भाड़े के सिपाही की तरह बेखबर-से अपना क़ब्जाखोरों वाला किरदार निभाते थे। उनको अंग्रेज हुकमरानों की कोठियों तथा मैसों (भोजन-भवनों) से अलग झोपड़पट्टियों में रखा जाता था। वे ज्यादातर सवर्ण थे। अतः धार्मिक आस्थाएँ और अंधविश्वास भी प्रबल थे।...बस उन्हें दावानल फैलाने के लिए एक चिनगारी की प्रतीक्षा थी। वह धधका ही दी गई। (वहाबियों ने भी भूमिका तैयार कर दी थी)। कंपनी बहादुर ने फौजियों को जो नई एन्फील्ड राइफलें बाँटी थीं उनके कारतूस गाय तथा सूअर की चर्बी वाले थे। आग में घी की आहुति पड़ गई।

मेरठ में दस मई 1857 को पहला धमाका हुआ। सिपाही मंगल पांडे की अगुवाई में फौज़ियों ने इस धर्मनाशक प्रबंध के खिलाफ़ बगावत कर दी।

सन् 1857 के 'सिपाही विद्रोह', या भारत के 'प्रथम राष्ट्रीय मुक्ति-संघर्ष' का समारंभ हो गया। उन्हें असंतुष्ट तथा वंचित राजे-रजवाड़ों, ग़रीब शहरियों तथा किसानों का भी तत्स्फूर्त (सीमित) समर्थन मिलने लगा। सहजात **बग़ावत** का राजनीतिक चरित्र बदलने लगा। वह आवश्यक नेतृत्व तथा संगठन को दरकिनार करते हुए मात्र अराजक हिंसा से एक महान् किंतु धुँधला लक्ष्य साधने को दिल्ली कूच कर गए। मेरठ में उन्होंने अंग्रेज हुक्मरानों का कत्ल कर डाला। उनका मोहभंग चरम पर था तथा बेचैनी सब्र से बाहर हो चुकी थी। ऐसे में तो यही कुछ होना था।...तदपि विद्रोहियों ने दिल्ली पहुँचकर बूढ़े बादशाह बहादुर शाह जफ़र को हिंदोस्तान का शाहंशाह घोषित कर दिया। मानो वह मुल्क की पुनर्लब्ध आज़ादी का प्रतीक बना दिया गया।...खबरों के फैलने पर उत्तर के कई क्षेत्रों के नेटिव सिपाहियों की टुकड़ियाँ भी दिल्ली पहुँचीं। तब एहसास हुआ कि इस आकस्मिक बगावत को संघर्ष में रूपांतरित किया जाना चाहिए। अभी तक तो उनकी कोई केंद्रीय कमान तक नहीं बनी थी। फौजी अनुशासन की जगह अराजकता तथा मनंमर्जी ने ले रखी थी।

पहले कदम उठाए ग़ए। सिपाहियों ने **'जलसा'** या अपनी समिति का गठन किया जिसमें छह सिपाहियों के, तथा चार शहरियों के नुमाइंदे थे। किंतु फिर गल्ती की गई। कोई कार्यक्रम नहीं घोषित किया गया कि कैसा राज बनेगा? किसानों को लगान से राहत कैसे दी जाएगी? कैसे दस्तकारों के धंधे सुरक्षित बनाए जाएँगे? इसलिए उन वर्गों के कई सिपाही भी उदासीन होकर मुकरने लगे। इस तरह 'जलसा' भी एक राष्ट्रीय चरित्र, गंभीर योजना तथा लंबी लड़ाई के नाकाबिल रहा। कारण कि,

अंग्रेजों के इन 'भाड़े के नेटिवों' को रणकौशल (टैक्टिक्स) का भी घट ज्ञान था। उन्हें रणनीति (स्ट्रेटेजी) का तो लगभग कोई अभिज्ञान ही नहीं था। कुल मिलाकर यह विद्रोह गंगा-जमना के दोआब, तथा मध्य हिंदोस्तान से आगे नहीं फैल सका। तब पंजाब और राजपुताने ने कंपनी-बहादुर का साथ दिया। ऐसे में बस यह फ़ौजियों से ज्यादा तो अवध और बुंदेलखंड के किसानों के सहारे कुछ आगे बढ़ा था।

महानायक **मंगल पांडे** ने शोला तो भड़का दिया था किंतु राष्ट्रीय संघर्ष के दावानल को वे विद्रोही कतई संचालित नहीं कर पाए। तथापि क्षेत्रीय नेतृत्व स्वतः उभरने लगे क्योंकि आवश्यकता ही ऐसी थी और ऐसी आवश्यकता स्वतंत्रता को पुनः प्राप्त करने के लिए थी। तब भी एकदेश तथा एक राष्ट्र, या हिरावल वर्ग की कोई अवधारणा नहीं उभर पाई थी। अपने स्वतःस्फूर्त आंदोलन द्वारा फ़ौजियों ने अलीगढ़, बरेली, लखनऊ को आज़ाद कराया। इसके अलावा कानपुर, इलाहाबाद, दानापुर, बैरकपुर की छावनियों में भी रोटी और कमल के प्रतीकों के साथ आज़ादी का पैग़ाम पहुँचाया गया। मंगल पांडे ने अपनी ऐतिहासिक भूमिका को धर्म से विस्तृत करके उसमें स्वाभिमान तथा स्वतंत्रता, संघर्ष तथा बलिदान के मूल्यों का अभिषेक करा दिया। थोड़ी अवधि में वे पकड़े गए और उन्हें फाँसी दे दी गई।

एक डेढ़ साल तक तो सिपाहियों द्वारा हत्याकांडों ने, तथा अंग्रेजों के द्वारा ग्रामों-शहरों की आगजनी तथा निरंकुश कत्लेआम ने नादिरशाही को भी मात दे डाली थी। एक बर्बर तथा खौफ़नाक खून की होली खेली गई। इतिहास-चक्र में इतस्ततः नेतृत्व उभरे : कानपुर में नाना साहेब और अज़ी मुल्ला खान, बरेली में खान बहादुर खान, जगदीशपुर (बिहार भोजपुर) में बाबू कुँवर सिंह, इलाहाबाद में एक मामूली स्कूल मास्टर, पटना में वहाबी गुट आदि। इस संपूर्ण संघर्ष में तात्या टोपे (सिख-संघर्ष के बंदा बहादुर की भाँति) अनुपम रणबाँकुरा था। एक गद्दार के धोखे से वह योद्धा पकड़ा गया और फाँसी पर लटका दिया गया (1859)। मर्दानी रानी लक्ष्मीबाई भी खूब लड़ी और प्राणोत्सर्ग तक अंग्रेजों के हाथ जीवित नहीं लगी। नाना साहेब तथा अज़ीमुल्ला जंगल में कहीं खो-मिट गए। बहादुर खान भी फाँसी के फंदे पर झूल गया। अंग्रेजों का प्रतिशोध तो कई गुना नृशंस, बर्बर और अगानवीय रहा था।

यह काबिले गौर है कि व्यक्तिगत रणबाँकुरेपन की ये अनगिनत मिसालें किसी सक्रिय सामाजिक-राजनीतिक शक्ति में तब्दील नहीं हो पाईं।

सदियों पहले भक्ति-आंदोलन के पश्चात् इस **द्वितीय** लोकप्रिय ऐतिहासिक अभ्युत्थान की असफलता के कारण भी चौंकाने वाले सबक बन गए—मुख्य लड़ाकू ताक़त तो किसान-कारीगर थे जो सिपाही के तौर पर भर्ती हुए थे। लेकिन इनका अधिकांश-रूपेण नेतृत्व असंतुष्ट और राज-सत्ता से बेदखल सामंतीय कुलीन कर रहे थे। तब

तक उनमें राष्ट्रीय मुक्ति-संघर्ष वाली समझ तथा क्षमता ही नहीं विकसित हुई थी।...वे सूरमे ग़दरिए एक संयुक्त रणनीति तक विकसित नहीं कर पाए और न ही एक संयुक्त केंद्रीय कमान कायम कर सके।...इसके अलावा मेरठ, दिल्ली, बिठूर जैसे संघर्ष-केंद्र भी एक-दूसरे से स्वतंत्र तथा तत्स्फूर्त जोश से संचालित रहे। वे एकीकृत नहीं हो सके।...सामंतीय प्रभुओं ने किसानों की दुर्दशा के निवारण के लिए कुछ भी नहीं किया। अतः उनकी संलिप्तता क्षीणतर होती गई।...सिपाहियों के नेता भी एक संपूर्ण संग्राम नहीं छेड़ सके क्योंकि उन्होंने रणनीति एवं रणकौशल पर कोई भी ध्यान नहीं दिया। अतः बाद में ही **गदर पार्टी** के करतार सिंह सराभा, तथा हिंदुस्तान सोशलिस्ट रिपब्लिकन आर्मी के भगतसिंह को स्पष्ट लक्ष्य निर्धारित करने पड़े। मुक्ति-संघर्ष में शामिल सिपाही और सामंत, दोनों ही अतीत की वापसी के सुनहले सपने देखते रहे अर्थात् आज़ाद हिंदोस्तान में महान् मुग़ल साम्राज्य! (ऐसा ही कुछ पूर्व-मध्यकाल में सिद्ध और सामंत की मैत्री द्वारा परिघटित हुआ था)। उन्नीसवीं शताब्दी के मध्य में आकर तो यह नितांत असंभव था।

ख ग़दर का परिणाम यह जरूर हुआ कि 'कंपनी बहादुर' (ब्रिटिश ईस्ट इंडिया कंपनी) का शासन खत्म करके ब्रिटेन की महारानी विक्टोरिया ने नवंबर 1858 को घोषणा करके हिंदोस्तान पर **'ताज' का राज** कायम कर दिया। अब...हिंदोस्तान अर्थात् भारत 'अंग्रेज बहादुर' का एक **उपनिवेश** बनकर **ब्रिटिश साम्राज्य का भी अंग** बन गया।

नवाबों-राजों-रजवाड़ों, ताल्लुकेदारों-ज़मींदारों के बीच अब **राजभक्त** बनने की होड़ मच गई। अतः उन्नीसवीं शती का उत्तरार्ध भारत में सामंतीय-उपनिवेशी व्यवस्था को सुदृढ़ बनाता है। अब पूरा देश ही नए ढंग से शोषण और उत्पीड़न, गरीबी और ज़हालत, अन्याय और अत्याचार के दुश्चक्रों में फँस गया। यह उपनिवेशवाद से साम्राज्यवाद की ओर विश्वव्यापी संघटना का दृष्टांत है। उपनिवेशी प्रशासन ब्रिटेन की पार्लियामेंट के अधीन हो गया तथा विदेश मंत्रालय में भारत-प्रकोष्ठ स्थापित हुआ जिसके प्रभारी 'सेक्रेटरी ऑफ़ स्टेट्स' हुए। अब राजाओं-राजकुँवरों-नवाबों की भी नए ढंग की एकता कायम हुई। भारत में शासन के दो खंड हुए : लालरंग वाला ब्रिटिश इंडिया, तथा पीले रंग वाला उनके द्वारा संरक्षित भारतीय राजों की रियासतें। इन पर भी वायसराय के एजेंटों का परोक्ष नियंत्रण था। यह भी ध्यातव्य है ब्रिटिश-भारत में भी आदिवासियों-किसानों आदि के प्रति वही पुराना रवैया जारी रहा, कंपनी बहादुर की लगान-व्यवस्था भी वैसी ही लागू रही; तथा सतीप्रथा, बालविवाह, विधवा-प्रथा, जातपाँत, दासियों की बिक्री भी चालू रही। निष्कर्ष यही है कि ब्रिटिश सरकार ने भी जो रियायतें तथा सहूलियतें प्रदान कीं वे भी इन सामंत प्रभुओं, तथा ताल्लुकेदारों-ज़मींदारों को मिलीं। अतएव किसान-जमात का मोहभंग पूरा हो गया। उसने खुद को विद्रोह से वियुक्त कर लिया—बाहरी तौर पर। अगर ईस्ट इंडिया कंपनी ने हिंदोस्तान को **एक विशाल मंडी** बना रखा था तो साम्राज्यवादी ब्रिटिश प्रशासन ने उसे **'ताज' के**

अधीन उपनिवेश बना दिया। सामंतों तथा कुलीन भद्रलोकों को थोड़ी सुरक्षा, सुविधा, संरक्षण देते हुए ब्रिटिश सरकार ने जाति-धर्म विभाजक, वर्गीय-विषमता तीक्ष्ण करने वाली एक नई औपनिवेशिक नीति का शनैः-शनैः अनावरण किया। सामंतवर्ग तथा (उच्च मध्य-) भद्रलोक **शिक्षा** तथा **धर्म** के मानवीय ध्रुवांतों पर सक्रिय हो उठा। व्यापारिक पूँजी वाले कांप्रेडोर वर्ग का निर्माण होने लगा था तथा नए मध्यवर्ग का भी अभ्युदय शुरू हो गया था। इससे वर्गीय स्तरीकरण में अदल-बदल हो चली। फलतः एक **बौद्धिक रिनासाँ** शुरू हुआ जिसमें कई प्रसिद्ध समाज-सुधारकों, दार्शनिकों, कलाकारों, संन्यासी, स्वामियों का सांस्कृतिक योगदान हुआ।...हमने इस विरासत के साथ बीसवीं शती में प्रवेश किया था। इस रिनासाँ की प्रमुख सुधारवादी धर्मधारा निर्गुण एकेश्वरवादी रही : वहाबी, कूका, ब्राह्मोसमाज, आर्यसमाज, रामकृष्णमठ आदि की।

ग पचपन साल के मध्यांतर के बाद 'ग़दर' की गूँज दोबारा सुनाई पड़ी। अब मेरठ के बजाय अमेरिका के **सान फ्रांसिस्को** शहर में, 1912 में। मॉडल सन् सत्तावन का ग़दर था। किंतु उसमें अनेक परिवर्तन किए गए थे : मात्र ग़दर के बजाय **'ग़दर पार्टी'**; कार्यालय का नाम : **'युगांतर आश्रम'**; अखबार का नाम : **'ग़दर'**; तथा नारा : **'ग़दर की गूँज'**॥ इसके महानायक थे*—तरुण शहीद **करतार सिंह सराभा** (1896-1915), और लाला हरदयाल।

भारत में उन्नीसवीं शती के उत्तरार्ध के सामंतवाद तथा उपनिवेशवाद के साथ अविकसित पूँजीवाद का त्रिकोण बनकर बीसवीं शती के पूर्वार्ध में परिलक्षित हो चला था।

सन् 1912 में सान फ्रांसिस्को में एक सोलह वर्ष का युवक करतार सिंह सराभा भी प्रव्रजन करके पहुँचा और वहाँ के नस्लवादी वातावरण से क्षुब्ध तथा क्रुद्ध होने लगा। वे तथा अन्य भारतीय पंजाबी किसान डैम हिंदू, कुली, ब्लेक मैन इंडियन डाग कहाकर पुकारे जाते थे। इसी के साथ एक जापानी जहाज **कामागाटा मारु** में आए किसानों को भी जहालत का सामना करना पड़ा (1914)। संयोग से वहाँ लाला हरदयाल भी आ गए थे।...अतएव इनको भी अपमान और गुलामी का राष्ट्रीय अनुभव हुआ। इन्होंने पेशवा नाना साहिब और झाँसी की रानी का बदला लेने की ठानी। पहले कलम और प्रेस को प्रचार-माध्यम बनाया गया। फिर गदर और बंदूक प्रयोजन हो गए। प्रथम विश्वयुद्ध के छिड़ने (1914) पर यह चिनगारी अग्निकांड में बदलने लगी। करतार सिंह सराभा का एक साथी पिंगले मराठा भी भारत आ पहुँचा। उन्होंने फ़ौजी छावनियों तथा गुरुद्वारों तथा मेलों में बगावत का पैगाम पहुँचाना शुरू कर दिया। वे विशेषकर फीरोज़पुर, सरगोधा, इलाहाबाद, कानपुर, लाहौर, अमृतसर की छावनियों

---

* विस्तार के लिए देखें : 'ग़दर आंदोलन और करतार सिंह सराभा' **खिड़कियों पर आकाशदीप**, रमेश कुंतल मेघ, प्रकाशन संस्थान, नई दिल्ली, 2002, पृ. 222-235

में सक्रिय हुए। इक्कीस फरवरी 1915 को सिपाही-विद्रोह की तारीख तय की गई [यहाँ भी किरपाल सिंह नामक एक चूहे ने गद्दारी की]। न तो फौजी छावनियों में बगावत हुई। और न ही गुरुद्वारों के राजभक्त जत्थेदारों-सेवादारों ने समर्थन किया। अतः राजद्रोह के भयंकर जुल्म में सराभा और उसके अनेक साथियों को फाँसी दी गई [1915]। तब सराभा की उम्र मात्र अठारह-उन्नीस साल की थी। सन् सत्तावन के **'ग़दर'** की तरह **ग़दर पार्टी** के इस आंदोलन का भी बेहद विफल होकर अंत हो गया।

वस्तुतः यह समावेश **'कृषक-रोमांटिकता'** से उन्मिषित था। इसमें भी विवेक की अपेक्षा **आवेश** का, बल की अपेक्षा बलिदान का जुनून छाया रहा। अलबत्ता करतार सिंह सराभा ने कोशिश की थी कि बंगाल की गुप्त षड्यंत्र वाली लाइन के बजाय जन-आंदोलन विकसित किया जाए। किंतु ऐसा नहीं हो सका; यद्यपि इन्होंने संगठन और पार्टी का निर्माण अवश्य किया था। इस आंदोलन के तीन अंतर्विरोध थे : ये पुनरुत्थानवादी हिंदुत्व की अपेक्षा धर्मनिरपेक्षता की ओर भी उन्मुख हो रहे थे। वे क्रांति के लिए शस्त्र अथवा अहिंसा के बीच दुविधाग्रस्त रहे। तदपि वे व्यक्तिगत आतंकवाद बनाम संगठित जनक्रांति का भेद नहीं अलगा पाए थे। तथापि इन्होंने सिपाही, किसान और छात्र की मैत्री की परिकल्पना अवश्य की थी।

भगतसिंह करतार सिंह सराभा को अपना 'साथी-गुरु-प्रदर्शक' मानते थे और अपनी जेब में इस तरुण की तस्वीर रखा करते थे। उन्होंने लिखा है : 'वे क्या थे, किस दुनिया से अचानक आए और झट कहाँ चले गए, हम कुछ भी न जान पाए।...विद्रोह का यज्ञ रचा और आखिर वह स्वयं इसमें भस्म हो गए।...उन्नीस वर्ष की आयु में इतनी जुर्रत, इतना आत्मविश्वास, इतना आत्मत्याग और ऐसी लगन बहुत कम देखने को मिलती है।...वे **सही अर्थों में** विद्रोही थे। उनकी ज़िंदगी का एक ही लक्ष्य था : क्रांति!' सन् सत्तावन के ग़दर और उसको आदर्श-प्रादर्श मानकर उभरे इस आंदोलन, दोनों ने, आगे चलकर व्यापक लोकजनों तथा विकसनशील मध्यवर्ग के बीच **स्वतंत्रता** तथा **संघर्ष** को परम लक्ष्य बना दिया। 'ग़दर-पार्टी' का परिप्रेक्ष्य प्रथम विश्वयुद्ध रहा था।

[घ] **राष्ट्रीय स्वतंत्रता-संघर्ष का दूसरा चरण** भगतसिंह तथा चंद्रशेखर आज़ाद द्वारा नई रणनीति, नए रणकौशल तथा नए सामाजराजनीतिक परिवेश में उद्घाटित होता है। [यह सही है कि इसके एक ध्रुवांत का सुलगना लाला लाजपतराय की मौत का बदला लेना था]। सराभा की ज़िंदगानी उन्नीस साल की, चंद्रेशखर आज़ाद की पच्चीस साल की तथा भगतसिंह की चौबीस साल की रही। लेकिन इनके आगे एक और दो सिफ़र जुड़ते जा रहे हैं।

अब दो केंद्र बने। पहला लाहौर; दूसरा था कानपुर-बनारस। आरंभिक बिंदु सन् 1918 था। इसी वर्ष रूस की **महान् बोल्शेविक क्रांति** हुई। इसी वर्ष भारत में रोलेट एक्ट के खिलाफ़ सत्याग्रह तथा हड़ताल का रणकौशल अपनाया जा रहा था। तब तक छोटे पैमाने के हस्तकौशल के प्रतिपक्ष में बड़े पैमाने के मशीनी उद्योग लगाए जा रहे

थे। इसकी वजह से पूँजीवादी शहरीकरण भी हो रहा था। इसलिए छोटे किसान-मज़दूर-संघर्ष छिड़ने लगे। 'ऐटक' (आल इंडिया ट्रेड यूनियन कांग्रेस) का गठन हुआ। इसके पहले सभापति लाला लाजपत राय थे। किसानों का भी **'एका'** गठित हुआ। पहली किसान-सभा क़ायम हुई।...अहिंसक संघर्ष का जो सत्याग्रह हथियार लागू हुआ था उसकी कठिन परीक्षा सन् 1922 के **चौरीचौरा सत्याग्रह** में हुई। छब्बीस लोग मारे गए। प्रतिहिंसा में जनता ने थाने में आग लगाकर इक्कीस सिपाही जला डाले। इसी के साथ 1920 का **खिलाफ़त आंदोलन** भी छिड़ा। इसके परिणाम से भारतीय समाज में हिंदू-मुसलमान सांप्रदायिकता के दुहरे सर्पफण भी तन गए।...तीसरी घटना थोड़ा आगे की है जब 1928 में युवा जवाहर लाल नेहरू तथा सुभाषचंद्र बोस कांग्रेस के मुख्य सचिव बने।

लाहौर-केंद्र में भी इतिहास गढ़ा जा रहा था। 1919 में अमृतसर में **जल्लियाँवाला-बाग़** का भयंकर कत्लेआम हुआ [यह दूसरी धुरी के चौरी-चौरा कांड से कई गुना उत्क्रांतकारी था]। इसमें तकरीबन एक हज़ार बेकसूर लोग मारे गए, डेढ़ हज़ार घायल हुए और 'मार्शल लॉ' लागू कर दिया गया। यह जनरल ओ-डायर की करतूत थी। लाला लाजपतराय के प्रयासों से मज़दूरों की ट्रेड यूनियन प्रभावशाली हो चली थी। इसी के साथ 1921-22 में सिख-किसानों द्वारा महंतों-मसंदों के खिलाफ़ **'अकाली'** आंदोलन छेड़ा गया (जो 'एका' की तरह सशक्त था)। उधर 1920 में ताशकंद में एम.एन. राय क्रांतिकारियों को एकजुट करने पहुँचे। लाहौर में शौकत उस्मानी तथा अब्दुल माज़िद इसी लक्ष्य में मशगूल थे। वैयक्तिक आतंक की नीति की चारों तरफ़ से जाँच-पड़ताल हो रही थी। वह बचकाना मर्ज़ साबित हो रही थी। राष्ट्रीय पटल पर, तब के लिए, एक भूल भी जारी थी कि राष्ट्रीय बूर्ज्वाज़ी को अभी तक सहयोगी जमात से बाहर रखा जा रहा था।

ऐसे में **चंद्रशेखर आज़ाद** और **भगतसिंह** इतिहास के महानायक के रूप में आविर्भूत होते हैं।

भगतसिंह तथा आज़ाद के आरंभिक चिंतन एवं कार्यों में भी **सन् सत्तावन के ग़दर** के यथार्थ एवं स्वप्न की लंबी होती हुईं क्षीण छायाएँ थीं, परंतु ग़दर पार्टी की छाया प्रायः स्पष्ट थी। तदपि आगे बढ़ने के लिए उन्होंने दो-तीन बुनियादी महाप्रस्थान किए—(क) **धर्म** एवं भावुक **देशभक्ति** को विवेकशील बनाया अर्थात् 'भारत माता की जय' और 'वंदेमातरम्' के विकल्प में 'इंकलाब जिंदाबाद' का नारा गुँजाया, और पहली बार भारतीय राजनीति में 'कामरेड' शब्द का अनुप्रवेश किया। इसी प्रकार धर्म और राजनीति को शत्रुतापूर्वक नहीं बल्कि संस्कृति-चक्र के संघर्ष में अलग-विलग करके नई नैतिक एकता स्थापित की गई जिसमें धर्म-सांप्रदायिकता एवं रूढ़ अंधधर्म आस्था सामाजिक सोच को संचालित न करे। इसके लिए उन्होंने **'हिंदू'** की परिकल्पना को भी अंततोगत्वा हिंदोस्तान के सभी धर्म-जाति क्षेत्र के निवासियों के लिए संकल्पित कर दिया [राजा राममोहन राय, स्वामी विवेकानंद, भारतेंदु हरिश्चंद्र से लेकर गाँधी जी तक भी 'हिंदू' की अवधारणा का बुनियादी विकास करते आ रहे थे] (ख) उपनिवेशी

(गुलाम) **सिपाहियों** के बाबत ग़दर तथा ग़दर पार्टी से सबक सीखे गए क्योंकि उनसे असफल तथा विनाशकारी परिणाम निकले थे। फिलहाल उन्हें राष्ट्रीय मुक्ति-संग्राम से अलग कर दिया गया। एवज़ में सोवियेत संघ की 'लालसेना' की तरह या चीन की 'जनमुक्ति सेना' की तर्ज़ पर 'हिंदुस्तान सोशलिस्ट-रिपब्लिकन आर्मी' की परियोजना लागू की गई जिसमें काडर या कार्यकर्त्ता ही सिपाही तथा कामरेड था। (ग) **देश** और उसकी प्राचीन **संस्कृति** तथा **राष्ट्र** भी उनके संपूर्ण पैराडाइम बन गए। अर्थात् **एक देश में शोषण से मुक्त मज़दूर-किसान वर्गों की एकता वाला 'राष्ट्र'**।

पहले हम चंद्रशेखर आज़ाद के प्रकरण को लेंगे। वे अगस्त 1906 में छत्तीसगढ़ के झाबुआ के भाँवरा गाँव में जन्मे थे। पंद्रह साल की उम्र में ही स्वनाम 'आज़ाद' रख लिया। गोरखपुर के चौरीचौरा कांड (1922) का उनकी जीवनदिशा पर आंदोलक प्रभाव पड़ा जब हिंसा के विरोध में गाँधीजी ने शिखर-छूते सत्याग्रह आंदोलन को वापस ले लिया। इसके पश्चात् **बनारस** में शचींद्रनाथ सान्याल के 'क्रांतिकारी दल', तथा सुरेशचंद्र भट्टाचार्य की 'अनुशीलन-समिति' की एकता हुई। एक नया नाम रखा गया : **'हिंदुस्तान रिपब्लिकन एसोशिएसन'**। लक्ष्य हुआ : भारत को अंग्रेजों से आज़ाद कराना। जब 1925 के काकोरी के बिस्मिल, अशफाक उल्ला, रोशनसिंह को फाँसी दे दी गई (1927) तब नए सिरे से मंथन चला क्योंकि स्वतंत्रता सेनानी साधनविहीन और अलग-अलग बचे-छिपे पड़े थे।

तदपि **लाहौर-केंद्र** 1926 से सुलगने लगा था। **भगतसिंह** और **सुखदेव** सक्रिय थे। इन्होंने **'भारत नौजवान सभा'** का गठन किया। जल्लियाँवाला बाग़ के कत्लेआम (1919) के बाद 1928 में साइमन कमीशन के विरोध करते हुए घायल लाला लाजपत राय की मृत्यु ने आहुति का काम किया। इसका बदला लिया गया। असेम्बली में बम फेंका गया (1929)। बिखराव को एकजुट करने के लिए अर्थात् बनारस और लाहौर को एकतान करने के लिए **कानपुर** में 'प्रताप' अखबार के गणेश शंकर विद्यार्थी का प्रवर्तक योगदान रहा। वहीं चंद्रशेखर और भगतसिंह की मुलाकात हुई। चंद्रशेखर गुरिल्ला-युद्धकौशल तथा छलावरण (कैमोफ्लाज़) के स्वशिक्षित माहिर थे। अब एक बेहद अनूठा कदम उठाया जाना था—एक केंद्रीय दल का गठन। **दिल्ली** के फीरोज़शाह कोटला के खँडहरों में बिहार, पंजाब, युक्तप्रांत (उत्तर प्रदेश) और राजपूताना के क्रांतिकर्ता इकट्ठे हुए [बंगाल शामिल नहीं हुआ]। तथा एक नई केंद्रीय समिति गठित की गई। इसमें सात सदस्य थे—चंद्रशेखर आज़ाद, भगतसिंह, सुखदेव, शिववर्मा, विजय कुमार सिन्हा, कुंदन लाल तथा फणींद्रनाथ घोष। दल का नया नाम **'हिंदुस्तान सोशलिस्ट रिपब्लिकन आर्मी'** रखा गया। 'सोशलिस्ट' शब्द के समावेश से क्रांतिकारियों के सिद्धांत तथा उद्देश्य स्पष्ट कर दिए गए कि यह सभी प्रकार के शोषण का घोर विरोध करेगा, तथा मज़दूर-किसान का राज्य स्थापित करेगा। 'आर्मी' शब्द ने एसोसियेशन को विस्थापित कर दिया क्योंकि अब विचारधारकों द्वारा गुरिल्ला-युद्ध

भी रणकौशल बनने वाला था। अब आदर्शों के विकास के बजाय क्रांतिकारी आंदोलन के विकास की कार्यवाहियाँ जारी हुईं। देश के क्रांतिकारी एकजुट-से हो गए। सेनापति चंद्रशेखर की शिथिल वैचारिक भूमि को भगतसिंह सदैव ही संपूरित करते रहते। पंडित जी सांगठनिक कार्यों में कठोर अनुशासन लागू करने वाले, तथा योजना बनाने वाले अपराजेय योद्धा थे। वे भगतसिंह के संपर्क में आकर समाजवादी हो गए थे। भगतसिंह एक आला दिमाग़ वाले सिद्धांतकार थे जिन्हें विचारधारा की गहरी पकड़ थी। वस्तुतः आज़ाद-भगतसिंह की जोड़ी बीसवीं सदी में गाँधी-नेहरू, अथवा क्यूबा के फिदेल कास्त्रो तथा 'चे' गुएवारा की जोड़ी से तुलनीय है।

झारखंडे राय लिखते हैं—''हिसप्रस ने थोड़े ही समय में अत्यधिक ख्याति अर्जित कर ली। इसमें संदेह नहीं कि भारत के क्रांतिकारी दलों में इतनी राष्ट्रीय प्रसिद्धि अन्य किसी दल को कभी नहीं प्राप्त हो सकी।...सौंडर्स वध (लाहौर 17 दिसंबर 1928) के रूप में, 17 नवंबर को लाला लाजपत राय की मृत्यु (17 नवंबर 1929) का उपयुक्त बदला, एसेम्बली बम केस (8 अप्रैल 1929, दिल्ली), लाहौर षड्यंत्र केस, यतींद्र नाथ दास की इतिहास-प्रसिद्ध भूख-हड़ताल और उनका ज्वलंत आदर्श एवं त्यागपूर्ण बलिदान (65 दिन बाद 15 सितंबर 1929, लाहौर बोर्स्टल जेल) वायसराय की स्पेशल ट्रेन को बम से उड़ाने की चेष्टा (23 दिसंबर 1929)।''*

'हिसप्रस' ने ही फैसला लिया था कि 1929 में जो सार्वजनिक सुरक्षा क़ानून, तथा औद्योगिक विवाद कानून के मसौदे पेश किए जा रहे हैं वे क्रूर दमन शोषण और उत्पीड़न को और भी बेलगाम बना देंगे। अतः आठ अप्रैल 1929 को भगतसिंह राजगुरु-सुखदेव की टोली द्वारा असेंबली में बम फेंकने का फैसला दिया गया—'इंकलाब जिंदाबाद' तथा 'साम्राज्यवाद का नाश हो' तथा 'दुनिया के मजदूरो एक हो' के नारों को बोलते हुए।...इससे गिरफ्तारियाँ हुईं। तय था कि तीनों क्रांतिकारियों को फाँसी दी जाएगी।...आज़ाद ने इनको छुड़ाने के लिए गाँधी जी के पास प्रस्ताव भेजा पर गाँधी जी ने इरविन से इस मुद्दे पर कोई बात नहीं की। उनके पक्ष में दिल्ली में बीस मार्च को एक सभा भी बुलाई गई जिसमें सुभाष चंद्र बोस तो आए, लेकिन जवाहर लाल नेहरू नहीं आए।...इस बीच संदेहों तथा मतभेदों के कारण केंद्रीय समिति भंग कर दी गई और दल को भी तोड़ दिया गया। आज़ाद को रूस भेजने का सुझाव आया। वे नहीं माने किंतु यशपाल और वैशम्पायन को भेजने का इंतज़ाम करते रहे थे। अंततः 23 मार्च 1931 को तीनों को फाँसी दे दी गई। इसके पहले 27 फरवरी 1931 को चंद्रशेखर भी एक मुखबिर की सूचना पर इलाहाबाद के अल्फ्रेड पार्क में गोलियों से भून डाले जाकर शहीद हो गए।

---

* 'हिंदुस्तानी समाजवादी प्रजातंत्र सेना', झारखंडे राय, **'वर्तमान साहित्य'** सं. कुंवर पाल सिंह व नमिता सिंह, मार्च-अप्रैल 2006, पृ. 67, अलीगढ़।

इस तरह क्रांतिकारी संगठनों में मुखबिरों की गद्दारी से तात्या टोपे, मंगल पांडे, करतार सिंह सराभा, फणींद्रनाथ घोष, चंद्रशेखर आज़ाद और एक लंबी नाममाला की असमय ही मौतें हुईं। संगठन भी छिन्न-भिन्न होते गए। ये ऐतिहासिक सबक हैं।

यह भी काबिले ग़ौर है कि भले ही ग़दर जैसी बड़े पैमाने पर प्रचंड कार्यवाहियाँ नहीं हुईं, और न ही छोटे-समय वाली ऐसी आर-पार की लड़ाइयाँ लड़ी गईं लेकिन 'ग़दर पार्टी' तथा 'हिंदुस्तान सोशलिस्ट रिपब्लिकन आर्मी' संसक्त रहीं। वे सिद्धांत और आदर्श को, रणनीति और रणकौशल को, पार्टी और क्रांतिकारियों को जनता तथा समाज से जोड़ने की हरचंद कोशिशें करती रहीं।

यह भी सही है कि इन पर सन् सत्तावन के ग़दर के यथार्थ तथा स्वप्न की लंबी होती हुई डाँवाडोल छायाएँ निरंतर पड़ती रहीं।

राष्ट्रीय मुक्ति संघर्ष के इस **तीसरे चरण** में ज्ञान तथा क्रांति के सहस्रदल कमल की तरह चौबीस साल के युवक **भगतसिंह** ही प्रतीक बने।

ङ स्वदेश की आज़ादी वाले इस चरण में भगतसिंह के **विचारों** का प्रकाश कमतर **किया जाकर** उनके अमूर्त-धुँधले **बिंब** का ही अतिरिक्त आदर-सम्मान हो रहा है।

आज पचहत्तर सालों के बाद भी भगतसिंह, उनकी डायरी और उनके साथियों पर विधिवत् ऐतिहासिक खोजें नहीं हो रही हैं। दस्तावेज़ खत्म़ हो चुके हैं, समकालीन दिवंगत हो गए हैं तथा संबद्ध स्थानों के नक्शे बदल चुके हैं। विरासत लगभग अनुपलब्ध हो रही है। थोड़ा बहुत जरूर बचा लिया गया है। किंतु सत्तावन के ग़दर तथा ग़दर पार्टी की तरह नौजवान भारत सभा, हिंदुस्तान सोशलिस्ट रिपब्लिकन एसोसियेशन/आर्मी के इतिहास नहीं मिलते हैं।...इसके अलावा बनारस, लाहौर, कानपुर, दिल्ली आदि का तत्संबंधी मौखिक इतिहास तक नहीं पुनर्लब्ध किया जा सका है। ये सभी प्रयास मौखिक इतिहास (ओरल हिस्टरी) द्वारा फलीभूत हो सकते हैं। अतएव सारा अध्ययन अभी तक अधूरा, अपूर्ण, खंड-खंड तथा धुँधला है। अतएव पहले **भगतसिंह शोध-संस्थान** को स्थापित किए जाने का इंतज़ार है। रोपड़-नवाँशहर सड़क पर बंगा नामक जगह पर बने छोटे-से भगतसिंह म्यूज़ियम को धुरी बनाकर यह काम शुरू किया जा सकता है।

साररूप में भगतसिंह द्वारा सोची-समझी-लिखी गई थीमों की सूची ही उनके वैश्विक संदर्श को प्रकट कर देती है—काल्पनिक अहिंसा बनाम नेक परिणाम तक पहुँचने के लिए हिंसा; आदर्श और स्वप्न; विद्रोही की सही चारित्रिकता (सराभा के प्रसंग); क्रांतिकारी का चरित्र; भारतीय क्रांतिकारी (अंग्रेजों द्वारा बदनाम कर दिया आतंकवादी नहीं) आंदोलन [कूका, ढींगरा, काकोरी, सूफ़ी अम्बा प्रसाद, सराभा]; अंतर्राष्ट्रीय क्रांतिकारी चिंतन; अराजकतावाद; साम्राज्यवाद; समाजवाद और मानवतावाद; धर्म और सांप्रदायिक दंगे; सांप्रदायिकता; नास्तिकता; अछूत-समस्या; सत्याग्रह और हड़तालें; भूख-हड़ताल; विद्यार्थी और राजनीति; नौजवान भारत सभा; नौकरशाही; बम

का फलसफा; तीसरा इंटरनेशनल; स्पेशल ट्राइब्यूनल; पत्रकारिता; भावुकता तथा रोमांटिकता; ड्रीमलैंड; समाजसेवा; पंजाब में संस्कृति, संगठन, अनुशासन की कमी; अंततः सेवा-त्याग-बलिदान का त्रिकोण, इत्यादि इत्यादि।

इतने बिखरे हुए लेकिन व्यापक फलक के बावजूद भगतसिंह के जीवन, व्यक्तित्व तथा कृतित्व पर कोई सार्थक पुस्तक शायद नहीं मिलती। सभी कुछ खंड-खंड, बिखरा-सा अस्त-व्यस्त है।

यह स्पष्ट है कि उन्होंने क्रांति और देश की चिंताओं के समानांतर और समकक्ष, धर्मदर्शन और धर्म-सांप्रदायिकता से राजनीति तथा सामाजिक व्यवहारों को निरपेक्ष कराने का लक्ष्य ताउम्र साधे रखा था।...वे निश्चित रूप से भावुकतावाद तथा आतंकवाद को अलविदा कह चुके थे। उनके चिंतन तथा कर्म राष्ट्र एवं अंतर्राष्ट्र की ठोस ज़मीन से उगते हुए पल्लवित-कुसुमित होने शुरू हो चले थे।

च यहाँ भगतसिंह की लिखतों से कुछ **बेतरतीब** उद्धरण प्रस्तुत किए जा रहे हैं—'...इस देश में इस समय इस नारे (इन्कलाब ज़िंदाबाद) को सब लोगों तक पहुँचाने का कार्य हमारे हिस्से आया है। इस नारे की रचना हमने नहीं की। यही नारा रूस के क्रांतिकारी आंदोलन में प्रयोग किया गया है।...इसका यह अर्थ कदापि नहीं है कि सशस्त्र संघर्ष सदैव जारी रहे और कोई भी व्यवस्था अल्प समय के लिए भी स्थायी न रह सके। दूसरे शब्दों में, देश और समाज में जागरूकता फैली रहे।'

'...हमें 'इन्कलाब' (क्रांति) शब्द का अर्थ भी कोरे शाब्दिक रूप में नहीं लगाना चाहिए।...क्रांति (इन्कलाब) का अर्थ अनिवार्य रूप में सशस्त्र आंदोलन नहीं होता। बम और पिस्तौल कभी-कभी क्रांति को सफल बनाने के साधन मात्र हो सकते हैं।...विद्रोह को क्रांति नहीं कहा जा सकता, यद्यपि यह हो सकता है कि विद्रोह की अंतिम परिणति क्रांति हो।...क्रांतिकारी की दृष्टि में वह एक पवित्र वाक्य है।...क्रांति की इस भावना से मनुष्य जाति की आत्मा स्थायी तौर पर ओतप्रोत रहनी चाहिए जिससे कि रूढ़िवादी शक्तियाँ मानव-समाज की प्रगति की दौड़ में बाधा डालने के लिए संगठित न हो सकें। यह आवश्यक है कि पुरानी व्यवस्था सदैव न रहे और वह नई व्यवस्था के लिए स्थान रिक्त करती रहे जिससे कि एक आदर्श व्यवस्था संसार को बिगड़ने से रोक सके।' [दोनों उद्धरण बी. के दत्त के साथ 1929]

'...हम केवल अपने देश के इतिहास, इसकी मौजूदा परिस्थिति तथा अन्य मानवोचित आकांक्षाओं के मननशील विद्यार्थी हैं। यह काम हमने किसी व्यक्तिगत स्वार्थ अथवा विद्वेष की भावना से नहीं किया है। हमारा उद्देश्य शासन-व्यवस्था के विरुद्ध प्रतिरोध था।'

'...बम : आदर्श के लिए बल प्रयोग।...(काल्पनिक अहिंसा के विरुद्ध) बहरों

को सुनाना।' [सार-संग्रह]

'...क्रांति के लिए खूनी लड़ाइयाँ अनिवार्य नहीं है और न ही उसमें व्यक्तिगत प्रतिहिंसा के लिए कोई स्थान है। वह बम और पिस्तौल का संप्रदाय नहीं है।'

'...मुट्ठी भर आदमियों को मारकर किसी **आदर्श** को समाप्त नहीं किया जा सकता, और न ही दो नगण्य व्यक्तियों को कुचलकर राष्ट्र को दबाया जा सकता।'

'...हमारा अभिप्राय है : अन्याय पर आधारित मौजूदा समाज-व्यवस्था में आमूल परिवर्तन।'

'...भयानक असमानता और जबर्दस्ती लादा गया भेदभाव दुनिया को एक बहुत बड़ी उथल-पुथल की ओर ले जा रहा है।...सभ्यता का ऐसा प्रासाद शीघ्र ही चरमराकर बैठ जाएगा।' (द्वितीय विश्वयुद्ध की ओर इशारा)

'...देश को एक आमूल परिवर्तन की जरूरत है। (कि)...ऐसे लोग साम्यवादी सिद्धांतों पर समाज का पुनर्निर्माण करें। अर्थात् एक ऐसे समाज की स्थापना जिसमें सर्वहारा-वर्ग का आधिपत्य सर्वमान्य होगा।...और जिसके फलस्वरूप स्थापित होने वाला **विश्व-संघ** मानवता को पूँजीवाद के बंधनों से छुटकारा दिलाने में समर्थ होगा।'

'...जनता की सर्वोपरि सत्ता की स्थापना श्रमिक वर्ग का अंतिम लक्ष्य है।'

'...इन आदर्शों के लिए हमारी **क्रांति** है।...इसके लिए बड़े से बड़ा त्याग भी कम है।...हम संतुष्ट हैं और क्रांति के आगमन की प्रतीक्षा कर रहे हैं।'

[इन उद्धरणों में आप भी और जोड़ सकते हैं]

छ हमारे देश के आधुनिक इतिहास में **राष्ट्रीय मुक्ति-संघर्ष** का पहला चरण सन् सत्तावन का ग़दर, दूसरा चरण ग़दर-पार्टी, तीसरा चरण 'हिंदुस्तान सोशलिस्ट रिपब्लिकन आर्मी' का रहा है।

चौथा चरण बीसवीं शती के चौथे दशक से शुरू होता है। जनगण और वर्ग, वर्ग और दल, दल और नेता के द्वंद्वात्मक संबंधों से जनांदोलन उभरते हैं और कांग्रेस, कम्युनिस्ट पार्टी तथा समाजवादी पार्टी उत्तरोत्तर सक्रिय होने लगती हैं। यह सब आगे की कहानी है जो 'ग़दर' की छाया से लगभग आगे कढ़ आई है : भूमंडलीकरण, बाज़ारवाद, कार्पोरेट व्यवस्था तथा सूचना क्रांति के इस दौर में। यूँ भी; अब तो ग़दर को हुए भी डेढ़ सौ साल बीतने वाले हैं (सन् 2007)। अब तो हमें विकसित भारत तथा पुनर्जाग्रत एशिया का महास्वप्न आंदोलित कर रहा है जिसमें भारत, चीन, रूस और जापान की मैत्री होगी॥

2006

21 भारत का समाजवादी आंदोलन और युगीन साहित्य

तीसरे दशक के आरंभ से ही भारत में बहुविध शक्तिशाली वामपंथ का उदय हुआ। सन् 1931 में भगतसिंह (1907-1931) तथा चंद्रशेखर आज़ाद (1906-1931) की शहादत ने कर्मयोग (प्रेक्सिस) की मशालें रौशन कर दीं। इससे राष्ट्रीय आंदोलन में मूलगामी परिवर्तन हुए। अब उपनिवेशी फौज की बगावत के बजाय स्वतंत्रता प्राप्ति क़े लिए जनता-केंद्रित धारदार तथा सुस्पष्ट राजनीतिक-आर्थिक-सामाजिक घटकों का रागावेश हुआ—दलितों-शोषितों की, नारी की, किसानों-मज़दूरों की सामाजिक-आर्थिक मुक्ति का।

बिहार समाजवादी चेतना का केंद्र बनने लगा। इसका चरम विकास स्वामी सहजानंद के नेतृत्व में 'किसान-सभा' की स्थापना के रूप में प्रकट हुआ। उनके आंदोलनों से बिहार में सामंतीय उत्पीड़न तथा अभिजनों के विलासितापूर्ण जीवन के विरुद्ध किसानों की एकजुटता क़ायम हुई। गरीब खेतिहरों का साथ देते हुए छपरा में राहुल सांकृत्यायन गिरफ़्तार हुए। इसके बाद नागार्जुन ने संघर्ष जारी रखा।... काफ़ी बाद फणीश्वरनाथ रेणु ने भी नेपाल में समाजवादी पार्टी के आंदोलन में भाग लिया जिससे पूर्णिया और फारबिसगंज में जनता, नौजवानों तथा समाजवादियों का एका हुआ। सो, इस धारा में नागार्जुन और रेणु ने क्रमशः वामपंथी तथा समाजवादी आंदोलन में सांस्कृतिक भागीदारी जोड़ दी : अपने उपन्यासों के द्वारा भी।

तीसरे दशक के आरंभ में ही 'हिंदुस्तान सोशलिस्ट रिपब्लिकन आर्मी' की सशक्त क्रांति की अस्थायी विफलता से तीन सबक लेकर सन् 1934 में 'कांग्रेस सोशलिस्ट पार्टी' की संस्थापना हुई जिसमें पूर्ववर्ती क्रांतिकारियों के लक्ष्य और नीतियों को संशोधित करके एवं उदार बनाते हुए उन्हें लगभग स्वीकार कर लिया गया लेकिन तीन बातें छोड़ दी गईं : (i) क्रांति के कार्यों के लिए धन-प्राप्ति हेतु डकैती; (ii) बदले की कार्यवाही के तहत चुने हुए अंग्रेज लोगों को मारना, तथा (iii) विद्रोह के लिए भाड़े की उपनिवेशी सेना पर निर्भरता। अतः अहिंसात्मक एवं प्रजातांत्रिक-सामाजिक परिवर्तन तथा प्रगति केंद्रीय उद्देश्य हुए; सर्वप्रथम।

आचार्य नरेंद्र देव (1889-1956) 'कांग्रेस समाजवादी पार्टी' के संस्थापक सदस्य थे। इसमें जयप्रकाश नारायण (1902-1979) तथा डॉक्टर राममनोहर लोहिया (1910-1967) भी शामिल हुए। ये तीनों ही भारत में समाजवादी आंदोलन के आदि व्यास रहे। आचार्य नरेंद्र देव एक विद्वान वंश-परंपरा से आए थे। वे गाँधी जी तथा जवाहरलाल नेहरू के बेहद निकट थे। वे 'श्रमण' भी कहलाते थे—त्यागी, निस्पृह चरित्र तथा स्वार्थरहित। उनकी सामाजिक तथा राजनीतिक समझदारी मार्क्सवादी वर्ग-संघर्ष एवं इतिहास की भौतिकवादी व्याख्या के भारतीयकरण पर आधारित थी। वे मार्क्स को 'आधुनिक ऋषि' बताते थे तथा उन्होंने 'संघर्ष' नामक पत्र भी निकाला। वे शिक्षाविद् (काशी विद्यापीठ के आचार्य, लखनऊ यूनिवर्सिटी तथा बनारस हिंदू यूनिवर्सिटी के उप-कुलपति), विश्वेतिहास, विशेषतः बौद्धदर्शन के शीर्ष स्कॉलर तथा सार्वजनिक कार्यकर्ता के रूप में मॉडल थे। उन्होंने 1947 तक पार्टी का पथ-प्रदर्शन किया।

डॉ. लोहिया जर्मनी से लौट कर आए थे। उनका संदर्श सांस्कृतिक तथा तृणमूलपरक यथार्थ था। नेहरू ने उन्हें (कांग्रेस के) परराष्ट्र विभाग का मंत्री बनाया था। जयप्रकाश नारायण अमेरिका के विस्कांसिन तथा शिकागो से लौटे थे। वे एक ओर 'गीता' तथा 'रामचरित मानस' से अनुप्राणित थे, तो दूसरी ओर मार्क्सवाद से। उन्होंने स्तालिन के सोवियेत यूनियन के बजाय अमेरिका के उपनिवेशवाद-विरोधी स्वतंत्रता-संग्राम से मार्क्सवादी आस्था अर्जित की थी। यह इन समाजवादी चिंतकों का सिनेरियो था। आचार्य नरेंद्र देव भारत में जार्ज बर्नार्ड शॉ तथा हेरोल्ड लास्की की तरह थे, तो जयप्रकाश नारायण आदर्शोन्मुख आदर्शवादी तथा राममनोहर लोहिया भारत की ऐतिहासिक सांस्कृतिक जड़ों के गहरे खोजी। इनकी पहली परीक्षा **द्वितीय विश्वयुद्ध** (1937-1945) में हुई।

आचार्य नरेंद्र देव ने उस युद्ध को साम्राज्यवाद और फासीवाद के बीच की जंग घोषित किया। उन्होंने कम्युनिस्ट पार्टी तथा एम. एन. राय द्वारा उसके समर्थन का विरोध किया क्योंकि पहले तो वे भी इसे वैसे ही चरित्र वाला युद्ध मानते थे, लेकिन (सोवियेत संघ द्वारा युद्ध में 'मित्र-धुरी' से मिलने के बाद) उसे साम्राज्यवादी युद्ध के बजाय 'जनयुद्ध' घोषित कर डाला। लोहिया की लाइन थी कि मित्र-धुरी-राष्ट्रों के उस भीषण संघर्ष में ब्रिटिश के हारने पर समाजवादी राज्यसत्ता पर कब्ज़ा कर लें।...गाँधी जी इनसे असहमत थे। लोहिया का बाद में यह भी मानना था कि **राज्य** केवल बल-प्रयोग करने का साधन है, न कि (गाँधी जी की मान्यता के अनुसार) गरीबी निवारक समाजवाद लाने का माध्यम। कम्युनिस्टों द्वारा युद्ध-समर्थन से उन्होंने यह नतीजा निकाला कि उनका राज्यसत्ता के प्रति पूर्णसमर्पण का सिद्धांत तानाशाही की ओर ले जाता है। अतः वे खुद भी (बाद में) शनैः-शनैः समाजवाद के बजाय **सर्वोदय** की ओर उन्मुख होने लगे।

समाजवादियों का कांग्रेस पार्टी से भी प्रकारांतर से मोहभंग होने लगा था। सन् 1942 के 'भारत छोड़ो' आंदोलन में अहिंसात्मक संग्राम की भी परीक्षा हुई। 'अंग्रेजो, भारत छोड़ो!'—आंदोलन ही **'अगस्त क्रांति'** कहलाया जो भूमिगत तथा सतह ऊपर, अहिंसक-हिंसक दोनों ही तरह का था। इसने समाजवादी युवकों की एक जाँबाज़ टोली को देशभर में हर मन प्यारा बना दिया : जयप्रकाश नारायण, राममनोहर लोहिया, अरुणा आसफ़ अली, अच्युत पटवर्धन, यूसुफ मेहरअली, आदि। ये सभी भूमिगत अर्थात् फरार होकर जन-आंदोलन को उग्रतर करते रहे। गाँधीजी, जवाहरलाल नेहरू, आचार्य नरेंद्र देव आदि गिरफ्तार हो गए। इस संदर्भ में भी लोहिया ने गाँधीजी सम्मत पुरुषार्थ धर्म से निसृत **नैतिकता** को कठघरे में खड़ा करते हुए ऐसी नैतिकता का विकल्प दिया जो केवल रणनीति (विवेक) तथा राजनीति के आधार पर हो। जाहिर है कि अगस्त-क्रांति में कम्युनिस्ट बेहद पीछे धकेल दिए गए क्योंकि उन्होंने अंतर्राष्ट्रीय पटल पर समाजवादी रूस को समर्थन देने की कीमत पर राष्ट्रीय भूमि पर के

उपनिवेशवादविरोधी संग्राम को उस समय वरीयता नहीं दी। यद्यपि स्वयं जवाहरलाल नेहरू ने तब घोषित किया था : "मैं जापान का तलवार से सामना करूँगा।" समाजवादियों ने एक समाजवादी के तौर पर नेहरू की अभिभूमिका तथा पार्टी के तौर पर कांग्रेस के चरित्र को फिर से समझना शुरू किया। अगस्त-क्रांति की समाप्ति के बाद तस्वीर साफ़ हुई जिसने सन् 1947 के बाद राजनीति एवं संस्कृति के कार्यवृत्त तैयार किए। कांग्रेस से प्रबल मोहभंग शुरू हो चला था।

आचार्य नरेंद्रदेव ने अपनी (भारतीय मार्क्सवादी) चिंतना के आधार पर तर्क दिया कि ब्रिटिश ने अपने निहित स्वार्थों के निमित्त ही राजों-रजवाड़ों, सामंतीय ऐरिस्टोक्रेटों, पूँजीपतियों तथा नौकरशाहों को प्रफुल्लित किया है। अतएव **कांग्रेस** को जनगण का संगठन बनना पड़ेगा ताकि वह क्रांतिकारी रूपांतरण कर सके। वे कांग्रेस का अभिजनों (एलीट्स) का प्रवक्ता बनने के नितांत विरुद्ध थे क्योंकि वे किसान उपवर्गों की भूमिका से भी सचेत थे। वे **पूँजीवादी प्रजातंत्र** के संकीर्ण आधारों की ओर लगातार इशारा करते रहे हैं। इसीलिए उन्होंने राजनीतिक लोकतंत्र के चौखटे को **आर्थिक लोकतंत्र** में बदलने की लगातार कोशिश की।...यह सब नहीं हो पाया। अतः समाजवादी सन् 1948 में कांग्रेस से अलग हो गए। **'सोशलिस्ट पार्टी'** का पृथक गठन हो गया।

सन् 1948 के बाद के आज़ाद भारत में आचार्य नरेंद्रदेव ने **सामाजिक क्रांति** के लिए **तीन** कसौटियाँ, तथा राममनोहर लोहिया ने छह ग़ैर-बराबरियों को स्पष्ट किया।

आचार्य की तीन कसौटियाँ : (i) सामाजिक क्रांति के प्रयोजन का समर्थक; (ii) समाजवादी कार्यक्रमों में साझेदारी तथा (iii) साम्राज्यवाद के विरुद्ध लड़ाई।... लोहिया ने ये छह ग़ैर-बराबरियाँ गिनाईं–(1) नर-नारी के बीच ग़ैर-बराबरी, (2) ग़रीब-अमीर के बीच गैर-बराबरी, (3) जाति-जाति के बीच गैर-बराबरी; (4) गोरे-काले के बीच ग़ैर-बराबरी, (5) शाही देश और गुलाम देश के बीच ग़ैर-बराबरी, तथा (6) हथियारों के बीच ग़ैर-बराबरी। इनके खात्मे के लिए समाजवादी पार्टी विशेषतः लोहिया ने कई अभियान एवं आंदोलन छेड़े : कांग्रेस हटाओ, लोकतंत्र लाओ; दाम बाँधो–नदियाँ साफ करो; जात तोड़ो–समाज जोड़ो; अंग्रेजी हटाओ–देसी भाषाएँ लाओ; सत्ता में वंशवाद मिटाओ–संयुक्त मोर्चा बनाओ।...

समाजवादियों ने (सन् 1953 में) रंगून (यांगून) में आयोजित **'एशियाई समाजवादी सम्मेलन'** में शिकरत की। इसमें जयप्रकाश नारायण तथा लोहिया मौजूद थे।

जयप्रकाश नारायण लगातार मोहभंग की दशाओं से गुज़रते रहे। वे नेहरू को बड़ा भाई मानते रहे तथा इंदिरा गाँधी को बेटी। इनसे मोहभंग हुआ। फिर मार्क्सवाद से मोहभंग हुआ। फिर **भू-दान** की ओर मुड़े और इसके लिए जीवनदान दे डाला।... बिहार में भूदान-ग्रामदान मुहिम के तहत यूतोपियन **सर्वोदय** की ओर मुड़े।...वे निरंतर

बुनियादी प्रजातंत्र तथा **ग्रामीण स्वराज की पंचायती इकाई** को खोजते रहे।...उन्होंने सिद्ध किया कि **चुनावों** में पार्टियाँ नहीं बल्कि एक जात ने दूसरी जात पर जीत हासिल की है।...वे उस समय नेपाल-मॉडल की ओर भी आकर्षित हुए थे।...उन्होंने भ्रष्टाचार और अराजकता के विरुद्ध युवकों को साथ लेकर **'संपूर्ण क्रांति'** का भी बिगुल बजा दिया। अतः उनका सामना निरंतर मोहभंग की त्रासदिक दशाओं से होता रहा।...वे 1975 में **आपातूकाल** में जेल में ठूँस दिए गए।...वे जान गए थे कि आज़ाद भारत के नेताओं ने जनता के साथ विश्वासघात किया है। अतः उनकी प्राथमिकता सार्वजनिक जीवन में **नैतिक ह्रास** या पतन को रोकने की हो गई। नैतिक ह्रास के कारण देश निरंतर अधोगामी हो रहा है। आपात्काल (1975-77) में तो उनका कांग्रेस तथा सत्ता से पूर्णरूपेण मोहभंग हो गया। मध्यांतर में वे नैतिकता और अनुशासन एवं संगठन के परिप्रेक्ष्य में 'राष्ट्रीय स्वयंसेवक संघ' की ओर भी झुके। अतः भूदान से सर्वोदय, सर्वोदय से राष्ट्रीय स्वयंसेवक संघ, जनसंघ से जनता पार्टी तक का एक चक्र उनकी धुरी पर घूम गया। जनता पार्टी की सरकार (1977) मानो **दूसरी आज़ादी** घोषित की जाने लगी। (...तब तक आचार्य नरेंद्र देव तथा लोहिया का निधन हो चुका था)।

तदपि आचार्य भी इन नतीजों पर पहुँच चुके थे कि कांग्रेस कभी भी समाजवाद लाने का साधन नहीं बन सकती; कि कांग्रेस के अंदर लोकतांत्रिक कार्यकारिता संभव नहीं रही (नेहरू की मृत्यु के बाद से); कि अहिंसा अक्सर संपन्न एवं सत्ता वालों के पक्ष में हो जाती है; और कि, सार्वभौम बालिग मताधिकार के कारण अमीर व गरीब अपने वर्ग के बजाय, जात के इर्द-गिर्द संगठित होने लगे हैं। तथापि निचली गरीब जातियाँ ज्यादातर किसान तथा मज़दूर तबकों से आती हैं। अतः अब वे निहित स्वार्थों एवं आर्थिक दृष्टि से उच्चतर वर्गों के खिलाफ़ लामबंद हो रही हैं। किन्हीं अर्थों में यह प्रवृत्ति बेहद खतरनाक है। असल में असली दुश्मन अर्थात् निहित स्वार्थों, और भ्रांत शत्रु अर्थात् ऊँची जातों के बीच फर्क़ करना होगा।

इरा वैचारिक संग्राम के बीच समाजवादियों ने ज़मींदारी उन्मूलन तो करवा ही लिया [1955]। सन् 1956 में आचार्य नरेंद्र देव का निधन हो गया।...उनके लोहिया के साथ कई मुद्दों पर मतभेद उजागर होते रहे थे। लोहिया मार्क्सवाद के कोरमकोर विरोधी रहे थे—लंबे अरसे तक। जब बिहार की एक जेल में उनकी और नम्बूदिरिपाद की भेंट हुई तब कांग्रेस को सत्ता से हटाने के लिए 'संयुक्त मोर्चे' की रणनीति का खाका खींचा गया। फलतः कई राज्यों में इस तरह की सरकारें कायम हुईं जो आंतरिक अंतर्विरोधों के कारण भंग भी होती गईं। तदपि सुदृढ़ लोहिया एक अविराम अनथक योद्धा भी थे!

अब उन्होंने आचार्य कृपलानी की किसान-मज़दूर प्रजापार्टी तथा समाजवादी पार्टी का विलय करवा कर 'प्रजा सोशलिस्ट पार्टी' की स्थापना कराई। बाद में इसका

चरणसिंह के भारतीय क्रांतिदल से भी तालमेल हुआ। प्रजातांत्रिक समाजवाद तथा सर्वोदय का भी समन्वय करने की योजनाएँ लागू की गईं। अतः व्यापक और धुँधले होते हुए **'लोकतांत्रिक समाजवाद'** की (पचमढ़ी कन्वेंशन में) ऐसी पुनःपरिभाषा लोहिया ने की। तब वहाँ पर गाँधीवाद थोपने का इतना विरोध हुआ कि जयप्रकाश नारायण को हस्तक्षेप करना पड़ा था। बिना बहस-मुबाहसे से सिद्धांतों की स्वीकृति नहीं होनी चाहिए। लोहिया अपने ही ढंग वाली समाजवादी पार्टी तथा समाजवाद के प्रारब्ध से व्याकुल रहे। मानो वे उदार हिंदू-लोकतंत्र, सामाजिक लोकतंत्र तथा समाजवाद का समन्वय करने को उद्धृत रहे थे। वे समाजवादी पार्टी को नेहरू तथा कांग्रेस से पूर्णतः विलग कर गए। उन्होंने सन् 1956 में पुनः नई समाजवादी पार्टी बनाई। नेपाल, गोवा, उर्वशीयम् में आंदोलन छेड़ते हुए लगातार गिरफ़्तार होते-छूटते रहे। आखिरकार सन् 1967 में लोकसभा में चुने गए। उन्होंने आम आदमी तथा सड़क की जीवन-छायाओं को लोकसभा पर छाप डाला। यह उनकी महत्तम देन है। मधुलिमए, मनीराम बागड़ी, मधु दंडवते, सुरेंद्र मोहन, किशन पटनायक और उनसे पहले एस. एम. जोशी, एच. वी. कामत, एन. जी. गोरे ने इसे जारी रखा।

राममनोहर लोहिया ने अपने ग़ैर-बराबरी वाले सतघरे के आधार पर 'संस्कृति' की ऐतिहासिक तथा आधुनिक पुनर्व्याख्याएँ कीं। ये समाजवादी दृष्टिवाले साहित्य का परिप्रेक्ष्य तथा प्रतिपाद्य बनीं। उन्होंने रामायण, राम, कृष्ण, शिव, द्रौपदी, नर-नारी-संबंध, पवित्रता आदि पर नितांत मौलिक चिंतन प्रस्तुत किया। उन्होंने हर साल 'रामायण मेला' का भी (विभिन्न स्थानों में) आयोजन किया [बाद में अज्ञेय ने भी इन्हें जानकी-यात्राओं के संबोधन से चालू रखा]। उनके साथ पुराने रचनाकारों में रामवृक्ष बेनीपुरी तथा फणीश्वरनाथ रेणु के अलावा (परिमल-ग्रुप के) रघुवंश, रघुवीर सहाय, सर्वेश्वर दयाल सक्सेना, विपिन अग्रवाल, लक्ष्मीकांत वर्मा, धर्मवीर भारती, विजयदेवनारायण साही, तथा शिवप्रसाद सिंह, युगेश्वर, ओंकार शरद् आदि भी सांस्कृतिक प्रकाशन में शामिल हुए। वे मार्क्सवाद से इतर अस्मिता को खोजते हुए **'कांग्रेस फार कल्चरल फ्रीडम'** से जुड़ गए तथा मूलतः मध्यवर्गीय इथॉस को वाणी देते रहे। वे मार्क्सवाद के बजाय 'न्यूक्रिटिसिज्म़', तथा सार्त्र, हाइडेगर की एर्केगार्द के **अस्तित्ववादी दर्शन** की धारणाओं का भारतीयकरण करते रहे हैं। इससे खतरे भी हुए। राष्ट्रवाद ही सांस्कृतिक राष्ट्रवाद (हिंदुत्व) में घुलने मिलने लगा। लोहिया के साथ नरेंद्रदेव की तो दूरियाँ होने लगीं किंतु सार्त्र और कोएस्लर से ज्यादा नज़दीकियाँ बढ़ती गईं। एक 'धुरीहीनता' की सी दशा में 'लघुमानव' के बहाने आम आदमी द्वारा साहित्य में साक्षात्कार पर वाद-विवाद छेड़ा गया।

ऐसी किंचित दिशाहीनता में समाजवादी आंदोलन सीमित होने लगा। कुछ अध्यात्म की ओर मुड़े, कुछ साम्यवाद की ओर, और कुछ संप्रदाय तथा जात के पत्ते खोलने लगे। अरुणा आसफ़ अली कम्युनिस्ट पार्टी से जुड़ीं, अच्युत पटवर्धन

अध्यात्म में लीन हो गए, रामानंद मिश्र तंत्र-साधना में उलझ गए; अशोक मेहता, रामनरेश यादव कांग्रेस में चले गए। ऐसे में कर्पूरी ठाकुर तथा मुलायमसिंह यादव और राजनारायण का भी अभ्युदय हुआ। समाजवादी पार्टी जयप्रकाश नारायण के आंदोलन से उभरी 'जनता पार्टी' में संयुक्त हुई : नीतिश कुमार, जार्ज फर्नांडीज़, शरद यादव, लालू प्रसाद यादव, आदि ने अपने अलग-अलग रास्ते बनाए हैं। अक्सर पार्टियाँ सहूलियत तथा सत्ता की आवश्यकताओं के लालच में सनकर-लिपट जाया करती हैं, जब विचारधारा को अप्रासंगिक बना दिया जाए। तब विचारधारा की नाममाला का महज़ भड़कीला इस्तेमाल होता है।

काबिले गौर है कि समाजवाद जितना, जैसा, जहाँ, प्रासंगिक तथा सक्रिय आंदोलन एवं संगठन होगा उतना ही, वैसा ही, वहाँ-वहाँ युगीन साहित्य का प्रसार तथा प्रणयन होगा। फिलहाल **'तीसरे रास्ते'** की तलाश हो रही है। और पुनः वामपंथ एवं समाजवाद संयुक्त संवाद को उद्धृत हैं। राममंदिर-विवाद में ये दोनों शक्तियाँ एक प्लेटफार्म पर 'सहमत' हुई हैं। वस्तुतः इसमें लोहिया तथा नम्बूदिरिपाद की बैठक ने संस्कृति-नीति तथा भाषा-नीति को यथेष्ट दिशा दी है।

राममनोहर लोहिया ने लोकचेतना में **भाषा का सवाल** प्रमुख बनाया। यदि आचार्य नरेंद्र देव बौद्ध दर्शन के आधार पर भाषा को बहुजन हिताय-बहुजन सुखाय की पैरवी करते हैं तो लोहिया इतिहास की अपेक्षा मौखिक इतिहास (ओरल हिस्टरी) अर्थात् मिथकों एवं पुराणों में सनातन लोकचित्त की पहचान करते कराते हैं। पश्चिमी यूरोप के राष्ट्रों में प्रचलित रोमनलिपि की भाँति वे भारत में भी सभी राष्ट्रीयताओं की भाषाओं के लिए एक **देवनागरी लिपि** के पक्षपाती हैं। वे विशाल गौमाता-क्षेत्र के लिए हिंदी के प्रबल पक्षधर हैं। उनके इस अनुष्ठान को आगे बढ़ाने का बीड़ा बाबू गंगाशरण सिंह ने उसी तरह उठाया था जैसे कि भारतेंदु-युग में बाबू अयोध्या प्रसाद खत्री ने। इसके अलावा लोहिया ने सांस्कृतिक यात्राओं द्वारा भी साहित्य का लोकधर्मी स्वरूप तय करने की कामना की। उन्होंने साधारण मनुष्य को साहित्यकेंद्र में प्रतिष्ठित किया जबकि परवर्ती वैचारिक अनुयायियों ने बहुधा व्यक्ति तथा अस्तित्ववादी लघु मानव को धुरी बनाया। उन्होंने नव्य आलोचना की संरूपवादी प्रणाली को भी प्रमुखता दी। लोहिया पार्टी के निर्देशों पर चलने वाले साहित्य को **प्रोपेगंडा** के स्तर का पाते हैं, जबकि **प्रतिबद्धता** और जनजीवन की एकता वाले साहित्य का प्रतिपादन करते हैं। अतः वे राजनीतिक संस्कृति बनाम साहित्यिक संस्कृति के विभेद को भी निर्दिष्ट करते हैं। यहाँ एक मुश्किल यह भी परिलक्षित हो रही है कि संप्रति राजनीतिक ज्ञान का झोरमझोर समाजशास्त्रीयकरण करने के फलस्वरूप अवधारणाओं, पारिभाषिकों तथा शब्द-भंडार की अनियंत्रित मजलिस जम जाती है जो बहुधा पारंपरिक भारतीय मानस के लिए दुर्बोध-सी हो जाती है। रजनी कोठारी ने भी राजनीतिक संस्कृति की इस समस्या को पाया था।

तो क्या यह गिमिक्री है? मात्र बौद्धिक चोंचलेबाज़ी है? अगर है, तो इस प्रवृत्ति ने भी दर्शन तथा विचारधारा को हाशिए पर धकिया दिया है। इसी से जुड़ी परेशानी यह भी है कि **राजनीतिक संस्कृति** को (साहित्य में) नकारने वाले घटक भी सक्रिय रहे हैं; मसलन, आंचलिक एवं ऐथनिक संस्कृतियाँ। ये सामुदायिक हैं किंतु इनके सांप्रदायिक हो जाने का अंदेशा भी है। अतः लोहिया तथा वामपंथ ने **'राष्ट्रीय राजनीतिक संस्कृति'** की परियोजना गढ़ी। एक ओर राजनीति के नाते बहुजन संस्कृति है तो दूसरी ओर बहुजन की राजनीतिक संस्कृति! इनकी मध्यवर्ती ही साहित्यिक संस्कृति आती है जिसके पुरोधा मार्क्स, गाँधी, लोहिया हैं। यह दृष्टि लोकजन तथा अभिजन की संस्कृति के बीच की चौड़ी खाई को लाँघती है। अर्थात् यह लोक बनाम शास्त्र के द्वंद्व में पहले को चुनती है। लोक का प्राधिकरण (अथॉरिटी) के प्रति दवा हुआ प्रतिरोध होता है, लेकिन प्रत्यक्ष रूप से वह श्रद्धा-सम्मान-भय का मेल वाला होता है। ऐसे में लोक के लिए केंद्र में नेता नहीं, करिश्मा हो जाता है। रजनी कोठारी निदान बताते हैं कि पारिवारिक, पड़ोसी तथा जातीय को **राज्य** में परिणत होना चाहिए। लोकधुरी पर मंथन करते हुए जयप्रकाश नारायण ने कहा था कि देश के विभिन्न हिस्सों में विभिन्न बैनरों तले जो क्रांतिकारी ताकतें सक्रिय हैं उनमें-से एक प्रमुख नक्सलपंथी आंदोलन सुदीर्घ संस्थापित सामंतीय एवं पूँजीवादी व्यवस्था-गठन के पाटों के दुर्भाग्यचक्र से उभरा है। अतः आज के नए साहित्य एवं साहित्यकार के लिए कौन-सा मार्ग तथा कौन मार्गदर्शक है?

बेहद साफ़ उत्तर है; समाजवाद और वामपंथ और प्रजातांत्रिक घटकों की एकजुटता!! इसे तीसरे विकल्प के द्वारा स्थापित करने की कोशिशें जारी हैं। लोहियाचिंतन भी एक कड़ी है। (लोहिया सम्मत) समाजवादी साहित्य में **लोक-संस्कृति** अतीत की मिथकों तथा लोकजीवन के सही तत्त्वों के विश्लेषण पर आधारित है ताकि हम **भारतीय मानस** को ठीक-ठीक समझ सकें। इसके लिए लोहिया आदिम जातियों, भूले हुए कबीलों और अनेक दलित जातियों के पुराने लोक सांस्कृतिक इतिहास, तथा उनके लिए आरक्षण, की वकालत करते हैं। ऐसी यात्रा में वे शबरी, मेहर, बघेरों, कड़प्पा आदि शब्दों का इतिहास ढूँढ़ते हैं, कभी चित्तौड़गढ़, मथुरा-मदुरा, देहली-कड़प्पा के बीच गोटी बिठाते हैं (शिवप्रसाद सिंह)।

वे भारतीय संस्कृति की सड़ाँध और निष्प्राणता का दूसरा कारण मानते हैं : नारी-शक्ति के बंधन तथा विवशता। "मैं समझता हूँ कि नारी अगर कहीं नर के बराबर हुई है तो सिर्फ़ ब्रज में और कान्हा के पास।" उन्होंने एक बेहद आधुनिक अर्थगर्भित प्रश्न भी उठाया है—"द्रौपदी या सावित्री?" स्पष्टतः वे द्रौपदी के पक्षधर हैं। वे यौन पवित्रता की भी पड़ताल करते हुए खुलेपन की हिमायत करते हैं : "यौन-आचरण में सिर्फ़ दो अक्षम्य अपराध हैं : बलात्कार और झूठ बोलना, या वादों को तोड़ना (धोखा)।"

अंततः जाति-प्रथा पर वे कहते हैं : ''मेरा निश्चित मत है कि अब वही दल देश को सबल, सुखी और सच्चा बना सकेगा जिसमें औरत, शूद्र, हरिजन और मुसलमान का आधिक्य हो। वनवासिनी सीता और शूद्र शम्बूक की धुरी को थोड़ा और बढ़ाना होगा।''

इस तरह वे जाति-प्रथा और नारी-दासता को भारत की आत्मा के पतन तथा विकृति का ज़िम्मेदार ठहराते हैं। इसी उपक्रम में समाजवाद तथा वामपंथ का संयुक्त एजेंडा है—(i) भ्रष्टाचार-अपराध-सांप्रदायिकता-आतंकवाद का विरोध, (ii) नारी-सशक्तिकरण, (iii) दलित एवं पिछड़ों को सम्मान तथा समानता, और (iv) भारत का आधुनिकीकरण : शिक्षा एवं स्वास्थ्य की बढ़ोतरी गरीबी और शोषण से मुक्ति, समाजवाद आधारित प्रगति तथा उन्नति। इसके लिए कैसा होगा ध्रुवीकरण? कैसे तय होगा एक सामान्य न्यूनतम कार्यक्रम? जैसे कि : जातिवाद से लड़ाई कैसे हो? सांप्रदायिकता के विरुद्ध, आतंकवाद के विरुद्ध, भूमंडलीकरण के विरुद्ध विशाल जनमत को कैसे सक्रिय तथा सफल बनाया जाए? कैसे नव्य-उपनिवेशवाद की भोगवादी रंगीन छायाओं को छाँटा जाए? कैसे गरीबों, किसानों, मज़दूरों-मध्यवर्ग की व्यापक एकता क़ायम की जाए और कैसे साहित्य को जन-जीवन का सार्थक तथा प्रासंगिक हिस्सा बनाया जाए?

2006

22 अफ्रीकी मूल के अमेरिकनों का 'हार्लेम रिनाँसां'

विश्व के इतिहासचक्र में इस्लामी तथा ईसाई सभ्यताओं ने साम्राज्यवाद तथा उपनिवेशवाद को भी फैलाया था। इनसे जुड़ी पाशविकताएँ, उत्पीड़न, शोषण तथा गुलामी की दशाएँ सदियों तक मौजूद रही हैं। पश्चिमी गोलार्ध में पंद्रहवीं-सोलहवीं शताब्दियों में कोर्टेज़ तथा पिज़ारो जैसे दुर्दांत स्पेनी विजेताओं (कान्क्विस्टेडोरेज़) ने वहाँ की प्राचीन अज़टेक, इन्का तथा माया सभ्यताओं को ही नहीं मिटाया बल्कि मूल निवासियों तक का लगभग खात्मा कर दिया।

नई दुनिया अमेरिका में पहले-पहले यूरोपीय लोग उपजाऊ ज़मीनों पर कब्ज़ा करने तथा बेपनाह सोना लूटने आए थे। उनके पास बंदूकें थीं, घोड़े थे, बाइबिल थामे पादरी थे। उत्तरी-दक्षिणी अमेरिका का यूरोपीयकरण करने के साथ-साथ अब उन्हें खेतों और फैक्टरियों, फार्मों और प्लांटेशनों के लिए लाखों पशु-नरों या गुलामों की जरूरत थी। सो, वे अफ्रीका से उन्हें पशुओं की तरह पकड़-पकड़ कर ढो लाए। वे 'काले' (नीग्रो) थे। उनका कोई भी परिवार, देश-इलाका, भाषा-बोली आदि नहीं बची थी। गोरे मानते थे कि काले नीग्रो अलग नस्ल (रेस) हैं। वे इंसान नहीं हैं। **गुलाम** हैं। इसलिए वे अन्नदाता एंग्लो-सैक्सनों तथा हिस्पानियों की सेवा या गुलामी करने के लिए ही पैदा हुए हैं। यही उनका धर्म है। अतः वे 'गुलाम' हैं। यूरोपियन यह भी मानते थे कि वे असभ्य या जंगली अर्थात् जानवर (जैसे) हैं। उन्हें ईसाई बनाना अर्थात् सभ्य बनाना गोरी जातियों का बोझ तथा पावन कर्तव्य है। उनकी कोई भाषा नहीं है। इसलिए अंग्रेजी या स्पेनी सीखनी होगी। अतः विजेताओं की भाषा ही उनकी मातृभाषा और स्वामी भाषा हो गई। अमानुषिकता, शोषण-उत्पीड़न सभी हदें पार कर रहे थे। ऐसे में 'दासता उन्मूलन कानून' (1865) पास हुआ। इससे पीढ़ी-दर-पीढ़ी काले लोगों की गुलामी के बंधन टूटे। जार्ज वाशिंगटन और अब्राहम लिंकन जैसे अमरीकी प्रेसिडेंटों ने भी अपने दर्जनों गुलामों को आज़ाद कर दिया।

उन्नीसवीं शती के मध्यांतर से अब वे 'सभ्य' हैं, ईसाई हैं, अंग्रेजी-भाषी हैं।

वे मालिकों की पिछवाड़ी कोठरियों से निकलकर शहरों की ओर झुंडों में आने लगे : 'कोठरियों' से कढ़कर 'घेट्टों' में। **हार्लेम-क्षेत्र**, पूरब में, ऐसी ही विशाल काली आबादी का इलाक़ा बना। उनकी औरतें भी 'ऐप्रन' तथा 'पाउच' की कई पत्तों वाली वेशभूषा से आज़ाद हो गईं। लेकिन...

लेकिन 'गुलामी' तथा 'नस्लवाद', 'आदिमवाद' तथा 'उपनिवेशिकता' का चतुरंग कई रूपों में संस्कृति में छाया रहा। हार्लेम में इनके रचनाधर्मी अल्पसंख्यकों ने जो लंबा आंदोलन छेड़ा वह **'हार्लेम रिनाँसां'** कहलाया। यह **अफ्रीकन-अमेरिकीयों** (कालों) द्वारा अपनी आदिम जड़ों को तलाशने व उनकी ओर लौटने का महाभियान था। एलेन लेरो लॉक (1896-1954), एम्मा एमोस, लैंगस्टन ह्यू, जेम्स वेल्डन जानसन, माया एंजिलू, मार्टिन लूथर किंग, माइकेल जैक्सन आदि इसके बानी हैं।

सन् 1922 में वाशिंगटन डी. सी. में 'टेनर आर्ट लीग' तथा 1935 में 'हार्लेम आर्टिस्ट्स गिल्ड' की स्थापना से **'हार्लेम रिनाँसां' के बेटों-बेटियों का विशाल आंदोलन** छेड़ा गया। इनका लक्ष्य अफ्रीकी संस्कृति से खोए-टूटे सूत्र जोड़ना, बहुलसांस्कृतिकता द्वारा बाड़ेबाजी को तोड़ना, नई अफ्रीकी-अमेरिकी संस्कृति के प्रतीकों को देदीप्यमान करना अर्थात् कालों के अनुभव की प्रतिष्ठा करना रहा है। इन्होंने रूपवादी कला तथा लोकयानी कला के बीच की हदें मिटा दीं। इन्होंने घोषित किया कि निर्धनता कारण नहीं, बल्कि नस्लवाद का फलागम है। अमेरिकी सिविल वार के पश्चात् दक्षिणी क्षेत्र के गोरों ने काले खून के एक भी क़तरे वाले मनुष्य को अपने सामाजिक संसार से निष्कासित कर डाला। इस तरह हार्लेम रिनाँसां ने दो अक्षों पर अभियान चलाया—**नस्लवाद** (रेसिज़्म) तथा यौनवाद (सेक्सिज़्म)! इस भाँति नस्लकेंद्रित कालों तथा आर्थिकता-केंद्रित गोरों के बीच लक्ष्मण-रेखा खिंच गई। दोनों की राजनीति के संरूप भी तदनुसार बदल गए। इससे **'काले (नीग्रो) अनुभव'** का मनोसामाजिक स्वरूप भी उभरता चला। इस तरह 'काले' का वर्गीकरण खून की बूँद के आधार पर 'नस्ल' में, तथा निर्धनता के आधार पर 'यथार्थता' में हो गया। अफ्रीकी कला के संरूपों में जाज़, रैप, मुखौटे, घनवाद (क्यूबिज़्म) उनके अंतर्राष्ट्रीय प्रदेय बन गए। अफ्रीकी शैलियों तथा विचारवस्तुओं की खोज (रिसर्च) में उनका नव-नवोन्मेष हुआ।

अफ्रीका और संयुक्त राज्य अमेरिका के 'श्याम अनुभवों' का साँझा किया गया। मसलन, लैंगस्टन ह्यूज़ की कविता **'नीग्रो नदियों की बातें बताता है'** को लें। इसमें अफ्रीकी-अमेरिकी इतिहास की खोज ईजिप्ट से लेकर (दक्षिण अमेरिका की) मिसीसीपी नदी तक की गई है। यही नहीं, इसमें यूरोपीय इतिहास के दृष्टिकोण को नकारते हुए अफ्रीकी-अमेरिकी लोकवार्ताओं द्वारा गाथा कही गई है—

"मैंने पहचान लिया है नदियों को :
मैंने नदियों को पहचान लिया है, संसार की तरह प्राचीन और मानवधमनियों

में बहते इंसानी खून से भी ज्यादा पुरातन।
मेरी आत्मा तो गहर-गहर गहराती गई है
नदियों की तरह ही।
मैं दज़ला नदी में नहाया हूँ, जब उषाः थी एक युवती,
मैंने कांगों के नज़दीक मड़ैया छवाई और उसने सुला दिया मुझे लोरियों से।
मैंने नील नदी का संदर्श किया और उस पर पिरेमिडों को उसारा।
मैं मिस्सीसीपी का कलकल गान सुन चुका हूँ
जब न्यू ओर्लियेंस तक जा पहुँचे थे ए. बी. लिंकन
और
मैंने उसकी मटमैली छाती को भी
सर्वांगीण सुनहली होते देखा
सांध्य गोधूलि में।
मैंने नदियों को पहचान लिया है :
प्राचीन धुंधुकारस नदियाँ।
मेरी आत्मा गहराती गई है नदियों की ही तरह।'' (1919)

इसी की पूरक कड़ी में (उन्नीसवीं शती के अंत में) एडमोनिया लेवी का शिल्प 'हमेशा के लिए आज़ाद' की चिनगारी है। इसमें अपनी जंजीरें तोड़ते हुए गुलाम उत्कीर्ण हुए हैं। इसी तरह आगस्टा सेवेज का शिल्प ''हर आवाज़ को ऊपर उठाओ और गाने दो'' है। इसमें अश्वेत आवाज़ों का गौरवान्वयन किया गया है। इसमें सामूहिक समरसता को संगीतात्मकता तथा राजनीतिकता के जरिए उभरा गया है–

यूँ, यह स्पष्ट होता जाता है कि 'हार्लेम रिनाँसा' में जो अफ्रीका (अफ्रीकी-अमेरिका) प्रकट होता है वह आदिम अफ्रीकी मुखौटों तथा मूर्तियों वाला है। वह उनके (अज्ञात) पुरखों की विरासत है। इससे पिकासो, मोडिग्लियानी, ब्रानकूसी जैसे आधुनिक उस्ताद भी प्रभावित हुए हैं। यह अभियान एलेन लेरो लॉक के बाद जेम्स वर्नो हेरिंग (1887-1969) जेम्स एमोस पोर्टर, माया ऐलितू तक परिव्याप्त है। यह आंदोलन अफ्रीकी, अमेरिकी तथा यूरो-अमेरिकी धाराओं में फर्क़ करके पहले को अक्सर आत्मकथात्मक (कालों के विषयों का चित्रक) बनाता है; काली नस्ल की विभिन्न नृजातिकता (एथनिसिटी), लिंग तथा यौन की समस्याओं को उभारता है। माया एंजिलू (1928-) ने समलैंगिकता तथा बलात्कार की थीमों को भी अदम्य साहस से पेश करके रहस्यात्मकता को तार-तार खोला है। (दे. पाँच खंडों में लिखी आत्मकथा 'I Know why the caged bird sings')।

इन्होंने इतिहास, कला-इतिहास की यूरो-केंद्रित विश्वदृष्टियों को स्वीकार नहीं किया है। ये विशिष्ट अफ्रीकी-अमेरिकी कला एवं संस्कृति के पक्षधर हैं। तदपि ये

आगस्टा सेवेज : "हर आवाज़ को ऊपर उठाओ और गाने दो"

अफ्रीकी-अमेरिकी तथा यूरो-अमेरिकी द्वैतवादी दशा से विमुक्त नहीं हो सके हैं। यही सच है कि इन्होंने 'काले अनुभव' को केंद्र में संस्थापित किया है। ये कलात्मक समानता के प्रबल हिमायती हैं।

हार्लेम रिनाँसां में अफ्रीकी-अमेरिकन विश्वदृष्टि का विस्तार अफ्रो-एशियाई-लातिन

अमेरिकी संचेतना तक फैल रहा है! सन् 1993 में मनकों द्वारा तैयार शिल्प **'बुद्ध शिव को सहारा देते हुए : नस्लों का जागरण'** है। इसे शिल्पी ज्वायस स्कॉट ने तैयार किया है–

2004

23 'चे' ग्वेवारा : एक आधुनिक क्रांति को दोबारा समझने पर

सन् 1967 में अक्तूबर के दूसरे हफ्ते में वह सब कुछ घटा। लातिन अमेरिका में बोलीविया राज्य के एन्डीज पर्वत पर ला हिगुयेरा नामक गाँव के एक स्कूल में घायल कैदी 'चे' को मारने से पहले बोलिविया के एक फौजी ने उनसे पूछा कि क्या वह 'अपनी अमरता के बाबत सोच रहा है'।

''नहीं'' चे (1928-1967) का जवाब था, ''मैं क्रांति की अमरता के बाबत सोच रहा हूँ।''

इसके बाद अमेरिकी सी. आई. ए. के सहयोग से उस घायल गुरिल्ला युद्धबंदी को गोली से उड़ाकर 'मुकाबले' में मारे जाने का सरकारी ऐलान कर दिया गया। अब तो समूचे 'स्वतंत्र संसार' में इस तरह की कथित आदर्श अमेरिकी पद्धति को लागू किया जाने लगा है ताकि सबसे बड़े या सबसे पुराने, या सबसे महान् प्रजातंत्रों में 'मानवतावाद और स्वतंत्रता' की रक्षा की जा सके। उनकी मौत पर फिदेल कास्त्रो ने कहा था कि 'चे' की सबसे बड़ी कमजोरी 'खतरे का पूर्णरूप से तिरस्कार' थी। क्रांति के प्रति वफ़ादारी, एक विचार के लिए सर्वाधिक बलिदान करने का संकल्प, एक भ्रष्ट और पाखंडी समाज में कहीं भी समझौता न करते हुए—लक्ष्य से कभी न डिगने का दर्शन, और मनुष्य के प्रति अद्वितीय सम्मान—इन गुणों ने चे ग्वेवारा को बीसवीं शती के उत्तरार्ध से 'नए मनुष्य' का प्रतीक और आदर्श बना दिया है। 'चे' के लिए 'मानवीय' तथा 'क्रांतिकारी' पर्याय थे।

सारी दुनिया—उसमें गुलाम 'स्वतंत्र जगत' और 'एफ्लुएंट पश्चिम' भी शामिल हैं—के विद्रोही युवकों और छात्रों ने जब अपने टैकनालाजिकल, अमानवीय, आत्मनिर्वासनकारक समाज की स्थापित व्यवस्था को उलटने के नए तरीके खोजे तो युवक 'चे' को मार्क्सवाद-लेनिनवाद में उन्हें विश्वासपूर्ण उत्तर मिल गए। कास्त्रो ने इसीलिए कहा कि 'साम्राज्यवादी जीवित 'चे' के मुकाबले मृतक 'चे' से और भी

ज्यादा खौफ खाते हैं।' विद्रोह और प्यार और मरण की सर्वोच्च स्थितियों में युवकों ने युवक 'चे' में अपना मसीहा और अपना आगामी संभावित व्यक्तित्व पा लिया। बीसवीं शती के उत्तरार्ध में चे एक 'नए मनुष्य' की मिसाल और आदर्श हो गए।

अर्नेस्तो चे गुएवारा (1928-1967)

इसके बाद से ही कल्याणकारी समाजों में एक दार्शनिक तथा एक राजवेत्ता चे को लगातार भुलाया-सा गया और एक रोमांटिक नायक के रूप में ही उनका मिथक फैलाया गया।

एलेन लेन-पेंग्विन बुक्स द्वारा प्रकाशित 'चे' की जीवनी में एक शीर्षक है : 'एक क्रांति की मृत्यु तथा एक मिथक का जन्म।' डेनियल मोरिस के इस शीर्षक से ज़ाहिर है कि चे को एक रोमांटिक व्यक्तिवादी अर्थात् एक निम्नबुर्जुआ जोखिम-वादी बनाकर भी उभारा गया है। इसी कड़ी में रेजिस देब्रे के विचारों को भी 'चे' के ही विचार मानकर गोया यह भी साबित किया गया कि वे एक बेसमझ स्वतः-स्फूर्तवादी और बेसब्र ट्राटस्कीवादी थे; गोया वे मार्क्सवाद को अराजकतावाद में संलिप्त करते रहे। इस तरह युवा चे को एक रोमांटिक व्यक्तिवादी, तथा मार्क्सवादी चे को एक वामपंथी एडवेंचरिस्ट भी समझाया गया। राजनीति और विचारधारा में ऐसे मूल्यांकन कलंक, अभियोग और गाली हैं। इसी के साथ क्यूबाई क्रांति को भी लातिन-अमेरिकी क्रांति का एक ऐतिहासिक हरावल मानने के बजाय एक अपवाद और एक संयोग घोषित किया गया। इसके साथ ही अब परंपरानिष्ठ 'बूढ़े वामपंथ' तथा

संस्थानविद्रोही 'नए वामपंथ' के बीच भी अंतर हो गए हैं। दफ्तरशाह आधिकारिक मार्क्सवादी और अनागरिक जुझारू मार्क्सवादी--इनके बीच के अंतर्विरोधों ने भी एक ओर जटिलता ज्यादा बढ़ाई तो दूसरी ओर हमारी शती की इस यथार्थता को ज्यादा स्पष्ट भी किया।

तो, क्यों नहीं, ऐसी धारणाओं की दोबारा जाँच की जाए?

क

मनुष्य (मैन) और व्यक्ति (इंडीजुअल) की समस्या को चे ने अपने जीवन-दर्शन की धुरी बनाया है। मनुष्य के आत्मनिर्वासन और मानवीय उद्धार के प्रश्नों से युवक मार्क्स भी जूझे (1845) थे। उसके बाद दर्शनधारा में व्यक्ति के अंतर्विरोधों की बात सामाजिक अंतर्विरोधों के मुकाबले में धुँधली होती गई। इस दिशा में अस्तित्ववादी तो अपने ढंग से बढ़ते गए किंतु मार्क्सवादी धारा में सन् 1845 से भुलाई हुई व्यक्तिधुरी का चे ने दुबारा चक्रप्रवर्तन किया। इस तरह चे ने एक ओर मार्क्सवाद को उत्तर-बीसवीं शती के प्रश्नों से गूँथा तो दूसरी ओर मार्क्सवादी दर्शन एवं कार्यनीति को विश्व के युवकों तथा नए संसार का आदिमार्ग बना दिया। सारे संसार में पंद्रह साल से लेकर पैंतीस-चालीस साल की उम्र के जागरूक युवकों में मार्क्सवाद को एक संपूर्ण मार्गदर्शक सिद्ध करने में चे का चिंतन और कर्म सबसे सशक्त डायनेमो बना। श्रमिकों और किसानों की क्लासिकल वर्गमैत्री के अलावा उत्तर-बीसवीं शती में श्रमिकों और छात्रों (फ्रांस), किसानों और युवकों (अल्जीरिया, लंका, पिलिस्तीन) की इस नई मैत्री ने मार्क्सवाद की रणनीति में क्रांति और आदर्श, नैतिकता और बलिदान के अभूतपूर्व आयाम खोल दिए। बीसवीं शती के उत्तरार्ध में 'नए मनुष्य' और 'युवा समाजवाद' के रास्ते मार्क्स, लेनिन, माओ, हो और चे के ऐतिहासिक संसर्ग से ही खुले हैं : विमुक्ति की डायलेक्टिक्स और युवा क्रांति का अभियान! इस तरह चे ने कांटवादी-फिख्टेवादी युवा मार्क्स के मार्क्सवाद को नवयुवा बना दिया और छात्रों तथा युवकों के समूहों को भी क्रांति का वाहक बना दिया। क्यूबा में कम्युनिस्ट युवक होने की जिम्मेदारी वे तीन प्रतीकों—अध्ययन, कार्य और रायफल—द्वारा पेश करते हैं। सृजनात्मक चेतना को विकसित करता है और चे इस बात की भर्त्सना करते हैं कि युवक इतना अधिक आदर करने वाला न बने कि दब्बू हो जाय। इसी तरह वे सही कार्य उसे मानते हैं जो ऊब के बजाय सुखद सामाजिक कर्तव्य हो जाय। कठमुल्ले अनुकरण को वे 'संकीर्णतावाद' बताते हैं। वे कार्य को मनुष्य की महत्तम प्रतिष्ठा, सच्चा मानवीय आनंद और सृजन का सर्वांगीण कृत्य मानते हैं। उनके नए मनुष्य के लिए कार्य सृजनात्मक होगा, न कि पूँजीवादी संसार के जैसा दुर्भाग्य। कार्य एक कर्त्तव्य और आवश्यकता के रूप में ही कला तथा क्रांति तथा विज्ञान की मैत्री कराता है। वे एक युवक कम्युनिस्ट की पहचान ही यह मानते हैं कि वह मूलरूपेण

मानवीय हो, मानव प्राणियों में जो भी सर्वोत्तम है उस पर फिदा हो। इस दृष्टिकोण से ही युवक असंभव को भी संभव कर सकते हैं और बोनापार्टवाद की विकृति से बचकर क्रांतिकारी हो सकते हैं। इस स्थिति में चे युवकों के प्रतिलोम आदर्शवादी तथा रोमांटिक होने के आरोप को नामंजूर कर देते हैं।

एक क्रांतिकारी डॉक्टर (चे स्वयं एम. डी. की डिग्री प्राप्त डॉक्टर थे और फिदेल ने 1955 में उन्हें 'योद्धा डॉक्टर' के रूप में एक गुरिल्ला दस्ते के लिए आमंत्रित किया था) के रूप में भी उनके अमली तजुर्बे थे। अपने पेशे का तकनीकी ज्ञान जनता तथा क्रांति की सेवा में भेंट करने वाला व्यक्ति ही डॉक्टर है। अगर वह अकेले उच्चतम आदर्शों के लिए जीवन अर्पित करने की कामना करता है तो उसमें ज्यादा सार्थकता नहीं है। रोगों से लड़ाई का आधार एक सुदृढ़-स्वस्थ शरीर का निर्माण है। और यह यूनानी कला में अंकित किसी एक शरीर की धारणा नहीं है। यह तो संपूर्ण सामाजिक सामूहिकता पर, समस्त सामूहिकता के कार्य, पर निर्भर है। अतः एक अकेले मानुष के वैयक्तिक कार्य वाले 'व्यक्तिवाद' का पूर्णतः विसर्जन होना चाहिए। इसके साथ ही चे कहते हैं कि हम यह समझते हैं कि पृथ्वी के सबसे धनी आदमी की संपत्ति के मुकाबले एकल मानव-प्राणी का जीवन लाखों गुना ज्यादा कीमती है। इसे स्पष्ट करने के लिए वे कहते हैं कि क्रांति सामूहिक संकल्प और सामूहिक पहल को घिसापिटा नहीं बनाती, बल्कि वह तो मनुष्य की वैयक्तिक प्रतिमा, उसकी **'साइकी की आभ्यंतरिक गहराई'** को विमुक्त करती है। इस विमुक्ति का रास्ता क्रांति और नवसृजन (समाजवादी निर्माण) है। अतः चे ने हमेशा 'व्यक्तिवाद' का विरोध किया है किंतु हमेशा ही मनुष्य के अंतःकरण पर अपरिमित विश्वास किया है। इसीलिए नैतिक मूल्यों में उनकी असीमित निष्ठा थी।

युवक मार्क्स ने पूँजीवादी व्यवस्था में जकड़े हुए मनुष्य के **'आत्म निर्वासन'** से समारंभ किया था। चे ने यह शुरुआत समाजवाद के लिए कटिबद्ध मनुष्य के **'आत्मनिर्णय'** से की। यह भी समय की अनिवार्यता का एक अंतर है। इसीलिए 'चे' को एक नए मनुष्य के निर्माण की रोज़मर्रा इंजीनियरी समझानी पड़ी है। समाजवादी खेमे के अनुभवों से उन्होंने निष्कर्ष निकाला कि एक सशक्त **समाजवादी राज्य** के निर्माण की आवश्यकता, तथा एक सुंदर **नए मनुष्य** के निर्माण की स्वतंत्रता, समानांतर हैं। यह नया मनुष्य केवल 'चेतना' के विकास के साथ ही नहीं, बल्कि नैतिकता एवं कर्त्तव्यों के द्वारा भी उभर सकेगा, अन्यथा (ऐसे नए मनुष्य के अभाव में) समाजवादी व्यवस्था में भी लालच, स्वार्थ, और स्वामित्व और व्यक्ति-पूजा पनप उठती है। **'सांस्कृतिक क्रांति'** के मूल में भी नए मनुष्य का ही निर्माण है। 'सोचने की पद्धति को बदलने के लिए हममें गंभीर अंदरूनी परिवर्तन होने चाहिए और हमें गंभीर बाहरले परिवर्तनों को देखना चाहिए। ये दोनों बातें समाज के प्रति हमारे कर्त्तव्यों और दायित्वों के प्रसंग में तो खास तौर पर होनी चाहिए।'

क्रांति, निर्माण, कला, रक्षा और प्रणय—सभी में चे व्यक्ति को बुनियादी घटक मानते हैं। समाजवाद और क्रांति की स्थितियों में गहरे अनुभवों के आधार पर चे कहते हैं कि विचारधारा की दृष्टि से हमारा एक मौलिक देय यह भी है कि दैनंदिन जीवन में भी उत्तरदायित्व और बलिदान की मनोवृत्तियाँ निरंतर बनी रहें। हिरावल (वैन्गाड) की भूमिका तो यही है कि वह विजय के लिए जरूरी ऐसी अंतर्मुखी अवस्था को उत्पन्न करने में उत्प्रेरक होता है, वह भविष्य को भी देखता है और उसका पुरस्कार केवल एक नया समाज है। हिरावल-समूह जनसमूह से ज्यादा अग्रिम होता है। उसमें जो गुणात्मक परिवर्तन होते हैं वे उसमें बलिदान की क्षमता जगाते हैं। जनसमूह पूरा नहीं देख पाते। इसलिए उन्हें प्रोत्साहन और तीव्र प्रतिभारों के जरिए जगाया जाना चाहिए। '**सर्वहारा का अधिनायकत्व** केवल पराजित वर्ग पर ही नहीं, बल्कि—व्यक्तिरूप में—विजयी वर्ग पर भी लागू होता है।' अतः हमारी क्रांतिकारी परिभाषा यही है कि मनुष्य को आत्मनिर्वासन से विमुक्त किया जाय। यही लक्ष्य विश्वव्यापी मार्क्सवादी दर्शन का है।

चे सभी क्षेत्रों में सामूहिक तथा वैयक्तिक साझेदारी के प्रतिपादक हैं ताकि मनुष्य अपनी सामाजिक हस्ती के प्रति **'संपूर्ण सचेतनता'** प्राप्त कर सके। दोनों साझेदारियाँ ही आत्मनिर्वासन की जंजीरें तोड़ सकती हैं। अतः चे सामूहिक साझेदारी में स्वतंत्र कार्य को तथा वैयक्तिक साझेदारी में ऐच्छिक कार्य को शामिल कर देते हैं। मार्क्स की धारणा को एक संपूर्णता में दुबारा समझ कर चे ने 'सामाजिक और सांस्कृतिक आत्मनिर्वासन' को **'स्वतंत्रता की डायलेक्टिक्स'** के रूप में प्रतिपादित किया। अतः उन्होंने 'सत्ता द्वारा चेतना के निर्णय' के सूत्र पर थीसिस पेश करते हुए कहा कि समाजवाद के निर्माण के गतिशील नाटक में व्यक्ति (वर्ग की अपेक्षा) वह अभिनेता है जिसका दोहरा अस्तित्व है—एक विलक्षण प्राणी का तथा, समुदाय के एक सदस्य का। वह एक अनगढ़ जिंस की तरह है। इस तरह माओ की तरह चे भी 'चेतना की सक्रियता' को स्वीकार करते हैं जो स्वसत्ता को बदल देती है। अतः भौतिक मूलाधार (बेस) के साथ-साथ ही नए मनुष्य का निर्माण होना चाहिए। चेतना का विकास इस सीमा तक हो कि **स्वयं समाज ही समग्र रूप में एक विशाल स्कूल हो जाए**। जो क्रांतिकारी अनुभव से नहीं गुजरे हैं, उन्हें यह समझना मुश्किल है कि व्यक्ति और जनसमूह के बीच द्वंद्वात्मक एकता होती है क्योंकि समग्ररूप में जनसमूह व्यक्तियों से बना होता है जो अपनी बारी में नेता से संबंधित होते हैं। पूँजीवादी समाज का कोषाणु जिन्स (कमोडिटी) हैं। जिन्स का प्रभाव उत्पादन के संगठन और मनुष्य की चेतनता के स्वरूप, दोनों पर भिन्न-भिन्न तरह से पड़ता है। अतः जो पूँजीवादी समाज में आत्मनिर्वासित व्यक्ति हैं वे 'मूल्य के कानून' से संचालित हैं। आत्मनिर्णय की दशा में मूल्य नई कैटेगरियाँ (उपयोग, आवश्यकता, त्याग, सहभाग) प्राप्त कर लेते हैं। मनुष्य की यह चेतना आत्मनिर्वासन को विलुप्त करके **आत्मबोध**

की स्थिति में ही होगी जब वह स्वतंत्र कार्य कर सकेगा और नैतिक कर्तव्यों द्वारा तपस्वी होगा। नया मनुष्य भय तथा स्वार्थ–इन दो मूल प्रवृत्तियों का तिरस्कार करके पूँजीवादी समाज में भी स्वतंत्र तथा सम्मानी हो सकता है। लेनिन ने गुलामी की चेतना पर बल दिया था; चे ने क्रांति की आकांक्षा पर। अतः चे के लिए 'मानवीय' तथा 'क्रांतिकारी' तथा 'समाजवादी' मनुष्य ही **नया मनुष्य** है। यह मनुष्य एक ईमानदार व्यक्तिवादी भी है क्योंकि वह सामूहिक चेतना से पूरी तरह (अपने ऐच्छिक दायित्व और स्वतंत्र चयन के द्वारा) प्रतिबद्ध है। यह नया मनुष्य क्रांति तथा समाजवादी निर्माण–इन्हीं दो माध्यमों से उद्घाटित हो सकता है।

स्वतंत्र कर्म के अलावा कला और संस्कृति के द्वारा भी मनुष्य आत्मनिर्वासन से विमुक्त होता है। अस्तित्ववादी **कला और संस्कृति** को आत्मनिर्वासन की दशा मानते हैं। चे और उनके पहले बर्तोल्ट ब्रेख्ट ने भी आत्मनिर्वासन को आत्म-विमुक्ति का साधन माना था। चे के मुताबिक इंसान रोज़ ही आठ या नौ घंटों में एक जिंस या माल (कमोडिटी) होकर मरता है किंतु एक विलक्षण प्राणी के रूप में सौंदर्यतात्त्विक भावों से प्रतिक्रिया करता है। कला और संस्कृति में एक तो यांत्रिक यथार्थता नहीं होनी चाहिए, दूसरे समाजवादी यथार्थ में सामान्य संस्कृति का विलयन नहीं होना चाहिए। केवल समाजवादी वर्तमान और तटस्थ अतीत इक्कीसवीं शती के मनुष्य के निर्माण के हमारे संकल्प को पूरा नहीं कर सकते। सवाल आंतरिक परिपूर्णता तथा अधिकाधिक जिम्मेदारियों को अनुभव करने का है। अतः कला और संस्कृति के दो प्रयोजन हैं : (i) स्वयं जिंस बनने और इंसान को जिंस बनने से रोकना तथा, (ii) आत्मनिर्वासन से विमुक्त करके नए इंसान की रचना में सचेतन होना। स्वयं चे संगीतज्ञ बीथोवेन, कवि पेब्लो नेरूदा के आशिक थे। क्रांतिकारी और कवि जोसे मार्ती उनके आदर्श थे। इस तरह वे नई कला और संस्कृति का लक्ष्य भी उत्सर्ग और समर्पण स्वीकार करते हैं।

सबसे महत्त्वपूर्ण बात तो एक **अच्छा क्रांतिकारी** होना है : मानवीय और नैतिक, निर्भय और निःस्वार्थ, प्रतिबद्ध और योद्धा व्यक्ति होना है। ऐसा व्यक्ति **प्रेमी** भी हो सकता है।

चे का कहना है कि एक सच्चा क्रांतिकारी प्रेम की तीव्र भावना से निदेशित होता है। एक ऐसे विश्वसनीय क्रांतिकारी की कल्पना करना भी असंभव है जो इस गुण से विहीन हो। चे का विचार है कि हरावल क्रांतिकारियों को जनता के प्रति अपने प्रेम को आदर्शीकृत करना चाहिए। क्रांतिकारियों के बच्चे होते हैं जिनके कंठ अपने पिता के नामोच्चार से नहीं फूट पाते; उनकी पत्नियाँ होती हैं जिन्हें क्रांति चलाने में उनके जीवन की सामान्य कुर्बानियों का हिस्सा होना चाहिए। क्रांति के बाहर उनका जीवन नहीं है। अगर क्रांतिकारियों के दिमाग में अपने बच्चों की फटेहाली और घर की मुफ़लिसी की पीड़ा बनी रही तो भविष्य के भ्रष्टाचार के बीज छनते

चले आएँगे। क्रांतिकारियों के बच्चों के पास भी वही सब कुछ होना या नहीं होना चाहिए जो मामूली नागरिकों के बच्चों के पास है या नहीं है। क्रांति व्यक्ति करता है लेकिन व्यक्ति को दिन-प्रतिदिन अपनी क्रांतिकारी चेतना को अग्निदीक्षा देनी चाहिए। चे का सूत्र है : **हम समाजवादी ज्यादा स्वतंत्र हैं क्योंकि हम ज्यादा परितृप्त हैं : हम ज्यादा परितृप्त हैं क्योंकि हम ज्यादा स्वतंत्र हैं।** यहाँ आधार भौतिक उपभोग का हाशिया नहीं है।

अपने निजी जीवन में चे ने कथनी और करनी में कोई दराज़ नहीं रखी। इसीलिए उनके कथन असंभव तथा अपवाद नहीं हैं। उनकी इस संपूर्णता को स्पष्ट करने के लिए हमें केवल अलबेले कबीर ही मिलते हैं जिनकी रहनी-कथनी-करनी एक थी। ग्वाटेमाला में 1945 में पेरू की ग्रीक युवती हिल्डा ग्रेडिया से चे मिले। उसके कारण ही वे फिदेल के जबर्दस्त प्रशंसक बने। सन् 1955 में दोनों का ब्याह हुआ। जब चे सिएरा मैस्ट्रा में गुरिल्ला युद्ध कर रहे थे तब उनकी पहली बेटी हिल्डा बैयाट्रिस का जन्म हुआ। मैत्री और संबंधों की ईमानदारी को लेकर दोनों का सुखद विच्छेद भी हो गया क्योंकि 'क्यूबाई क्रांति' के लिए हिल्डा ने अपने पति को खो दिया। ला विल्लास के युद्ध में चे एक क्यूबाई लड़की के निकट आए जो पहले '26 जुलाई-आंदोलन' में संदेशवाहिका थी। क्रांति में युवतियाँ नर्स या संदेशवाहिकाएँ ही हो पाती थीं। किंतु चे ने पहली बार अलीडा मार्च को नर्स के बजाय योद्धा के रूप में शामिल किया। और बाद में वह चे की पत्नी बनीं। विश्व के मुक्ति-युद्धों में चे की यह गौतम बौद्धी देन भी महत्तम है कि नारियाँ विमुक्त और क्रांतिकारी संघी हो गईं। सभी देशों के युवा क्रांतिकारी संगठनों में नारियाँ सहकर्मी हुईं। फिलिस्तीन की 'चे गुवेरा कमांडों' की लैला खालेद, लंका के 'जनथा विमुक्ति पेरामुना' में शामिल हजारों युवतियाँ, श्रीकाकूलम की निर्मला पंचाद्रि कृष्णामूर्ति, लातिन अमेरिका की अनेक क्रांतिकारी नारियाँ सर्वोच्च बलिदान और नैतिक कर्तव्यों की मिसाल हैं। लातिन अमेरिका में किसी अज्ञात स्थान से चे ने अपनी बेटी हिल्डा बैयाट्रिस की दसवीं सालगिरह पर खत भेजा था (1966) : "मैं बहुत दूर हूँ और बहुत देर के लिए तुमसे दूर रुकूँगा। अपने दुश्मनों से लड़ने को, जो भी कर सकता हूँ, कर रहा हूँ। जो मैं कर रहा हूँ, वह ज्यादा नहीं है। लेकिन मुझे उम्मीद है कि तुम्हें अपने पिता पर हमेशा गर्व होगा। यह याद रखना कि संघर्ष से भरे कई वर्ष अभी आगे हैं, और जब तुम एक नारी भी हो जाओगी, तुम्हें उनमें हिस्सा लेना ही पड़ेगा। इस बीच तुम तैयारी करो, बेहद क्रांतिकारी बनो। तुम्हारी उम्र में, इसका मतलब है, बहुत ज्यादा सीखो, तथा न्यायपूर्ण आंदोलनों का हमेशा समर्थन करो।" अपनी मृत्यु के एक वर्ष पहले यह खत भेजा था, उन्होंने।

ख

लातिन अमेरिकी संदर्भ में चे ने क्रांति की सम्भावना केवल सशस्त्र संघर्ष में स्वीकार

की (इस पर हम आगे विचार करेंगे)। वे **क्रांति** को व्यक्ति तथा मनुष्य तथा समाज के सामूहिक उद्धार का हेतु मानते हैं। क्रांति का मतलब नया मनुष्य और उसका युवा समाजवादी समाज, व्यक्ति की अंतरात्मा की पूर्ण विमुक्ति और आत्मनिर्वासन की समाप्ति, नैतिक कर्तव्य और सर्वोच्च उत्सर्ग का अंगीकार है। सशस्त्र संघर्ष के बाद तो क्रांति प्रेम और नैतिकता का पर्याय है। इसी तरह चे ने क्रांति तथा मानवीयता में अस्मिता स्थापित की है। इस तरह क्रांति और मानवीयता, तथा नैतिकता और प्रीति एकतान व्यापार हो जाते हैं। मार्क्सवाद-लेनिनवाद में मनुष्य की समस्या का संपूर्ण सारांश यही है। स्वयं चे ने कहा है कि हम वैसे विशुद्ध संक्रांतिकाल के सामने नहीं हैं जैसा कि मार्क्स ने 'गोथा कार्यक्रम की आलोचना' में निहारा था। हम तो उस चरण में हैं जिसका पूर्वदर्शन मार्क्स ने नहीं किया था। हम अब समाजवादी निर्माण के चरण में हैं जिसके दो स्तम्भ हैं : नए मनुष्य का निर्माण तथा टैकनालाजी का विकास। अतः चे क्रांति को सशस्त्र संघर्ष और समाजवादी निर्माण के दिन प्रतिदिन के कर्म से जोड़ते हैं। संघर्ष और निर्माण, संघर्ष और एकता ही उनकी क्रांति का प्रावधान है।

ऐतिहासिक परिप्रेक्ष्य में हम देखते हैं कि मार्क्स ने आरंभ में **राज्य** की प्रकृति पर मुनासिब ध्यान नहीं दिया था। 'पेरिस कम्यून' के बाद वे इस क्रांतिदृष्टि को खोलते हैं। किंतु लेनिन ने शुरू से ही 'राज्य' और उसकी विभिन्न प्रकृतियों के संदर्भ में 'क्रांति' के रिश्तों की गहराई से छानबीन की थी। चे ने मूलतः एक 'समाजवादी राज्य' के संदर्भ में केवल 'क्रांति' और 'निर्माण' के प्रश्न सुलझाए हैं। चे केवल 'अनवरत क्रांति' में ही नहीं विश्वास करते, बल्कि दिन-प्रतिदिन के जीवन में भी क्रांतिकारी अमल पर जोर देते हैं ताकि नया मनुष्य निरंतर नया बना रहे। चे के 'क्रांति' और 'समाजवादी राज्य' संबंधी निष्कर्ष एक तो क्यूबा की विलक्षण क्रांति तथा दूसरे सिएरा मैस्ट्रा प्रांत में लागू किए गए कृषि-सुधारों के ध्रुवांतों से निकले हैं।

द्वंद्वात्मक तथा ऐतिहासिक भौतिकवाद की दृष्टि से वे एक जटिल प्रश्न पर विचार करते हैं। लेनिन का कथन है कि क्रांतिकारी **थ्यौरी** के बगैर क्रांतिकारी आंदोलन नहीं हो सकता। कोई भी थ्यौरी सामाजिक सत्य की अभिव्यक्ति होती है। सत्य वैज्ञानिक होता है और सामाजिक सत्य मार्क्सवाद के विज्ञान से पूर्णतः पकड़ा जा सकता है। अतः चे एक वास्तविक नई संभावना का उद्घाटन करते हुए कहते हैं कि अगर ऐतिहासिक यथार्थता की व्याख्या ठीक-ठीक हो और अगर संलिप्त ताकतों का सही-सही उपयोग हो, तो थ्यौरी का ज्ञान न होने पर भी क्रांति सफल हो सकती है। केवल कार्य और तात्कालिक लक्ष्य के बिंदु पर ही क्रांति के परस्पर विरोधी तत्त्व मिल सकते हैं। अतः क्रांति के व्यावहारिक अनुभव ने, यथार्थता की गंभीर पकड़ ने, जनता के साथ करीबी रिश्तों ने, मुक्तिदाता के लक्ष्य की फौलादी दृढ़ता ने—इन सबने क्यूबा के नेताओं को एक अधिक मुकम्मल थ्यौरी गढ़ने का मौका दिया। किंतु चे एक

पुनश्च जोड़कर कहते हैं कि अगर कर्म से पहले नेताओं को थ्यौरी का पर्याप्त ज्ञान होता है तो वे गलतियाँ और अटकलें बचा सकते हैं तथा यथार्थता के अनुसार थ्यौरी का अभिग्रहण कर सकते हैं। स्पष्ट है कि चे की यह स्थापना साम्राज्यवाद-विरोधी तथा पूँजीवाद-विरोधी स्वरूप वाले मुक्तियुद्धों पर ही लागू हो सकती है। चे हर बात की कसौटी कर्मयोग और अभ्यास मानते हैं। अभ्यास ही थ्यौरी को मूर्त तथा भौतिक शक्ति बनाता है।

इसलिए चे ने बारंबार कहा है कि क्रांति सामूहिक संकल्प तथा सामूहिक पहल को स्टैंडरडाइज़ नहीं करती बल्कि मनुष्य की वैयक्तिक प्रतिभा को विमुक्त करती है, उसका अनुकूलन करती है। क्रांति 'व्यक्तिवाद' तथा 'अंतर्मुखता' की घोर दुश्मन है। 'ग्रान्मा' जहाज से उतरने के पहले क्यूबाई क्रांतिकारी समझते थे कि झटपट जनता में विस्फोट हो जाएगा, तुरंत फौज बगावत कर देगी और क्रांतिकारी हमले तानाशाह बाटिस्टा का पतन कर देंगे। लेकिन नतीजा यह निकला कि स्वतःस्फूर्त विद्रोहों की धारणा महज़ एक खुशफहमी साबित हुई। एवज़ में यह निष्कर्ष निकाला गया कि लड़ाई लंबी होगी और उसमें किसानों का सहकार लाज़िमी होगा। चे के इन निष्कर्षों और चीनी क्रांति के सबको में समानता है। चे हर तरह के स्वतःस्फूर्तवाद, व्यक्तिवाद और एडवेंचरिज्म के खिलाफ थे। रोज़ा लक्सेम्बर्ग को वे एक महान क्रांतिकारिणी मानते थे। किंतु अपनी राजनीतिक गलतियों के कारण वे क्रांतिकारी रूप से नहीं मरीं (ज़िएटलीन से इंटरव्यू)। क्यूबाई क्रांति के अनुभवों ने उन्हें **'क्रांति के पाप'** से भी परिचित कराया। क्रांति में एकता की खातिर कई तात्कालिक सुलहें की गईं। बाद में क्रांति से मुनाफे के लिए वैसे लोग (जो संघर्षों से भागकर जनता को धोखा देते आ रहे थे) पदों का शिकार करते हुए, मंत्रिपदों के लिए तिकड़में लगाते हुए, और पैसों की जगहों पर चिमटते हुए नज़र आए। वे हमारी क्रांतिकारी चेतना पर कलंक थे। उन्होंने हमें हमारा पाप दिखा दिया। अतः अवसरवादी समझौतों को चे क्रांति का पाप बताते हैं। चे की ये स्थापनाएँ 'सशस्त्र गुरिल्ला-क्रांति' के संदर्भ की हैं जहाँ रोज़ मौत और जीवन के बीच भयंकर युद्ध चलता है। एक स्थिर तथा स्थापित समाज में ढले हुए 'संगठन और ब्यूरोक्रेसी' की स्थितियों में ये रोमांटिक तथा अंतर्मुखी लग सकते हैं। चे के मुताबिक क्रांति का लगातार न फैलना उसका पीछे मुड़ जाना है। ऐसी दशा में जुझारू थककर विश्वास खोने लगते हैं जिससे बूर्ज्वा की चालें कामयाब होने लगती हैं। जितना ज्यादा क्रांतिकारी भाटा होगा, उतना ही ऊँचा प्रतिक्रांतिकारी ज्वार उठेगा। उसका उल्टा भी, ऐसे ही, होता है।

लातिन अमेरिकी समाजों के संदर्भ में उस द्वीप के सभी वामपंथी संगठनों का यही निष्कर्ष रहा है कि उनके देशों में वर्ग-संघर्ष का सर्वोच्चरूप अर्थात् सशस्त्र संघर्ष ही केवल विकल्प है जो गृहयुद्ध के रूप में फैलकर समाजवादी क्रांति में रूपांतरित हो जाएगा। इस केंद्रीय लाइन के तीन पहलुओं में-से फिलहाल हम गुरिल्ला-युद्ध संबंधी

चे के विचारों का निरूपण करेंगे।

पार्टी-संगठन और गुरिल्ला-गुट, जन आंदोलन और सशस्त्र संघर्ष—इनके आपसी संबंधों को लेकर मार्क्सवादी आंदोलन में एक लंबा विवाद हुआ है। किंतु 'पार्टी' और 'संगठन' को हमेशा पहल और प्रधानता दी गई है। चे उन स्थितियों में बढ़े जहाँ शहरी मजदूर की ताकत नहीं थीं, जहाँ पार्टियाँ संशोधनवादी हो चुकी थीं, जहाँ युवक स्वतःस्फूर्त बगावतें कर रहे हैं, जहाँ फौजी तानाशाह अमेरिकी साम्राज्यवाद की छत्रछाया में क्रूर दमन करते आ रहे थे। अतः चे को गुरिल्लागुट और संघर्ष से शुरुआत करनी पड़ी, और इनके घेरे में ही पार्टी और संगठन की समस्या तब सुलझानी पड़ी जब क्रांति कामयाब हो गई और क्यूबा का समाजवादी निर्माण शुरू हुआ। चीनी क्रांति की तरह क्यूबाई क्रांति में जन-आंदोलन और सशस्त्र संघर्ष, पार्टी संगठन और गुरिल्ला-गुट एक साथ नहीं चले और वे पार्टी तथा आंदोलन से मूलतः संचालित नहीं हुए। अतः चे की गुरिल्ला-नीतियाँ चीनी और वियतनामी नीतियों से भिन्न हैं।

समाज के स्थापित ढाँचे को सशस्त्र विद्रोह की गुरिल्ला-नीति द्वारा बदलने के लिए चे ने एक तो यह स्पष्ट नहीं किया कि शामिल व्यक्ति किस वर्ग के होंगे। क्या वे व्यक्ति बुनियादी क्रांतिकारी वर्गों (मजदूर तथा किसान) में-से होंगे अथवा मध्यमवर्गीय और निम्नवर्गीय युवक एवं छात्र होंगे? यह सही है कि आज हम इस सामाजिक तथ्य को प्रदीप्त होते देख रहे हैं कि जिन पिछड़े देशों अथवा समृद्ध समाजों में सर्वहारा-वर्ग पर्याप्त शक्ति में विकसित नहीं हो पाया है, अथवा जहाँ की राजनैतिक पार्टियाँ छद्मरूप से संस्थान की ही चाकर हो गई हैं, वहाँ युवक और छात्र ही समूह (वर्ग नहीं) के रूप में विप्लव-तात्विक विद्रोह की मशाल रौशन करते हैं। क्रांतिकारियों के वर्गीय चरित्र के विषय में चे ने तटस्थ रुख अपनाया है। इससे भी उनकी चिंतनधारा की व्याख्या में बेहद ज्यादतियाँ हुई हैं। चे का आधार 'क्रांतिकारी' है जो वर्गावरोहित (डि-क्लास), जन-जीवन का एक अंग है। स्वयं 'नया' होकर यही क्रांतिकारी समाजवादी निर्माण के दौर में संपूर्ण जनता में 'नए मनुष्य' की भी रचना करता है। अतः चे क्रांतिकारी वर्ग के प्रतिनिधियों के रूप में क्रांतिकारी व्यक्तियों को आधार बनाते हैं और उनके चरित्र का मानदंड एक 'तपस्वी सर्वहारा' को बनाते हैं।

वे गुरिल्ला-शक्ति के जिंदा रहने के तीन आधार बताते हैं—निरंतर जागरूकता, निरंतर अविश्वास तथा निरंतर गतिशीलता। ये तीनों आधार मार्क्सवादी सैन्यरणनीति से जुड़े हैं। इन तीन तत्त्वों के समुचित इस्तेमाल के बिना गुरिल्ला-शक्ति का जिंदा रहना ज्यादा संभव नहीं है। इसके साथ ही वे एक ओर माओ की तरह किसानों में घुलमिल जाने की अनिवार्यता बताते हैं तो दूसरी ओर इस बात से भी आगाह करते हैं कि दहशत खाया हुआ किसान उन्हें फसाद की जड़ समझकर दमनकारी फौजों के हवाले भी कर देता है। अतः उनके केवल दो ही विकल्प हैं—मृत्यु या विजय!

बहुधा मौत हज़ार रूपों में मौजूद रहती है और विजय एक मृगतृष्णा होती है। किसानों के बाबत चे ने दूसरे पक्ष से भी स्थापना की है। वे कहते हैं कि लड़ाई बहुत लंबी होगी और उसके लिए किसानों का सहकार लाजिमी होगा। बिना किसानों के शामिल हुए क्रांति का फैलाव नहीं होगा। शुरू में फौज किसानों के घर, परिवार और फसलें बरबाद करके संघर्ष को कुचलेगी, किंतु गुरिल्ला-योद्धा को अधिकाधिक किसान-वृंदों को अपने पक्ष में लाना होगा। इसका एकमात्र पहला उपाय है—भूमि जोतने वाले को देना। इस प्रकर्म से किसान भी सीखता है। उसे अपनी स्फूर्ति पर यकीन आता है। अंततः सभी यह पाते हैं कि कुर्बानी की कोई सीमा नहीं है और सभी आदमी भय से छुटकारा पा गए हैं। सशस्त्र संघर्ष के दौर में व्यक्तित्व के मनोवैज्ञानिक-राजनीतिक परिवर्तनों पर चे के ये विचार एक तेजस्वी अनुभव-पुंज की दीप्ति हैं। उपनिवेशवादी आतंक में भयभीत लोगों के मनोवैज्ञानिक-राजनीतिक परिवर्तनों पर फ्रैंज फैनन ने भी अपने ढंग से विश्लेषण किया है। क्रांति और मनोविज्ञान पर ये दो थीसिसें मार्क्सवादी विश्वकोश में अनूठी उपलब्धियाँ हैं। अतः चे एक ओर किसानों के वर्गीयचरित्र से सशंकित होकर मार्क्स के नजदीक पहुँचते हैं तो दूसरी ओर उन्हें क्रांति की प्रसारक शक्ति मानकर माओ से प्रभावित होते हैं। वे गुरिल्ला-युद्ध को **लोकयुद्ध** मानते हैं और जनसंघर्ष भी मानते हैं क्योंकि बिना जन-सहकार के ऐसा युद्ध केवल सत्यानाश करता है। गुरिल्लाशक्ति को किसानों और मजदूरों का समर्थन प्राप्त होता है। चे हमेशा से यह मानते हैं कि किसानों को क्रांतिकारी नेतृत्व तथा नीति तो मेहनतकश लोग तथा क्रांतिकारी बुद्धिजीवी (वर्गावरोहित व्यक्ति) ही दे सकते हैं। वे यह भी निष्कर्ष निकालते हैं कि लातिन अमरीका की वर्तमान ऐतिहासिक परिस्थितियों में राष्ट्र का मध्यवर्ग सामंतवाद-विरोधी तथा साम्राज्यवाद-विरोधी संघर्ष का नेतृत्व नहीं कर सकता। अतः इन निष्पत्तियों के आधार पर चे को वामपंथी दुस्साहसिकतावादी मानना तो पूरी तरह से गलत है। उसकी स्थापना की विशिष्टताएँ तथा सीमाएँ लातिन अमेरिका की हैं किंतु उनकी सैद्धांतिक और दार्शनिक ऊँचाइयाँ उन्हें मार्क्सवादी-लेनिनवादी विचारों की पहली पंक्ति में समासीन करती हैं।

ग

साम्राज्यवाद बनाम विमुक्ति को प्रमुख अंतर्विरोध मानकर चे ने साम्राज्यवाद और लातिन अमेरिका के, साम्राज्यवाद और क्यूबा के सहकारी अंतर्विरोध को विश्लेषित किया है। साम्राज्यवाद और समाजवाद के बीच के अंतर्विरोधों को उन्होंने सर्वप्रथम मानने का संकेत नहीं दिया। किंतु साम्राज्यवाद और जनविमुक्तियुद्धों के बीच के अंतर्विरोध का समाधान करके उसे साम्राज्यवाद और समाजवाद के बीच के उच्चतम तथा बृहत्तम अंतर्विरोध के रूप में प्रस्थापित किया है। इस अंतिम अंतर्विरोध का भी निराकरण शांतिपूर्ण सहअस्तित्व तथा शांतिपूर्ण प्रतियोगिता न मानकर संघर्ष और

संघात माना है। इसी प्रकार वे साम्राज्यवाद तथा विमुक्ति के बीच के अंतर्विरोध का अनिवार्य निराकरण—वर्गसंघर्ष के उच्चतम रूप—सशस्त्र संघर्ष द्वारा ही करते हैं।

यह भी रेखांकित करने की बात है कि चे ने लगभग हमेशा लातिन अमरीका की यथार्थता के संदर्भ में सोचा है। ज़ाइटलिन को इंटरव्यू देते हुए उन्होंने स्वीकार किया है—"थ्यौरी पर बहस करते रहने की मेरी आदत नहीं है। मैं व्यावहारिक होने की कोशिश करता हूँ। कभी-कभी हम क्यूबा के बाबत सिद्धांत-रचना करते हैं, कभी लातिन अमेरिका के बाबत। लेकिन हम लोग कभी भी इतनी दूरी तक नहीं चले जाते कि सारे संसार के बाबत सिद्धांत गढ़ने लगें।" यह चे की विनम्र केंद्रीय ज़मीन रही है। किंतु दुनिया की उनकी समझ और केंद्रीय अंतर्विरोध की स्वीकृति इतनी ठीक थी कि क्यूबा के महान् संकटों में भी गल्तियाँ नहीं हुईं। अपनी हत्या के एक वर्ष पूर्व 'त्रिद्वीपीय' (ट्रिनाले) संगठन को **"दो तीन...कई वियतनाम बनाओ!"** शीर्षक संदेश (1966) में उन्होंने अनेक सही और सच स्पष्टीकरण किए हैं। उन्होंने कोरिया और वियतनाम के विषय में अनपेक्षित आशावाद के विरुद्ध आगाह किया और आधुनिक युद्धविज्ञान की भीषण संहार-शक्ति को समझने का आग्रह किया। उन्होंने यह भी स्थापना की कि वियतनाम और लाओस के संघर्ष के अलावा कम्बोदिया में किसी भी समय पर सीधा हमला शुरू हो सकता है। (सन् 1970 में वह हुआ)। अतः वे स्वयं प्रश्नोत्तर देते हैं कि यह विद्रोह किस तरह पनपेगा? इसका क्या स्वरूप होगा? पहले तो वे यह घोषणा करना अनिवार्य समझते हैं कि लातिन अमेरिका तथा दूसरे देशों में नए-नए संघर्ष होंगे और अपनी गल्तियों के शिकार होकर उनमें कई विनष्ट भी हो जाएँगे : कई कठिन संग्रामों में धराशायी हो जाएँगे। किंतु क्रांतिकारी संघर्ष की गरमाहट में नए योद्धा और नए नेता आविर्भूत होते चलेंगे। हमें यह खयाल रखना चाहिए कि साम्राज्यवाद एक विश्वव्यवस्था है—पूँजीवाद की अंतिम अवस्था। और इसे एक विश्वमुकाबले में हराया जाना चाहिए। अतः साम्राज्यवाद और विमुक्ति-युद्धों की अनिवार्यता और प्राथमिकता को स्वीकार किया गया है। इस अंतर्विरोध का निवारण तो साम्राज्यवाद के विनाश में है।

इसका मतलब एक लंबी लड़ाई है और, एक बार हम फिर दोहराते हैं कि, एक क्रूर लड़ाई है। आजादी के लिए अपने त्रासदीपूर्ण, तथा संघर्ष और मृत्यु के रोजमर्रा सबकों से वियतनाम इसी ओर इशारा कर रहा है। हमारा भविष्य कितना समुज्ज्वल होगा जब दो, तीन और कई वियतनाम बनेंगे जिनकी दैनिक वीरता, अपरिमित त्रासदी और मृत्यु, साम्राज्यवाद के विरुद्ध लगातार हमले आदि उसकी शक्ति छिन्न-भिन्न कर डालेंगे। हमारा हरेक कर्म साम्राज्यवाद के विरुद्ध युद्ध की ललकार है। हमारी अचानक मौत भी स्वागतेय है अगर वह इस युद्ध और विजय की नई युद्ध-ललकारों को उठाती है।

वियतनाम को विमुक्ति-युद्ध का सर्वोच्च रूप और दृष्टांत मानकर चे लातिन

अमेरिकी देशों में यही साम्य पाते हैं क्योंकि वहाँ स्वदेशी इजारेदार पूँजी और विदेशी इजारेदार पूँजी की इतनी घनी साँठ-गाँठ है कि शासन का ढाँचा फौजी तानाशाही तथा कुलीनतंत्र वाला हो गया है, और अमेरिकी साम्राज्यवाद का सीधा और सशरीर हमला है। बोलिविया में वस्तुतः वे, 'विलक्षण क्यूबा' के बाद, दूसरा 'लातीनी वियतनाम' बनाना चाहते थे अर्थात् वे इसका इंतजार कर रहे थे कि वहाँ ग्वाटेमाला, डोमिनिकन आदि की तरह सीधे अमेरिकी फौजें उतरें और तब साम्राज्यवाद एक प्रत्यक्ष और भयानक शत्रु के रूप में नंगा हो। किंतु अमेरिका वियतनाम तथा क्यूबा के सबक सीखकर रुक गया और अपने प्रशिक्षित एजेंटों के द्वारा तानाशाहों से काम लेता रहा। अतः अगर बोलिविया वियतनाम बन गया होता तो सशस्त्र संघर्ष की हिलोर सारे लातिन अमेरिका में खुलकर फैल गई होती। चे यह जानते थे कि साम्राज्यवाद अब (लातिन अमेरिका में) दूसरा क्यूबा बनवाने की गल्ती नहीं करेगा।

चे 'साम्राज्यवाद की मौत' के प्रतिकर्म के रूप में **'एक नैतिक संसार के जन्म'** को ही स्वीकार करते हैं जहाँ क्रांति और नैतिकता की परिणति युवा समाजवाद में है। साम्राज्यवाद की मौत से संघर्ष को वे क्रांतिकारियों का ऐसा संघर्ष मानते हैं जो उनकी मौत तक चलता रहता है।

साम्राज्यवाद की मौत के प्रतिक्रम का आर्थिक मतलब केवल यही नहीं है कि हम उसके घेरे से अलग हो जाएँ बल्कि जनता के ऊपर से उसका आर्थिक पंजा हटा दिया जाए। चे इस दूसरे मोर्चे पर 'शांतिपूर्ण प्रतियोगिता' को 'अंतर्विनियम (इंटरचेंज) की एक अनैतिक प्रणाली' बताते हैं और समाजवादी देशों का यह नैतिक कर्तव्य मानते हैं कि वे पश्चिम के शोषणकर्त्ता राष्ट्रों से ऐसी साँठगाँठ खत्म कर दें। एक अर्थशास्त्री के रूप में वे स्पष्टीकरण करते हैं कि जब बुनियादी उद्योगों को कायम करने के लिए लंबी अवधि के कर्ज दिए जाते हैं तो जो उत्पादन होता है वह एक तो घरेलू मंडी में इफरात करता है दूसरे घरेलू रिजर्व को बाँधता है। यह नव्य उपनिवेशवाद (नियो-कालोनियलिज्म) है जो वर्षों तक पुनः निर्धारित मूल्य पर माल लूटता है। चे एक और भी युगांतरकारी उद्‌घाटन करते हैं कि 'नव्य उपनिवेशवाद' का जन्म सबसे पहले तो दक्षिण अमेरिका के संपूर्ण द्वीप में हुआ था किंतु अब उसकी बढ़ती हुई चपेट में एशिया और अफ्रीका भी आते जा रहे हैं। **'दक्षिण अमेरिकीकरण'** को वे इसका मुखौटा बताते हैं जिसका मतलब एक पैरासाइट या परजीवी या दलाल बूर्ज्वाज़ी का विकास है। परजीवी बूर्ज्वाजी तो राष्ट्र की दौलत में कुछ इजाफा नहीं करता, बल्कि कुकर्मों से लूटे गए फायदों को विदेश में जमा करता है। इस तरह चे साम्राज्यवाद की राजनीतिक शक्ति से ही नहीं, बल्कि उसकी आर्थिक शक्ति से भी विमुक्ति को स्पष्ट करते हैं। इस दोहरी विमुक्ति में ही विमुक्ति एक समाजवादी विमुक्ति बन सकती है। राजनीतिक विमुक्ति और सैन्य विमुक्ति के आपसी रिश्तों के बाबत वे कहते हैं कि समाजवादी देशों को हथियारों की बिक्री नहीं करनी चाहिए।

उनके हथियार तो सामान्य दुश्मन से लड़ने वाली जनता को बिना मूल्य मिलने चाहिए।

साम्राज्यवाद और विमुक्तियुद्ध के प्रमुख अंतर्विरोध को स्पष्ट करने के लिए चे बार-बार वियतनाम और क्यूबा के अनुभवों को आधार बनाते हैं।

लातिन अमेरिकी संदर्भ में वे कहते हैं कि वर्तमान में जनता के दबाव तथा कुलीनतांत्रिक (ऑलिगार्किक) तानाशाही के बीच अस्थिर संतुलन मौजूद है जिसमें कमोबेश सामंतीय ढाँचे के भीतर जमींदारों तथा मध्यम वर्ग की मैत्री है (ऑलिगार्की)। पहली अनिवार्यता तो इस तानाशाही बनाम जनता के समतोलन को तोड़ने की है। इसके लिए पहले तो प्रतिक्रियावादी तानाशाही को बेनकाब करके उसके हिंसक और ज़ालिम स्वरूप को प्रगटाना है।

स्पेनी साम्राज्यवाद से आज़ाद होने के बाद लातिन अमेरिका की जनता एक ज्यादा जोरदार, अधिक खूँखार अमरीकी साम्राज्यवाद के पंजे में जकड़ी है। यह साम्राज्यवाद जनता के साथ उपनिवेशवादी युद्धों की तैयारियाँ किया करता है। इस सारे गोलार्ध में संघर्ष का चरित्र यही है। विमुक्ति-युद्धों में यांकी (अमेरिकी) हस्तक्षेप करेंगे क्योंकि तानाशाहों के असंरक्षित जरिए से उनके हितों पर आँच आती है। ऐसे लातिन अमेरिकी फलक में एक अकेले (क्यूबा) देश में विजय प्राप्त करके उसे मजबूत करना मुश्किल है। जनता, अर्थरचना और समाज-व्यवस्था की दृष्टि से सारा लातिन अमेरिका मानों एक ही महादेश है। यहाँ संघर्ष की शांतिपूर्ण दशाएँ चुक गई हैं। इसके बाद संघर्ष का एक ही विकल्प बनता है—वियतनाम। अतः चे बोलिविया को दूसरा वियतनाम बनाने की लाइन लेकर आते हैं न कि मध्यवर्गीय शहरी व्यक्तियों के एडवेंचर की। रेजिस देब्रे के माध्यम से यह भ्रांति पूरी तरह फैलती गई है। बहिर्गत दशाओं की गणना विकसित न हो सकने के कारण बोलिविया न तो अमरीकी साम्राज्यवादी हस्तक्षेप से जूझकर ऐसा वियतनाम बन सका जो गुरिल्ला-युद्ध को लोकयुद्ध में रूपांतरित कर सकता, और न ही गुरिल्ला-शक्ति जन-शक्ति का प्रतिनिधि बनकर नियमित या अर्धनियमित फ़ौज बन सकी। चे की यह गणना फलीभूत नहीं हो सकी कि (बाद में कम्बोदिया की तरह) बोलिविया में भी यांकी हमलावर फ़ौज का व्यापक हस्तक्षेप हो जाएगा। इसकी वे प्रतीक्षा करते रहे और इस टैक्टिक्स को अमेरिकी ग्रीन बेरेट भी समझ गए। चे यह भी जानते थे कि लातिन अमेरिका में राष्ट्रीय बूर्ज्वाजी का चरित्र भी उलट गया है। जनता के साथ आने के बजाय वह अमेरिकी साम्राज्यवाद से मिल गई है। अतः वे कहते हैं कि अंतिम नतीजे के परिप्रेक्ष्य में इस बात की कोई अहमियत नहीं है कि एक या दूजा आंदोलन अस्थायी तौर से हरा दिया जाए। निर्णायक बात तो क्रांतिकारी परिवर्तन की आवश्यकता और फलतः, लड़ने की कटिबद्धता है। 'त्रिद्वीपीय' के संदेश में चे कहते हैं कि समारंभ भी आसान नहीं होंगे। वे बहुत मुश्किल होंगे क्योंकि ऑलिगार्की के पास दमन, बर्बरता और पाखंड के सभी साधन होंगे। अतः पहली घड़ी में तो हमारा मिशन जिंदा बच

निकलना होगा। उसके बाद हम गुरिल्ला के शाश्वत उदाहरण का अनुकरण करते चले जाएँगे। सबसे बड़ी बात तो यह है कि बेदखल जनता में जड़ें जमाकर ही **गुरिल्ले** अपराजेय बन सकते हैं। इस संघर्ष में दुश्मन के प्रति निष्ठुर घृणा और जनता के प्रति अथाह प्रेम एक आवश्यकता है। इसी आवश्यकता के कारण गुरिल्ले हत्यारे होने से बच सकेंगे और वे (घृणा के कारण) एक पाशविक दुश्मन को समाप्त भी कर सकेंगे। किंतु (चे के शब्दों में) अगर एक एकल फौज़ी गल्ती गुरिल्ला-शक्ति का सफाया कर सकती है तो एक राजनैतिक गल्ती बड़े लंबे समयों तक उसका विकास अवरुद्ध कर सकती है। अतः ये संघर्ष राजनैतिक तथा सैन्यात्मक हैं। इन्हीं अनुभवों के संदर्भ में चे की क्यूबाई विजय तथा बोलिवियन पराभव को परखना चाहिए।

क्यूबाई विजय को वे अपवाद न मानकर वैन्गार्ड या हरावल मानते हैं। वे कहते हैं कि यह तो एक स्पष्टतः स्थापित तथ्य है कि प्रत्येक क्रांति में विशिष्ट घटक होते हैं किंतु यह भी कम सच नहीं है कि सभी क्रांतियों को कतिपय सामान्य नियमों का अनुगमन करना पड़ता है जिनका उल्लंघन विशेष समाज की संभावनाओं की पहुँच के अंदर भी नहीं होता। क्यूबा, बोलिविया और वियतनाम—विश्व क्रांति के इन तीन नवयुवा प्रयोगों पर चे का विश्व-दृष्टिकोण इस तरह से ढला है।

क्रांतिपूर्व क्यूबा में एक उपज (गन्ना), एक वाणिज्य (अमेरिका के साथ) तथा एक उत्पादन (शक्कर) था। इसके साथ ही बड़े पैमाने के अर्ध-यांत्रिक कृषि फार्मों की माँग के कारण क्यूबा का किसान क्रमशः मजदूर के-जैसा होता जा रहा था, यद्यपि सशक्त शहरी मजदूर वर्ग नहीं था। विशाल भूमि के मालिकों को यह अनुभव था कि वे अकेले नहीं बच सकेंगे। अतः उन्होंने इजारेदारियों (मोनोपलीज़) से मैत्री क़ायम की जो देसी जनता की बेहद सशस्त्र तथा भीषण दमनकारी ताकतें हैं। इसके ऊपर विदेशी इजारेदार पूँजी का कब्जा हो गया। इसी उपक्रम में दक्षिण अमेरिका साम्राज्यवादियों के बंदर-बाँट वाले संघर्षों की समरभूमि भी रहा और इसके ऊपर—भूख तथा भय के कारण—लातिन अमेरिका में **अंतर्मुखी दशाओं** की अनुपस्थिति थी। अंतर्मुखी दशाओं में भी सबसे प्रधानतः चेतनता ही अनुपस्थित थी जो साम्राज्यवादी ताकतों तथा उनके दुमछल्लों के मुकाबले में, हिंसक साधनों द्वारा विजय की संभावना से जुड़ी हो। अतः वे परिस्थितियाँ सशक्त संघर्ष की प्रक्रिया में उत्पन्न की गईं क्योंकि वही संघर्ष परिवर्तन की आवश्यकता को शनैः-शनैः स्पष्ट करता गया। इसके अलावा संपूर्ण लातिन अमेरिका में बेकारी और कम मज़दूरी की परिस्थिति एक समान थी। अतः क्यूबा एक हरावल के रूप में उभरता है और लातिन अमेरिका में जो अगली लड़ाइयाँ होंगी वे असीमित रूप में और भी ज्यादा मुश्किल होंगी। अतः चे कहते हैं कि एक आक्रांता राजनीतिक शक्ति के खिलाफ़ सशक्त विमुक्ति के सवाल का निपटारा सर्वहारा अंतर्राष्ट्रीयतावाद के नियमों के मुताबिक ही होना चाहिए।

घ

अनवरत क्रांति अर्थात् दैनंदिन जीवन में (विजय के बाद) घुलमिल गई क्रांति का विस्तार 'नए मनुष्य की रचना' तथा 'समाजवादी निर्माण' के लिए निरंतर चला करता है। इस बिंदु में व्यक्ति और समाज, रचना और उत्पादन, सिद्धांत और अमल, कला और टैकनोलाजी, क्रीड़ा और श्रम के बीच द्वंद्वात्मक एकता कायम होती हैं। चे ने ऐसी द्वंद्वात्मक प्रक्रिया का निरूपण यूतोपिया के रूप में न करके क्यूबा के साक्षात् सामाजिक पुनर्भव की भूमिका में किया है; स्वयं सहकर्मी होकर किया है। एक मेडिकल डाक्टर तथा एक गुरिल्ला योद्धा के बाद वे सन् 1961 में नए स्थापित किए गए उद्योग मंत्रालय के उद्योग मंत्री नियुक्त हुए जिससे क्यूबा के समाजवादी निर्माण—औद्योगीकरण तथा तकनालॉजिकल विकास—की जिम्मेदारी उन पर आ पड़ी। यहाँ से मार्क्सवादी अर्थशास्त्र के दार्शनिक रूप में भी चे की युगांतरकारी स्थापनाएँ शुरू होती हैं।

लातिन अमेरिका में प्रचलित स्वतंत्र विनिमय (फ्री एक्सचेंज) की व्यवस्था के अंतर्गत तो संयुक्त राज्य अमेरिका में ही पूँजी का अधिकाधिक निर्यात, तथा भुगतान के संतुलन में अधिकाधिक गिरावट होगी। इनमें इज़ारेदारियाँ भी शामिल होकर पूँजी का और-भी निर्यात करेंगी। फलतः विकास रुक जाएगा जिससे ज्यादा बेरोजगारी फैलेगी। इस पूरे अर्थचक्र को चे ने **'आर्थिक साम्राज्यवाद'** की निर्देशक नीतियाँ बताया है। और स्पष्ट किया है कि अब तक इन्हीं के दायरे में समाधान खोजे जाते रहे हैं जिससे शोषण और दमन उत्तरोत्तर बढ़ता गया है।

अविकास तथा बेरोजगारी का सही हल ढूँढ़ने पर लातिन अमेरिकी शासक वर्ग की सीधे विदेशी इजारेदारियों से टकराहट होती है। अतः एक ओर साम्राज्यवादी इजारेदारियों के तथा दूसरी ओर थोड़ी-बहुत माँगें करती हुई जनता के दोहरे दबाव कायम होते हैं। अतः दो ही विकल्प हैं : या तो लोकप्रिय चुनावों के द्वारा सरकार बदल जाए अथवा गृहयुद्ध की दशा कायम की जाए (जैसा कि बंगलादेश, नेपाल और श्रीलंका में घटा)। लेकिन सरकारें जनता के दबाव से खौफ़ खाती हैं और इजारेदारियों से रसूख बनाने में मशगूल हो जाती हैं। इसके बाद राष्ट्रीय बूर्ज्वाज़ी का (आयात करके मुनाफाखोरी करने वाला) एक खंड दमन के सबसे पहले कदम उठाता है। राष्ट्रीय बूर्ज्वाज़ी के चरित्र पर चे की स्थापनाएँ नई, विचारयोग्य तथा विवादास्पद हैं। इस पहल के बाद तात्कालिक परिस्थितियों से अनभिज्ञ फ़ौज नरसंहार करने लगती है।

ऐसे वर्गीय ढाँचे में चे ने पहली बार उत्पादन के संबंधों में व्यतिक्रम (डेवियेशंस; विकृति नहीं) को भी देखा। सामान्यतः सामाजिक विकास की प्रक्रिया में उत्पादक शक्तियों एवं उत्पादन के संबंधों के बीच साफ सहकार होता है। किंतु उत्पादक शक्तियों के विकास को सही प्रतिबिंबित करने में कब उत्पादन संबंध असफल होते हैं?

चे का का उत्तर है कि अगर सही तौर पर विश्लेषण किया जाए तो विशिष्ट ऐतिहासिक अवसरों पर, उत्पादक शक्तियाँ तथा उत्पादन-संबंध हूबहू समरूप नहीं होंगे। इसीलिए लेनिन ने आगाह किया है कि अक्तूबर क्रांति समाजवादी होते हुए भी पूँजीवाद को भी अपना सकती है, और माओ ने अनेक सांस्कृतिक क्रांतियों का प्रतिपादन किया है। इसका मूल कारण पूँजीवाद का अभी भी एक विश्वव्यापी व्यवस्था होना है। अतः उत्पादन (के सामाजिक) संबंधों में वक्र भटकाव उन मौकों पर आता है जब नया समाज पुराने को तहस-नहस करता प्रतीत होता है और जब पुराना समाज सचमुच ही टूट रहा होता है। अथवा जब नया समाज़ जन्म तो ले लेता है किंतु उसके उत्पादन संबंध क़ायम होने शेष रहते हैं, वह स्वयं को संश्लिष्ट करने में संघर्षरत होता है तथा पुराने सुपरिगठन (सुपर स्ट्रक्चर) को नष्ट कर रहा होता है। संक्रमण-काल की अर्थरचना पर चे ने बहुमूल्य स्थापनाएँ की हैं। इसलिए क्यूबा के बाबत प्रश्न करते हुए चे पूछते हैं कि हम किस तरह उस देश में समाजवाद की ओर संक्रमण उत्पन्न कर सकते हैं जो साम्राज्यवाद द्वारा उपनिवेश बनाया गया हो, जहाँ बुनियादी उद्योगों का कोई भी विकास नहीं हुआ हो और जहाँ एक मंडी तथा इजारेदार उत्पादन पर आश्रित रहना पड़ता हो?

चे का पहला कदम **श्रम का सामाजिकीकरण** है। इसके साथ ही क्रांति की समाजवादी प्रकृति उन्मीलित होती है और क्रांतिकारी शक्तियाँ समाजबाद का निर्माण शुरू करती हैं। इसके लिए क्यूबाई क्रांति के तथ्य की स्थापना पहली शर्त थी। एक पुराने ढाँचे में नई दशाओं के जन्म पर पहले तो उत्पादन-संबंध ही बदले जिससे उत्पादक शक्तियों के साथ उनकी टकराहटें हुईं। इसके साथ ही क्रांतिकारी आंदोलन का हिरावल समूह मार्क्सवाद-लेनिनवाद के असर में आता चला गया। अपने साक्षात् निरीक्षणों के आधार पर चे अर्थशास्त्री बीटेलहाइम के तर्कों को काटते हैं। बीटेलहाइम उत्पादक शक्तियों के हूबहू/अनुरूप ही उत्पादन संबंधों के होने का नियम मानते हैं। अगर उत्पादन-संबंध तदनुकूल न हों तो महान् असफलताएँ होती हैं। चे कहते हैं कि क्रांति के माध्यम से संबंध ज्यादा बलवान होते हैं और समस्या इस अगुआई की ऐड़ को कायम रखने की है। इसके साथ ही चे यह भी मानते हैं कि क्रांति तभी होगी जब उत्पादक शक्तियों तथा उत्पादन-संबंधों के बीच बुनियादी अंतर्विरोध होंगे। चे का आरोप है कि बीटेलहाइम चेतनता की गतिक्रियाओं को अस्वीकार करते हैं और मार्क्स की धारणा (सामाजिक परिवेश से ही चेतना उत्पन्न होती है) की रूढ़िवादी आड़ लेते हैं।

मूल्यों के नियम पर तो चे ने सविस्तार विश्लेषण किया है। मार्क्स के बाद इस विषय पर उन्होंने नई स्थापनाएँ की हैं।

पूँजीवादी जगत में **मूल्य** का नियम ही व्यापारिक संबंधों का संचालन करता है। अतः अगर मंडियों में विकृतियाँ आती हैं तो मूल्य-नियम में कतिपय विद्रूपताएँ

आ जाती हैं। चे के मुताबिक मार्क्स और एंगेल्स के समय में व्यावहारिक तथा साक्षात् समाजवादी निर्माण नहीं हो सका था। अतएव वे पूर्वानुमान नहीं कर सके कि आर्थिक दृष्टि से पिछड़े देशों में भी 'संक्रांति काल' शुरू हो सकता है। अलबत्ता लेनिन ने पूँजीवाद के असमान विकास के कुछ पहलुओं—विशेषतः मूल साम्राज्यवाद—का पूर्वानुमान कर लिया था। साम्राज्यवाद के परवर्ती 'ग्लोबल', 'अंतरद्वीपीय' 'कार्पोरेट, जैसे रूपों का अध्ययन पाल स्वीज़ी और ह्यूबरमान, हैरी मैकडाफ़, जोन राबिन्सन आदि ने अगली गहराइयों तक किया।

समाजवाद में मूल्य-नियम लागू होता है कि नहीं—इस पर दो मत हैं। चे का कहना है कि यह नियम योजना के पूरे दौर में लागू होता है क्योंकि यह सरकार का स्वामित्व हो जाने वाला चरण है जो अभी भी समाज के स्वामित्व के रूप में विकसित नहीं हो पाया है। अतः चे पुनः संकेत करते हैं कि इस शताब्दी में मार्क्स-प्रणीत (क्रिटीक ऑफ दी गोथा प्रोग्राम) 'विशुद्ध संक्रमण' नज़र नहीं आया है।

यह भी सही है कि मूल्य-नियम **मंडी** का एक नियम है। किंतु ऐसा तो पूँजीवाद के अंतर्गत है। समाजवाद के अंतर्गत पुराने उत्पादन-संबंध तथा मंडी पर इजारेदारी के प्रभाव विलुप्त हो जाते हैं। आरंभिक समाजवादी चरण में **वितरण** (कम) तथा **माँग** (ज्यादा) के बीच समन्वय नहीं रह पाता जिससे दामों में वृद्धि हुई। इससे निपटाने के लिए (चे ने) कठोर दामबंदी (प्राइस फ्रीज़), न कि मजदूरीबंदी, लागू की और वितरण की राशन-प्रणाली भी लागू की ताकि मंडी में माल की असली कीमत न प्रकट हो सके। अतः दामों के बीच एक ऐसी अंदरूनी संबंधता कायम हो गई जो पूँजीवादी मंडी के संबंधों से भिन्न थी। उसकी मुख्य समस्या यही थी कि किस प्रकार दाम (प्राइस) तथा मूल्य (वेल्यू) के बीच अनुरूपता कायम हो। इसके लिए उद्योगों को सारी वित्तीय गतिविधियों का केंद्रीयकरण बनाया गया और बैंकों द्वारा उद्योगों को उतनी ही राशि दी गई जितनी कि राष्ट्रीय बजट में निर्धारित थी (सन् 1959 से उद्योग मंत्री बनने तक चे क्यूबा के राष्ट्रीय बैंक के डायरेक्टर भी थे)। फलतः बाजार में दामों की महँगी और मंदी को पूर्ति-माँग के स्वतंत्र चक्कर से छुड़ा लिया गया और विदेशों से नए कर्जों की विवशता खत्म कर दी गई। चे ने क्यूबा के समाजवादी अर्थतंत्र की आधारशिलाएँ रखीं।

चे ने एक **संपूर्ण नई व्यवस्था** गढ़ी। उनका पहला सिद्धांत है—समाजवादी अर्थतंत्र का लक्ष्य एक समाजवादी मनुष्य की रचना। दूसरा सिद्धांत है कि एक नए उद्योग की सार्थकता वित्तीय सफलता के बजाय सामाजिक प्रकार्य है। तीसरा सिद्धांत है : पूर्ति तथा माँग पर आधारित मूल्य-सिद्धांत गलत है क्योंकि मूल्य की परिभाषा तो 'उत्पाद्य' (प्रोडक्ट) की नैतिक एवं सामाजिक वकत पर निर्भर करती है (न कि मुंडी की कीमत पर)। चौथा सिद्धांत है कि केवल वैयक्तिक भौतिक प्रोत्साहनों (इंडीवीजुअल मैटिरियल रिवार्ड) पर कायम अर्थनीति या समाज नैतिक दृष्टि से असफल हो जाएगा

क्योंकि वह एक नए मनुष्य की रचना के बजाय एक शक्तिशाली राज्य गढ़ने लगेगा। इसके लिए नैतिक प्रोत्साहन (मोरल इन्सैंटिव) आवश्यक है जिससे व्यक्ति सामूहिक के लिए, समुदाय के लिए, काम करके निजी परितृप्ति का अनुभव करें। पाँचवाँ सिद्धांत है : नौकरशाही और यांत्रिक नकलवाद का विरोध करो। इस नई अर्थनीति के निर्धारण में भी चे ने लेनिन से सबक लिए हैं। इस नीति को लागू करने में चे को मजदूरों से घुलने-मिलने का अधिक व्यापक अवसर मिला और फैक्टरियों में हड़तालों के मौकों पर वे खुद जाँच-पड़ताल के लिए गए, मैनेजरों के नौकरशाही नजरियों को कसूरवार पाकर उन्हें बर्खास्त किया और उत्पादन में ऐच्छिक कार्य की हिलोर उठा दी। चे हर कार्य में खुद मिसाल बनकर ही आगे आदेश देते थे।

'भौतिक प्रोत्साहन' को वे अतीत की बुरी विरासत बताते हैं। जनता पर इसका प्रभाव खत्म करना क्रांतिकारी प्रक्रिया का एक महत्तम प्रयोजन है। जैसे-जैसे नए समाज का निर्माण होता चलेगा वैसे-वैसे भौतिक प्रोत्साहन अपनी भूमिका निभाना बंद करते जाएँगे क्योंकि उनका स्थान कर्त्तव्य-बोध तथा चिंतन का नया क्रांतिकारी ढंग जैसे गैर-भौतिक प्रोत्साहन ले लेंगे। तो फिर भौतिक प्रोत्साहन का अंत कैसे होगा? कुछ उत्तर देंगे : थोड़े-थोड़े उपभोक्ता माल। चे का उत्तर है कि यह मशीनी ढंग है। भौतिक प्रोत्साहन और अंतर्चेतना—ये दोनों अंतर्विरोधी शब्द हैं। अगर भौतिक प्रोत्साहनों से अंतर्चेतना के विकास का विरोध होता है किंतु उत्पादन में सुधार होता है तो क्या अंतर्चेतना का विकास उत्पादन को घटाता है? छिटपुट अपवादों को छोड़कर; नहीं।

चे कर्तव्य तथा क्रांतिकारी चिंतन (मार्क्सवाद) को नैतिक प्रोत्साहन के सीमांत मानते हैं जो कर्म को स्वैच्छिक कार्य में रूपांतरित कर देते हैं। क्यूबा में स्वैच्छिक कार्य के करिश्मों से हम सभी अवगत हैं जब स्वयं कास्त्रो और चे खेतों में गन्ने काटने जाते हैं, तथा हजारों छात्र किसानों की मदद करने पहुँचते हैं। अतः नैतिक प्रोत्साहन कठोर कार्य को एक सुखद सामाजिक कर्तव्य में रूपायित कर देता है।

नैतिक प्रोत्साहन के आर्थिक़ दर्शन की अगली व्यावहारिक ऊँचाइयाँ छूकर चे बताते हैं कि पूँजीवादी आत्मनिर्वासन की सभी अवस्थाओं को पार करते हुए, और शोषक के जुए में बलिपशु के रूप में काम करते हुए क्यूबा में आज एक मनुष्य ने अपने रास्ते की दोबारा खोज कर ली है तथा कर्म को क्रीड़ा में तब्दील करके बढ़ गया है। 'मनुष्य को गुलाम बनाने वाला घटक कार्य नहीं है, बल्कि उत्पादन-संबंधों पर अधिकार करने की उसकी असफलता है।' वह समाज-निर्माण में (लेनिन के शब्दों में) एक पुर्जा तो है किंतु एक सचेतन पुर्जा। वह आवश्यक है, चाहे अपरिहार्य भले ही न हो। अतः स्वैच्छिक कार्य कामगर की चेतना का सर्वाधिक विकास करता है। इसके कारण कामगरों (शारीरिक श्रमी) तथा तकनीशियनों (मानसिक श्रमी) के बीच प्रतिस्पर्धा भी समाप्त हो गई है और नौकरशाही की रुकावटें भी टूटती गई

हैं। इस तरह समाजवादी रचना में नैतिक प्रोत्साहन तथा स्वैच्छिक कार्य के बीच एकतान व्यापार कायम हो जाता है। जिससे पूँजीवादी शोषण तथा सांस्कृतिक आत्मनिर्वासन का विसर्जन हो जाता है।

नैतिक प्रोत्साहन ही मूल्य-नियम और योजना के बीच के अंतर्विरोधों को समाप्त करता है। यह चे की महत्तम उपलब्धि है।

उद्योगों के विकास के संदर्भ में कृषि के क्षेत्र में भी चे के सहकारी अनुभव रहे हैं। गुरिल्ला-दस्तों के प्रसंग में उनका किसान-वर्ग का चरित्रानुशीलन हम निरूपित कर चुके हैं।

सिएरा मैस्ट्रा की एक सभा में **'कृषि सुधार कानून'** (1969) की घोषणा का क्यूबा के इतिहास में विशेष स्थान है। चे की प्रतिक्रिया थी कि इस कानून ने वर्ग-संघर्ष को तेज कर दिया है। इसके बाद ही किसानों को सहकारिताओं में संगठित किया गया, नब्बे प्रतिशत उद्योगों का राष्ट्रीयकरण किया गया, सारा विदेशी वाणिज्य राज्य के अधीन आ गया। इसके बाद ही चे ने मार्क्सवाद-लेनिनवाद के सिद्धांतों में दीक्षित कार्यकर्ताओं को तैयार करने की समस्याएँ उठाईं।। उन्होंने ही यह कहा था कि भूमि पर अधिकार करने की आकांक्षा तथा संघर्ष ही क्रमशः किसान में एक ओर निम्न बुर्जुआ चेतना को जन्म देती है तो दूसरी ओर उसकी मजदूरों से मैत्री कराती है।

क्यूबा की नेतृ मंडली को यह समस्त रूपांतरण पार्टी-आदेश के बजाय गुरिल्ला-दस्तों के द्वारा करना पड़ा। अतः उनकी समस्याएँ काफी भिन्न रहीं। कठोर और करुण गुरिल्ला-अनुशासन में पिछड़ी हुई दफ्तरशाह कम्युनिस्ट पार्टी की भर्त्सना की गई, सैकड़ों युद्ध-अपराधियों को फाँसी दी गई, अस्सी प्रतिशत पुरानी नौकरशाही बर्खास्त कर दी गई और गुरिल्ला-ढंग के शासन का नया कायाकल्प किया गया। चे के अनुसार : ''पुराने मंत्रालय वे गुफाएँ थीं जो नौकरशाहों तथा परजीवियों से भरी हुई थीं जिनमें कोई भी संयोजन नहीं था।'' चे को **'नौकरशाही के विरुद्ध'** शीर्षक एक दस्तावेज़ भी पेश करना पड़ा जिसमें क्रांति के बाद पूरी व्यवस्था को बदलने की आवश्यकता मुखर हुई है। चे ने कहा कि हमें सहोदर समाजवादी गणतंत्रों की पद्धतियाँ भी अपनानी चाहिए। केंद्रीयकरण के प्रयोग भी सफल न होने पर चे ने बताया कि बेहद दब्बू और सशंकित कार्यकर्त्ता पैदा हो रहे हैं। उन्होंने आगे बताया कि 'नौकरशाही की बुराई' 'क्रांति के पाप' (दे. अन्यत्र) जैसी है। इसमें एक तो आंतरिक उत्प्रेरण की कमी है; दो, संगठन की कमी है; तीन, तकनीकी ज्ञान से युक्त एक ऐसी संस्था की कमी है जो थोड़े समय में ही सही निर्णय ले सके। अतः लेनिन की तरह चे और फिदेल भी क्रांति को नौकरशाही द्वारा दफ़नाने के विरुद्ध संघर्षरत हैं। प्रशासन के लिए वे 'सही निर्णय समुचित समय में' के मत को लागू करते हैं। समाजवादी प्रशासन का चरण क्रांतिकारी दस्तों के गठन के बाद वाला एक जटिल चरण है किंतु (चे के अनुसार) क्रांति के प्रभात में जो संस्थाएँ पैदा हुई थीं उनका

क्रमिक पुनर्विन्यास, उन्नयन तथा सुदृढ़ीकरण तो अनिवार्य है क्योंकि वे संस्थाएँ और संगठन जनता के बीच स्फूर्ति तथा अधिकार का रोपण करते हैं। इसके अभाव में (चे के मुताबिक) 'संकीर्णतावाद' पनपता है जो जनता तथा नेताओं के बीच खाई चौड़ी करके मशीनी अनुकरण और औपचारिक विश्लेषण में ही समाप्त हो जाता है जिससे हम जनता की उस आवाज की व्याख्या नहीं कर पाते जो सभी आवाजों में सबसे ज्यादा विवेकशील तथा विनयशील है।

(ङ)

नेशनल बैंक ऑफ क्यूबा के डायरेक्टर (1959-1961) तथा उद्योग मंत्रालय के उद्योग-मंत्री (1961-66) के रूप में चे एक अर्थशास्त्री तथा मार्क्सीय अर्थदार्शनिक के रूप में भी प्रतिष्ठित होते हैं। चे और राउल कास्त्रो (फिदेल के छोटे भाई) के प्रभाव से भी क्यूबा में मार्क्सवाद-लेनिनवाद को स्वीकार करके क्यूबाई लोकगणतंत्र की स्थापना की गई अन्यथा अल्जीरिया, घाना, मिस्र आदि देशों की तरह वह भी तीसरे खेमे की भूलभुलैया से बिखर सकता था।

औद्योगिकीकरण के विषय में चे ने **क्यूबाई समाजवादी निर्माण** का सार दिया है। ज़ाइटलिन को इंटरव्यू देते वक्त उन्होंने कहा था कि तुम एक साथ क्रांति के पक्षधर तथा क्यूबाई कम्युनिस्ट पार्टी के विरोधी नहीं हो सकते। क्रांति और कम्युनिस्ट पार्टी साथ-साथ मार्च करती हैं।

इस नजरिये के साथ अपनी औद्योगिकीकरण की नीति में वे लेनिन के अनुयायी हैं। चे ने बताया कि लेनिन ने अपनी मृत्यु के पहले की अंतिम कांग्रेस में विकास की व्यावहारिक पद्धतियों पर बहुत कहा था—देश का विद्युतीकरण तथा औद्योगिकीकरण! वे लेनिन का महत्त्व अपरिमित मानते हैं। वे कहते हैं कि लेनिन ही ऐसे नेता हैं जिन्होंने क्रांति की थ्यौरी में सर्वाधिक योगदान दिया है। वस्तुतः चे ने इसी धारा का विकास किया है।

"आर्थिक क्षेत्र में भी हमें विकास की लड़ाई जीतनी पड़ेगी,"—यह चे का लक्ष्य था। "मार्क्सवादी-लेनिनवादी नजरिए से योजना के आर्थिक तथा राजनैतिक दोनों अर्थ हैं। यह वह ढंग है जिससे हम एक समाजवादी समाज विकसित करते हैं। यह बहुत कुछ महत्त्वपूर्ण बातों का संकेत करती है : अगर **योजना** को कायम रहना है तो सबसे पहले एक समाजवादी संकल्प को तथा इस ढंग से विकास की संभावना को मौजूद होना ही चाहिए। इसलिए अगर योजना को सार्थकतापूर्ण होना है तो लोक शक्तियों को पहले उत्पादन साधनों पर कार्यवाही करनी होगी, उनपर अधिकार करके उन्हें जन-सेवा को समर्पित करना ही होगा।" इस कार्य में एक और समस्या का समाधान करते हुए वे कहते हैं कि समाजवादी क्रांति तथा समाजवादी राज्य, दो भिन्न चीजें हैं। योजनाकरण तथा समाजवाद, दोनों को कुछ अवस्थाओं का पालन करना ही पड़ेगा। अतः 'समाजवाद के बिना योजना करना एक असंभवता है।'

इसके साथ ही जनतावृंद में आर्थिक योजना को जानने की गहरी रुचि होनी चाहिए ताकि वे जान सकें कि फैक्टरी में मजदूरों के हितों की रक्षा कैसे होगी, कैसे फैक्टरी की घटनाएँ राष्ट्र की समूची जिंदगी से जुड़ जाएँगी।

योजना का हमारा प्रयोजन यही है कि मजदूर क्रांति के प्रति जागरूक हो जाएँ। इसके लिए देश का दृढ़निश्चय तथा समाजवादी देशों से सहायता अपेक्षित है। चे के अनुसार ''सच्ची आर्थिक योजना की पूर्व शर्त यह है कि राजनीतिक शक्ति मजदूर वर्ग के हाथों में हो। हमारे लिए सच्ची योजना का निचोड़ यही है। इसके अलावा यह आवश्यक है कि साम्राज्यवादी इजारेदारियों का पूरी तरह उन्मीलन हो जाए और उत्पादन की बुनियादी कार्यविधियों पर राज्य का नियंत्रण हो जाए। इन तीन लक्ष्यों को एक साथ गूँथ देने पर आर्थिक विकास के लिए योजना शुरू की जा सकती है, अन्यथा लफ्फाज़ियों, भाषणों और सभाओं में सभी कुछ खो जाता है।''

योजना के उपर्युक्त ठोस सिद्धांतों पर चे ने क्यूबा की समाजवादी अर्थरचना के लिए अपनी संपूर्ण शक्ति अर्पित की। इसी महान् नैतिक भूमि पर उन्होंने आर्थिक क्षेत्र में 'नैतिक प्रोत्साहन' के सिद्धांत को उत्कर्ष दिया। चे ने साम्राज्यवाद के स्थायी खतरे के बीच भी वृद्धि की चुनौती पूरी की। उनका सूत्र है : 'योजना समाजवाद का एक कानून है जिसके बिना यह व्यवस्था कायम नहीं रह सकेगी।'

किंतु व्यावहारिक असफलताओं का पूरा आकलन करते हुए उन्होंने बताया कि हमने दो गल्तियाँ कीं और उन्हें सुधारा भी। पहले तो हमने एक सहोदर देश (सोवियेत संघ) की योजना के तकनीकों की अतिशय सतहीपन के साथ नकल की; और दूसरे, बिना विश्लेषण करते हुए झटके से निर्णय लेते चले। इनकी वजह से योजना एक एब्सोल्यूट अंतर्मुखतावाद की अभिव्यक्ति बनने लगी थी।

योजना से ही औद्योगिकीकरण तथा उत्पादन में तेजी तथा वृद्धि हो सकती है।

औद्योगिकीकरण के लिए टैकनोलाजी तथा मज़दूरों का नैतिक प्रोत्साहन अतिरिक्त संजीवनियाँ हैं।

टैकनोलाजी उत्पादक शक्ति की वृद्धि करती है तथा मनुष्य के श्रम एवं कार्य को अधिक प्रेयस् बनाती है। इसका उत्पादन से वैज्ञानिक रिश्ता है। चे का आग्रह है कि टैकनोलाजी को उसके वर्तमान स्तर पर ग्रहण किया जाना चाहिए तथा एक अगली टैकनोलाजिकल छलाँग लगाई जानी चाहिए ताकि हमारे तथा अधिक विकसित देशों के बीच के अंतर को कम किया जा सके। अतः वे सर्वाधिक उन्नत टैकनोलाजी के इस्तेमाल पर बल देते हैं क्योंकि सामंतवाद से शुरू करके स्वचालन से आणविक युग तक नहीं पहुँचा जा सकता। टैकनोलाजी का बड़ी फैक्टरियों तथा पर्याप्त विकसित कृषि में इस्तेमाल होना चाहिए। ऐसे प्रशिक्षित व्यक्ति तैयार करने चाहिए जो इसके नए ज्ञान का इस्तेमाल कर सकें। इसे विचारधारात्मक संस्कृति पर भी आधारित होना चाहिए। चे ने टैकनोलाजी की क्रांति के समाजवादी स्वरूप का दिग्दर्शन इस तरह किया है।

किंतु उत्पादन में वृद्धि केवल टैकनोलाजी से ही नहीं होती। और, न ही बढ़ते हुए उत्पादन से गरीबी दूर होकर सामाजिक न्याय मिलता है। समाजवादी निर्माण में उपभोक्ता-माल वाले उद्योग के बजाय भारी उद्योग कायम किए जाते हैं और क्यूबा जैसे देश के लिए कच्चे माल की समस्या के साथ-साथ नाकेबंदी की समस्या का सामना भी करना पड़ता रहा है। अतः चे ने 'उत्पादन-यूनिटों' का संगठन सबसे पहला काम बताया। इसके साथ ही उन्होंने शिक्षा को नज़दीक से उत्पादन के साथ जोड़ दिया। इसके द्वारा उन्होंने सामाजिक न्याय से पूर्ण शासन लाने के लिए ठोस कदम उठाए जहाँ तकनीकी उन्नति और पूर्ण रोजगार के बीच के अंतर्विरोध दूर किए जा सकें, अर्थात् उन्नति और दरिद्रता का साथ टूटे। इसके लिए उन्होंने योजना के अंतर्गत संचालन-विधियों को सुधारा तथा मजदूरों को चुनकर उन स्कूलों में भेजा जिनमें उनके उत्पादक गुण और भी समुन्नत हो सके। इस तरह अपनी उत्तम संतति के माध्यम से मजदूर वर्ग ने ही क्यूबा में भावी टैकनीशियनों तथा प्रशासकों को तैयार किया। विकास की कमी का मतलब ज्यादा बेरोजगारी है। बेरोजगारी से मजदूरी गिरती है; कम मजदूरी से राष्ट्रीय बजट में घाटा आता है और उसको पूरा करने के लिए पुनः महँगाई का दैत्य मुँह खोलता है। इसीलिए चे ने अनुत्पादनकारी खर्चों के जरिए तकनीकी उन्नति तथा पूर्ण रोजगार के बीच के अंतर्विरोध का निराकरण किया।

उत्पादन में टैकनोलाजी का उपयोग **औद्योगिकीकरण** की रफ्तार तथा क्षेत्र बढ़ा देता है। और, औद्योगिकीकरण के चरण में सरकार को 'विशेषज्ञता' की बेहद जरूरत होती है। चे के सामने क्यूबा के औद्योगिकीकरण अर्थात् क्यूबा को निचले विकास से विमुक्त कराने की बहुत बड़ी समस्या थी; आजाद रहने के लिए औद्योगिकीकरण, तथा औद्योगिकीकरण के लिए टैकनीशियन एवं टैकनोलाजी की आवश्यकता।

तथापि क्रांतिकारी सरकार का, औद्योगिकीकरण के अंतर्गत, लक्ष्य यह है कि पहले तो बेरोजगारी दूर करके सबसे निचले तबके के लोगों को भी एक अच्छा जीवन-मान प्रदान किया जाय। दूसरा लक्ष्य यह है कि औद्योगिकीकरण अपने सामाजिक प्रकार्य पूरे करे। अतः ''औद्योगिकीकरण का रास्ता ही सामूहिक कल्याण का रास्ता है और आर्थिक साम्राज्यों के इस युग में यह एक सरल पंथ नहीं है।'' क्यूबा में (तब) किसानों ने तो बहादुरी से लड़कर भूमि-अधिकार प्राप्त कर लिए और क्रांति के पूरे पक्षधर हो गए लेकिन सर्वहारा-वर्ग को अभी तक औद्योगिकीकरण का फल नहीं मिल सका है।

अतएव औद्योगिकीकरण के मार्ग के दो पहलू हैं : (i) सरकार कानून और डिक्रियों के जरिए प्रमुख उद्योगों का राष्ट्रीयकरण कर रही है तथा, (ii) पराजित वर्ग के भयों से कई कठोर कदम उठाने पड़ रहे हैं ताकि प्रतिक्रांति को कुचला जा सके। 'चे' ने इस मजबूत नींव पर क्यूबा की वित्तीय तथा औद्योगिक नीति की स्थापना

की। इसके फलस्वरूप आज क्यूबा में निरक्षरता तथा बेरोजगारी बिल्कुल खत्म हो चुकी है। **चे हमेशा इस बात पर जोर देते रहे हैं कि 'भौतिक प्रोत्साहन' तथा 'समाजवादी चेतना' परस्पर विरोधी हैं और बिना ऐसी चेतना के एक 'नए मनुष्य' तथा 'एक नए समाज' की बात फिजूल है। वे मूल्य की पूँजीवादी परिभाषा को तिरस्कृत करके समाजवाद के मानवीय लक्ष्यों की मार्मिक स्थापना करते हैं। 'नई मनोवृत्ति' के सृजन के तीन नैतिक आयामों की रचना भी वे करते हैं : अधिक ऐच्छिक कार्य, अधिक बलिदान और नई चेतना का विन्यास!** वे साम्राज्यवाद की मौत के सहवर्तन में ही एक नैतिक संसार के जन्म का विश्वास रखते हैं। नैतिक मूल्यों तथा मनुष्य की अंतरात्मा पर इस सच्चे कम्युनिस्ट क्रांतिकारी का असीमित विश्वास था।

निस्संदेह मार्क्सवाद-लेनिनवाद को चे की अनेक महान देनें हैं। वे एक श्रेष्ठ मार्क्सवादी-लेनिनवादी चिंतक और अनुभवी कर्मी के रूप में अभिनंदित होंगे। 'नए मनुष्य' के तो वे एक प्रतीक और प्रारूप और प्रादर्श हैं ही। मौत उन्हें उन्तालीस साल की जवान उम्र में (1928-1967) छीनकर ले गई। कई इंसान यही सोचते हैं कि ऐसे विलक्षण व्यक्ति को इतने छोटे और अपेक्षाकृत इतने अमहत्त्वपूर्ण मुकाबले में भला क्यों मरना चाहिए था!

च

'दि टाइम्स' ने जान गेरास्सी द्वारा संपादित **'वेन्सिरेमॉस'** नामक पुस्तक की समीक्षा में लिखा है : "सी. आई. ए. के हाथों 'चे' की हत्या से, उनके रोमांटिक और वीरनायकोचित करतब, उनका शारीरिक सौंदर्य, उनका आत्म-बलिदान और उनकी काफी ज्यादा क्रांतिकारी सफलताएँ—इन सबने एक दार्शनिक तथा राजनीतिक विश्लेषक के रूप में उनकी कृतियों पर अवगुंठन डाल दिया है।"

हमने इसी अवगुंठन को खोलने की हर मुमकिन कोशिश की है। सन् 1965 में उन्होंने फिदेल तथा क्यूबा से अलविदा ले ली क्योंकि उन्हें विश्वास हो गया था कि क्यूबा के प्रति उन्होंने अपना कर्तव्य पूरा कर लिया है; क्रांति की विजय को आश्वस्त करने के लिए ईमानदारी और एकनिष्ठा से काम किया है और अब आगे अन्य राष्ट्रों की पुकार पर उन्हें अपने कर्त्तव्यों में-से साम्राज्यवाद से लड़ने का पवित्रतम कर्तव्य हर संभव देश में पूरा करना है। सन् 65 में ही अर्जेंटाइना में अपने परिवार को लिखे हुए एक पत्र में उन्होंने दुहराया था : 'तात्विक रूप में तो कुछ भी नहीं बदला है सिवाय इसके कि मैं और अधिक सजग हूँ; मेरा मार्क्सवाद गहराया है और पवित्र हुआ है। मैं स्वतंत्रता के लिए जागरूक समरनिष्ठ लोगों के लिए केवल सशस्त्र संघर्ष को ही समाधान मानने में विश्वास करता हूँ, और मैं अपने इस विश्वास के मुताबिक ही कार्य करता हूँ। मैंने अपनी संकल्पशक्ति को एक कलाकार की मार्मिकता के साथ परिपूर्ण बनाया है। यही अब मेरी थरथराती हुई टाँगों तथा निढाल फेफड़ों

'टी' के लिए

एक स्याह खामोशी छाई है
अंधकार के दिल में—
जो जंगल का है।
खामोश हैं गान लोगों के।

खोलती है वह
उँगलियों से, दुबारा बाँधती है वह
प्लास्टिक के छोटे टेप-चक्के;
वे भी खामोश हैं।

क्या कुछ गाता है उसके हृदय में?
शायद कभी नहीं जानूँगा मैं॥

सुन भी नहीं पाऊँगा संगीत उन गानों का
लाए जो खींच उसको, यहाँ पर॥

जंगल की झाड़ी ने नहीं दी, नहीं दी
उसको कोई थापें और धुनें;
सिवाय मोर्स-कोड औ' दिल की धड़कनें।
सिग्नलों के जवाबों का करती रही इंतज़ार॥

अब नहीं गाती वह कभी भी;
गुनगुनाती भी नहीं अब तानें ये,
जो उसे प्यारी हैं;
तिस पर भी सुनती है वह उन्हें।

खींचे लिए जातीं वे उसे हैं
आगे,
जंगल की मुर्दा खामोशी के
आर-पार,
एक
विजयी उच्चार की
ओर, जिसे
केवल वह
सुनती है॥

1982

□□□

को सँभालेगी।' (चार वर्ष की उम्र से ही वे दमा के रोगी थे)।

सन् 1965 तक क्यूबा में 'नए मनुष्य' की रचना शुरू होने लगी थी। तभी छत्तीस-सैंतीस वर्ष की उम्र में चे ने क्यूबा छोड़ दिया। ऐसा बताया जाता है कि वे वियतनाम गए, कांगो गए, और लातिन अमेरिका की विभिन्न जगहों में गए। कभी वे ग्वाटेमाला में, तो कभी वेनेजुएला में रहे। निश्चित रूप से पेरू होते हुए वे कोलंबिया भी पहुँचे। अगस्त 1967 में वे अर्जेंटाइना भी गए। इसके बाद बोलिविया गए; सात अक्तूबर 1967 में एक गुरिल्ला-संघर्ष में घायल होकर पकड़े गए और उन्तालीस वर्ष की उम्र में मार डाले गए। यह तय है कि बोलिविया में क्रांति की मंथर प्रक्रिया से वे हतोत्साहित थे। उनकी **'डायरी'** से यह संकेत भी मिलते हैं कि कठोरताओं तथा अकेलेपन की ऊब ने चे के लोगों का मनोबल क्षीण कर दिया था। किंतु उनका निजंधर (लीजेंड) सारे विश्व में फैलता गया।

साम्राज्यवाद की गुलामी तथा हमारी व्यवस्था की अवमानवीयकरण वाली प्रक्रिया ने युवकों तथा छात्रों को मार्क्सवादी सामूहिक उद्धार से पुनः प्रतिबद्ध किया है। और, युवा समाजवाद, तथा युवकों को एक नए मनुष्य तथा नए समाज की मिसाल बनने में खुद युवक चे अग्रणी हैं। बहुधा कहा जाता है कि चे में लेनिन, माओ, हो ची मिन्ह तथा जनरल झियाप के सिद्धांतों का प्रतिबिंब है।

सियरा मैस्ट्रा के अभियान में 'लाइफ' के एक भूतपूर्व संवाददाता एंड्रयू सेंट जार्ज भी चे के साथ थे। बाद में उन्हें बोलिविया सरकार ने आमंत्रित करके दिवंगत चे के कागज़ात पढ़ने तथा कुछ अंशों की प्रतिलिपि करने की भी इज़ाजत दे दी थी।

साप्ताहिक 'टाइम' (12 अक्तूबर, 1970) में चे की जीवनी का एक नया कोना भी उद्घाटित किया गया। इसके अनुसार अपनी घुमक्कड़ी के दौर में चे एक घनेरी, सुंदर युवती के साथ थे जिसकी उम्र पच्चीस के आसपास थी। उसका कोड-नाम टानिया था। (उस पूर्वी जर्मन युवती का असली नाम तमारा बंक था)। चे ने उसे प्रशिक्षित करके अपने अग्रिम एजेंट के रूप में बोलिविया भेज दिया था। ला पाज़ राजधानी में उसे राष्ट्रपति के प्रेस-कार्यालय में काम भी मिल गया था और उसने ही चे के गुप्त आगमन की व्यवस्था कराई थी। वह एक संगीतवैज्ञानिक (म्यूज़िकोलाजिस्ट) थी। बोलिविया के लोक गीतों की टेप-रिकार्डिंग का उसे शौक था। वह चे के साथ पर्वतों में रहने चली गई। 31 अगस्त, 1967 को टानिया तथा अन्य नौ आदमी बोलिवियन फ़ौज के एक घातक घेरे में फँस गए और मारे गए। शव-परीक्षा से पता चला कि मृतक टानिया को तब चार माह का गर्भ था। पाँच हफ्ते बाद स्वयं चे भी मारे गए। टानिया की मृत्यु पर 'डायरी' में तो कोई पश्चात्ताप नहीं प्रकट किया गया है लेकिन एंड्रयू सेंट जार्ज ने कवि चे की एक मार्मिक कविता पाई जो उन्होंने टानिया को समर्पित की थी—

अनुक्रमणिका

श

ह

त्र

ज्ञ